权威·前沿·原创

皮书系列为

“十二五”“十三五”国家重点图书出版规划项目

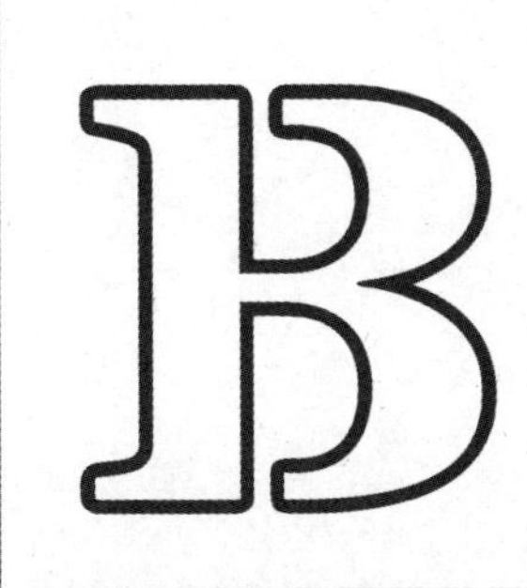

智库成果出版与传播平台

中国地方政府债券发展报告（2021）

ANNUAL REPORT ON DEVELOPMENT OF CHINA'S LOCAL GOVERNMENT BONDS (2021)

中国国债协会
中诚信国际信用评级有限责任公司
主　编／毛振华　孙晓霞　闫　衍
副主编／王赫雷　袁海霞

社会科学文献出版社
SOCIAL SCIENCES ACADEMIC PRESS (CHINA)

图书在版编目(CIP)数据

中国地方政府债券发展报告.2021/毛振华，孙晓霞，闫衍主编.--北京：社会科学文献出版社，2021.3（2021.5重印）
（中国地方政府债券蓝皮书）
ISBN 978-7-5201-7859-4

Ⅰ.①中… Ⅱ.①毛… ②孙… ③闫… Ⅲ.①地方政府-债券发行-研究报告-中国-2021 Ⅳ.①F812.7

中国版本图书馆CIP数据核字（2021）第022112号

中国地方政府债券蓝皮书
中国地方政府债券发展报告（2021）

主　　编／毛振华　孙晓霞　闫　衍
副 主 编／王赫雷　袁海霞

出 版 人／王利民
责任编辑／王晓卿
文稿编辑／李惠惠　李菁菁　陈丽丽　汪　涛

出　　版／社会科学文献出版社·当代世界出版分社（010）59367004
地址：北京市北三环中路甲29号院华龙大厦　邮编：100029
网址：www.ssap.com.cn
发　　行／市场营销中心（010）59367081　59367083
印　　装／天津千鹤文化传播有限公司

规　　格／开　本：787mm×1092mm　1/16
印　张：39　字　数：650千字
版　　次／2021年3月第1版　2021年5月第2次印刷
书　　号／ISBN 978-7-5201-7859-4
定　　价／148.00元

本书如有印装质量问题，请与读者服务中心（010-59367028）联系

中国地方政府债券蓝皮书编委会

主　编　毛振华　孙晓霞　闫　衍

副主编　王赫雷　袁海霞

编　委　秦　媛　孔令强　梁维和　李玉平　王　娟
王　钧　伍力澜　王　维　吕修磊

主编简介

毛振华 中诚信集团董事长、创始人，中诚信国际信用评级有限责任公司首席经济学家，中国人民大学经济研究所所长，武汉大学董辅礽经济社会发展研究院院长，教授，博士生导师。在宏观经济、资本市场和信用评级理论方面有较多的研究成果，出版了《稳增长与防风险：中国经济双底线政策的形成与转换》《双底线思维：中国宏观经济政策的实践和探索》《企业扩张与融资》《十年宏观，十年政策，十年理论——“中国宏观经济论坛”十周年》《资本化企业制度论》《信用评级前沿理论与实践》等专著，并发起和主持了多次相关的国际研讨会。同时担任国务院深化医药卫生体制改革领导小组咨询委员会专家委员、中国工业经济联合会常务理事、中国企业家论坛理事、国家大数据发展专家咨询委员会委员、国家“互联网+”行动专家咨询委员会委员。

孙晓霞 中国国债协会会长，曾任财政部金融司司长，兼任财政部PPP工作领导小组副组长。毕业于东北财经大学，曾工作于财政部商贸司外贸处、金融司金融二处，是我国财政金融改革和地方政府债券市场改革的重要参与者。主要研究方向为财政金融体制改革、PPP和地方政府债券等。

闫　衍 经济学博士，中诚信国际信用评级有限责任公司董事长、外部评级风控委员会主任委员，兼任中国人民大学经济研究所联席副所长、中国宏观经济论坛（CMF）副主席、中国社会科学院研究生院MBA教育中心特聘导师。主要研究方向为宏观经济、债券市场与信用评级。出版了《信用评级前沿理论与实践》《国家负债能力与主权评级研究》《中国债券市场信用风险与违约案例研究》《“债务－通缩”压力与债务风险化解》《中国地方政府与融资平台债务风险分析报告》《经济发展、区际非均衡增长与债务风险》等著作，在《经济理论与经济管理》等刊物上发表了数十篇有关宏观经济、金融市场发展与信用评级的学术论文。

摘 要

自 2015 年地方债市场全面启动自发自还以来，地方债市场保持快速发展，截至 2020 年 10 月，我国地方债存量规模达到 25.53 万亿元，在债券市场中占比达到 23%，已成为我国债券市场第一大债券品种，对于丰富我国宏观调控工具、规范地方债务管理、推动债券市场发展具有重要意义。2020 年，地方债作为逆周期调控的重要抓手，持续扩容提效，并加大对“两新一重”领域的投入力度，专项债用作项目资本金比例进一步提高，且可用于补充中小银行资本金，充分发挥地方债稳增长的重要作用。与此同时，地方债在信息披露、资金管理、信用评级等方面的配套管理制度持续完善，为地方债市场的高质量发展夯实制度基础。

在地方债快速扩容、持续创新的同时，我们也需看到现阶段地方债市场仍存在诸多问题，如市场化程度有待提升、配套管理机制仍需完善、区域债务风险不容忽视等。当前我国发展环境面临深刻复杂变化，未来地方债在持续扩容的同时须更加注重总量与质量的平衡，持续推进市场化改革，强化“借、用、管、还”全流程管理，实现“借”将合理、“用”将高效、“管”将规范、“还”将有道，充分发挥地方债稳增长、补短板、调结构、扩内需、防风险的重要作用，促进我国经济实现高质量发展。

关键词： 地方债　专项债　债券管理　高质量发展

目 录

Ⅰ 总报告

Ⅱ 分报告

Ⅲ 区域篇

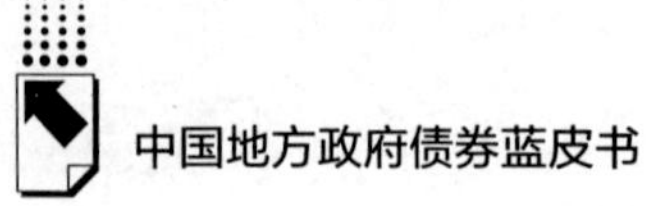

Ⅳ　专题篇

Ⅴ　附录

皮书数据库阅读**使用指南**

总报告

General Report

B.1 2020年中国地方政府债券分析与展望

袁海霞　刘心荷　汪苑晖　王秋凤　卞　欢*

摘　要：经过十余年快速发展，地方政府债券已成为我国债券市场第一大债券品种，对于完善宏观调控、规范地方债务管理、丰富债券投资品种具有重要意义。本报告结合地方政府投融资体制的发展变化，对当前我国地方政府债券的发展特点及存在的问题进行系统的梳理分析。在稳增长和防风险长期均衡目标下，地方政府债券未来将持续扩容提效，并更加注重总量与质量的平衡，强化"借、用、管、还"全流程管理，实现"借"将合理、"用"将高效、"管"将规范、"还"将有道。

* 袁海霞，经济学博士，高级经济师，中诚信国际研究院副院长，中国人民大学国发院政府债务研究中心联席主任，主要研究领域为地方债与城投行业、宏观经济、债券市场等；刘心荷，中诚信国际研究院副总监，主要研究领域为地方债与城投行业、债券市场等；汪苑晖，中诚信国际研究院高级研究员，主要研究领域为宏观经济、地方债与城投行业、货币政策等；王秋凤，中诚信国际研究院副总监，主要研究领域为宏观经济、债券市场等；卞欢，金融学博士，中诚信国际研究院高级研究员，主要研究领域为财政政策、地方债与城投行业等。

关键词： 地方债 专项债 稳增长 防风险

一 中国地方政府债券发展背景及意义

相较于发达国家成熟的地方政府债券市场，我国地方政府债券①市场起步较晚。但伴随我国投融资体制改革持续深化，地方债市场呈现快速发展趋势。截至2020年，地方债已超越国债与政策性金融债，成为我国债券市场第一大债券品种，对于丰富我国宏观调控工具、规范地方政府债务管理、推动债券市场发展具有重要意义。

（一）丰富宏观调控工具和手段

地方债作为财政政策的重要组成，已成为我国宏观调控的重要工具和手段，在平衡地方财政收支、稳定地方经济增长、优化资源配置方面发挥了重要作用。从弥补地方财政赤字角度看，现阶段地方政府财权事权不匹配的问题仍然存在，允许地方政府以市场化形式发行债券筹集资金，可有效弥补地方政府财政赤字，缓解地方政府财政收支压力。从保持经济社会平稳发展角度看，在经济下行期通过加大地方债发行力度，为基础设施投融资建设提供资金、培育地方经济发展新动能，有助于对冲经济下行压力。2020年以来，面对新冠肺炎疫情冲击，地方债尤其是专项债作为积极财政政策逆周期发力的重要抓手，聚焦“六稳六保”② 任务，在稳定经济增长中发挥着重要作用。从优化资源配置的角度看，地方债作为市场化融资工具，其募集的资金主要投向社会公共品，这一过程使得资源可在全社会的公共部门与私人部门进行再配置、再平衡，地方债兼具市场化和公益性的特点，在一定程度上是促进社会公平的重要调控机制。

---

① 本书地方政府债券可简称为“地方债”，地方政府专项债券可简称为“专项债”，地方政府项目收益专项债券可简称为“项目收益专项债”。

② “六稳”指稳就业、稳金融、稳外贸、稳外资、稳投资、稳预期；“六保”指保居民就业、保基本民生、保市场主体、保粮食能源安全、保产业链供应链稳定、保基层运转。

（二）规范地方政府债务管理

改革开放以来，伴随我国财税体制改革持续推进，地方政府债务形式历经多次变迁。1994 年《中华人民共和国预算法》审议通过，明确要求地方政府不列赤字；在地方政府无法独立举债且财政收支矛盾持续加剧的背景下，各地纷纷成立投融资平台作为地方政府融资代理人。2008 年金融危机后，在四万亿政策推动及影子银行“逆周期”扩张带动下，地方融资平台依托政府信用快速扩张债务，地方政府债务风险逐步积聚。2014 年《中华人民共和国预算法》修正案正式通过，[①] 同年国务院出台《关于加强地方政府性债务管理的意见》，[②] 确立“开前门、堵后门、修明渠、堵暗道”的地方政府债务管理思路，赋予地方政府独立举债权，并明确政府债券是地方政府新增债务的唯一渠道，同时各地可发行置换债券，以 2013 年政府性债务审计结果为基础，对企事业单位举借的政府负有偿还责任的债务进行置换，在规范新增债务的同时，有效缓释了存量债务风险。从地方政府债务管理框架看，地方债市场作为“开前门”“修明渠”的重要组成，其正式启动及快速发展，为防范地方债务风险、搭建地方政府债务管理长效机制奠定了重要基础。

（三）助力债券市场繁荣发展

自 2015 年地方债市场全面启动自发自还以来，地方债市场保持快速发展，对于丰富我国债券市场投资体系具有重要意义。尽管目前地方债仅能由省级政府发行，发债主体尚未拓展至地级市乃至区县，但省级政府在把控发行节奏、设置债券条款、选取募投项目等方面已拥有较大自主权，地方债在资金投向、期限结构、条款设置等方面日益呈现多元化，各类创新持续涌现，地方债品种体系日趋丰富。从投资端看，地方债投资主体结构

---

① 2014 年 8 月 31 日第十二届全国人民代表大会常务委员会第十次会议表决通过《关于修改〈中华人民共和国预算法〉的决定》，对 1994 年审议通过的《中华人民共和国预算法》完成第一次修正。参见中国人大网，2014 年 11 月 2 日，http：//www. npc. gov. cn/wxzl/gongbao/2014 - 11/02/content_ 1892137. htm。

② 《关于加强地方政府性债务管理的意见》（国发〔2014〕43 号），中华人民共和国中央人民政府网站，2014 年 10 月 2 日，http：//www. gov. cn/zhengce/content/2014 - 10/02/content_ 9111. htm。

呈现多元发展态势，由传统机构投资者向个人投资者拓展，机构投资者也由传统商业银行向基金、保险等各类资管机构延伸。此外，伴随我国债券市场对外开放步伐加快，地方债逐步成为境外投资者配置境内债券市场的重要领域。地方债在资产端与投资端的多元化对于地方债乃至债券市场的可持续繁荣发展具有重要意义。

二 中国地方政府债券发展历程

自2009年首次提出发行地方债以来，我国地方债已发展十余年，历经多个发展阶段，在此期间地方债配套管理举措持续完善，地方债市场市场化、规范化水平明显提升。本报告结合地方债不同发展阶段特点，对我国地方债市场发展脉络进行详细梳理。

（一）第一阶段（2009～2010年）：探索期——财政部代发代还

1994年颁布的《预算法》第二十八条明确提出“除法律和国务院另有规定外，地方政府不得发行地方政府债券”，此后中央主要以国债转贷地方形式弥补地方资金缺口。2009年，为更好应对国际金融危机、贯彻实施积极的财政政策、增强地方安排配套资金和提升政府投资的能力，财政部发布《2009年地方债预算管理办法》，在此前国债转贷地方的基础上首次提出发行地方债，并明确以省、自治区、直辖市和计划单列市政府为发行和偿还主体，由财政部代理发行并代办还本付息和支付发行费用。① 代发代还模式下，地方财政须足额安排地方债还本付息所需资金，及时向中央财政上缴地方债本息、发行费用等资金，债券收入根据省级政府报请国务院批准同意的额度编制。在债券资金使用方面，财政部允许省级政府转贷市、县使用，但明确限定资金投向，要求主要用于中央投资地方配套的公益性建设项目及其他难以吸引社会投资的公益性建设项目支出，严格控制安排用于能够通过市场化行为筹资的投资项目，不得安排用于经常性支出。从实际发行情况看，2009～2010年共计30个

① 《2009年地方政府债券预算管理办法》（财预〔2009〕21号），中华人民共和国中央人民政府网站，2009年3月19日，http://www.gov.cn/zwgk/2009-03/19/content_1263068.htm。

省级地方政府[1]和5个计划单列市[2]通过财政部代理发行60只地方债，发行规模共计4000亿元，债券期限以3年为主，[3] 期限较短。此时期地方债市场虽正式启动，但仍处于前期探索阶段，市场规模整体较小，同时地方政府虽为地方债的发行和偿还主体，但在财政部代发代还模式下，地方债务风险管理责任尚不清晰，同时尚未引入信用评级制度，地方债市场配套管理细则仍有待完善。

（二）第二阶段（2011~2014年）：过渡期——试点自发代还与自发自还

在地方债由财政部代发代还的基础上，2011年财政部发布《2011年地方政府自行发债试点办法》，在上海市、浙江省、广东省、深圳市开展自发代还试点，试点地区在国务院批准的发债规模限额内，自行组织发行政府债券，并由财政部代办还本付息。[4] 2013年财政部发布《2013年地方政府自行发债试点办法》，扩大自发代还试点范围，增加江苏省、山东省两个试点地区。[5] 2014年财政部印发《2014年地方政府债券自发自还试点办法》，在上海、浙江、广东、深圳、江苏、山东、北京、江西、宁夏、青岛试点地方债自发自还，要求试点地区在国务院批准的发债规模限额内，自行组织本地区政府债券发行、支付利息和偿还本金。[6] 在试点政策引导下，地方债发行规模持续上升，发行主体扩展至全部省级政府和计划单列市政府。2011~2014年地方债共计发行101只，发行规模共计1.2万亿元，其中自发代还模式占发行地方债数量的比例约为28%，自发自还模式占比约为30%。同时，地方债期限品种持续丰富，由3年期、5年期两个品种拓展至3年期、5年期、7年期、10年期四个品种，此时期是地方债

---

① 除西藏、香港、澳门、台湾外，其他省（区、市）均通过财政部代理发行了地方债。

② 大连、青岛、宁波、厦门、深圳。

③ 如无特别说明，本报告中涉及的地方债发行、交易数据均来自Choice数据库。

④ 《2011年地方政府自行发债试点办法》（财库〔2011〕141号），中华人民共和国中央人民政府网站，2011年10月20日，http://www.gov.cn/zwgk/2011-10/20/content_1974229.htm。

⑤ 《2013年地方政府自行发债试点办法》（财库〔2013〕77号），中华人民共和国中央人民政府网站，2013年7月4日，http://www.gov.cn/gzdt/2013-07/04/content_2440520.htm。

⑥ 《2014年地方政府债券自发自还试点办法》（财库〔2014〕57号），中华人民共和国中央人民政府网站，2014年5月22日，http://www.gov.cn/xinwen/2014-05/22/content_2684397.htm。

由代发代还向自发代还，进而实现自发自还的重要转型过渡阶段。

伴随发行模式的转变，地方债配套管理细则持续细化，市场化发行制度逐步建立，为地方债全面启动自发自还奠定重要基础。在自发代还阶段，《2011年地方政府自行发债试点办法》与《2013年地方政府自行发债试点办法》即对债券期限品种、主承销商选择、债券发行定价机制、定价现场管理、债券登记托管结算、偿债保障机制、信息披露等方面提出明确要求，并提出“逐步推进建立信用评级制度”，完善地方债市场基础设施。《2014年地方政府债券自发自还试点办法》在启动自发自还试点的同时，进一步细化地方债信用评级相关要求与地方债发行的信息披露要素。2014年5月启动自发自还试点后，时隔3个月，2014年8月《中华人民共和国预算法》修正案正式由全国人大常委会通过，从法律层面正式赋予省级政府发行地方债的权利。2014年9月，国务院正式下发《关于加强地方政府性债务管理的意见》，明确“没有收益的公益性事业发展确需政府举借一般债务的，由地方政府发行一般债券融资，主要以一般公共预算收入偿还。有一定收益的公益性事业发展确需政府举借专项债务的，由地方政府通过发行专项债券融资，以对应的政府性基金或专项收入偿还”,① 进一步规范地方政府举债融资机制，明确地方债市场发展框架。

（三）第三阶段（2015年至今）：规范期——地方债全面自发自还

2015年1月1日，以2014年《中华人民共和国预算法》修正案的正式施行为标志，我国地方债全面启动由各省、自治区、直辖市、计划单列市自发自还，明确以地方政府为主体的举债融资机制，地方债市场进入规范发展期，市场规模快速攀升。② 2015年地方债发行规模即达到38350.62亿元，是2014年发行规模的9.59倍。2015～2019年，发行规模稳步扩大，年均复合增长率为2.61%。在一级市场发行扩容的同时，二级市场交易也日趋活跃，地方债现券交易规模由2015年的2730.76亿元上升至2019年的

① 《关于加强地方政府性债务管理的意见》（国发〔2014〕43号），中华人民共和国中央人民政府网站，2014年10月2日，http://www.gov.cn/zhengce/content/2014-10/02/content_9111.htm。

② 毛振华、闫衍：《中国地方政府与融资平台债务分析报告》，社会科学文献出版社，2018，第8页。

97747.23亿元，年均复合增长率超过100%。从期限结构看，2015年以来地方债期限品种新增1年期、2年期、15年期、20年期及30年期，期限结构进一步完善。从债券品种看，在2014年《关于加强地方政府性债务管理的意见》提出一般债与专项债的基础上，2017年财政部发布《关于试点发展项目收益与融资自求平衡的地方政府专项债券品种的通知》,①正式启动地方政府项目收益专项债，其在地方债发行规模中占比快速上升，成为积极财政政策的重要抓手，资金投向领域由早期土地储备、收费公路、棚户区改造向能源、产业园区、水利建设、生态环保等新领域拓展，且专项债资金可用作重大项目资本金，并可用于补充中小银行资本金，地方债资金使用领域及使用方式日趋多元。

此阶段伴随地方债市场快速扩容，地方债管理制度框架不断完善，市场化、规范化水平进一步提升。2015年以来财政部每年均就地方债发行印发管理办法、工作指导意见等文件，明确年度地方债发行细则，细化地方政府、承销团、评级机构、登记托管机构等市场参与主体责任要求，完善发行组织、承销团组建、信息披露、信用评级等具体工作节点要求。2020年8月国务院正式发布修订后的《中华人民共和国预算法实施条例》,②对2018年《预算法》第二次修订中涉及政府债务管理的规定予以进一步细化和明确。2020年9月，财政部发布《地方政府债券发行管理办法》（财库〔2020〕43号）,③从发行额度、发行期限、机构职责、信息披露、监督检查等方面对地方债发行进一步统一规范。在地方债顶层制度设计逐步成熟的同时，地方债市场自律管理框架逐步搭建，管理体系日益完善。2020年3月，中国国债协会作为地方债市场

---

① 《关于试点发展项目收益与融资自求平衡的地方政府专项债券品种的通知》（财预〔2017〕89号），中华人民共和国财政部网站，2017年7月24日，http://yss.mof.gov.cn/zhuantilanmu/dfzgl/zcfg/201707/t20170724_2656632.htm。

② 《中华人民共和国预算法实施条例》为1995年11月22日中华人民共和国国务院令第186号发布、2020年8月3日中华人民共和国国务院令第729号修订。参见中华人民共和国中央人民政府网站，2020年12月26日，http://www.gov.cn/zhengce/2020-12/26/content_5574848.htm。

③ 《地方政府债券发行管理办法》发布后，2015年发布的《地方政府一般债券发行管理暂行办法》（财库〔2015〕64号）和《地方政府专项债券发行管理暂行办法》（财库〔2015〕83号）同时废止。参见中华人民共和国财政部网站，2020年12月17日，http://gks.mof.gov.cn/ztztz/guozaiguanli/difangzhengfuzhaiquan/202012/t20201217_3635347.htm。

自律管理机构，正式发布《地方政府债券信用评级业务自律规范指引》，[①] 加强对信用评级机构在独立性、规范性、透明度等方面的自律管理。在中央层面推进地方债市场管理提升的同时，地方政府在实践中持续完善落地细则，优化债券资金“借、用、管、还”全生命周期管理，强化省内统筹协调机制，共同助力地方债市场高质量发展。

三　2020年中国地方政府债券发展现状与问题

2020 年上半年，在抗疫情、稳增长背景下，我国地方债快速扩容且期限更趋长期化；投向逐步向基建领域倾斜，重点支持“两新一重”领域，且专项债用作资本金比例进一步提高。但在创新发展的同时，我国地方债市场仍面临配套管理机制不完备、市场基础设施不足、债务风险管理机制欠优化等诸多问题。

（一）2020年地方债市场发展特点

2020 年，为对冲疫情造成的负面影响、托底经济发展，我国在充分考虑各地区债务风险、财力状况等因素后，结合稳增长的实际需求，将地方政府新增债务限额定为 4.73 万亿元，较 2019 年大幅增加，助力积极财政政策持续发挥效用。与此同时，募投领域进一步创新，主要投向市政和产业园区建设、交通基础设施建设、民生医疗等领域，并根据补短板、扩内需、稳投资的需要适时增加了新基建、新型城镇化建设等领域，且首次允许专项债资金用于补充中小银行资本金。在政策侧重稳增长的同时，防范风险仍未放松，专项债信息披露模板和地方债信息公开平台正式启用，进一步强化地方债全生命周期管理。

1. 地方债快速扩容，发行期限趋于长期化

2020 年以来，在疫情冲击、经济下行压力增大的背景下，积极财政政策持续发力，地方政府延续“大开前门”，全年新增债务限额为 4.73 万亿元，较 2019 年大幅增加 1.65 万亿元，其中新增专项债务限额较 2019 年增加 1.60 万亿

① 《地方政府债券信用评级业务自律规范指引》（财债协〔2020〕6 号），中华人民共和国财政部网站，2020 年 3 月 3 日，http：//gks. mof. gov. cn/ztztz/guozaiguanli/difangzhengfuzhaiquan/202003/t20200303_ 3477245. htm。

元至3.75万亿元。2020年1～6月，地方债共计发行3.49万亿元，同比大幅增长约23%；截至6月，存量规模接近24万亿元，在我国债券市场中的占比约为23%。在大幅扩容的同时，地方债发行和使用进度也明显提前，1月地方债发行规模接近8000亿元，明显超过历史同期水平；5月迎来全年发行高峰（见图1），较2019年提前1个月，助力地方债尤其是专项债尽早发挥稳增长作用。从期限结构看，地方债发行持续趋长期化，以10年及以上的长期品种为主，占总发行额的比例为83%（见图2），同比上升近40个百分点，与项目期限更加匹配。其中，专项债平均发行期限为15.3年，一般债平均发行期限为14.7年，且4月以来专项债月度发行期限大幅延长，明显高于一般债。受此影响，自4月起，地方债发行利率止跌回升，此后专项债月度发行利率[①]持续高于一般债，上半年专项债发行利率（3.33%）整体高于一般债（3.12%）（见图3）。

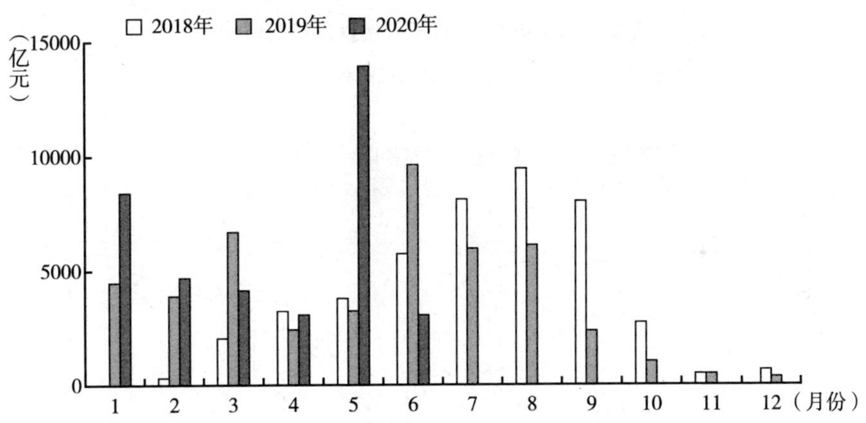

图1　2018年1月～2020年6月中国地方债月度发行规模

数据来源：Choice数据库，中诚信国际整理计算。

2. 地方债发行结构以新增为主，募投领域向基建倾斜

在积极财政持续加力提效的背景下，地方债发行结构也根据宏观需求进一步调整优化，新增专项债已成为地方债的主要组成。2020年1～6月，新增专项债共发行2.23万亿元，同比增长超60%，占总规模比重超过六成；再融资

① 如无特别说明，本报告中发行利率、利差为根据发行额计算的加权平均发行利率、利差，发行利差为债券发行利率减对应期限国债收益率。

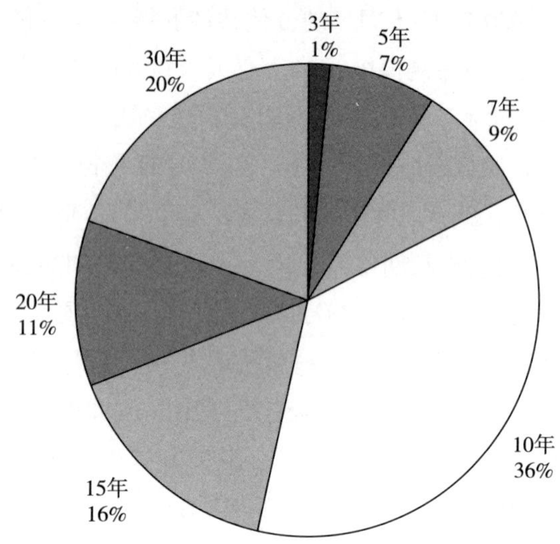

图 2　2020 年 1～6 月地方债发行期限结构

数据来源：Choice 数据库，中诚信国际整理计算。

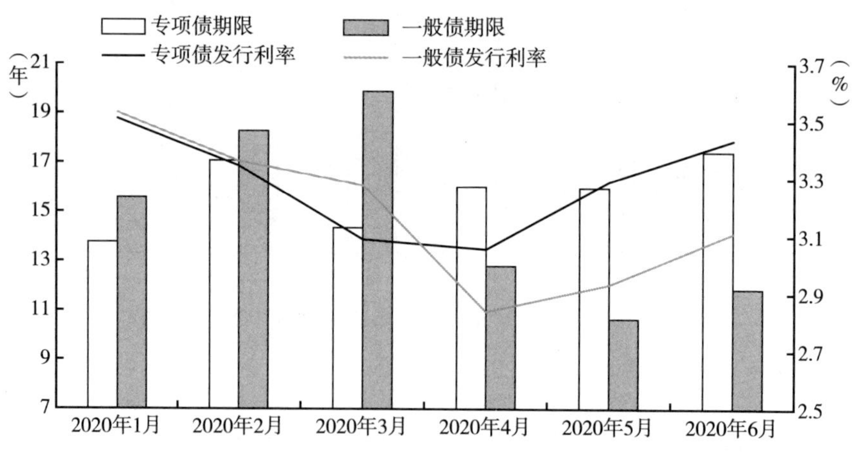

图 3　2020 年 1～6 月一般债、专项债发行期限和发行利率

数据来源：财政部网站，中诚信国际整理计算。

债从 3 月开始发行，1～6 月共发行 6695.49 亿元，较 2019 年同期略有增加；置换债暂无发行（见图 4）。在新增专项债快速扩容的同时，其投向领域也更为精准。为满足重点项目建设需求和疫情防控需要，此前占比较高的土地储备

（土储）及棚户区改造（棚改）品种暂缓发行，[①] 资金更多投向市政及产业园区建设、交通基础设施建设及民生领域。据中诚信国际统计，用于市政及产业园区建设的比重居于首位，占新增专项债发行规模的33%；次之为交通领域，占28%左右，主要用于铁路、轨道交通及公路建设等，符合2020年《政府工作报告》强调的专项债重点支持“两新一重”领域的要求。此外，在新冠肺炎疫情冲击下，我国城市建设发展中民生领域的短板有所暴露，尤其是医疗资源分布不均的问题较为突出，此背景下，2020年1～6月投向民生领域的新增专项债比重为18%，其中超过一半的资金用于医疗卫生领域，助力补齐短板。

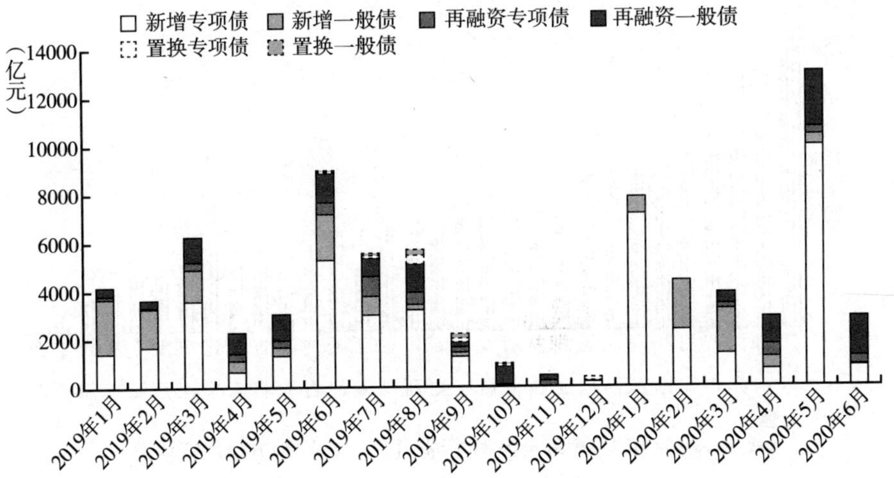

图4　2019年1月～2020年6月地方债月度发行种类

数据来源：Choice数据库，中诚信国际整理计算。

3. 区域分化较为明显，债务压力较大省（区、市）再融资债占比较高

2020年上半年，各省（区、市）基本完成提前下达限额，但区域分化较为明显。债务压力较大的地区，可分配到的新增债务限额相对较少，以新增债为主的地方债整体发行规模也相应减少；债务滚动需求相对较高的省（区、市），再融资债的发行也相对其他省（区、市）启动更早。从地方债发行规模

① 2019年9月4日，国务院常务会议明确2020年提前下达专项债额度不得用于土储及房地产领域；2020年4月3日，财政部继续强调2020年专项债不得用于土地收储和与房地产相关项目。

看，广东、山东和江苏居前三位，其中，广东以2812.10亿元的发行规模居全国首位；宁夏、青海等省（区、市）地方债发行规模均排名靠后。从发行结构看，绝大多数省（区、市）以新增地方债为主，广东、山东、江苏新增地方债发行规模位居前三，海南、青海、宁夏等省区新增地方债发行规模排名靠后（见图5）；江苏、四川、湖北、山东、辽宁等省再融资地方债发行规模较大，或与债务滚动需求较大有关，其中辽宁再融资地方债占地方债总规模的比例为62%，为全国最高。

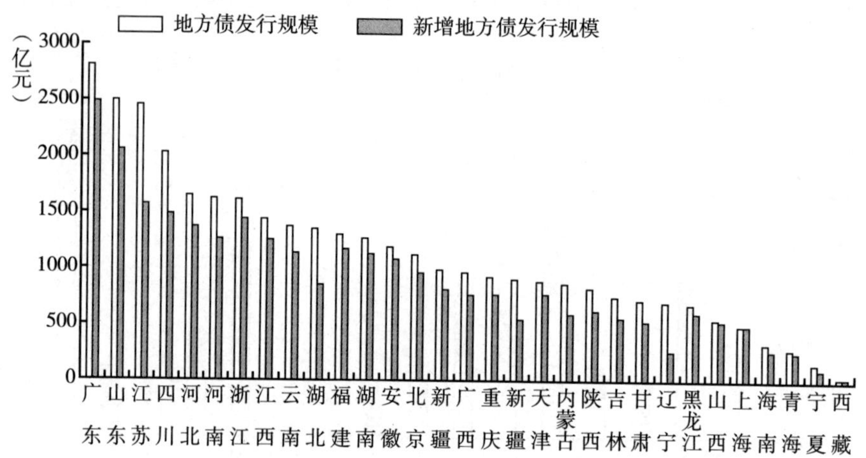

图5　2020年1~6月全国31个省（区、市）地方债发行情况

数据来源：Choice数据库，31个省（区、市）财政预算执行及决算报告，中诚信国际整理计算。

4. 专项债用作项目资本金比例提高，主要投向交通领域且偿债来源结构改善

2020年以来，专项债用作项目资本金的模式得到进一步推广，用作资本金的比例较2019年全年提高，有利于缓解减税降费和新冠肺炎疫情冲击下的地方财政压力。根据中诚信国际对公开披露的新增专项债信息文件、信用评级报告、项目平衡方案等材料进行的梳理，2020年1~6月有超过1600亿元的新增专项债作为项目资本金，约为2019年全年规模的24倍，并投向超300个项目，专项债的撬动作用进一步放大。从应用领域看，约八成用于交通基础设施建设。从区域分布看，超20个省（区、市）将新增专项债用作项目资本金，其中广东、浙江、江苏应用规模较大，但各省（区、市）专项债用作项目资

本金比例的均值不足10%，明显低于2019年9月4日国务院常务会议提及的20%比例。从偿债来源看，与2019年相比，2020年专项债资本金项目收入以项目自身收益为主，对土地出让收入的依赖减轻，项目收入来源结构有所优化。具体来看，涉及土地出让收入的项目占专项债用作资本金项目总数的13%左右；仅10个项目以土地出让收入作为单一偿债来源，且专项债用作资本金规模不足100亿元，约占总规模的5.6%。

5. 地方债二级市场流动性逐步改善，投资者结构仍以商业银行为主

2020年，经济下行压力持续增大，市场避险情绪浓厚，低风险券种交易升温，叠加积极财政政策对地方债的大力支持，地方债二级市场交投情绪持续回暖（见图6）。1～6月，地方债现券交易规模约为7万亿元，同比增长37%，但与政策性银行债和国债现券交易规模相比仍有较大差距。从换手率看，地方债换手率①约为0.3倍，同比小幅增加0.04倍，但与政策性银行债（2.85倍）和国债（1.36倍）相比仍较低，地方债流动性仍显不足。到期收益率方面，2020年6月存量地方债的到期收益率均值②为2.80%，较2019年

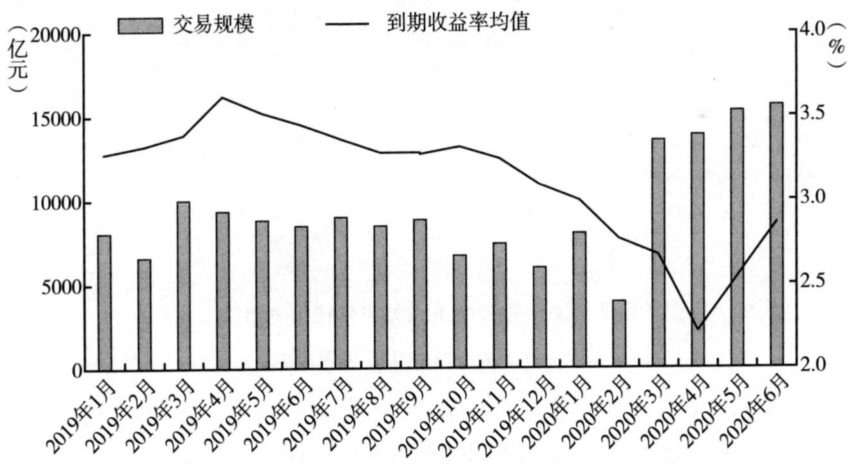

图6　2019年1月～2020年6月地方债现券月度交易规模和到期收益率均值

数据来源：Choice数据库，中诚信国际整理计算。

① 换手率＝现券交易规模/债券托管总量。

② 到期收益率均值采用算术平均值计算。

同期回落约40BP；月度收益率在4月后呈现回升趋势，或与2020年第二季度疫情因素弱化、经济复苏预期下风险资产重启、货币政策趋于常态化、流动性边际收紧有关。值得注意的是，地方债一、二级市场利差①约3BP，较2019年同期收窄5BP左右，发行定价或逐步趋市场化。此外，投资者结构方面，超八成地方债仍为商业银行持有（见图7），且比例与2019年基本持平，其中以全国性商业银行为主，地方债投资者结构整体仍较单一。柜台市场投资人与境外机构占比分别为0.009%与0.011%，未来仍有较大提升空间。

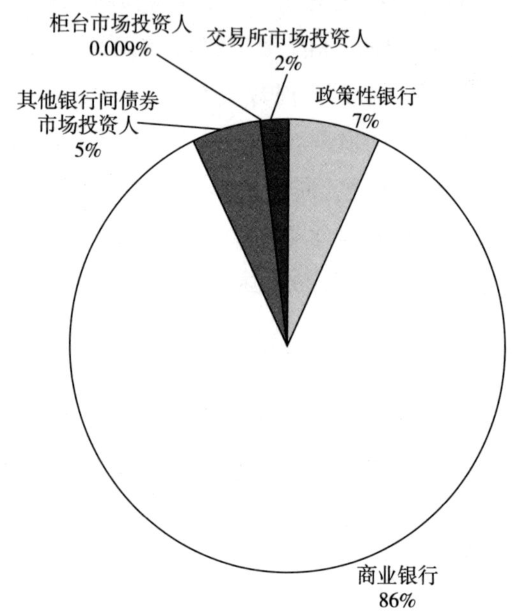

图7　截至2020年6月地方债投资者结构

数据来源：Choice数据库，中诚信国际整理计算。

（二）2020年地方债市场发展面临的问题

1. 创新步伐加快，配套管理机制有待跟进完善

自2017年国家发布《关于试点发展项目收益与融资自求平衡的地方政府

① 一、二级市场利差等于二级市场交易利差减去一级市场发行利差，此处数值为每只地方债的一、二级市场利差的算术平均值。

专项债券品种的通知》以来，我国地方债体系日益丰富，进入2020年，地方债尤其是专项债持续扩容，投向领域进一步创新，但配套管理机制仍有待完善。一方面，针对专项债募投项目，全生命周期管理机制尚不完善，未实现从项目准备、组织发行到资金使用、资产管理全过程的监管。第一，项目储备、筛选、申报机制欠完善。根据对我国18个省（区、市）及所辖36个市县的审计发现，[①] 由于项目安排不合理等原因，2019年有503.67亿元新增专项债资金未正常使用，其中132.3亿元闲置超过1年；而2020年对专项债项目投向领域的要求更高，且以往操作上已较为熟练的土储项目不允许发债，部分地区存在项目储备不足的情况，较低行政层级政府也较难把握申报领域标准，或导致项目入库进度迟滞、安排不合理等问题。第二，项目资金规范管理机制欠完善。目前国家对于专项债的资金归集、账户管理等并未出台明确细则，而专项债项目多采用集合发行模式，实践中或存在项目混同偿还本息的情形，或加大资产监管难度，造成资产管理缺失。同时，专项债项目收益测算方法差异化明显，测算原则尚未统一，且对于第三方财务评估机构的规范管理有待提升，项目偿债能力评估及报告出具质量参差不齐，较难确保债券资金使用与项目管理、偿债责任相匹配。[②] 此外，专项债首次被允许用于补充中小银行资本金，但相关操作细则、配套监管机制、市场化退出机制等尚未具体出台，或无法保证此举助力中小企业的政策效果，且在一定程度上或造成地方政府在风险管理上的责任缺失，从而累积潜在金融风险。

2. 市场化程度仍待提升，市场基础设施仍有不足

伴随地方债市场顶层设计持续完善、各项管理机制逐步成熟，地方债市场规范化、市场化水平持续提升，但相较于其他成熟券种如国债等，我国地方债市场基础设施建设仍有不足之处。第一，发行定价机制仍受非市场化因素影响。随着地方债发行深入及发行定价持续规范，例如禁止地方政府通过“指导投标”“商定利率”等方式干预定价、调整投标利率区间下限等，非市场化

---

① 参见《国务院关于2019年度中央预算执行和其他财政收支的审计工作报告》，中国人大网，2020年6月20日，http://www.npc.gov.cn/npc/c30834/202006/858f628fa8f5432cb3f517ddfd01c20b.shtml。

② 袁海霞、刘心荷、赵京洁：《我国地方政府专项债券募投项目探析》，《债券》2019年第11期。

因素的影响总体已显著减弱。但由于商业银行是地方债承销团主力，地方债承销规模常与获得地方财政存款挂钩，非市场化因素仍难以从根本上消减，或导致一、二级市场利差，造成流动性在一定程度上的缺失。第二，投资者结构仍较单一。2019 年 3 月银行柜台首次发售地方债，地方债投资群体扩容至个人及中小机构，但我国超八成地方债仍由商业银行持有，远高于成熟市场水平，或与投资者保护机制不健全、市场推介不够、市场开放程度不高、境外融资渠道缺乏等有关。第三，地方债信息披露机制不完善。目前信息披露仅在发行阶段进行一定程度上的披露，缺少全周期的信息披露，尤其是专项债资金使用效率、项目进展情况等要素，且对存续期重大事项披露缺乏界定标准，投资者无法全面掌握地方资产、未来收入情况，难以全面评估风险。第四，地方债续发行机制有待进一步推广。地方债单只规模较小，且由于资金用途不同的个券规模差异较大，目前我国已引入续发行机制，鼓励发行规模较大、次数较多的地区合理设计续发行期限品种、规模，适当增大单期债券规模，后续仍需推动续发行的常态化及试点区域的扩大。

3. 债务风险不容忽视，风险管理机制需持续优化

2020 年，在新冠肺炎疫情冲击下，稳增长需求不断增长，地方债大幅扩容，带动地方债规模进一步扩大。截至 2020 年底，地方政府债务余额为 25.66 万亿元，地方政府负债率较 2019 年上升了近 4 个百分点，债务风险不容忽视，地方债风险管理机制有待完善。第一，债券资金与募投项目仍存在错配。目前仍有部分新增专项债项目抗压能力弱、难以保证收益平衡，易导致偿债风险。同时，债券资金与项目期限的匹配度也待提高，债券期限过短则项目收益难以覆盖债券本息，期限过长则难以合理预测项目收益且增加偿付利息。第二，债务额度分配机制仍需进一步优化。从全国看，31 个省（区、市）债务限额使用情况呈现较大分化，未来仍需结合各地实际，统筹改善新增限额分配机制。此外，受疫情冲击，地方财政持续承压，伴随地方债快速扩容，还本付息压力逐渐增大，需平衡好新增债与再融资债的发行节奏，且期限结构上需合理避开到期高峰，缓解地方政府化债压力。第三，“借、用、管、还”机制有待进一步理顺，防范各级政府风险错配。在目前地方债“借、用、管、还”主体仍未统一的背景下，省级政府代市县政府发行地方债的同时，为市县政府承担了一定的隐性担保责任，或造成市县政府市场意识和偿债责任意

识不足。同时，由于分配链条过长，造成部门债务意识弱化，认为债券资金等同上级政府的转移支付资金，导致风险错配及“向上转移”。除以上方面，地方债风险管理机制不完善还体现在前文所述的地方债配套管理机制不完善、市场基础设施尚未健全等重要方面，需全面防范因地方债快速扩容积聚的地方政府债务风险。

四　中国地方政府债券发展展望

当前全球经济形势依然复杂严峻，我国仍需加强宏观政策协调，在实现稳增长和防风险长期均衡的政策目标下，地方债将持续扩容提效，更加注重总量与质量的平衡，继续发挥补短板、稳增长作用。为推动地方债市场的规范化及透明化发展，市场改革将持续推进，同时将全面防范高速发展带来的潜在风险，中短期将继续做好地方债“借、用、管、还”全流程规范，长期来看仍将坚定不移地推进财税体制改革，努力提高中央和地方财权与事权匹配度，推动财政资金聚力提效。

（一）持续扩容，资金投向领域更加丰富

当前我国宏观经济运行仍然承压，2021 年《政府工作报告》[①] 指出，宏观政策仍需保持连续性、稳定性和可持续性，其中，积极的财政政策要提质增效、更可持续。伴随我国疫情得到有效控制和经济逐步恢复，2021 年规模型财政政策力度有所收缩，例如赤字率小幅回调、抗疫特别国债不再发行、专项债新增额度小幅调降。但积极财政政策基调仍未改变，专项债也依然是扩大有效投资、稳定经济增长的重要着力点，2021 年新增额度仍保持在 3. 65 万亿元的较高水平，仅较 2020 年小幅下降 0. 1 万亿元。这在一定程度上表明，疫情冲击后当前地方经济稳增长压力仍较大，稳基建、稳投资仍是重要抓手，基建项目对专项债资金的需求依然较高；另一方面，前期专项债大幅扩容以及抗疫特别国债发行后的存量项目较多，资金接续需求较大，为保持在建项目的资金

① 《2021 年政府工作报告》，中华人民共和国中央人民政府网站，2021 年 3 月 5 日，http：//www. gov. cn/zhuanti/2021lhzfgzbg/index. htm。

稳定性，避免形成“半拉子”工程，仍需保障专项债的稳定投入。若再考虑2021年新增一般债额度0.82万亿元①以及2020年尚未使用完毕的支持中小银行专项债留存额度0.15万亿元，2021年新增地方债发行规模或达4.62万亿元。因此，后续地方债仍将持续扩容，继续发挥稳定基建投资、补齐发展短板、支撑经济增长的重要作用。

伴随总量扩容，地方债尤其是专项债募投领域将进一步扩大，继续以投向创新适应我国发展阶段变化及社会主要矛盾转化。首先，将持续聚焦既促消费惠民生又调结构增后劲的“两新一重”建设，尤其是目前专项债支持力度较低的新基建及新型城镇化领域，同时将进一步提高专项债用作项目资本金比例，在缓解财政资金到位压力的同时进一步放大债券资金对投资的杠杆作用。其次，2021年《政府工作报告》提出“政府投资更多向惠及面广的民生项目倾斜”，后续专项债将重点支持如卫生健康体系建设、基本民生保障、人民群众精神文化需求保障等，牢牢兜住民生底线。与此同时，为进一步稳企业、保市场主体，专项债也将加快补充中小银行资本金的步伐，并强化地方政府在风险管控和风险处置方面的责任，建立市场化的到期退出机制，助力化解中小企业经营风险的同时防范金融风险累积。此外，结合我国社会发展中存在的短板领域，未来或将进一步提高对可能面临的突发事件如自然灾害等应对政策的灵活性及应变度，并及时根据宏观调控需求出台创新政策，鼓励专项债予以资金支持，进一步扩大专项债资金用途。

（二）改革提速，市场基础设施持续完善

针对目前我国地方债市场发展仍然存在的市场化程度不足、透明化程度较低的问题，未来将持续推进地方债市场改革，除了从深层次推进财政体制改革，如提高政府决策的透明度、推动地方综合财务报告的编制和披露、强化地方财政审计的约束外，市场基础设施也将持续完善，以市场开放推动建立透明化、市场化、可约束的地方债融资渠道，优化债务风险处置机制。

投资者保护机制将持续完善。第一，风险提示和投资人保护机制披露要求

① 参见财政部《关于2020年中央和地方预算执行情况和2021年中央和地方预算草案的报告》，中华人民共和国财政部，2021年3月6日，http://www.mof.gov.cn/zhengwuxinxi/caizhengxinwen/202103/t20210306_3666607.htm。

将进一步细化，包括持有人会议安排和违约处置相关安排，存续期重大事项披露标准将不断完善，对于风险达到一定指标的地方政府设置债券条款、设置偿债基金等，以更好地保护投资人权益。第二，披露机制进一步完善，对政府性基金预算收入及对应项目，对发行人自身及募集资金用款主体和中介机构，均将加大披露力度，以帮助投资者全面识别风险。第三，对地方政府和中介机构的监管力度加大，监督内容包括地方政府披露内容及频率、中介机构执业情况等，确保真实性、及时性和完整性。

地方债流动性持续改善。第一，地方债续发行机制将进一步完善，试点范围将推广至更多地区，地方债个券发行规模或将扩大，二级市场流动性或边际提升；第二，地方债交易方式将持续优化创新，例如引入地方债指数、地方债利率衍生品等，满足更多投资者的需求，以建立多层次债券市场以及具有分层结构的做市商制度；第三，对于违规干预地方债发行定价的行为将加大惩处力度，打击一级发行中的非市场化定价行为，进而提升二级市场流动性。此外，在当前外资对人民币资产偏好提升的背景下，境外人民币债券市场的体制机制建设将加快推进，或引入国际信用评级，支持地方政府赴海外发债，探索拓展地方政府境外融资渠道，尤其是对外开放程度较高的区域，有望加快推动我国地方债在国际金融市场的更好流通。

自律组织和中介机构将进一步发挥重要作用。一方面，自律组织将扩大宣介、制定规则、回应市场诉求，配套基础设施将进一步完善。另一方面，中介机构的市场准入标准及执业要求将进一步明确，在激励机制及良性竞争下，更多专业能力强、执业规范、创新活跃、勤勉尽责的中介机构将参与地方债业务，且规范自身执业要求，例如承销商的尽职调查及后续管理等，评级机构的评级流程、评级方法等，助力推动地方债业务的高质量发展。尤为重要的是，监管问责机制将逐步完善，凡是违法违规开展业务或协助地方债发行人虚假披露信息，导致投资人合法权益受损的，均将受到相关监管部门和自律组织处分。

（三）细化管理，“借、用、管、还”全流程规范

我国经济已由高速增长阶段转向高质量发展阶段，须按照全面深化改革的要求，加快建立现代财政制度。地方债作为债券市场的主要品种、财政政策的重要组成、宏观调控的重要手段，其高质量发展须坚定不移地推进财税体制改

革，建立全面规范透明、标准科学、约束有力的预算制度，推动财政资金聚力增效；从中短期来看，为防范地方债高速发展的潜在风险，地方债“借、用、管、还”流程也将全面细化管理。

“借”将合理。地方债务额度分配机制将持续优化。疫情冲击加剧地方财政压力及区域分化，新增限额的分配及再融资举债上限均将对各地偿债能力进行重新论证，并将充分考虑各地稳增长、补短板、化债务的需求适当调整。与此同时，省级政府与市县政府的权责关系或逐步清晰。随着中央－地方治理体系改革的推进，地方债发债主体或逐步向债务管理水平较高的市县政府下沉，或探索成立联合发债平台，并在债券及项目绩效管理中重点考量实际用债政府的信用状况、财政状况等因素，也将结合项目收益、周期等因素完善绩效评价体系，使其能够更好地反映债券及项目风险情况。此外，政府举债融资机制将进一步规范。在继续打好防风险攻坚战的背景下，政府举债融资将不断规范化，项目审批和投资计划审核或更加严格，政府公益性项目投资审批程序将进一步完善，公益性项目融资必须编制年度融资预算、中期融资规划和资产负债表，实行审批管理，针对专项债项目需重点审核项目资金来源是否明确、是否符合财政承受能力。

“用”将高效。第一，防风险背景下，各级政府均将在批准限额内举债使用，并纳入全口径预算管理，避免过度举债。第二，债务期限结构安排将更为合理。2021～2026 年地方债将迎来到期高峰，年均到期量超过 2 万亿元，各地将充分考虑化债需求，发债期限或与地方债集中到期偿债高峰错开，进一步缓解地方政府化债压力。第三，资金用途将结合宏观需求持续优化。在债务限额内，结合国家政策及发展重点，挖掘短板领域及重大领域中合适的稳增长项目，把握资金用途与防风险的动态平衡；对于存量项目的续建和收尾，新增债务将优先倾斜使用。第四，资金使用将更加高效。举债主体将根据债务年度收支计划，合理筹措和安排使用资金，提高资金使用效益，努力降低债务成本；限额使用程度不高的区域或将出台政策督促加快债券发行和使用进度；专项债用作项目资本金比例较低的省（区、市）或在制度层面上进一步扩大使用范围，提高与储备项目的匹配度；针对市县级政府较难把握专项债项目申报标准的情况，完善省级政府、财政部门、发改部门与市县级政府的联动机制，避免债券资金出现闲置、投向不合理等问题。

“管”将规范。第一，省级政府将加强对市县级政府的债务管理。省级政府在用自身信用为市县级政府提供支持并承担一定救助责任的同时，对其债务约束也将相应加强，如限制债务余额、强化预算和信息披露要求、强化审计要求，还可根据债务率等指标评估各市县债务风险并进行预警。第二，信息披露机制或更趋完善，尤其是专项债项目全周期的信息披露，有关部门或将进一步提高信息公开频率，增加对重大事项信息公开的标准界定，合理引导和稳定各方预期。第三，考核问责机制将持续健全，以合理控制新增债务，对违法违规举债的相关人员的追责将进一步加强。第四，地方债绩效管理将进一步完善。首先，构建全方位预算绩效管理格局，并聚焦政府投资项目资金的使用绩效、控制成本等方面；其次，建立全过程预算绩效管理链条，包括评估机制、目标管理、运行监控、评价和结果应用环节，解决好效益和风险问题。第五，专项债资金管理配套机制或持续规范。专项债发行或逐渐以单一项目为主，减少集合发行方式，降低资金混同及期限错配风险，实行“封闭式”运行管理。此外，第三方监督作用将逐步加强。将规范引入第三方机构以更好发挥中介作用，通过自律管理强化律师事务所、会计师事务所、信用评级机构等中介机构的第三方责任，多角度、全方位发挥风险监督作用。

“还”将有道。未来伴随各级政府责任意识的加强，地方债还款主体将进一步明确，遵循“谁举债、谁负责”原则，各级政府对举借债务负有偿还责任。同时，还款来源将更加合理。一方面，对于支持没有收益的公益性事业的一般债务，主要以一般公共预算收入偿还，并纳入本级政府年度财政预算，各级政府或通过规范当地财税管理，拓宽财政收入来源，提高偿债能力。另一方面，对于支持有一定收益的公益性事业发展的专项债务，以对应的政府性基金或专项收入偿还，伴随专项债发展的日益规范，各地政府将更加注重项目收入来源结构及质量，更多依靠项目运营收益还本付息，减少对土地出让收入的依赖，对项目自身运营收入不足以还本付息的债务，或将通过依法注入优质资产、加强经营管理、加大改革力度等措施，提高项目盈利能力，增强偿债能力。此外，若出现偿债困难情况，将继续坚持通过控制项目规模、压缩公用经费、处置存量资产等方式多渠道筹集资金偿还债务，必要时或启动应急处置预案。

整体来看，未来地方债市场将进一步做好“借、用、管、还”全流程规范管理，助力地方债市场高质量发展的同时，更好地发挥地方债稳定基建投资、补齐发展短板、支撑经济增长的重要作用，持续激发地方经济活力，促进区域良好发展。

分报告

Topical Reports

B.2 2020年交通基础设施类地方政府项目收益专项债分析报告

尹玉洁*

摘　要：　交通基础设施类地方政府专项债投资领域由收费公路逐渐扩展到铁路、轨道交通等大型交通基础设施，发行期限呈长期化特征，项目收益对融资本息覆盖情况良好，但应关注区域性信用风险。未来可通过作为资本金的方式，发挥地方政府专项债在撬动投资和稳增长方面的积极作用。

关键词：　地方债　专项债　交通基础设施

2020年初，突如其来的新冠肺炎疫情对我国本已处于下行阶段的经济社会发展造成更为严重的冲击，虽然目前国内复工复产正不断推进，但在国内外

* 尹玉洁，中诚信国际评级技术与标准部总监，主要研究领域为地方政府债券、基础设施投融资平台、交通、公用事业、评级方法与模型、评级技术与评级政策研究与制定等。

环境仍错综复杂的情况下，2020 年“两会”明确表示积极财政政策要更加积极有为。在专项债方面，“两会”更表示 2020 年新增地方政府专项债总额将达 3.75 万亿元，较 2019 年增长近 75%，重点支持既促消费惠民生又调结构增后劲的“两新一重”建设，且进一步提高用作项目资本金的比例，地方债尤其是专项债的大幅扩容或有效缓解地方政府财政收支矛盾，基建领域重点项目建设的资金来源将得到较好保障。

2020 年 5 月，《政府工作报告》中再次强调新型基础设施建设在稳投资、稳增长中的重要作用，并提出了“两新一重”建设的概念。在《交通强国建设纲要》① 和《数字交通发展规划纲要》（交规划发〔2019〕89 号）② 等文件基础上，2020 年 8 月，交通运输部印发《交通运输部关于推动交通运输领域新型基础设施建设的指导意见》（交规划发〔2020〕75 号，以下简称《指导意见》）③，明确推动交通基础设施数字转型、智能升级，建设便捷顺畅、经济高效、绿色集约、智能先进、安全可靠的交通运输领域新型基础设施。《指导意见》进一步明确了新一代交通基础设施建设需与信息技术加大融合力度，未来专项债或进一步支持与新技术相结合的新型交通基础设施建设项目，先进信息技术将深度赋能原有交通基础设施，助力形成交通基础设施建设的全新生态。《指导意见》突出了在原有交通基础设施基础上，深度结合新技术，推进新型交通基础设施建设，尤其是推进第五代移动通信技术（5G）、北斗系统和遥感卫星等在交通领域的应用，或将实现全面升级原有交通基础设施的目标。同时，具体应用场景的开发是新型交通基础设施建设的核心，目前《指导意见》中提到的“智慧 +”新型交通基础设施建设将体现在智慧公路、智慧铁路、智慧航道等几乎所有的传统交通基础设施建设领域。据不完全统计，2020 年 1 ~7 月用于交通基础设施建设项目的专项债资金约占项目收益专项债发行

① 《交通强国建设纲要》，中华人民共和国交通运输部网站，http：//xxgk. mot. gov. cn/jigou/zcyjs/201909/t20190920_ 3273715. html。

② 《数字交通发展规划纲要》（交规划发〔2019〕89 号），中华人民共和国交通运输部网站，http：//xxgk. mot. gov. cn/jigou/zhghs/201907/t20190725_ 3230528. html。

③ 《交通运输部关于推动交通运输领域新型基础设施建设的指导意见》（交规划发〔2020〕75 号），中华人民共和国交通运输部网站，http：//xxgk. mot. gov. cn/2020/jigou/zhghs/202008/t20200806_ 3448021. html。

总额的28%[①]，而信息技术领域的专项债资金比例尚未达到0.5%。伴随2020年7月底《关于加快地方政府专项债券发行使用有关工作的通知》（财预〔2020〕94号）[②]中强调积极支持“两新一重”建设，推动经济转型升级，若未来《指导意见》中的要求逐步落实，交通基础设施的建设形式或将更为信息化、数字化，同时也将带动更多专项债资金投向信息技术和交通基础设施建设交叉领域的项目中，助力形成交通基础设施建设的全新生态。

一 交通基础设施类地方政府项目收益专项债发行特点分析

根据财政部发布的《关于试点发展项目收益与融资自求平衡的地方政府专项债券品种的通知》（财预〔2017〕89号）[③]，加快按照地方政府性基金收入项目分类发行专项债的步伐，发挥政府规范举债促进经济社会发展的积极作用。2017年，优先选择土地储备、政府收费公路两个领域在全国范围内开展试点。收费公路项目收益专项债作为交通基础设施类地方政府专项债的一个重要投资领域，从2017年开始登上历史舞台。从近年的发行规模来看，交通基础设施类地方政府项目收益专项债的规模逐年攀升，由2017年的920.08亿元攀升至2020年1~6月的7669.89亿元（见图1）。

（一）发行规模同比明显上升，发行期限以中长期为主

2020年以来，在新冠肺炎疫情冲击、经济下行压力加大的背景下，作为积极财政的重要抓手，地方政府债券持续大幅扩容。在此背景下，仅2020年1~6月交通基础设施类地方政府项目收益专项债的发行规模已超过2019年全年规模。

① 如无特别说明，本报告中各债券相关数据均来自截至2020年6月的Choice数据库，并由中诚信国际整理计算。

② 《关于加快地方政府专项债券发行使用有关工作的通知》（财预〔2020〕94号），中华人民共和国中央人民政府网站，http://www.gov.cn/zhengce/zhengceku/2020-07/29/content_5530987.htm。

③ 《关于试点发展项目收益与融资自求平衡的地方政府专项债券品种的通知》（财预〔2017〕89号），中华人民共和国财政部网站，http://yss.mof.gov.cn/zhuantilanmu/dfzgl/zcfg/201707/t20170724_2656632.htm。

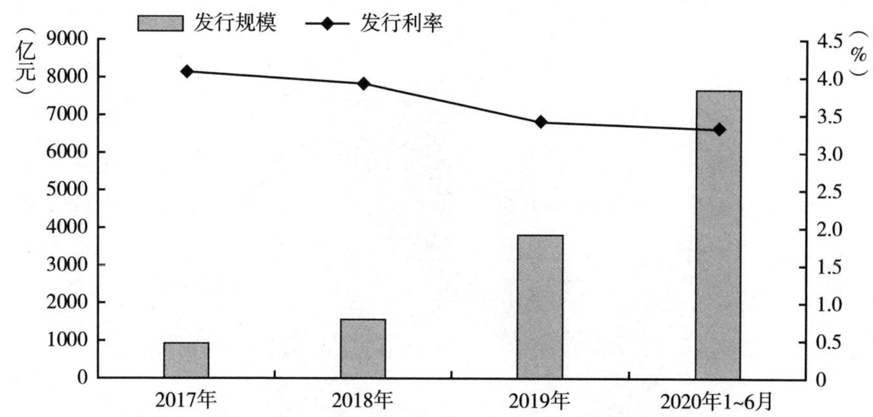

图1　2017 年 ~2020 年 6 月交通基础设施类地方政府项目收益专项债发行情况

数据来源：Choice 数据库，中诚信国际整理计算。

从债券存量来看，据不完全统计，截至 2020 年 6 月末，交通基础设施类地方政府项目收益专项债累计余额为 14929. 89 亿元，采用记账式固定利率附息形式，每年付息 1 次或 2 次，涉及提前偿还或赎回等特殊条款的债券只数为 13 只，涉及规模达 168. 30 亿元，规模较小。从发行成本来看，近年来平均发行利率呈逐年下降趋势，发行利差虽然在 2018 年有小幅上升，但受益于政策面的宽松，2019 年以来呈现下行趋势，为专项债的发行提供了有利的环境。从发行期限来看，为了匹配多样化的交通基础设施项目投资规模大、投资回收期限长的特征，专项债的发行期限近年来呈现长期化特征。2017 年交通基础设施类地方政府项目收益专项债发行期限多为 5 年、7 年和 10 年，2020 年 1 ~6 月发行期限多为 10 年、15 年、20 年和 30 年（见图 2）。这些长期债券多用于收费公路、铁路、轨道交通等大型交通基础设施领域，以满足其投资回收期限长的项目特点。

（二）区域分化明显，地级市项目占比最高

从分布区域来看，2020 年 1 ~6 月，广东省、云南省、浙江省、福建省和甘肃省交通基础设施类地方政府项目收益专项债发行规模位居前 5 名（见图 3），这五省的发行规模占当期全国发行规模的 43%。其中广东省、浙江省为传统经济强省，为满足其投资需求，发行的交通基础设施类地方政府专项债规模位于全国前列，2020 年 1 ~6 月其发行规模均在 500 亿元以上，其中广东省

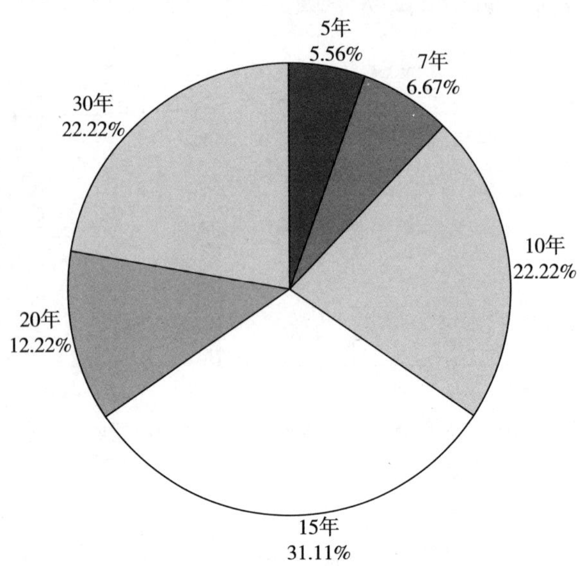

图2　2020年1～6月交通基础设施类地方政府项目收益专项债发行期限结构

数据来源：Choice数据库，中诚信国际整理。

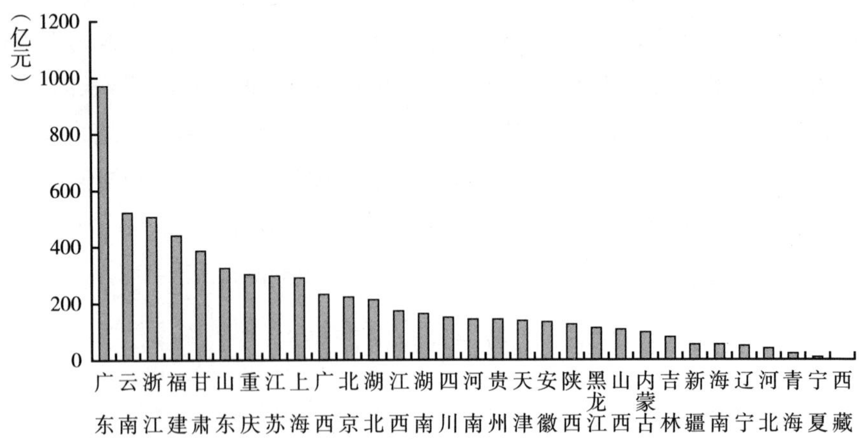

图3　2020年1～6月全国31个省（区、市）交通基础设施类地方政府项目收益专项债发行规模

数据来源：Choice数据库，中诚信国际整理计算。

发行规模近千亿元；云南省位于我国西南边陲，甘肃省位于西部地区，交通基础设施建设为其短板和薄弱环节，为拉动经济增长，两省在交通基础设施领域发力，该类项目收益专项债发行规模较大。

从行政级次来看，2020 年 1 ~6 月，地市级对于交通基础设施类项目投资需求最为旺盛，该类项目多为地市级重点项目，其次为省级和区县级重点项目，地市级、省级和区县级项目规模占比约为 5. 5∶2. 5∶2. 0。

二 交通基础设施类地方政府项目收益专项债募投项目特点分析

（一）募投项目多样化

从募投项目整体情况来看，交通基础设施类地方政府项目收益专项债主要投向收费公路领域，其次为一般铁路领域。2019 年以来，募投项目逐渐多样化，逐渐扩展到轨道交通、城际高速铁路和城际轨道交通、综合交通枢纽、机场、城市停车场、高铁站、港口等领域。具体来看，收费公路类项目收益专项债自 2017 年全国试点发行以来，一直是交通基础设施类项目收益专项债发行规模最大的募投领域，发行规模由 2017 年的 440. 04 亿元增至 2020 年 1 ~6 月的 1786. 79 亿元（见图 4）。轨道交通类项目收益专项债在 2017 ~2018 年作为收费公路类项目之外交通基础设施领域的有益尝试，2017 年仅深圳市就发行了 20 亿元的轨道交通类项目收益专项债，2018 年仅武汉市就发行了 18 亿元的轨道交通类项目收益专项债。2018 年，国家发改委集中通过一批城市轨道交通项目批复，各地的城市轨道交通建设进入加速期，因此，2019 年以来轨道交通类项目收益专项债呈现快速增长趋势，2019 年以及 2020 年 1 ~6 月发行规模分别为 217. 05 亿元和 928. 35 亿元（见图 4）。铁路建设也是交通基础设施类项目的重要投资领域，2020 年 1 ~6 月一般铁路类项目收益专项债发行规模为 1222. 53 亿元（见图 4），成为仅次于收费公路的重要投资领域。城际高速铁路和城际轨道交通为“两新一重”的新基建领域，2020 年以来开始发力，2020 年 1 ~6 月其发行规模达到 754. 14 亿元（见图 4）。2020 年 1 ~6 月，综合交通枢纽、机场、城市停车场、高铁站、港口、汽车客运站和其他公路类项目收益专项债合计发行规模达到 1621. 86 亿元，成为交通基础设施类地方政府项目收益专项债的重要补充。整体来看，随着地方政府债券市场的扩容，2019年以来交通基础设施类项目收益专项债募投领域呈现多元化。

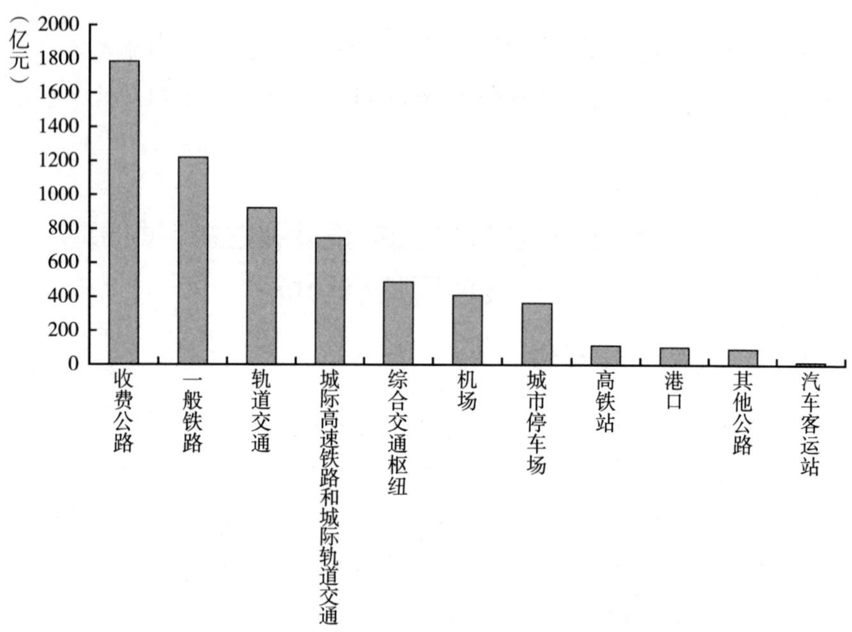

图4　2020年1~6月交通基础设施类地方政府项目收益专项债募投项目分类

数据来源：Choice数据库，中诚信国际整理计算。

（二）募投资金用于项目资本金规模较小

根据2020年上半年发行统计，在项目资金来源方面，募投项目资本金比例在30%以上的项目约占当期发行规模的七成①，资本金占比较高，资本金主要来自财政资金、项目自筹，剩余配套资金通过融资方式解决。2020年上半年项目收益专项债用于配套融资的规模为5527.29亿元。据不完全统计，2020年上半年，用于项目资本金的交通基础设施类项目收益专项债规模为1016.67

① 如无特别说明，本报告中引用的专项债募投项目的相关数据均来自地方政府新增专项债信息披露文件，并由中诚信国际整理计算。由于数据的获取问题，数据可能来自不同募投项目文件、项目实施方案、信息披露模板等，这可能导致数据分析出现一定偏差，但不会对分析结论产生实质上的影响。

亿元，目前来看规模不大，预计未来项目收益专项债用于项目资本金的规模会有所扩大，撬动基建投资的规模也将成倍增长。

三 交通基础设施类地方政府项目收益专项债信用特点分析

项目收益专项债的信用特点为：第一偿债来源为项目本身对应的收益，地方政府作为债券的最终信用提供方，其区域信用也是重要考量因素。在考虑项目收益专项债信用风险时，首先衡量募投项目的收益与融资平衡情况，然后综合衡量地方政府信用状况。

2020 年以来，在新冠肺炎疫情冲击、经济下行压力加大的背景下，交通基础设施投融资行业的建设进度、运营收入、投融资安排等受到不同程度的影响，但交通基础设施行业属于抗周期性行业，行业的抗风险能力相对较高，受疫情冲击的影响相对可控。

（一）偿债资金以项目收益为主，融资本息覆盖情况较好

在募投项目收益与融资平衡方面，对于交通基础设施类项目，其偿债资金首先来自项目运营收入和财政补贴收入（若有），当运营收入无法覆盖项目投资成本时，多依靠配套的土地出让收入实现项目收益自平衡。对于收费公路类项目收益专项债，其偿债资金来源主要为车辆通行费、广告收入、服务区经营收入及财政补贴收入等。对于一般铁路和轨道交通类项目收益专项债，其偿债资金来源主要为票款收入、财政补贴收入、土地开发收入等。从项目收益对融资本息覆盖倍数来看，覆盖倍数介于 1 倍和 2 倍之间的占比约为 70%，其余覆盖倍数大多在 2 倍以上，覆盖情况良好，但需关注在新冠肺炎疫情这类突发公共卫生事件以及其他不可抗力的情况下，加压的融资本息覆盖情况。

（二）各省（区、市）经济、财政实力呈现区域性分化，债务压力各不相同

在地方政府信用状况方面，发行地方政府专项债的主体为省级政府，各省（区、市）经济、财政实力呈现区域性分化特点，应关注区域性信用风险。发

行交通基础设施类项目收益专项债最多的前5个省（区、市）中，东部地区经济、财政实力较强的广东省、浙江省、上海市债务率均控制在60%以下①，债务压力不大；东部沿海的福建省以及西部地区的甘肃省债务率分别为97.81%和91.45%，尚处于可控水平；而位于西南部地区的云南省债务率达到108.06%，处于较高水平（见图5）。

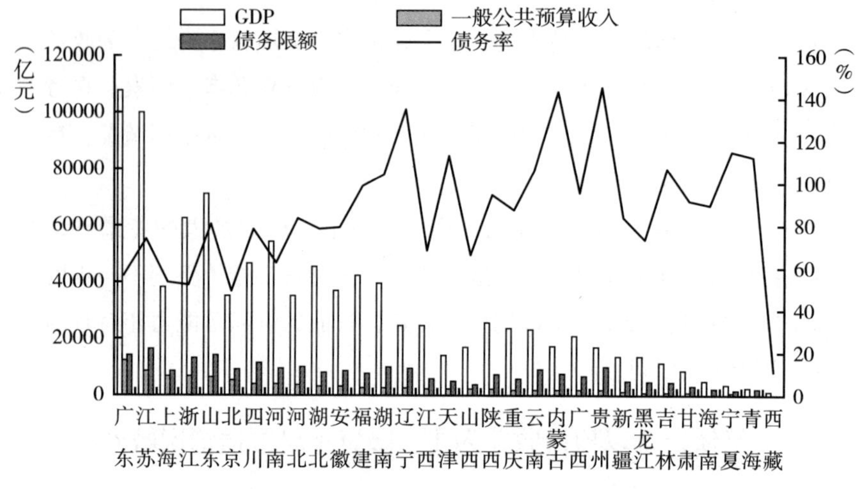

图5　2019年全国31个省（区、市）经济、财政和债务率概况

数据来源：Choice数据库，中诚信国际整理计算。

四　案例分析——2020年北京市政府收费公路专项债券（一期）

本报告挑选了已发行的2020年北京市政府收费公路专项债券（一期），即2020年北京市政府专项债券（七期）进行分析。

（一）债券及项目基本情况介绍

2020年北京市政府收费公路专项债券（一期）（以下简称“20北京债

① 如无特别说明，本报告中引用的宏观经济数据和财政相关数据均来自地方《国民经济和社会发展统计公报》和财政预算执行及决算报告，并由中诚信国际整理计算。

11”）发行总规模为12亿元，发行期限为15年，票面利率为3.38%。其募集的专项资金用于北京市2个收费公路改扩建项目，项目建设期为4年，收费期限为15年，运营期限能覆盖债券存续期。

（二）项目评价

在资金平衡方面，该期专项债券募投项目为东六环（京哈高速至潞苑北大街）改造工程和京哈高速公路（东五环至东六环）加宽改造工程项目，投资估算总额为138.65亿元，其中项目资本金为101.65亿元，资本金占比为73%；拟申请专项债券资金为37亿元，本期即2020年拟申请专项债券资金为12亿元，2021年和2022年分别拟申请专项债券资金为12亿元和13亿元。

在偿债资金来源及收益平衡方面，该期专项债券的偿债来源为募投项目的车辆通行费及广告收入，按照项目建议书测算的通行费和债券融资还本付息、其他融资性贷款还本付息等因素进行测算，债券存续期内运营收益可达到64.08亿元，假设融资利率为3.8%，三笔债券的本息累计达58.09亿元。项目收益覆盖债务本息总额的保障倍数为1.1倍（见表1），覆盖情况良好。

表1　“20北京债11”募投项目情况

单位：亿元，倍

项目名称	项目总投资	资本金	拟申请专项债券资金	项目收益合计	专项债券本息合计	覆盖倍数
东六环(京哈高速至潞苑北大街)改造工程、京哈高速公路(东五环至东六环)加宽改造工程项目	138.65	101.65	37	64.08	58.09	1.1

数据来源：北京市地方政府新增专项债信息披露文件，中诚信国际整理计算。

五　交通基础设施类地方政府项目收益专项债发展建议

项目收益专项债于2017年开始试点发行，优先选择土地储备、政府收费公路2个领域在全国范围内开展试点。项目收益专项债在我国起步较晚，

经过短短3年的发展，募投项目已扩展至棚改、交通基础设施、能源、生态环保、民生服务、市政和产业园区基础设施建设、信息网络建设、农林水利、物流等领域。交通基础设施类项目收益专项债从收费公路逐渐扩展至一般铁路、轨道交通、城际高速铁路和城际轨道交通、综合交通枢纽、机场、城市停车场、高铁站、港口等多元化领域，债券发行期限亦随着项目的多元化而呈现长期化特征，项目收益对于债务本息的覆盖情况良好。

中共中央办公厅、国务院办公厅印发《关于做好地方政府专项债券发行及项目配套融资工作的通知》（厅字〔2019〕33号）[①]，允许将专项债作为符合条件的重大项目资本金，主要是国家重点支持的铁路、国家高速公路和支持推进国家重大战略的地方高速公路、供电、供气项目，多渠道筹集重大项目资本金，允许各地将财政建设补助资金、中央预算内的投资资金作为重大项目资本金，鼓励将发行地方政府债券后剩余的财力作为重大项目资本金。目前来看，用于项目资本金的交通基础设施类项目收益专项债规模不大。未来可通过专项债资金作为资本金的方式，发挥地方政府专项债在撬动投资和稳增长方面的积极作用；同时，需要关注在专项债作为项目资本金的情况下，项目自平衡压力加大的可能性。

① 《关于做好地方政府专项债券发行及项目配套融资工作的通知》（厅字〔2019〕33号），中华人民共和国中央人民政府网站，http://www.gov.cn/zhengce/2019-06/10/content_5398949.htm。

B.3
2020年能源类地方政府项目收益专项债分析报告

齐 晨*

摘 要： 目前，能源类地方政府项目收益专项债还处于成长初期，发行数量较少。2020年，能源类项目收益专项债发行期限以中长期为主，发行区域集中在西北和西南地区，集合类的能源专项债居多。在募投项目中，航电项目的投资需求较大但债券发行数量较少，电气类项目占比很大，属于新基建的能源项目相继出现。从项目特点来看，电气管网类项目的投资规模较小，项目周期较短；LNG调峰储备站类项目的投资规模较大，项目周期较长。未来受益于政策面创造的宽松环境和建设资金的需求等，能源类专项债的发行数量有望继续增长，各地方政府也应充分发挥专项债可作为项目资本金的优势，放大其撬动投资的杠杆作用。

关键词： 地方债　专项债　能源

随着能源政策的不断完善，我国能源的生产能力和生产水平大幅提升，基本形成了煤、石油、天然气及可再生能源多轮驱动的能源生产体系。目前，在提倡能源发展转型的大背景下，清洁能源的建设也逐渐加强。2019年9月，国务院常务会议中明确了地方政府项目收益专项债可重点用于天然气管网和储

---

* 齐晨，中诚信国际评级技术与标准部高级分析师，主要研究领域为地方政府债券、基础设施投融资、公共交通及公用事业行业等。

气设施等能源项目，在能源类项目建设需求增加的影响下，能源类地方政府项目收益专项债的发债数量和金额显著增长。目前，我国的能源类地方政府项目收益专项债以电力及天然气两个行业内的项目为主。电力行业具有较明显的周期性特征，变动趋势与宏观经济变动趋势基本相同。一方面，宏观经济的发展要依赖电力行业提供可靠的能源支持。另一方面，国民经济增长对电力行业发展具有驱动作用。当国民经济处于稳定发展期时，发电量随电力需求量的增加而上升，并促使电力行业快速发展；当国民经济增长放缓或处于低谷时，发电量随电力需求量的减少而下降，电力行业发展也将随之放缓。在天然气方面，近年来随着城市化进程的持续推进、国家环保标准的提高、国民环保意识的增强，以及新能源的不断开发，我国用气类型和供气结构也逐步进行调整，作为清洁能源的天然气已成为我国城市用气和供气的主要能源。2020 年第一季度，在新冠肺炎疫情等影响下，我国全社会用电增速为负，天然气消费需求也大幅减少；2020 年第二季度，我国全社会用电情况有所好转，第一产业和城乡居民生活用电呈正增长状态，天然气表观消费量也实现同比增长。

一　能源类地方政府项目收益专项债发行特点分析

2019 年 9 月，国务院常务会议中扩大了地方政府项目收益专项债的使用范围，明确其可重点用于一般铁路、轨道交通、城市停车场等交通基础设施，城乡电网、天然气管网和储气设施等能源项目，农林水利，城镇污水垃圾处理等生态环保项目，职业教育和托幼、医疗、养老等民生服务，冷链物流设施，水电气热等市政和产业园区基础设施。此外，会议中还表示上述重大基础设施领域可使用地方政府项目收益专项债作为项目资本金，以省为单位，专项债资金用于项目资本金的规模占该省份专项债规模的比例可在 20% 左右。2020 年 7 月，《关于加快地方政府专项债券发行使用有关工作的通知》（财预〔2020〕94 号）① 再次强调了 2019 年的会议精神，表示“坚持专项债券必须用于有一

① 《关于加快地方政府专项债券发行使用有关工作的通知》（财预〔2020〕94 号），中华人民共和国中央人民政府网站，http：//www. gov. cn/zhengce/zhengceku/2020 - 07/29/content_5530987. htm。

定收益的公益性项目，融资规模与项目收益相平衡。重点用于国务院常务会议确定的交通基础设施、能源项目、农林水利、生态环保项目、民生服务、冷链物流设施、市政和产业园区基础设施等七大领域”。受上述政策影响，能源类地方政府项目收益专项债（以下简称“能源专项债”）的发行数量随之增多。据不完全统计，2020 年之前，在我国各级地方政府发行的项目收益专项债中，涉及能源类项目建设的债券数量很少。但 2020 年上半年以来，我国各地方政府共计发行了 60 只①涉及能源类项目建设的地方政府项目收益专项债，发行数量较之前大幅增长。

（一）能源专项债发行期限以中长期为主，发行利率集中在3%左右

目前能源专项债的发行结构全部为新增债，且以 10 年期、15 年期和 20 年期为主（见图 1），上述三种发行期限分别占其总发行量的 33.33%、25.00% 和 16.67%，符合地方政府项目收益专项债的发行期限特点，且更趋于长期化；其发行利率与其他类专项债相比略高，多集中在 3% 左右，最低发行利率为 2.67%，最高发行利率为 4.02%，付息频率多为每年 2 次。

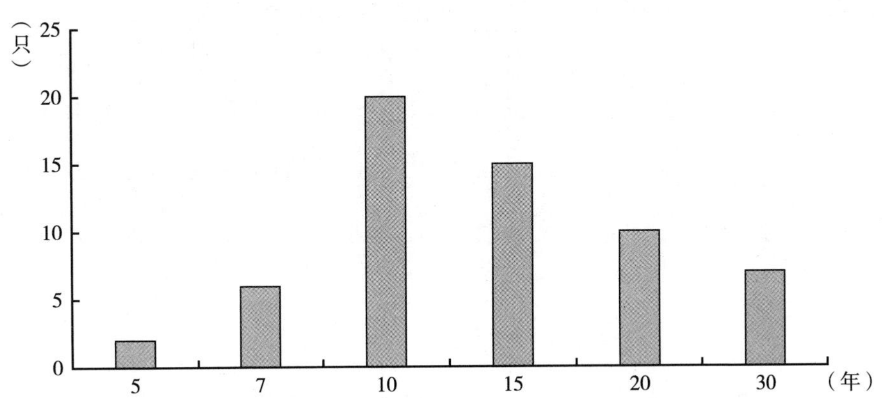

图 1　2020 年 1～6 月能源专项债发行期限统计

数据来源：Choice 数据库，中诚信国际整理计算。

① 如无特别说明，本报告中引用的地方债发行量等债券相关数据均来自截至 2020 年 6 月的 Choice 数据库，并由中诚信国际整理计算。

（二）我国的西北及西南区域发行的能源专项债数量较多

从区域分布来看，2020 年 1 ~6 月，我国共计有 25 个地方政府发行能源专项债，其中新疆维吾尔自治区发行 7 只能源专项债，发行数量居于首位；四川省发行 5 只能源专项债，发行数量排名第二。其中新疆地区的募集资金用途多为区县级电网改造建设，四川地区的募集资金用途多为水电等电力设施建设等，而其他各地方政府发行债券的数量大致相同，集中在 1 ~3 只（见图 2）。在发行条款方面，以目前数据来看，设置了特殊条款的能源专项债较少，在统计到的 60 只能源专项债中，仅有 3 只设定了提前偿还条款，即在债券的存续期内、在规定年份内依次按照发行规模的一定比例偿还本金。

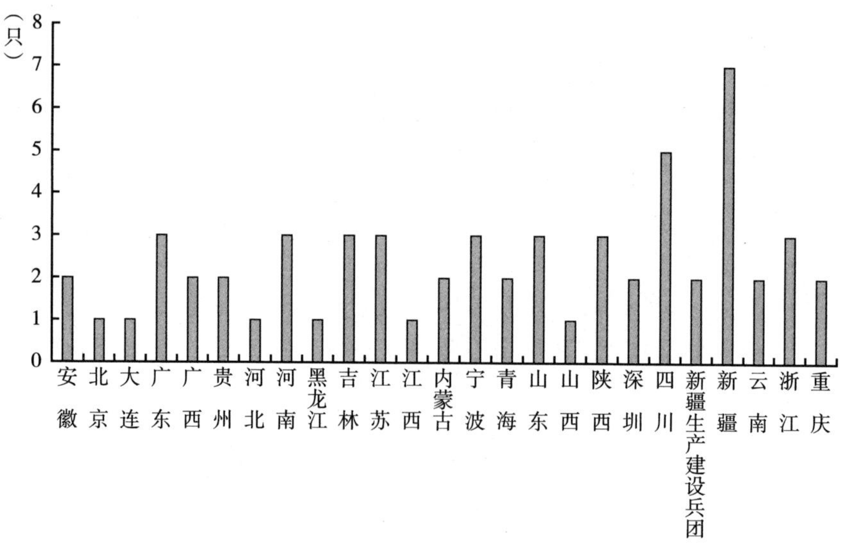

图 2　2020 年 1 ~6 月全国各地方政府的能源专项债发行数量统计

数据来源：Choice 数据库，中诚信国际整理计算。

（三）集合类的能源专项债较多，能源类项目的规模较小

由于地方政府项目收益专项债可以对应单一项目发行，也可以对应多个项目集合发行，且对于集合发行的专项债的项目类型、区域等要素未有统一要

求，故目前发行的能源专项债中投向能源类项目建设的金额不大。在2020年1～6月发行的项目收益专项债中，用于能源类项目建设的金额为168.67亿元，规模较小。此外，据不完全统计，截至2020年6月末存续的60只能源专项债中，将募集资金用于项目资本金的专项债仅有1只。

综合来看，相较其他类别的地方政府项目收益专项债，能源专项债的起步较晚，目前发行总量较少，但2020年以来呈现较快发展趋势。未来受益于政策面创造的宽松环境和建设资金的需求等，能源专项债的发行数量和发行规模有望继续增长。

二　能源类地方政府项目收益专项债募投项目特点分析

截至2020年6月末，各地方政府的能源专项债的募投项目集中在电力及燃气两个行业，其中电力行业的建设项目主要为航电枢纽工程、变电站建设、电网改造及建设等，燃气行业的建设项目主要为天然气管网及LNG调峰储备站等。根据2020年1～6月发行的能源专项债，除航电项目具有施工时间较长及投资规模较大的特点外，其他项目的投资规模均相对较小且项目周期不长。

（一）航电项目的投资需求较大，但发行数量较少

航电项目因兼具蓄水、发电及通航多种功能，其建厂周期较长和技术要求较高等情况使得其建造费用较高、投资规模较大。与此同时，因航电项目是以满足航运要求为首要目标的，其在项目区域的选择上具有一定的局限性和特殊性。该类募投项目在能源类募投项目中的占比很小，目前项目数量仅为2个，属于同一只能源专项债，系四川省人民政府发行。①

① 如无特别说明，本报告中引用的专项债募投项目的相关数据均来自地方政府新增专项债信息披露文件，并由中诚信国际整理计算。由于数据的获取问题，数据可能来自不同募投项目文件、项目实施方案、信息披露模板等，这可能导致数据分析出现一定偏差，但不会对分析结论产生实质上的影响。

（二）因电网升级改造和“煤改气”政策的推行，相关电气类项目占比很大

近年来，随着经济形势的变化，居民对电网的要求不断提升，电网升级改造及配网建设项目成为建设重点；同时，随着“煤改气”政策的有序推进，燃气管网铺设的范围也逐步扩大，城镇燃气的主干及支线管网建设不断增多。基于上述环境，在能源专项债的募投项目中，项目数量较多的是电气管网类项目，其占比可以达到80%左右；同时，电气管网类项目的建设区域又多集中在区县，地市级和省级的项目相对较少。

（三）属于新基建的能源项目随着“两新一重”的提出而相继出现

随着“两新一重”概念的提出，特高压作为新基建的重点领域，在拉动上下游产业发展、促进全国能源资源优化配置及保障国家能源安全等方面将发挥重大作用，其作为募投项目也逐渐出现在能源专项债中。据不完全统计，2020年1~6月，河南省、山东省和浙江省分别出现了与特高压相关的建设项目，共计3个。

总的来看，从整个电气管网类项目的建设区域来看，新疆地区的电网建设项目较多，而广东省内的天然气管网建设项目较多。由于电力行业和燃气行业均属于现金流入较为稳定的行业，在上述能源类项目建成后，它们均以后期的运营收入作为主要偿债来源，虽然本息覆盖倍数受项目具体情况波动较大，但均超过1倍，可以完全覆盖债务本金和利息。

三　能源类地方政府项目收益专项债信用特点分析

项目收益专项债的第一偿债来源为项目本身对应的收益，同时因为债券的最终信用提供方为地方政府，其所在区域的信用也是重要的考量因素。中诚信国际在考虑项目收益专项债的信用风险时，首先衡量募投项目的收益与融资平衡情况，然后综合衡量地方政府信用状况；而在分析募投项目的信用基础情况时，募投项目的质量和最终的融资本息覆盖倍数是两个值得关注的重点。其中，现金流的可预测性和稳定性是判断项目质量的要点。电力行业和燃气行业均属于国计民生行业，事关经济发展和社会稳定，具备特许经营性，其行业内现金流的可预测性和稳定性都相对较高，项目质量较好。

（一）电气管网类项目的投资规模较小、项目周期较短

具体来看，以区县为主的电气管网类项目的投资规模较小，项目周期集中在1~2年，时间较短；其资本金以自筹资金为主，资本金落实较为容易；但同时，其对建设的施工技术和安全系数要求相对较高。项目建成后，电气管网类项目的建设及维护成本会通过后续的售电或售气收入来平衡。由于该项目具备专营性且盈利能力强，其现金流可以在较长的时间内保持稳定，所以该类项目收益对债务本息的覆盖倍数较高。

（二）LNG 调峰储备站类项目的投资规模较大、项目周期较长

由于 LNG 调峰储备站的主要作用是调节用气峰谷差，防止因意外事件造成的供气中断，故该类项目的投资规模根据其实际需求而变化。地市级及省级的 LNG 调峰储备站的投资规模较大，而区县级的 LNG 调峰储备站的投资规模相对较小。与电气管网类项目相同的是，LNG 调峰储备站的建设对施工技术和安全系数要求同样较高，但其项目建设及维护成本除了通过后续的售气收入或储备服务收入平衡外，也可能会通过部分财政补贴来平衡。

四　案例分析——2020年广东省政府专项债券（十三期）

本报告挑选了已发行的能源专项债中代表性较高的2020年广东省政府专项债券（十三期），即2020年广东省能源专项债券（一期）进行分析。

（一）债券及项目基本情况介绍

2020年1月17日，2020年广东省政府专项债券（十三期），即2020年广东省能源专项债券（一期）发行成功，该债券以下简称为“20广东债

13”。其发行总额为11.55亿元，发行期限为20年，票面利率为3.67%。其募集的专项资金用于省本级6个天然气管网项目（见表1），这些项目的建设期均为2~3年，运营期为30年，资本金占比为30%，项目收入主要来源于天然气输气收入。

表1　“20广东债13”募投项目情况

单位：亿元，倍

项目名称	总投资	本期债券融资金额	可偿债资金	本期债券本息	覆盖倍数
粤西天然气主干管网肇庆—云浮支干线项目	7.91	0.87	13.29	1.51	8.80
粤东天然气主干管网惠州—河源支干线项目	12.13	0.05	11.87	0.09	136.91
粤东天然气主干管网海丰—惠来联络线项目	31.30	2.07	54.17	3.59	15.09
粤北天然气主干管网韶关—广州干线项目	45.20	3.14	16.34	5.44	3.00
粤东天然气主干管网揭阳—梅州支干线项目	11.37	2.65	6.68	4.60	1.45
粤西天然气主干管网阳江—江门干线项目	30.67	2.77	18.30	4.80	3.81

数据来源：Choice数据库，中诚信国际整理计算。

（二）项目评价

具体来看，“20广东债13”的募投项目包括粤西天然气主干管网肇庆—云浮支干线项目、粤东天然气主干管网惠州—河源支干线项目、粤东天然气主干管网海丰—惠来联络线项目、粤北天然气主干管网韶关—广州干线项目、粤东天然气主干管网揭阳—梅州支干线项目和粤西天然气主干管网阳江—江门干线项目，其建设内容包括线路工程、大中型穿越工程、阀室工程、站场工程及配套工程等，管道合计长度为793.51公里，合计总投资为138.58亿元。在项目按照可行性研究报告100%管输量运营的情况下，假设其可偿债资金=经营期净利润+折旧和摊销-资本性支出-营运资金净增加额-偿还其他方式筹资

（其中其他方式筹资有效年利率按4.99%测算），在各募投项目中，其可偿债资金对债券本息的覆盖倍数最低为1.45倍，均能覆盖本期债券本息，且能承受一定管输量不达预期的压力。

五　能源类地方政府项目收益专项债发展建议

综合前文所述，目前已发行的能源类项目主要集中在电力行业和燃气行业，且以管网建设为主，行业和项目的集中度都相对较高。未来各地方政府在项目选取上也可考虑向电力和燃气之外的能源行业延伸，使得项目更加多样化。此外，目前募投的能源类项目中，将专项债作为项目资本金的数量很少，仅有1只。考虑到能源类项目符合专项债用作项目资本金的要求，各地方政府未来也应充分发挥专项债可作为项目资本金的优势，放大其撬动投资的杠杆作用。

B.4
2020年生态环保类地方政府项目收益专项债分析报告

孙晓曼*

摘　要：在城镇化和工业化进程的持续推进及相关政策的积极带动下，我国生态环保行业现处于快速发展阶段。近年来，生态环保类项目收益专项债发行规模显著提升，但呈现较大的区域分化。从2020年情况看，生态环保类专项债募投项目以区县级项目为主，专项债用作资本金的项目数量占比较低，但在这类项目中专项债占资本金的比例较高，这有助于保障项目建设的顺利推进。整体来看，生态环保类专项债项目融资对本息覆盖情况较好，且相关地方政府能提供较强的信用支撑。未来可进一步扩大生态环保类专项债的发行规模，并提升专项债用作项目资本金的比例，更好地发挥地方政府专项债在撬动投资和稳增长方面的积极作用。

关键词：地方债　专项债　生态环保

自“十二五”以来，党中央、国务院高度重视生态环境保护工作，并着重强调持续改善生态环境；在“十三五”期间也多次强调“绿水青山就是金山银山”，并表明要走出一条经济发展与环境改善的双赢之路。在具体政

---

* 孙晓曼，中诚信国际评级技术与标准部助理分析师，主要研究领域为风险管理、信用评级模型设定等。

策上，国务院于 2016 年印发的《“十三五”生态环境保护规划》（国发〔2016〕65 号）[①] 中明确应加强基础设施建设，包括加快完善城镇污水处理系统、实现城镇垃圾处理全覆盖和处理设施稳定达标运行、推进海绵城市的雨水调蓄与排水防涝设施等建设、增加清洁能源供给和使用以及大力推进煤炭清洁化利用。2019 年 6 月，中共中央办公厅、国务院办公厅印发的《关于做好地方政府专项债券发行及项目配套融资工作的通知》（厅字〔2019〕33 号）[②] 中明确应鼓励地方政府和金融机构依法合规地使用专项债券，重点支持包括生态环保在内的多个领域以及其他纳入“十三五”规划并符合条件的重大项目建设。与此同时，我国也进一步完善环境经济政策和环境监管机制，严控地方政府项目收益专项债的信息披露要求，并相继启动各类基建项目的全生命周期监管机制，以形成对生态环保类地方政府项目收益专项债的基础支撑。

受上述政策影响，2020 年生态环保类地方政府项目收益专项债的新增规模显著提升，发行利率稳步下降，发行期限呈长期化特征。生态环保类地方政府项目收益专项债的募投项目均存在一定的公益性，资本金占比普遍较高，资本金主要来源于财政资金、项目自筹，剩余配套资金大多通过融资方式解决。生态环保类募投项目作为国家重点关注并予以大力支持的新基建板块，主要收益来源于垃圾处理收入、污水处理费用、中水回用生产及销售收入、辖区相应地块的国有土地使用权出让收入，收益自平衡情况良好；该类项目本息覆盖倍数多介于 1 倍和 2 倍之间，覆盖情况良好。总体来看，在经济社会发展与资源环境约束的矛盾逐步加大，以及国民的环保意识逐步增强的背景下，生态环保行业的重要性持续提升。未来随着城镇化和工业化的持续推进，生态环保类地方政府项目收益专项债的需求将日益增加，其规模将逐步扩大。

---

① 《“十三五”生态环境保护规划》（国发〔2016〕65 号），中华人民共和国中央人民政府网站，http：//www. gov. cn/zhengce/content/2016 – 12/05/content_ 5143290. htm。

② 《关于做好地方政府专项债券发行及项目配套融资工作的通知》（厅字〔2019〕33 号），中华人民共和国中央人民政府网站，http：//www. gov. cn/zhengce/2019 – 06/10/content_ 5398949. htm。

一　生态环保类地方政府项目收益专项债发行特点分析

从发行规模来看，2019 年 6 月，中共中央办公厅、国务院办公厅印发的《关于做好地方政府专项债券发行及项目配套融资工作的通知》（厅字〔2019〕33 号）明确，地方政府要根据提前下达的部分新增专项债务限额，结合国务院批准下达的后续专项债券额度，抓紧启动新增债券发行工作。受上述政策影响，据不完全统计，2020 年上半年生态环保类地方政府项目收益专项债（以下简称“生态环保专项债”）及投向生态环保类项目的其余债券的发行规模总额已攀升至 7047.28 亿元①，其中生态环保专项债的发行规模显著提升。

（一）发行利率介于2.27%～3.97%之间

具体来看，据不完全统计，2020 年上半年共新增发行 201 只生态环保专项债，付息频率为每年一次或两次；发行利率介于 2.27%～3.97%之间，最低发行利率较 2019 年下降 0.73 个百分点，较 2018 年下降 1.38 个百分点，相较同期的能源类及产业园区类项目收益专项债具有一定融资优势；从特殊条款看，涉及提前偿还等特殊条款的债券共 25 只，发行规模合计达 430.46 亿元，占 2020 年上半年累计发行规模的比例较低。

（二）发行期限以中长期为主

从发行期限来看，根据《关于加快地方政府专项债券发行使用有关工作的通知》（财预〔2020〕94 号）②，在综合评估后鼓励发行长期专项债，支持项目运营期限较长的重大项目以更好地匹配项目资金需求和期限。2020 年 1～6 月发行的生态环保专项债为匹配现阶段环保运营项目普遍存在的前期投入大、回收

① 如无特别说明，本报告中引用的地方债发行量等债券相关数据均来自截至 2020 年 6 月的 Choice 数据库，并由中诚信国际整理计算。

② 《关于加快地方政府专项债券发行使用有关工作的通知》（财预〔2020〕94 号），中华人民共和国中央人民政府网站，http：//www.gov.cn/zhengce/zhengceku/2020－07/29/content_5530987.htm。

周期长等典型的资本密集型特征，发行期限也随之呈长期化特征。据不完全统计，2020 年 1 ~6 月新增发行的生态环保专项债共有 3 年期、5 年期、7 年期、10 年期、15 年期、20 年期和 30 年期七种，且以 10 年期、15 年期和 20 年期为主，按发行只数统计，分别占 2020 年 1 ~6 月发行总数的 38%、20% 和 15%（见图 1）。

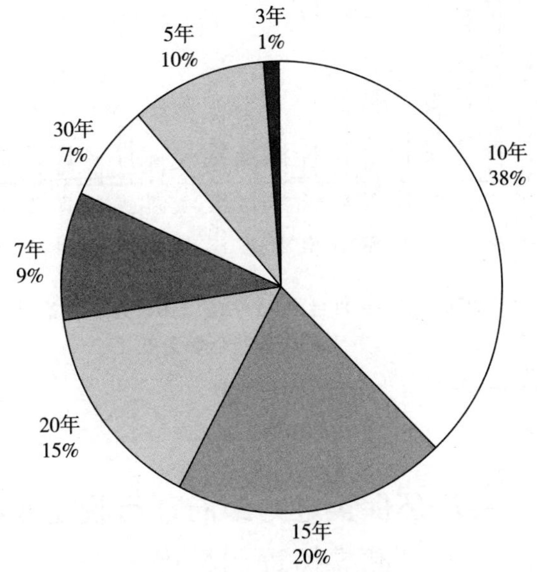

图 1　2020 年 1 ~6 月生态环保专项债发行期限结构（按发行只数统计）

数据来源：Choice 数据库，中诚信国际整理计算。

（三）发行规模呈现较大区域分化

从区域分布来看，生态环保专项债的发行区域差异性较大，部分地区的累计发行只数和累计发行规模明显高于其他地区（见图 2）。据不完全统计，2020 年 1 ~6 月，江苏省、山东省、浙江省、河南省和广东省的发行规模由高至低依次位居前五名，这五个省的发行规模占 2020 年 1 ~6 月全国发行规模的 59.78%，其中江苏省、山东省、浙江省和广东省均为我国沿海省份，分别东濒黄海、渤海、东海和南海，水资源总量均位列全国前列，环保需求较高。此外，江苏省、浙江省和广东省均为传统经济强省，且山东省和河南省均为工业强省及人口大省，缓解经济社会发展与资源环境约束的矛盾的需求极强。

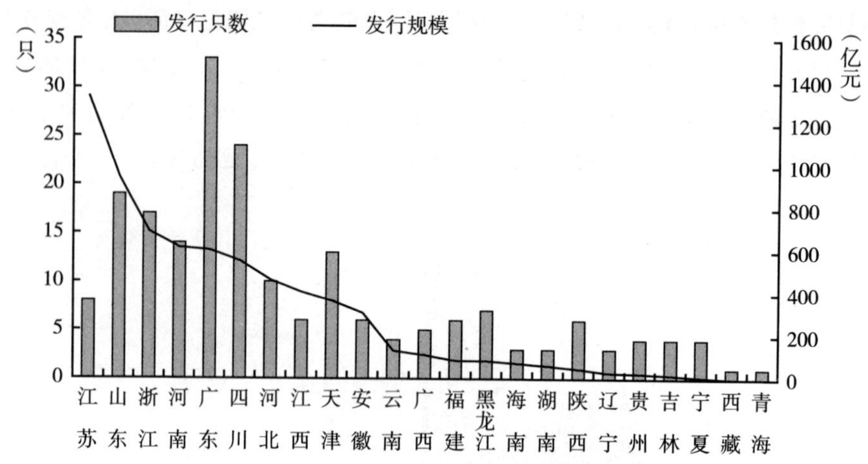

图2　2020年1～6月全国23个省（区、市）生态环保专项债发行区域分布

数据来源：Choice数据库，中诚信国际整理计算。

二　生态环保类地方政府项目收益专项债募投项目特点分析

从募投项目的整体情况来看，生态环保类地方政府项目收益专项债募投项目（以下简称“生态环保类募投项目”）可大致分为城镇污水垃圾处理设施建设项目和环保项目两类，均存在一定的公益性特征。根据《城镇污水垃圾处理设施建设中央预算内投资专项管理办法》（发改办环资〔2016〕888号）①，城镇污水垃圾处理设施建设项目包括但不限于污水处理处置设施、污水管网、淤泥处理处置设施、再生水回用设施、垃圾无害化处理处置设施、垃圾收转运系统、垃圾渗滤液处理设施等；环保项目包括但不限于生态修复等。

具体来看，城镇污水垃圾处理设施建设项目是生态环保类募投项目中数量最多、募投规模最大的领域，总体呈现小而多的特点，2020年1～6月单个项

① 《城镇污水垃圾处理设施建设中央预算内投资专项管理办法》（发改办环资〔2016〕888号），中华人民共和国中央人民政府网站，http：//www.gov.cn/xinwen/2016－04/12/content_5063454.htm。

目总投资多在1亿元以内。[①] 与之相比，虽然环保项目的数量远低于城镇污水垃圾处理设施建设项目，但累计募投规模却相差无几，总体呈大而精的特点，单个项目总投资多为2亿~5亿元（见图3）。

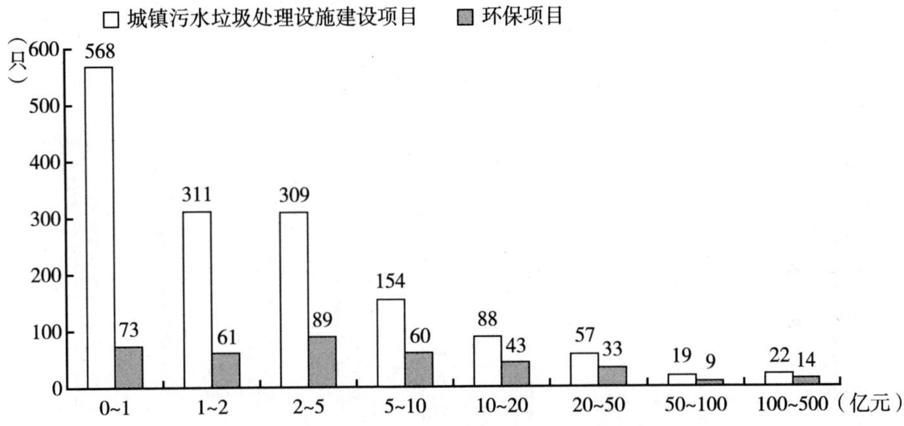

图3　2020年1~6月生态环保类募投项目分布

数据来源：Choice数据库，中诚信国际整理计算。

（一）生态环保类募投项目以区县级项目为主

从项目的行政级次来看，生态环保类募投项目可分为省级项目、地市级项目和区县级项目三档。2020年1~6月由于省级、地市级政府的生态环保治理已初显成效，未来主要将对区县级加大治理力度，所以区县级项目数量最多，占比最高；地市级项目次之；省级项目数量最少，占比最低。

（二）生态环保类募投项目的资本金占比情况良好

从资本金比例来看，据不完全统计，2020年1~6月共有71个生态环保类募投项目将专项债用于资本金，约占2020年1~6月生态环保类募投项目

---

① 如无特别说明，本报告中引用的专项债募投项目的相关数据均来自地方政府新增专项债信息披露文件，并由中诚信国际整理计算。由于数据的获取问题，数据可能来自不同募投项目文件、项目实施方案、信息披露模板等，这可能导致数据分析出现一定偏差，但不会对分析结论产生实质上的影响。

总数的3.99%，占比较低。在这71个项目中，资本金比例最高为51.61%，其余生态环保类募投项目的资本金主要来源于财政拨款或项目自筹。总体来看，生态环保类募投项目的资本金比例在20%及以上的项目约占项目总数的78.34%（见图4），资本金占比情况较好，能够为项目建设提供完善的资金保障。

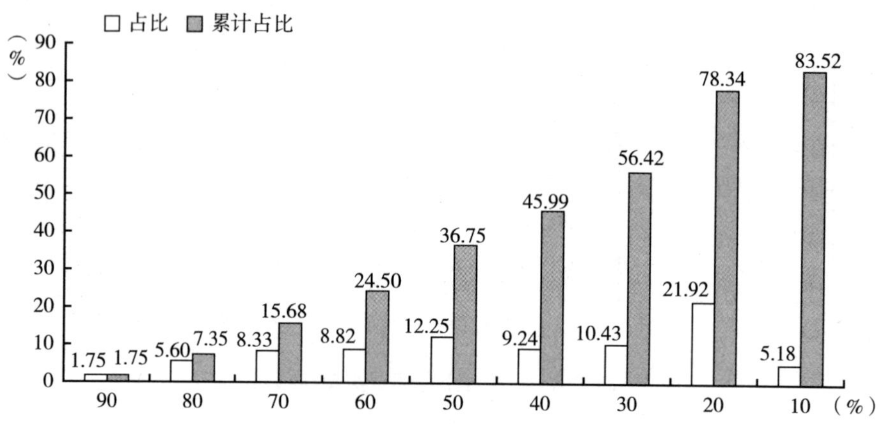

图4　2020年1～6月生态环保类募投项目资本金比例分布

数据来源：Choice数据库，中诚信国际整理计算。

三　生态环保类地方政府项目收益专项债信用特点分析

生态环保专项债延续了项目收益专项债的信用特点：第一偿债来源为项目本身对应的收益，地方政府作为债券的最终信用提供方，其区域信用也是重要考量因素。

（一）项目融资对本息覆盖情况较好

在项目收益方面，生态环保类募投项目作为国家重点关注并予以大力支持的新基建板块，项目现金流较为稳定，项目主要收益来源于垃圾处理收入、污水处理费用、中水回用生产及销售收入、辖区相应地块的国有土地使用权出让收入。此外，生态环保类项目的实施将大幅改善辖区内整体的生态环境、居住环境及投资环境等，对区域内可供出让的土地的价值提升产生较积极的影响，在一定程度上可保障项目自身的融资自平衡。具体来看，2020 年上半年生态环保类募投项目的本息覆盖倍数介于 1 倍和 2 倍之间的占比约为 70%，其余覆盖倍数均在 2 倍以上，债券的本息得到了较有力的保障。

（二）地方政府能提供较强的信用支撑

在地方政府信用状况方面，生态环保专项债的发行主体均为省级政府，且生态环保类募投项目的实施主体主要为项目辖区内的地方政府及下属相关政府部门，项目分布大部分集中于广东省、河南省、四川省和江苏省。其中，广东省和江苏省分别地处我国南部沿海及东部沿海，综合经济实力均居全国前列；河南省作为长三角、环渤海地区向内陆推进的要塞，具有优越的地理位置，且近年来经济稳步发展；四川省也受西部大开发及“一带一路”的影响，近年来经济实力不断增强。综合来看，上述省份自身财政盈余基本能够满足基础设施建设等财政支出需求，故能提供较强的信用支撑。

四　案例分析——2020年河南省生态环保专项债券（一期）

由于我国城镇化和工业化进程的快速推进，我国生态环保行业面临严峻挑战，尤其是基层的生态环保类项目建设仍有待加强。本报告以 2020 年河南省生态环保专项债券（一期），即 2020 年河南省政府专项债券（五期）为例，对该专项债及其对应的募投项目进行分析。

（一）债券及项目基本情况介绍

2020 年 1 月 2 日，2020 年河南省生态环保专项债券（一期），即 2020 年河南省政府专项债券（五期）以公募的方式新增发行，该债券以下简称为“20 河南债 05”。“20 河南债 05”发行人为河南省政府，发行期限为 10 年，发行规模为 29.20 亿元，发行利率为 3.38%，发行利息按年支付。“20 河南债

05”募投项目明细如表1所示。“20河南债05”募集的资金将专项用于河南省14个市，共39个生态环保类项目（见表2）。募投项目均为地市级或区县级；项目期限最长为3年，但多以1年为主。项目收益主要来源于污水处理费用、中水回用生产及销售收入、净化水销售收入等。

表1　“20河南债05”募投项目明细

所属区域	项目数量(个)	申请本期债券额度(亿元)	项目预期收益(亿元)	对本期债券的本息覆盖倍数(倍)
郑州市	6	7.35	28.50	2.90
开封市	2	1.24	2.42	1.46
安阳市	1	0.51	0.98	1.44
平顶山市	1	0.20	0.35	1.31
焦作市	1	0.24	0.38	1.18
新乡市	2	2.06	7.28	2.64
鹤壁市	2	0.47	0.86	1.38
三门峡市	4	6.77	26.96	2.98
商丘市	1	0.09	0.21	1.74
南阳市	4	1.50	2.75	1.37
许昌市	2	0.71	1.28	1.35
周口市	2	1.03	3.36	2.44
信阳市	8	3.06	9.28	2.27
驻马店市	3	3.97	7.18	1.35
合计	39	29.20	91.79	2.35

数据来源：Choice数据库，中诚信国际整理计算。

表2　2020年1～6月“20河南债05”实际募投项目明细

单位：亿元，倍

序号	募投项目名称	项目总投资	债项用于该项目的金额	项目融资本息覆盖倍数
1	信阳市平桥区明港镇明河水环境综合治理工程二期项目	1.71	0.10	12.43
2	罗山县石山口水库饮用水水源地隔离防护工程项目	1.31	0.25	12.43
3	三门峡市城市生态水系连通工程	2.53	0.30	9.98

续表

序号	募投项目名称	项目总投资	债项用于该项目的金额	项目融资本息覆盖倍数
4	新郑市暖泉河生态水系建设项目	7.40	2.64	4.23
5	三门峡市崤函生态廊道示范项目	30.98	3.25	3.41
6	项城汾泉河国家湿地公园一期工程建设项目	2.60	0.43	2.87
7	新乡县综合污水处理厂	5.77	1.80	2.72
8	巩义市站街镇集沟村污水处理厂建设项目	1.11	0.48	2.17
9	河南省登封市2019~2020年生态建设项目	5.09	3.50	2.07
10	项城市第二污水处理工程	1.90	0.60	1.94
11	2019年卢氏县生态廊道示范项目	5.98	2.82	1.67
12	宁陵县第三污水处理厂建设项目	1.01	0.09	1.67
13	固始县204省道等污水干管建设工程	0.62	0.20	1.57
14	鹤山区城镇生活垃圾分类及收运一体化项目	0.40	0.23	1.52
15	固始县第二生活垃圾处理厂工程项目	0.86	0.20	1.46
16	兰考县产业区污水处理厂项目	1.20	1.10	1.42
17	息县县城污水处理及再生水利用工程项目	1.56	1.20	1.41
18	滑县污水处理厂技术改造及管网新建项目	0.34	0.51	1.37
19	邓州市污水处理厂再生水利用工程	0.76	0.30	1.36
20	上蔡县供水节水与水系治理工程	17.89	2.62	1.35
21	南阳市第四污水处理厂二期及配套工程	1.38	0.50	1.31
22	新密市产业集聚区污水处理厂污水处理设施升级改造项目	0.35	0.23	1.3
23	南召县城市生活垃圾处理场二期工程建设项目	1.18	0.50	1.29
24	镇平县遮山污水处理厂工程建设项目	0.83	0.20	1.29
25	长葛市城南污水净化有限公司提标改造工程项目	0.35	0.32	1.29
26	长葛市污水净化站提标改造工程项目	0.42	0.39	1.28
27	郏县第二污水处理厂扩建工程	0.75	0.20	1.25
28	信阳市平桥区五里镇城镇污水处理设施及污水管网建设项目	0.32	0.16	1.25
29	潢川县黑臭水体治理工程	3.32	0.75	1.22
30	新密市城市污水提标升级项目	0.87	0.24	1.22
31	信阳市平桥区沿淮城镇污水处理工程项目	0.50	0.20	1.21
32	遂平县奎旺河生态修复及中水回用项目	1.67	0.70	1.19
33	确山县污水处理厂升级改造工程	1.27	0.65	1.18

续表

序号	募投项目名称	项目总投资	债项用于该项目的金额	项目融资本息覆盖倍数
34	辉县市淇河生态修复工程	0.33	0.26	1.18
35	尉氏县尉北食品科技园污水处理厂项目	0.68	0.14	1.17
36	渑池县中心城区污水管网工程	1.72	0.40	1.16
37	巩义市北山口镇镇区污水处理厂建设项目	0.60	0.26	1.15
38	武陟县污水处理厂一期、二期技术改造工程	0.34	0.24	1.13
39	淇滨区污水处理项目	0.83	0.24	1.12

数据来源：Choice 数据库，中诚信国际整理计算。

（二）项目评价

整体来看，2020 年河南省生态环保专项债券（一期），即 2020 年河南省政府专项债券（五期）具有较强的公益性，在推动河南省基层生态环保类项目建设中起到了积极作用。

从资金安排来看，目前项目资本金来源已落实，即以财政资金形式投入 3.35 亿元，其余 0.23 亿元来源于本期专项债。此外，“20 河南债 05”已被纳入河南省政府性基金预算管理，河南省政府作为该生态环保专项债的最终信用提供方，经济增速处于全国较高水平，一般公共预算收入持续增长，主要政府债务指标表现较好，债务负担不重，总体信用质量较高。从收益平衡情况来看，项目收益自平衡情况较好，本期债券对应的 39 个募投项目预计可实现收益 91.79 亿元，对专项债本息的覆盖倍数为 2.35 倍，保障程度较高。总体来看，项目资金到位压力不大，偿债风险较低。

五　生态环保类地方政府项目收益专项债发展建议

2019 年 6 月，《关于做好地方政府专项债券发行及项目配套融资工作的通知》（厅字〔2019〕33 号）明确，应鼓励允许将专项债券作为符合条件的重大项目资本金。2019 年 11 月，《国务院关于加强固定资产投资项目资本金管理的通知》(国发〔2019〕26 号)[①] 明确提出，对于生态环保领域中应补齐短板的基础设施项目，在投资回报机制明确、收益可靠、风险可控的前提下，可以在 20% 的基础上适当降低项目最低资本金比例，但下调不得超过 5 个百分点。受上述政策影响，未来建议扩大生态环保专项债的发行规模，在此基础上可通过将专项债作为项目资本金的方式，发挥地方政府专项债在撬动投资和稳增长方面的积极作用。未来生态环保类地方政府项目收益专项债将发挥专项债带动作用和金融机构市场化融资优势，积极带动有效投资并支持补短板、扩内需，在贯彻落实“六稳”政策的过程中发挥重要作用。

① 《国务院关于加强固定资产投资项目资本金管理的通知》(国发〔2019〕26 号)，中华人民共和国中央人民政府网站，http://www.gov.cn/zhengce/content/2019-11/27/content_5456170.htm。

B.5
2020年产业园区类地方政府项目收益专项债分析报告

郑　达*

摘　要：　在国家坚持以创新引领发展的政策指引下，我国产业园区类项目收益专项债自2020年以来处于高速发展阶段。2020年1～6月，产业园区类项目收益专项债明显扩容，以10年及以上发行期限为主，省（区、市）间规模与数量分布不均匀。其募投项目以区县级为主，项目资本金比例相对较高，偿债主要依赖土地出让收入，面临一定的偿还不确定性；此外，对其风险评估还需考虑地方政府信用对偿债的保障、经济周期以及社会风险的影响。未来该类项目收益专项债的发展应坚持谨慎性原则，积极拓展重大项目的资本金来源，合理进行地方产业园区类项目的统筹安排，严格执行园区不同发展阶段的工作部署。

关键词：　地方债　专项债　产业园区

产业园区作为重要的产业资源汇集地，对于地方投资有着重要的引导和促进作用，有利于推动地方经济的发展与特色产业的做大做强，起到“补短板、调结构、促创新、惠民生”的作用。在我国产业园区高速发展过程中，资金问题仍是制约其发展的一大难题。地方政府项目收益专项债能够通过项目自身

---

* 郑达，中诚信国际评级技术与标准部分析师，主要研究领域为企业主体及债项分析、地方政府债券、基础设施投融资等。

收入实现项目收益与融资自求平衡，有效补充募投资金，加速产业园区的建设落地，带动地方经济的发展，加大对创新型高新技术企业的扶持力度，填补相关项目资金缺口。

一 产业园区类地方政府项目收益专项债发行特点分析

产业园区类项目收益专项债自2018年出现后，近两年保持了快速增长，尤其是2020年以来，不同行政级别的产业园区类项目层出不穷，但在规模与数量分布上，不同省（区、市）之间差异显著。整体来看，产业园区类项目收益专项债以10年及以上发行期限为主，发行利率同比降幅明显。

（一）专项债发行规模快速扩大，省（区、市）间规模与数量分布不均匀

2020年1~6月，我国项目收益专项债用于产业园区类项目的额度约为4300亿元①，对应投资的产业园区类相关项目近2100个，较2018年、2019年明显增长。从地域分布来看，2020年1~6月发行规模排名前五的省（市）依次为北京、山东、湖南、江西、四川，共占总体发行规模的46.79%，体现了我国新增产业园区类项目投资分布相对集中的特点。发行规模最大的北京市共发行产业园区类项目收益专项债9只，发行规模近560亿元，投资分布于20多个项目（见图1）。由于北京地区发达的经济与特殊的行政区位，其所投项目一般体量较大。四川省发行的产业园区类项目收益专项债所投项目数量最多，接近300个，但单个项目规模相对较小，多数产业园区类项目分布呈现小而散的特征。

① 该统计口径将名称中虽不含“产业园”“园区”等相关字样，但债券属于多个项目集合发行且于发行公告中披露实际用途为产业园区建设的项目归于其中。如无特别说明，本报告中引用的地方债发行量等债券相关数据均来自截至2020年6月的Choice数据库，并由中诚信国际整理计算。

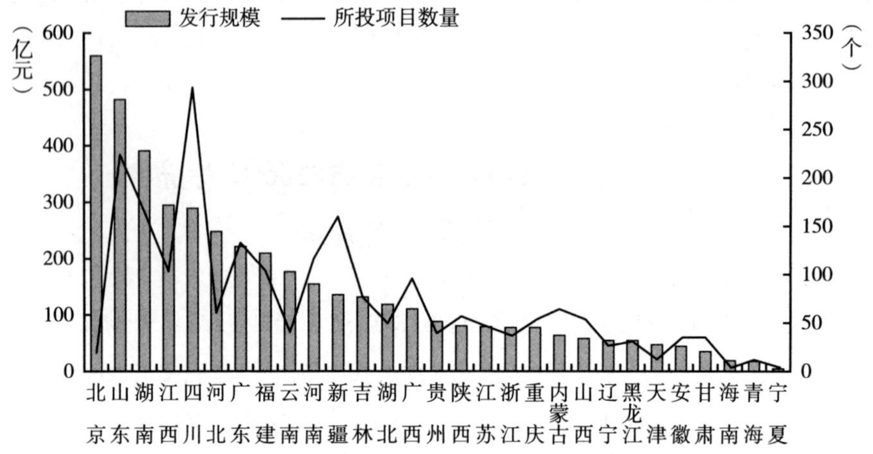

图1　2020 年 1 ~6 月全国 29 个省（区、市）产业园区类项目收益专项债发行规模与所投项目数量

数据来源：Choice 数据库，中诚信国际整理计算。

（二）专项债以10年及以上期限为主，平均发行利率同比降幅明显

从发行期限来看，2020 年 1 ~6 月我国整体产业园区类项目收益专项债包括 5 年期、7 年期、10 年期、15 年期、20 年期、30 年期，其中以 10 年期为最多，占同期发行的项目收益专项债数量的 33.87%，10 年期以下项目收益专项债占比较少，仅为 16.77%（见图 2）。从发行利率来看，2018 年、2019 年产业园区类项目收益专项债平均发行利率①分别为 3.57%、4.09%。而 2020 年 1 ~6 月，受疫情影响，政策面相对宽松，产业园区类项目收益专项债平均发行利率仅为 3.29%，其中平均发行利率最高的省份为甘肃省（3.61%），平均发行利率最低的省份为河北省（3.01%），整体差距较小（见图 3）。

① 如无特殊说明，本报告中平均发行利率均指算术平均利率。

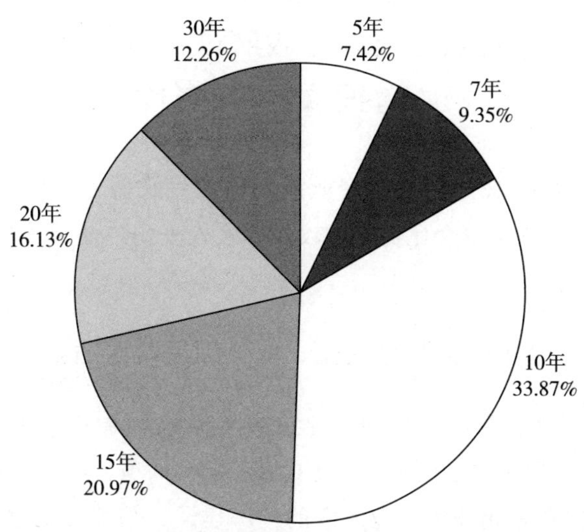

图2　2020 年 1 ~ 6 月不同期限产业园区类项目收益专项债数量占比

数据来源：Choice 数据库，中诚信国际整理计算。

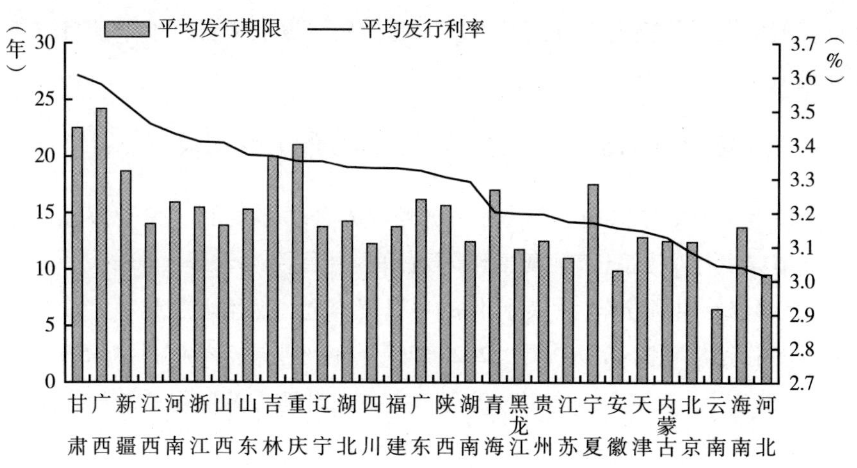

图3　2020 年 1 ~ 6 月全国 29 个省（区、市）产业园区类项目收益专项债平均发行期限与利率

数据来源：Choice 数据库，中诚信国际整理计算。

二　产业园区类地方政府项目收益专项债募投项目特点分析

2020年上半年，我国发行的产业园区类项目收益专项债以区县级为主，单个项目规模适中，资本金比例相对较高，收入来源广泛，本息覆盖能力强，偿债能力普遍较强。

（一）项目分布以区县级为主，单个项目规模适中

2020年上半年，我国发行的产业园区类项目收益专项债募投项目以区县级项目居多，其次为地市级，省级项目极少。从项目收益专项债资金用途方面来看，主要资金用途为产业园区的厂房建设、基础设施建设、园区配套设施建设等，其中单个项目募集资金在5亿元以下规模的占比近半数，而募集资金在10亿元以上规模的项目仅占三成。这主要是由于为防范无序举债情况的发生，地方政府需要对产业园区类项目做好投资计划，按照投资计划分批发债融资，提高资金利用效率。因此，从体量上来看，单个项目资金募集规模适中。

（二）项目资本金比例相对较高，偿债能力普遍较强

2019年6月，中共中央办公厅、国务院办公厅印发的《关于做好地方政府专项债券发行项目配套融资工作的通知》（厅字〔2019〕33号）[①] 提出："允许将部分专项债券作为一定比例的项目资本金，但不得超越项目收益实际水平过度融资。"据不完全统计，2020年上半年产业园区类项目平均资本金比例为40.86%[②]，资本金占比相对较高，主要来自地方政府财政统筹资金，直

---

① 《关于做好地方政府专项债券发行及项目配套融资工作的通知》（厅字〔2019〕33号），中华人民共和国中央人民政府网站，http：//www.gov.cn/zhengce/2019－06/10/content_5398949.htm。

② 如无特别说明，本报告中引用的专项债募投项目的相关数据均来自地方政府新增专项债信息披露文件，并由中诚信国际整理计算。由于数据的获取问题，数据可能来自不同募投项目文件、项目实施方案、信息披露模板等，这可能导致数据分析出现一定偏差，但不会对分析结论产生实质上的影响。

接将项目收益专项债用作资本金的项目目前占比尚不足3%，其他融资渠道主要包括债券融资以及银行贷款等。

在项目收入来源方面，收入来源广泛，主要包括园区内厂房、写字楼、人才公寓等物业资产的租金和销售收入、商业配套设施的租售收入、公用基础设施的运营收入以及土地出让收入等多种来源，对项目本息形成了较好的覆盖。其中本息覆盖倍数介于1倍和2倍之间的项目数量约占总数的七成，大于2倍的项目数量约占三成，整体偿债能力较强。

三　产业园区类地方政府项目收益专项债信用特点分析

产业园区类项目收益专项债主要依赖于土地出让收入，在项目自求平衡方案测算中通常需要我们保持审慎的态度，项目在遇到流动性问题时可通过再融资专项债周转偿还，同时地方政府信用也是偿债能力的考量因素。此外，在现阶段疫情影响未得到全面消除之时，应对由此带来的社会风险以及经济下行风险进行充分的预估。

（一）项目收入主要依赖土地出让收入，偿债预测依据审慎的原则开展

地方政府项目收益专项债信用以地方政府公布的项目自求平衡方案作为重要风险衡量依据。通过对产业园区类项目收入进行假设测算以及对专项债融资成本进行假设测算，从而可以了解到专项债本息的到期覆盖倍数，进而揭示项目风险。由于产业园区类项目规模相对偏大，其土地出让收入一般占总收入的比重很大，受到宏观经济政策以及地区发展的影响相对较大，因此，需要在计算土地出让收入的时候保持更为审慎的预测原则，使其具备相对更高的本息覆盖倍数，以应对不确定性因素对项目收入的影响。

（二）再融资专项债以及地方政府信用亦是偿债能力的重要保障

若土地出让收入与经营收入未达到预测的情况，可使用再融资专项债偿还。依据财政部相关通知规定，在项目经营性净现金流暂时难以偿还到期债券

本金时，可在专项债务限额内发行专项债券周转偿还，获得项目收入后予以归还，但不能直接用于项目建设且需实行限额管理。另外，地方政府作为债券的发行主体与债务人，负有最终的偿还责任，自身的信用水平和经济财政实力也应是考量的因素。

（三）评估项目风险应充分考虑经济周期以及社会风险的影响

产业园区类项目受到经济周期以及社会风险的影响较大，收入相对基础设施建设项目具有一定的不确定性。当前我国对“新型冠状病毒”的突发公共卫生事件的应对及时得当，整体经济较2020年初出现了加速回暖的态势，各行业逐渐复产复工，但是对于一些产业园区在建项目的建设周期不可避免地产生一定的负面影响，从而影响产业园区经营收入的实现。此外，对于产业孵化器、加速器以及一些创业园区内的初创企业来说，其自身容易受到疫情带来的冲击，因此在疫情尚未得到全面控制的情况下，需要对以初创企业以及小微企业为主力租户的产业园区类项目保持足够的关注；同时，考虑到部分产业园区类项目偿债来源主要依靠土地出让收入，需持续关注土地出让收入的实现情况。

四　案例分析——2020年天津市政府专项债券（十一期）

本报告选取了已发行的产业园区专项债中具有一定代表性的2020年天津市政府产业园区基础设施专项债券（一期），即2020年天津市政府专项债券（十一期）进行分析。

（一）债券及项目基本情况介绍

2020年天津市政府产业园区基础设施专项债券（一期），即2020年天津市政府专项债券（十一期）（以下简称“本期专项债”）于2020年1月21日成功发行，发行规模为17亿元，发行期限为7年，票面利率为3.28%。本期专项债为产业园区类项目收益专项债，募投资金分别用于天津市北辰陆路港物流装备产业园配套项目（以下简称“项目一”）、天津市北辰产城融合示范区一期项目（以下简称“项目二”）和宝坻区中关村科技城项目（一期）（以下简称“项目三”）建设。本期专项债还款来源涵盖厂房租赁收入、人才公寓租赁收入、广告展示收入、停车位收入、碳排放交易权收入以及土地出让收入，具有收入来源多样化的特征。

（二）项目评价

在资金平衡方面，本期专项债所投资的三个项目的计划总投资为75.36亿元，计划使用资本金合计为24.76亿元，自有资金占比为32.86%。本期专项债存续期内三个项目未来产生的收益为77.32亿元，需偿还的到期债务融资本息为63.42亿元，本息覆盖倍数为1.22倍，整体投资风险相对较低（见表1）。

表1　2020年天津市政府产业园区基础设施专项债券（一期）——2020年天津市政府专项债券（十一期）概况

序号	地区	债券性质	项目名称	项目本期债券发行额（亿元）	项目总投资（亿元）	自有资金额度（亿元）	自有资金占比（%）	项目收益情况（亿元）	需偿还的融资本息（亿元）	本息覆盖倍数（倍）
1	北辰区	新增	天津市北辰陆路港物流装备产业园配套项目	1.6	2.11	0.51	24.17	2.47	1.99	1.24
2	北辰区	新增	天津市北辰产城融合示范区一期项目	7.4	46.52	9.52	20.46	57.26	46.07	1.24
3	宝坻区	新增	宝坻区中关村科技城项目（一期）	8.0	26.73	14.73	55.11	17.59	15.36	1.15
合计				17.0	75.36	24.76	32.86	77.32	63.42	1.22

数据来源：Choice数据库，中诚信国际整理计算。

融资平衡报告中对于项目未来的资金流出进行了谨慎的测算，项目一、项目二按照融资成本的3.5%，项目三按照融资成本的4.0%进行测算，分别高于实际发行利率22BP、22BP、72BP，且充分估计了融资成本情况。在项目收入方面，以周边可比土地出让历史状况以及 5 年期国债利率 4.27% 作为价格增速进行土地出让收入的测算。此外，在预测土地出让价格降低 10% 的压力测试下，债务本息覆盖倍数仍能够保持在 1 倍以上，这表明本期专项债具有较强的偿债能力。此外，考虑到天津市作为直辖市，天津市依托于京津冀协同发展战略，积极推动自身的产业升级和第三产业发展，具备较强的政府财政实力。因此，总体来看本期专项债整体信用风险较低。

五　产业园区类地方政府项目收益专项债发展建议

由于新冠肺炎疫情对经济短期冲击巨大，2020 年初的中共中央政治局会议提出全力推动赤字率、特别国债、地方专项债来稳定并复苏经济，地方加快发展产业园区类项目收益专项债有助于调结构、补短板以及寻找经济发展的着力点，是助推我国经济发展和产业升级的重要一环。因此，为更好地服务于实体经济发展，需要尽快着手解决我国项目收益专项债当前遇到的各种问题。

（一）积极拓展重大项目的资本金来源，控制专项债集中到期规模

由于全国各地待发展的产业园区类项目众多，且项目本身具有投资规模大、回报周期长的特点，因此应积极拓宽融资渠道，视项目情况逐步降低地方政府资本金投入比例。参照《国务院关于调整和完善固定资产投资项目资本金制度的通知》（国发〔2015〕51 号）① 的规定，对于项目收益回报较好的项目可适当降低资本金投入比例；同时，应注意专项债集中到期的情况，可适当延长专项债的发行期限，这有利于项目收入的稳定实现和减少再融资专项债的发行；此外，可积极探索项目收益专项债与 PPP 项目结合的可能，拓展重大项目的资本金来源。

---

① 《国务院关于调整和完善固定资产投资项目资本金制度的通知》（国发〔2015〕51 号），中华人民共和国中央人民政府网站，http：//www.gov.cn/zhengce/content/2015 - 09/14/content_10161.htm。

（二）严格执行产业园区不同发展阶段的工作部署，妥善解决建设运营所涉及的问题

对于产业园区类项目建设运营中较易出现的资金沉淀、布局混乱、同质化等问题，应对产业园区的不同阶段进行妥善安排和严格执行。在项目建设初期细化项目规划及方案设计，在建设阶段做好资金的高效利用与严格监督，项目建成后完成好招商引资工作；同时严格遵循入园企业的筛选标准，发挥产业链的延伸以及产业集聚优势，形成行业资源的凝聚力。

（三）应坚持谨慎性原则，完善以土地出让收入为主的项目预测说明

为使产业园区类项目的收入能够按照预测顺利实现，对于以土地出让收入为主要收入来源的项目应细化完善土地价格的预测机制。在项目的专项财务咨询报告中，应更加明确可比项目的挑选标准与权重的设置依据，说明土地的预测出让价格设置的谨慎合理性，以保障项目自求平衡的顺利实现。

（四）依托产业升级的战略导向，合理进行地方产业园区类项目的统筹安排

当前，我国产业园区发展正在由单一的工业制造型园区逐步向着现代综合型、高新技术型产业园区转变，这就要求地方政府在专项债限额内统筹安排各产业园区类项目的投资比重，对于符合地方发展特色的现代高新产业项目予以一定程度的倾斜。

可以预见，未来产业园区类项目收益专项债，尤其是符合产业升级政策要求的现代高新技术产业园区类项目收益专项债，自身规模将逐渐扩大，在项目收益专项债发行中的占比将逐渐提高，在我国发行的地方政府项目收益专项债中将扮演越来越重要的角色。

B.6
2020年医疗类地方政府项目收益专项债分析报告

汪苑晖　袁海霞*

摘　要：　医疗卫生是关系社会民生的重大工程，是筑牢民生底线的核心环节。2020年以来，在“六稳”“六保”的政策背景下，医疗类地方政府项目收益专项债占比不断提升，为补齐民生短板提供有力支撑。2020年上半年，医疗类项目收益专项债发行期限以10年及15年为主，多以集合类发行，单一类医疗专项债集中于西部地区；募投项目以区县级项目为主，项目建设周期普遍较短，项目收益以医院运营收入为主。整体来看，医疗专项债项目资金到位压力小，建设风险整体可控，但项目可能面临收益偏差带来的偿债风险。未来医疗专项债的发展应从按需分配债券资金、重视收入来源的可靠性及合理性、合理安排债券期限结构、规范项目收益测算等方面进一步发挥补短板的重要作用，牢牢“兜住民生底线”。

关键词：　地方债　专项债　医疗卫生

医疗类地方政府项目收益专项债（以下简称“医疗专项债”）是募集资金用于医院建设、设备购置等医疗领域的地方政府专项债。在国家不断加大对医疗领

* 汪苑晖，中诚信国际研究院高级研究员，主要研究领域为宏观经济、货币政策与利率债、地方债与城投行业等；袁海霞，经济学博士，高级经济师，中诚信国际研究院副院长，中国人民大学国发院政府债务研究中心联席主任，主要研究领域为地方债与城投行业、宏观经济、债券市场等。

域支持的政策利好下，该领域的专项债自 2018 年问世以来占比不断提升。2020 年初，新冠肺炎疫情冲击我国经济，同时暴露出医疗卫生领域的部分短板，例如区域医疗资源分布不均衡、基层医疗资源匮乏、应急物资欠缺等，医疗资源供需矛盾进一步凸显。在政策不断强调“六稳”“六保”的背景下，医疗专项债得到更好更快的发展。2020 年，在《政府工作报告》进一步强调加强公共卫生体系建设、提高基本医疗服务水平、保障和改善民生的要求下，医疗专项债仍有较大发展空间，有望进一步发挥专项债补短板的重要作用，牢牢“兜住民生底线”。

一　医疗类地方政府项目收益专项债发行特点分析

自 2018 年起，专项债募投范围开始向医疗领域拓宽，医疗专项债占比不断上升，且多以集合形式发行；西部地区医疗类项目储备相对充足且集中，单一类医疗专项债发行规模较大；同时，为满足项目还本付息需要，医疗专项债发行期限多以 10 年及 15 年为主。

（一）发行规模较小但占比逐年提升，多以集合类专项债发行

医疗类专项债于 2018 年 9 月首次问世，当年共发行 62.71 亿元①，仅占同期项目收益专项债发行规模的 0.6%。经过两年来的探索实践，医疗专项债占比逐年提升。在抗疫情背景下，2020 年上半年医疗专项债共发行 45 只，合计 416.52 亿元，占新增专项债规模②的 1.9%，且首次出现防疫体系建设类医疗专项债。考虑到部分地区将医疗类项目与其他类型项目打包成其他种类专项债集合发行的情况，例如 2020 年江苏省城乡建设专项债券（四至七期）、2020 年安徽省基础设施专项债券（五至六期）等，中诚信国际对 2020 年上半年所有专项债募投项目进行梳理，筛选出包含医疗类项目的专项债共计 227 只（含

① 如无特别说明，本报告中引用的地方债发行量等债券相关数据均来自截至 2020 年 6 月的 Choice 数据库，并由中诚信国际整理计算。

② 2020 年 7 月，《关于加快地方政府专项债券发行使用有关工作的通知》指出“优化新增专项债券资金投向，坚持专项债券必须用于有一定收益的公益性项目，融资规模与项目收益相平衡”，因此，本报告对 2020 年项目收益专项债的统计范围扩大至全部新增专项债。

单一类及集合类[①])。227 只债券所投项目包括医疗类项目 2372 个，专项债募投规模达 2072.72 亿元，占新增专项债的 9.3%，其中 2020 年 5 月募投规模约占 1~6 月的五成。

（二）西部地区医疗需求较高，东部地区医疗类项目多集合发行

2020 年 1~6 月，共 15 个省（区、市）发行单一类医疗专项债，云南、广西、江西单一类医疗专项债发行规模超过 50 亿元，其中云南和广西均属于西部地区。而从含医疗类项目的集合类专项债看，每只专项债中用于医疗类项目的额度普遍较少、项目分布较零散，多地仅包含因突发疫情而增加的疫情防控类项目，或与当地医疗类项目储备相对较少、医疗类项目与其他项目打包发行以节省发债成本有关。东部地区这类集合债发行规模较大，江苏、浙江居首，云南、广西等暂未发行。单一类、集合类医疗专项债的区域分布，在一定程度上反映了西部地区医疗类项目储备相对丰富且集中，其对扩充医疗资源的需求更为迫切。2020 年 5 月 17 日，《中共中央　国务院关于新时代推进西部大开发形成新格局的指导意见》[②] 指出，西部地区要全方位提升医疗服务能力和水平，改善医疗基础设施和装备条件，未来西部地区医疗专项债仍有较大发展空间。

（三）发行期限以10年及15年为主，单一类医疗专项债提前偿还占比高

2020 年 1~6 月，医疗专项债的期限分布较广，5~30 年期均有，单一类医疗专项债平均发行期限为 11.96 年，10 年期及 15 年期债券的发行规模占比最大，10 年及以上期限合计占比接近 70%；集合类医疗专项债由于包含了其他类型如交通、市政等较长期限的基建项目，债券平均期限较单一类医疗专项债延长至 13.62 年，同样以 10 年及 15 年期限为主，但 10 年及以上期限合计占比超过 90%，进一步趋于长期化（见图 1）。值得注意的是，医疗类项目的建设周期多小于 5 年，债券期限主要与项目运营期限、主体本息偿还能力有关。

---

① 单一类医疗专项债指债券募投项目均为医疗项目，集合类医疗专项债则包含医疗项目与其他类型项目。

② 《中共中央　国务院关于新时代推进西部大开发形成新格局的指导意见》，中华人民共和国中央人民政府网站，http：//www.gov.cn/zhengce/2020 -05/17/content_ 5512456.htm。

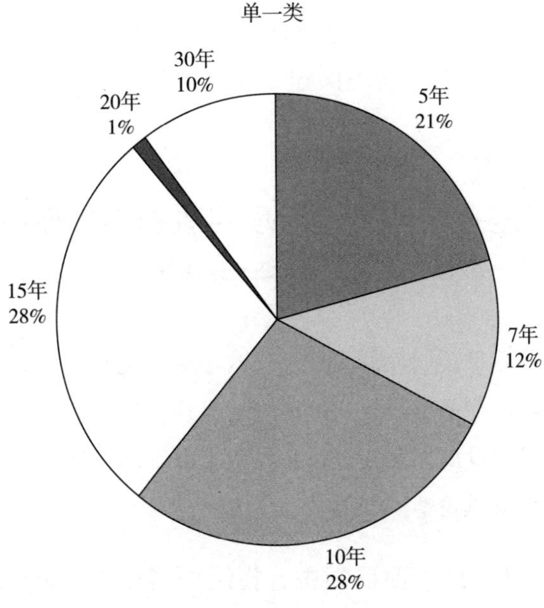

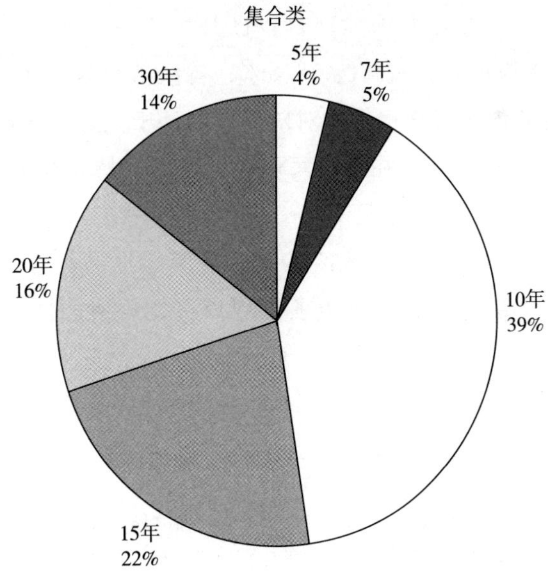

图1　2020 年 1 ~ 6 月医疗专项债发行期限结构

数据来源：Choice 数据库，中诚信国际整理计算。

2020 年上半年，45 只单一类医疗专项债中有 13 只深圳市专项债含提前偿还条款，或表明深圳市医疗类项目还款能力较强、覆盖本息所需项目运营期限比预期短，而其余 182 只集合类医疗专项债中仅 10 只债券包含该条款，占比较低。

二　医疗类地方政府项目收益专项债募投项目特点分析*

医疗专项债项目呈现明显的区域及行政层级分化特点，东部地区医疗类项目普遍集中于区县，而西部及东北地区省级医疗类项目较多。相较于其他基建项目，医疗类项目建设周期普遍较短，收入来源则以专项运营收益为主，本息覆盖倍数较高，偿债风险整体较低。

（一）整体以区县级项目为主，省级项目集中于西部及东北地区

2020 年上半年，医疗专项债项目以区县级为主，募投规模占比接近六成①；其次为地市级项目，占比为 38.8%；省级项目仅占 2.3%。从区域分布看，西部及东北地区医疗水平相对落后，仍处于大力提升省级医院医疗水平的阶段。2020 年上半年，在发行医疗专项债以支持省级项目的 13 个地区中，西部地区有 6 个，东北地区有 2 个，辽宁、黑龙江、广西省级医疗类项目规模占比均超过 20%。东部地区省级医院医疗水平普遍较为成熟，专项债项目更多以区县级为主，区县级项目规模占比均值超过 55%。其中，北京暂无投向医疗类项目的专项债，广东、江苏、上海等地的医疗专项债均未投向省级项目（见图 2）。

---

* 本部分统计样本为 2020 年 1 ~6 月发行的医疗专项债募投项目；（二）和（三）小节的统计样本为募投项目中公开披露了项目财务评估报告、募投说明、信用评级报告等信息披露文件的项目，数量小于募投项目总数。

① 如无特别说明，本报告中引用的专项债募投项目的相关数据均来自地方政府新增专项债信息披露文件，并由中诚信国际整理计算。由于数据的获取问题，数据可能来自不同募投项目文件、项目实施方案、信息披露模板等，这可能导致数据分析出现一定偏差，但不会对分析结论产生实质上的影响。

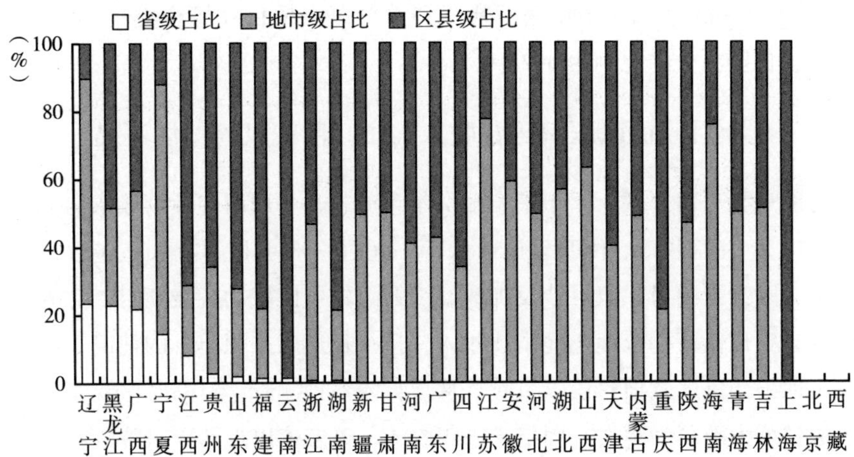

图2　2020 年 1~6 月全国 31 个省（区、市）医疗专项债项目区域分布

数据来源：Choice 数据库，中诚信国际整理计算。

（二）项目建设周期较短，专项债资本金多用于建设类项目

根据医疗类项目性质，医疗专项债募投项目可大致分为建设类、非建设类及综合类。建设类项目数量占比近九成，包括医院新建、业务楼建设等；非建设类项目多为医疗设备购置项目；综合类项目则为兼具建设及非建设任务的项目。从项目建设周期看，医疗类项目的建设周期普遍较短，平均建设周期约为 2.27 年，其中建设类项目相对较长，平均建设周期为 2.35 年；非建设类及综合类项目平均建设周期不足 2 年。从项目投资规模看，非建设类项目投资规模较小，均值为 1.51 亿元；建设类及综合类项目投资规模相对较大，均值均超过 4 亿元。从项目资金构成看，医疗类项目资本金多为财政资金及自有资金，其中非建设类项目资本金比例较低，这与资金回收快、融资相对容易有关；配套融资以专项债为主，少数含银行贷款。值得注意的是，2020 年上半年共 3 个医疗类项目采用专项债作为资本金①，分别为浙江省宁波市医疗中心李惠利医院原地改扩建项目（建设类）、河北省迁安市健康体检管理中心新建项目

① 涉及专项债为 2020 年宁波市其他项目收益专项债券（一期）、2020 年河北省民生事业专项债券（一期）、2020 年湖北省政府专项债券（三期）。

（建设类）及湖北省咸宁市中医医院“三甲”复审项目（综合类），专项债资本金占项目资本金的比例为0.2～0.6。

（三）项目收益以医院运营收入为主，偿债风险整体不高

对医疗类项目来说，用于平衡融资本息的收益多以医院运营收入为主，可细分为门诊/住院收入、配套设施收入等。超过三成项目的收入还包含财政补助，多为区县级项目，但也涉及少数经济财力较弱区域的省级项目。此外，个别区县级项目偿债仍依赖土地出让收入，且存在还款来源单一的情况，需关注对应土地出让进度及项目偿债风险。从项目收益预测看，目前对医院未来运营收入的估算大致分为两类：固定未来年收入，该定值以近几年医院年收入及增长率计算得到；固定未来年收入增长率，参照历年收入增长率均值或其他标准值得到动态变化的年收入。对土地出让收入的测算基本参照近年来类似地块的出让价格估算项目对应的土地出让收入。基于上述收益测算模式，医疗专项债项目偿债风险普遍不高，本息覆盖倍数均值为3.75倍，收益与融资平衡效果整体较好。

三　医疗类地方政府项目收益专项债信用特点分析

2020年初，疫情冲击在一定程度上暴露出我国医疗基建领域的部分短板，但在政策支持下医疗行业整体仍受到中长期利好，信用状况较为稳定。在财政资金倾斜下，医疗类项目资金到位压力较小，且基于项目的区域重要性，政府职能部门配合度高，建设风险整体可控，但仍面临由预期收益偏差带来的偿债风险。

（一）项目建设风险总体可控

医疗类项目的实施主体普遍为具有相关资质的医疗机构，非建设类项目基本无建设风险。而建设类项目由于建设周期相对较长，施工进度易受到内外部各种因素的影响。例如，此前南方连续降雨及洪涝灾害影响部分项目施工，或将影响后续项目运营业务的现金流入；同时，施工阶段仍可能出现难以预测的地质情况或工程事故，均将引起工程延期及投资增加，甚至造成较大影响和损

失。但考虑到医疗类项目大多为涉及民生的重要项目，项目实施主体（政府机关单位）建设经验较为丰富，且政府职能部门对项目建设配合度较高，项目建设风险总体可控。

（二）项目面临收益偏差带来的偿债风险

对医疗类项目而言，项目建成后的运营稳定性较高。该类项目多为当地较为重要的民生项目，区域重要性强，同区域产出的可替代性较低，项目运营成本波动较小。而在项目收益方面，部分医疗类项目收入预测模型欠合理，易对预期收益产生偏差，或面临还本付息风险。例如，不考虑未来就诊人数和就诊费用增长率而进行测算的项目，大概率会低估预期收益，因低估收益而延长项目期限或带来更多不确定性；部分项目设置较高的年收入增长率，容易高估项目预期收益尤其是较长期限项目的收益，实际收入或难以覆盖债券本息，具有一定偿债风险。

（三）项目资金到位压力较小

专项债募投项目多具有资金密集型特征，初始投资规模大、回报周期长。资本金的投入情况及配套融资的到位进度是保障项目按期完工的必要因素，是评估专项债项目资产信用质量的重要组成部分。在医疗类项目中，项目资本金基本由各级财政资金及医疗机构自有资金构成，配套融资以专项债为主。2020年初，在疫情冲击各地经济财政的背景下，地方政府尤其是基层政府财政持续承压，但由于政策对医疗领域的倾斜，医疗类项目资本金到位压力相对于其他领域的专项债募投项目较小，由资金到位不及时导致项目建设停工或拖延的可能性较小。

四　案例分析——2020年四川省政府专项债券（五十八期）

由于我国庞大的人口基数和区域密集型特征，医疗基础设施面临严峻挑战，尤其是基层医疗环境亟待改善，2020 年初疫情进一步暴露出区域医疗资源不平衡、基层医疗资源匮乏等供需矛盾。本报告以西部地区基层医疗类项目为标准，挑选2020年四川省政府专项债券（五十八期）中的富顺县医院整体提升工程项目进行分析。

（一）债券及项目基本情况介绍

2020年四川省公共卫生防疫体系建设专项债券（二期），即2020年四川省政府专项债券（五十八期）于2020年2月27日发行，发行规模为5.75亿元，发行期限为10年，主要投向省内自贡市、德阳市等地的市县级医疗类项目。其中，富顺县医院整体提升工程项目使用该期专项债额度为1.5亿元，投向富顺县中医院业务楼建设、人民医院建设、妇幼保健院二期业务综合楼建设、第三人民医院整体迁建四大子项目，整体建设期为2016～2021年，项目总投资达11.53亿元，资金来源包含资本金及专项债，预期收益包含门诊收入、住院收入、停车场收入及财政补贴。

（二）项目评价

四川省富顺县医院整体提升工程项目作为西部地区县级医疗项目，具有较强的公益性，在推动城市基建的同时有助于健全基层医疗卫生体系，缓解基层医疗资源紧张状态，其中新增感染病区等应急体系建设有利于进一步补齐基层医疗短板、保障基层民生，整体符合补短板、惠民生要求。

从项目资金安排看，目前资本金来源已落实，以财政资金形式投入2.83亿元，剩余缺失部分申请8.7亿元专项债融资，计划于2019～2021年陆续发行专项债进行融资。从收益平衡情况看，该项目预期收支测算较为合理，门诊及住院收入均以近三年数据与行业水平作为增长基数，通过合理预测未来门诊住院人次及次均费用得到；停车场收入遵循谨慎保守原则，按照市内医疗机构机动车停车场指导收费标准估算；财政补贴同样按谨慎性原则，不设年增长率，以近三年财政补贴均值或保守估计数作为未来收入，占总收入的2.1%。项目成本依据目前医院运营成本结构及行业平均水平估算。经测算，项目收益覆盖债券本息倍数为1.51倍，若对预期收入进行敏感性分析，在收入下降10%时债券本息覆盖倍数为1.36倍，仍能实现收益与融资自求平衡，项目偿债风险较低。总体来看，该项目资金到位压力不大，偿债风险较低。但需注意的是，该项目整体建设周期较长，需加快进度，避免由自然灾害、施工不确定性带来的工期拖延等风险。

五　医疗类地方政府项目收益专项债发展建议

在坚持“六稳”“六保”政策的背景下，医疗卫生作为重大民生工程，医疗专项债得到了更好更快的发展。2020 年，《政府工作报告》强调，需进一步加强公共卫生体系建设，提高基本医疗服务水平，补齐疫情暴露出的医疗领域的部分短板，未来医疗专项债仍需进一步发挥补短板的重要作用，牢牢“兜住民生底线”。

（一）按需分配债券资金，充分发挥专项债资本金作用

医疗专项债的分配额度需准确保障各地医疗需求，改善资源分布不平衡的问题；同时，目前医疗专项债用作项目资本金的规模及范围仍较小，医疗类项目收益相对稳定且融资本息覆盖倍数较高，应充分发挥专项债用作项目资本金的政策优势，有效发挥专项债的撬动作用，缓解财政压力。

（二）加强对募投项目的筛选，重视收入来源的可靠性及其结构的合理性

各地仍需加强项目审查，提高中介机构的筛选标准，加大对收益平衡方案等信息披露材料的审核力度，确保项目真实性、收入来源可靠性及准确性等，避免地方将虚假项目、不合格项目打包申报，增加债务风险。同时，未来募投项目仍需重视收入来源结构的合理性，减少以土地出让收入作为单一还款来源的可能，降低项目偿还本息的不确定性及潜在风险。

（三）合理安排期限结构，提高与项目期限、主体偿还能力匹配度

目前医疗专项债发行期限以 10 年及 15 年为主，期限过短则项目收益难以覆盖债券本息，期限过长则难以合理预测项目收益且增加偿付利息。对于部分建设周期较短但债券期限较长的项目，需提高债券期限与项目的匹配度，可发行相近期限的专项债或打包一些较长期限的相关项目，提高资金使用效率；对于部分需要更长期限经营以获取足够收益的项目，需采用更为严谨的收入测算模型，避免出现较大偏差。此外，各地仍需充分考虑当地政府

化解债务的需求，发债期限需与地方债集中到期的偿债高峰错开，缓解地方政府化解债务的压力。

（四）规范项目收益测算，结合项目特点形成多指标动态预测体系

医疗类项目的收益基本以运营收入为主，相似度高。相关部门可结合各地医疗类项目的共性，给出全国通用的医疗类项目收益测算模型，或在对应专项债信息披露文件上披露具体测算过程及测算依据；可结合地方经济、人口、医院承载能力等多方面情况进行指标判断，提供更为科学有效的动态预测体系，而不是设置单一增长率进行粗糙测算，便于监管及投资者参考。

B.7

2020年水利类地方政府项目收益专项债分析报告

彭月柳婷　汪苑晖　刘心荷*

摘　要：2020年《政府工作报告》提出重点支持“两新一重”建设，“一重”即为“加强交通、水利等重大工程建设”，释放水利重大工程加码提速的政策信号。2020年水利类项目收益专项债持续扩容，发行期限以10～30年为主，与水利类项目运营期匹配。水利类专项债对应的募投项目以区县级中小水库为主，项目收益主要来自供水收入，收益与融资平衡性良好。水利工程建设属重要民生工程，建设风险整体可控，但项目投资测算可能存在一定偏差，或影响项目偿债能力。为使专项债更好地匹配地方水利基础设施建设，未来应合理分配专项债额度，规范项目收入成本测算，进一步拓宽收入来源。

关键词：地方债　专项债　水利

2020年《政府工作报告》提出重点支持“两新一重”建设，“一重”即为“加强交通、水利等重大工程建设”，释放水利重大工程加码提速的政策信号。2020年，受洪涝灾害影响，我国水利投资建设需求进一步扩大。

* 彭月柳婷，中诚信国际研究院高级研究员，主要研究领域为债券市场、地方债与城投行业等；汪苑晖，中诚信国际研究院高级研究员，主要研究领域为宏观经济、地方债与城投行业、货币政策等；刘心荷，中诚信国际研究院副总监，主要研究领域为地方债与城投行业、债券市场等。

2020 年 7 月 8 日，国务院常务会议特别强调要推进重大水利工程建设，并研究部署了 2020～2022 年约 150 项重大水利工程投资，进一步增强防御水旱灾害的能力，加速灌溉节水、水资源优化配置、水生态保护修复等水利工程项目建设。在这一过程中，地方政府专项债逐步发挥了对水利工程建设的资金支撑作用。

2018 年首只水利类地方政府项目收益专项债（以下简称“水利类专项债”）问世，丰富了水利工程建设的资金来源；2019 年 9 月，国务院常务会议提出进一步扩大专项债使用范围，重点用于交通基础设施、农林水利等七大领域，自此全国各地水利类集合专项债迅速扩容。未来，伴随持续良好的政策红利，地方政府项目收益专项债在水利工程建设领域的发展空间仍然较大，各地方政府应积极争取扩大专项债发行规模，充分发挥项目收益专项债可作为项目资本金的优势，进一步放大水利基础设施建设投资对区域经济的拉动作用，加快补齐水利基础设施短板，推动完善水利基础设施建设。

一　水利类地方政府项目收益专项债发行特点分析

自 2018 年起，地方政府项目收益专项债募投范围拓宽至水利工程建设领域，为水利基础设施项目提供了较好的资金支持。2020 年 1～6 月，全国涉及水利类项目的地方政府专项债共计发行 5510.74 亿元①，发行只数为 108 只，且基本以集合形式发行。从发行期限看，水利类地方政府项目收益专项债发行期限较长，10 年及以上期限的债券占比为 97.56%。从发行利率和条款看，发行利率为 3.43%，发行利差为 25.17BP②，多数为到期后一次性偿还本金，不含特殊条款。

---

① 如无特别说明，本报告中引用的地方债存量、发行规模、发行利率、发行利差、交易量、到期收益率等债券相关数据均来自截至 2020 年 6 月底的 Choice 数据库，并由中诚信国际整理计算。

② 如无特别说明，本报告中发行利率、发行利差为根据发行规模计算的加权平均发行利率、加权平均发行利差，发行利差计算公式为债券发行利率减去对应期限的国债收益率。

（一）1月和5月发行规模较大，多以集合类专项债发行

自2018年8月全国首只水利类地方政府项目收益专项债发行以来，专项债资金用于水利类项目建设的规模不断扩大。由于水利类专项债多以集合形式发行，中诚信国际对2020年1~6月所有专项债募投项目进行梳理，筛选出包含水利类项目的专项债共计108只（含单一类2只，集合类106只①），发行规模为5510.74亿元，对应水利类项目302个，专项债用于水利类项目建设的资金共计399.44亿元，单只集合类债券中用于水利类项目的额度普遍较小，项目分布零散。从发行节奏看，水利类专项债于2020年1月和5月集中发行，分别发行1535.79亿元（占比27.87%）和2639.00亿元（47.89%）（见图1）。

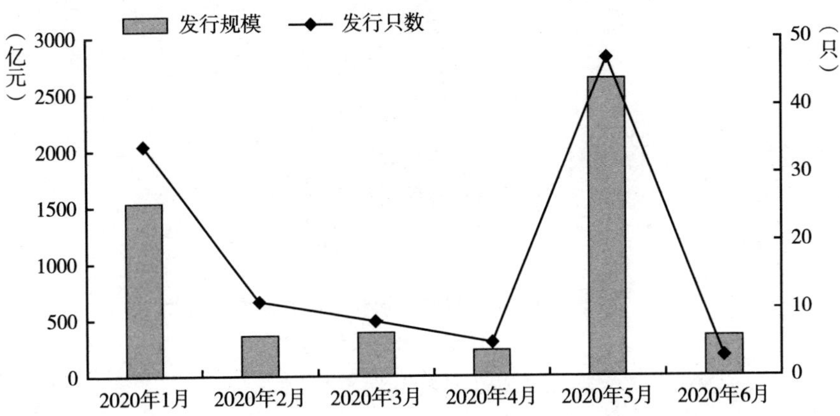

图1　2020年1~6月水利类地方政府项目收益专项债月度发行情况

数据来源：Choice数据库，中诚信国际整理计算。

（二）发行期限以10~30年为主，与水利类项目运营期匹配

2020年1~6月，新发行的水利类地方政府项目收益专项债以长期债券为

① 单一类水利地方政府项目收益专项债指债券募投项目均为水利类项目，集合类水利地方政府项目收益专项债则包含水利类及其他类型项目。

主，发行期限主要分布在10～30年。由于水利类项目运营周期长，对应项目收益专项债融资期限普遍偏长，10年、15年、20年和30年期限的水利类专项债规模分别为1948.22亿元、1106.33亿元、1077.31亿元和1244.68亿元，占比分别为35%、20%、20%和23%，10年及以上期限合计占全部水利类专项债的比重为98%（见图2）。

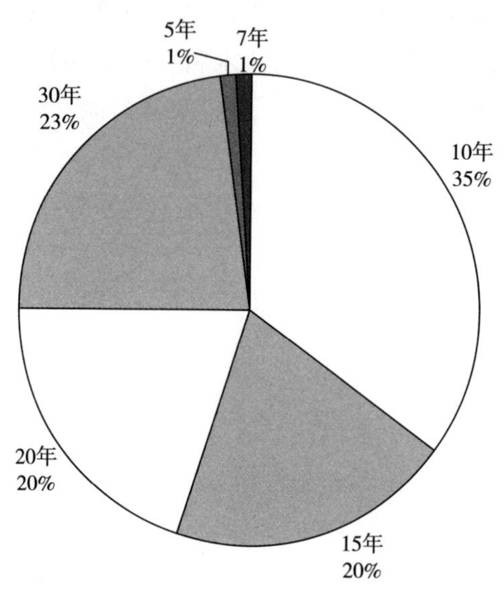

图2　2020年1～6月新发行水利类地方政府项目收益专项债期限结构

数据来源：Choice数据库，中诚信国际整理计算。

（三）发行利率较低，多数债券不含特殊发行条款

2020年1～6月，新发行的水利类地方政府项目收益专项债发行利率为3.43%，发行利差为25.17BP。从区域分布（见图3）看，重庆、吉林、广西等区域发行利率较高，分别为3.70%、3.69%和3.66%。在利差方面，青海、贵州、新疆等区域发行利差较大，分别为30.55BP、29.61BP和29.06BP。在发行条款方面，108只水利类项目收益专项债多数为到期后一次性偿还本金，不含特殊条款，仅有4只债券内含提前偿还条款。

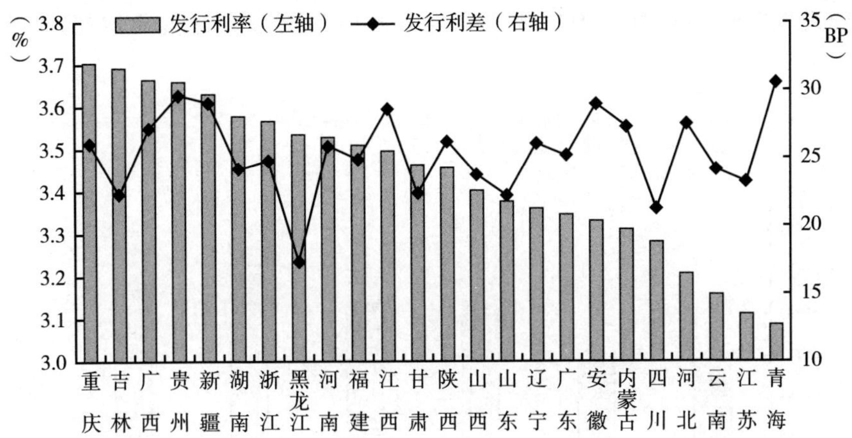

图3　2020年1~6月全国24个省（区、市）水利类地方政府项目收益专项债发行成本

数据来源：Choice数据库，中诚信国际整理计算。

二　水利类地方政府项目收益专项债募投项目特点分析

水利工程是国民经济社会发展的重要基石，主要包含防洪工程、水资源工程、水土保持及生态建设、水电工程等。水利工程投资回收期长，项目盈利能力较弱，公益属性强，投资建设资金主要来自中央和地方财政。2020年，新发行的水利类专项债对应的募投项目以区县级中小水库和水利枢纽建设为主，通过项目收益专项债有效补充水利类项目建设的配套融资资金。

（一）水利工程建设项目公益属性强，对中央、地方财政资金需求大

根据水利部发布的《2018年全国水利发展统计公报》，水利工程主要包含防洪工程（堤防、水库及枢纽工程、蓄滞分洪区、涵闸、排水工程等）、水资源工程（河湖水系连通项目建设、调水项目等）、水土保持及生态建设、水电工程等（见图4）。由于水利工程建设项目盈利能力较弱，公益属性强，项目建设对中央、地方财政资金需求大，2013~2018年水利工

程建设投资资金来源于中央政府和地方政府的资金合计占比均超过75%（见图5）。

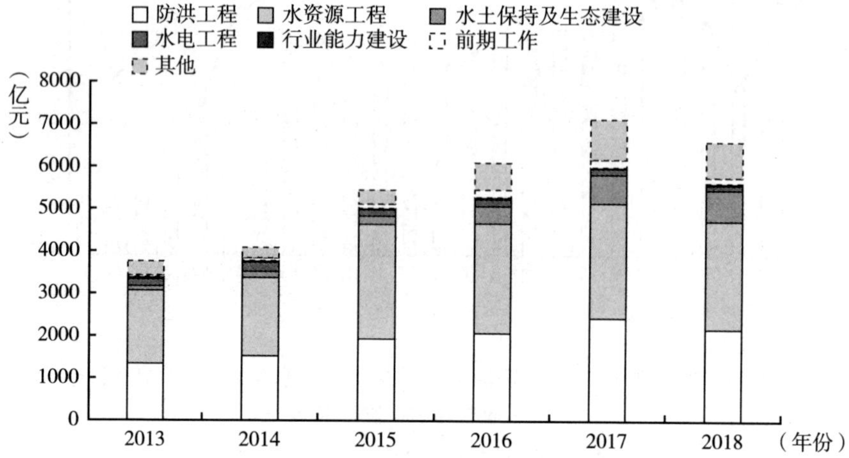

图4　2013～2018年水利投资工程类型

数据来源：《2018年全国水利发展统计公报》，中诚信国际整理计算。

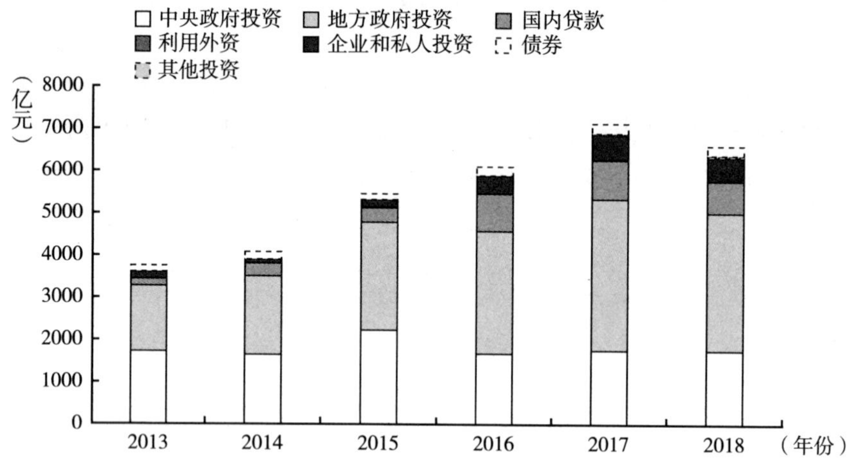

图5　2013～2018年水利投资资金来源

注：其中，2019年12月10日，水利部发布的最新一期《2018年全国水利发展统计公报》，用于展示水利投资资金来源情况，因此数据存在一定时滞性，但不影响水利资金来源结论。

数据来源：《2018年全国水利发展统计公报》，中诚信国际整理计算。

（二）募投项目以区县级中小水库为主，用作项目资本金的专项债较少

水利类项目收益专项债募投项目以区县级中小水库和水利枢纽建设为主，通过项目收益专项债有效补充水利类项目建设配套融资资金。2020 年 1～6 月，新发行的水利类专项债对应的募投项目共计 302 个①，用于水利类项目建设的金额为 399.44 亿元，占水利类专项债的比重为 7.25%。从水利类项目行政层级看，水利类专项债募投项目以区县级中小水库和水利枢纽建设为主，省级、地市级和区县级水利类项目分别为 5 个、76 个和 221 个。从项目区域分布看，贵州、云南、山东等区域水利类项目储备充裕，项目数量及项目建设金额排在前列，河北、湖南等区域水利类项目单个规模较大（见图 6）。从资金用途看，专项债募集的资金主要用作补充水利类项目建设的配套融资资金，仅

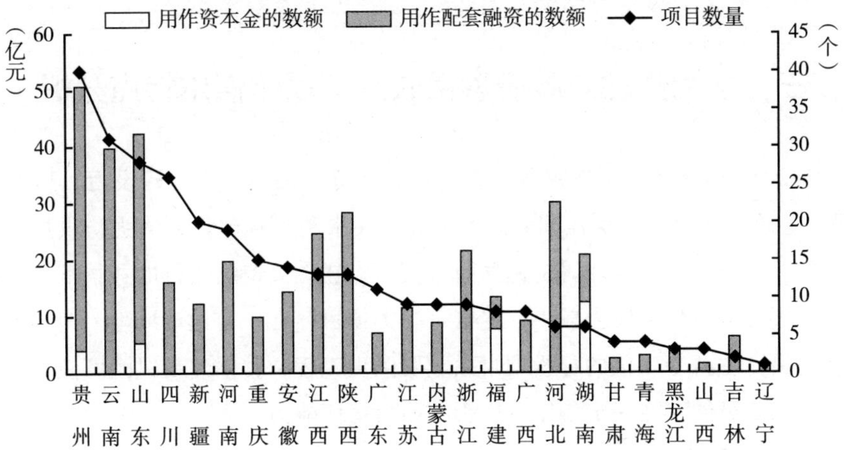

图 6　2020 年 1～6 月全国 24 个省（区、市）水利类专项债募投项目数量及专项债资金区域分布

数据来源：Choice 数据库，中诚信国际整理计算。

① 如无特别说明，本报告中引用的专项债募投项目的相关资料、数据均来自全国 24 个省（区、市）地方政府新增专项债信息披露文件，并由中诚信国际整理计算。由于数据的获取问题，数据可能来自不同募投项目文件、项目实施方案、信息披露模板等，存在一定信息缺失，但不会对分析结论产生实质上的影响。

湖南、福建、山东、贵州四省就有12个项目将部分专项债资金用作项目资本金，用作资本金的数额合计为29.37亿元，占用作水利类项目建设的专项债资金的比重为10.12%。

（三）项目收益以供水收入为主，收益与融资平衡性良好

从收入来源看，水利类地方政府项目收益专项债的直接收入以供水收入、供电收入为主；间接收入主要为水资源类农田灌溉收入、砂石销售收入、租赁收入等；部分项目根据自身禀赋特征，还可配套土地出让收入、政府财政补贴收入等以增加本息覆盖倍数。供水收入作为专项债的主要偿债来源，具有收入来源稳定、账期短等特点，是较好的偿债来源。从融资本息覆盖倍数看，水利类专项债募投项目的本息覆盖倍数均值为2.42倍，约3/4的项目的融资本息覆盖倍数为1~3倍；部分项目受收入来源单一的影响，本息覆盖倍数不足1.2倍。但整体而言，项目收益与融资自平衡情况表现良好。

三　水利类地方政府项目收益专项债信用特点分析

继2020年《政府工作报告》提出重点支持“两新一重”建设后，2020年7月国务院常务会议再次强调要大力推进重大水利工程建设，增强防洪抗汛能力，释放水利重大工程加码提速的政策信号。在政策持续支持的背景下，预计水利类项目资金到位压力较小。尽管水利类项目存在一定建设风险，但考虑到水利类项目收益专项债的募投项目系重要民生工程，整体建设风险可控，但项目投资测算可能存在一定偏差，或影响项目偿债能力。

（一）短期水利建筑工程开工受阻，中长期水利工程建设需求扩大

2020年上半年，受新冠肺炎疫情和洪涝灾害影响，水利建筑工程整体复工受阻；第二季度降雨量较往年同期大幅增长，长江流域水位持续上涨，防汛形势严峻，7月上旬水利部将长江水旱灾害防御应急响应提升至Ⅱ级。受洪涝灾情影响，水利项目建设需求进一步扩大。2020年7月8日，国务院常务会议特别强调要推进重大水利工程建设，研究并部署了2020~2022年约150项重大水利工程投资，进一步增强防御水旱灾害的能力，加速灌溉节水、水资源

优化配置、水生态保护修复等水利工程项目建设，释放水利重大工程加码提速的政策信号。

（二）水利工程建设属重要民生工程，项目建设风险可控

水利类专项债募投项目主要为中小水库和水利枢纽建设，建设周期普遍为1～5年，工程难度系数较高。在施工过程中，工程地质条件和工程设计可能发生变化，进而影响施工进度。此外，项目施工进度易受不良气候等自然因素影响，或存在一定建设风险。考虑到水利类项目为涉及民生的重要基础设施建设项目，项目实施主体（多为政府机关单位）具备良好的业务资质和项目建设能力，工程经验丰富，各职能部门配合度高，因此项目整体质量较好，水利类项目建设风险可控。

（三）项目收益测算偏差或影响投资收益平衡结果

水利类项目建设具有初始投资规模大、投资回收期长等特点，项目收益测算可能出现偏差，进而对投资收益平衡情况存在一定影响。首先，由于各地水利类项目收益测算模型存在差异，部分项目收入预测与实际情况存在偏离，模型合理性有待进一步验证。其次，受建设风险的影响，对项目进度、运营周期等参数的测算也可能出现误差，从而对投资回收期的测算造成影响。最后，因水利类专项债普遍周期较长，可用于偿债的投资净现金流入的折现过程易受市场利率波动影响，项目收益测算准确度仍待提高。

四　案例分析——2020年湖南省农林水利专项债券（四期）

本报告以2020年湖南省农林水利专项债券（四期），即2020年湖南省政府专项债券（四十二期）（以下简称“20湖南42”）为案例进行分析。① 椒花

① 本案例中引用的专项债募投项目的相关资料、数据均来自2020年湖南省农林水利专项债券（四期）——2020年湖南省政府专项债券（四十二期）信息披露文件、专项债券项目预期收益与融资平衡方案及评价报告、法律意见书、信用评级报告，并由中诚信国际整理计算。

水库工程是国家《水利改革发展“十三五”规划》[①] 的大型水库新建项目，地处湖南省浏阳市，是长沙库容量第二大水库，建成后将有效解决浏阳下游40多万居民和3个重点园区的用水问题。[②]

（一）债券及项目基本情况介绍

“20湖南42”为湖南省政府2020年新发行的单一类水利地方政府项目收益专项债，专项债资金定向用于椒花水库工程建设。该债券起息日为2020年5月29日，票面利率为3.75%，债券期限为30年，发行规模为12亿元，其中11亿元用作项目资本金，另外1亿元用作配套融资；债券利息每半年支付一次，债券到期后一次性偿还本金，可按规定在全国银行间债券市场和证券交易所债券市场上市流通。

椒花水库工程是国家《水利改革发展“十三五”规划》的Ⅱ等大型工程水库建设项目。工程任务为：以城镇生活和工业供水、防洪为主，兼顾灌溉、发电和下游生态环境补水等。工程总工期为48个月，该项目已于2019年11月开工，预期该工程的总投资金额为59.18亿元。

（二）项目评价

湖南省椒花水库工程资金来源于财政资金和政府专项债券资金，其中财政资金42.18亿元将根据项目进度逐步到位；对于政府专项债券资金，拟通过地方政府项目收益专项债筹集资金17亿元，本期债券申请发行12亿元，其中11亿元作为项目资本金。专项债用作项目资本金，可在撬动投资和稳增长方面发挥积极作用。该项目产生的经济及社会效益主要体现在城市生活及工业供水效益、防洪效益、灌溉效益、发电效益及达产过程中。在正常情况下，项目预期总收入为61.77亿元，预期总经营成本为22.11亿元，项目净收益即可用于融资平衡的资金为39.66亿元，预计融资本息为35.86亿元，项目收益对融资本息的覆盖倍数为1.11倍。在压力测试情况下，当项

① 《水利改革发展“十三五”规划》，中华人民共和国水利部网站，http：//www.mwr.gov.cn/ztpd/2016ztbd/qgslsswgh/ghqw/201612/P020161227521013284744.pdf。

② 凌晴：《长沙这个“超级工程”开建，库容量全市第二》，长沙晚报网，2019年11月26日，https：//www.icswb.com/h/101947/20191130/631236.html。

目收入下降10%后，融资本息覆盖倍数为0.93倍，无法覆盖本息；当项目成本上升10%后，融资本息覆盖倍数为1.04倍，总体而言，项目收益平衡性承压、抗风险能力有待增强。

五　水利类地方政府项目收益专项债发展建议

水利工程建设作为重要民生工程，在政策红利不断涌现的背景下，水利类地方政府项目收益专项债迅速扩容。为水利类专项债更好地匹配地方水利基础设施建设，本报告提出以下三点建议。第一，合理分配专项债额度，充分发挥专项债可用作项目资本金的优势。目前，专项债资金用作水利工程建设项目资本金的比例仍然较低，各地方政府应根据水利工程建设项目情况、区域财政情况、经济情况等因素，合理分配专项债融资额度，充分利用专项债资金用作项目资本金的优势，进一步放大水利基础设施建设投资对区域经济的拉动作用。第二，规范项目收入成本测算，完善信息披露动态跟踪系统。各地水利类项目投资测算模型存在差异，合理性有待进一步验证。相关部门可结合水利类项目共性，规范项目预测模型及方法，提高项目测算信息披露度，提高项目投资收益平衡性，完善动态跟踪体系，加强监管及投资者投前投后管理。第三，对于项目收益与融资自平衡较弱的水利工程建设项目，可与相关领域项目集合发行，进一步拓宽收入来源。通过农田灌溉收入、砂石销售收入、租赁收入及项目配套土地出让收入等增加本息覆盖倍数，有效解决由供水供电收入单一、盈利能力弱带来的偿债现金流不足等问题，降低地方政府融资成本。

B.8
2020年信息基础设施类地方政府项目收益专项债分析报告

刘心荷　袁海霞 *

摘　要：　信息基础设施作为我国新型基础设施建设的重要组成，是培育地方经济增长新动能的重要力量之一。在国家推进新型基础设施建设的系列政策引导下，信息基础设施类项目收益专项债在新增专项债中的占比显著上升，其发行期限以中长期为主。该类项目以产业园区建设为载体，涵盖大数据中心、物联网等多领域，项目收入来源多元。从项目风险来看，该类项目建设标准高，工程质量会影响收入实现；技术更迭较快，运营期面临较高不确定性；财政专项资金的到位情况会影响项目现金流。展望未来，要实现信息基础设施类项目收益专项债的进一步发展，应规范项目收入测算要求，细化项目风险信息披露，优化债券期限结构设计。

关键词：　地方债　专项债　信息基础设施

2020 年，在新冠肺炎疫情冲击下，宏观政策逆周期调控力度持续加码，以“5G、大数据中心、人工智能和工业互联网”为代表的新型基础设施建设

---

* 刘心荷，中诚信国际研究院副总监，主要研究领域为地方债与城投行业、债券市场等；袁海霞，经济学博士，高级经济师，中诚信国际研究院副院长，中国人民大学国发院政府债务研究中心联席主任，主要研究领域为地方债与城投行业、宏观经济、债券市场等。

成为培育经济增长新动能的重要抓手。同年3月，中共中央政治局会议再次强调“加快5G网络、数据中心等新型基础设施建设进度”。同年4月，国家发改委进一步细化新型基础设施建设范围，明确信息基础设施指“基于新一代信息技术演化生成的基础设施，比如以5G、物联网、工业互联网、卫星互联网为代表的通信网络基础设施，以人工智能、云计算、区块链等为代表的新技术基础设施，以数据中心、智能计算中心为代表的算力基础设施等”。在国家政策积极引导下，信息基础设施类项目成为2020年地方政府项目收益专项债资金投放的重要领域，并实现快速发展，成为传统基建之外带动地方经济发展的新力量。

一　信息基础设施类地方政府项目收益专项债发行特点分析

2020年1~6月，在新增专项债中，共计93只债券资金投向信息基础设施类项目，发行规模共计4924亿元①，以下分别从月度发行规模、发行主体、发行模式、发行期限、发行成本等角度对该类债券发行特点进行分析。

（一）2020年5月发行规模超两千亿元，在新增专项债中的占比显著上升

从月度发行规模看，2020年1~6月信息基础设施类地方政府项目收益专项债（以下简称“信息基础设施类专项债”）月度发行分布较不均衡，3月发行规模较小，仅为73.37亿元；5月发行规模居首，达到2394.10亿元；其余月份的发行规模在267.07亿元至1328.71亿元区间内。在国家推进新型基础设施建设的系列政策引导下，信息基础设施类专项债在全市场新增专项债中的占比明显上升，2020年6月该类债券的新增规模占比达到55%、债券只数占比达到24%，较1月分别升高36个百分点、15个百分点，信息基础设施类专项债成为专项债扩容的重要方向。

---

① 如无特别说明，本报告中引用的地方债发行量等债券相关数据均来自截至2020年6月的Choice数据库，并由中诚信国际整理计算。

（二）山东省发行规模居首，集合类发行占比超九成

从发行主体看，2020 年 1～6 月全国共计 24 个省（区、市）[1] 发行信息基础设施类专项债，其中山东省、重庆市、四川省、江苏省发行规模居于前列，山东省发行规模达到 668 亿元，居于全国首位。从发行模式看，以集合类发行为主，仅 3 只债券以单一形式发行。在集合发行模式下，单只债券投向信息基础设施类项目个数不一，湖南省发行的 2020 年湖南省园区建设专项债券（十一期）——2020 年湖南省政府专项债券（二十七期）投向信息基础设施类项目最多，达到 12 个。

（三）发行期限以中长期为主，发行成本小幅低于全国平均水平

从发行期限看，信息基础设施类新增专项债发行期限涉及 5 年、7 年、10 年、15 年、20 年与 30 年。其中 10 年期占比最高，达到 36%；15 年期次之，占比达到 33%（见图 1）。该类债券的整体平均期限为 14.66 年，远大于项目

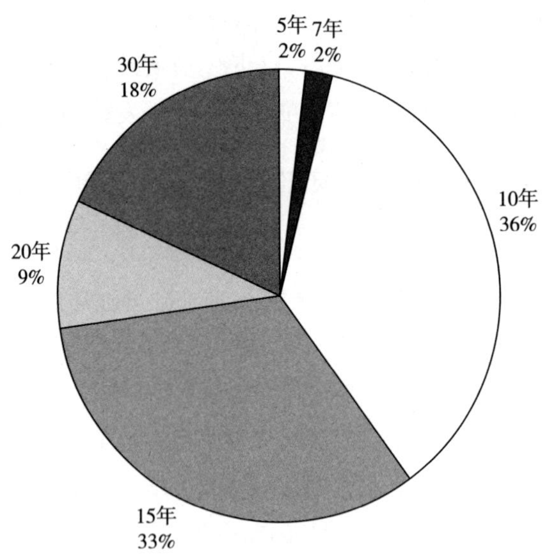

图 1　2020 年 1～6 月信息基础设施类项目收益专项债发行期限结构

数据来源：Choice 数据库，中诚信国际整理计算。

① 截至 2020 年 6 月末，仅云南省、辽宁省、天津市、甘肃省、青海省、上海市、宁夏回族自治区尚未发行，且未统计港澳台地区。

平均建设周期。从发行成本看，2020 年 1 ~6 月信息基础设施类专项债加权平均发行利率为 3.40%，加权平均发行利差达到 24.43BP，小幅低于全国新增专项债平均水平，比其低 0.59BP。

二 信息基础设施类地方政府项目收益专项债募投项目特点分析

信息基础设施类项目作为战略新兴领域，现阶段仍处于快速发展期。相较于传统基建类项目，该类项目在建设方式、收入来源、现金流等方面呈现诸多新特点，具体情况如下。

（一）超八成项目以产业园区建设为载体，涵盖大数据中心、物联网等多领域

2020 年 1 ~6 月新增专项债中共计 187 个①信息基础设施类项目，项目领域涵盖人工智能、大数据中心、工业互联网、物联网、区块链、半导体芯片等。从项目形式看，主要以产业园区建设为载体，该类项目占比达到 87.16%，项目内容具体包括标准化厂房、研发楼、宿舍等园区配套基础设施建设与运营，旨在推动相关领域企业集聚、科研创新资源集聚，共建区域创新平台，完善区域信息产业链布局；非产业园区建设类项目占比较低，主要聚焦于大数据中心与计算中心，项目内容包括机房建设、数据机柜购置、计算平台搭建等。

（二）区县级项目占比居首，项目建设周期以2 ~3年为主

从项目分布看，187 个信息基础设施类项目主要分布于东部沿海及西南部分地区，四川、山东、福建、湖南项目数量居于前列，其中四川该类项目共计 29 个，远超其他省份；海南、新疆、浙江项目数量较少，均只有 1 个。从项

① 如无特别说明，本报告中引用的专项债募投项目的相关数据均来自地方政府新增专项债信息披露文件，并由中诚信国际整理计算。由于数据的获取问题，数据可能来自不同募投项目文件、项目实施方案、信息披露模板等，这可能导致数据分析出现一定偏差，但不会对分析结论产生实质上的影响。

目余额来看，山东该类项目余额为50.66亿元，居于全国首位（见图2）。从行政层级看，信息基础设施类项目仍以区县类项目为主，共计124个，其中87.8%属产业园区类；地市级项目共计62个，占比次之；省级项目仅1个，占比最少。从项目期限看，项目建设周期为0.5~5年，以2~3年为主，占比达到54.6%。

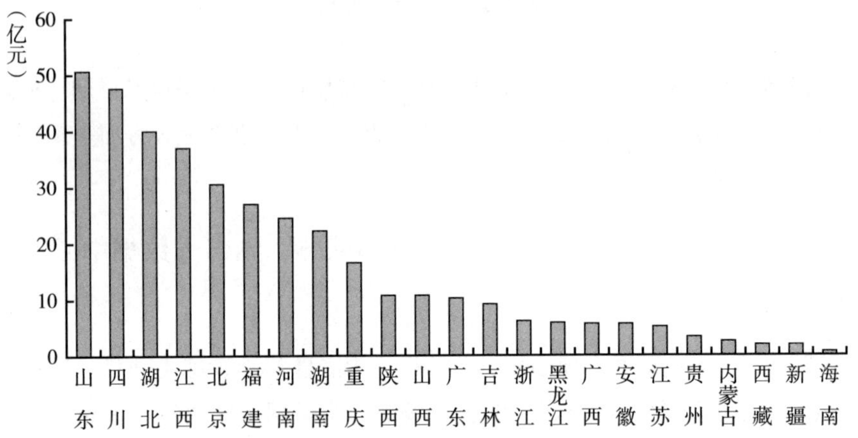

图2　2020年1~6月全国23个省（区、市）信息基础设施类专项债项目规模分布情况

数据来源：Choice数据库，中诚信国际整理计算。

（三）项目收入来源多元，融资本息覆盖倍数呈现较大分化

从项目资本金情况看，共计40个项目资本金使用专项债资金，项目数量占比达到21.39%；其余资金以财政资金为主；资本金外的配套融资包括专项债资金及企业发行债券、银行贷款等。从偿债收入看，不同项目类型收入来源有所差异。对于以产业园区建设为载体的项目，项目收入以园区内厂房、办公楼等场地租赁收入为主，同时涵盖园区配套食堂、停车场、宿舍收入等，部分项目收入涵盖商住用地与居住用地出让收入，土地出让收入亦可对偿债形成支撑。受不同地区产业发展情况、房屋租赁市场价格差异影响，该类项目融资本息覆盖倍数呈现较大分化，整体在1.1倍至24.8倍之间，但仍以1.1~2.0倍为主，占比达到70.58%。对于非产业园区类项目，项目收入

以设备租赁收入与服务收入为主，具体包括数据机柜租赁收入、服务器托管收入、云计算及云存储服务收入等，同时包括配套停车场、广告收入等。受项目建设技术难度及运营成本不同的影响，项目净收益水平有所差异，项目本息覆盖倍数在 1. 19 倍至 7. 81 倍之间。

三　信息基础设施类地方政府项目收益专项债信用特点分析

整体来看，信息基础设施类专项债信用状况取决于项目信用状况及发行主体所在区域信用状况，本报告重点对该类项目信用特点进行分析。

（一）项目建设标准较高，工程质量影响收入实现

相较于传统基建类项目，信息基础设施类项目建设标准更高。如对于人工智能、半导体芯片类项目，严格要求标准化无尘厂房车间，厂房能否按标准交付将直接决定项目投产进度及现金流入状况。此外，信息基础设施类项目配套工程的重要性较普通项目更为凸显，如对于数据中心、物联网、智能装备等项目，厂房或园区均需配套高速网络，部分项目仍需配套综合管理软件、配套制冷系统等，配套设备能否如期交付及运营是否稳定均将对项目实际运营效果产生较大影响。项目施工方承建经验、技术水平、质量验收机构、设备维护团队专业性等因素，均是该类项目信用评估中应重点关注的。

（二）技术更新迭代较快，运营期面临较大不确定性

信息基础设施作为新兴领域，受信息技术迭代更新影响较大，项目在运营期内或面临较大设备升级改造压力，由此影响运营成本，进而影响现金流的稳健性。此外，对于部分细分领域，技术迭代升级或对现阶段技术应用产生颠覆性影响，对项目运营收入的稳定性产生较大冲击。在此背景下，较长的债券期限结构设计在一定程度上会增加技术迭代影响的不确定性，因而需结合项目所在细分领域，谨慎评估项目现金流对技术迭代的敏感性。

（三）财政支持力度较大，专项资金到位情况影响项目现金流

信息基础设施类项目具有资本密集型特征，初始投资规模要求较高，资本金到位情况是影响项目信用水平的重要因素。从现阶段项目情况看，该类项目资本金到位情况整体较好，除了将专项债资金用作项目资本金外，多以财政专项资金补充资本金。同时，为加大对战略新兴产业的培育孵化力度，部分地方政府针对信息基础设施类项目出台优惠政策，并给予一定财政补贴，该资金成为项目现金流收入测算的重要组成部分。在当前地方财政收支“紧平衡”压力下，对于项目收益平衡较多依赖于地方财政的项目，专项债资金以外的财政专项资金拨款到位的及时性以及补贴的落实情况，是评估项目信用状况的重要因素。

四　案例分析——2020年黑龙江省（哈尔滨市）城乡发展专项债券（四期）

本报告选取2020年黑龙江省（哈尔滨市）城乡发展专项债券（四期），即2020年黑龙江省政府专项债券（二十四期）中哈尔滨市人工智能先进计算中心项目为案例，对于纳入专项债的信息基础设施类项目特点进行分析。

（一）债券及项目基本情况介绍

2020年黑龙江省（哈尔滨市）城乡发展专项债券（四期），即2020年黑龙江省政府专项债券（二十四期）于2020年6月22日发行，债券发行规模共计11.7亿元，债券期限为20年，票面利率为3.68%。债券募投项目——哈尔滨市人工智能先进计算中心项目位于哈尔滨市平房区，旨在建设超级计算中心，为省内哈尔滨工业大学等高校、大型企业及工程项目提供计算服务，项目内容包括新建数据中心机房、改造变电所、改造UPS电源及柴油发电机。项目建设周期为22个月，计划于2021年12月完工。项目总投资达3.46亿元，对应的2020年黑龙江省（哈尔滨市）城乡发展专项债券（四期）资金为2.15亿元，主要用于项目建设，包括建筑土建工程、装饰工程、给排水、电气工程等。

（二）项目评价

哈尔滨市人工智能先进计算中心项目，是融合计算、存储、网络等技术的重要信息基础设施项目，可与哈尔滨市已有科研院校、军工企业等机构实现协同发展，提供先进云计算服务，为开展智慧城市建设提供有力支撑。项目资本金为8324.25万元，全部为项目单位（哈尔滨合力投资控股有限公司）自有资金，配套资金除2020年黑龙江省（哈尔滨市）城乡发展专项债券（四期）资金2.15亿元外，其余部分由2021年专项债券资金及银行贷款资金作为补充。项目收入包括科学计算资源及服务收入、深度学习计算资源及服务收入、云计算资源及服务收入和云存储服务收入，项目运营成本包括水费、电费、宽带及网络安全费、工资及福利费、日常运营成本和相关税费。德勤咨询（深圳）有限公司为本项目出具的财务评价报告显示，债券存续期内该项目用于偿还全部融资本息的收益额共计6.07亿元、对应偿还的全部融资本息总额为4.95亿元，项目资金本息覆盖倍数为1.22倍。另外，对项目净收益进行压力测试，结果显示，在收入下降15%时，项目融资本息覆盖倍数仍大于1倍。总体来看，该项目偿债风险较低，但财务评价未对收入测算依据及压力测试中考量的因素进行具体说明。考虑到债券期限较长，以及存续期内项目仍面临技术升级、需求不足等诸多风险，现金流稳定性仍面临考验，债券存续期内项目主体仍需对运营情况保持密切跟踪，有效管控“风险敞口”。

五　信息基础设施类地方政府项目收益专项债发展建议

信息基础设施类项目作为我国新型基础设施建设的重要领域，是未来带动地方经济发展的重要力量。2020年以来，该类项目收益专项债规模快速增长，为培育地方经济发展新动能奠定重要基础。但作为战略新兴领域，该类项目收益专项债发展时间较短，当前仍处于探索发展期，未来仍需结合该类项目特点及行业变化趋势，持续优化配套管理细则，真正发挥财政资金聚力增效的作用，提升我国信息基础设施水平。

（一）规范项目收入测算要求

信息基础设施产业作为新兴产业，行业发展仍面临较大不确定性，对于该类专项债券，需进一步规范项目运营期内项目收入测算要求，保障项目收益与融资平衡，防范偿债风险。如结合项目细分领域，明确压力测试要求，就所在区域经济环境变化、土地出让价格波动、项目产能释放低于预期、技术迭代升级等不同情形开展压力测试，谨慎评估项目收入。

（二）细化项目风险信息披露要求

现阶段专项债信息披露仍采用统一模板，考虑到信息基础设施类项目的特殊性，未来建议结合不同领域细分项目特点，细化信息披露要求，重点结合影响项目建设风险、运营风险的因素，加大信息披露力度。如披露项目建设主体的相关技术资质、项目经验、采购设备质量、项目人员技术背景等信息，帮助投资者充分评估项目信用状况。

（三）优化债券期限结构设计

部分前沿类信息基础设施类项目，如物联网、区块链等，现阶段配套技术仍处于快速发展期；部分技术应用仍处于探索阶段，尚不成熟，项目投产后面临较大收入波动风险。该类项目可适当缩短相应债券期限，减少行业发展不确定性对债券偿付的影响，同时鼓励项目主体拓展股权融资渠道，降低项目运营期内刚性债务成本，优化资本结构。

区 域 篇

Regional Reports

B.9
2020年北京市地方政府债券分析报告

袁海霞　卞 欢　汪苑晖　刘心荷　赵京洁*

摘　要：北京市自2009年发行首只地方债以来，累计发行规模已超过6300亿元。2020年，受新冠肺炎疫情影响，北京市地方债发行节奏有所提前；发行结构以新增专项债为主，长期债券占比提升。北京市项目收益专项债持续扩容，其募投领域向基建倾斜，但未用作项目资本金，且对基建投资的实际撬动效果仍受到多因素限制。整体看，北京市地方政府债务限额仍有较大空间，其财政实力和债务偿付能力较强，债务风险整体可控。展望下一阶段，本报告建议北京市地方政府进一步丰富资金投向，可将地方债资金聚焦在科研领域

* 袁海霞，经济学博士，高级经济师，中诚信国际研究院副院长，中国人民大学国发院政府债务研究中心联席主任，主要研究领域为地方债与城投行业、宏观经济、债券市场等；卞欢，金融学博士，中诚信国际研究院高级研究员，主要研究领域为财政政策、地方债与城投行业等；汪苑晖，中诚信国际研究院高级研究员，主要研究领域为宏观经济、货币政策、地方债与城投行业等；刘心荷，中诚信国际研究院副总监，主要研究领域为地方债与城投行业、债券市场等；赵京洁，中诚信国际研究院高级研究员，主要研究领域为地方债与城投行业、货币政策等。

和公共治理领域。

关键词： 地方债 专项债 北京市

一　北京市地方债运行情况分析

北京市地方债存量规模低于全国平均水平，以新增专项债为主，债券期限以5～10年为主。从规模看，截至2020年6月，北京市地方债存量规模为5939.94亿元，① 占全国规模的2.5%，在全国31个省（区、市）中排名第21（见图1），直辖市中排名第3。从结构看，存量地方债中六成为专项债，规模达3651.11亿元，在全国排名第16；分资金用途看，存量地方债②以新增专项债

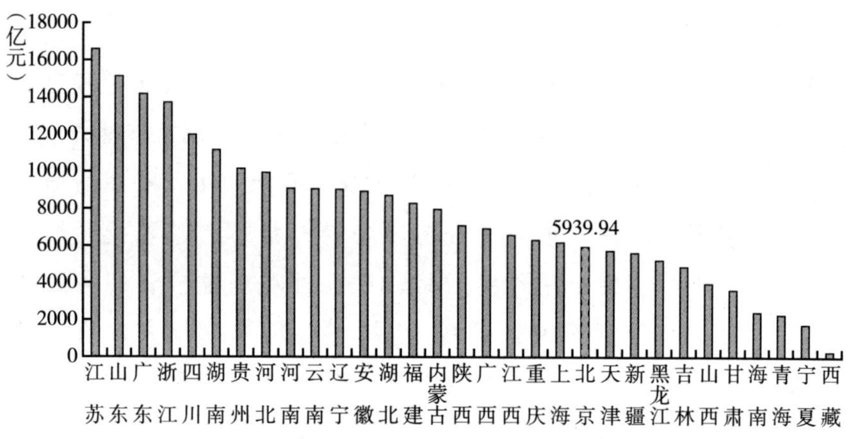

图1　截至2020年6月全国31个省（区、市）地方债存量规模

数据来源：Choice数据库，中诚信国际整理计算。

---

① 如无特别说明，本报告中引用的地方债存量、发行量、发行利率、发行利差、交易量、到期收益率等债券相关数据均来自截至2020年6月的Choice数据库，并由中诚信国际整理计算。

② 存量地方债种类结构以存量地方债中2018年以来发行的样本进行统计。

为主（2116 亿元），其次为新增一般债（521.95 亿元）、再融资专项债（273.77 亿元）、再融资一般债（258.09 亿元）。从期限看，存量地方债主要为 5～10 年期限，约占全市地方债总规模的 85%。

（一）发行规模持续回升，发行集中度提高且节奏提前

受新冠肺炎疫情冲击，2020 年上半年我国财政收入同比出现下滑，在全球疫情未稳、经济下行压力凸显的背景下，地方债的积极作用较 2019 年更突出。2020 年 1～6 月北京市发行地方债共计 1123.49 亿元，约为 2019 年发行总规模的 80%。从月度发行规模看，地方债发行集中度提高且节奏提前，发行时间集中于 2 月，较 2019 年的 6 月明显提前（见图 2）。

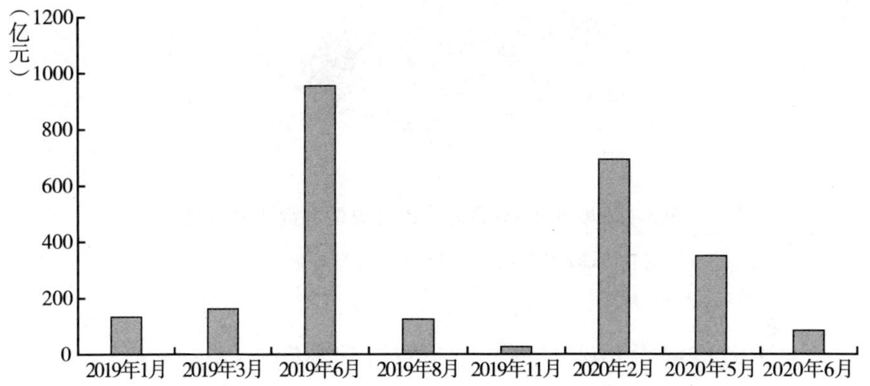

图 2　2019 年 1 月～2020 年 6 月北京市地方债月度发行规模

注：北京市部分月份无地方债发行，未在图中显示。

数据来源：Choice 数据库，中诚信国际整理计算。

（二）发行结构以新增专项债为主，长期限占比明显提升

2020 年 1～6 月，北京市发行的地方债以新增专项债为主，期限以 10 年为主，且占比有所提升。从券种结构看，新增专项债比例持续提高，发行规模为 871 亿元，占比达到 77.51%，另外发行了新增一般债（92 亿元）、再融资一般债（89 亿元）以及再融资专项债（72 亿元）；期限结构以 10 年为主，占比达到 39.53%，同比上升约 20 个百分点，期限品种较 2019 年增加了 15 年及以

上的较长期限品种，10 年及以上期限所占比例为 68.14%（见图 3），较 2019 年提高超过 40 个百分点。

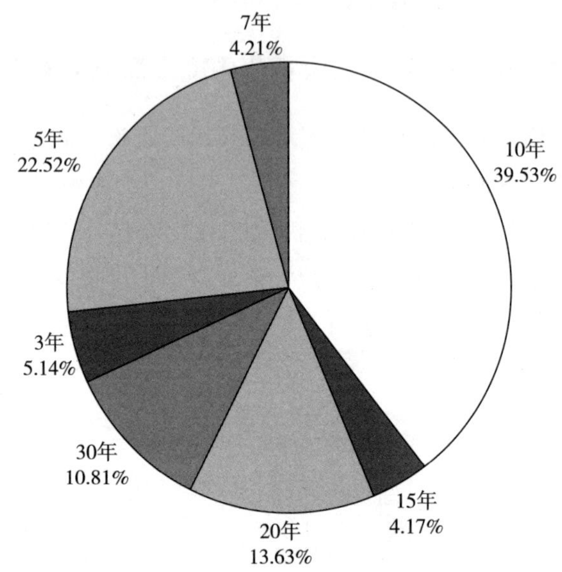

图 3　2020 年 1 ~6 月北京市地方债发行期限结构

数据来源：Choice 数据库，中诚信国际整理计算。

（三）发行成本整体下降，长端发行利率回落幅度较大

2020 年 1 ~6 月，北京市地方债发行利率①延续 2019 年回落趋势，回落至 3.05%，发行利差同比小幅走阔 0.09BP 至 25.83BP（见图 4）。从月度分布看，发行利率在 5 月到达低点 2.83%，6 月略有回升（见图 5）。从期限分布看，与 2019 年同期对应期限的地方债相比，发行利率明显回落；同期限发行利差以收窄为主，7 年期发行利差收窄幅度最大，为 9.00BP。从券种分布看，一般债、专项债发行利率较 2019 年同期分别回落至 2.93% 和 3.08%，发行利差分别回升至 24.21BP 和 26.14BP。与其他省（区、市）相比，北京市发行利率较低，在全国排名第 29，且为直辖市中最低（见图 6）。

① 如无特别说明，本报告中发行利率、利差为根据发行额计算的加权平均发行利率、利差，发行利差计算公式为债券发行利率减对应期限国债收益率。

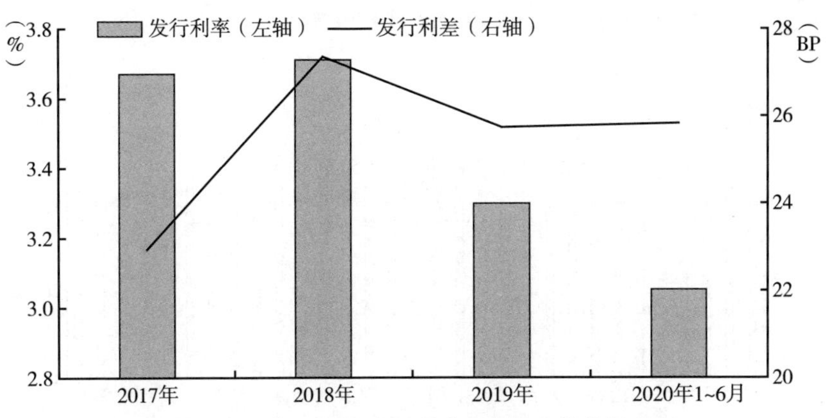

图4　2017 年 ~2020 年 6 月北京市地方债发行成本

数据来源：Choice 数据库，中诚信国际整理计算。

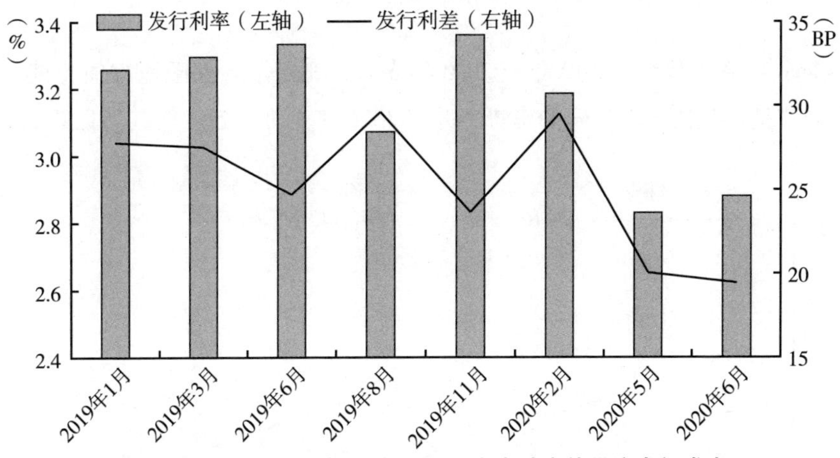

图5　2019 年 1 月 ~2020 年 6 月北京市地方债月度发行成本

注：北京市部分月份无地方债发行，未在图中显示。
数据来源：Choice 数据库，中诚信国际整理计算。

（四）交易规模小于2019年同期，到期收益率回落

从二级市场交易规模①看，2020 年 1 ~6 月，在疫情影响下北京市地方债交易规模同比回落 12. 29% 至 1375. 28 亿元，小于 2019 年同期，在全国排名第 19。

① 交易统计包含回购交易、现券交易等部分。

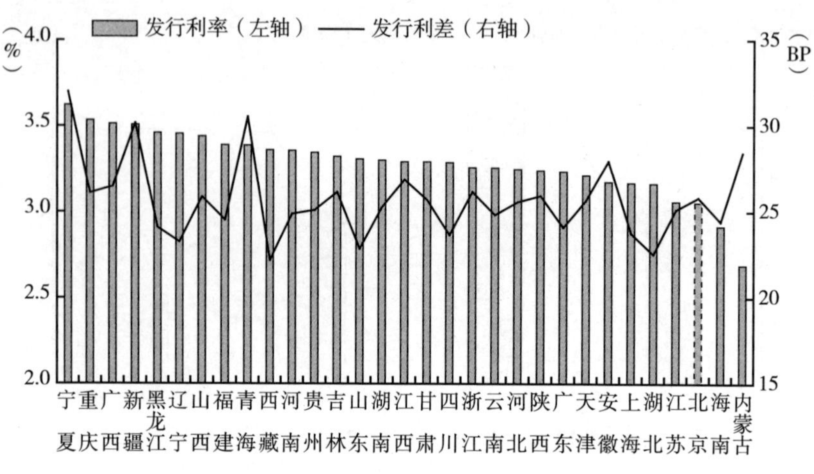

图6　2020年1~6月全国31个省（区、市）地方债发行成本

数据来源：Choice数据库，中诚信国际整理计算。

从到期收益率走势看，2019年至2020年6月，北京市各期限地方债到期收益率[①]均值呈现整体先降后升的态势，并于2020年4月底到达低点（见图7）。

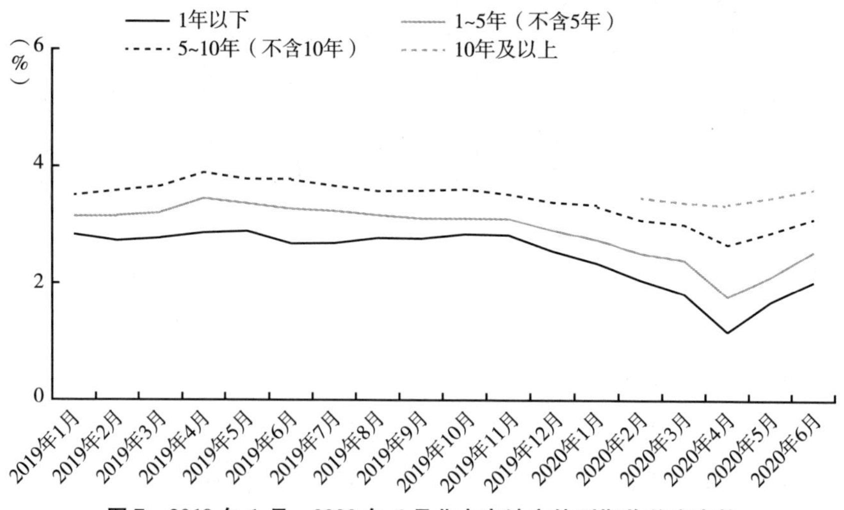

图7　2019年1月~2020年6月北京市地方债到期收益率走势

数据来源：Choice数据库，中诚信国际整理计算。

① 此处到期收益率均值采用的是算术平均值。

二　北京市地方政府项目收益专项债分析*

北京市项目收益专项债存量规模在全国范围内处于中游水平，截至2020年6月，存量规模超2000亿元；投向领域以棚改为主，2020年起向基建领域倾斜；总体期限结构偏短，5年期占比较高，与专项债项目期限匹配程度仍有待提高。值得注意的是，北京市仍未启用专项债资本金模式，单从目前用作项目配套融资看，理论上或能撬动基建投资约1405亿元，稳增长背景下需进一步发挥专项债用作资本金的杠杆优势。

（一）发行规模逐年上升，以5年期、棚改类为主

2017年，北京市启动项目收益专项债的发行，并发行90亿元；自2019年起，经济下行压力持续显现，且伴随前期债务置换工作收尾，项目收益专项债快速扩容；2020年1～6月，共发行新增专项债871亿元，抗疫情、稳增长背景下北京市专项债加快扩容。从债券期限看，北京市存量项目收益专项债以5年期为主，2020年首次出现15年、20年、30年期品种（见图8），与专项债项目期限更为匹配。从投向领域看，近几年北京市专项债募投领域单一，主要投向土储及棚改，2020年起向交通基建领域倾斜，更多投向市政和产业园类，但存量规模仍以棚改为主。从发行成本看，2019年起北京市项目收益专项债发行成本出现明显回落，2020年1～6月发行利率及利差分别为3.11%、24.70BP，较2019年同期持续回落。

（二）募投领域向基建倾斜，项目偿债保障有待改善

2020年，根据国务院常务会议部署，北京市新增专项债向交通基础设施领域倾斜，较此前品种（土储、棚改）有所创新（见图9）。具体看，投向交通基础设施领域226.02亿元、机场类占比较高，市政和产业园基础设

---

* 2020年7月29日财政部《关于加快地方政府专项债券发行使用有关工作的通知》（财预〔2020〕94号）明确2020年新增专项债必须保证融资规模与项目收益相平衡，因此2020年新增专项债均为项目收益专项债；本部分项目收益专项债的统计样本为2017～2019年项目收益专项债与2020年1～6月的新增专项债。

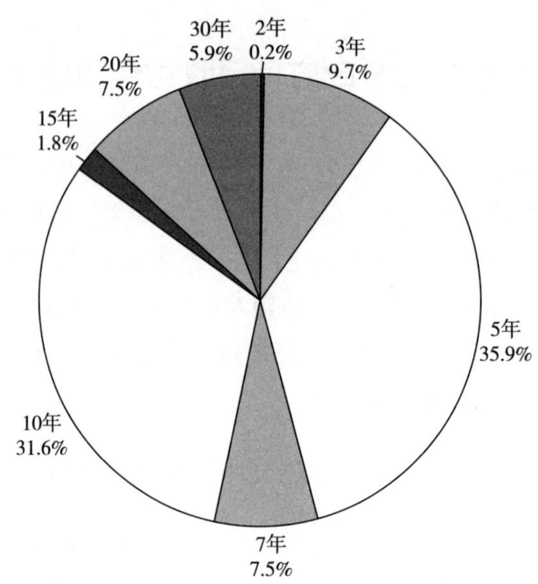

图 8　截至 2020 年 6 月北京市项目收益专项债发行期限结构

数据来源：Choice 数据库，中诚信国际整理计算。

施领域合计 645.63 亿元、[①] 以园区建设为主，投向农林水利领域 0.05 亿元；从项目行政层级看，北京市专项债项目以区县级为主，省级项目占比较少，仅 15%；从资本金比例看，省级项目资本金比例均值为 45%，区县级项目为 35%，省级项目对财政资金的需求相对更高；从项目偿债情况看，项目融资本息覆盖倍数均值为 1.90，偿债风险不大，但近 1/4 的项目仅以土地出让收入为还款来源，由于土地出让不确定性较大且收入一次性实现的特点，需关注对应土地出让进度及项目偿还本息的潜在风险。

（三）暂未用作项目资本金，或与项目储备不足、资本金压力小有关

截至 2020 年 6 月，北京市仍无专项债用作项目资本金，或与专项债项目

① 如无特别说明，本报告中引用的专项债支持项目的相关数据均来自北京市政府新增专项债信息披露文件，并由中诚信国际整理计算。由于数据的获取问题，数据可能来自不同募投项目文件、项目实施方案、信息披露模板等，这可能导致数据分析出现一定偏差，但不会对分析结论产生实质上的影响。

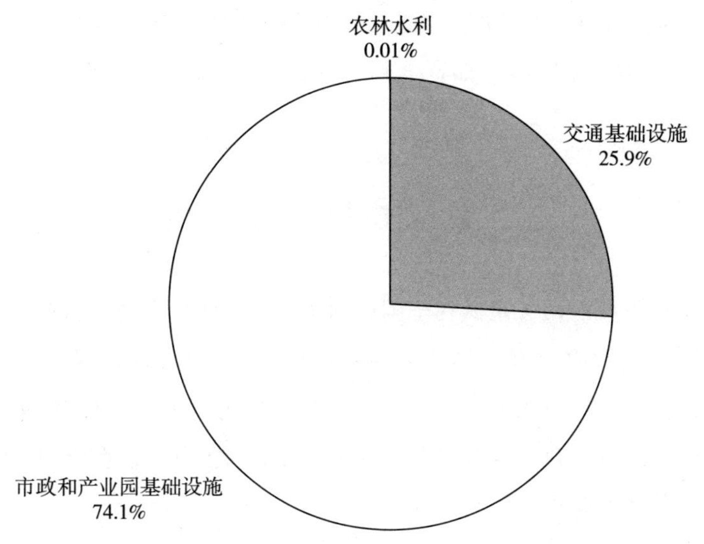

图9　2020 年 1～6 月北京市新增项目收益专项债募投领域分布

数据来源：北京市政府新增专项债信息披露文件，中诚信国际整理计算。

储备可能不足、整体发行规模不大有关，一定程度上也表明当地财政实力相对较强、项目资本金到位压力可能较小。但考虑到专项债用作项目资本金的撬动作用强于用作配套融资，在稳增长背景下仍需合理推进资本金应用以放大对基建投资的拉动效果。

（四）理论上可撬动基建投资约1405亿元，但实际效果仍受多因素限制

2020 年 1～6 月，受新冠肺炎疫情影响，北京市固定资产投资（不含农户）同比下降 1.5%，[①] 交通运输、仓储和邮政业投资下降 27.3%。在抗疫情、稳增长的特殊时期，专项债是积极财政的重要抓手，对基建投资具有一定拉动效果。由于北京市暂无专项债用作项目资本金，专项债对基建投资的撬动以项目配套融资的形式体现，北京市专项债项目配套融资比例中位数为

① 如无特别说明，本报告中引用的宏观经济数据均来自《北京市国民经济和社会发展统计公报》，并由中诚信国际整理计算。

62%，对应撬动杠杆约1.6倍，理论上约能撬动基建投资1405亿元,[①] 但实际效果仍受较多因素限制，如资金到位情况、项目建设进度、配套设施建设情况等。

三　北京市偿债能力分析

北京市地方政府债务余额在全国位列中游，整体呈现增长态势，地方债中专项债占比超过六成，2022年迎来到期高峰。由于北京市财政实力较强，财政平衡率较高，财政自给水平较好，整体债务压力不大，尽管2019年经济下行压力增大，北京市负债率及债务率水平边际有所抬升，但在全国范围内处于较低水平，债务风险可控。

（一）地方政府债务限额仍有较大空间，2022年将迎地方债到期高峰

北京市地方政府债务余额年度规模整体呈增长态势，且债务限额仍有较大使用空间。截至2019年，北京市地方政府债务限额为9119.40亿元[②]（见图10），较2015年增长36.33%，在全国31个省（区、市）中位列第11，债务余额为4964.06亿元，增长78.57%，在全国位列第21（见图11），未使用的债务限额达4155.34亿元，仍有较大空间。从地方债存量结构看，债券形式债务占比超过90%，非政府债券形式债务规模较小。从地方债到期分布看，2020年内，11月到期规模较高，达到93.66亿元。未来5年中，2022年为地方债集中到期高峰（见图12），到期规模达921.19亿元，其中到期一般债占比38.88%，到期专项债占比61.12%。此外，2024年将迎来项目收益专项债到期的第一个小高峰，占专项债到期规模的71.20%。

---

① 专项债撬动基建投资方法参见袁海霞、汪苑晖、卞欢《专项债兼顾扩容提效，助力基建托底稳增长——地方政府专项债2019年回顾与2020年展望》，《财政科学》2020年第1期。

② 如无特别说明，本报告中引用的北京市政府债务限额、余额，一般公共预算收入、支出，财政平衡率，债务率、负债率等财政相关数据均来自北京市财政预算执行及决算报告，并由中诚信国际整理计算。

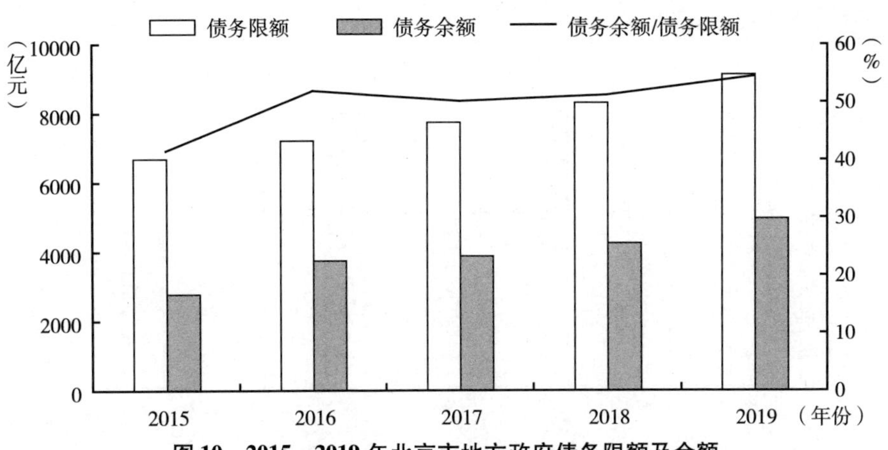

图 10　2015～2019 年北京市地方政府债务限额及余额

数据来源：北京市财政预算执行及决算报告，中诚信国际整理计算。

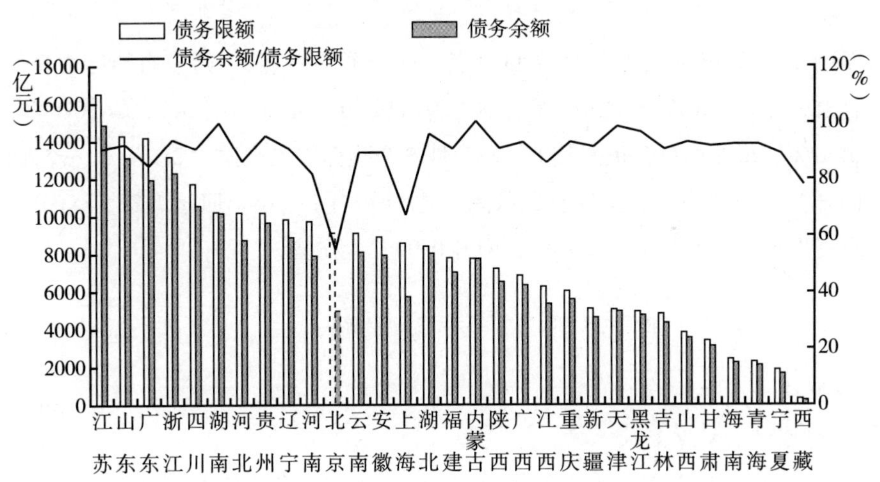

图 11　2019 年全国 31 个省（区、市）地方政府债务限额及余额

数据来源：全国 31 个省（区、市）财政预算执行及决算报告，中诚信国际整理计算。

（二）财政实力较强，财政自给能力较好

北京市财政实力较强，财政自给能力较好。截至 2019 年，北京市一般公共预算收入为 5817.10 亿元，在全国 31 个省（区、市）中位列第 6（见图 13），较 2018 年小幅增长 0.54%，但增速较 2018 年明显回落 6 个百分点；财政平衡率为

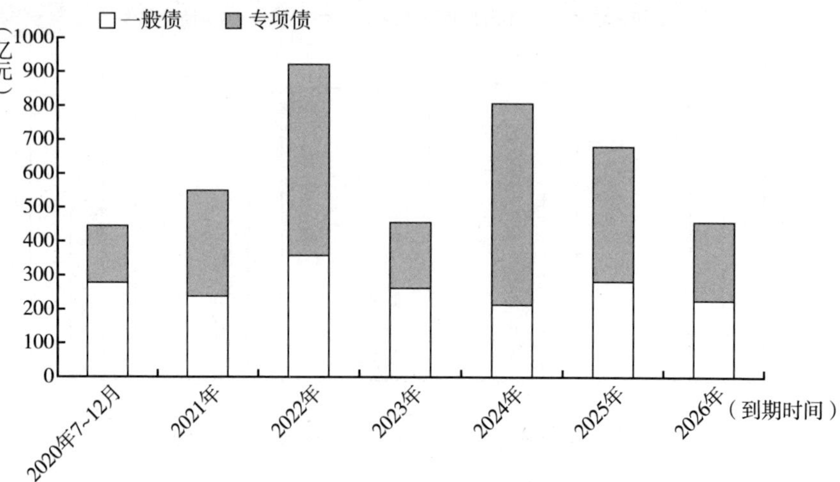

图12　北京市地方债2020～2026年到期分布

数据来源：Choice数据库，中诚信国际整理计算。

82.74%，较2018年增加2.11个百分点，在全国位列第2，财政自给能力良好。综合财力方面，2019年北京市综合财力为1.02万亿元（见图14），较2018年增长1.39%，增速由负转正。其中，政府性基金预算收入占比达21.76%，较2018年回升1.76个百分点；上级补助收入占比为20.4%，小幅回落1.36个百分点；国有资本经营收入占比达0.74%，回升0.09个百分点。

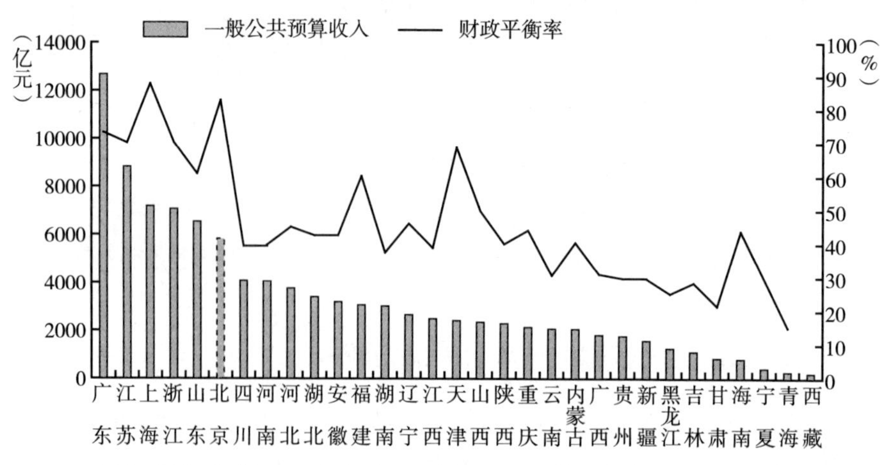

图13　2019年全国31个省（区、市）一般公共预算收入与财政平衡率

数据来源：全国31个省（区、市）财政预算执行及决算报告，中诚信国际整理计算。

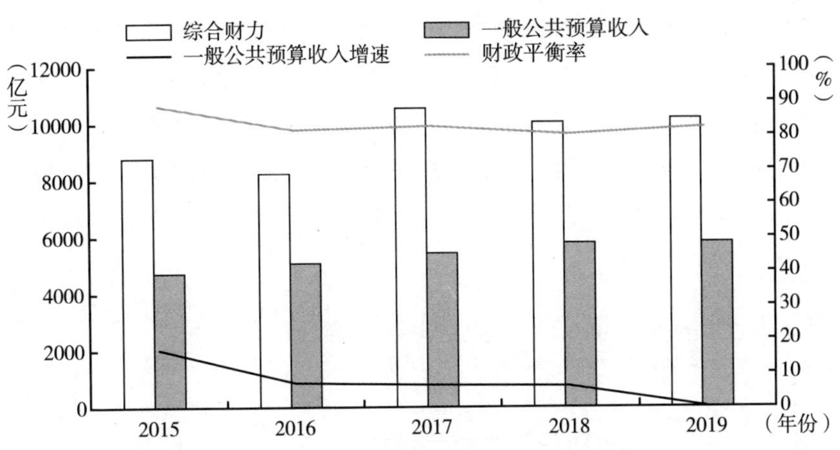

图 14　2015～2019 年北京市财政情况

数据来源：2015～2019 年北京市财政预算执行及决算报告，中诚信国际整理计算。

（三）债务风险整体可控，债务偿付能力较强

北京市债务风险整体可控，偿债能力较强。截至 2019 年，北京市债务率及负债率分别为 48.70% 和 14.03%，分别较前值回升 6.41 和 1.20 个百分点（见图 15），债务率及负债率均在全国 31 个省（区、市）中位列倒数第 2，明显

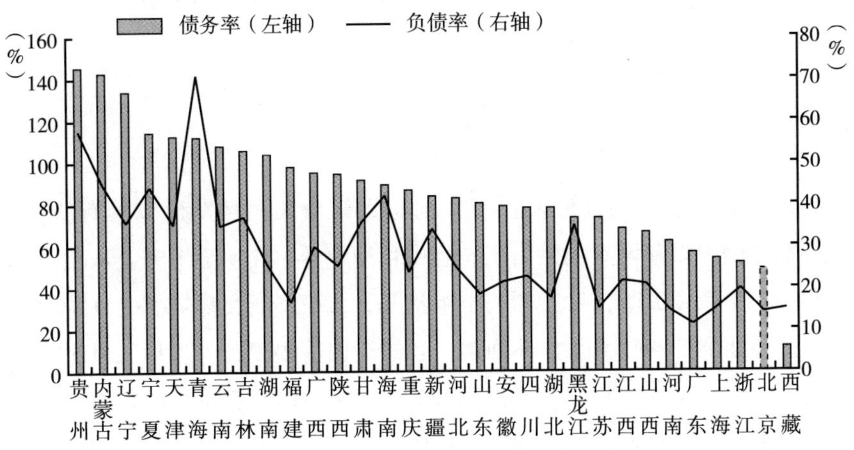

图 15　2019 年全国 31 个省（区、市）债务率及负债率

数据来源：全国 31 个省（区、市）财政预算执行及决算报告，中诚信国际整理计算。

低于全国水平，整体债务风险较小；债务余额占一般公共预算收入的比重为85%，较前值回升11.90个百分点（见图16），尽管偿债能力较2019年有所弱化，但在全国仍处于较好水平。围绕政府债务管理，北京市出台多项举措，持续健全政府债务“借、用、管、还”全过程监管体系，加强偿债压力论证，明确债务偿还计划，并开展日常监测与风险预警，严守区域性系统性风险底线。

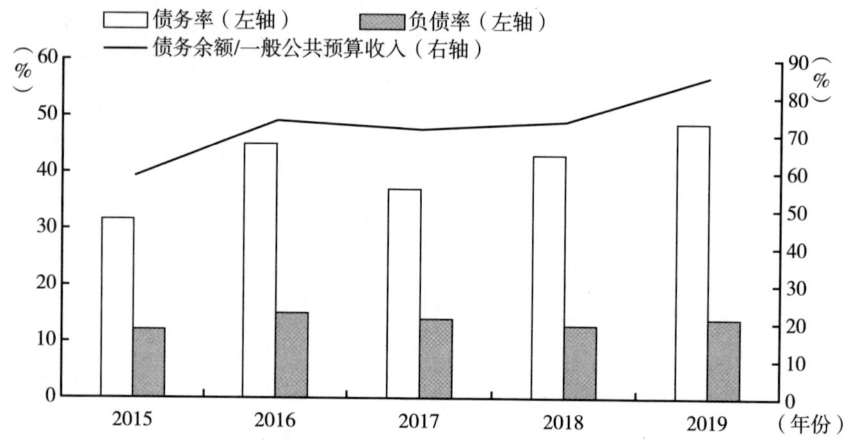

图16　2015～2019年北京市债务率及负债率

数据来源：2015～2019年北京市财政预算执行及决算报告，中诚信国际整理计算。

四　小结

2020年，北京市地方债发行规模同比大幅增长，且发行节奏有所提前。新发行地方债中以新增专项债为主，且中长期债券占比明显上升。从发行成本看，发行利率持续回落，发行利差小幅抬升，二级市场交易规模受疫情影响小幅回落，各期限到期收益率整体回落，且短端回落幅度较大。从项目收益专项债情况看，北京市项目收益专项债发行节奏明显放缓，存量投向较为单一，以棚改与土储为主，对投资的拉动效应较弱。

总体来看，北京市现阶段债务限额仍有较大使用空间，且北京市整体财政实力较强，债务风险总体可控。但在新冠肺炎疫情冲击下，经济下行压力增大，财政收支矛盾进一步加剧，下一阶段北京市应充分结合城市功能定位及经济高质量发展要求，用好地方债务限额，丰富资金投向。

建议下一阶段北京市地方债资金可聚焦以下领域：第一，加大对人工智能、大数据、云计算、物联网、区块链等国家重点科研领域投入力度，优化债券资金使用结构，在科研实验室建设、人才引进、园区建设等方面灵活运用一般债与专项债；第二，围绕首善之区功能定位，加大地方债资金在公共治理领域投入力度，补齐基层社区治理、医疗服务等领域配套资源短板；第三，当前疏解非首都功能发展思路下，对于城市空间布局优化过程中配套交通、旧城改造、园区建设等具有一定收益的项目，应充分发挥专项债用作项目资本金等优惠政策，发挥资金撬动作用，减轻财政压力。在发挥地方债资金聚力增效的同时，还须合理统筹安排一般预算及政府性基金预算资金，加强债务风险监测，妥善应对下一阶段地方债到期高峰。

B.10
2020年天津市地方政府债券分析报告

黄　菲*

摘　要： 2020年以来，天津市地方债发行规模扩张、发行节奏加快，其中专项债扩容明显，发行期限有所拉长。地方债发行利率趋于下行，二级市场交易日趋活跃，但收益率下降。天津市的项目收益专项债品种持续创新，发行成本下降；投向结构转变，项目收益能较好覆盖本息；专项债尚未用作资本金，对投资的撬动效应尚有较大释放空间。从债务情况来看，天津市债务余额增幅较大，2021～2024年面临一定的偿还压力；经济财政实力有所好转，短期内对基金收入仍有依赖；债务率水平较高，但其债务风险整体可控。下一阶段，天津市地方债的管理应注重使用效率及资金投向、合理安排期限结构、加强资金使用管理和债务风险防控。

关键词： 地方债　专项债　天津市

一　天津市地方债运行情况分析

截至2020年6月，天津市地方政府债券存量规模为5721.76亿元①，在全

---

* 黄菲，中诚信国际政府公共评级部（北京）高级分析师，主要研究领域为地方政府债券、基础设施投融资行业、航空行业等。

① 如无特别说明，本报告中引用的地方债存量规模、发行规模、发行利率、发行利差、交易量、到期收益率等债券相关数据均来自截至2020年6月的Choice数据库，并由中诚信国际整理计算。

国31个省（区、市）中排名第22，位列中游偏下（见图1）。天津市地方政府债券按类型划分以专项债为主，专项债和一般债的存量规模占比分别为72.85%和27.15%；按性质[①]划分以新增债券为主，新增、置换、再融资债券的存量规模占比分别为79.40%、8.48%和12.13%；从期限结构来看，以发行5年期、7年期和10年期的债券为主，其存量规模占比分别为47.00%、17.18%和19.56%。

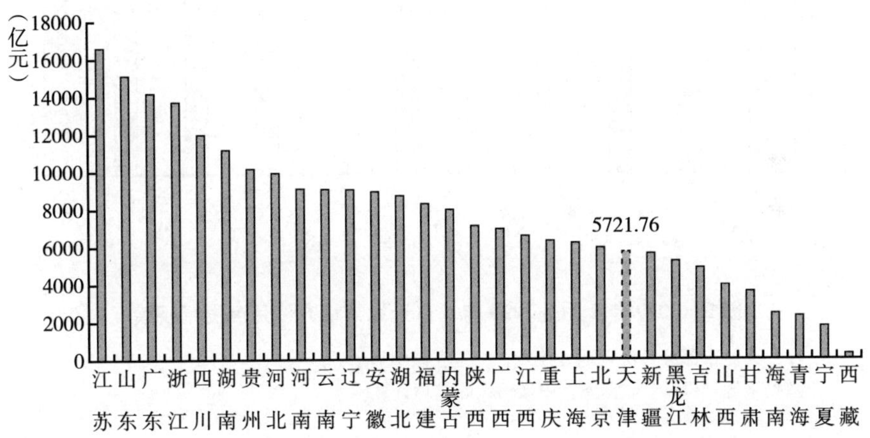

图1　截至2020年6月全国31个省（区、市）地方债存量规模

数据来源：Choice数据库，中诚信国际整理计算。

（一）地方债发行节奏明显提速，发行高峰整体提前

2020年以来，国内宏观经济面临下行压力增大和新冠肺炎疫情的双重冲击，《政府工作报告》明确财政赤字率按3.6%以上安排，新增专项债额度大幅提升，因而在更加积极的财政政策引领下，天津市地方政府债券发行规模同比有所增长。2020年上半年，天津市已发行54只地方债，发行只数逼平2019年全年；同期，发行规模合计889.68亿元，较2019年同期增长23.04%；同时，除2019年1月以外，2020年上半年的单月发行规模均高于2019年其他月

① 存量地方债种类结构以2018年以来发行的存量地方债样本进行统计。

份，其中，5月的发行规模高达428.68亿元，天津市地方政府债券发行高峰整体提前（见图2）。

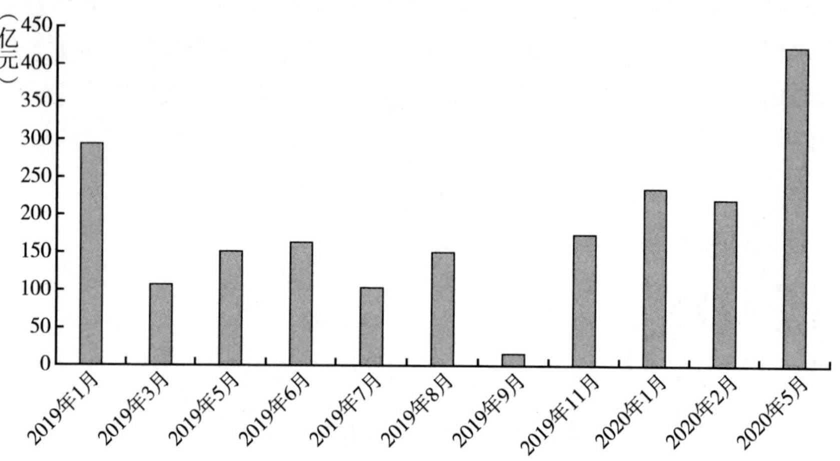

图2　2019年1月~2020年6月天津市地方债月度发行规模

注：天津市部分月份无地方债发行，未在图中显示。
数据来源：Choice数据库，中诚信国际整理计算。

（二）专项债扩容明显，发行期限有所拉长

随着相关政策对专项债发行的支撑作用逐步显现，2020年以来，天津市专项债扩容明显，在上半年的发行规模中占比高达80.37%，专项债发行只数及规模分别较2019年同期增长92.59%和22.79%，新增债券占比亦提升至87.11%；在期限结构方面，由于受到财政部不再对地方政府债券的期限结构进行限定及倡导合理提高长期专项债比例等政策影响，2020年以来，天津市15年期、30年期等超长期地方政府债券发行规模占比分别提升至21.43%和42.86%，整体发行期限有所拉长（见图3）。

（三）地方债发行利率趋于下行，发行利差有所收窄

2020年上半年，为减轻新冠肺炎疫情对经济发展的冲击和影响，稳定的货币政策有所放宽，银行体系的流动性合理充裕，引导市场利率趋于下行。因

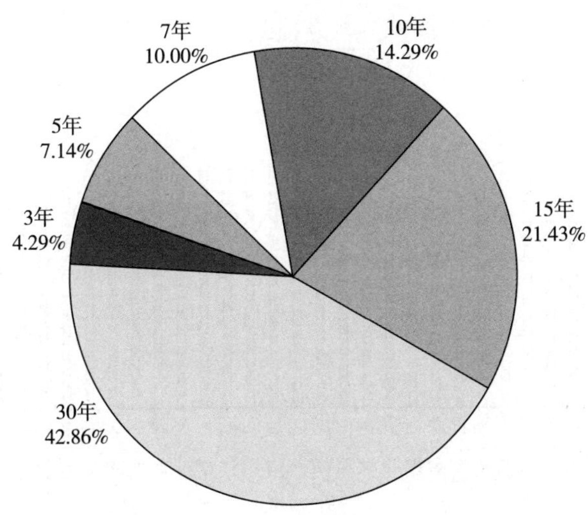

图3　2020 年 1～6 月天津市地方债发行期限结构

数据来源：Choice 数据库，中诚信国际整理计算。

此，尽管上半年天津市地方政府债券的整体发行期限有所拉长，发行成本却表现良好。2020 年上半年，天津市的平均发行利率[①]由 2019 年的 3.39% 降至 3.21%，发行利差亦由 2019 年的 29.26BP 调整至 25.67BP，且发行成本一直在全国 31 个省（区、市）中处于较低水平（见图 4）。从单月走势情况来看，2020 年以来，天津市地方政府债券的发行利率和发行利差持续走低（见图 5）。

（四）地方债二级市场交易日趋活跃，收益率趋于下行

虽然地方债二级市场流动性和活跃度一直偏低，但 2020 年以来天津市地方债二级市场交易情况改善明显，上半年的交易规模[②]高达 1849.08 亿元，已逼近 2019 年全年水平，在全国 31 个省（区、市）交易量排名中也由 2019 年的第 21 位提升至第 14 位。从债券到期收益率[③]走势来看，由于资金面相对宽

① 如无特别说明，本报告中发行利率、利差为根据发行额计算的加权平均平行利率、利差，发行利差计算公式为债券发行利率减对应期限国债收益率。

② 交易统计包含回购交易、现券交易等部分。

③ 此处到期收益率采用的是算术平均值。

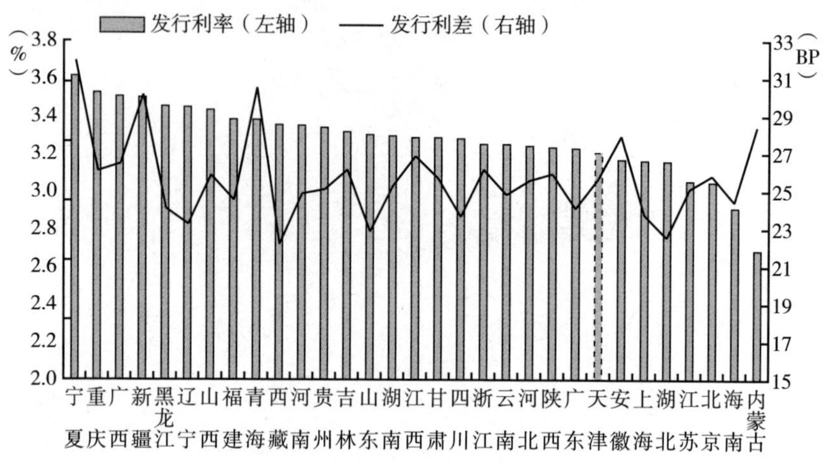

图4　2020年1~6月全国31个省（区、市）地方债发行成本

数据来源：Choice数据库，中诚信国际整理计算。

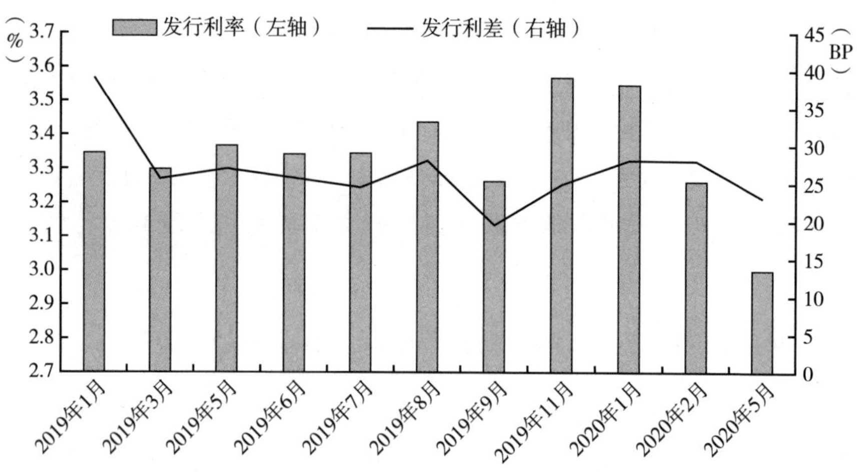

图5　2019年1月~2020年6月天津市地方债月度发行成本

注：天津市部分月份无地方债发行，未在图中显示。

数据来源：Choice数据库，中诚信国际整理计算。

松，相较于2019年，2020年以来天津市各期限地方债到期收益率整体趋于下行，但4月后有所反弹（见图6）。此外，期限越长，到期收益率趋势变动的敏感性相对越弱。

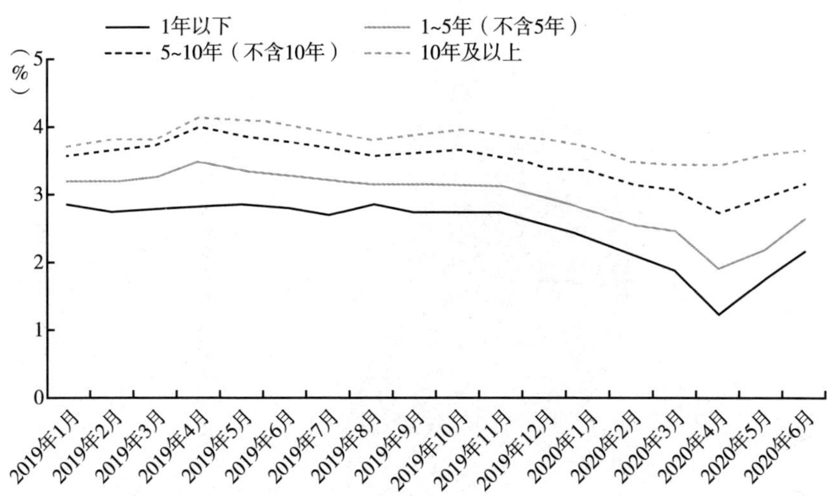

图6　2019 年 1 月 ~2020 年 6 月天津市地方债到期收益率走势

数据来源：Choice 数据库，中诚信国际整理计算。

二　天津市地方政府项目收益专项债分析*

截至 2020 年 6 月，天津市项目收益专项债存量规模为 2301.98 亿元，在全国 31 个省（区、市）中排名第 11 位，相对靠前。从项目种类来看，2020 年上半年发行的天津市项目收益专项债资金重点用于生态环保、市政和产业园区、轨道交通等民计民生项目领域；从期限结构来看，10 年期债券的发行规模占比最大，为 43.66%，其次为 15 年期和 30 年期（见图 7）。

（一）项目收益专项债品种持续创新，发行成本走低

自 2017 年财政部发布《关于试点发展项目收益与融资自求平衡的地方政

* 2020 年 7 月 29 日财政部《关于加快地方政府专项债券发行使用有关工作的通知》（财预〔2020〕94 号）明确 2020 年新增专项债必须保证融资规模与项目收益平衡，因此 2020 年新增专项债均为项目收益专项债；本部分项目收益专项债统计样本为 2017 ~2019 年的项目收益专项债与 2020 年 1 ~6 月的新增专项债。

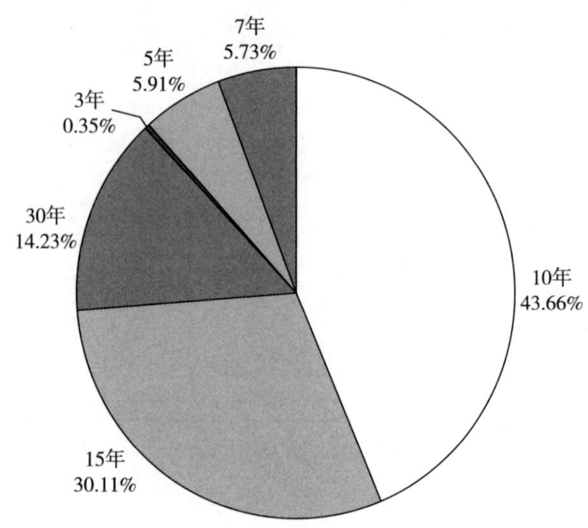

图7　2020 年 1～6 月天津市项目收益专项债发行期限结构

数据来源：Choice 数据库，中诚信国际整理计算。

府专项债券品种的通知》（财预〔2017〕89 号）① 以来，天津市项目收益专项债的发行规模逐年递增，其中仅 2020 年上半年已发行 715 亿元，超过 2017 年、2018 年的全年发行规模，并达到 2019 年全年发行规模的 87.41%（见图 8）。天津市地方政府通过发行项目收益专项债托底基建投资稳增长的意图较为明显，且天津市项目收益专项债的类型不断创新，除传统棚改、土储外，生态环保、文旅、教育等领域的新债券品种相继涌现，债券期限亦有拉长趋势；从发行成本来看，自 2017 年以来，天津市项目收益专项债的发行利率逐年走低，发行利差波动下降，相较于最高点的 2018 年，截至 2020 年 6 月底，发行利差收窄 23.90 BP，降幅明显（见图 9）。

（二）项目收益专项债投向结构转变，项目收益对本息覆盖较好

2020 年上半年，天津市项目收益专项债的资金投向由以往的土储、棚改

① 《关于试点发展项目收益与融资自求平衡的地方政府专项债券品种的通知》（财预〔2017〕89 号），中华人民共和国财政部网站，http://yss.mof.gov.cn/zhuantilanmu/dfzgl/zcfg/201707/t20170724_2656632.html。

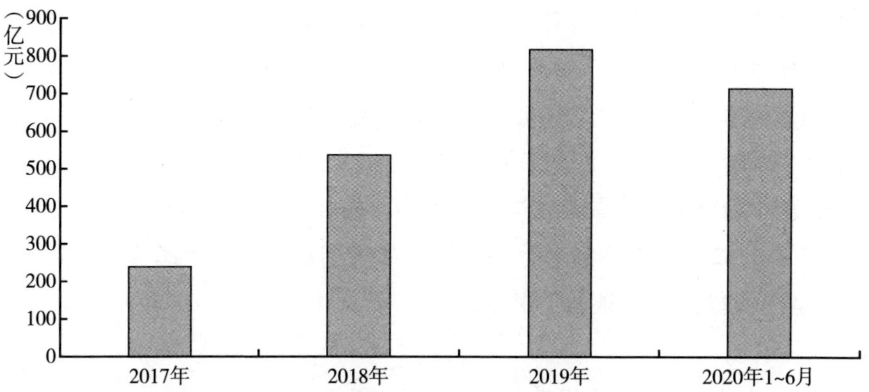

图8　2017年~2020年6月天津市项目收益专项债发行规模

数据来源：Choice数据库，中诚信国际整理计算。

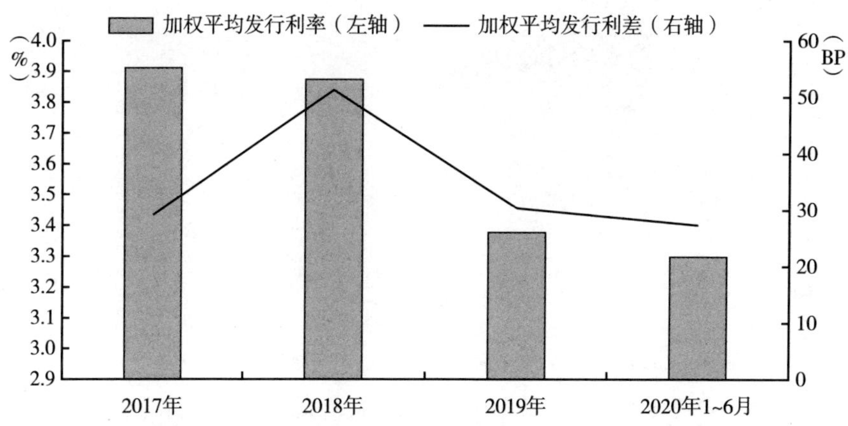

图9　2017年~2020年6月天津市项目收益专项债发行成本

数据来源：Choice数据库，中诚信国际整理计算。

转移至基建投资，并重点用于生态环保、市政和产业园区、轨道交通等民计民生项目领域，上述品种债券当期募集资金的使用规模占比分别为48.83%、14.52%和11.29%①，且单只债券募集资金不再局限于单个项目，多个项目集

① 如无特别说明，本报告中引用的专项债支持项目的相关数据均来自天津市地方政府新增专项债信息披露文件，并由中诚信国际整理计算。由于数据的获取问题，数据可能来自不同的募投项目文件、项目实施方案、项目披露模板等，这可能会导致数据分析出现一定偏差，但不会对分析结论产生实质性的影响。

合发行的趋势日益明显；项目行政层级分布也向区县级转贷加大倾斜力度。

从项目本息覆盖情况来看，2020 年 1 ~6 月，天津市所发行的项目收益专项债的募投项目收益均能对债券融资本息形成有效覆盖。据统计，项目本息覆盖倍数主要集中于 1 ~1.5 倍（含），占比为 79.68%（见图 10），其中，交通基础设施中港口类和生态环保类项目的平均融资本息覆盖倍数最高，分别为 1.93 倍和 1.62 倍。考虑到部分募投项目的预期总收入未考虑投资及运营成本，其实际覆盖能力可能弱于指标值。

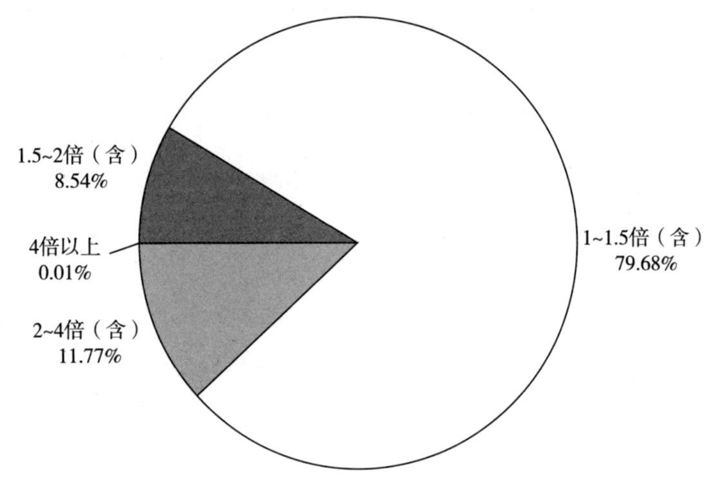

图 10　2020 年 1 ~6 月天津市项目收益专项债项目本息覆盖情况

数据来源：天津市地方政府新增专项债信息披露文件，中诚信国际整理计算。

（三）目前尚未有专项债资金用作项目资本金

2019 年 6 月，中共中央办公厅、国务院办公厅印发《关于做好地方政府专项债券发行及项目配套融资工作的通知》（厅字〔2019〕33 号）①，允许将专项债作为符合条件的重大项目资本金，资金用途的放宽有利于缓解政府的资金压力。但天津市地方政府 2020 年以来发行的新增项目收益专项债尚未用作

① 《关于做好地方政府专项债券发行及项目配套融资工作的通知》（厅字〔2019〕33 号），中华人民共和国中央人民政府网站，http：//www. gov. cn/zhengce/2019 －06/10/content_5398949. htm。

项目资本金，未来可以考虑适当使用专项债作为资本金积极开展基建项目，以便进一步带动社会资本加大对短板项目的投入，提高专项债的资金拉动作用。

（四）专项债对投资的撬动效应尚有较大释放空间

2020年以来，新冠肺炎疫情对经济运行造成较大冲击，上半年天津市固定资产投资（不含农户）同比下降4.0%①，天津市地方政府加速发行专项债刺激基础设施投资增长。从专项债对投资拉动的实际效果来看，2020年上半年，天津市新增专项债规模为715亿元，新增专项债主要集中于生态环保及轨道交通领域，全部作为配套融资累计撬动基建投资②1191.67亿元，因而上半年天津市固定资产投资降幅比第一季度大幅收窄10.8个百分点，其中，以地铁交通建设等为主力的基础设施投资同比增长8.3%，拉动天津市投资增长1.4%；以绿色生态屏障建设为主力的社会投资增长较快，拉动天津市第一产业投资增长93.8%。专项债作为资本金的撬动效应强于配套融资，但天津市的新增专项债尚未用作资本金，对投资的撬动效应尚有较大释放空间。

三　天津市偿债能力分析

（一）天津市债务余额增幅较大，2021～2024年面临一定的还本付息压力

截至2019年，天津市地方政府债务余额为4959亿元③，存量规模在全国排名中下，较2018年增长21.6%，但仍在债务限额规定的5054亿元范围内（见图11）。2020年，财政部提前下达天津市新增限额775亿元，于4月底提前下达第三批2020年新增专项债额度1万亿元，天津市是全国首个将提前下

---

① 如无特别说明，本报告中引用的宏观经济数据均来自《天津市国民经济和社会发展统计公报》，并由中诚信国际整理计算。

② 专项债撬动基建投资的方法参见袁海霞、汪苑晖、卞欢《专项债兼顾扩容提效，助力基建托底稳增长——地方政府专项债2019年回顾与2020年展望》，《财政科学》2020年第1期。

③ 如无特别说明，本报告中引用的天津市地方政府债务限额、余额，一般公共预算收入、支出，财政平衡率，债务率，负债率等财政相关数据均来自天津市财政预算执行及决算报告，并由中诚信国际整理计算。

达的地方债额度全部发行完成的地区。截至 2020 年 6 月，天津市地方政府债券余额为 5721.76 亿元，其中将于 2020 年内到期的规模为 281.39 亿元，以专项债到期为主；2023 年、2024 年到期规模相对较大，其中专项债到期规模最大（见图 12）。2021～2024 年天津市地方政府债券到期规模较大，天津市面临一定的还本付息压力。

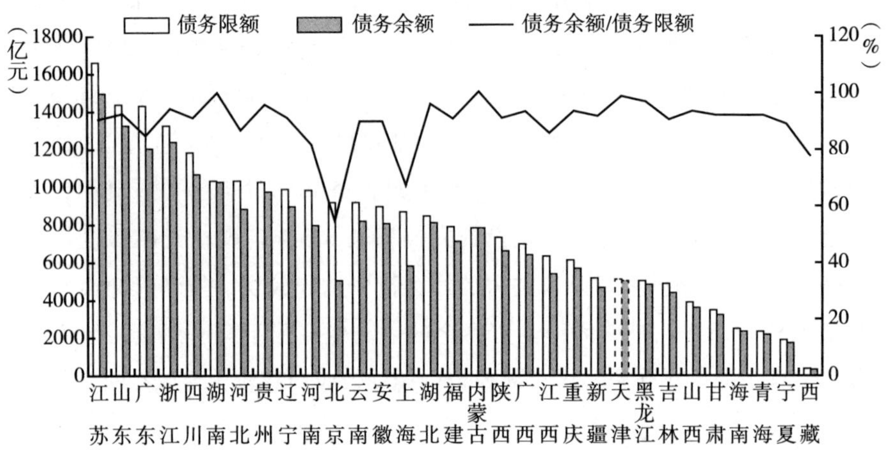

图 11　2019 年全国 31 个省（区、市）地方政府债务限额及余额

数据来源：全国 31 个省（区、市）财政预算执行及决算报告，中诚信国际整理计算。

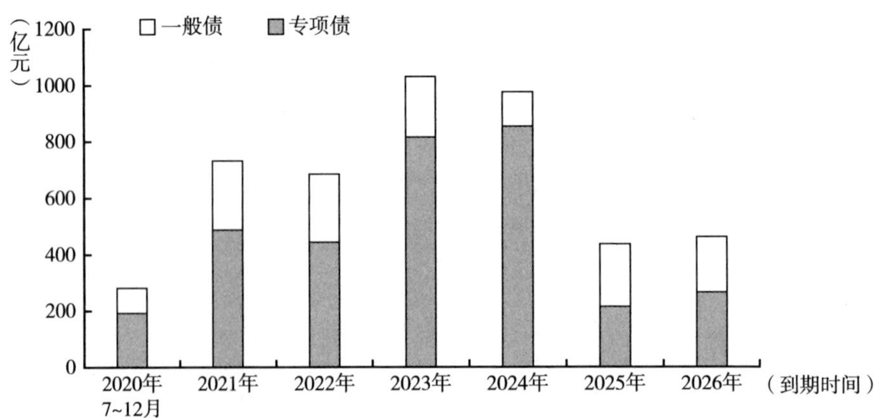

图 12　天津市地方债 2020～2026 年到期分布

数据来源：天津市财政预算执行及决算报告，中诚信国际整理计算。

（二）天津市经济财政实力有所好转，短期内对基金收入仍有依赖

天津市是典型的工业城市，对制造业依赖较大，经过结构优化、动能转化的战略性调整后，产业结构逐步以第三产业为主。近年来，在环保整治、数据“挤水分”等因素的影响下，天津市经济增速急剧下降，GDP 增速从 2016 年的 9.1% 下滑至 2018 年的 3.6% 左右，一般公共预算收入也连续 3 年下滑。2019 年，通过经济上加快支柱产业高质量发展、加快培育新动能和高技术产业，财政上优化结构、培育新增税源企业，天津市经济增速和一般公共预算收入增速均有所回升，经济财政实力有所好转，但 4.8% 的 GDP 增速仍在全国排名靠后；预算收入增速由 2018 年的 -8.8% 增至 2019 年的 14.4%，预算收入规模位于全国中游水平，税收占比因受当期减税降费影响下滑至 67.80%，财政平衡率为 68.69%，仍有一定财政缺口（见图 13）。2019 年，天津市土地出让收入大幅上涨，带动政府性基金收入提升至 1430.8 亿元，同比增长 23.3%，预计未来一段时间内天津市财政收入对政府性基金收入的依赖还将持续。

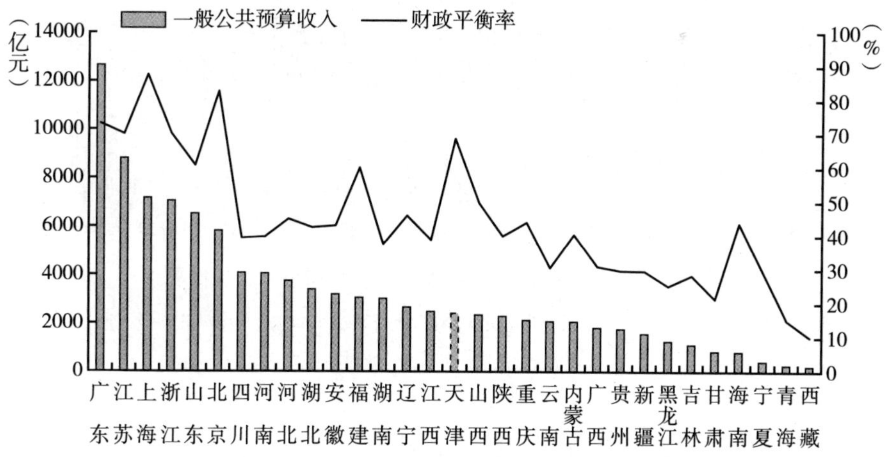

图 13　2019 年全国 31 个省（区、市）一般公共预算收入与财政平衡率

数据来源：全国 31 个省（区、市）财政预算执行及决算报告，中诚信国际整理计算。

（三）天津市债务率水平较高，但债务风险整体可控

截至2019年，天津市地方政府债务率和负债率分别为112.65%和35.16%，债务率在全国排名前十，负债率相对处于低位（见图14）。天津市高度重视政府性债务管理工作，从完善政府性债务管理制度、全面建立政府债务“借、用、还”管控机制、从严审批政府投资项目、实施政府债务限额管控、严格政府债务预算管理以及健全债务风险应急处置机制等方面建立健全政府性债务管理机制，防范债务风险。基于当前天津市地方政府债券短期偿付规模相对可控、项目收益专项债扩容可提供一定收益性偿债来源、市政府从制度层面健全债务管理机制以及国企混改增强偿付能力等方面的考虑，天津市的整体偿债能力处于较高水平，债务风险整体可控。

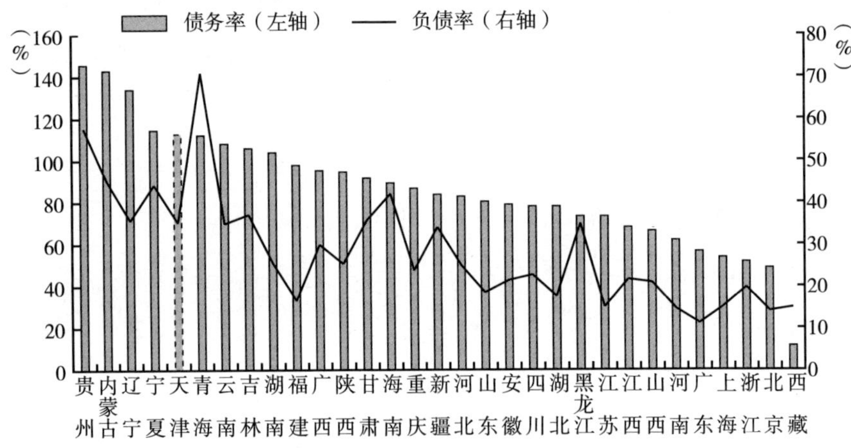

图14　2019年全国31个省（区、市）债务率及负债率

数据来源：全国31个省（区、市）财政预算执行及决算报告，中诚信国际整理计算。

四　小结

整体来看，2020年以来，面对新冠肺炎疫情的考验和复杂多变的国内外环境，国内经济下行压力较大。天津市地方政府利用地方债，尤其是专项债作为积极财政的重要着力点，加快地方债发行节奏，扩大发行规模，优化资金投

向结构，地方债市场化程度亦进一步加强。但天津市也一直面临债务率偏高、债务到期规模及还本付息压力偏大的问题，因此在提升债券融资比重的同时，更要注意财政和债务的可持续性问题，在后续债务管理过程中应格外注意以下几点：一是不单纯进行债项扩容，要更加注重专项债的使用效率及收益性投向，形成“债务—产业—收入”的良性循环；二是加强对地方债的使用管理，避免资金闲置、资金滥用、使用不规范甚至资金挪用等行为；三是合理安排地方债期限结构，通过延长其发行期限及置换短期债券，缓解债务本息集中兑付的压力，并使项目收益与偿债周期逐步匹配；四是继续加强债务风险防控，通过构建更全面的债务风险预警指标体系及完善政绩考核和终身问责机制等，使天津市地方政府的举债管理更加制度化、科学化、规范化、合理化。

B.11
2020年辽宁省地方政府债券分析报告

付一歌*

摘　要： 2020年以来，辽宁省地方债发行节奏适当；专项债扩容明显，发行期限有所拉长；债券发行成本仍然较高，但存在下行趋势；二级市场交易量排名下降，但仍保持在中上游。辽宁省项目收益专项债持续扩容，主要投向民生项目领域，投向结构日趋优化；项目收益专项债仅有极少比例用作项目资本金，对投资增长的撬动效应尚未完全释放。整体来看，辽宁省债务余额相对较高，2021～2023年面临一定的偿还压力；其债务率水平较高，但债务风险整体可控。辽宁省在后续的债务管理过程中应注意努力化解存量债务、优化债务期限和结构、做好债务资金管理工作、继续健全债务管理体系。

关键词： 地方债　专项债　辽宁省

一　辽宁省地方债运行情况分析

截至2020年6月，辽宁省地方政府债券存量规模为9038.75亿元①，在全

---

* 付一歌，中诚信国际政府公共评级部（北京）助理总监，主要研究领域为地方政府债券、基础设施投融资行业、机场行业等。

① 如无特别说明，本报告中引用的地方债存量规模、发行规模、发行利率、发行利差、交易量、到期收益率等债券相关数据均来自截至2020年6月的Choice数据库，并由中诚信国际整理计算。

国31个省（区、市）中排名第11，位列中游偏上（见图1）。辽宁省地方政府债券按类型划分以一般债为主，一般债和专项债的存量规模占比分别为70.74%和29.26%；按性质①划分以再融资债券为主，新增、置换及再融资债券的存量规模占比分别为19.84%、32.68%和47.47%；从期限结构来看，以发行5年期、7年期和10年期的债券为主，其存量规模占比分别为28.28%、28.64%和20.14%。

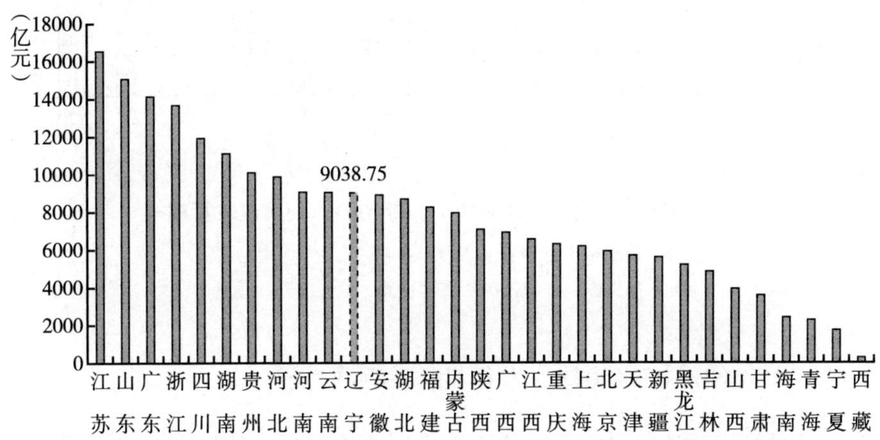

图1　截至2020年6月全国31个省（区、市）地方债存量规模

数据来源：Choice数据库，中诚信国际整理计算。

（一）地方债发行节奏较为平稳，发行高峰集中在年中

2020年以来，国内宏观经济面临下行压力加大和新冠肺炎疫情的双重冲击，《政府工作报告》明确财政赤字率按3.6%以上安排，新增专项债额度大幅提升，因而在更加积极的财政政策引领下，辽宁省地方政府债券平稳发行，发行规模基本与2019年持平。2020年上半年，辽宁省已发行28只地方债，发行只数已超过2019年全年；同期，发行规模合计705.25亿元，基本与2019年同期持平。2020年1~4月，辽宁省地方债的单月发行规模较小，与2019年同期相比存在一定差距；但2020年5~6月的单月发行规模急剧增长，其中6月的发行规模高达293.11亿元，辽宁省地方政府债券发行高峰集中在年中（见图2）。

① 存量地方债种类结构以2018年以来发行的存量地方债样本进行统计。

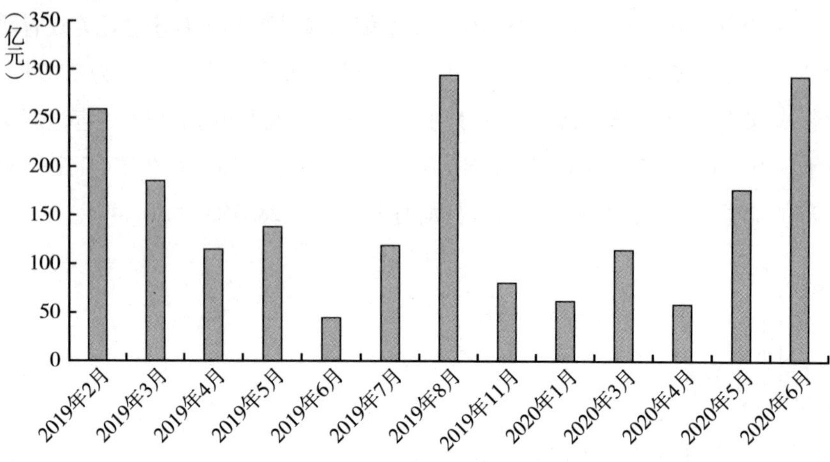

图2　2019 年 1 月～2020 年 6 月辽宁省地方债月度发行规模

注：辽宁省部分月份无地方债发行，未在图中显示。
数据来源：Choice 数据库，中诚信国际整理计算。

（二）专项债扩容明显，发行期限有所拉长

随着相关政策对专项债发行的支撑作用逐步显现，2020 年以来，辽宁省专项债扩容明显，在上半年的发行规模中占比接近一半，专项债发行只数及规模分别较 2019 年同期增长 200.00% 和 82.69%，新增债券占比亦提升至 55.82%；在期限结构方面，由于受到财政部不再对地方政府债券的期限结构进行限定及倡导合理提高长期专项债比例等政策影响，2020 年以来，辽宁省专项债期限均为 10 年期及以上，其中，20 年期的超长期地方政府债券发行规模占比提升至 67.57%，整体发行期限有所拉长（见图 3）。

（三）地方债发行成本仍然较高，利差有所收窄

2020 年上半年，为减轻新冠肺炎疫情对经济发展的冲击和影响，稳定的货币政策有所放宽，银行体系的流动性合理充裕，引导市场利率趋于下行。因此，尽管上半年辽宁省地方政府债券的整体发行期限有所拉长，发行成本却表现良好。2020 年上半年，辽宁省的平均发行利率[①]由 2019 年的 3.68% 降至

① 如无特别说明，本报告中发行利率、利差为根据发行额计算的加权平均平行利率、利差，发行利差计算公式为债券发行利率减对应期限国债收益率。

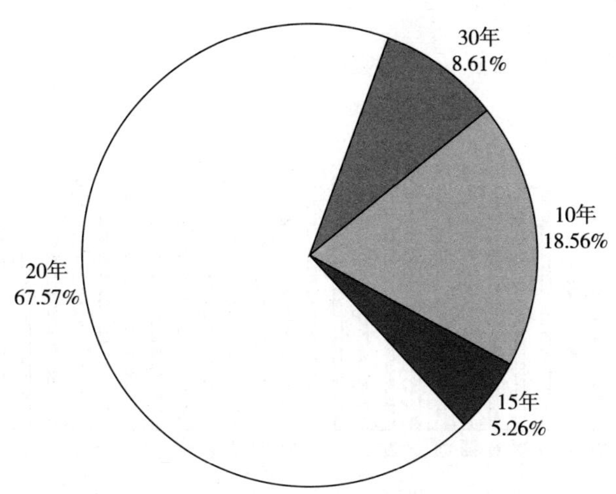

图 3　2020 年 1 ~6 月辽宁省地方债发行期限结构

数据来源：Choice 数据库，中诚信国际整理计算。

3.45%，发行利差亦由 2019 年的 29.12BP 调整至 23.24BP，但发行成本一直在全国 31 个省（区、市）排名中处于上游（见图 4）。从单月走势情况来看，2020 年以来，辽宁省地方政府债券的发行利差波动走低，但由于发行期限的拉长，导致 6 月的发行利率走高（见图 5）。

（四）地方债二级市场交易量排名下降，但仍处于中上游

虽然地方债二级市场流动性、活跃度一直偏低，但 2020 年以来辽宁省地方债二级市场交易表现较为活跃，上半年的交易规模①高达 2426.79 亿元。尽管交易量排名下降，但仍处于中上游，辽宁省地方债在全国 31 个省（区、市）交易量排名中由 2019 年的第 3 位下降至 2020 年的第 12 位。从债券到期收益率②的走势来看，由于资金面相对宽松，相较于 2019 年，2020 年以来辽宁省地方政府各期限债券到期收益率整体趋于下行，但 4 月后存在一定程度的反弹（见图 6）。此外，期限越长，到期收益率趋势变动的敏感性相对越弱。

① 交易统计包含回购交易、现券交易等部分。

② 此处到期收益率采用的是算术平均值。

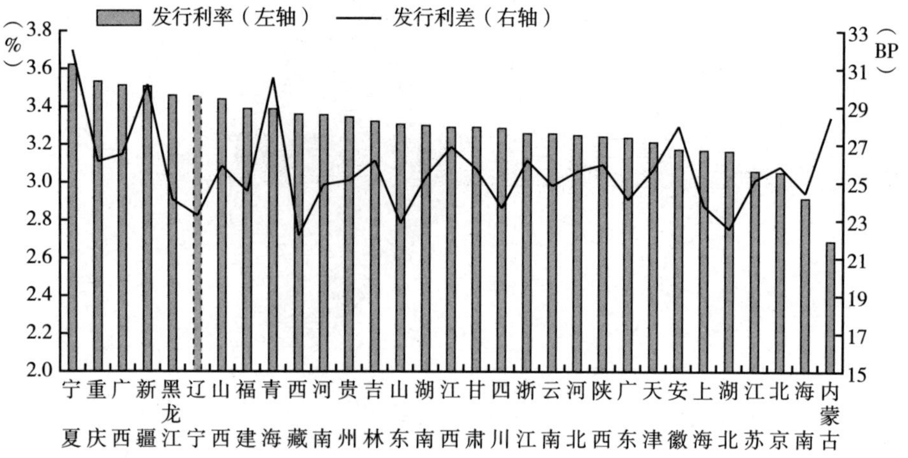

图4　2020 年 1～6 月全国 31 个省（区、市）地方债发行成本

数据来源：Choice 数据库，中诚信国际整理计算。

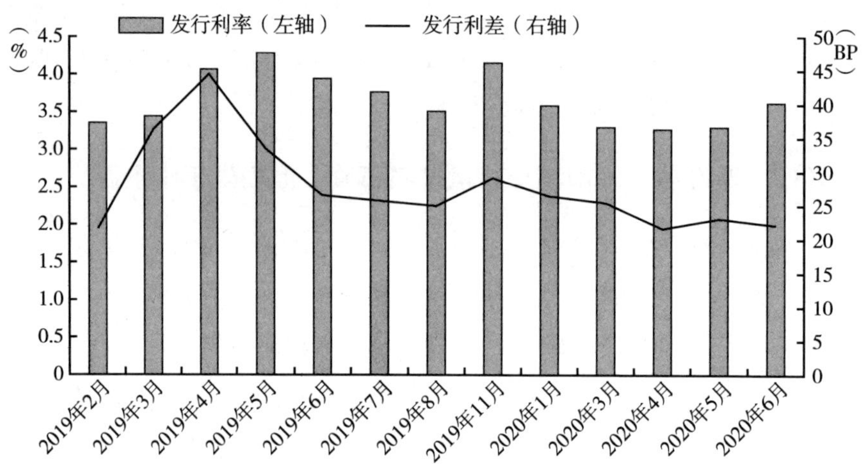

图5　2019 年 1 月～2020 年 6 月辽宁省地方债月度发行成本

注：辽宁省部分月份无地方债发行，未在图中显示。

数据来源：Choice 数据库，中诚信国际整理计算。

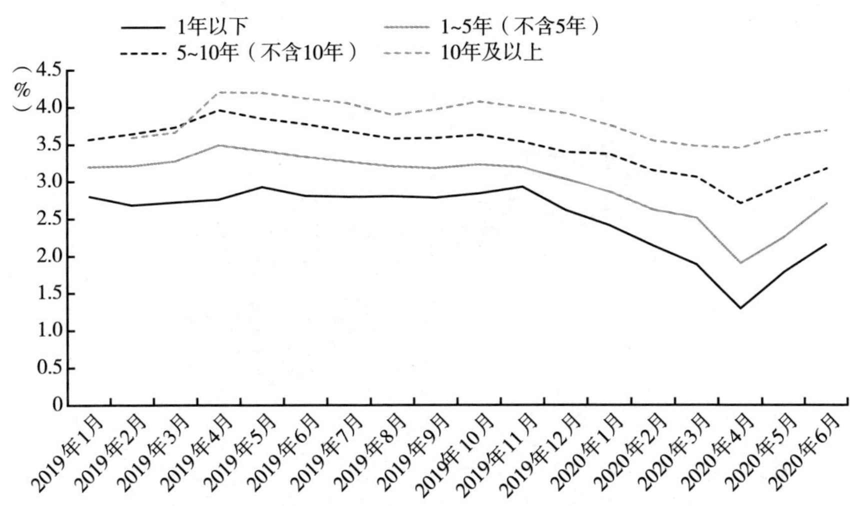

图6　2019年1月~2020年6月辽宁省地方债到期收益率走势

数据来源：Choice数据库，中诚信国际整理计算。

二　辽宁省地方政府项目收益专项债分析*

截至2020年6月，辽宁省项目收益专项债存量规模为310.00亿元，在全国31个省（区、市）中排名第28位，较为靠后。从项目种类来看，2020年上半年发行的辽宁省地方政府项目收益专项债资金重点用于市政和产业园区、供水及水务、城际高速铁路和城际轨道交通、医疗等领域；从期限结构来看，辽宁省地方政府项目收益专项债的期限均为10年及以上，其中，20年期债券的发行规模占比最大，为39.51%，其次为10年期和15年期（见图7）。

（一）辽宁省项目收益专项债发行规模逐年递增，发行利差有所收窄

自2017年财政部发布《关于试点发展项目收益与融资自求平衡的地方政

* 2020年7月29日财政部《关于加快地方政府专项债券发行使用有关工作的通知》（财预〔2020〕94号）明确2020年新增专项债必须保证融资规模与项目收益平衡，因此2020年新增专项债均为项目收益专项债；本部分项目收益专项债统计样本为2017~2019年的项目收益专项债与2020年1~6月的新增专项债。

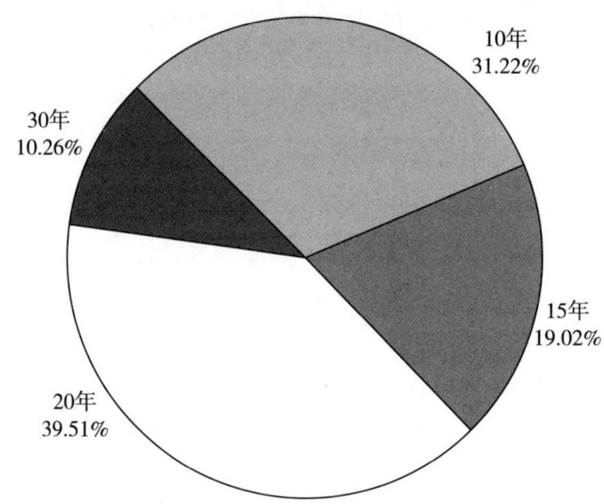

图7　2020 年 1 ~6 月辽宁省项目收益专项债发行期限结构

数据来源：Choice 数据库，中诚信国际整理计算。

府专项债券品种的通知》（财预〔2017〕89 号）① 以来，辽宁省项目收益专项债的发行规模逐年递增，其中，2020 年上半年已发行 195 亿元，占存续项目收益专项债的 62. 90%（见图 8）。2020 年以来，辽宁省地方政府通过发行项目收益专项债托底基建投资稳增长的意图较为明显，但与全国其他省份相比，辽宁省项目收益专项债的发行规模和存续规模仍较小；辽宁省发行的项目收益专项债期限较长，均在 10 年期及以上；从发行成本来看，自 2018 年 1 ~6 月，辽宁省项目收益专项债发行利率逐年走低，发行利差收窄，相较于最高点的 2018 年，截至 2020 年 6 月底，发行利差下降了 15. 31BP，降幅明显（见图 9）。

（二）辽宁省项目收益专项债主要投向民生项目领域

2020 年 1 ~6 月，辽宁省项目收益专项债资金投向主要为基建投资，并重点用于市政和产业园区、供水及水务、城际高速铁路和城际轨道交通、医疗等民计民生项目领域，上述品种债券当期募集资金的使用规模占比分别为 34. 78%、

① 《关于试点发展项目收益与融资自求平衡的地方政府专项债券品种的通知》（财预〔2017〕89 号），中华人民共和国财政部网站，http：//yss. mof. gov. cn/zhuantilanmu/dfzgl/zcfg/201707/t20170724_ 2656632. html。

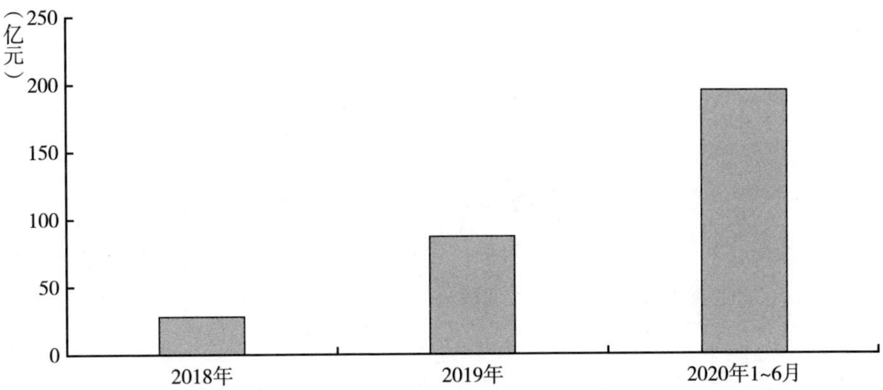

图8　2018年~2020年6月辽宁省项目收益专项债发行规模

数据来源：Choice数据库，中诚信国际整理计算。

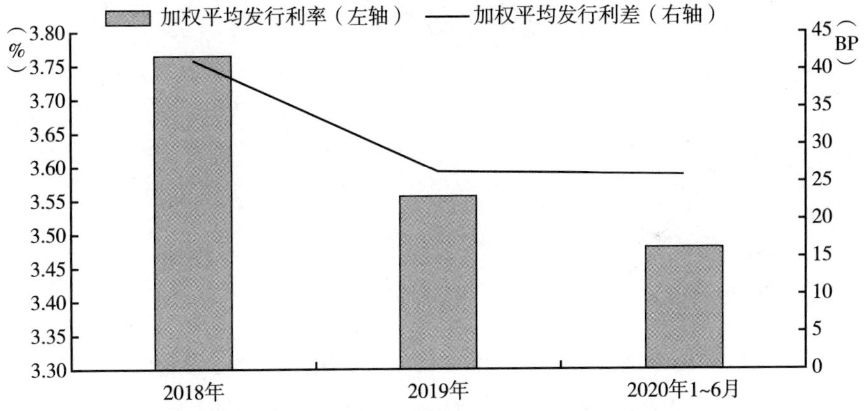

图9　2018年~2020年6月辽宁省项目收益专项债发行成本

数据来源：Choice数据库，中诚信国际整理计算。

17.80%、14.36%和11.38%①，且单只债券募集资金不再局限于单个项目，多个项目集合发行的趋势日益明显；项目行政层级分布也向区县级转贷加大倾

① 如无特别说明，本报告中引用的专项债支持项目的相关数据均来自辽宁省地方政府新增专项债信息披露文件，并由中诚信国际整理计算。由于数据的获取问题，数据可能来自不同的募投项目文件、项目实施方案、项目披露模板等，这可能会导致数据分析出现一定偏差，但不会对分析结论产生实质性的影响。

斜力度。

从项目本息覆盖情况来看，2020 年 1 ~ 6 月，辽宁省所发行的项目收益专项债的募投项目收益均能对债券融资本息形成有效覆盖。据统计，项目本息覆盖倍数主要集中于 1 ~ 1.5 倍（含），占比为 76.94%（见图 10），其中，民生服务类及市政和产业园区基础设施类项目的平均融资本息覆盖倍数相对较高，分别为 1.64 倍和 1.38 倍。考虑到部分募投项目的预期总收入未考虑投资及运营成本，其实际覆盖能力可能弱于指标值。

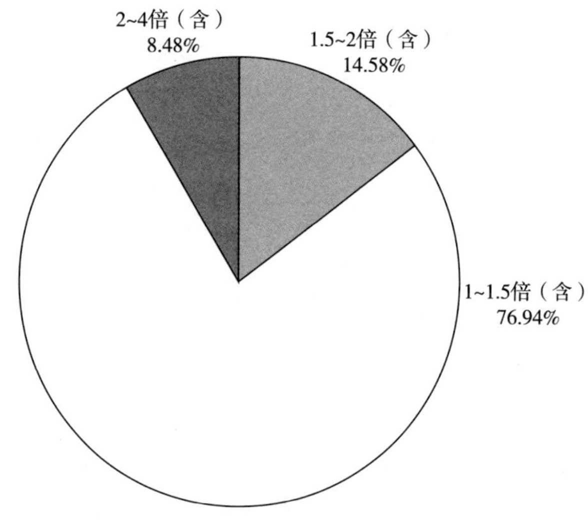

图 10　2020 年 1 ~ 6 月辽宁省项目收益专项债项目本息覆盖情况

数据来源：辽宁省地方政府新增专项债信息披露文件，中诚信国际整理计算。

（三）辽宁省项目收益专项债仅有极少比例用作项目资本金

2019 年 6 月，中共中央办公厅、国务院办公厅印发《关于做好地方政府专项债券发行及项目配套融资工作的通知》（厅字〔2019〕33 号）①，允许将专项债作为符合条件的重大项目资本金，资金用途的放宽有利于缓解政府的资

① 《关于做好地方政府专项债券发行及项目配套融资工作的通知》（厅字〔2019〕33 号），中华人民共和国中央人民政府网站，http：//www. gov. cn/zhengce/2019 - 06/10/content_5398949. htm。

金压力。但辽宁省地方政府2020年以来发行的新增项目收益专项债中仅有极少募集资金用作项目资本金，未来可以考虑适当使用专项债作为资本金积极开展基建项目，以便进一步带动社会资本加大对短板项目的投入，提高专项债的资金拉动作用。

（四）辽宁省利用项目收益专项债拉动投资增长效果明显

2020年以来，新冠肺炎疫情对经济运行造成较大冲击，辽宁省地方政府加速发行专项地方债刺激基础设施投资增长。从专项债对投资拉动的实际效果来看，2020年上半年，辽宁省新增专项债规模为195亿元[①]，主要集中于市政和产业园区基础设施领域，其中，10亿元作为资本金和185亿元作为配套融资累计撬动基建投资[②]规模314.06亿元，因而上半年辽宁省固定资产投资降幅比第一季度大幅收窄13.5个百分点，其中以公共设施管理业等为主力的基础设施投资同比增长8.1%，增速较第一季度提高33个百分点。专项债作为资本金的撬动效应强于配套融资，但辽宁省的新增专项债仅有极少比例用作资本金，对投资的撬动效应尚有较大释放空间。

三 辽宁省偿债能力分析

（一）辽宁省债务余额在全国排名中上，2021~2023年面临一定的还本付息压力

截至2019年，辽宁省地方政府债务余额为8884.40亿元[③]，存量规模在全国排名中上，但仍在债务限额规定的9835.50亿元范围内（见图11）。2020年，财政部提前下达辽宁省新增专项债务限额97亿元。截至2020年6月，辽

---

① 如无特别说明，本报告中引用的宏观经济数据均来自《辽宁省国民经济和社会发展统计公报》，并由中诚信国际整理计算。

② 专项债撬动基建投资的方法参见袁海霞、汪苑晖、卞欢《专项债兼顾扩容提效，助力基建托底稳增长——地方政府专项债2019年回顾与2020年展望》，《财政科学》2020年第1期。

③ 如无特别说明，本报告中引用的辽宁省地方政府债务限额、余额，一般公共预算收入、支出，财政平衡率，债务率，负债率等财政相关数据均来自辽宁省财政预算执行及决算报告，并由中诚信国际整理计算。

宁省地方政府债券余额为9038.75亿元，其中2020年内剩余到期规模为753.40亿元，以一般债到期为主；2021～2023年到期规模相对较大，其中一般债到期规模居于首位。2021～2023年辽宁省地方政府债券到期规模较大，面临一定的还本付息压力（见图12）。

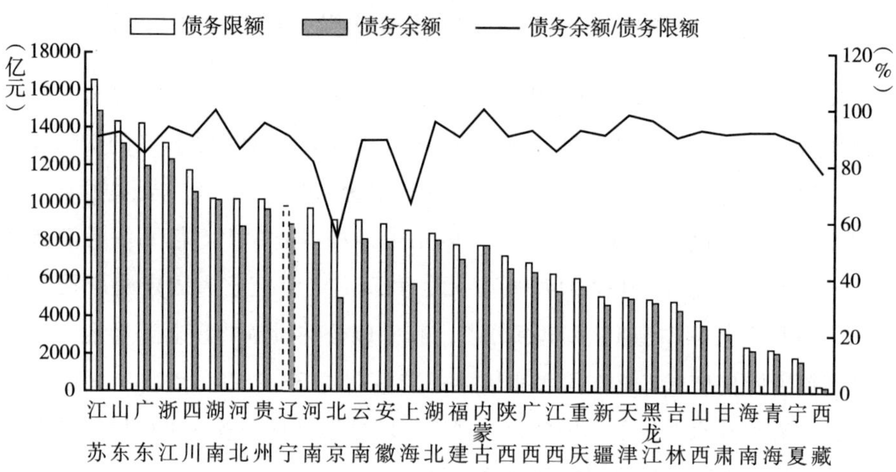

图11　2019年全国31个省（区、市）地方政府债务限额及余额

数据来源：全国31个省（区、市）财政预算执行及决算报告，中诚信国际整理计算。

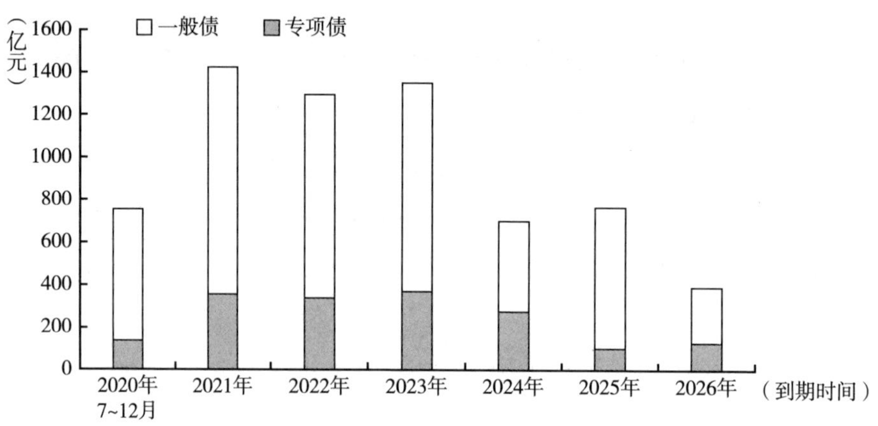

图12　辽宁省地方债2020～2026年到期分布

数据来源：辽宁省财政预算执行及决算报告，中诚信国际整理计算。

（二）辽宁省经济财政实力好转，财政收入对政府性基金收入的依赖性较大

辽宁省是东北地区唯一一个既沿海又沿边的省份，也是我国重要的老工业基地之一。在我国经济发展进入新常态的背景下，经济增长要素由投资驱动逐渐转向消费、创新驱动，重工业产品需求下降，辽宁省经济增速出现下滑。同时，由于2016年在经济数据“挤水分”的影响下，辽宁省经济总量“断崖式”下跌，自2017年以来，辽宁省经济增速扭转下滑局面，2017～2019年GDP分别增长4.2%、5.7%和5.5%，但增速仍低于全国平均水平。从产业结构来看，辽宁省三次产业结构之比由2017年的9.1∶39.3∶51.6调整为2019年的8.7∶38.3∶53.0，第三产业占比有所上升，产业结构持续优化。近年来，虽然工业品价格回升、辽宁省重点行业税收支撑作用明显、一般公共预算收入稳步增长，但是一般公共预算支出规模持续扩大，一般公共服务支出、教育支出、社会保障支出等刚性支出占一般公共预算支出的比重相对较高，2019年的财政平衡率为46.03%（见图13）。得益于房地产及土地市场的进一步活跃，政府性基金收入提升至1241.50亿元，在很大程度上弥补了因经济下行而出现的财政自给压力，预计未来一段时间内辽宁省财政收入对政府性基金收入的依赖还将持续。

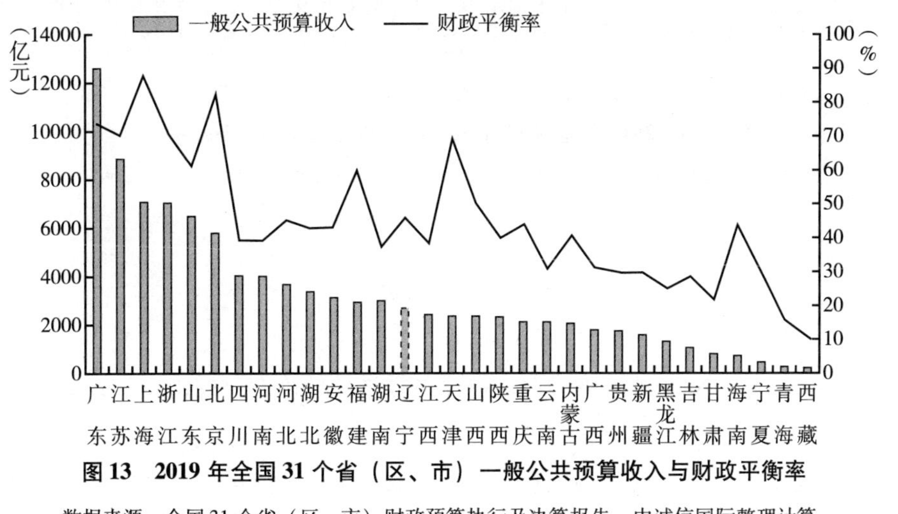

图13　2019年全国31个省（区、市）一般公共预算收入与财政平衡率

数据来源：全国31个省（区、市）财政预算执行及决算报告，中诚信国际整理计算。

（三）辽宁省债务率水平较高，但债务风险防控体系较为健全

截至2019年，辽宁省地方政府债务率和负债率分别为133.90%和35.67%，债务率在全国排名第3，负债率相对处于低位（见图14）。辽宁省高度重视政府性债务管理工作，出台了《辽宁省人民政府关于加强政府性债务管理的实施意见》（辽政发〔2015〕9号）①，明确提出完善全省政府性债务管理体系，建立“借、用、还”相统一的政府性债务管理机制。基于存量债务规模较大等问题，辽宁省政府严控增量、消化存量，严格落实化解政府债务三年行动工作方案。考虑到当前辽宁省经济基本面稳步向好、债务管理机制较为健全等，辽宁省的整体偿债能力处于较高水平，债务风险整体可控。

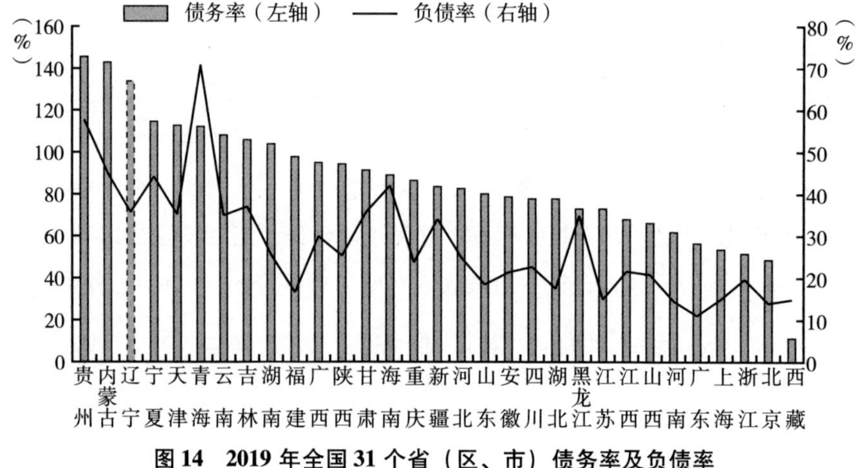

图14　2019年全国31个省（区、市）债务率及负债率

数据来源：全国31个省（区、市）财政预算执行及决算报告，中诚信国际整理计算。

四　小结

整体来看，2020年以来，在新冠肺炎疫情的冲击和国际政治环境多变的

---

① 《辽宁省人民政府关于加强政府性债务管理的实施意见》（辽政发〔2015〕9号），辽宁省人民政府网站，http://www.ln.gov.cn/zfxx/zfwj/szfwj/zfwj2011_106024/201504/t20150413_1632725.html。

背景下，国内经济下行压力较大。辽宁省地方政府在严控增量、化解存量的前提下加强利用地方债，尤其是专项债作为拉动投资的重要着力点，2020 年以来扩大专项地方债发行规模，重点投向民生领域。但辽宁省也一直面临政府债务率较高、还本付息压力较大的问题，因此需注意区域经济财政水平对政府债务偿付的保障情况及安排，在后续债务管理过程中应格外注意以下几点：一是继续努力化解存量债务，尤其是非地方债的政府债务，妥善安排还本付息工作；二是优化债务期限和结构，避免债务集中到期，通过延长地方债发行期限及债务置换，使得债务期限和还款节奏与项目收益周期相匹配；三是做好债务资金管理工作，做到专款专用，同时应避免资金闲置、成本提高等问题；四是继续健全债务管理体系，从风险防控、决策流程、绩效挂钩等方面加强债务风险防控力度。

B.12
2020年吉林省地方政府债券分析报告

王 冲*

摘 要： 2020年上半年，吉林省地方债发行节奏加快，专项债扩容明显，发行期限拉长；发行成本整体下行，二级市场交易规模下降。吉林省项目收益专项债持续扩容，主要投向市政项目，债券投向结构日趋优化。吉林省2020年1～6月发行的新增项目收益专项债未用作项目资本金，对投资增长的撬动效应尚未完全释放。从债务情况来看，吉林省债务压力较小，债务风险整体可控。在后续的债务管理过程中，吉林省应注意优化收益性投向、合理安排融资期限结构、加强资金使用管理和债务风险管控。

关键词： 地方债 专项债 吉林省

一 吉林省地方债运行情况分析

截至2020年6月，吉林省地方债存量规模为4865.96亿元①，在全国31个省（区、市）中排名第25，处于偏下游位置（见图1）。吉林省地方政府债券按类型划分以专项债为主，专项债和一般债的存量规模占比分别为62.67%和37.33%；按性质②划分以新增债券为主，新增、置换及再融资债券的存量规

---

* 王冲，中诚信国际政府公共评级部（北京）高级分析师，主要研究领域为地方政府债券、基础设施投融资行业、地方金控等。

① 如无特别说明，本报告中引用的地方债存量规模、发行规模、发行利率、发行利差、交易量、到期收益率等债券相关数据均来自截至2020年6月的Choice数据库，并由中诚信国际整理计算。

② 存量地方债种类结构以2018年以来发行的存量地方债样本进行统计。

模占比分别为73.51%、9.22%和17.28%；从期限结构来看，以发行5年期、7年期和10年期的债券为主，其存量规模占比分别为34.66%、19.54%和34.06%。

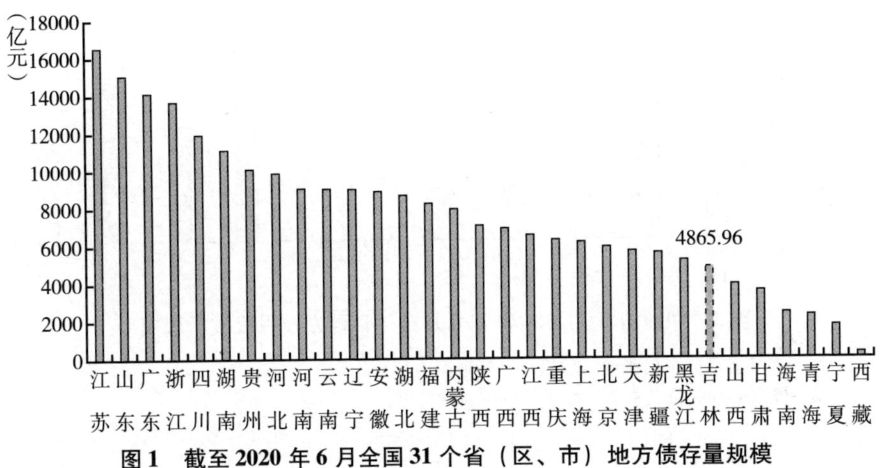

图1　截至2020年6月全国31个省（区、市）地方债存量规模

数据来源：Choice数据库，中诚信国际整理计算。

（一）地方债发行节奏加快，发行规模同比大幅增长

2020年以来，国内宏观经济面临下行压力增大和新冠肺炎疫情的双重冲击，《政府工作报告》明确财政赤字率按3.6%以上安排，新增专项债额度大幅提升。在更加积极的财政政策引领下，吉林省地方债发行节奏明显加快，发行规模有所增长，2020年1～6月，吉林省已发行33只地方债，发行只数等于2019年全年的发行只数；同期，发行规模合计751.76亿元，较2019年同期增长70.67%；此外，2020年3～6月为上半年中地方债的发行高峰期（见图2）。

（二）专项债扩容明显，发行期限拉长

随着相关政策对专项债发行的支撑作用逐步显现，2020年以来，吉林省专项债扩容明显，在1～6月发行规模中占比达50.15%，专项债发行规模及只数分别同比增长204.79%和211.11%；在期限结构方面，受财政部倡导合理提高长期专项债比例等利好政策的影响，2020年1～6月，吉林省15年期、20年期和30年期等超长期地方债发行规模占比分别提升至10.71%、21.43%和25.00%，整体发行期限有所拉长（见图3）。

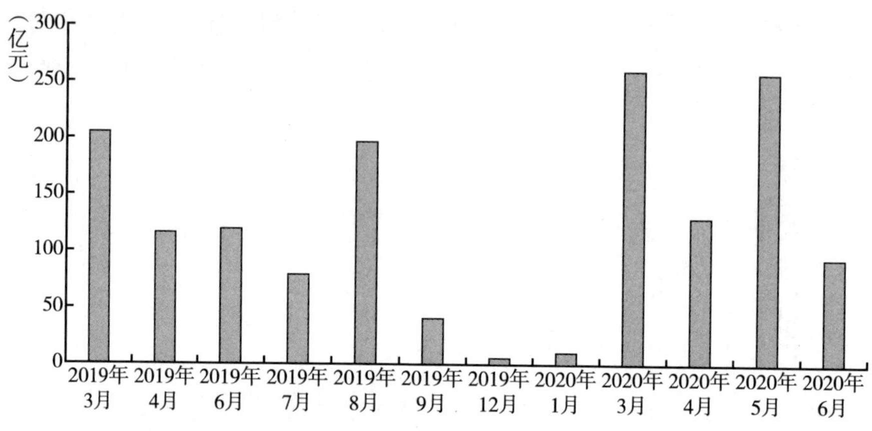

图2　2019年1月～2020年6月吉林省地方债月度发行规模

注：吉林省部分月份无地方债发行，未在图中显示。

数据来源：Choice数据库，中诚信国际整理计算。

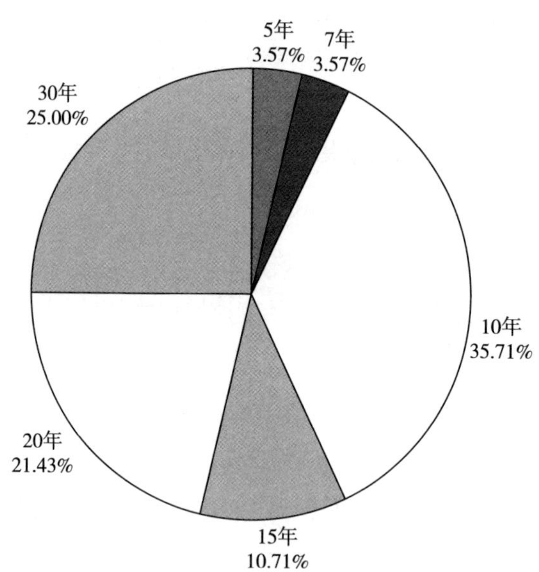

图3　2020年1～6月吉林省地方债发行期限结构

数据来源：Choice数据库，中诚信国际整理计算。

（三）发行利率下行，发行利差收窄

2020年上半年，为减轻新冠肺炎疫情对经济发展的冲击和影响，在宽松的货币政策引导下，市场利率趋于下行，1～6 月吉林省地方债整体发行期限有所拉长，但发行成本表现良好，平均发行利率[①]由 2019 年的 3.41% 降至 2020 年 1～6 月的 3.32%，发行利差亦由 2019 年的 28.89BP 调整至 2020 年 1～6 月的 26.14BP，发行成本在全国 31 个省（区、市）排名中处于中游偏上位置（见图 4）。从单月走势情况来看，2020 年 1～6 月，吉林省地方债的发行利率和发行利差均呈波动态势，整体发行成本在 3 月份出现较大降幅（见图 5）。

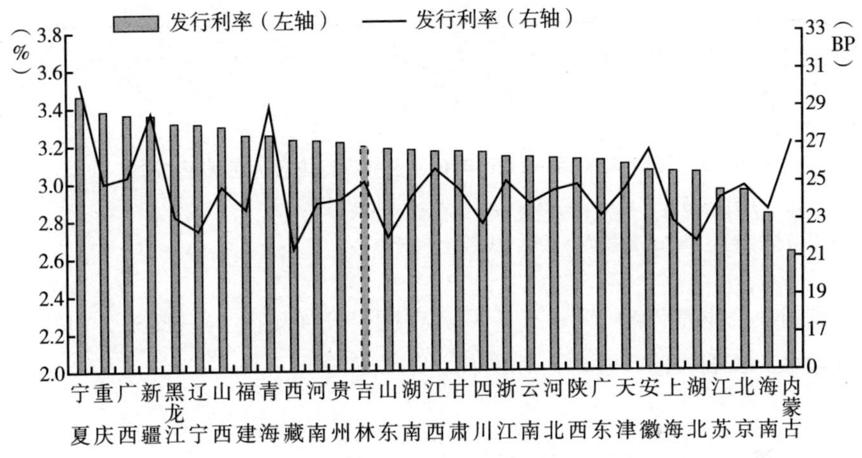

图 4　2020 年 1～6 月全国 31 个省（区、市）地方债发行成本

数据来源：Choice 数据库，中诚信国际整理计算。

（四）地方债二级市场交易规模同比下降，到期收益率整体下行

地方债二级市场流动性普遍偏低，吉林省地方债 2020 年 1～6 月的交易规模[②]为 357.19 亿元，同比降幅较大，在全国 31 个省（区、市）交易量排名中由 2019 年的第 18 位降至 2020 年 1～6 月的第 27 位。从债券到期收益率[③]的走势来看，受资金面相对宽松等因素影响，2020 年 1～6 月吉林省地方政府各期限

---

① 如无特别说明，本报告中发行利率、利差为根据发行额计算的加权平均平行利率、利差，发行利差计算公式为债券发行利率减对应期限国债收益率。

② 交易统计包含回购交易、现券交易等部分。

③ 此处到期收益率采用的是算术平均值。

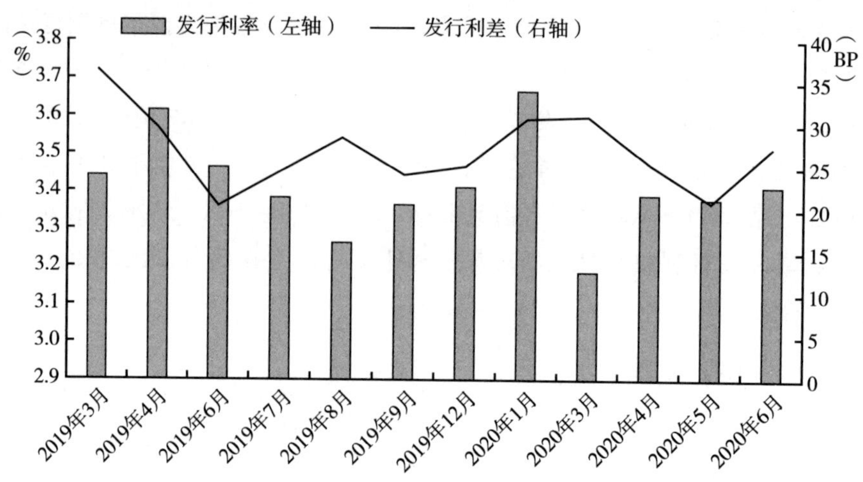

图5　2019 年 1 月 ~ 2020 年 6 月吉林省地方债月度发行成本

注：吉林省部分月份无地方债发行，未在图中显示。

数据来源：Choice 数据库，中诚信国际整理计算。

债券到期收益率整体趋于下行，4 月后有所回升（见图 6）。此外，相较于短端收益率，长端收益率波动相对较小。

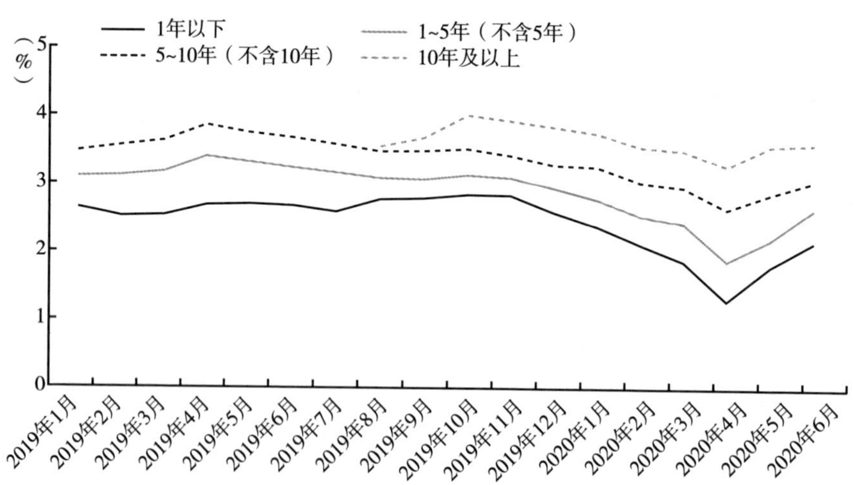

图6　2019 年 1 月 ~ 2020 年 6 月吉林省地方债到期收益率走势

数据来源：Choice 数据库，中诚信国际整理计算。

二　吉林省地方政府项目收益专项债分析*

截至2020年6月，吉林省项目收益专项债存量规模为953亿元，在全国31个省（区、市）中排名第22，相对靠后。从资金投向来看，2020年1～6月吉林省发行的项目收益专项债资金重点用于市政和产业园区、轨道交通、供水和水务等领域。从期限结构来看，30年期债券的发行规模占比为55.04%，排名第一，其次为20年期和10年期（见图7）。

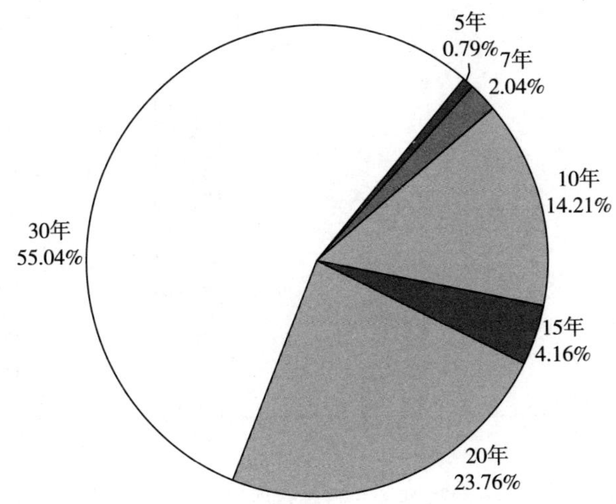

图7　2020年1～6月吉林省项目收益专项债发行期限结构

数据来源：吉林省地方政府新增专项债信息披露文件，中诚信国际整理计算。

（一）专项债发行规模逐年增长

自2017年财政部发布《关于试点发展项目收益与融资自求平衡的地方

* 2020年7月29日财政部《关于加快地方政府专项债券发行使用有关工作的通知》（财预〔2020〕94号）明确2020年新增专项债必须保证融资规模与项目收益平衡，因此2020年新增专项债均为项目收益专项债；本部分项目收益专项债统计样本为2017～2019年的项目收益专项债与2020年1～6月的新增专项债。

政府专项债券品种的通知》（财预〔2017〕89号）① 以来，吉林省项目收益专项债发行规模逐年递增，其中，2020年1~6月的发行规模为377亿元（见图8），与2019年全年发行规模基本持平。吉林省通过发行项目收益专项债投资市政和产业园区基础设施、交通基建设施等领域，助力稳增长。同时，吉林省项目收益专项债类型不断创新，生态环保、文旅、教育医疗等领域的债券品种相继涌现，债券期限亦呈拉长趋势。从发行成本来看，自2017年以来，吉林省项目收益专项债发行利率整体走低；2019年发行利差同比大幅下降，2020年1~6月发行利差进一步下降至24.02BP（见图9）。

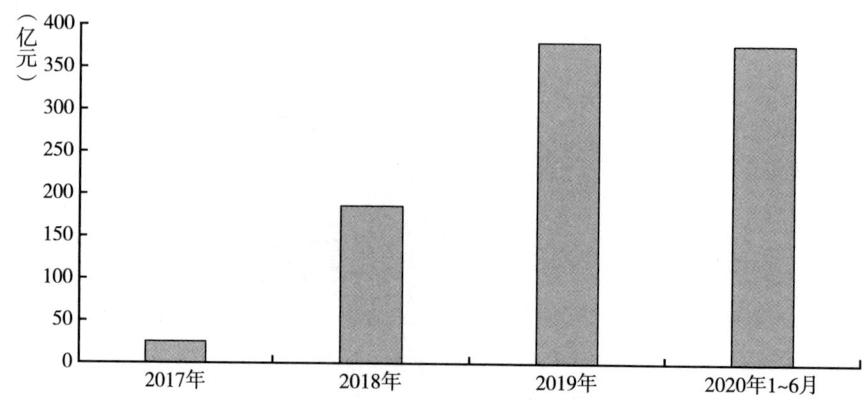

图8　2017年~2020年6月吉林省项目收益专项债发行规模

数据来源：Choice 数据库，中诚信国际整理计算。

（二）专项债主要投向市政项目等

2020年1~6月，吉林省项目收益专项债资金投向主要为市政和产业园区基础设施、交通基础设施等领域，具体投向占比较大的品种包括市政和产业园区、轨道交通、供水和水务等项目，上述三个品种债券当期募集资金的使用规

① 《关于试点发展项目收益与融资自求平衡的地方政府专项债券品种的通知》（财预〔2017〕89号），中华人民共和国财政部网站，http://yss.mof.gov.cn/zhuantilanmu/dfzgl/zcfg/201707/t20170724_2656632.html。

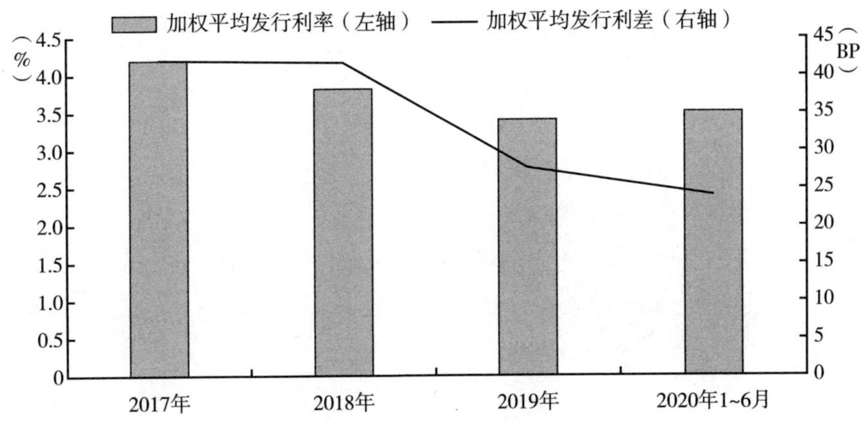

图9　2017年~2020年6月吉林省项目收益专项债发行成本

数据来源：Choice数据库，中诚信国际整理计算。

模占比分别为36.17%、12.68%和9.31%①，且单只债券募集资金不再局限于单个项目，多个项目集合发行的趋势日益明显。此外，项目行政层级分布也向区县级转贷加大倾斜力度。

从项目本息覆盖情况来看，2020年1~6月，吉林省所发行的项目收益专项债的募投项目收益均能对债券融资本息形成有效覆盖。据统计，项目本息覆盖倍数主要集中于1~1.5倍（含），占比为70.82%（见图10），其中，交通基础设施领域中城市停车场和收费公路项目的平均融资本息覆盖倍数表现较好。考虑到部分募投项目的预期总收入未考虑投资及运营成本，其实际融资本息覆盖能力可能弱于指标值。

（三）2020年新增项目收益专项债未用作项目资本金

2019年6月，中共中央办公厅、国务院办公厅印发《关于做好地方政府专项债券发行及项目配套融资工作的通知》（厅字〔2019〕33号）②，允许将

① 如无特别说明，本报告中引用的专项债支持项目的相关数据均来自吉林省地方政府新增专项债信息披露文件，并由中诚信国际整理计算。由于数据的获取问题，数据可能来自不同的募投项目文件、项目实施方案、项目披露模板等，这可能会导致数据分析出现一定偏差，但不会对分析结论产生实质性的影响。

② 《关于做好地方政府专项债券发行及项目配套融资工作的通知》（厅字〔2019〕33号），中华人民共和国中央人民政府网站，http://www.gov.cn/zhengce/2019-06/10/content_5398949.htm。

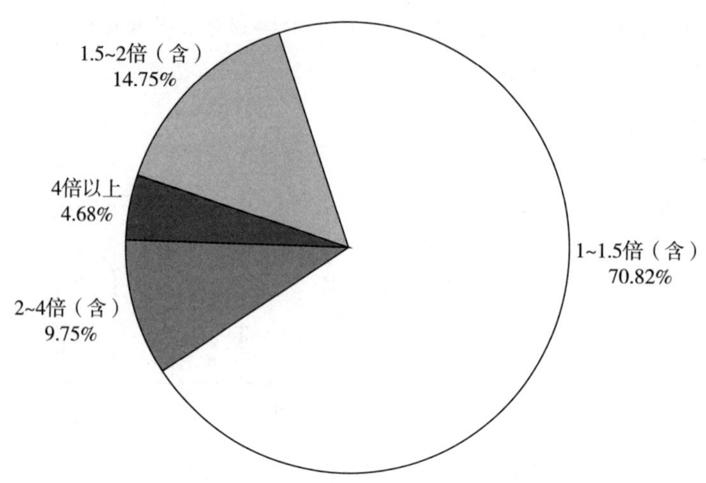

图10　2020年1～6月吉林省项目收益专项债项目本息覆盖情况

数据来源：吉林省地方政府新增专项债信息披露文件，中诚信国际整理计算。

专项债作为符合条件的重大项目资本金，资金用途的放宽有利于缓解政府的资金压力，但吉林省地方政府2020年1～6月发行的新增项目收益专项债中尚无作为项目资本金的债项，未来可以考虑适当使用专项债作为资本金积极开展基建项目，进一步带动社会资本投入短板项目，提高专项债的资金撬动作用。

（四）项目收益专项债拉动投资增长效果显著

2020年上半年，吉林省地方政府加速发行专项债刺激基础设施投资增长。从专项债对投资拉动的实际效果来看，2020年1～6月，吉林省新增专项债规模为377亿元，主要集中于市政和产业园区基础设施、交通基础设施等领域，全部作为配套融资累计撬动基建投资①规模562.69亿元。在此影响下，2020年1～6月，吉林省固定资产投资（不含农户）增速由第一季度的同比下降8.23%转为同比增长7.8%②，增速高于全国平均水平10.9个百分点。2020年1～6月，吉林省第三产业投资增速为9.8%，第三产业投资额占投资完成额的

① 专项债撬动基建投资的方法参见袁海霞、汪苑晖、卞欢《专项债兼顾扩容提效，助力基建托底稳增长——地方政府专项债2019年回顾与2020年展望》，《财政科学》2020年第1期。

② 如无特别说明，本报告中引用的宏观经济数据均来自《吉林省国民经济和社会发展统计公报》，并由中诚信国际整理计算。

比重为73.1%；从投资领域来看，汽车制造业和基础设施投资分别同比增长21.5%和10.6%，增速较大。总体来看，2020年1～6月，吉林省利用项目收益专项债拉动投资增长效果显著，但新增专项债尚未用作项目资本金，对投资的撬动效应尚有较大释放空间。

三　吉林省偿债能力分析

（一）吉林省政府债务压力可控，到期地方债以一般债为主

截至2019年，吉林省地方政府债务余额为4344.83亿元①，存量规模在全国排名较为靠后，在债务限额规定的4822.70亿元范围内（见图11）。2020年1月，财政部分两批下达吉林省新增专项债务限额228亿元。截至2020年6月末，吉林省地方债余额为4865.96亿元，其中，2020年7～12月剩余到期规模

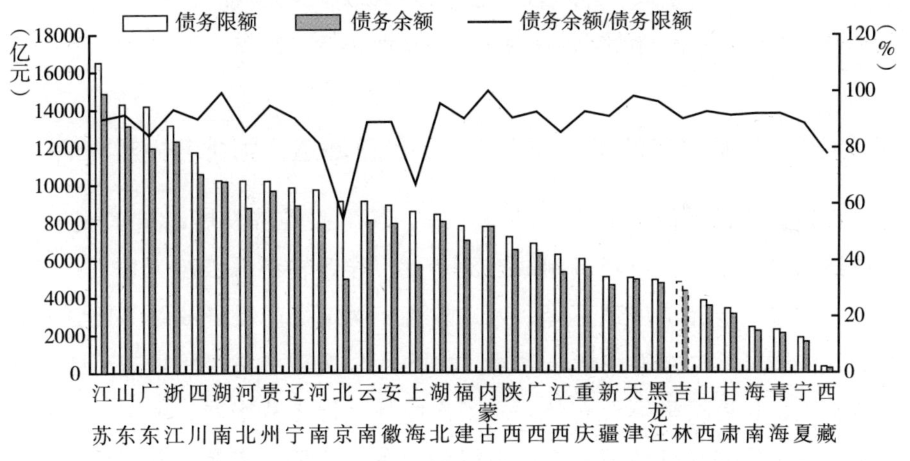

图11　2019年全国31个省（区、市）地方政府债务限额及余额

数据来源：全国31个省（区、市）财政预算执行及决算报告，中诚信国际整理计算。

① 如无特别说明，本报告中引用的吉林省地方政府债务限额、余额，一般公共预算收入、支出，财政平衡率，债务率，负债率等财政相关数据均来自吉林省财政预算执行及决算报告，并由中诚信国际整理计算。

为358.01亿元，2022～2023年到期规模相对较大，2020年下半年及2021～2023年到期债券均以一般债为主。2022～2026年吉林省地方债到期规模较大，面临一定的还本付息压力（见图12）。

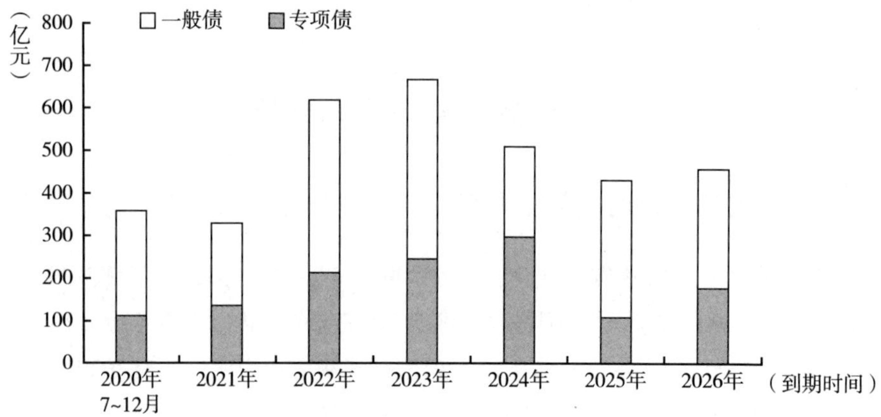

图12 吉林省地方债2020～2026年到期分布

数据来源：吉林省财政预算执行及决算报告，中诚信国际整理计算。

（二）吉林省经济下行压力不减，经济增速全国排名相对靠后

吉林省是我国传统老工业基地之一，其工业经济发展以重工业为主，产业结构相对单一、市场机制缺乏灵活性，导致转型升级压力较大。近年来，吉林省工业经济增速下降、人口外流、固定资产投资放缓等因素阻碍区域经济增长，加之消费增速放缓，2018年以来吉林省经济增速低于全国平均水平，且持续呈下行态势。从当前经济运行走势来看，由于长期积累的结构性矛盾和经济转型阵痛没有得到根本性缓解，吉林省发展质量效益偏低，新动能接续不足，经济下行压力较大。2019年，吉林省GDP增速为3.0%，在全国排名靠后；一般公共预算收入规模亦在全国排名靠后，2019年的财政平衡率为28.39%，财政缺口较大（见图13）。2019年，吉林省土地出让收入同比有所上涨，带动政府性基金收入提升至665.25亿元，同比增长19.15%，吉林省财政收入对上级补助和政府性基金收入的依赖程度较高。

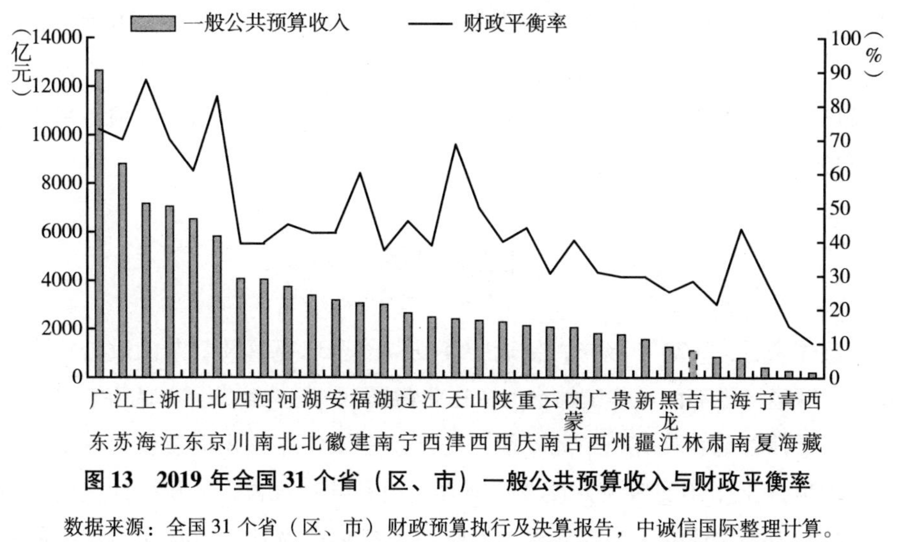

图 13　2019 年全国 31 个省（区、市）一般公共预算收入与财政平衡率

数据来源：全国 31 个省（区、市）财政预算执行及决算报告，中诚信国际整理计算。

（三）吉林省债务规模全国排名靠后，债务风险整体可控

截至 2019 年，吉林省地方政府债务余额为 4344.83 亿元，债务规模在全国排名靠后；同期，吉林省地方政府债务率和负债率分别为 105.86% 和 37.05%，在全国排名中均处于中等偏上位置（见图 14），但政府债务风险总

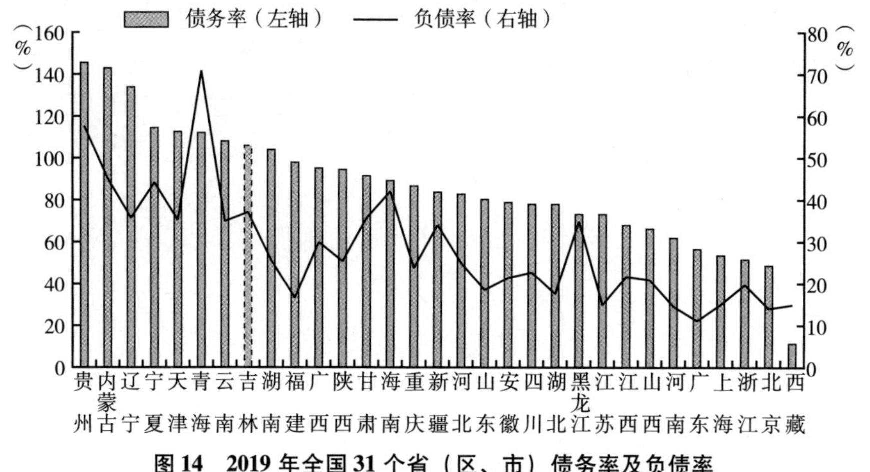

图 14　2019 年全国 31 个省（区、市）债务率及负债率

数据来源：全国 31 个省（区、市）财政预算执行及决算报告，中诚信国际整理计算。

体可控。当前，吉林省地方债短期偿付规模相对可控，项目收益专项债扩容可提供一定收益性偿债来源，同时考虑省政府从制度层面健全债务管理机制以及国企混改增强偿付能力等方面，吉林省整体偿债能力尚可，债务风险整体可控。

四　小结

整体来看，2020 年以来，新冠肺炎疫情的全球蔓延及复杂的政治经济环境使全球经济走势的不确定性增加，在此背景下，国内经济亦面临一定的下行压力。吉林省地方政府利用地方债，尤其是专项债作为积极财政的重要着力点，2020 年上半年加快地方债发行节奏，提升发行规模，并积极优化资金投向结构。需要关注的是，吉林省也面临债务率偏高及还本付息压力偏大的问题，因而在提升债券融资比重的同时应关注财政和债务的匹配程度，并在后续债务管理过程中关注以下几点：一是不将地方债扩容作为唯一的目标，要优化收益性投向，并积极提升专项债的使用效率；二是加强地方债资金的使用管理，避免资金闲置及资金滥用等行为；三是合理安排融资期限结构，通过延长地方债发行期限及置换短期债券，缓解资金本息集中兑付压力，增加项目收益与偿债周期的匹配程度；四是继续加强地方政府债务风险管控，通过构建更全面的债务风险预警指标体系及完善政绩考核标准等措施，促使吉林省地方政府举债管理更加规范化和合理化。

B.13

2020年河北省地方政府债券分析报告

晏逸鸣　杨 娟*

摘　要：　2020年1~6月，为应对新冠肺炎疫情带来的经济下行，河北省地方政府债券发行规模大幅增长，同时受益于资金面相对宽松，发行成本大幅下行；新发行的地方政府债券以专项债为主，投向结构仍以传统项目为主，但作为资本金的专项债规模较小，对投资的撬动效应仍有较大释放空间。河北省债务率位于全国前列，负债率则相对较低，总体债务风险可控。

关键词：　地方债　专项债　河北省

一　河北省地方债运行情况分析

截至2020年6月，河北省地方政府债券存量规模为9926.13亿元①，在全国31个省（区、市）中排名第8，位列中上游（见图1）。河北省地方政府债券按类型划分，一般债的存量规模占比略高，一般债和专项债的存量规模占比分别为52.47%和47.53%；按性质②划分以新增债券为主，新增、置换及再融资债券的存量规模占比分别为73.67%、7.33%和19.00%；从期限结构来看，

* 晏逸鸣，中诚信国际政府公共评级部（北京）高级分析师，主要研究领域为地方政府债券、基础设施投融资行业、公共事业等；杨娟，中诚信国际政府公共评级部（北京）分析师，主要研究领域为地方政府债券、基础设施投融资行业、公共事业等。

① 如无特别说明，本报告中引用的地方债存量规模、发行规模、发行利率、发行利差、交易量、到期收益率等债券相关数据均来自截至2020年6月的Choice数据库，并由中诚信国际整理计算。

② 存量地方债种类结构以2018年以来发行的存量地方债样本进行统计。

以发行5年期、7年期和10年期的债券为主，其存量规模占比分别为31.62%、20.46%和28.09%。

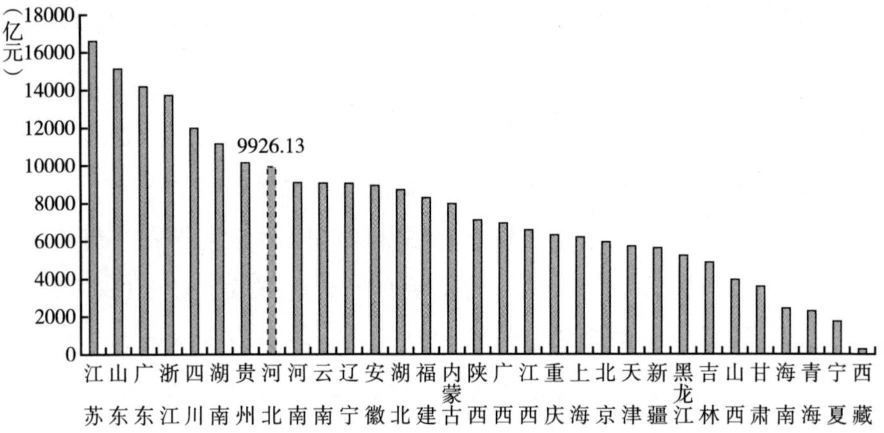

图1　截至2020年6月全国31个省（区、市）地方债存量规模

数据来源：Choice数据库，中诚信国际整理计算。

（一）地方债发行节奏明显加快，发行规模大幅增长

2020年以来，在国内宏观经济面临下行压力增大和新冠肺炎疫情双重冲击的背景下，为了稳投资、扩内需、补短板以对冲经济下行压力，地方政府债券发行呈现提速加量的特征，各地政府通过更加积极的财政政策刺激经济。2020年1～6月，河北省已发行27只地方债，发行数量较2019年1～6月增加了8只；发行规模合计1651.36亿元（见图2），较2019年1～6月增长32.21%。除2020年1月外，2020年1～6月河北省地方政府债券单月发行规模均高于2019年其他月份，其中，5月的发行规模高达789.26亿元，发行节奏明显加快，发行规模大幅增长。

（二）专项债占比迅速提高，债券期限有所拉长

在债项品种方面，2020年1～6月，专项债日益成为财政政策发力的主要抓手。在相关政策引导下，河北省专项债扩容明显，在1～6月的发行规模中占比高达62.36%，专项债发行只数及规模分别较2019年同期增长61.54%和77.52%，新增债占比亦提升至83.20%。在期限结构方面，随着财政部不再对地方政府债券期限

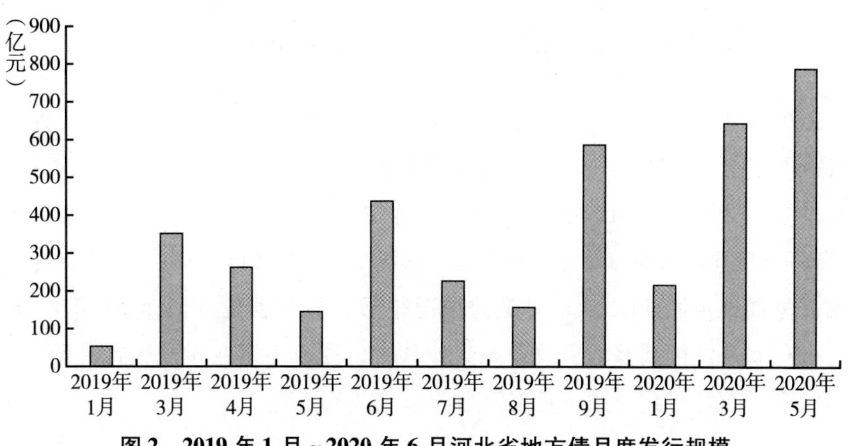

图2　2019年1月~2020年6月河北省地方债月度发行规模

注：河北省部分月份无地方债发行，未在图中显示。

数据来源：Choice数据库，中诚信国际整理计算。

结构进行限定及倡导合理提高长期专项债比例等政策影响下，2020年1~6月，河北省着重发行长期限品种债券，其中，10年期的长期限地方政府债券发行规模占比达46.28%，15年期、30年期等超长期地方政府债券发行规模占比分别达13.10%和29.65%，发行期限整体向长期限及超长期限倾斜（见图3）。

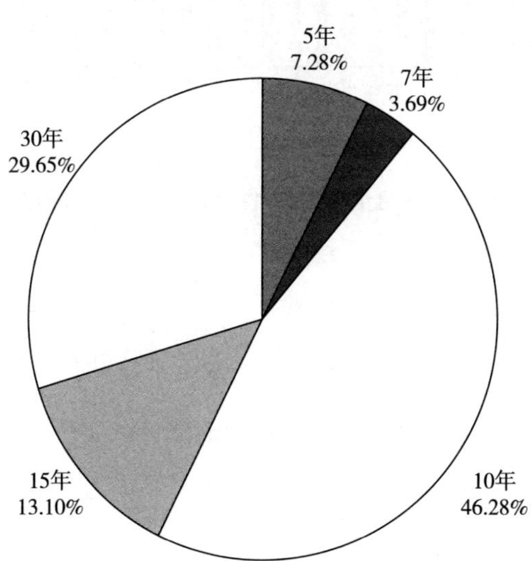

图3　2020年1~6月河北省地方债发行期限结构

数据来源：Choice数据库，中诚信国际整理计算。

（三）发行利率趋于下行，在全国处于较低水平

2020 年 1 ~6 月，市场资金面较为宽松，发行利率①趋于下行，债券市场发行成本走低趋势明显。从发行成本情况来看，河北省地方债 2020 年1 ~6 月的平均发行利率由 2019 年的 3.53% 降至 3.25%，发行利差亦由 2019 年的 27.95BP 调整至 25.58BP，发行成本在全国 31 个省（区、市）排名中处于中游偏下位置（见图4）。从单月走势情况来看，河北省地方债 2020 年 1 ~6 月的发行利率及发行利差均呈波动态势，其中，发行利率在 3 月达到最低，5 月略有回升；而发行利差在 5 月有明显收窄（见图 5）。

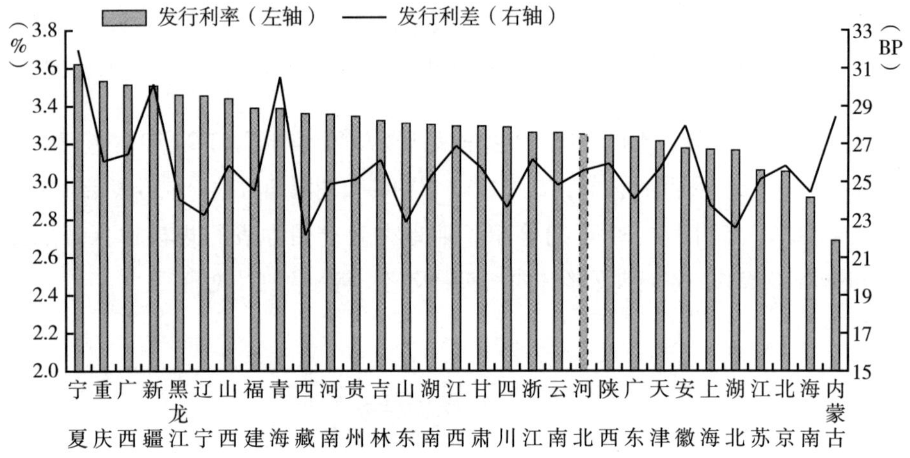

图4　2020 年 1 ~6 月全国 31 个省（区、市）地方债发行成本

数据来源：Choice 数据库，中诚信国际整理计算。

（四）地方债二级市场交易更加活跃，到期收益率走势先降后升

2020 年 1 ~6 月，河北省地方债二级市场交易更加活跃，市场流动性改善显著。2020 年 1 ~6 月，河北省地方债交易规模②高达 3912.64 亿元，是 2019

① 如无特别说明，本报告中发行利率、利差为根据发行额计算的加权平均平行利率、利差，发行利差计算公式为债券发行利率减对应期限国债收益率。

② 交易统计包含回购交易、现券交易等部分。

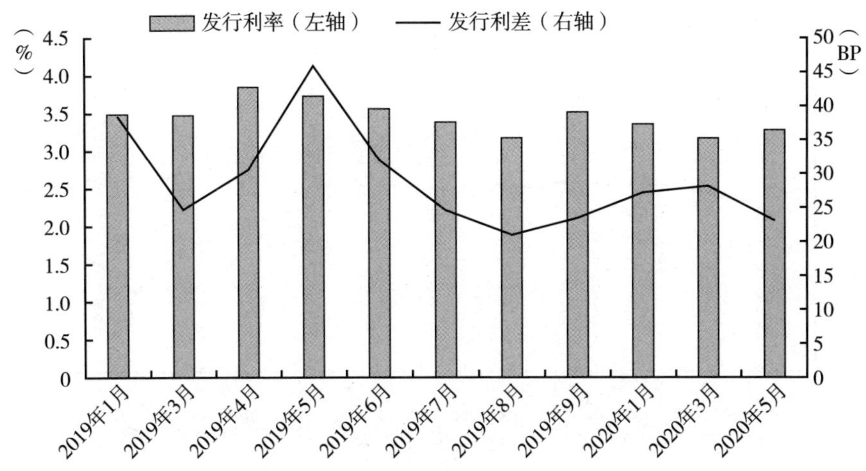

图5　2019年1月~2020年6月河北省地方债月度发行成本

注：河北省部分月份无地方债发行，未在图中显示。
数据来源：Choice数据库，中诚信国际整理计算。

年全年交易规模的1.97倍，在全国31个省（区、市）交易量排名中由2019年的第20位提升至2020年的第7位。从债券到期收益率①的走势来看，由于资金面相对宽松，相较于2019年，河北省地方政府各期限债券2020年1~4月的到期收益率均趋于下行；5~6月，随着全面复工复产的有序推进，国内经济复苏迹象明显，债券市场启动调整，到期收益率又呈现回升趋势（见图6）。

二　河北省地方政府项目收益专项债分析*

截至2020年6月，河北省项目收益专项债存量规模为2673.83亿元，在全国31个省（区、市）中排名第7，居全国前列。从项目种类来看，2020年

① 此处到期收益率采用的是算术平均值。

* 2020年7月29日财政部《关于加快地方政府专项债券发行使用有关工作的通知》（财预〔2020〕94号）明确2020年新增专项债必须保证融资规模与项目收益平衡，因此2020年新增专项债均为项目收益专项债；本部分项目收益专项债统计样本为2017~2019年的项目收益专项债与2020年1~6月的新增专项债。

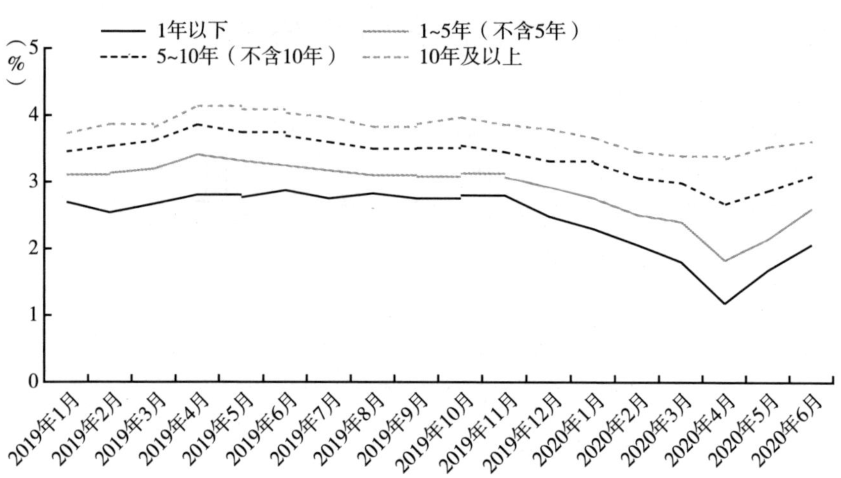

图 6　2019 年 1 月 ~2020 年 6 月河北省地方债到期收益率走势

数据来源：Choice 数据库，中诚信国际整理计算。

1 ~6 月，河北省项目收益专项债主要投向市政和产业园区等基础设施建设领域；从期限结构来看，10 年期债券的发行规模占比最大，为 58.42%，其次为 30 年期和 5 年期（见图 7）。

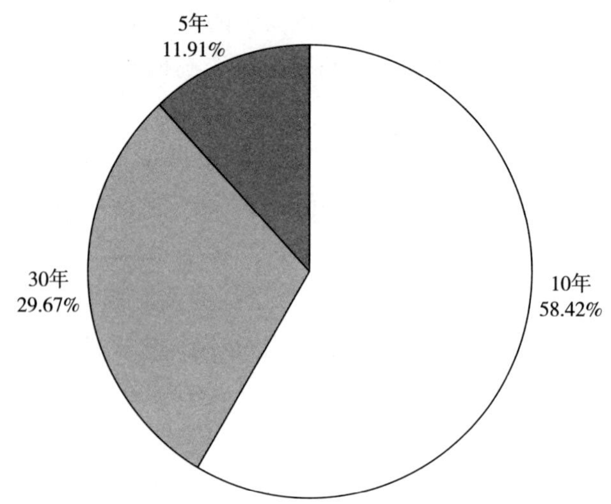

图 7　2020 年 1 ~6 月河北省项目收益专项发行债发行期限结构

数据来源：Choice 数据库，中诚信国际整理计算。

（一）项目收益专项债发行规模，发行利差收窄

自2017年财政部发布《关于试点发展项目收益与融资自求平衡的地方政府专项债券品种的通知》（财预〔2017〕89号）① 以来，河北省加快项目收益专项债的发行速度，2017～2019年发行规模的年复合增长率达205.95%，2020年1～6月已发行1010亿元（见图8）。从债券类型来看，近年来，河北省亦新增了对文旅、养老、信息网络建设等新兴领域的投入，但仍以传统市政和产业园区基础设施以及民生服务项目为主。从发行成本来看，2019年至2020年上半年，河北省项目收益专项债发行利率持续走低，发行利差呈波动态势，相较于最高点的2018年，2020年1～6月发行利差下降了23.90BP，降幅明显（见图9）。

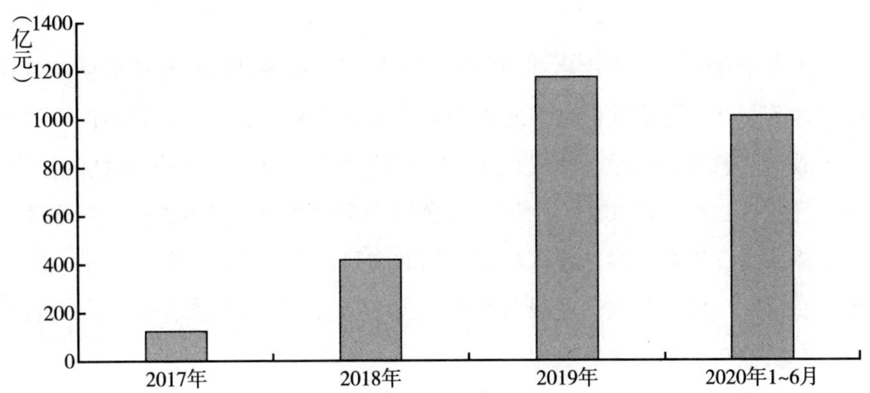

图8　2017年～2020年6月河北省项目收益专项债发行规模

数据来源：Choice数据库，中诚信国际整理计算。

（二）专项债主要投向园区建设，项目收益能对本息形成有效覆盖

2020年1～6月，河北省新发行的项目收益专项债资金仍主要投向市政和产业园区基础设施等领域，如园区开发、配套项目新增及改扩建等工程，发行

---

① 《关于试点发展项目收益与融资自求平衡的地方政府专项债券品种的通知》（财预〔2017〕89号），中华人民共和国财政部网站，http：//yss. mof. gov. cn/zhuantilanmu/dfzgl/zcfg/201707/t20170724_ 2656632. html。

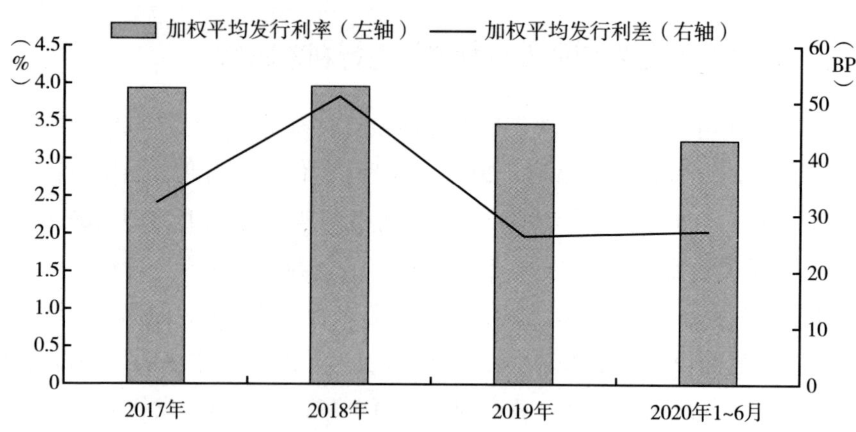

图9　2017 年 ~2020 年 6 月河北省项目收益专项债发行成本

数据来源：Choice 数据库，中诚信国际整理计算。

债券中用于上述项目的额度占 2020 年 1 ~6 月河北省项目收益专项债使用规模的比例达 57%①，证明其仍是河北省当前的重点投资领域；其次是对医疗、其他民生服务、教育、城镇污水垃圾处理、农林水利、供水水务等领域的投资；再次，河北省也逐步对文旅、物流、信息网络建设等新兴领域投资，但规模尚小。整体来看，与东部发达地区相比，河北省目前的投资重点仍聚焦于提高人居环境和营商环境，新兴产业投资相对较少。从行政层级分布来看，河北省项目收益专项债转贷偏向于区县级。

从项目本息覆盖情况来看，2020 年 1 ~6 月，河北省所发行的项目收益专项债的募投项目收益均能对债券融资本息形成有效覆盖。据统计，1 ~1. 5 倍（含）项目数量占比为 61. 40%，1. 5 ~2 倍（含）项目数量占比为 18. 95%，2 ~4 倍（含）项目数量占比为 14. 03%，4 倍以上项目数量占比为 5. 62%（见图 10）。分项目种类来看，农林水利、能源项目及民生服务类项目的平均融资本息覆盖倍数最高，分别为 3. 37 倍、3. 36 倍和 3. 26 倍。

---

① 如无特别说明，本报告中引用的专项债支持项目的相关数据均来自河北省地方政府新增专项债信息披露文件，并由中诚信国际整理计算。由于数据的获取问题，数据可能来自不同的募投项目文件、项目实施方案、项目披露模板等，这可能会导致数据分析出现一定偏差，但不会对分析结论产生实质性的影响。

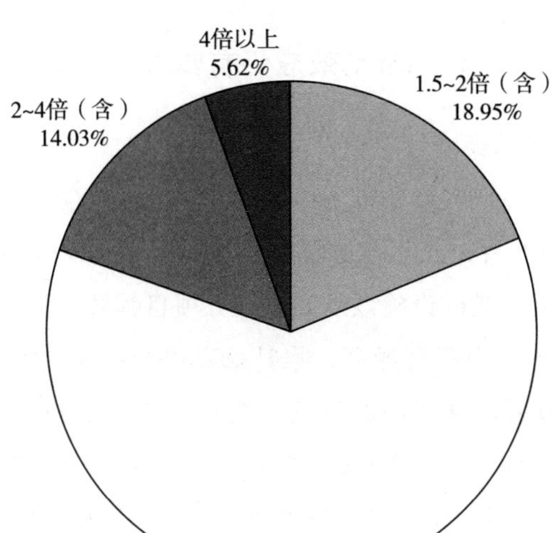

图 10　2020 年 1 ~ 6 月河北省项目收益专项债项目本息覆盖情况

数据来源：河北省地方政府新增专项债信息披露文件，中诚信国际整理计算。

（三）专项债用作项目资本金规模仍较小

2019 年 6 月，中共中央办公厅、国务院办公厅印发《关于做好地方政府专项债券发行及项目配套融资工作的通知》（厅字〔2019〕33 号）①，允许将项目收益专项债作为符合条件的重大项目资本金，资金用途的放宽有利于缓解政府的资金压力。2020 年 1 ~ 6 月，河北省发行的 7 只项目收益专项债中合计 12. 89 亿元被用作项目资本金，相关项目总投资为 556. 68 亿元，项目资本金为 328. 80 亿元，项目资本金比例多在 20% ~ 30%，极少项目的资本金比例高达 100%。项目区域涉及石家庄市、唐山市、衡水市、廊坊市、张家口市和邯郸市，项目类型涉及市政和产业园区基础设施、生态环保、交通基础设施及民生服务，项目收入主要来自土地出让收入、通行费收入、票款收入、污水收入、垃圾清运费收入、体检收入等。

① 《关于做好地方政府专项债券发行及项目配套融资工作的通知》（厅字〔2019〕33 号），中华人民共和国中央人民政府网站，http：//www. gov. cn/zhengce/2019 - 06/10/content_5398949. htm。

（四）专项债对投资的撬动效应仍有较大释放空间

2020年初，新冠肺炎疫情对河北省经济运行造成较大冲击，河北省地方政府加速发行专项债以刺激基础设施投资增长。从专项债对投资拉动的实际效果来看，2020年1~6月，河北省新增项目收益专项债规模为1010亿元①，主要投向市政和产业园区基础设施以及民生服务项目领域，除很少部分用作项目资本金外，其余全部作为配套融资，累计撬动基建投资②规模1878.29亿元，最终使2020年1~6月河北省的固定资产投资（不含农户）同比增长0.9%，其中，基础设施投资同比增长7.6%。项目收益专项债作为资本金的撬动效应强于配套融资，但河北省新增项目收益专项债中，用作资本金的规模仍较小，其对投资的撬动效应仍有较大释放空间。

三　河北省偿债能力分析

（一）河北省债务余额在全国排名靠前，2023年还本付息压力较大

截至2019年，河北省地方政府债务余额为8753.83亿元③，存量规模排在全国前列，较2018年增长20.27%，但仍在债务限额规定的10208.09亿元范围内（见图11）。截至2020年6月末，河北省地方政府债券余额为9926.13亿元，其中，2020年7~12月剩余到期规模为400.63亿元，以一般债为主；2023年为地方政府债券到期高峰时点，到期债券规模为1421.08亿元，仍以一般债为主（见图12）。

① 如无特别说明，本报告中引用的宏观经济数据均来自《河北省国民经济和社会发展统计公报》，并由中诚信国际整理计算。

② 专项债撬动基建投资的方法参见袁海霞、汪苑晖、卞欢《专项债兼顾扩容提效，助力基建托底稳增长——地方政府专项债2019年回顾与2020年展望》，《财政科学》2020年第1期。

③ 如无特别说明，本报告中引用的河北省地方政府债务限额、余额，一般公共预算收入、支出，财政平衡率，债务率，负债率等财政相关数据均来自河北省财政预算执行及决算报告，并由中诚信国际整理计算。

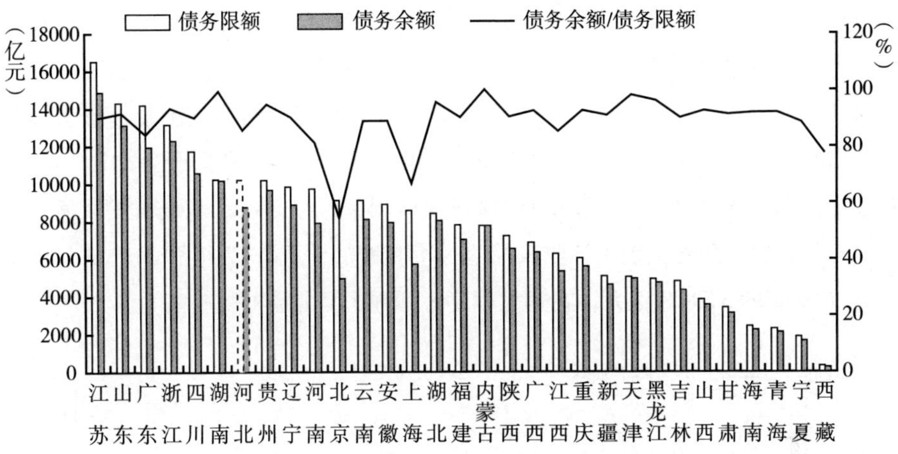

图 11　2019 年全国 31 个省（区、市）地方政府债务限额及余额

数据来源：全国 31 个省（区、市）财政预算执行及决算报告，中诚信国际整理计算。

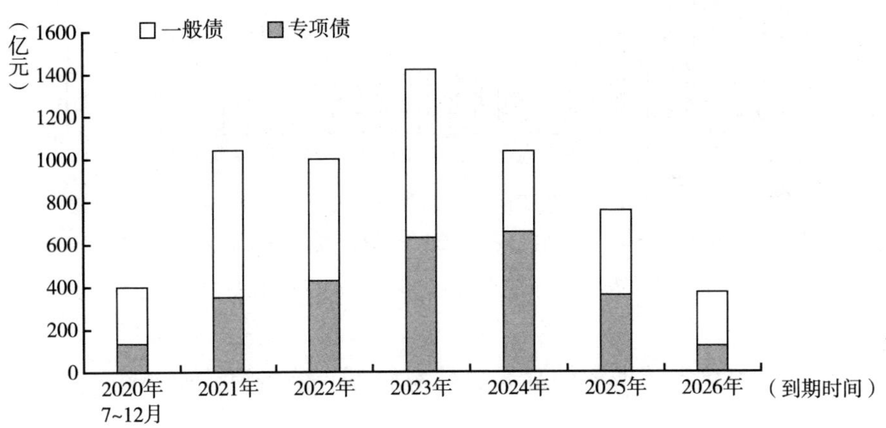

图 12　河北省地方债 2020 ~ 2026 年到期分布

数据来源：河北省财政预算执行及决算报告，中诚信国际整理计算。

（二）财政收支存在缺口，对政府性基金收入依赖较大

河北省邻近渤海与京津，地理位置优越，生态资源和矿产资源相对丰富，省内拥有旅游城市秦皇岛市和工业重市唐山市。河北省 GDP 从 2017 年的 34016. 3 亿元增长至 2019 年的 35104. 5 亿元，但河北省第二产业的占比较高，

第三产业发展较慢，与相邻的北京市和天津市相比仍有较大发展空间。在财政实力方面，河北省一般公共预算收入从2017年的3233.3亿元增长至2019年的3742.7亿元，每年税收占比均在70%左右，但一般公共预算支出规模较大，财政平衡率在全国处于中等水平。2019年，河北省一般公共预算支出8313.7亿元，财政平衡率为45.02%（见图13），财政缺口较大。在政府性基金方面，河北省政府性基金收入随着土地出让收入的增长不断增加，从2017年的2418.3亿元增长至2019年的3328.8亿元，在很大程度上增强了河北省的财政实力。

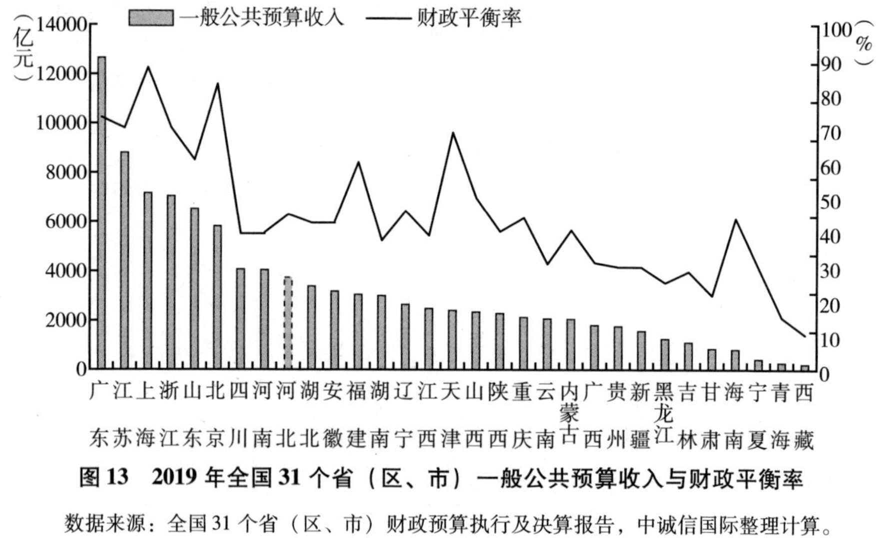

图13　2019年全国31个省（区、市）一般公共预算收入与财政平衡率

数据来源：全国31个省（区、市）财政预算执行及决算报告，中诚信国际整理计算。

（三）河北省债务率较高，负债率较低，债务风险整体可控

截至2019年，河北省地方政府债务率和负债率分别为82.71%和24.94%，债务率在全国排名第17，负债率处于相对低位（见图14）。河北省地方政府高度重视政府债务管理工作，建立了债务举借核准、偿债计划管理、债务“6风险”预警、债务指标考核等一系列措施办法以预防风险，并颁布了《河北省政府性债务风险应急处置预案》（冀政办字〔2017〕27号）① 以应对突发风

① 《河北省政府性债务风险应急处置预案》（冀政办字〔2017〕27号），河北省人民政府网站，http：//info. hebei. gov. cn//eportal/ui？pageId = 6806152&articleKey = 6813589&columnId = 6808638。

险。截至2019年末，综合考虑河北省地方政府债券短期偿付规模相对可控、项目收益专项债扩容可提供一定收益性偿债来源、河北省地方政府债务管理制度日益完善等方面，河北省整体偿债能力处于较高水平，债务风险整体可控。

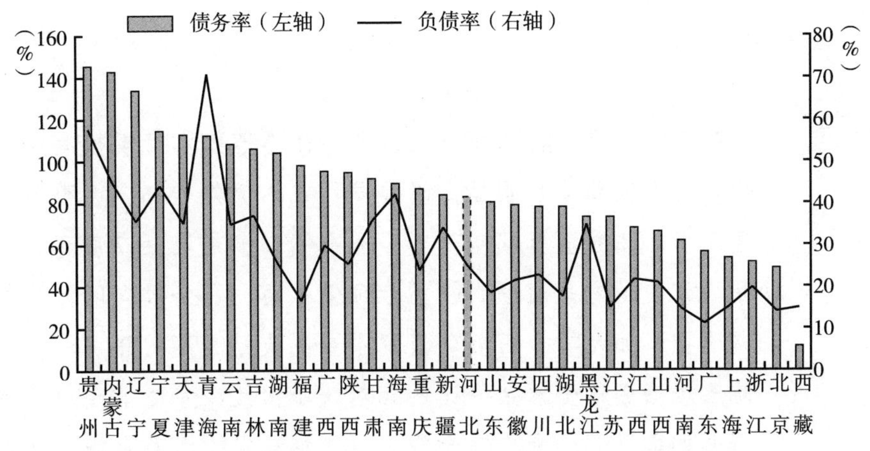

图14　2019年全国31个省（区、市）债务率及负债率

数据来源：全国31个省（区、市）财政预算执行及决算报告，中诚信国际整理计算。

四　小结

整体来看，为应对新冠肺炎疫情带来的经济下行影响，2020年1~6月，河北省地方政府抓住资金面相对宽松的契机，加快地方债发行节奏和扩大其规模，重点发行长期限的项目收益专项债以拉动固定资产投资，总体效果显著。需要关注的是，截至2019年末，河北省的债务率在全国排名靠前，2023年面临较大的还本付息压力。在债务管理方面，建议河北省地方政府关注以下几点：一是继续保持地方债长短期合理搭配的期限结构，以平滑未来各年度的偿债压力；二是合理安排资金投向，从而更好地带动各行业的固定资产投资；三是继续做好债务风险防控，确保河北省“借得来、用得好、还得上、控得住”的政府性债务管理体系运行有效。

B.14
2020年黑龙江省地方政府债券分析报告

郭 鑫*

摘 要： 2020年1～6月，黑龙江省地方政府债券整体发行规模有所下降，但专项债扩容明显；债券发行成本仍然较高，但整体趋于下行，债券发行期限延长；地方债二级市场活跃度下降。黑龙江省地方政府项目收益专项债扩容，资金投向以传统基建为主，加大对补短板项目资本金的支持力度。黑龙江省新增专项债用作资本金的比例相对较小，其作为资本金对投资增长的撬动效应尚未完全释放。黑龙江省的债务余额和债务率相对较低，债务风险基本可控。未来黑龙江省应注重提高专项债的使用效率和收益性投向、合理安排期限结构、加强对地方政府债券的使用管理和债务风险防控。

关键词： 地方债 专项债 黑龙江省

一 黑龙江省地方债运行情况分析

截至2020年6月，黑龙江省地方政府债券存量规模为5225.98亿元①，在全国31个省（区、市）中排名第24，位列中游偏下（见图1）。黑龙江省

* 郭鑫，中诚信国际政府公共评级部（北京）分析师，主要研究领域为地方政府债券、基础设施投融资行业、民用机场行业等。

① 如无特别说明，本报告中引用的地方债存量规模、发行规模、发行利率、发行利差、交易量、到期收益率等债券相关数据均来自截至2020年6月的Choice数据库，并由中诚信国际整理计算。

地方政府债券按类型划分以一般债为主，专项债和一般债的存量规模占比分别为27.69%和72.31%；按性质①划分以新增债券为主，新增、置换、再融资债券的存量规模占比分别为62.41%、19.48%和18.11%；从期限结构来看，以发行5年期、7年期和10年期的债券为主，其存量规模占比分别为31.76%、23.69%和23.21%。

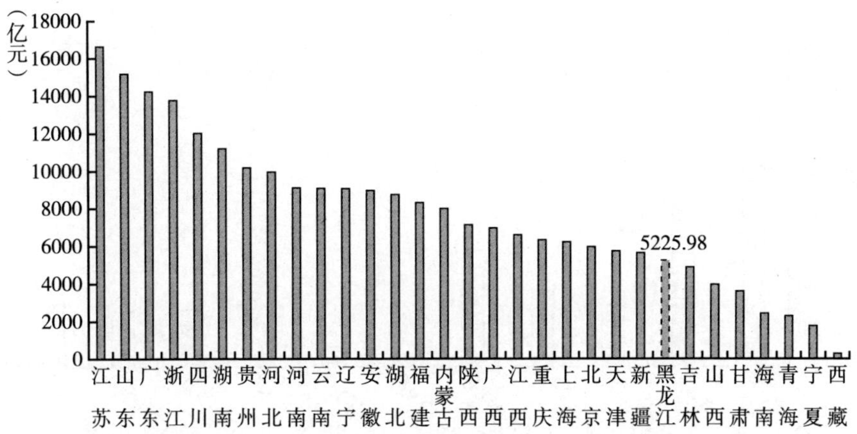

图1 截至2020年6月全国31个省（区、市）地方债存量规模

数据来源：Choice数据库，中诚信国际整理计算。

（一）经济总量和财政收入增长趋缓，发行规模有所下降

2020年以来，国内宏观经济面临下行压力加大和新冠肺炎疫情的双重冲击，《政府工作报告》明确财政赤字率按3.6%以上安排，新增专项债额度大幅提升，各地政府通过更加积极的财政政策稳定经济基本盘。但近年来，黑龙江省面临省内人口流失、新旧动能接续不足以及投资拉动作用减弱等挑战，经济总量和财政收入增长趋缓，地方政府债券发行规模自2018年以来有所下降。2020年上半年，黑龙江省共发行28只地方政府债券，发行只数已远超2019年全年；同期，发行规模合计685.07亿元，仅为

① 存量地方债种类结构以2018年以来发行的存量地方债样本进行统计。

2019 年同期的 90.33%；从单月发行规模来看，2020 年 3 月为黑龙江省地方政府债券的发行高峰期，当月发行规模高达 422.74 亿元，为 2019 年至 2020 年 6 月单月最高，2020 年上半年其余月份的发行规模较 2019 年同期均有所下降，黑龙江省地方政府债券发行高峰明显集中，但整体发行规模有所下降（见图 2）。

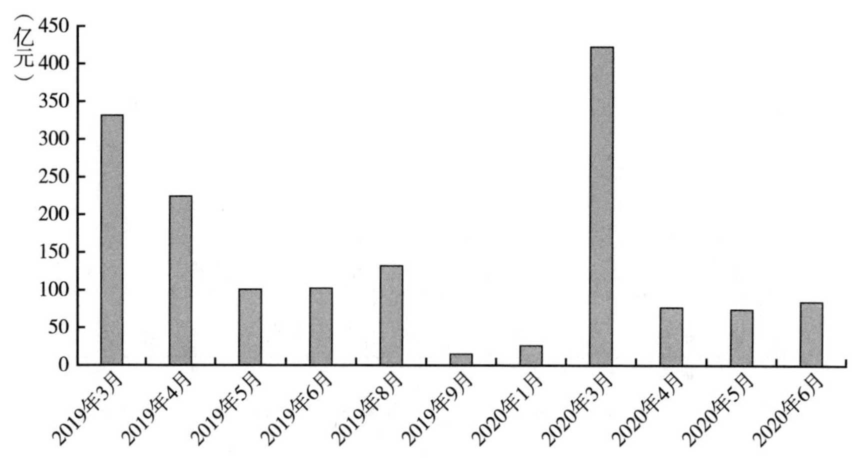

图 2　2019 年 1 月～2020 年 6 月黑龙江省地方债月度发行规模

注：黑龙江省部分月份无地方债发行，未在图中显示。
数据来源：Choice 数据库，中诚信国际整理计算。

（二）专项债扩容明显，新增债占比稳步提升

随着相关政策对专项债发行的支撑作用逐步显现，2020 年 1～6 月，黑龙江省专项债扩容明显，在上半年的发行规模中占比高达 46.40%，专项债发行只数及规模分别是 2019 年同期的 13 倍和 2.44 倍，新增债占比亦提升至 88.75%。在期限结构方面，随着财政部不再对地方政府债券期限结构进行限定及倡导合理提高长期专项债比例等政策影响，2020 年 1～6 月，黑龙江省 15 年期、30 年期等超长期地方政府债券发行规模占比分别提升至 21.43% 和 42.86%（见图 3），整体发行期限明显拉长。

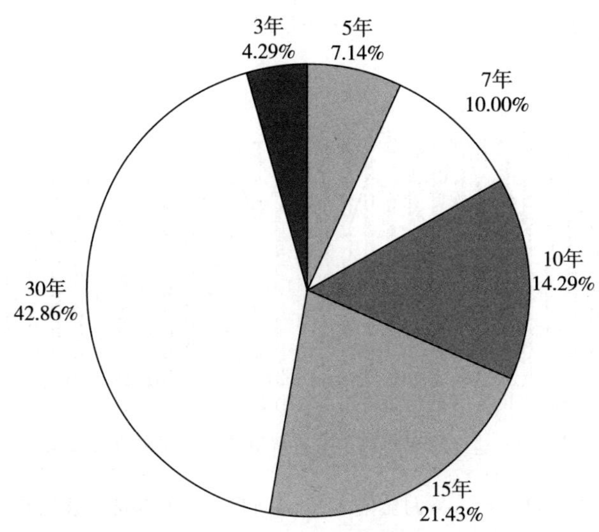

图3　2020 年 1 ~6 月黑龙江省地方债发行期限结构

数据来源：Choice 数据库，中诚信国际整理计算。

（三）发行利率同比下降，发行利差收窄，但发行成本仍较高

2020 年上半年，为减轻新冠肺炎疫情对经济发展的冲击和影响，稳定的货币政策有所放宽，银行体系的流动性合理充裕，引导市场利率趋于下行，因此，尽管上半年黑龙江省地方政府债券的整体发行期限有所拉长，发行成本却表现良好。2020 年上半年，平均发行利率[①]由2019 年的 3. 76% 降至 3. 46%，发行利差亦由 2019 年的 30. 80BP 调整至 24. 09BP。但从全国来看，黑龙江省地方政府债券的发行成本仍排名靠前（见图 4）。从单月走势情况来看，2020 年 1 ~6 月，黑龙江省地方政府债券的发行利率和发行利差有所波动，6 月的发行成本出现小幅回升（见图 5）。

① 如无特别说明，本报告中发行利率、利差为根据发行额计算的加权平均平行利率、利差，发行利差计算公式为债券发行利率减对应期限国债收益率。

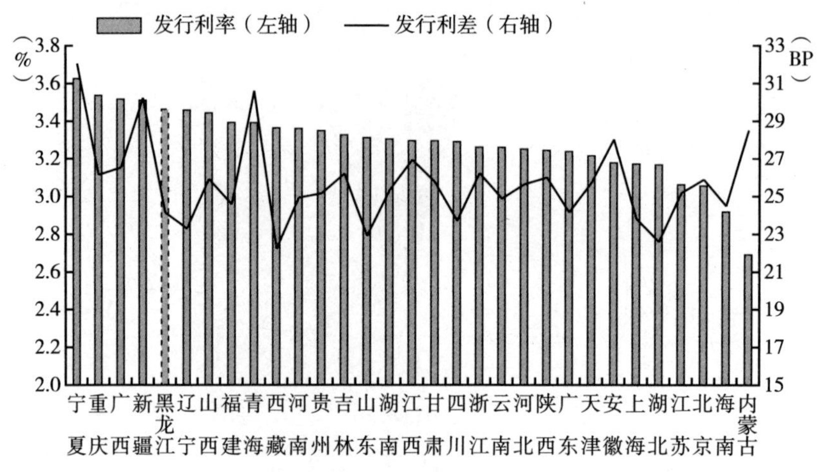

图4　2020 年 1～6 月全国 31 个省（区、市）地方债发行成本

数据来源：Choice 数据库，中诚信国际整理计算。

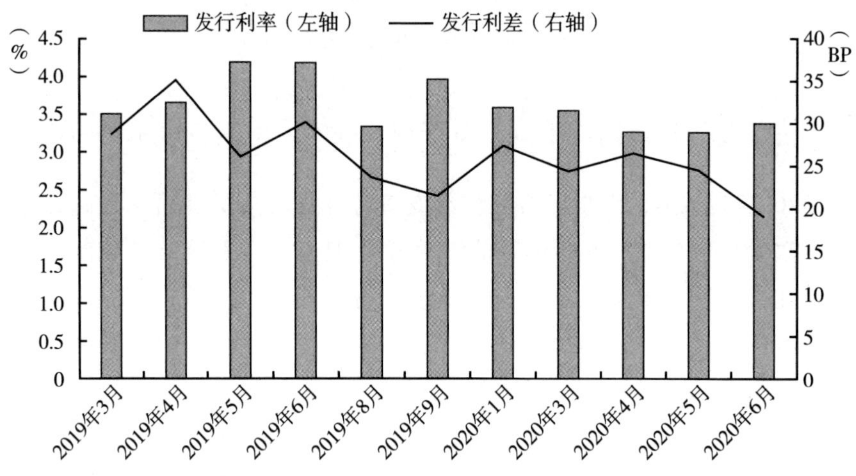

图5　2019 年 1 月～2020 年 6 月黑龙江省地方债月度发行成本

注：黑龙江省部分月份无地方债发行，未在图中显示。

数据来源：Choice 数据库，中诚信国际整理计算。

（四）地方债二级市场交易活跃度下降，债券到期收益率先降后升

2020 年 1～6 月，黑龙江省地方债二级市场交易量明显下滑，上半年交易

规模[①]为568.18亿元，较2019年同期下滑56%，在全国31个省（区、市）交易量排名中也由2019年的第23位回落至第24位。从债券到期收益率[②]走势来看，由于资金面相对宽松，相较于2019年，2020年1~6月，黑龙江省地方政府各期限债券到期收益率整体趋于下行，但5~6月受债券供给增加、基本面改善等因素影响，债券到期收益率有所回升（见图6）。此外，债券期限越长，到期收益率趋势变动的敏感性相对越弱。

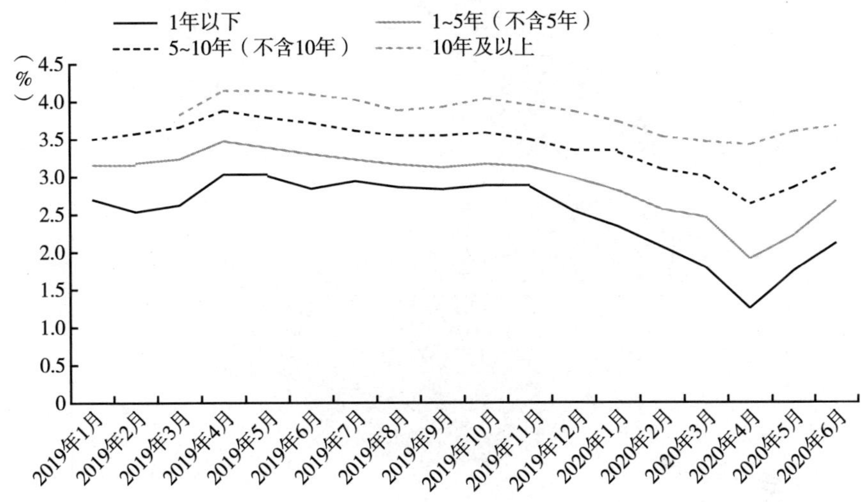

图6　2019年1月~2020年6月黑龙江省地方债到期收益率走势

数据来源：Choice数据库，中诚信国际整理计算。

二　黑龙江省地方政府项目收益专项债分析*

截至2020年6月，黑龙江省项目收益专项债存量规模为720.86亿元，在

① 交易统计包含回购交易、现券交易等部分。

② 此处到期收益率采用的是算术平均值。

* 2020年7月29日财政部《关于加快地方政府专项债券发行使用有关工作的通知》（财预〔2020〕94号）明确2020年新增专项债必须保证融资规模与项目收益平衡，因此2020年新增专项债均为项目收益专项债；本部分项目收益专项债统计样本为2017~2019年的项目收益专项债与2020年1~6月的新增专项债。

全国31个省（区、市）中排名第23，相对靠后。从项目种类来看，2020年1~6月，黑龙江省地方政府发行的项目收益专项债的投向主要为一般铁路、收费公路、其他市政和产业园区等领域；从期限结构来看，30年期债券的发行规模占比最大，为29.26%，其次为10年期和20年期，债券期限整体偏长（见图7）。

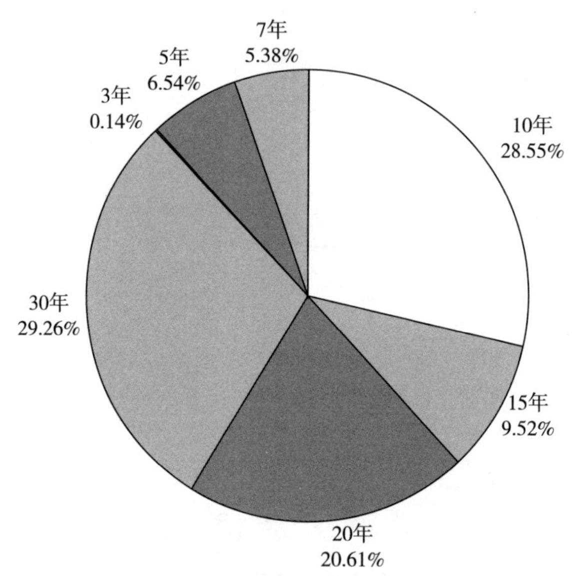

图7　2020年1~6月黑龙江省项目收益专项债发行期限结构

数据来源：Choice数据库，中诚信国际整理计算。

（一）发行规模提升，发行利差波动下降

自2017年财政部发布《关于试点发展项目收益与融资自求平衡的地方政府专项债券品种的通知》（财预〔2017〕89号）① 以来，黑龙江省项目收益专项债的发行规模逐年递增，其中仅2020年上半年已发行310亿元，超过2019

① 《关于试点发展项目收益与融资自求平衡的地方政府专项债券品种的通知》（财预〔2017〕89号），中华人民共和国财政部网站，http://yss.mof.gov.cn/zhuantilanmu/dfzgl/zcfg/201707/t20170724_2656632.html。

年全年水平（见图8）；从项目类型来看，交通基础设施类、市政和产业园区基础设施类以及民生服务类债券规模占比合计超85%，黑龙江省地方政府通过发行项目收益专项债托底基建投资稳增长的意图较为明显，募投项目集中在传统领域，债券期限亦有拉长趋势；从发行成本来看，2017年至2020年上半年，黑龙江省项目收益专项债的发行利率逐年走低，发行利差波动下降，相较于最高点的2018年，2020年上半年发行利差下降了15.08BP，降幅明显（见图9）。

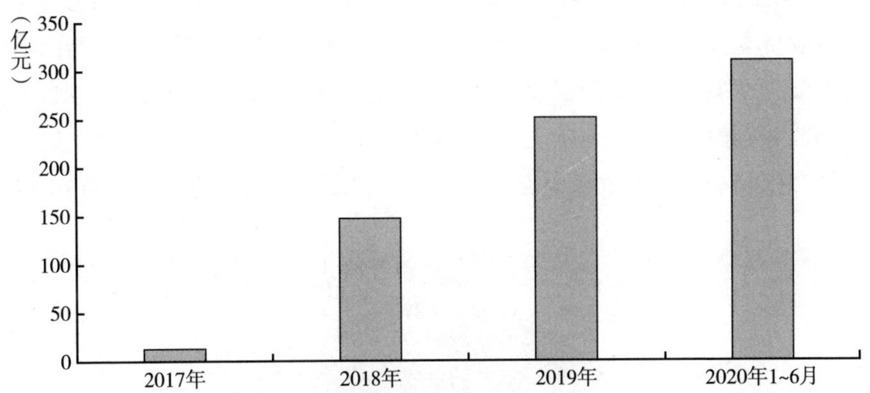

图8　2017年～2020年6月黑龙江省项目收益专项债发行规模

数据来源：Choice数据库，中诚信国际整理计算。

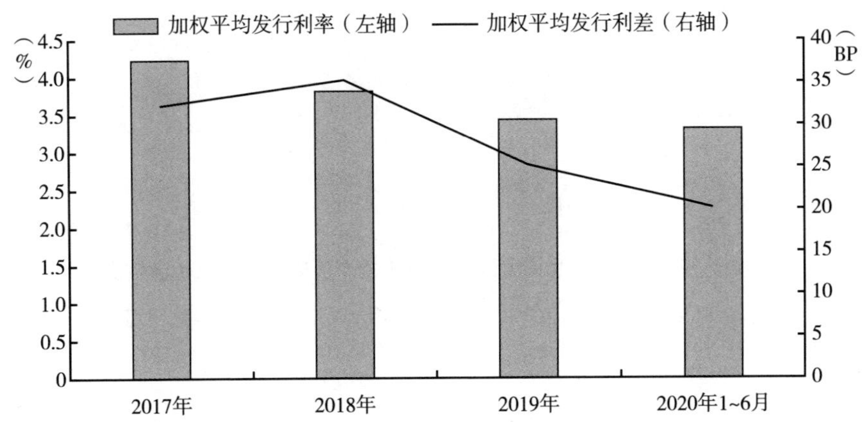

图9　2017年～2020年6月黑龙江省项目收益专项债发行成本

数据来源：Choice数据库，中诚信国际整理计算。

（二）专项债资金投向以传统基建为主，加大区县项目倾斜力度

2020年上半年，黑龙江省项目收益专项债的资金投向主要集中于基建投资，并重点用于一般铁路、收费公路、其他市政和产业园区等传统基建以及医疗、教育、供水等涉及民计民生的领域，上述品种债券当期募集资金的使用规模占比合计为82.04%①，且单只债券募集资金不再局限于单个项目，多个项目集合发行的趋势日益明显；项目行政层级分布也向区县级转贷加大倾斜力度。

从项目本息覆盖情况来看，2020年上半年，黑龙江省地方政府所发行的项目收益专项债的募投项目收益均能对债券融资本息形成有效覆盖。据统计，项目本息覆盖倍数主要集中于1～1.5倍（含），占比为76.67%（见图10），其中，民生服务中教育类和医疗类项目的平均融资本息覆盖倍数最高，分别为8.63倍和9.39倍。

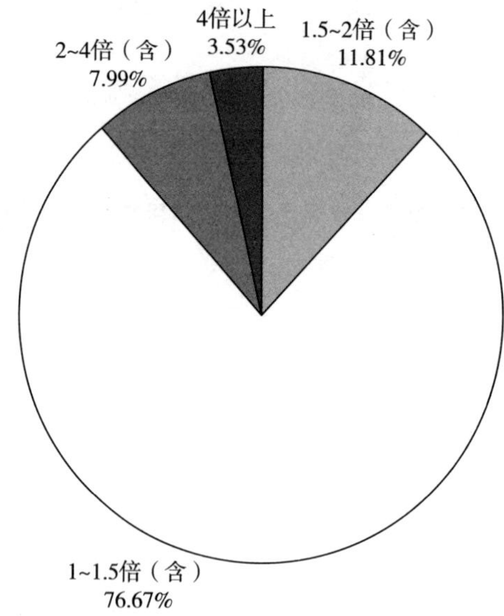

图10　2020年1～6月黑龙江省项目收益专项债项目本息覆盖情况

数据来源：黑龙江省地方政府新增专项债信息披露文件，中诚信国际整理计算。

① 如无特别说明，本报告中引用的专项债支持项目的相关数据均来自黑龙江省地方政府新增专项债信息披露文件，并由中诚信国际整理计算。由于数据的获取问题，数据可能来自不同的募投项目文件、项目实施方案、项目披露模板等，这可能会导致数据分析出现一定偏差，但不会对分析结论产生实质性的影响。

（三）加大对补短板项目资本金的支持力度，带动社会资本投入

2019 年 6 月，中共中央办公厅、国务院办公厅印发《关于做好地方政府专项债券发行及项目配套融资工作的通知》（厅字〔2019〕33 号）①，允许将专项债作为符合条件的重大项目资本金，资金用途的放宽有利于缓解政府的资金压力。2020 年 1 ~6 月，黑龙江省地方政府主要将新增项目收益专项债募集资金用作交通基础设施、市政和产业园区基础设施以及生态环保项目的资本金，该类项目融资本息覆盖倍数相对较低，项目资金压力偏大。使用专项债作为资本金积极开展上述类型的项目，有利于进一步带动社会资本加大投入短板项目，提高专项债的资金拉动作用。

（四）应对新冠肺炎疫情冲击的效果显著，投资撬动效应尚有释放空间

2020 年以来，新冠肺炎疫情对经济运行造成较大冲击，上半年黑龙江省固定资产投资（不含农户）同比增长 0. 3%②，黑龙江省地方政府加速发行专项债刺激基础设施投资增长。从专项债对投资拉动的实际效果来看，2020 年上半年，黑龙江省新增专项债规模为 310 亿元，主要集中于交通基础设施类、市政和产业园区基础设施项目，累计撬动基建投资③规模 587. 50 亿元，因此，黑龙江省固定资产投资由第一季度的同比下降 10. 9% 逆势回升，最终实现上半年同比小幅增长。专项债作为资本金的撬动效应强于配套融资，但黑龙江省新增专项债用作资本金的比例相对较小，对投资的撬动效应尚有较大释放空间。

---

① 《关于做好地方政府专项债券发行及项目配套融资工作的通知》（厅字〔2019〕33 号），中华人民共和国中央人民政府网站，http：//www. gov. cn/zhengce/2019 - 06/10/content_5398949. htm。

② 如无特别说明，本报告中引用的宏观经济数据均来自《黑龙江省国民经济和社会发展统计公报》，并由中诚信国际整理计算。

③ 专项债撬动基建投资的方法参见袁海霞、汪苑晖、卞欢《专项债兼顾扩容提效，助力基建托底稳增长——地方政府专项债 2019 年回顾与 2020 年展望》，《财政科学》2020 年第 1 期。

三　黑龙江省偿债能力分析

（一）债务余额在全国排名中下，2021～2025年面临一定的还本付息压力

截至2019年，黑龙江省地方政府债务余额为4748.60亿元①，存量规模在全国排名中下，较2018年增长15.4%，但仍在债务限额规定的4939.61亿元范围内（见图11）。截至2020年6月末，黑龙江省地方政府债务余额为5225.98亿元，其中，2020年7～12月剩余到期规模为340.18亿元，以一般债到期为主；2021～2023年到期规模逐年增加，2023年到期规模相对较大（见图12）。2021～2025年黑龙江省地方政府债券到期规模较大，面临一定的还本付息压力。

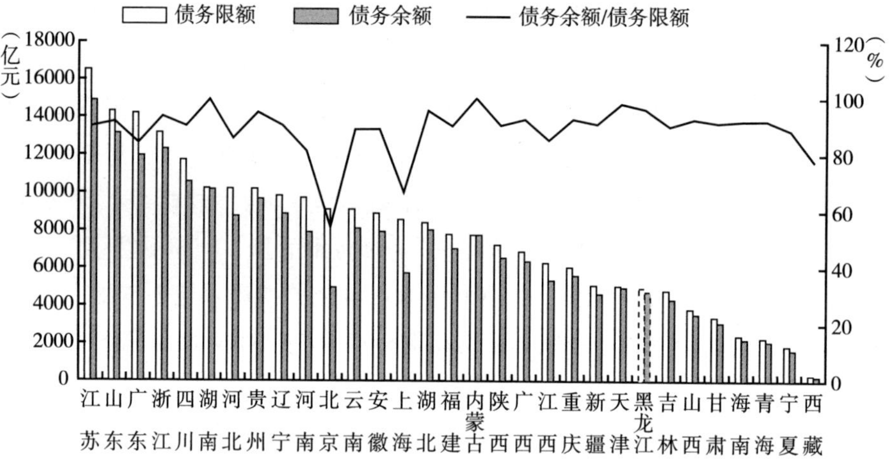

图11　2019年全国31个省（区、市）地方政府债务限额及余额

数据来源：全国31个省（区、市）财政预算执行及决算报告，中诚信国际整理计算。

① 如无特别说明，本报告中引用的黑龙江省地方政府债务限额、余额，一般公共预算收入、支出，财政平衡率，债务率，负债率等财政相关数据均来自黑龙江省财政预算执行及决算报告，并由中诚信国际整理计算。

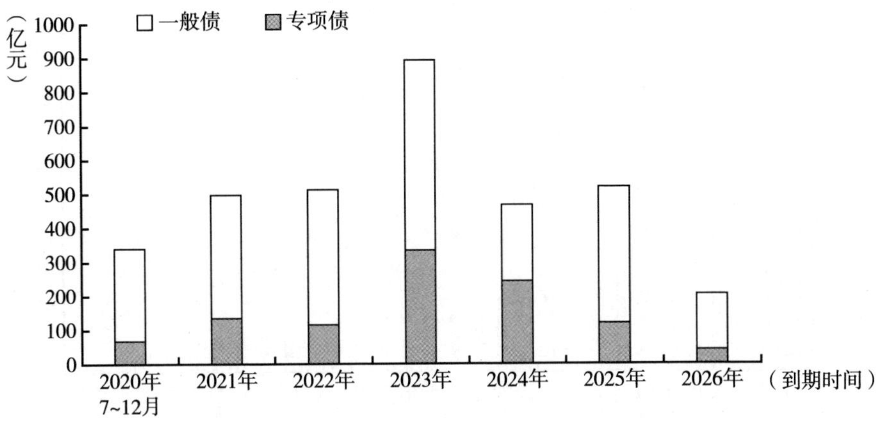

图12　黑龙江省地方债2020～2026年到期分布

（二）经济增长放缓，财政收入对上级补助的依赖较大

黑龙江省地处我国东北边陲，依托优越的自然资源禀赋，形成了以能源、食品、石化和装备制造业为支柱的产业结构。2019年，黑龙江省实现地区生产总值13612.7亿元，按可比价格计算，比2018年增长4.2%，增速较2018年下降0.5个百分点。近年来，由于传统支柱产业发展承压、劳动力流失等问题，黑龙江省经济增长持续放缓。在产业结构方面，2019年黑龙江省三次产业结构之比为23.4∶26.6∶50.0，第二、第三产业增加值同比分别增长2.7%和5.9%，低于全国平均水平。当前，黑龙江省处于经济结构转型升级的深度调整期，钢铁、石油石化、煤炭等传统行业的产能尚未出清，以批发和零售业、金融业、交通运输业和旅游业为主的第三产业对黑龙江省经济发展的支撑作用日益凸显。受经济结构调整、减税降费等因素影响，黑龙江省一般公共预算收入有所波动，但税收收入占比维持在70%以上，收入质量较好。此外，近年来黑龙江省加大民生保障和改善力度、推动农村基础设施和现代化建设，一般公共预算支出规模持续增长，2019年的财政平衡率仅为25.19%（见图13），得益于一般公共预算上级补助收入规模逐步扩大，全省财政实力逐渐增强。黑龙江省土地出让收入亦有所波动，2019年回升至377.87亿元，黑龙江省财政收入对政府性基金收入的依赖程度不高。

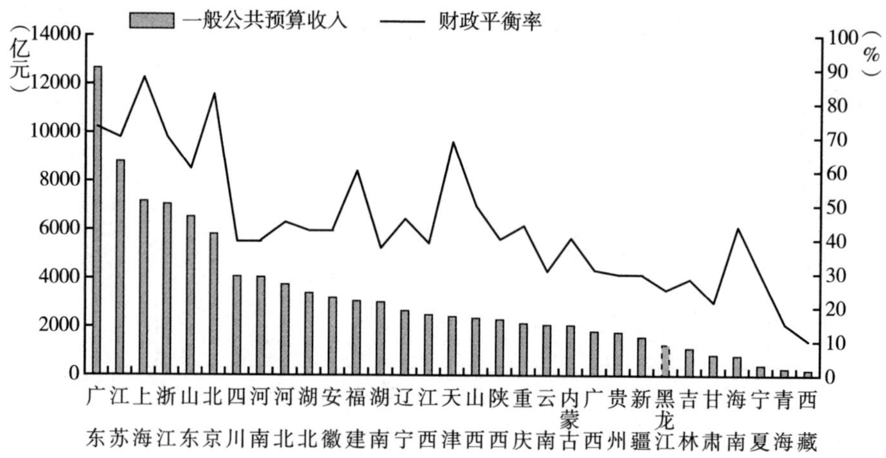

图 13　2019 年全国 31 个省（区、市）一般公共预算收入与财政平衡率

数据来源：全国 31 个省（区、市）财政预算执行及决算报告，中诚信国际整理计算。

（三）债务率相对较低，债务风险整体可控

截至 2019 年，黑龙江省地方政府的债务率和负债率分别为 73.14% 和 34.88%，债务率和负债率在全国 31 个省（区、市）中均相对处于低位（见图 14）。黑龙江省地方政府高度重视政府性债务管理工作，针对举债融资体制、违法违规举债管理、债务化解和风险防控等方面出台了多项债务管理制度，进一步健全了政府性债务管理机制，防范了债务风险。基于当前黑龙江省地方政府债券规模在全国 31 个省（区、市）中处于中下游水平、项目收益专项债扩容可提供一定收益性偿债来源以及省政府从制度层面健全债务管理机制等方面的考虑，黑龙江省整体偿债能力处于较高水平，债务风险整体可控。

四　小结

整体来看，黑龙江省长期面临省内人口流失、新旧动能接续不足以及投资拉动作用减弱等挑战，2020 年 1 ~6 月，地方政府债券发行规模持续下降。黑龙江省债务率相对较低，但 2021 ~2025 年地方政府债券到期规模较大，加之

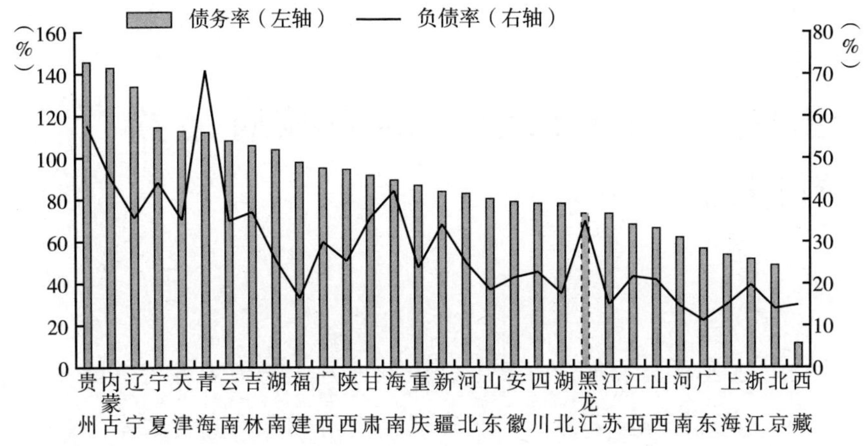

图 14　2019 年全国 31 个省（区、市）债务率及负债率

数据来源：全国 31 个省（区、市）财政预算执行及决算报告，中诚信国际整理计算。

区域财政经济增长仍承担较大压力，因而在后续债务管理过程中应格外注意以下几点：一是提高专项债的使用效率及优化收益性投向，充分释放其对重点项目、补短板项目的投资撬动作用，为区域经济增长补充活力；二是加强对地方政府债券的使用管理，对债券募投项目进行持续管理监测，避免资金闲置、滥用甚至挪用等行为；三是合理安排地方债期限结构，置换短期债券、高息债券，缓解资金本息集中兑付压力，并使项目收益与偿债周期逐步匹配；四是继续加强债务风险防控，通过建立规范的举债融资审批机制、完善债务风险预警系统、建立全方位的监督考核问责机制等手段，使黑龙江省地方政府建立起“借、用、还”相统一的政府性债务管理机制。

B.15
2020年内蒙古自治区地方政府债券分析报告

李傲颜*

摘　要：　2020年上半年，内蒙古自治区地方政府债券发行高峰整体前置，峰值显著提升；发行规模有所增长；发行成本下行后略有回升；项目收益专项债集合发行趋势明显，但作为资本金对投资增长的撬动效应尚未完全释放。内蒙古自治区债务风险基本可控，但仍需注意财政和债务的匹配情况。

关键词：　地方债　专项债　内蒙古自治区

一　内蒙古自治区地方债运行情况分析

截至2020年6月末，内蒙古自治区（以下简称“内蒙古”）地方政府债券（以下简称“地方债”）存量规模为7964.53亿元①，在全国31个省（区、市）中排名第15，处于中游水平（见图1）。内蒙古地方债按债券类型划分以一般债为主，专项债和一般债规模占比分别为23.30%和76.70%；按债券性质②划分以新增债券为主，新增、置换、再融资债券规模占比分别

* 李傲颜，中诚信国际政府公共评级部（北京）助理总监，主要研究领域为地方政府债券、基础设施投融资行业、投资控股行业等。

① 如无特别说明，本报告中引用的地方债存量规模、发行规模、发行利率、发行利差、交易量、到期收益率等债券相关数据均来自截至2020年6月的Choice数据库，并由中诚信国际整理计算。

② 存量地方债种类结构以2018年以来发行的存量地方债样本进行统计。

为54.90%、21.33%和23.77%。从债券期限结构来看，内蒙古地方债的发行期限以5年、7年和10年为主，发行规模占比分别为31.80%、21.45%和28.89%。

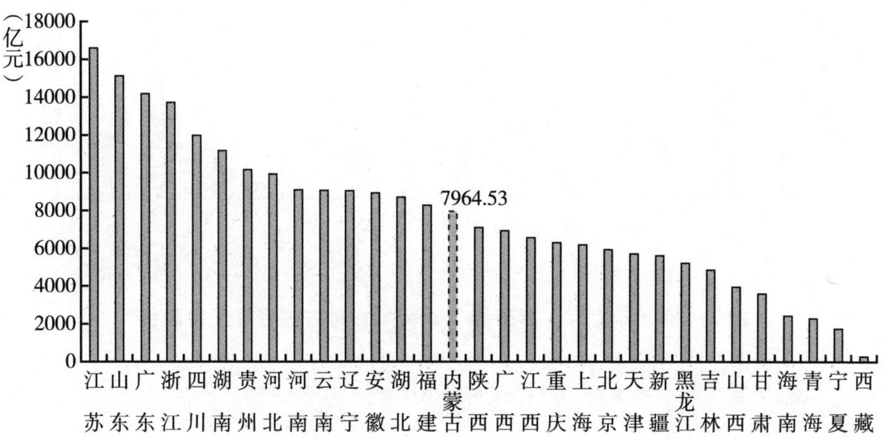

图1　截至2020年6月全国31个省（区、市）地方债存量规模

数据来源：Choice数据库，中诚信国际整理计算。

（一）发行高峰前置，发行规模有所增长

2020年以来，国内宏观经济面临下行压力加大和新冠肺炎疫情的双重冲击，《政府工作报告》明确2020年财政赤字率按3.6%以上安排，新增专项债额度大幅提升，因而在更加积极的财政政策引领下，内蒙古地方债发行高峰的月度发行量显著提升，发行规模有所增长。2020年上半年，内蒙古已发行21只地方债，发行只数达到2019年全年的70%；同期，发行规模合计达869.06亿元，较2019年同期增长51.93%，其中4月及6月为发行高峰，单月发行规模显著高于2019年单月最高发行规模，上述两月合计发行规模占2020年上半年总发行规模的77.52%，发行高峰整体前置且峰值显著提升（见图2）。

（二）专项债扩容，新增债券占比提升

随着相关政策对专项债发行的支撑作用逐步显现，2020年1～6月内蒙

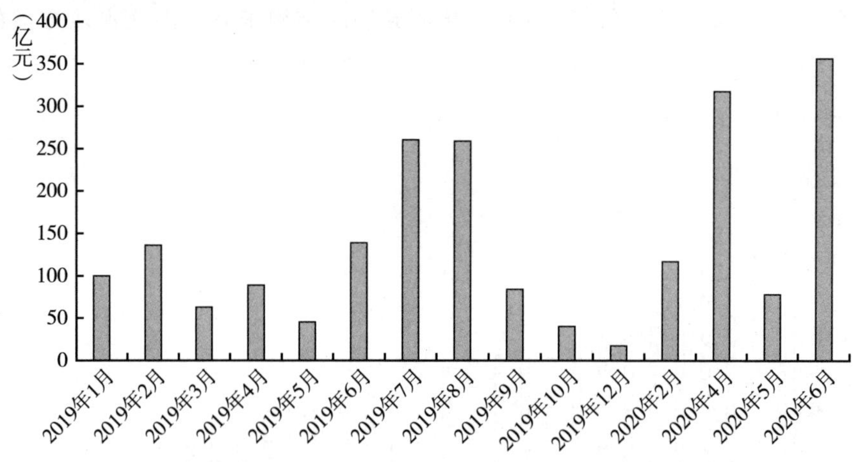

图 2　2019 年 1 月～2020 年 6 月内蒙古地方债月度发行规模

注：内蒙古部分月份无地方债发行，未在图中显示。

数据来源：Choice 数据库，中诚信国际整理计算。

古专项债有所扩容，在上半年发行规模中占比为 38.09%，专项债发行只数及规模分别较 2019 年同期增长 88.89% 和 173.55%，新增债券占比亦提升至 68.92%；在期限结构方面，2020 年 1～6 月，内蒙古发行以 3 年期、5 年期等为主的中期地方债，受到财政部不再对地方债期限结构进行限定及倡导合理提高长期专项债比例等政策影响，内蒙古 10 年期、15 年期等长期地方债发行规模占比分别提升至 17.51% 和 15.88%，整体发行期限有所拉长。(见图 3)

（三）利率趋于下行，利差有所扩大，成本处于很低水平

2020 年上半年，为减轻疫情对经济社会的冲击，稳定的货币政策有所放宽，银行体系的流动性合理充裕，引导市场利率趋于下行，且内蒙古地方债整体期限以中期和长期为主，超长期债券的发行规模较小，因而内蒙古 2020 年上半年发行成本表现良好。2020 年 1～6 月，内蒙古平均发行利率[①]由 2019 年的 3.53% 降至 2.69%，发行利差由 2019 年的 25.26BP 小幅

① 如无特别说明，本报告中发行利率、发行利差均为根据发行额计算的加权平均发行利率、加权平均发行利差，发行利差计算公式为债券发行利率减对应期限国债收益率。

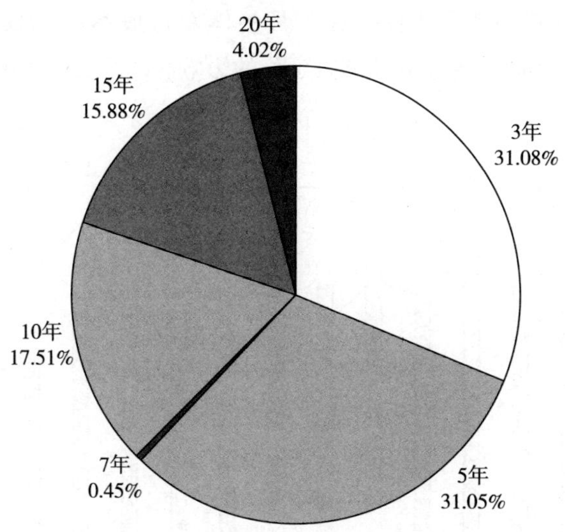

图3　2020 年 1 ~6 月内蒙古地方债发行期限结构

数据来源：Choice 数据库，中诚信国际整理计算。

升至 28.45BP，发行成本在全国 31 个省（区、市）中排名明显下降，处于很低水平（见图 4）。从单月走势情况来看，2020 年 2 ~5 月内蒙古地方债

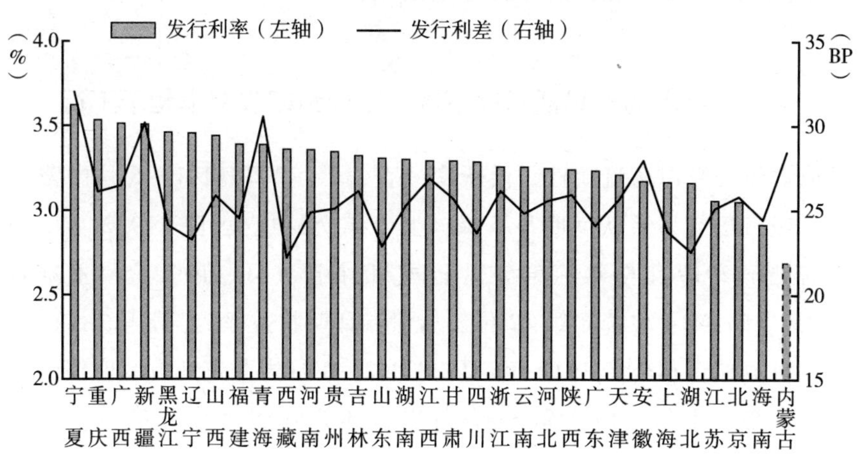

图4　2020 年 1 ~6 月全国 31 个省（区、市）地方债发行成本

数据来源：Choice 数据库，中诚信国际整理计算。

发行利率和发行利差持续走低，在5月整体发行成本出现较大降幅；受市场利率整体回升及内蒙古地方债期限延长的影响，6月发行利率和发行利差明显提升（见图5）。

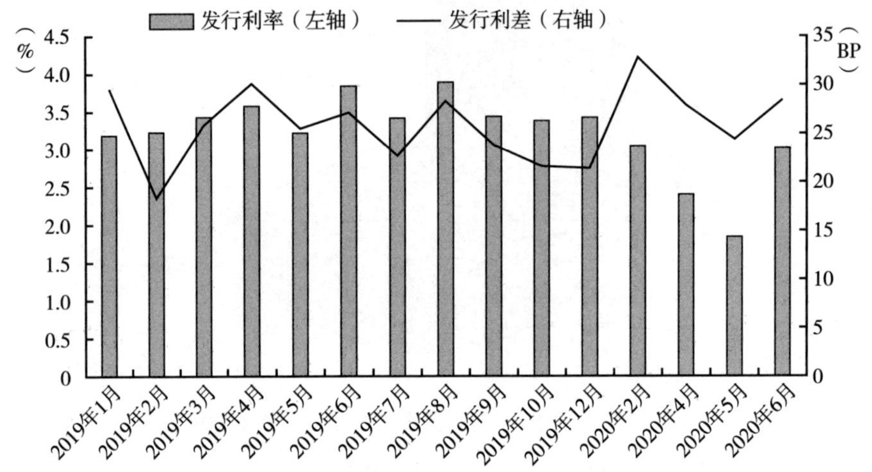

图5 2019年1月~2020年6月内蒙古地方债月度发行成本

注：内蒙古部分月份无地方债发行，未在图中显示。

数据来源：Choice数据库，中诚信国际整理计算。

（四）二级市场交易活跃度下降，债券到期收益率趋于下行

地方债二级市场流动性、活跃度一直偏低，2020年1~6月内蒙古地方债二级市场交易活跃度明显下降，上半年交易规模①降至932.44亿元，已显著低于2019年全年的50%，全国31个省（区、市）交易量排名也由2019年的第14位降至第22位。从债券到期收益率②走势来看，由于资金面相对宽松，相较于2019年，2020年1~6月内蒙古地方政府债券到期收益率均趋于下行，但2020年5月以来债券到期收益率有所回升（见图6）。

① 交易统计包含回购交易、现券交易等部分。

② 此处到期收益率采用的是算术平均值。

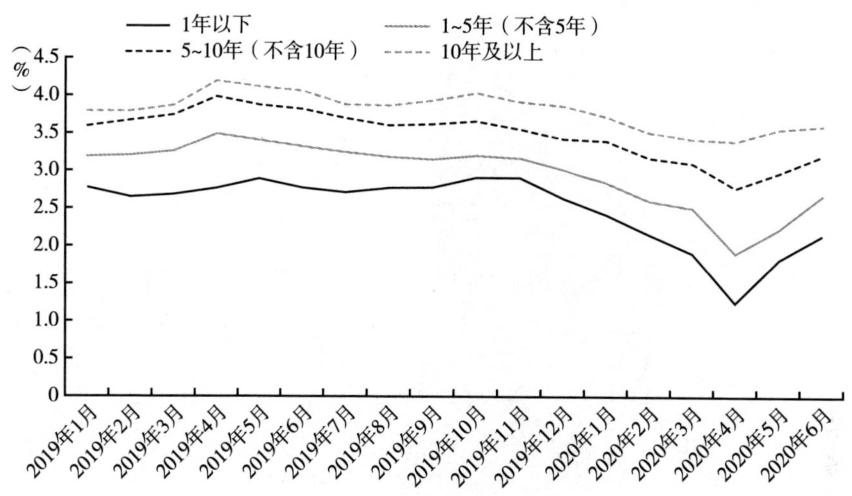

图6　2019 年 1 月 ~2020 年 6 月内蒙古地方债到期收益率走势

数据来源：Choice 数据库，中诚信国际整理计算。

二　内蒙古自治区地方政府项目收益专项债分析*

截至 2020 年 6 月末，内蒙古项目收益专项债存量规模为 716.70 亿元，在全国 31 个省（区、市）中排名第 24，相对靠后。从项目种类来看，2020 年上半年发行的内蒙古地方政府项目收益专项债资金重点用于市政和产业园区基础设施、交通基础设施和民生服务领域。从期限结构来看，10 年期债券发行规模占比最大，为 45.98%；其次为 15 年期和 20 年期（见图 7）。

* 2020 年 7 月 29 日，财政部发布《关于加快地方政府专项债券发行使用有关工作的通知》（财预〔2020〕94 号），明确 2020 年新增专项债必须保证融资规模与项目收益平衡，因此，2020 年新增专项债均为项目收益专项债。本部分项目收益专项债的统计样本为 2017 ~2019 年项目收益专项债与 2020 年 1 ~6 月的新增专项债。

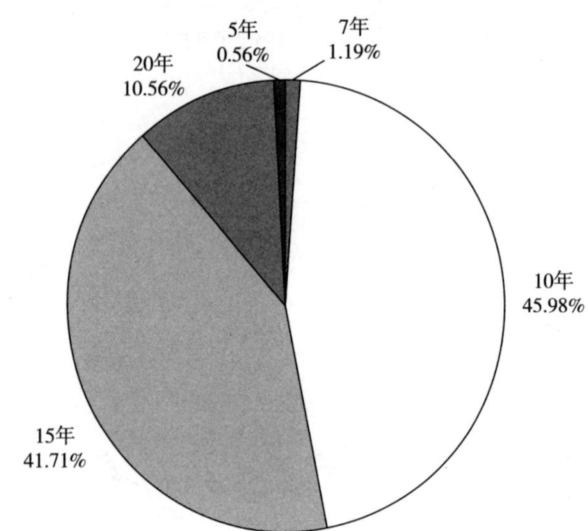

图7　2020 年 1 ~ 6 月内蒙古项目收益专项债发行期限结构

数据来源：Choice 数据库，中诚信国际整理计算。

（一）发行品种不断创新，发行利率及利差走低

自 2017 年财政部发布《关于试点发展项目收益与融资自求平衡的地方政府专项债券品种的通知》（财预〔2017〕89 号）[①] 以来，内蒙古项目收益专项债发行规模逐年递增，其中仅 2020 年 1 ~ 6 月已发行 331.0 亿元（见图 8）。内蒙古地方政府通过发行项目收益专项债托底基建投资稳增长的意图较为明显，且内蒙古项目收益专项债类型不断创新，生态环保、文旅、物流等领域的债券品种相继涌现，债券期限亦有拉长趋势。从发行成本来看，2017 年以来，内蒙古项目收益专项债发行利率总体上逐年走低，发行利差总体上逐年下降，相较于最高点的 2017 年，截至 2020 年 6 月底，发行利差下降了 45.51BP，降幅明显（见图 9）。

① 《关于试点发展项目收益与融资自求平衡的地方政府专项债券品种的通知》（财预〔2017〕89 号），中华人民共和国财政部网站，http：//yss. mof. gov. cn/zhuantilanmu/dfzgl/zcfg/201707/t20170724_ 2656632. htm。

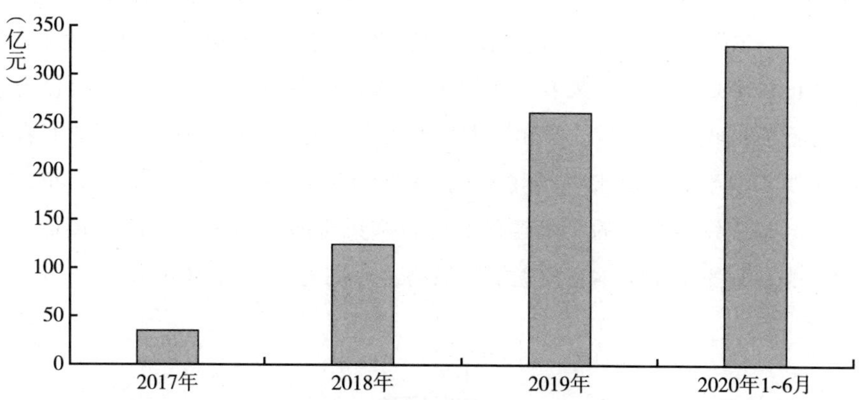

图 8　2017 年~2020 年 6 月内蒙古项目收益专项债发行规模

数据来源：Choice 数据库，中诚信国际整理计算。

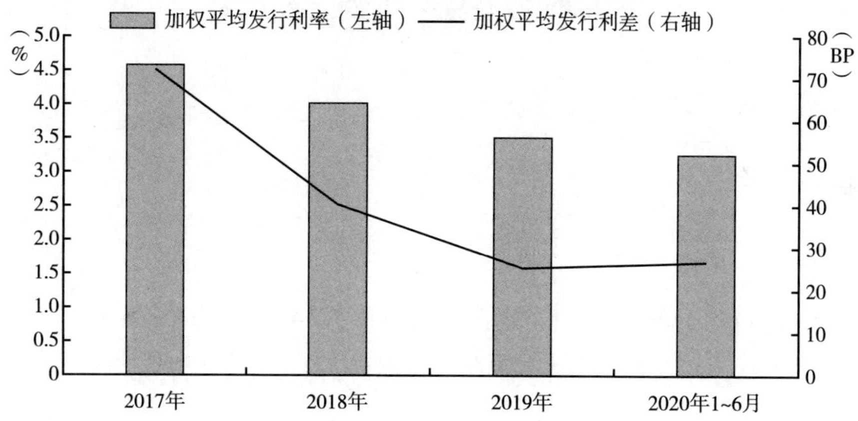

图 9　2017 年~2020 年 6 月内蒙古项目收益专项债发行成本

数据来源：Choice 数据库，中诚信国际整理计算。

（二）集合发行趋势明显，平均项目融资本息覆盖倍数较高

2020 年上半年，内蒙古项目收益专项债资金重点用于市政和产业园区基础设施、交通基础设施和民生服务领域，上述品种债券当期募集资金的使用规模占比分

别为36.94%、30.07%和18.09%①，且单只债券募集资金很少局限于单个项目，多个项目集合发行趋势明显；项目行政层级分布以向地级市和区县级转贷为主。

从项目本息覆盖情况来看，2020年以来，内蒙古所发行的项目收益专项债的募投项目收益均能对债券融资本息形成有效覆盖。据统计，项目本息覆盖倍数主要集中于1～1.5倍（含），占比为54.03%（见图10）。其中，市政和产业园区基础设施类中的厂房建设类项目和民生服务类中的医疗（包括应急医疗）类项目平均融资本息覆盖倍数最高，分别为3.35倍和3.12倍。

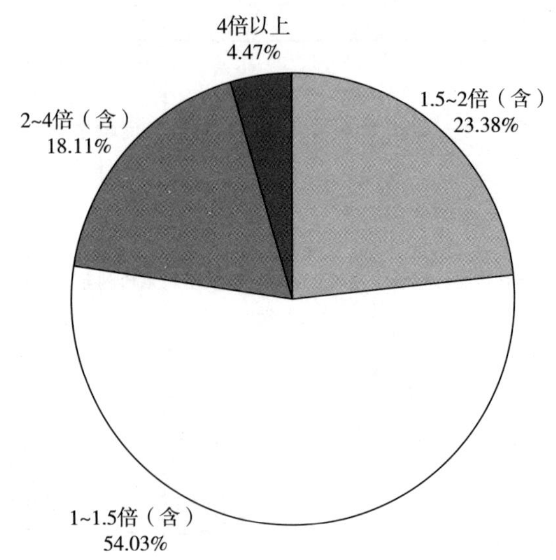

图10　2020年1～6月内蒙古项目收益专项债券项目本息覆盖情况

数据来源：内蒙古自治区地方政府新增专项债信息披露文件，中诚信国际整理计算。

（三）专项债用作项目资本金的情况较少，集中于生态环保与交通基础设施领域

2019年6月，中共中央办公厅、国务院办公厅印发《关于做好地方政府

① 如无特别说明，本报告中引用的专项债募投项目的相关数据均来自内蒙古自治区地方政府新增专项债信息披露文件，并由中诚信国际整理计算。由于数据的获取问题，数据可能来自不同募投项目文件、项目实施方案、信息披露模板等，这可能导致数据分析出现一定偏差，但不会对分析结论产生实质上的影响。

专项债券发行及项目配套融资工作的通知》（厅字〔2019〕33 号）[①]，允许将专项债作为符合条件的重大项目资本金，资金用途的放宽有利于缓解政府资金压力。2020 年上半年，内蒙古地方政府新增项目收益专项债用作项目资本金的债项个数为 2 个，用作资本金的金额为 0.37 亿元，涉及 3 个项目，包括生态环保和交通基础设施建设项目、城镇污水垃圾处理项目和城市停车场项目。3 个项目使用专项债用作项目资本金的数额分别占此项目债券使用金额的 100.00%、23.60% 和 20.00%，主要收入来源为污水、污泥处理收入和停车位收入等。未来可以考虑适当使用专项债作为资本金积极开展基建项目，以便进一步带动社会资本加大对短板项目的投入，提高专项债的资金拉动作用。

（四）拉动投资增长效果明显，但撬动效应尚未完全释放

2020 年以来，新冠肺炎疫情对经济运行造成较大冲击，内蒙古地方政府加速发行专项债刺激基础设施投资增长。从专项债对投资拉动的实际效果来看，2020 年上半年，内蒙古新增专项债规模为 331.0 亿元，新增专项债主要集中于市政和产业园区基础设施和民生服务领域，且全部作为配套融资累计撬动基建投资[②]的规模达 526.38 亿元，因而上半年内蒙古固定资产投资降幅比第一季度大幅收窄 15 个百分点[③]，其中，民生服务领域投资增长较快，电力、热力生产和供应业投资同比增长 36.3%，社会保障业投资同比增长 26.3%。由于内蒙古 2020 年上半年有相当规模的专项债在 6 月底发行，预计对投资增长的撬动效应释放尚需一定时间。专项债作为资本金的撬动效应强于配套融资，但内蒙古新增专项债用作资本金的规模较小，对投资的撬动效应尚有较大释放空间。

---

① 《关于做好地方政府专项债券发行及项目配套融资工作的通知》（厅字〔2019〕33 号），中华人民共和国中央人民政府网站，http://www.gov.cn/zhengce/2019-06/10/content_5398949.htm。

② 专项债撬动基建投资的方法参见袁海霞、汪苑晖、卞欢《专项债兼顾扩容提效，助力基建托底稳增长——地方政府专项债 2019 年回顾与 2020 年展望》，《财政科学》2020 年第 1 期。

③ 如无特别说明，本报告中引用的宏观经济数据均来自《内蒙古自治区国民经济和社会发展统计公报》，并由中诚信国际整理计算。

三　内蒙古自治区偿债能力分析

（一）债务余额在全国处于中等水平，2020～2026年一般债到期较多

截至2019年，内蒙古地方政府债务余额为7764.20亿元①，存量规模在全国排名居中，达到债务限额规定的7764.20亿元（见图11）。财政部于2020年4月底提前下达第三批2020年地方政府新增专项债额度1万亿元。截至2020年6月末，内蒙古地方政府债务余额为7964.53亿元，其中2020年7～12月到期规模为715.88亿元，以一般债到期为主；2023年面临到期债务高峰，其中一般债到期规模居于首位（见图12）。2020～2026年内蒙古地方债到期规模较大，内蒙古面临一定的还本付息压力。

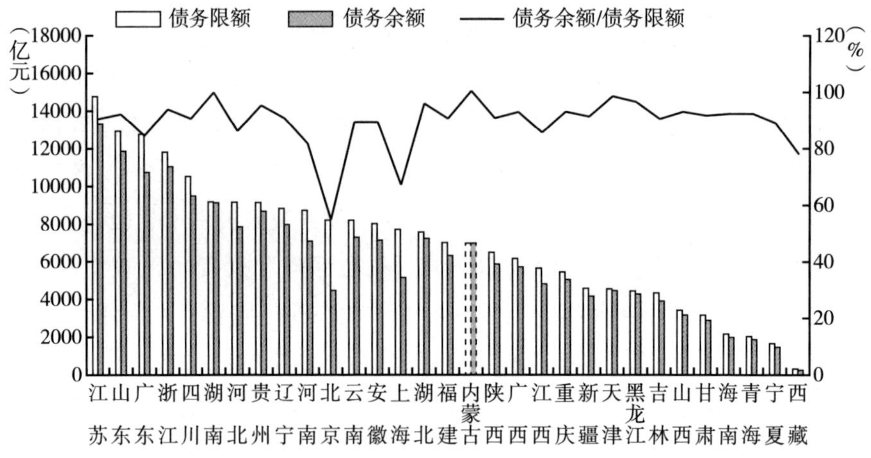

图11　2019年全国31个省（区、市）地方政府债务限额及余额

数据来源：全国31个省（区、市）财政预算执行及决算报告，中诚信国际整理计算。

① 如无特别说明，本报告中引用的内蒙古地方政府债务限额和余额、一般公共预算收入和支出、财政平衡率、债务率、负债率等财政相关数据均来自内蒙古自治区财政预算执行及决算报告，并由中诚信国际整理计算。

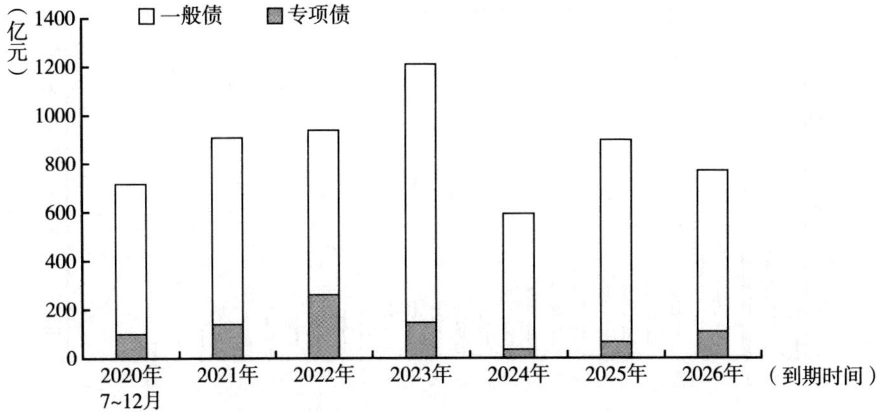

图12　内蒙古地方债2020～2026年到期分布

数据来源：内蒙古自治区财政预算执行及决算报告，中诚信国际整理计算。

（二）较为依赖资源型产业，转移性收入占比较高

内蒙古煤炭、稀土等资源丰富，经济对资源型产业依赖度较高，支柱产业以煤炭、化工和农副产品加工为主。近年来，内蒙古经济结构不断优化，第三产业贡献率不断提升。在宏观经济形势严峻、供给侧结构性改革加快和产业转型加快等因素影响下，内蒙古经济增速略有放缓，GDP增速从2018年的5.3%下滑至2019年的5.2%左右，居于全国31个省（区、市）的中下游水平。在经济增长、供给侧结构性改革深入和新经济动能壮大的共同影响下，内蒙古一般公共预算收入保持增长趋势，2019年增至2059.70亿元，税收占比维持在75%左右，收入稳定性较高，但财政平衡率处于较低水平，2019年仅为40.40%（见图13），对转移性收入依赖较高。近年来，内蒙古政府性基金收入呈增长趋势，但整体规模较小，2019年为637.39亿元，地方财力对政府性基金收入的依赖度较低。

（三）债务率较高，债务风险整体可控

截至2019年，内蒙古地方政府债务率和负债率分别为142.88%和45.11%，债务率在全国排名第2，负债率相对处于中等偏上水平（见图14）。

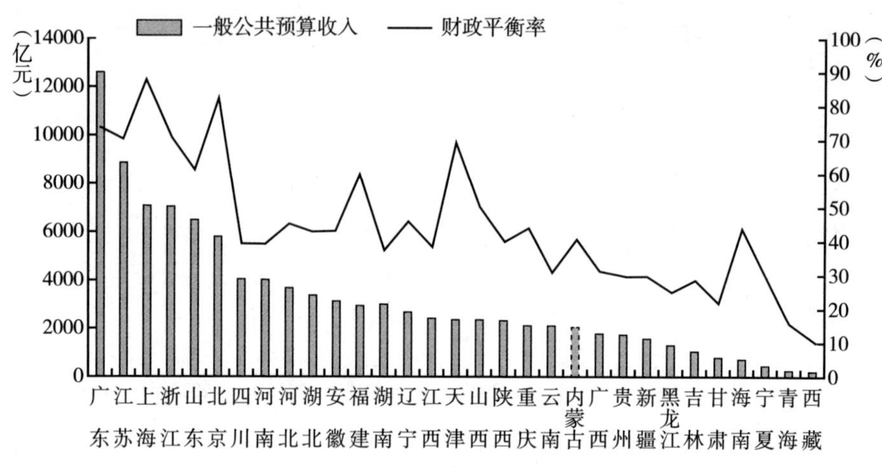

图 13　2019 年全国 31 个省（区、市）一般公共预算收入与财政平衡率

数据来源：全国 31 个省（区、市）财政预算执行及决算报告，中诚信国际整理计算。

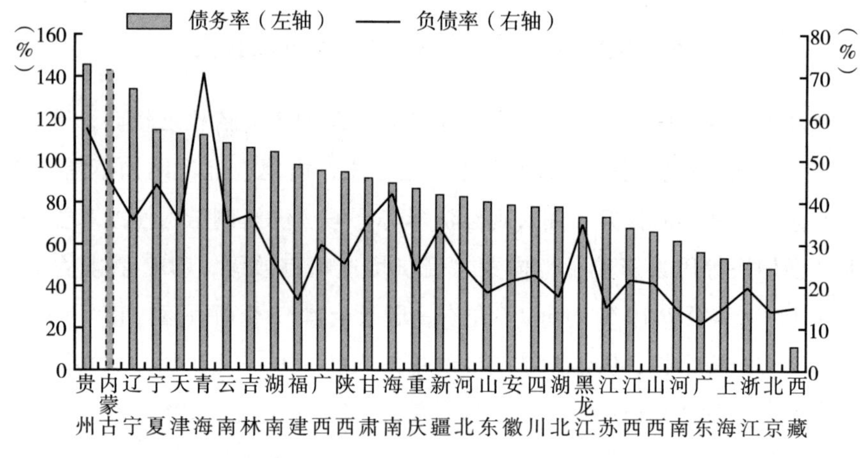

图 14　2019 年全国 31 个省（区、市）债务率及负债率

数据来源：全国 31 个省（区、市）财政预算执行及决算报告，中诚信国际整理计算。

内蒙古高度重视政府性债务管理工作，重点从日常规范管理、政府债务限额管理和合理控制政府债务规模、债务风险评估和预警等方面对政府债务进行管理，防范债务风险，并且财政和债务信息披露的及时性和完备性不断提升。基于当前内蒙古地方债短期偿付规模相对可控、项目收益专项债扩容可提供一定收益性偿债来源、政府从制度层面健全债务管理机制以及积极化解存量债务并严控债务增量等方面的考虑，内蒙古整体偿债能力处于较高水平，债务风险整体可控。

四 小结

整体来看，2020 年以来在疫情全球蔓延及地缘政治风险对中国经济的冲击下，国内经济下行压力较大。2020 年上半年，内蒙古地方政府利用政府债券尤其是一般债作为积极财政的重要着力点，加快政府债券发行节奏，扩大发行规模，拉动投资效果明显。但内蒙古也面临着债务率偏高、债务到期规模及还本付息压力偏大的问题，专项债对投资的撬动效应尚有较大释放空间。基于上述分析，在内蒙古债务管理方面，本报告提出如下建议：一是在确定发行安排时应适当考虑存量债务的期限结构，缓解资金本息集中兑付压力，使项目收益与偿债周期逐步匹配；二是加强政府债券使用管理，注重专项债使用效率，合理安排资金投向，未来可适当考虑提升专项债作为项目资本金的使用比例；三是继续加强债务风险防控，防范隐性债务，化解风险，完善政绩考核和终身问责机制等。

B.16
2020年新疆维吾尔自治区地方政府债券分析报告

李家其*

摘　要：　2020年上半年，新疆维吾尔自治区地方债发行节奏加快，发行规模扩大，二级市场交易活跃，专项债扩容明显，发行成本整体下行。新疆维吾尔自治区项目收益专项债发行品种持续创新，其投向以市政等民生民计为主，投向结构日趋优化。专项债用于项目资本金的比例仍较低，其作为资本金对投资增长的撬动效应尚未完全释放。从债务状况看，新疆维吾尔自治区在2021~2024年面临一定的偿债压力，但其债务水平相对较低，债务风险基本可控。在后续的债务管理过程中，新疆维吾尔自治区要注意落实全面实施预算绩效管理的要求，合理安排债券期限结构，加强债务风险防控。

关键词：　地方债　专项债　新疆维吾尔自治区

一　新疆维吾尔自治区地方债运行情况分析

截至2020年6月，新疆维吾尔自治区（以下简称“新疆”）[①] 地方债存量

---

* 李家其，中诚信国际政府公共评级部（北京）高级分析师，主要研究领域为地方债、基础设施投融资行业等。

① 本报告中新疆维吾尔自治区地方政府债券将新疆生产建设兵团发行的债券纳入统计范围。

规模为5625.17亿元①，在全国31个省（区、市）中排名第23，处于中游偏下水平（见图1）。新疆地方债按债券类型划分以一般债为主，一般债和专项债存量规模占比分别为62.57%和37.43%；按债券性质②划分以新增债券为主，新增、再融资及置换债券存量规模占比分别为77.52%、14.21%和8.27%。从债券期限结构来看，新疆地方债发行期限以5年、7年和10年为主，存量规模占比分别为21.09%、15.76%和32.18%。

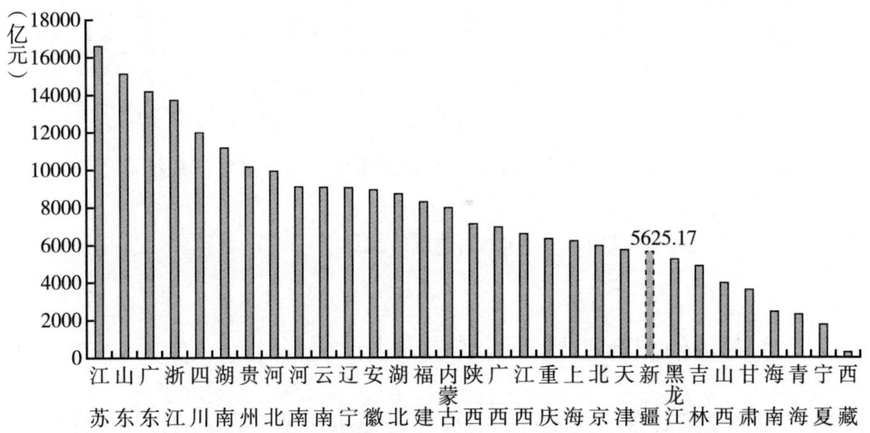

图1　截至2020年6月全国31个省（区、市）地方债存量规模

数据来源：Choice数据库，中诚信国际整理计算。

（一）地方债发行稳步推进，发行规模有所增长

2020年以来，国内宏观经济面临下行压力加大和新冠肺炎疫情的双重冲击，《政府工作报告》明确2020年财政赤字率按3.6%以上安排，新增专项债额度大幅提升，因而在更加积极的财政政策引领下，新疆地方债发行稳步推进，发行规模有所增长。2020年1～6月，新疆已发行28只地方债，发行规模为990.80亿元（见图2），较2019年同期分别增长33.33%和2.18%。

① 若无特别说明，本报告中引用的地方债存量规模、发行规模、发行利率、发行利差、交易量、到期收益率等债券相关数据均来自截至2020年6月的Choice数据库，并由中诚信国际整理计算。

② 存量地方债种类结构以2018年以来发行的存量地方债样本进行统计。

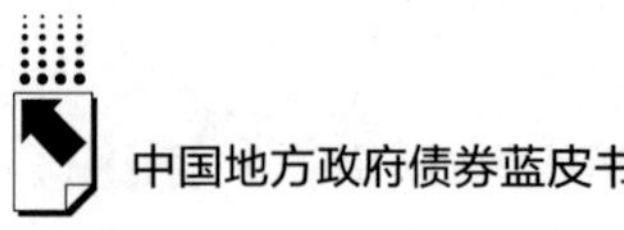

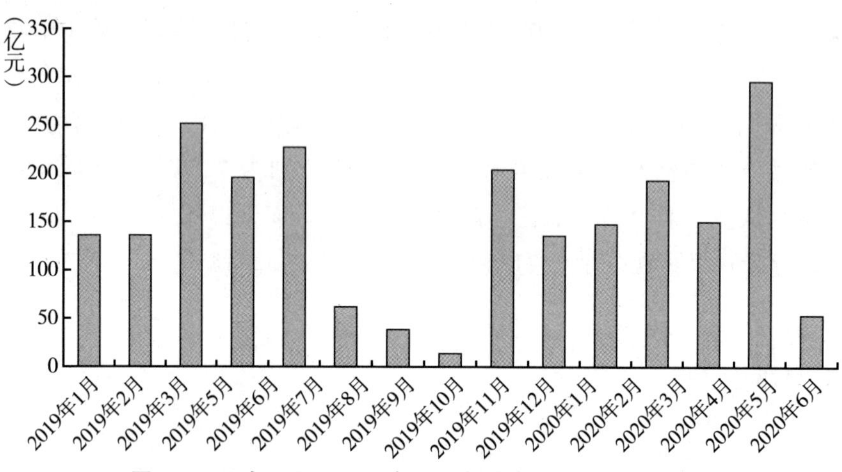

图 2　2019 年 1 月 ~2020 年 6 月新疆地方债月度发行规模

注：新疆部分月份无地方债发行，未在图中显示。

数据来源：Choice 数据库，中诚信国际整理计算。

（二）专项债扩容明显，新增债券占比提升

随着相关政策对专项债发行的支撑作用逐步显现，2020 年 1 ~6 月新疆专项债扩容明显，在上半年发行规模中占比高达 56.95%，专项债发行只数及规模分别较 2019 年同期增长 66.67% 和 16.47%，新增债券占比亦提升至 82.36%。在期限结构方面，由于受到财政部不再对地方债期限结构进行限定及倡导合理提高长期专项债比例等政策影响，2020 年 1 ~6 月新疆 15 年期、20 年期和 30 年期等超长期地方债发行规模占比分别提升至 18.73%、44.09% 和 21.60%（见图 3），整体发行期限有所拉长。

（三）地方债发行利率下行，利差有所收窄

2020 年上半年，为减轻疫情冲击，稳定的货币政策有所放宽，银行体系的流动性合理充裕，引导市场利率趋于下行，因而尽管上半年新疆地方债整体发行期限有所拉长，发行成本却表现良好。2020 年 1 ~6 月发行利率①由 2019

① 如无特别说明，本报告中发行利率、发行利差均为根据发行额计算的加权平均发行利率、加权平均发行利差，发行利差计算公式为债券发行利率减对应期限国债收益率。

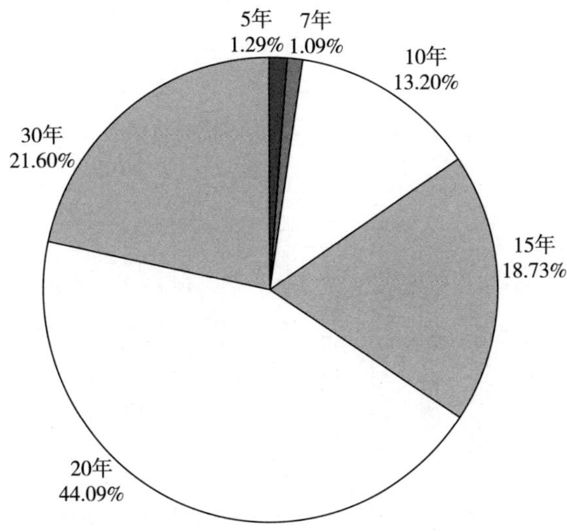

图3　2020 年 1 ~ 6 月新疆地方债发行期限结构

数据来源：Choice 数据库，中诚信国际整理计算。

年的 3.72% 降至 3.51%，发行利差亦由 2019 年的 31.65BP 调整至 30.16BP（见图 4），但新疆地方债发行成本在全国 31 个省（区、市）中排名一直靠前。

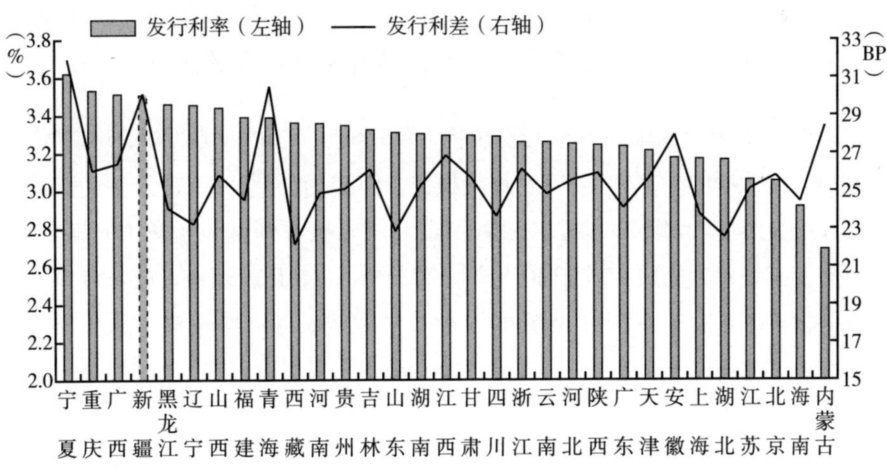

图4　2020 年 1 ~ 6 月全国 31 个省（区、市）地方债发行成本

数据来源：Choice 数据库，中诚信国际整理计算。

受不同月度发行成本不同的影响，新疆地方债单月发行利率呈波动状态，且在2020年3月整体发行成本出现较大降幅（见图5）。

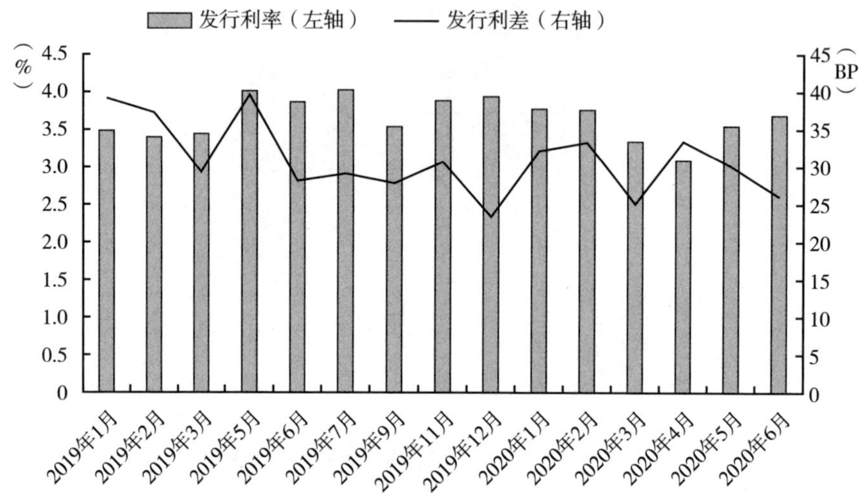

图5　2019年1月~2020年6月新疆地方债月度发行成本

注：新疆部分月份无地方债发行，未在图中显示。

数据来源：Choice数据库，中诚信国际整理计算。

（四）地方债二级市场交易活跃，债券到期收益率趋于下行

2020年上半年新疆地方债交易规模①为730.50亿元，较2019年同期增长22.00%。2019年及2020年1~6月新疆在全国31个省（区、市）中的交易量排名分别为第22和第23，排名相对稳定。从各债券到期收益率②走势来看，由于资金面相对宽松，相较于2019年，2020年1~6月新疆地方政府各期限债券到期收益率均趋于下行（见图6），此外期限越长，到期收益率趋势变动的敏感性相对越弱。

① 交易统计包含回购交易、现券交易等部分。

② 此处到期收益率采用的是算术平均值。

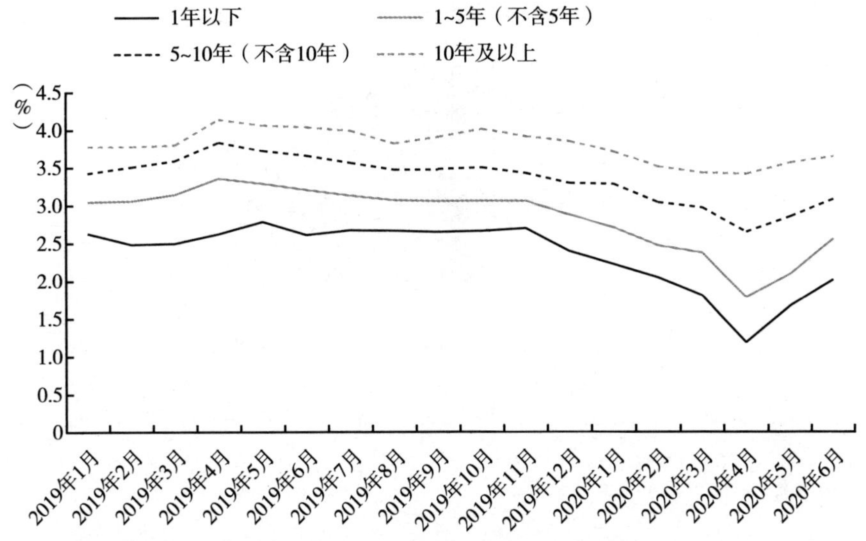

图6　2019 年 1 月 ~ 2020 年 6 月新疆地方债到期收益率走势

数据来源：Choice 数据库，中诚信国际整理计算。

二　新疆地方政府项目收益专项债分析 *

截至 2020 年 6 月末，新疆项目收益专项债存量规模为 1244.10 亿元，在全国 31 个省（区、市）中排名第 19，排名相对靠后。从项目种类来看，2020 年上半年发行的新疆地方政府项目收益专项债资金重点用于其他市政项目、供水及水务、医疗等民计民生项目领域。从期限结构来看，20 年期债券发行规模占比最大，为 61.49%；其次为 15 年期和 30 年期（见图 7）。

* 2020 年 7 月 29 日，财政部发布《关于加快地方政府专项债券发行使用有关工作的通知》（财预〔2020〕94 号），明确 2020 年新增专项债必须保证融资规模与项目收益平衡，因此，2020 年新增专项债均为项目收益专项债。本部分项目收益专项债的统计样本为 2017 ~ 2019 年项目收益专项债与 2020 年 1 ~ 6 月的新增专项债。

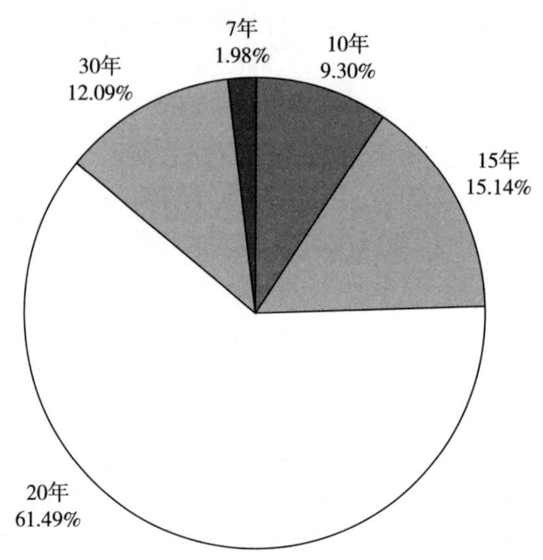

图7　2020 年 1～6 月新疆项目收益专项债发行期限结构

数据来源：Choice 数据库，中诚信国际整理计算。

（一）项目收益专项债发行品种不断创新，发行利差有所收窄

自 2017 年财政部发布《关于试点发展项目收益与融资自求平衡的地方政府专项债券品种的通知》（财预〔2017〕89 号）① 以来，新疆项目收益专项债发行规模逐年快速递增，其中仅 2020 年 1～6 月已发行 546.9 亿元（见图 8），新疆债券类型不断创新，除传统市政和产业园区基础设施、旧改外，生态环保、文旅、物流等领域的债券品种相继涌现，债券期限亦有拉长趋势。从发行成本来看，2017～2020 年，新疆项目收益专项债发行利率逐年走低，发行利差波动下降，相较于最高点的 2018 年，2020 年 1～6 月发行利差下降了 20.42BP，降幅明显（见图 9）。

（二）项目收益专项债投向以市政等民计民生为主

2020 年上半年，新疆项目收益专项债资金重点用于其他市政项目、供水

① 《关于试点发展项目收益与融资自求平衡的地方政府专项债券品种的通知》（财预〔2017〕89 号），中华人民共和国财政部网站，http：//yss. mof. gov. cn/zhuantilanmu/dfzgl/zcfg/201707/t20170724_ 2656632. htm。

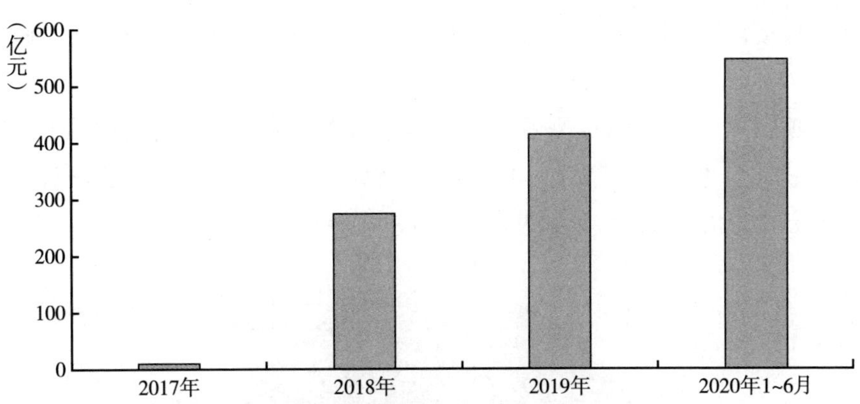

图8　2017年~2020年6月新疆项目收益专项债发行规模

数据来源：Choice数据库，中诚信国际整理计算。

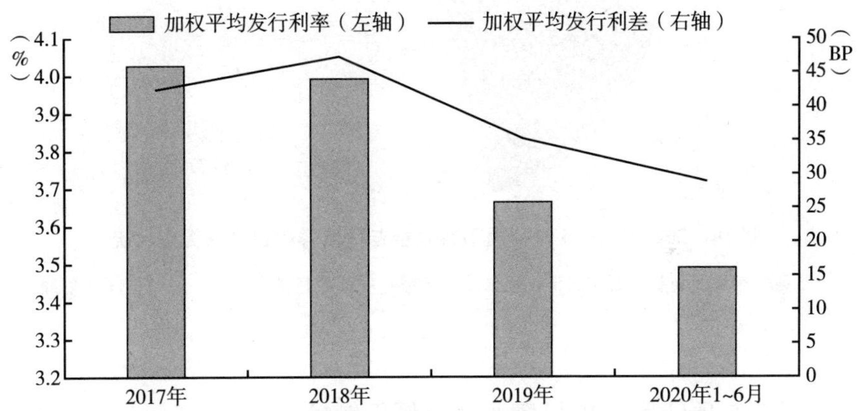

图9　2017年~2020年6月新疆项目收益专项债发行成本

数据来源：Choice数据库，中诚信国际整理计算。

及水务、医疗等民计民生领域，上述品种当期募集资金的使用规模占比分别为22.60%、17.54%和10.03%①，且单只债券募集资金不再局限于单个项目，

① 如无特别说明，本报告中引用的专项债募投项目的相关数据均来自新疆维吾尔自治区地方政府新增专项债信息披露文件，并由中诚信国际整理计算。由于数据的获取问题，数据可能来自不同募投项目文件、项目实施方案、信息披露模板等，这可能导致数据分析出现一定偏差，但不会对分析结论产生实质上的影响。

多个项目集合发行趋势日益明显；项目行政层级分布也向区县级转贷加大倾斜力度。

从项目本息覆盖情况来看，项目本息覆盖倍数主要集中于1～1.5倍（含），占比为35.37%（见图10），其中，轨道交通类和冷链物流类项目平均融资本息覆盖倍数最高，分别为29.76倍和10.42倍。

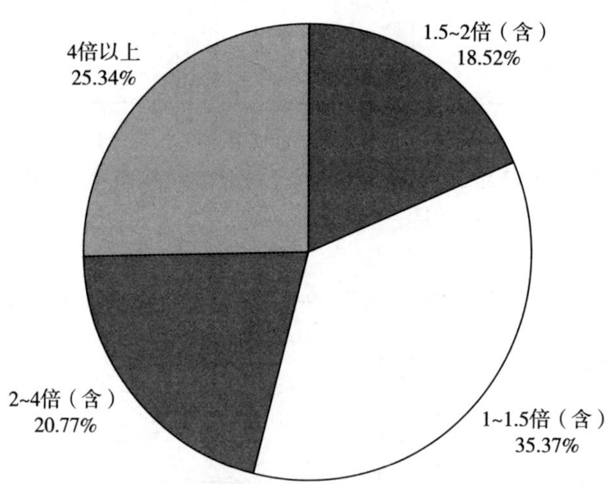

图10　2020年1～6月新疆项目收益专项债券项目本息覆盖情况

数据来源：新疆维吾尔自治区地方政府新增专项债信息披露文件，中诚信国际整理计算。

（三）专项债用于项目资本金比例仍较低

2019年6月，中共中央办公厅、国务院办公厅印发《关于做好地方政府专项债券发行及项目配套融资工作的通知》（厅字〔2019〕33号）[①]，允许将专项债券作为符合条件的重大项目资本金，资金用途的放宽有利于缓解政府资金压力。2020年上半年，新疆地方政府新增项目收益专项债中有3只债券用作项目资本金，涉及项目为2020年新疆生产建设兵团第一师新建阿克苏至阿拉尔铁路

① 《关于做好地方政府专项债券发行及项目配套融资工作的通知》（厅字〔2019〕33号），中华人民共和国中央人民政府网站，http：//www.gov.cn/zhengce/2019－06/10/content_5398949.htm。

项目、阿克苏地区阿瓦提县长绒棉种质资源保护与提升项目和库车县五一路停车场建设项目，使用规模合计4.15亿元。未来可以考虑适当增加专项债作为项目资本金的比例，积极开展基建项目，以便进一步带动社会资本加大对短板项目的投入，提高专项债的资金拉动作用。在项目收入来源方面，2020年新疆生产建设兵团第一师新建阿克苏至阿拉尔铁路项目主要收入为车站的商业（酒店）建筑、旅游服务和车站的销售收入；阿克苏地区阿瓦提县长绒棉种质资源保护与提升项目收入主要依靠销售收入、服务收入；库车县五一路停车场建设项目收入主要依靠临时停车费、车辆充电服务费以及广告费。

（四）专项债的投资撬动效应尚有较大释放空间

2020年上半年，新疆基础设施投资快速增长，拉动了固定资产投资，1~4月新疆全区固定资产投资额（不含农户）比2019年同期增长19.1%①，此增长率比2019年同期增长率提高14.8个百分点。新疆地方政府通过发行专项债刺激基础设施投资增长。从专项债对投资的实际拉动效果来看，2020年上半年，新疆新增专项债规模为546.9亿元，主要集中于市政基础设施和民生服务类项目，其中专项债用作资本金撬动1.82倍杠杆，专项债用作配套融资撬动1.43倍杠杆。专项债作为资本金撬动基建投资②的规模达7.55亿元，作为配套融资累计撬动基建投资的规模达773.96亿元。专项债作为资本金的撬动效应强于配套融资，但新疆新增专项债用作资本金的规模较小，对投资的撬动效应尚有较大释放空间。

三　新疆维吾尔自治区偿债能力分析

（一）债务余额全国排名中下，但2021~2024年仍面临一定偿还压力

截至2019年，新疆地方政府债务余额为4627.80亿元（见图11），较

① 如无特别说明，本报告中引用的宏观经济数据均来自《新疆维吾尔自治区国民经济和社会发展统计公报》，并由中诚信国际整理计算。

② 专项债撬动基建投资的方法参见袁海霞、汪苑晖、卞欢《专项债兼顾扩容提效，助力基建托底稳增长——地方政府专项债2019年回顾与2020年展望》，《财政科学》2020年第1期。

2018 年增长 16.27%①，在全国 31 个省（区、市）中排名中下，但仍在债务限额规定的 5089.70 亿元范围内。财政部于 2020 年 4 月底提前下达第三批 2020 年地方政府新增专项债额度 1 万亿元。截至 2020 年 6 月末，新疆地方政府债务余额为 5625.17 亿元，其中 2020 年 7 ~ 12 月到期规模为 208.30 亿元，且以一般债到期为主；2022 年、2023 年到期规模相对较大，其中一般债到期规模居于首位（见图 12）。2021 ~ 2024 年新疆地方债到期规模较大，新疆面临一定的还本付息压力。

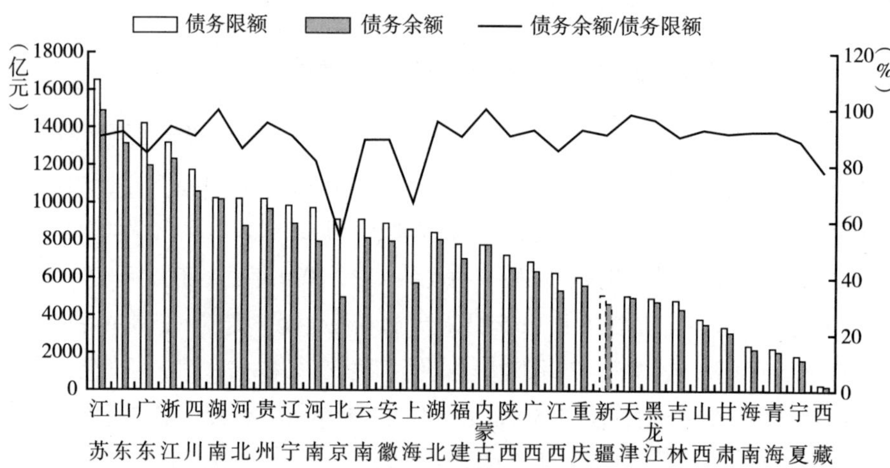

图 11　2019 年全国 31 个省（区、市）地方政府债务限额及余额

数据来源：全国 31 个省（区、市）财政预算执行及决算报告，中诚信国际整理计算。

（二）经济财政实力增速放缓，政府性基金收入规模下滑

新疆煤炭、天然气、石油以及风能、太阳能等资源储量居全国前列，是我国重要的能源储备基地。近年来，新疆积极推进供给侧结构性改革，加快转变经济发展方式，区域经济保持了平稳健康发展。2019 年，新疆地区生产总值

① 如无特别说明，本报告中引用的新疆地方政府债务限额和余额、一般公共预算收入和支出、财政平衡率、债务率、负债率等财政相关数据均来自新疆维吾尔自治区财政预算执行及决算报告，并由中诚信国际整理计算。

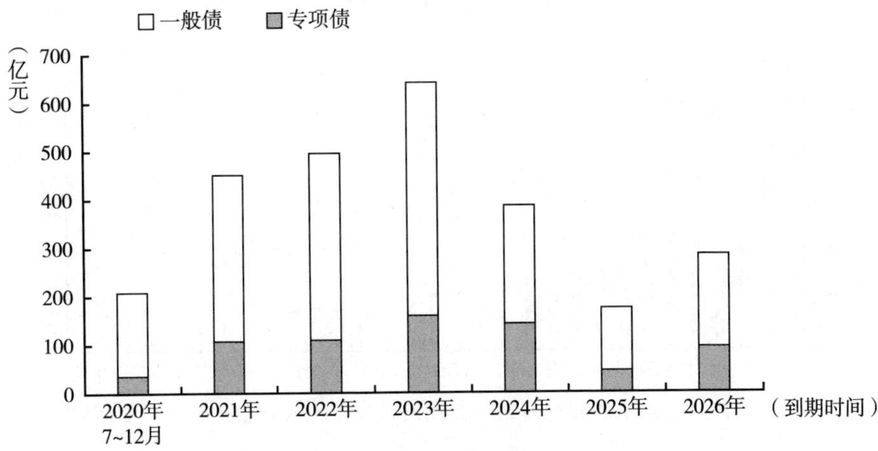

图12　新疆地方债2020～2026年到期分布

数据来源：新疆维吾尔自治区财政预算执行及决算报告，中诚信国际整理计算。

达13597.11亿元，居西北五省（区）的第2位；按照可比价格计算，经济增速为6.2%，较2018年提升了0.1个百分点；人均地区生产总值升至54280元，同比增长5.3%。从分项来看，投资是新疆经济增长的主要驱动力。2019年，新疆通过加大关键领域和薄弱环节的投资力度，持续推进交通、水利、能源、通信、城镇等基础设施建设，全区固定资产投资额（不含农户）同比增长2.5%，扭转了2018年固定资产投资额大幅缩减的局面。2019年，新疆三次产业比例为13.1∶35.3∶51.6，产业结构不断升级。从支柱产业看，目前新疆支柱产业以石油和天然气开采业、石油加工炼焦及核燃料加工业、电力和热力生产及供应业、化学原料及化学制品制造业、有色金属冶炼及压延加工业、煤炭开采和洗选业等资源型产业为主。在财政收支方面，2019年新疆一般公共预算收入为1577.30亿元（见图13），较2018年增长3.0%，一般公开预算收入规模居全国中下游水平；在税收收入方面，由于新疆贯彻落实减税降费政策，收入规模同比下降3.4%，占比下滑至64.40%，财政平衡率为29.64%（见图13），仍有较大财政缺口。2019年，受棚改进度趋缓、严控推地节奏以及前期基数较大的影响，新疆以国有土地使用权出让收入为主的政府性基金收入同比下降14%，达到527.50亿元。

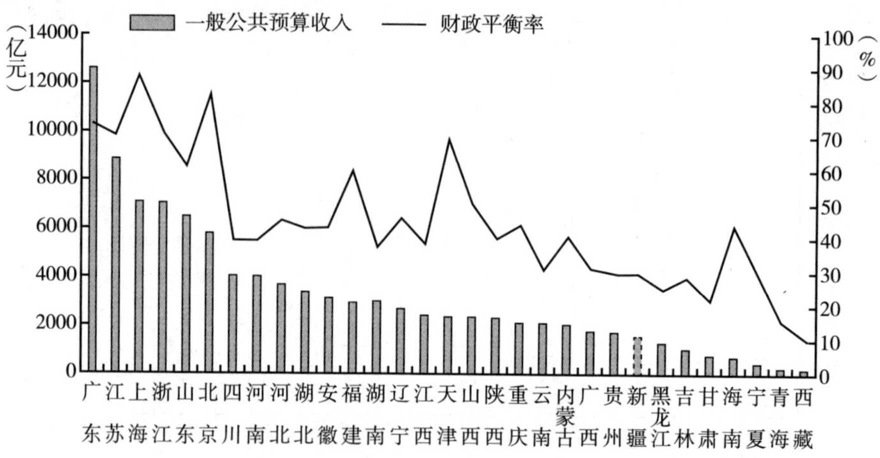

图 13　2019 年全国 31 个省（区、市）一般公共预算收入与财政平衡率

数据来源：全国 31 个省（区、市）财政预算执行及决算报告，中诚信国际整理计算。

（三）债务水平位于全国中下游，债务风险防控体系持续健全

截至 2019 年，新疆地方政府债务率和负债率分别为 83.62% 和 34.04%（见图 14），在全国 31 个省（区、市）中排名中下。新疆高度重视政府性债务管理工作，出台了多项债务管控文件，搭建了地区政府性债务管理制度框架。

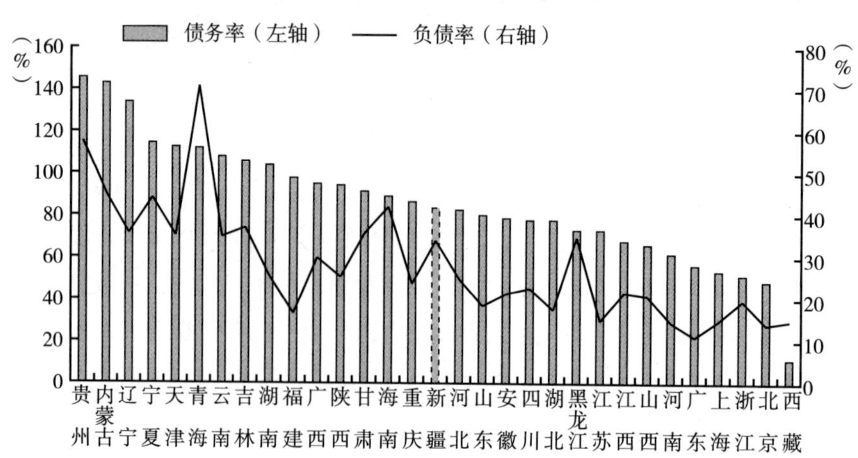

图 14　2019 年全国 31 个省（区、市）债务率及负债率

数据来源：全国 31 个省（区、市）财政预算执行及决算报告，中诚信国际整理计算。

自2018年起，新疆不再下达固定资产投资任务分解，严厉追究违规举债，强化地方政府债务预算管理和还本付息约束；强化融资平台管理，严控政府或有负债，严格监测到期债务偿付安排。整体来看，新疆债务风险防控体系持续健全，债务风险整体可控。

四　小结

整体来看，新疆经济发展较为平稳。2020年上半年，新疆加快地方债发行节奏，扩大发行规模，优化资金投向结构。新疆逐渐尝试将项目收益专项债作为资本金，但规模尚小，其对投资增长的撬动效应尚未完全释放。此外，新疆债务水平在全国31个省（区、市）中排名靠后，加之财政平衡能力较弱，因而在后续债务管理过程中应格外注意以下几点：一是落实全面实施预算绩效管理的要求，建立健全“举债必问效、无效必问责”的政府债务支出预算绩效管理体系；二是合理安排债券的期限结构，通过延长发行期限及置换短期债券，缓解资金本息集中兑付压力，并使项目收益与偿债周期逐步匹配；三是继续加强债务风险防控，健全监管体系，切实加强资金监管，提高债券资金使用效率，稳妥防范与化解债务风险。

B.17

2020年陕西省地方政府债券分析报告

周飞　夏雪*

摘　要：　陕西省地方政府债券存量规模不大，在全国处于中等水平，存量债券种类分布较为平均。2020年上半年，陕西省新发行的地方政府债券规模同比下降，期限有所延长，成本有所下降，且新发行的债券以专项债为主。陕西省项目收益专项债主要集中于市政和产业园区基础设施、交通基础设施和民生服务等领域，专项债投放能够对投资产生一定的拉动效应。陕西省经济与财政实力在全国处于中等水平，地方政府债务规模与经济发展水平较匹配，债务风险相对可控。

关键词：　地方债　专项债　陕西省

一　陕西省地方债运行情况分析

截至2020年6月，陕西省地方债存量规模为7100.97亿元①，居全国31个省（区、市）的第16位（见图1），处于中等水平。从债券种类来看，陕西省专项债存量规模为3244.65亿元，占全部存量的45.69%，其中新增债券和再融资债券占比分别为57.17%和42.83%。总体来看，陕西省存量债券种类

---

* 周飞，中诚信国际政府公共评级部（武汉）高级分析师，主要研究领域为地方政府债券、基础设施投融资行业等；夏雪，中诚信国际政府公共评级部（武汉）分析师，主要研究领域为地方政府债券、基础设施投融资行业等。

① 如无特别说明，本报告中引用的地方债存量规模、发行规模、发行利率、发行利差、交易量、到期收益率等债券相关数据均来自截至2020年6月的Choice数据库，并由中诚信国际整理计算。

分布较为平均。从发行期限来看，陕西省长期地方债（期限在10年以上）的存量规模为612.47亿元，占比8.67%；中期地方债（期限在1年以上10年及以下）的存量规模达6448.50亿元，占比91.33%。具体来看，存量债券发行期限以5年、7年和10年为主，无1年以内的短期债券。

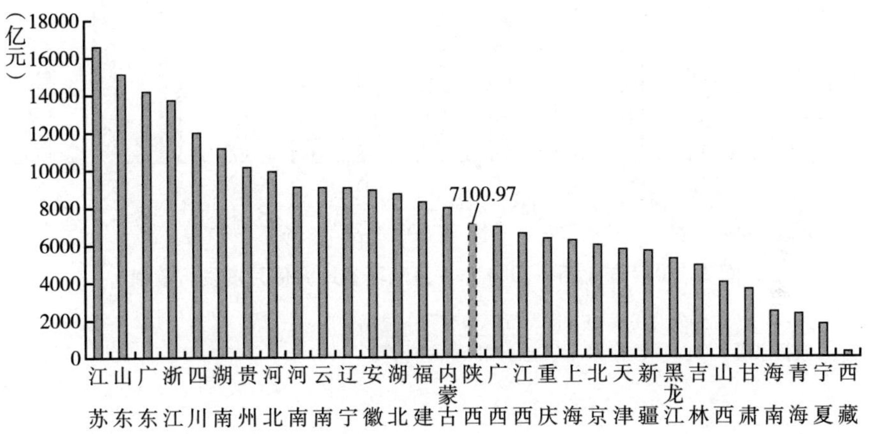

图1 截至2020年6月全国31个省（区、市）地方债存量规模

数据来源：Choice数据库，中诚信国际整理计算。

（一）发行规模有所下降，但发行更为集中，且券种结构更为丰富

受新冠肺炎疫情冲击，我国2020年第一季度GDP同比下降6.80%；随着疫情防控和复工复产成效的显现，第二季度GDP由减少转为增加。总体来看，2020年上半年GDP降幅收窄至1.60%。在财政政策方面，“两会”《政府工作报告》明确指出，继续推进积极财政政策，大幅提升新增专项债额度，并发行1万亿元特别国债。2020年1~6月，陕西省地方债总发行规模为828.19亿元，排全国31个省（区、市）的第21位，较2019年同期发行规模（990.82亿元）有所下滑。从发行规模走势来看，第二季度为2020年上半年陕西省地方债的发行高峰期。具体来看，2020年5月为陕西省地方债发行规模最大的月份，发行规模为408.75亿元（见图2）。此外，2019年，各月度地方债发行券种较为单一；而2020年上半年，陕西省地方债发行数量明显增加，且各月度发行券种大部分同时包含了一般债及专项债。

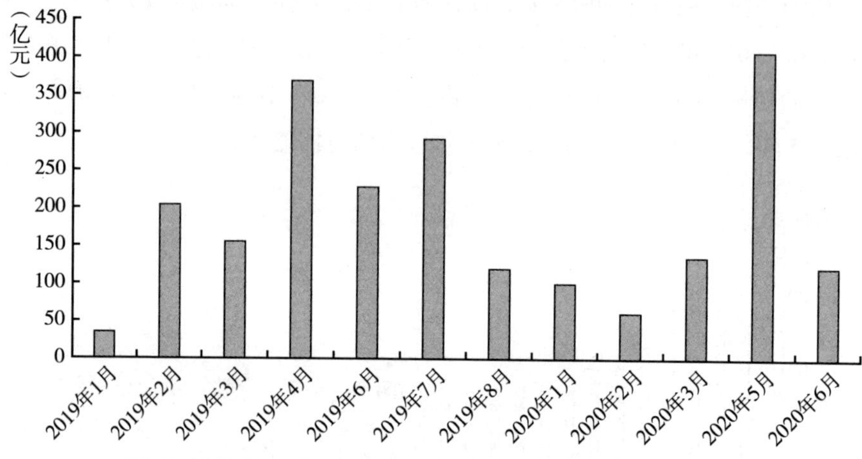

图2　2019 年 1 月 ~2020 年 6 月陕西省地方债月度发行规模

注：陕西省部分月份无地方债发行，未在图中显示。
数据来源：Choice 数据库，中诚信国际整理计算。

（二）以专项债为主，期限趋于长期化，或有助于存量债券期限结构的优化

在券种结构方面，在专项债进一步扩容提效的政策背景下，2020 年 1 ~6 月，陕西省发行的地方债以专项债为主，且发行的新增债券规模达 628.00 亿元，远超过再融资债券的发行规模。综合来看，陕西省 2020 年上半年共发行新增专项债 413.00 亿元，占比接近发行总额的 50%，专项债发行进度同比明显加快。从发行期限来看，10 年期债券成为陕西省 2020 年 1 ~6 月地方债发行主力，规模为 493.04 亿元，占比近 60%；其次为 20 年期债券，占发行总额的 26.54%；而 5 年期地方债仅发行 5.28 亿元，占比最小（见图 3）。可以看出，陕西省地方债发行期限趋于长期化，或有助于存量债券期限结构的优化。

（三）发行利率呈下行趋势，发行利差亦有所收窄

2020 年 1 ~6 月，陕西省地方债发行利率①为 3.24%，较 2019 年下降 0.34

① 如无特别说明，本报告中发行利率、发行利差均为根据发行额计算的加权平均发行利率、加权平均发行利差，发行利差计算公式为债券发行利率减对应期限国债收益率。

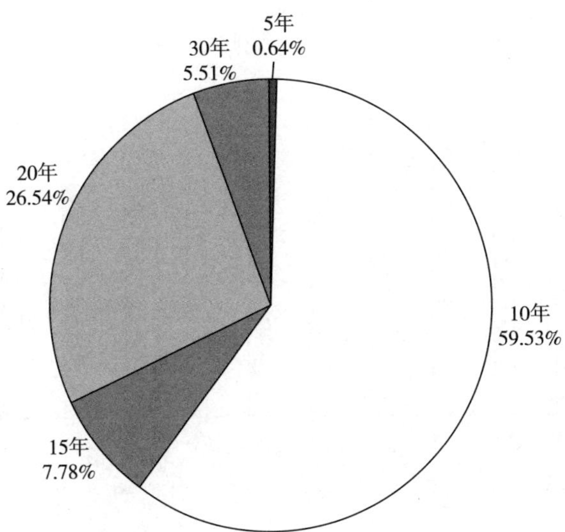

图3　2020年1~6月陕西省地方债发行期限结构

数据来源：Choice数据库，中诚信国际整理计算。

个百分点，在全国31个省（区、市）中排名未发生变化，仍为第22位（见图4）；发行利差为25.94BP，较2019年有所收窄。从发行成本走势来看，2020年以来发行利率总体呈下行趋势，其中3月为陕西省地方债发行利率的最低点，为3.02%；6月为发行利差的最低点，为19.98BP（见图5）。

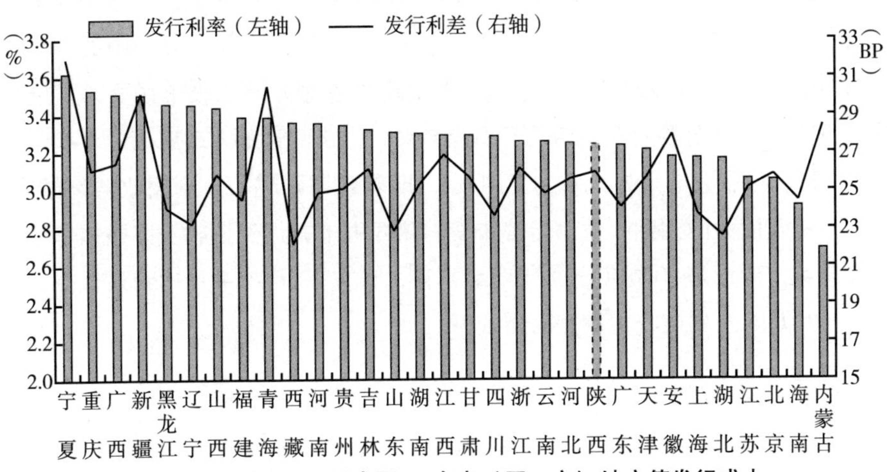

图4　2020年1~6月全国31个省（区、市）地方债发行成本

数据来源：Choice数据库，中诚信国际整理计算。

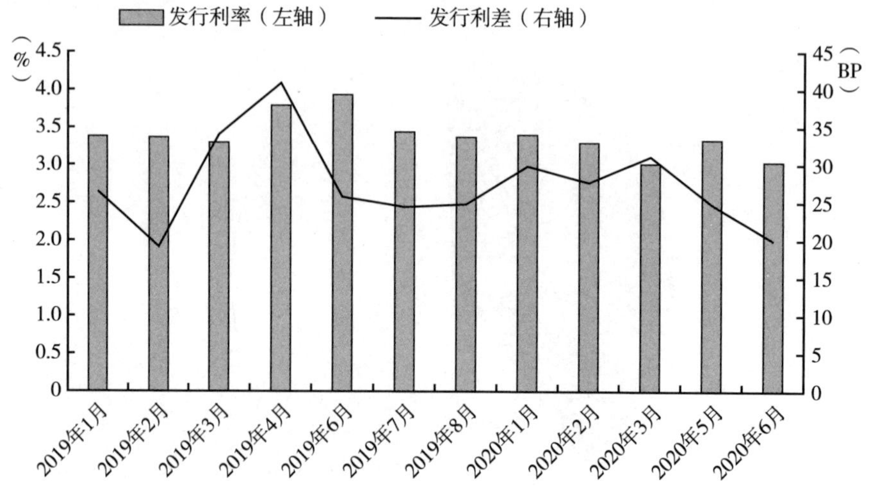

图5　2019 年 1 月～2020 年 6 月陕西省地方债月度发行成本

注：陕西省部分月份无地方债发行，未在图中显示。

数据来源：Choice 数据库，中诚信国际整理计算。

（四）二级市场交易活跃度显著下降，到期收益率呈波动下降趋势

2020 年 1～6 月，陕西省地方债交易规模①共计 337.38 亿元，较上年同期交易规模（2365.92 亿元）下滑明显，在全国 31 个省（区、市）中的排名亦由 2019 年的第 16 位降至第 26 位，这表明陕西省地方债二级市场交易活跃度显著下降。从各期限债券到期收益率走势来看，陕西省地方政府债券到期收益率②和剩余期限呈正相关关系（见图 6），即剩余期限越长，到期收益率越高。从同一期限债券的到期收益率走势来看，陕西省地方债到期收益率整体呈波动下降趋势，特别是 2020 年上半年明显下行，且在 2020 年 4 月达到最低点，随后在 5 月及 6 月到期收益率则有所回升。

① 交易统计包含回购交易、现券交易等部分。

② 此处到期收益率采用的是算术平均值。

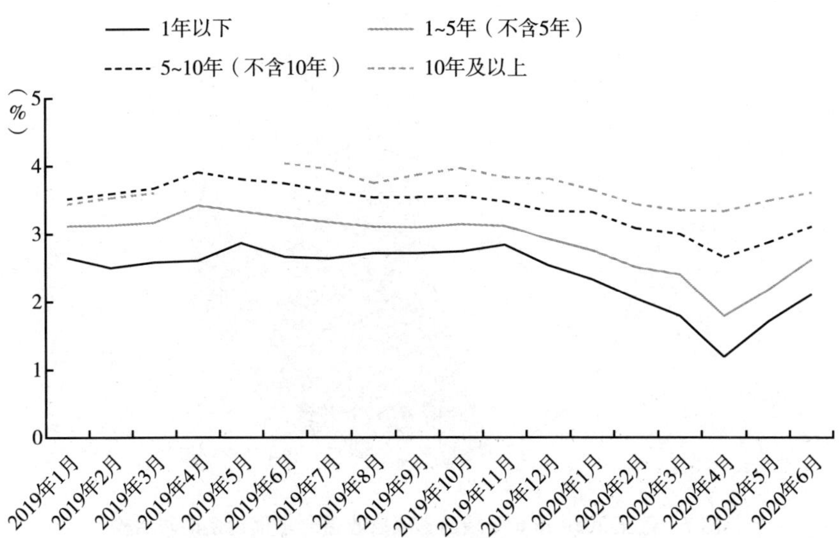

图6　2019 年 1 月 ~2020 年 6 月陕西省地方债到期收益率走势

注：陕西省部分月份未发行 10 年及以上期限的地方债，因此线段存在断点。
数据来源：Choice 数据库，中诚信国际整理计算。

二　陕西省地方政府项目收益专项债分析*

截至 2020 年 6 月末，陕西省项目收益专项债余额为 1124.00 亿元，近年来其募投项目主要集中在市政和产业园区基础设施、交通基础设施和民生服务等领域。从期限结构来看，陕西省项目收益专项债剩余期限在 1 ~5 年（含 5 年）、5 ~10 年（含 10 年）以及 10 年以上的余额分别为 359. 89 亿元、262. 24 亿元和 501. 87 亿元，分别占存量总规模的 32. 02%、23. 33% 和 44. 65%（见图 7）。

* 2020 年 7 月 29 日，财政部印发《关于加快地方政府专项债券发行使用有关工作的通知》（财预〔2020〕94 号），明确 2020 年新增专项债必须保证融资规模与项目收益相平衡，因此 2020 年发行的新增专项债均为项目收益专项债。本部分项目收益专项债的统计样本为 2017 ~2019 年项目收益专项债与 2020 年 1 ~6 月的新增专项债。

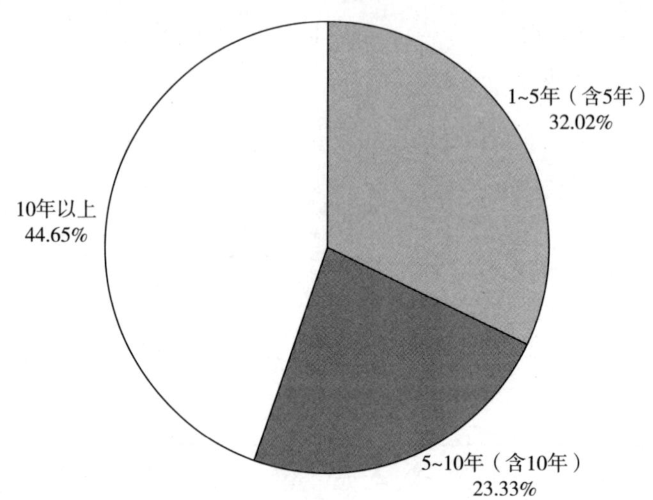

图7　截至2020年6月陕西省项目收益专项债剩余期限结构

数据来源：Choice数据库，中诚信国际整理计算。

（一）发行规模逐年增长，发行利率呈下降趋势，发行期限趋于长期化

自2017年财政部发布《关于试点发展项目收益与融资自求平衡的地方政府专项债券品种的通知》（财预〔2017〕89号）① 以来，陕西省共发行地方政府项目收益专项债1134.00亿元。而随着项目收益专项债用途范围不断扩展至市政和产业园区基础设施、交通基础设施、民生服务、生态环保及能源项目等领域，发行规模逐年迅速增长。2017～2019年陕西省项目收益专项债发行规模分别为10.00亿元、258.00亿元和453.00亿元，2020年1～6月发行规模亦达到了413.00亿元（见图8）。从发行成本来看，陕西省地方政府项目收益专项债加权平均发行利率逐年下降；加权平均发行利差总体亦呈降低趋势，且2019年及2020年1～6月均小于30BP（见图9），反映出市场对此类专项债的认可度逐步提高。从期限结构来看，2020年1～6月，陕西省项目收益专项债以20年期为主，发行规模达219.77亿元，占比为53.21%；其次分别为10

① 《关于试点发展项目收益与融资自求平衡的地方政府专项债券品种的通知》（财预〔2017〕89号），中华人民共和国财政部网站，http：//yss.mof.gov.cn/zhuantilanmu/dfzgl/zcfg/201707/t20170724_2656632.htm。

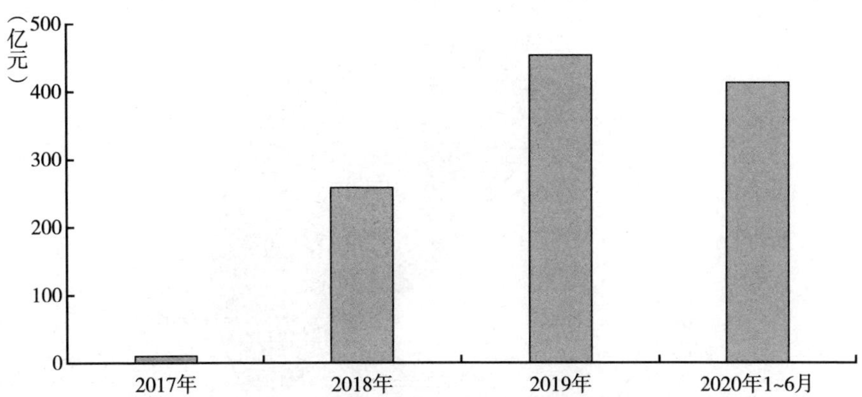

图8　2017年~2020年6月陕西省项目收益专项债发行规模

数据来源：Choice 数据库，中诚信国际整理计算。

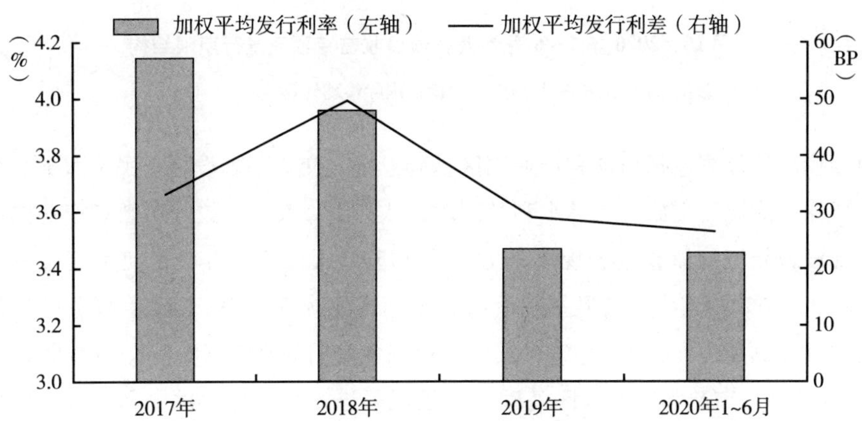

图9　2017年~2020年6月陕西省项目收益专项债发行成本

数据来源：Choice 数据库，中诚信国际整理计算。

年期及15年期项目收益专项债，发行规模占比分别为18.85%和15.60%（见图10）。整体来看，陕西省项目收益专项债发行期限趋于长期化。

（二）募投项目以市政和产业园区基础设施为主，项目资金自平衡情况较好

从募投项目投向来看，2020年上半年陕西省地方政府发行的项目收益专

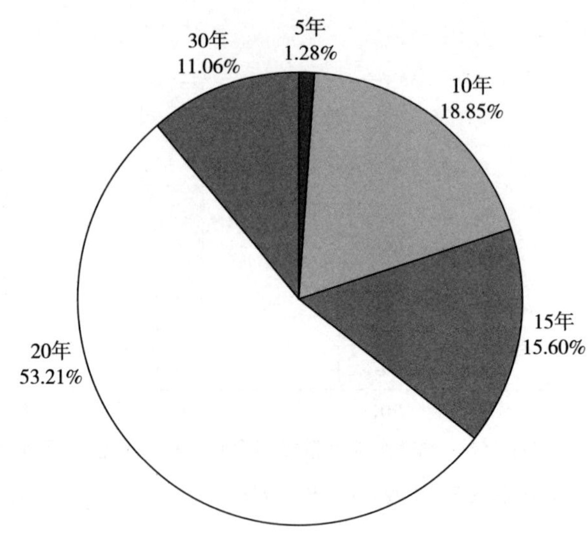

图 10　2020 年 1～6 月陕西省项目收益专项债发行期限结构

数据来源：Choice 数据库，中诚信国际整理计算。

项债投向的领域包括市政和产业园区基础设施、交通基础设施、民生服务、生态环保、能源、文旅、农林水利及旧改共八大类。其中，投入市政和产业园区基础设施领域的债券资金规模最大，为 145.41 亿元①，占项目使用资金总额度的 36.96%；其次为交通基础设施领域，占比为 31.99%；民生服务领域使用的资金额度占比为 15.16%；其余募投领域使用的资金额度占比均不足 10%（见图 11）。市政和产业园区基础设施领域可进一步细分为供水和水务、厂房建设、电气热管网及其他市政和产业园区，使用的专项债资金额度分别为 7.87 亿元、6.20 亿元、6.80 亿元和 124.54 亿元；交通基础设施领域主要包括城市停车场、收费公路、城际高速铁路和城际轨道交通等项目；民生服务则主要为医疗（包括应急医疗）和教育项目。从项目行政层级分布来看，陕西省 2020 年上半年发行的项目收益专项债募投项目包含了省级、地市级和区县级

① 如无特别说明，本报告中引用的专项债募投项目的相关数据均来自陕西省地方政府新增专项债信息披露文件，并由中诚信国际整理计算。由于数据的获取问题，数据可能来自不同募投项目文件、项目实施方案、信息披露模板等，这可能导致数据分析出现一定偏差，但不会对分析结论产生实质上的影响。

项目，其使用的资金额度分别为97.10亿元、126.01亿元和170.32亿元。此外，募投项目融资本息覆盖倍数均大于1倍，反映了募投项目资金自平衡情况较好。

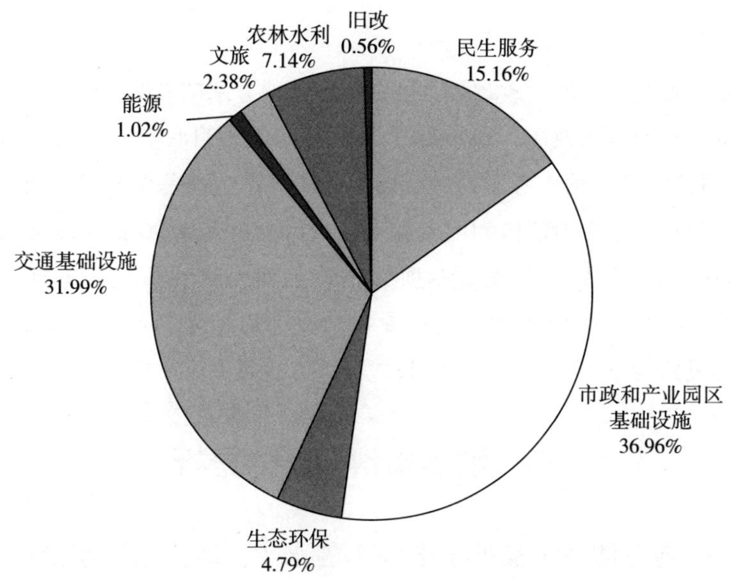

图11　2020年1~6月陕西省新增项目收益专项债募投领域分布

数据来源：陕西省地方政府新增专项债信息披露文件，中诚信国际整理计算。

（三）用作资本金的项目不多但行政级别较高，且多属于交通基础设施领域

2020年1~6月，陕西省新发行项目收益专项债共投向了255个项目，其中，3个募投项目将专项债用作项目资本金，使用的专项债资金额度共计35.70亿元，分别为西安航空基地装备制造表面处理中心项目（以下简称“项目一”）、西安咸阳国际机场三期扩建工程和西延高铁项目。其中项目一系西安市本级项目，属于市政和产业园区基础设施领域，该项目专项债用作资本金的比例为71.43%，项目收入主要来源于租售收入、停车费、物业收入和供水收入；其余两个项目均属于省级交通基础设施领域，且专项债

资金全部用作资本金，占总投资的比例均超过 50%，主要通过起降费、停车费、游客费、安检费、运输费及财政补贴实现收益。

（四）投向以市政和产业园区及交通基础设施为主，对投资有一定的拉动效应

专项债作为重要的财政政策，可有效加快地方基础设施建设。考虑到专项债用作资本金的撬动效应，2020 年上半年陕西省项目收益专项债作为资本金的撬动杠杆为 2.44 倍；考虑到专项债未用作资本金而是作为配套融资的撬动效应，则项目收益专项债作为配套融资的撬动杠杆为 1.96 倍。综合来看，陕西省 2020 年 1 ~6 月项目收益专项债理论上对基建投资的撬动规模①可达 826.39 亿元。结合陕西省项目收益专项债投向以市政和产业园区基础设施、交通基础设施为主的领域，专项债投放能够对投资产生一定的拉动效应。

三　陕西省偿债能力分析

（一）地方债务余额处于全国中等水平，地方债到期偿还高峰为 2021 ~2023年

近年来，陕西省地方政府债务余额及限额规模均持续增长，截至 2019 年末，陕西省地方政府债务余额为 6531.95 亿元②，同比增长 10.96%，其中，一般债务余额为 3680.88 亿元，专项债务余额为 2851.08 亿元。2019 年，陕西省地方政府债务余额规模排全国第 18 位，处于中等水平（见图 12）。同期，陕西省地方政府债务限额为 7228.14 亿元，同比增长 11.81%，债务余额仍保持在地方政府债务限额范围内。

从地方债的期限结构来看，陕西省地方债期限整体较长，以 5 年期、7 年期和 10 年期为主。截至 2020 年 6 月末，以上三类债券只数占陕西省地方债只

---

① 专项债撬动基建投资的方法参见袁海霞、汪苑晖、卞欢《专项债兼顾扩容提效，助力基建托底稳增长——地方政府专项债 2019 年回顾与 2020 年展望》，《财政科学》2020 年第 1 期。

② 如无特别说明，本报告中引用的陕西省地方政府债务限额和余额、一般公共预算收入和支出、财政平衡率、债务率、负债率等财政相关数据均来自陕西省财政预算执行及决算报告，并由中诚信国际整理计算。

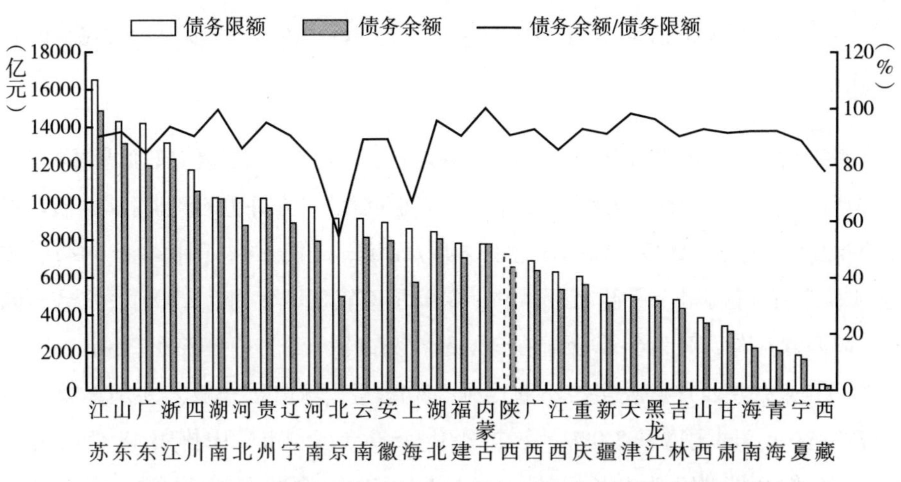

图12　2019年全国31个省（区、市）地方政府债务限额及余额

数据来源：全国31个省（区、市）财政预算执行及决算报告，中诚信国际整理计算。

数的比例分别为25.36%、20.57%和32.06%。从到期债券结构来看，2021～2026年陕西省地方政府一般债和专项债到期规模基本相当（见图13），到期债券结构分布较为均衡。从2020年7～12月及2021～2026年到期规模分布来看，2021年、2022年和2023年为债券集中偿还期，分别需偿还888.64亿元、836.02亿元和1052.52亿元（见图13）。

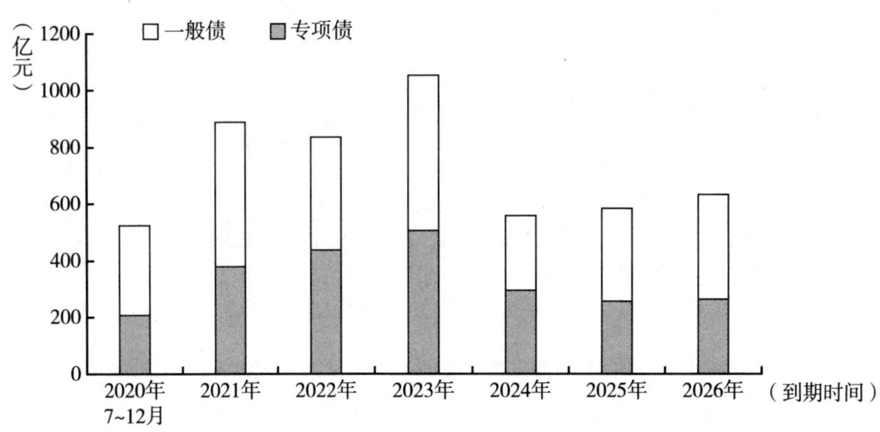

图13　陕西省地方债2020～2026年到期分布

数据来源：陕西省财政预算执行及决算报告，中诚信国际整理计算。

（二）经济和财政实力不断增强，但财政收支平衡仍较依赖于上级补助

陕西省是我国重要的传统工业基地，在煤炭、电力、材料、航空工业等领域具有突出优势。近年来，陕西省逐渐形成了第二产业和第三产业并重的产业格局。陕西省经济保持稳定增长，2019 年陕西省地区 GDP 为 25793.17 亿元①，同比增长 6.0%，在全国 31 个省（区、市）中排名第 14 位，GDP 增速较 2018 年回落 2.30 个百分点；同期，陕西省人均 GDP 为 66649 元，在全国 31 个省（区、市）中排名第 12 位。

近年来，陕西省财政实力不断增强。2019 年，陕西省一般公共预算收入为 2287.70 亿元，同比增长 2.0%，在全国 31 个省（区、市）中排第 18 位（见图 14）。其中，税收收入为 1846.00 亿元，占比 80.69%。2019 年，陕西省一般公共预算支出为 5721.60 亿元，同比增长 7.9%。在财政平衡方面，2019 年陕西省财政平衡率为 39.98%，在全国处于中等偏下水平，资金缺口较大，收支平衡较为依赖于上级补助。在政府性基金收入方面，2019 年陕西省政府性基金收入为 1859.60 亿元，同比增长 27%，主要来自国有土地使用权出让收入和国有土地收益基金收入。

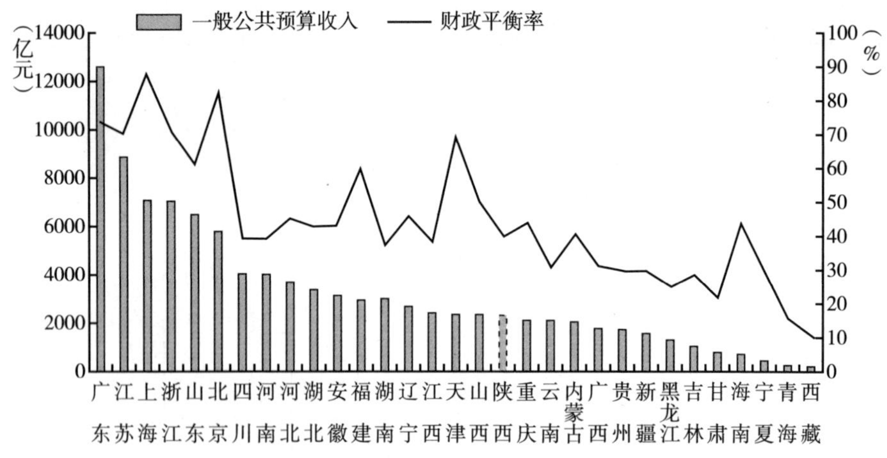

图 14　2019 年全国 31 个省（区、市）一般公共预算收入与财政平衡率

数据来源：全国 31 个省（区、市）财政预算执行及决算报告，中诚信国际整理计算。

① 如无特别说明，本报告中引用的宏观经济数据均来自《陕西省国民经济和社会发展统计公报》，并由中诚信国际整理计算。

（三）地方债务规模与经济发展水平较匹配，债务风险相对可控

近年来，陕西省地方政府债务余额虽保持增长态势，但债务规模仍处于全国中等水平，地方政府债务规模与经济发展水平较匹配，债务风险相对可控。截至2019年末，陕西省地方政府债务余额为6531.95亿元。2019年陕西省债务率和负债率分别为94.38%和25.32%（见图15），均未超过国际100%警戒线标准，在全国范围内处于中等水平。

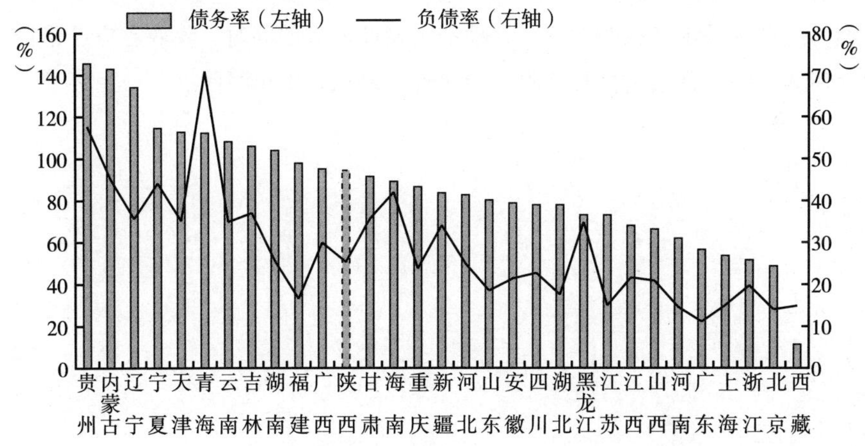

图15　2019年全国31个省（区、市）债务率及负债率

数据来源：全国31个省（区、市）财政预算执行及决算报告，中诚信国际整理计算。

四　小结

本报告通过对陕西省地方政府债券运行与发展进行相关分析，总结出以下要点。第一，陕西省地方债存量规模在全国处于中游水平，债券种类分布较为平均，以中期债券为主。2020年上半年，在专项债进一步扩容提效的政策背景下，新增专项债成为陕西省发行的最主要券种，且发行期限趋于长期化。此外，陕西省地方债发行成本较2019年有所收窄，但二级市场交易活跃度明显下降，到期收益率呈下行趋势。第二，陕西省项目收益专项债余额尚有一定规模，剩余期限主要在10年以上；发行规模逐年迅速增长，总体发行成本递减；募投项目主要投向市政和产业园区基础设施、交通基础设施领域；专项债资金用作资本金的项目数量不多，但所属行政级别较高，对投资能够产生一定的拉动效应。第三，陕西省经济和财政实力不断增强，产业结构不断升级，目前债务规模与经济发展水平较匹配，债务风险相对可控。

基于上述分析，本报告提出以下建议。一方面，充分利用专项债可作为项目资本金的优惠政策。陕西省应当扩大专项债作为项目资本金的规模，并利用杠杆撬动更多基建投资，引导资金投向，缓解财政压力。另一方面，重视债务规模与经济发展水平相匹配。在合理利用显性债务的同时，陕西省应严格控制隐性债务风险，并通过拉长期限，为化解债务风险留出时间。

B.18

2020年山西省地方政府债券分析报告

盛蕾　文玥*

摘　要： 2020年以来，山西省地方债发行节奏提速，专项债增长明显，发行成本随整体发行期限拉长而略有提升，投向结构日趋优化，但作为资本金对投资增长的撬动效应尚未完全释放。山西省债务风险基本可控，但仍需注意成本控制以及财政和债务的可持续性。

关键词： 地方债　专项债　山西省

一　山西省地方债运行情况分析

截至2020年6月，山西省地方债存量规模为3951.28亿元①（见图1），在全国31个省（区、市）中排名第26位，位列下游。山西省地方债按债券类型划分以专项债为主，专项债和一般债发行规模占比分别为65.52%和34.48%；按债券性质②划分以新增债为主，新增、置换、再融资债存量规模占比分别为81.49%、8.20%、10.31%；从债券期限结构来看，以5年、7年和10年为主，发行规模占比分别为28.47%、21.27%和33.23%。

---

* 盛蕾，中诚信国际政府公共评级部（北京）助理总监，主要研究领域为地方政府债券、公用事业、基础设施投融资行业等；文玥，中诚信国际政府公共评级部（北京）分析师，主要研究领域为地方政府债券、公用事业、基础设施投融资行业等。

① 如无特别说明，本报告中引用的地方债存量、发行量、发行利率、发行利差、交易量、到期收益率等债券相关数据均来自截至2020年6月的Choice数据库，并由中诚信国际整理计算。

② 存量地方债种类结构以存量地方债中2018年以来发行的样本进行统计。

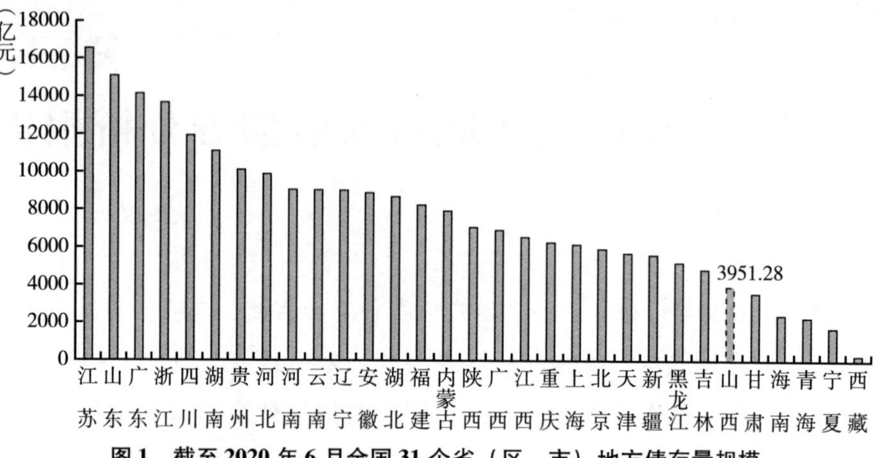

图1　截至2020年6月全国31个省（区、市）地方债存量规模

数据来源：Choice数据库，中诚信国际整理计算。

（一）地方债发行节奏提速，发行规模增长

2020年以来，在国内宏观经济面临下行压力增大和新冠肺炎疫情的双重冲击下，《政府工作报告》明确财政赤字率按3.6%以上安排，新增专项债额度大幅提升。在更加积极的财政政策的引领下，山西省地方债发行节奏明显加快，发行规模有所增长。2020年1~6月，山西省已发行13只地方债，发行规模合计550.95亿元，较2019年同期增长15.07%；同时，除1月外，山西省地方债2020年1~6月单月发行规模均高于2019年，其中5月发行规模达217.95亿元（见图2）。

（二）专项债发行规模增长且全部为新增债，发行期限拉长

债项品种方面，随着相关政策对专项债发行支撑作用逐步显现，2020年以来山西省专项债增长明显，在上半年地方债发行规模中占比达65.52%。2020年，山西省专项债发行只数为9只，发行只数较2019年同期的25只大幅下降，但发行规模较2019年同期增长88.99%。2020年上半年，山西省发行的专项债全部为新增债。期限结构方面，随着财政部不再对地方债期限结构进行限定，以及倡导合理提高长期专项债比例等政策的影响，2020年以来山西省地方债发行期限以长期为主，其中15年、20年、30年等超长期地方债发行

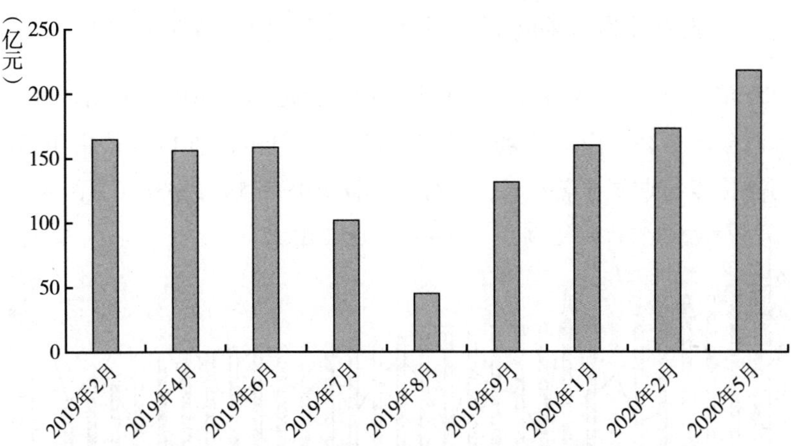

图2　2019 年 1 月 ~2020 年 6 月山西省地方债月度发行规模

注：山西省部分月份无地方债发行，未在图中显示。

数据来源：Choice 数据库，中诚信国际整理计算。

规模占比分别提升至36. 81%、26. 33%和10. 17%（见图3），整体发行期限有所拉长。

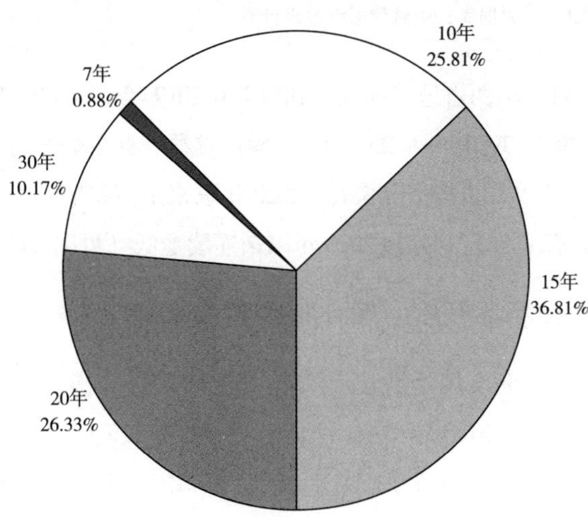

图3　2020 年 1 ~6 月山西省地方债发行期限结构

数据来源：Choice 数据库，中诚信国际整理计算。

（三）地方债发行利率略有上升，在全国处于较高水平

2020 年 1～6 月，为减轻疫情冲击影响，稳定的货币政策有所放宽，银行资金体系合理充裕，引导市场利率趋于下行，但山西省地方债由于 2020 年 1～6 月整体发行期限显著拉长，发行成本较 2019 年略有提升（见图 4）。

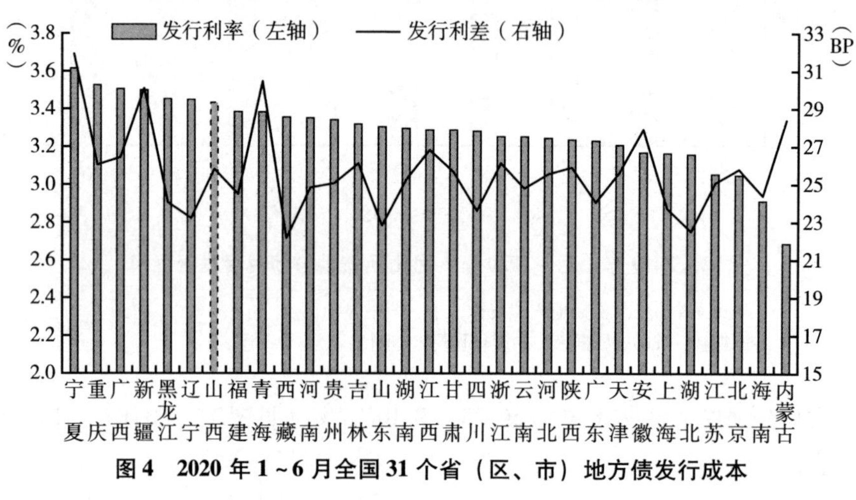

图 4　2020 年 1～6 月全国 31 个省（区、市）地方债发行成本

数据来源：Choice 数据库，中诚信国际整理计算。

2020 年 1～6 月，山西省地方债发行利率[①]由 2019 年的 3.40% 升至 3.44%，发行利差由 2019 年的 23.79BP 升至 25.86BP，发行成本一直在全国 31 个省（区、市）中处于较高水平。从单月走势情况来看，2020 年以来山西省地方债发行利率有所波动，在 2 月达到最低，发行利差在 2020 年以来连续走低（见图 5）。

（四）二级交易活跃度一般，到期收益率趋于下行

山西省地方债二级市场活跃度一直偏低，2020 年以来二级市场交易活跃度仍为中等偏下水平；2020 年 1～6 月交易规模[②]为 325.06 亿元，为 2019 年全年交易规模的 30% 左右，在全国 31 个省（区、市）交易量中排名由 2019 年的第 26 名小幅下降至第 29 名。从地方债到期收益率走势来看，由于资金面相

① 如无特别说明，本报告中发行利率、利差为根据发行额计算的加权平均发行利率、利差，发行利差计算公式为债券发行利率减对应期限国债收益率。

② 交易统计包含回购交易、现券交易等部分。

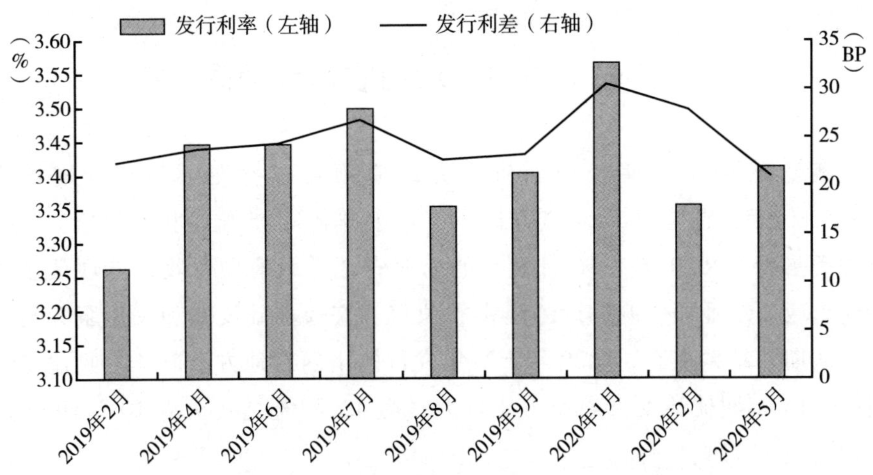

图5　2019年1月～2020年6月山西省地方债月度发行成本

注：山西省部分月份无地方债发行，未在图中显示。

数据来源：Choice数据库，中诚信国际整理计算。

对宽松，相较于2019年，2020年以来山西省各期限地方债到期收益率①均趋于下行；此外期限越长，到期收益率趋势变动敏感性相对越弱（见图6）。

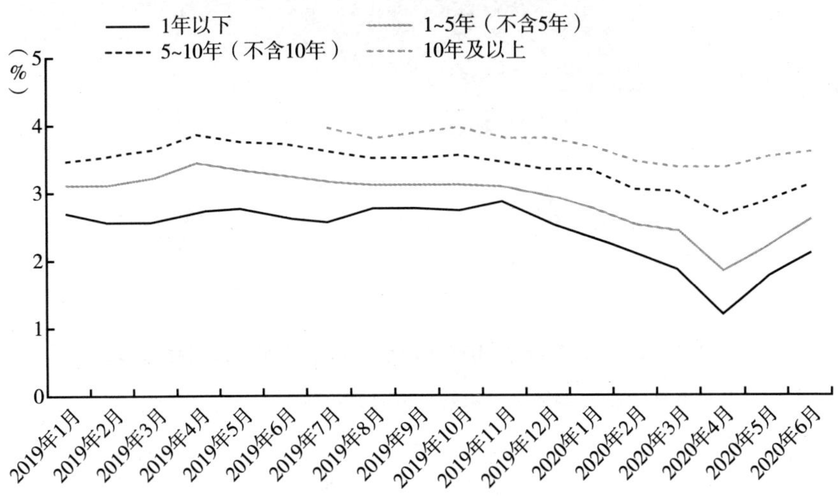

图6　2019年1月～2020年6月山西省地方债到期收益率走势

数据来源：Choice数据库，中诚信国际整理计算。

① 此处到期收益率均值采用的是算术平均值。

二　山西省地方政府项目收益专项债分析*

截至2020年6月，山西省地方政府项目收益专项债存量规模为693.55亿元，在全国31个省（区、市）中排名第25位，相对靠后。从项目种类来看，2020年1～6月发行的山西省地方政府项目收益专项债主要投向市政及产业园区基础设施建设类项目、交通基础设施和民生服务类项目；从期限结构来看，2020年上半年发行的山西省地方政府项目收益专项债中，15年期债券发行规模占比较大，为42.33%，其次为10年期和20年期（见图7）。

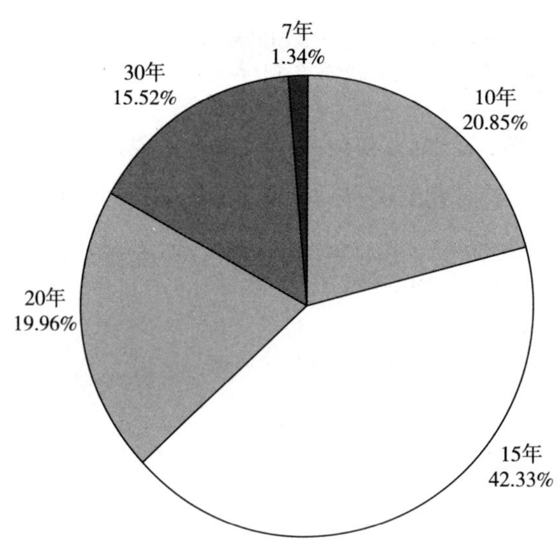

图7　2020年1～6月山西省项目收益专项债发行期限结构

数据来源：Choice数据库，中诚信国际整理计算。

* 2020年7月29日财政部《关于加快地方政府专项债券发行使用有关工作的通知》（财预〔2020〕94号）明确2020年新增专项债必须保证融资规模与项目收益相平衡，因此2020年发行的新增专项债均为项目收益专项债。本部分项目收益专项债的统计样本为2017～2019年项目收益专项债与2020年1～6月的新增专项债。

（一）项目收益专项债规模递增，发行利差有所波动

自2017年财政部发布《关于试点发展项目收益与融资自求平衡的地方政府专项债券品种的通知》（财预〔2017〕89号）[①] 以来，山西省地方政府项目收益专项债发行规模逐年递增，其中2020年1～6月发行规模为361亿元（见图8），已超过2017～2019年三年发行规模的总水平，山西省政府通过发行项目收益专项债托底基建投资稳增长的意图逐步显现。从发行成本来看，2017～2019年，山西省项目收益专项债发行利率呈下降趋势，发行利差存在一定波动；2020年1～6月，山西省项目收益专项债发行利率和发行利差较2019年略有上升（见图9）。

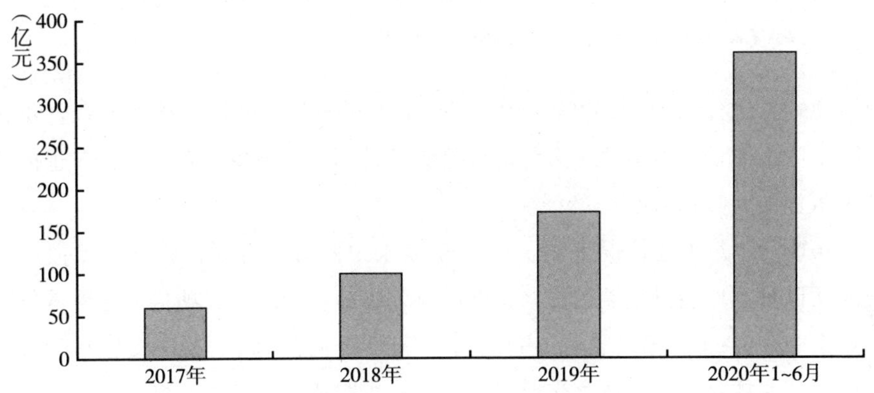

图8　2017年～2020年6月山西省项目收益专项债发行规模

数据来源：Choice数据库，中诚信国际整理计算。

（二）项目收益专项债资金加大在轨道交通、医疗等领域的投放

2020年1～6月，山西省地方政府项目收益专项债资金投向主要为市政和产业园区基础设施、交通基础设施及民生服务类项目，上述项目当期募集资金

① 《关于试点发展项目收益与融资自求平衡的地方政府专项债券品种的通知》（财预〔2017〕89号），中华人民共和国财政部网，2017年7月24日，http://yss.mof.gov.cn/zhuantilanmu/dfzgl/zcfg/201707/t20170724_2656632.htm。

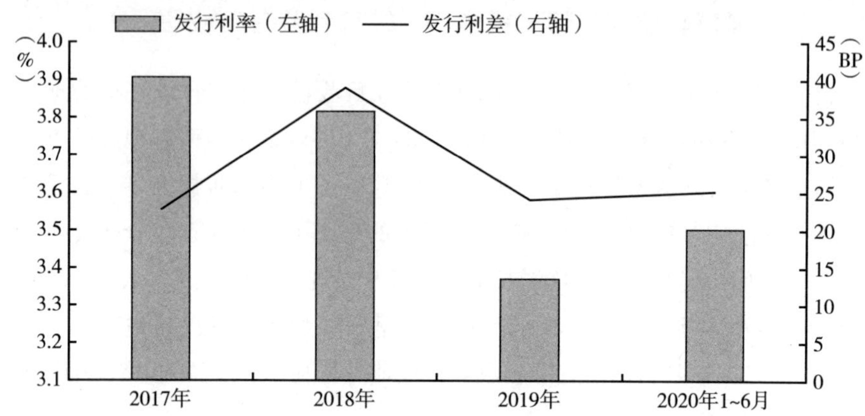

图9　2017 年～2020 年 6 月山西省项目收益专项债发行成本

数据来源：Choice 数据库，中诚信国际整理计算。

使用规模占比分别为 41.42%、30.39% 和 18.77%[①]；单只债券募集资金不再局限于单个项目，多个项目集合发行趋势日益明显；项目行政层级分布也向区县级转贷加大倾斜力度。

从项目本息覆盖情况来看，2020 年以来山西省发行项目收益专项债所募投的项目收益均能对债券融资本息形成有效覆盖，经统计，项目本息覆盖倍数主要集中在 1～1.5 倍（含），占比为 61.74%（见图 10），其中交通基础设施中城际高速铁路和城际轨道交通类，以及民生服务中医疗类项目平均融资本息覆盖倍数最高，分别为 2.09 倍和 2.17 倍。考虑到部分募投项目预期总收入未考虑投资及运营成本，实际覆盖能力可能弱于指标值。

（三）专项债用作资本金项目以铁路类项目为主

2019 年 6 月，中共中央办公厅、国务院办公厅印发《关于做好地方政府

① 如无特别说明，本报告中引用的专项债支持项目的相关数据均来自山西省政府新增专项债信息披露文件，并由中诚信国际整理计算。由于数据的获取问题，数据可能来自不同募投项目文件、项目实施方案、信息披露模板等，这可能导致数据分析出现一定偏差，但不会对分析结论产生实质上的影响。

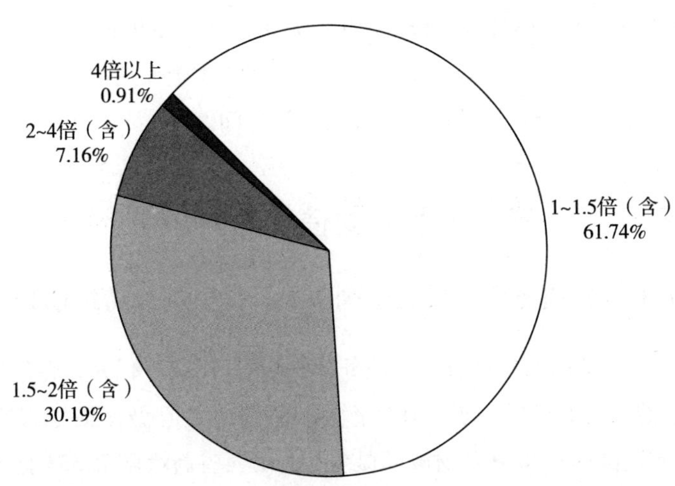

图10　2020 年 1 ~ 6 月山西省地方政府项目收益专项债项目本息覆盖情况

数据来源：山西省地方政府新增专项债信息披露文件，中诚信国际整理计算。

专项债券发行及项目配套融资工作的通知》（厅字〔2019〕33 号）①，允许将专项债作为符合条件的重大项目资本金，资金用途的放宽有利于缓解政府资金压力。山西省政府 2020 年以来新增项目收益专项债中，一般铁路和高铁站类项目将资金用作项目资本金债项，资本金占比为 60% ~70%，项目收入主要来源为高铁站沿线周边的土地开发收入。未来可以考虑适当使用专项债作为资本金积极开展基建项目，以便进一步带动社会资本加大短板项目投入，提高专项债的资金拉动作用。

（四）专项债对投资增长的撬动效应仍有较大释放空间

2020 年以来，新冠肺炎疫情对经济运行造成较大冲击，1 ~6 月山西省固定资产投资同比增长 8. 3%，山西省政府加速发行专项债对基础设施投资起到拉动作用。从专项债对投资拉动的实际效果来看，2020 年 1 ~6 月，山西省新增专项债规模 361 亿元，主要集中于市政和园区建设、轨道交通领域，专项债

① 《关于做好地方政府专项债券发行及项目配套融资工作的通知》（厅字〔2019〕33 号），中华人民共和国中央人民政府网，2019 年 6 月 10 日，http：//www. gov. cn/zhengce/2019 -06/10/content_ 5398949. htm。

作为配套融资累计撬动基建投资规模 501.03 亿元[①]。专项债作为资本金的撬动效应强于配套融资，但山西省新增专项债用作资本金使用的仅有铁路类基础设施建设项目，对投资撬动效应尚有较大释放空间。

三 山西省偿债能力分析

（一）山西省债务余额排名全国下游，债务规模持续增长

截至 2019 年，山西省地方政府债务余额[②]为 3550.00 亿元，存量规模全国排名处于下游（见图 11），较 2018 年增加 19.8%，但仍在债务限额规定的 3831.80 亿元范围内；2020 年财政部提前下达山西省新增限额 333 亿元。截至 2020 年 6 月，山西省地方政府债务余额为 3951.28 亿元，其中 2020 年内剩余

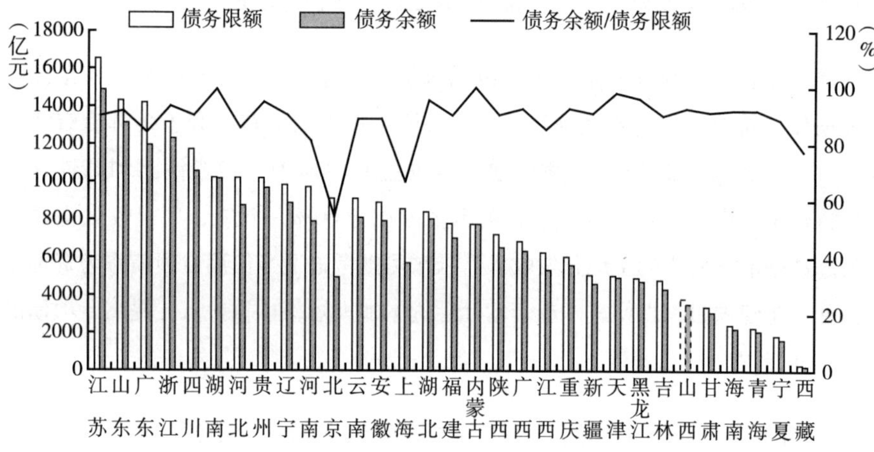

图 11 2019 年全国 31 个省（区、市）地方政府债务限额及余额

数据来源：全国 31 个省（区、市）财政预算执行及决算报告，中诚信国际整理计算。

① 专项债撬动基建投资方法参见袁海霞、汪苑晖、卞欢《专项债兼顾扩容提效，助力基建托底稳增长——地方政府专项债 2019 年回顾与 2020 年展望》，《财政科学》2020 年第 1 期。

② 如无特别说明，本报告中引用的山西省政府债务限额、余额，一般公共预算收入、支出，财政平衡率，债务率、负债率等财政相关数据均来自山西省财政预算执行及决算报告，并由中诚信国际整理计算。

到期规模243.85亿元，以一般债到期为主；2022年、2023年、2026年到期规模相对较大，其中一般债到期规模居于首位。2020～2026年山西省地方债到期规模较大，山西省面临一定的还本付息压力（见图12）。

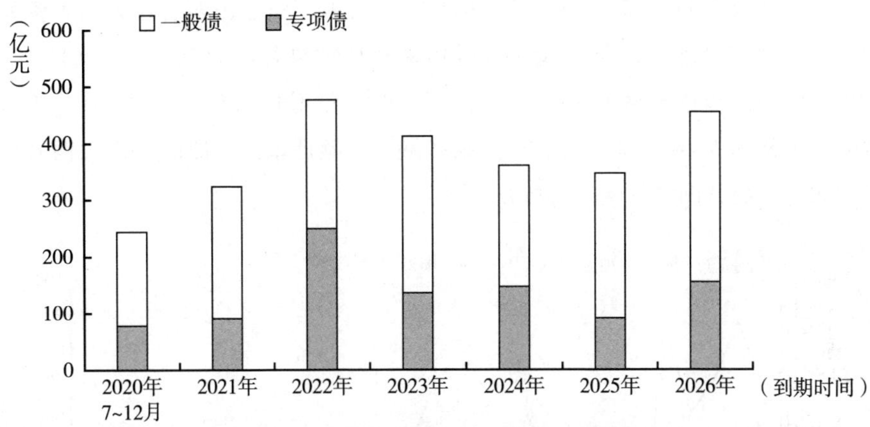

图12　山西省地方债2020～2026年到期分布

数据来源：山西省财政预算执行及决算报告，中诚信国际整理计算。

（二）经济以第二、第三产业为主且增速下降，财政收入依赖补助

山西省是典型的能源型省份，对煤炭及相关产业依赖较大。近年来山西省不断推进煤炭等相关产业转型升级，淘汰落后产能，加速新旧动能转换，大力发展数字经济、高端装备制造、新能源汽车、新材料、新能源等新兴产业，第二、第三产业成为山西省经济发展的主要动力。山西省GDP①增速在2017年达到7.0%，2018年以来，受宏观经济及煤炭行业景气度波动等因素影响，GDP增速呈现小幅下降，2018年和2019年，GDP增速分别为6.70%和6.20%。2017～2019年，山西省GDP增速均高出全国平均增速约0.1个百分点，处于全国中等水平。财政方面，2017～2019年，山西省一般公共预算收入持续增长，2019年为2347.56亿元，增速较2018年的22.8%下降至2.4%，主要因增值税税率下调及个人所得税加计扣除项等减税政策实施，税收收入增速有所

① 如无特别说明，本报告中引用的宏观经济数据均来自《山西省国民经济和社会发展统计公报》，并由中诚信国际整理计算。

下滑以及非税收入负增长所致。2019 年，山西省实现税收收入 1783.47 亿元，占一般公共预算收入的 75.97%，税收收入占比较高（见图 13）。2019 年，煤炭行业平稳发展以及经济转型带动了山西省土地市场的进一步活跃，当年实现政府性基金收入 1186.31 亿元，较 2018 年增长 40.3%。山西省作为国家资源型经济转型综合配套改革试验区，近年来获得中央补助力度较大。2019 年，中央对山西省转移支付 1758.78 亿元，较 2018 年增长 7.6%。2019 年，山西省财政平衡率为 46.74%，存在一定财政缺口，预计未来一段时间内山西省财政收入对中央补助的依赖还将持续。

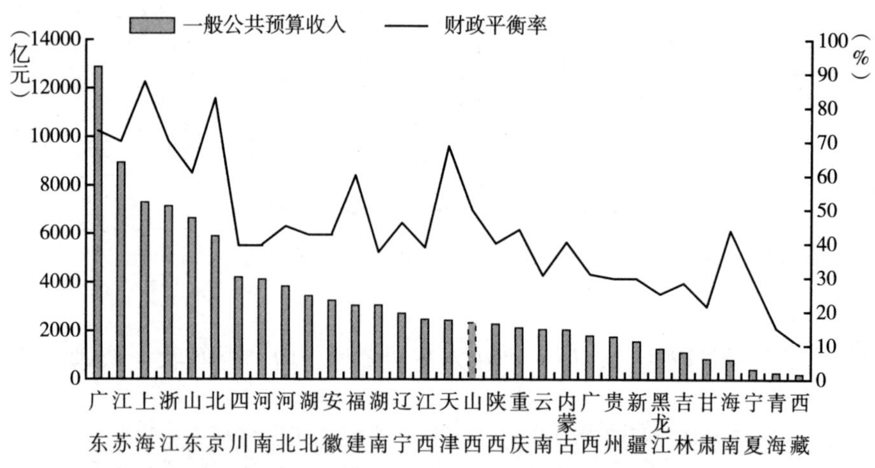

图 13　2019 年全国 31 个省（区、市）一般公共预算收入与财政平衡率

数据来源：全国 31 个省（区、市）财政预算执行及决算报告，中诚信国际整理计算。

（三）债务率水平相对靠后，债务风险防控体系持续完善

截至 2019 年，山西省地方政府债务率和负债率分别为 66.22% 和 20.85%（见图 14），在全国排名均相对处于低位。为全面落实国家对防风险的要求且持续推进省内地方债务风险化解，山西省通过建立政府性债务动态监控机制、规范融资平台融资举债行为、加强土地储备融资规模管理、逐步消化存量债务等措施加强政府性债务管理。由于当前山西省政府债券短期偿付规模相对可控，项目收益专项债增长可提供一定收益性偿债来源，债务管理制度方面也比

较健全，而且山西省在持续推进实施能源革命财政任务及铁路公路债务风险化解方案，因此，山西省整体偿债能力尚可，债务风险整体可控。

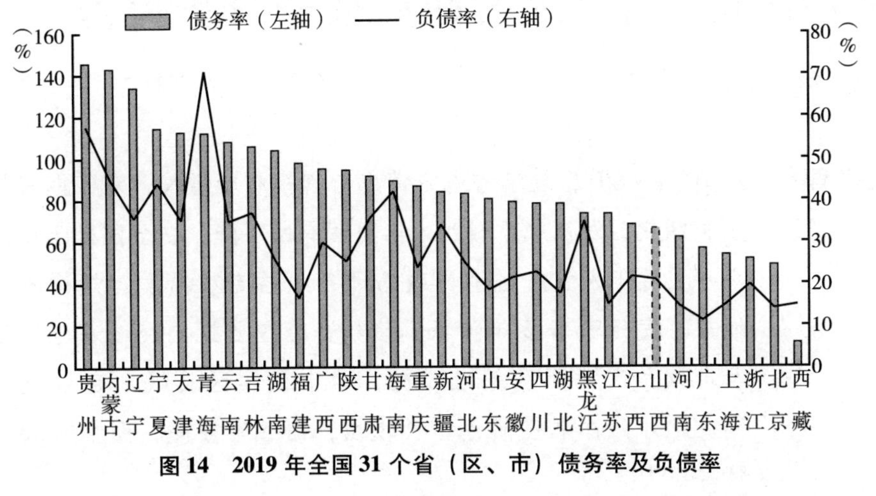

图14　2019年全国31个省（区、市）债务率及负债率

数据来源：全国31个省（区、市）财政预算执行及决算报告，中诚信国际整理计算。

四　小结

整体来看，面对新冠肺炎疫情的考验和复杂多变的国内外环境，国内经济下行压力较大。山西省政府利用政府债券作为积极财政的主要着力点，2020年以来，政府债券特别是项目收益专项债发行提速，资金投向结构逐步优化并趋于多元，政府债券市场化程度亦进一步加强。山西省债务率、负债率尚可，债务到期规模及还本付息压力相对可控，但在后续债务管理过程中仍需要注意以下几点：一是加强债券使用效率管理，对债券重点投入的在建项目和补短板项目进行持续管理与评价，以确保对债务风险及时预警；二是合理安排期限结构，推进高息债务置换，加强本息兑付管理以缓解资金本息集中兑付压力；三是加强政府债务风险事件应急政策储备，推进风险防控工作科学化、精细化，健全限额、预算、预警等全链条管理体系，对偿债能力有些弱的局部地区进行重点监督，并明确责任追究制度，通过以上措施以提高山西省地方政府举债管理水平，提高财政资源配置效率，防范化解可能面临的重大债务风险。

B.19
2020年甘肃省地方政府债券分析报告

侯一甲 周 蒙*

摘 要： 2020年1～6月，甘肃省地方债发行规模有所增长，发行期限趋于长期化，发行成本较2019年同期有所下降，在全国处于中游水平。近年来甘肃省地方政府项目收益专项债发行规模不断增长，发行利率逐年降低，债券资金主要投向交通基础设施及市政和产业园区基础设施，地市级和区县级项目占比较高。此外，甘肃省债务增长较快，债务率较高，面临较大的债务压力。

关键词： 地方债 专项债 甘肃省

一 甘肃省地方债运行情况分析

截至2020年6月，甘肃省存量地方债共117只，债券规模为3596.07亿元①，债券存量规模在全国排名倒数第5位（见图1）。从债券种类来看，一般债为54只，债券规模为1973.32亿元；专项债为63只，债券规模为1622.75亿元；2018年到2020年6月的存量地方债中，以新增债为主，占比约为75%，再融资债占比约为18%，置换债占比约为7%。从债券发行期限结构来看，存量地

* 侯一甲，中诚信国际政府公共评级部（武汉）副总监，主要研究领域为地方政府债券、基础设施投融资行业等；周蒙，中诚信国际政府公共评级部（武汉）分析师，主要研究领域为地方政府债券、基础设施投融资行业等。

① 如无特别说明，本报告中引用的地方债存量、发行量、发行利率、发行利差、交易量、到期收益率等债券相关数据均来自截至2020年6月的Choice数据库，并由中诚信国际整理计算。

方债规模占比从高到低依次为7年期、5年期、10年期、20年期、30年期和3年期，占比分别为31.67%、30.10%、20.20%、11.19%、6.21%和0.63%。

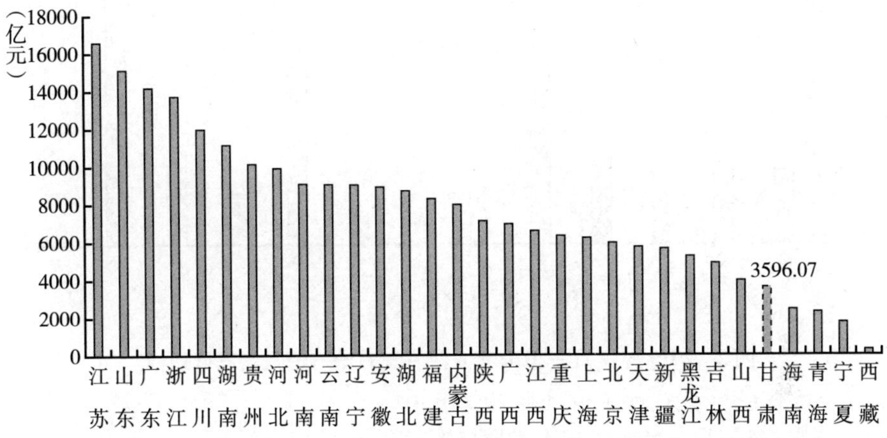

图1　截至2020年6月全国31个省（区、市）地方债存量规模

数据来源：Choice数据库，中诚信国际整理计算。

（一）发行规模有所增长，1月和5月为发行的两个高峰期

2020年1~6月，为应对新冠肺炎疫情冲击，政府实施了更加积极的财政政策，地方债发行规模有所增长。2020年1~6月甘肃省地方债发行规模为722.51亿元，较2019年1~6月的633.93亿元同比增长13.97%。按月份看，1月和5月为2020年1~6月地方债发行的两个高峰期（见图2）。受2019年11月财政部提前下达的2020年第一批新增专项债限额1万亿元影响，2020年1月甘肃省发行地方债203.32亿元，同比增加164.05%。2020年4月财政部下达第三批1万亿元地方政府专项债，并要求在5月底之前发行完成，受此影响，2020年5月甘肃省发行地方债314.01亿元，为上半年发行规模最大的月份。

（二）发行期限趋向于长期化，发行结构以新增专项债为主

从发行期限来看，2020年1~6月，甘肃省地方债发行期限主要以20年为主，发行规模占比为39.00%；其次为7年，占比为25.95%；10年和30年发

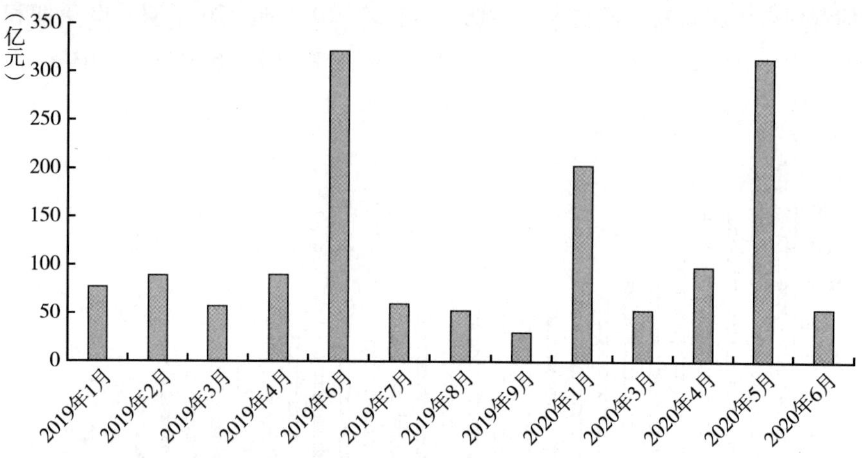

图2　2019 年 1 月 ~ 2020 年 6 月甘肃省地方债月度发行规模

注：甘肃省部分月份无地方债发行，未在图中显示。

数据来源：Choice 数据库，中诚信国际整理计算。

行规模占比分别为 13.60% 和 13.19%；5 年发行规模占比最低，为 8.26%（见图 3）。20 年占比同比增加 30.32 个百分点，30 年占比同比增加 0.24 个百分点，2020 年 1 ~ 6 月平均发行期限为 15.35 年，较 2019 年 1 ~ 6 月的 11.89

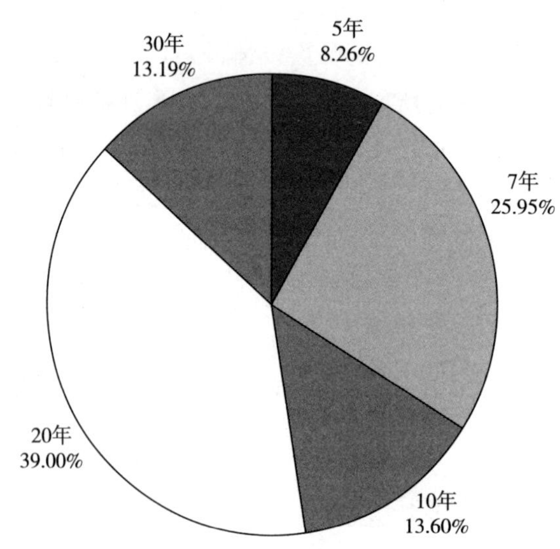

图3　2020 年 1 ~ 6 月甘肃省地方债发行期限结构

数据来源：Choice 数据库，中诚信国际整理计算。

年增加3.46年，发行期限趋于长期化。

从债券类型来看，2020年1~6月，甘肃省发行的地方债以专项债为主，占比为58.86%，其中，发行的新增专项债占比为55.50%，再融资专项债占比为3.36%，政策支持专项债的作用逐步显现。2020年1~6月，甘肃省发行的一般债占比为41.14%，同比减少13.84个百分点，其中再融资一般债占比较高，达到22.73%，新增一般债占比为18.41%。

（三）发行成本有所下降，在全国处于中游水平

2020年1~6月，为应对新冠肺炎疫情的影响，央行实施了较为宽松的货币政策。受此影响，地方债发行利率[①]有所下降。2020年1~6月，甘肃省发行利率为3.29%，较2019年的发行利率3.62%下降0.33个百分点；发行利差为25.69BP，较2019年下降0.64BP；发行利率和发行利差在全国31个省（区、市）中均处于中间位置（见图4）。受市场资金面的影响，各月发行利率波动较大，在3月和6月处于低位，在1月、4月和5月处于相对高位（见图5）。

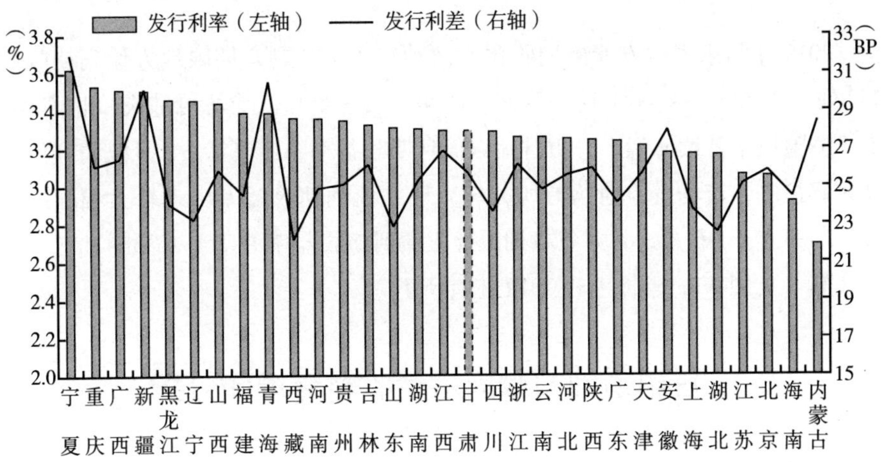

图4　2020年1~6月全国31个省（区、市）地方债发行成本

数据来源：Choice数据库，中诚信国际整理计算。

---

① 如无特别说明，本报告中发行利率、利差为根据发行额计算的加权平均发行利率、利差，发行利差计算公式为债券发行利率减对应期限国债收益率。

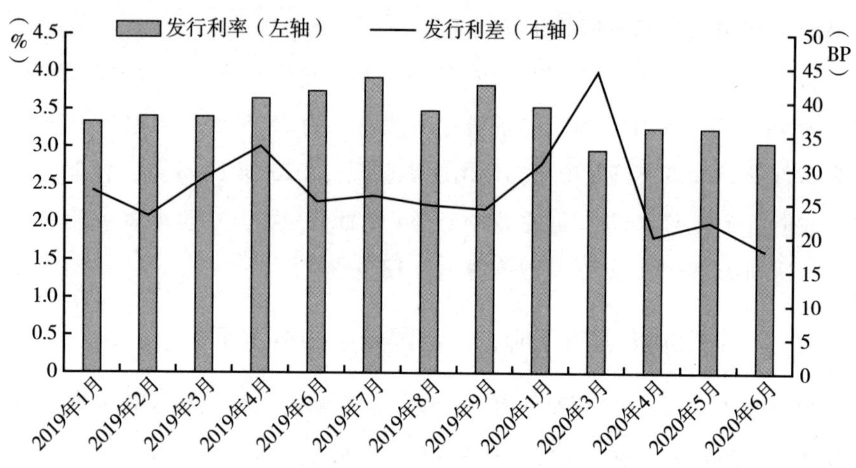

图5　2019年1月~2020年6月甘肃省地方债月度发行成本

注：甘肃省部分月份无地方债发行，未在图中显示。

数据来源：Choice 数据库，中诚信国际整理计算。

（四）受新冠肺炎疫情带来的避险情绪影响，到期收益率波动较大

2019年甘肃省地方债到期收益率波动较小，各剩余期限地方债到期收益率①处于2.52%~4.06%这一区间。2020年1~4月，受新冠肺炎疫情影响，市场避险情绪持续升温，甘肃省地方债到期收益率不断下滑。5月疫情开始得到较好控制，市场避险情绪有所减轻，地方债到期收益率出现较大幅度的回升。2020年1~6月，甘肃省各期限地方债到期收益率处于1.13%~3.71%这一区间（见图6），整体上较2019年有所下降。

二　甘肃省地方政府项目收益专项债分析*

截至2020年6月，甘肃省存量项目收益专项债余额为998.00亿元，剩余

① 此处到期收益率均值采用的是算术平均值。

* 2020年7月29日财政部《关于加快地方政府专项债券发行使用有关工作的通知》（财预〔2020〕94号）明确2020年新增专项债必须保证融资规模与项目收益相平衡，因此2020年发行的新增专项债均为项目收益专项债。本部分项目收益专项债的统计样本为2017~2019年项目收益专项债与2020年1~6月的新增专项债。

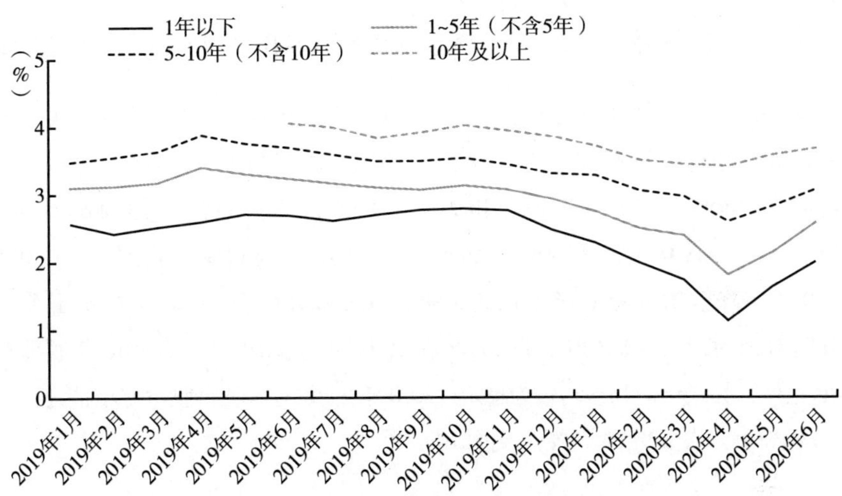

图6　2019年1月~2020年6月甘肃省地方债到期收益率走势

数据来源：Choice数据库，中诚信国际整理计算。

期限主要集中在10年以上，占比为44.07%，其次为5~10年（含10年），占比为40.70%，1~5年（含5年）占比最低，为15.23%（见图7）。

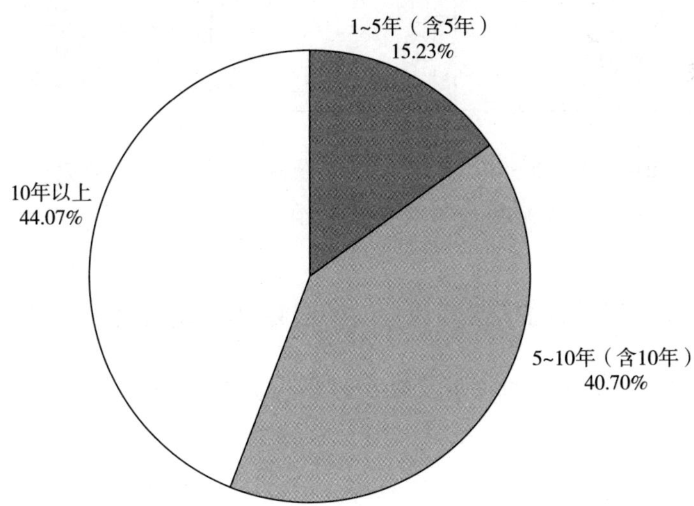

图7　截至2020年6月甘肃省项目收益专项债剩余期限结构

数据来源：Choice数据库，中诚信国际整理计算。

（一）发行规模逐年上升，发行利率逐年降低，发行期限以20年为主

自2017年财政部发布《关于试点发展项目收益与融资自求平衡的地方政府专项债券品种的通知》（财预〔2017〕89号）以来，甘肃省地方政府项目收益专项债发行规模不断增长，2017～2019年和2020年1～6月，发行规模分别为80.00亿元、169.00亿元、348.00亿元和401.00亿元（见图8）。发行利率逐年降低，从2017年的4.02%下降至2020年1～6月的3.51%。2017～2019年和2020年1～6月发行利差分别为25.92BP、40.09BP、25.51BP和25.01BP（见图9），除2018年利差扩大14BP之外，其余年份利差均较为稳定。2020年1～6月，项目收益专项债发行期限以20年为主，占比为70.27%（见图10）。

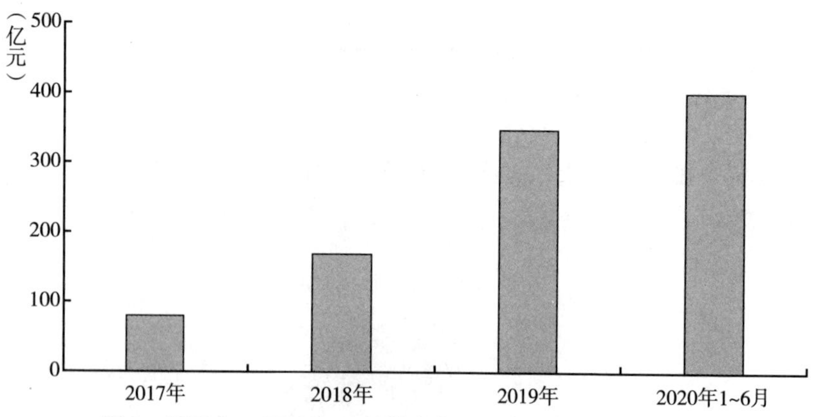

图8　2017年～2020年6月甘肃省项目收益专项债发行规模

数据来源：Choice数据库，中诚信国际整理计算。

（二）募投领域向基建倾斜，地市级和区县级项目占比较高

从项目收益专项债投向来看，2020年1～6月，甘肃省新增项目收益专项债主要用于交通基础设施及市政和产业园区基础设施，占比合计为80.34%①

① 如无特别说明，本报告中引用的专项债支持项目的相关数据均来自甘肃省政府新增专项债信息披露文件，并由中诚信国际整理计算。由于数据的获取问题，数据可能来自不同募投项目文件、项目实施方案、信息披露模板等，这可能导致数据分析出现一定偏差，但不会对分析结论产生实质上的影响。

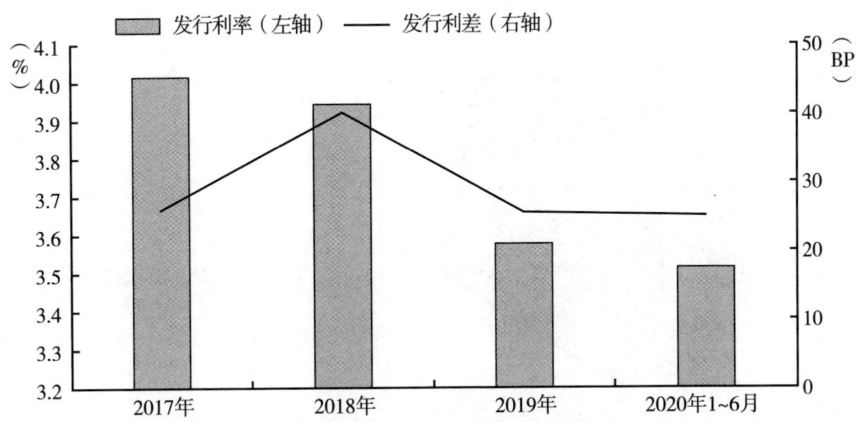

图 9　2017 年 ~2020 年 6 月甘肃省项目收益专项债发行成本

数据来源：Choice 数据库，中诚信国际整理计算。

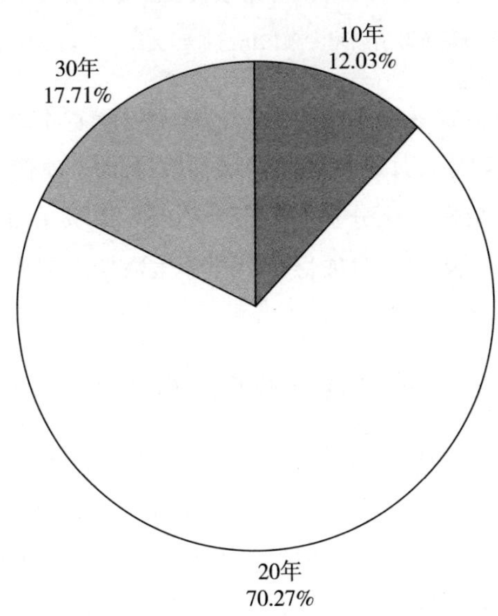

图 10　2020 年 1 ~6 月甘肃省项目收益专项债发行期限结构

数据来源：Choice 数据库，中诚信国际整理计算。

（见图 11）。2019 年 9 月国务院常务会议强调地方政府专项债资金重点投向重大基础设施领域，加上新冠肺炎疫情反映出我国卫生基础设施存在短板，未来甘肃省新增项目收益专项债资金投向仍将向基础设施建设领域倾斜。

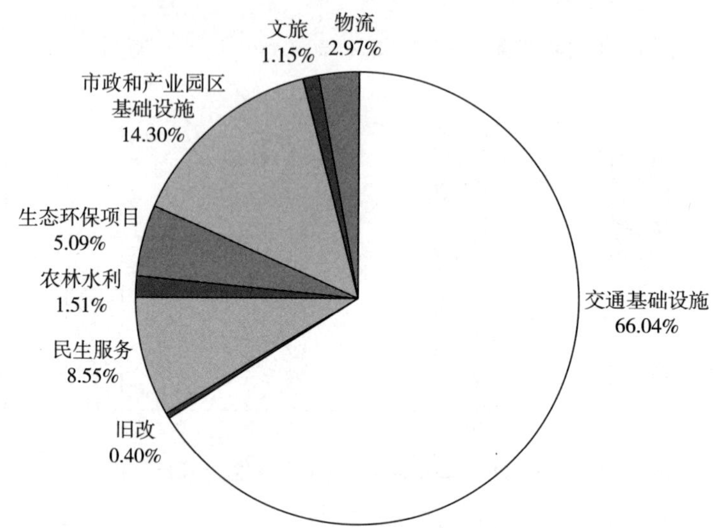

图 11 2020 年 1～6 月甘肃省新增项目收益专项债募投领域分布

数据来源：甘肃省地方政府新增专项债信息披露文件，中诚信国际整理计算。

项目收益专项债由省级政府代为发行，资金用于省本级项目或者转贷给下级市县使用。2020 年 1～6 月，甘肃省新增项目收益专项债用于省级、地市级和区县级项目的债券余额占比分别为 26.37%、38.20% 和 35.43%，地市级和区县级项目占比较高。从收入对项目本息覆盖倍数情况来看，覆盖倍数主要集中于 1～1.5 倍，占比为 46.35%。

（三）项目收益专项债资金用作项目资本金的比例一般

2019 年 6 月 10 日，中央中共办公厅、国务院办公厅联合发布《关于做好地方政府专项债券发行及项目配套融资工作的通知》（厅字〔2019〕33 号）①，允许将部分专项债作为一定比例的项目资本金。由于监管部门对专项债用作资本金的项目有较高要求，2020 年 1～6 月，甘肃省仅有 4 个交通基础设施项目对应 45.00 亿元的专项债用作资本金，占项目收益专项债总发行规模的 11.22%，专项债用作项目资本金的比例一般，仍有较大的提升空间。

① 《关于做好地方政府专项债券发行及项目配套融资工作的通知》（厅字〔2019〕33 号），中华人民共和国中央人民政府网，2019 年 6 月 10 日，http：//www.gov.cn/zhengce/2019－06/10/content_5398949.htm。

（四）理论上可撬动基建投资约643亿元

2020 年 1 ~6 月，甘肃省发行的项目收益专项债中 45.00 亿元用于项目资本金，专项债资本金撬动杠杆为 1.54 倍，专项债作为资本金撬动基建投资规模为 69.23 亿元；发行的项目收益专项债中用作配套融资的金额为 356.00 亿元，专项债配套融资撬动杠杆为 1.61 倍，撬动基建投资规模为 574.19 亿元①；发行的项目收益专项债撬动基建投资总规模为 643.42 亿元。

三　甘肃省偿债能力分析

（一）债务规模增长较快，2023年为地方债偿债高峰期

2017 ~2019 年，甘肃省债务限额分别为 2299.50 亿元②、2745.50 亿元和 3370.50 亿元，债务余额分别为 2068.60 亿元、2492.10 亿元和 3109.80 亿元，债务水平居全国下游（见图 12），但债务增速较快，分别为 16.34%、20.81% 和 24.79%（见图 13）。

2020 年 7 ~ 12 月及 2021 ~ 2026 年，甘肃省到期地方债规模分别为 161.96 亿元、278.16 亿元、307.85 亿元、597.94 亿元、210.64 亿元、373.98 亿元和 409.35 亿元。其中一般债到期规模分别为 104.24 亿元、141.01 亿元、215.91 亿元、313.20 亿元、139.49 亿元、250.91 亿元和 231.35 亿元；专项债到期规模分别为 57.72 亿元、137.15 亿元、91.94 亿元、284.74 亿元、71.15 亿元、123.07 亿元和 178.00 亿元。2023 年为甘肃省地方债偿债高峰期（见图 14）。

---

① 专项债撬动基建投资方法参见袁海霞、汪苑晖、卞欢《专项债兼顾扩容提效，助力基建托底稳增长——地方政府专项债 2019 年回顾与 2020 年展望》，《财政科学》2020 年第 1 期。

② 如无特别说明，本报告中引用的甘肃省政府债务限额、余额，一般公共预算收入、支出，财政平衡率，债务率、负债率等财政相关数据均来自甘肃省财政预算执行及决算报告，并由中诚信国际整理计算。

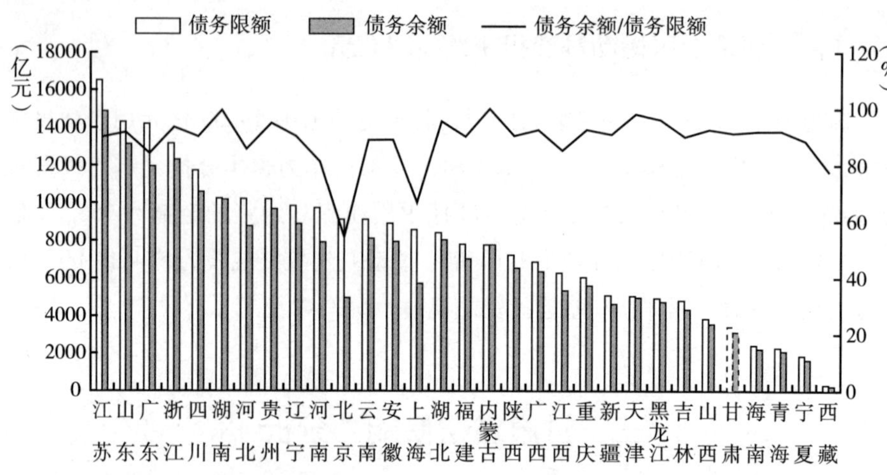

图12　2019年全国31个省（区、市）地方政府债务限额及余额

数据来源：全国31个省（区、市）财政预算执行及决算报告，中诚信国际整理计算。

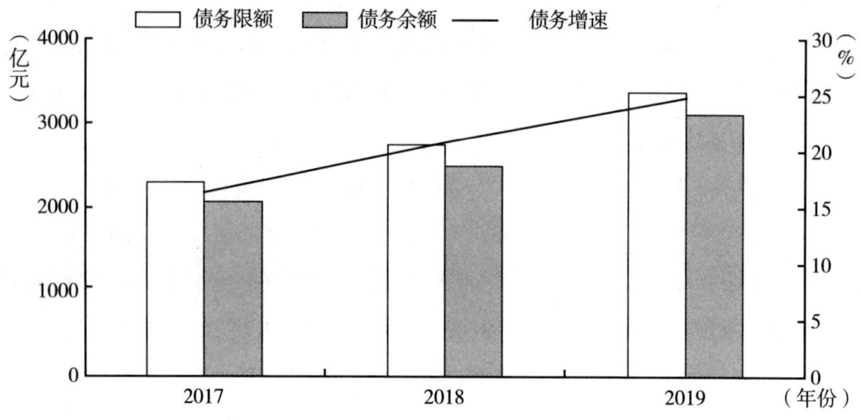

图13　2017～2019年甘肃省地方政府债务限额、余额及增速

数据来源：甘肃省财政预算执行及决算报告，中诚信国际整理计算。

（二）财政实力较弱，对上级补助依赖较大

甘肃省经济体量较小，2019年甘肃省实现地区生产总值8718.30亿元①，在

① 如无特别说明，本报告中引用的宏观经济数据均来自《甘肃省国民经济和社会发展统计公报》，并由中诚信国际整理计算。

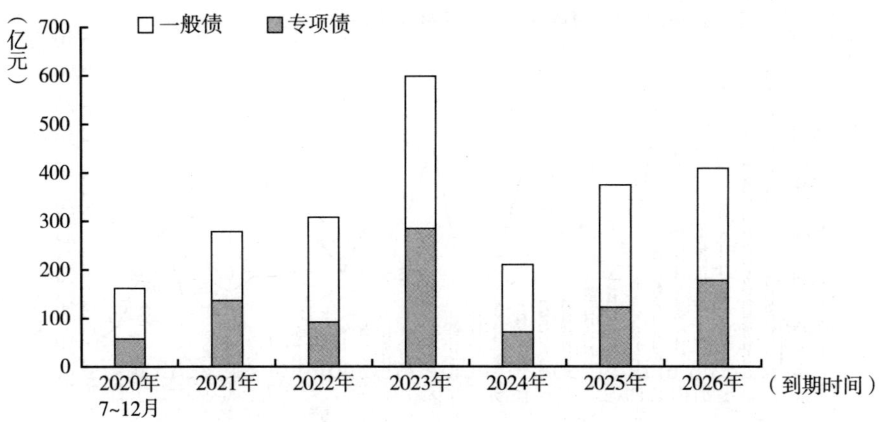

图14　甘肃省地方债2020～2026年到期分布

数据来源：甘肃省财政预算执行及决算报告，中诚信国际整理计算。

全国31个省（区、市）中排名倒数第五。2017～2019年甘肃省GDP增速分别为3.6%、6.3%和6.2%，近年来有所波动。2019年甘肃省人均GDP为3.30万元，仅为全国人均GDP的46.54%；三产占比分别为12.05%、32.83%、55.12%，产业结构以第三产业为主。

甘肃省财政实力较弱，2019年甘肃省一般公共预算收入为850.20亿元，在全国31个省（区、市）中排名倒数第五，一般公共预算收入增速为5.20%。2019年甘肃省财政平衡率为21.49%（见图15），财政平衡能力较低。2019年甘肃省收到上级补助收入2022.50亿元，收支平衡对上级补助依赖较大。

（三）债务率较高，面临较大的债务压力

截至2019年，甘肃省债务率和负债率分别为91.45%和35.67%，债务率暂未超过100%国际警戒标准，但处于较高水平，居全国第13位（见图16），面临较大的债务压力。甘肃省实施了多项措施加强债务管理：（1）“开好前门”，发行政府债券置换存量债务，缓解各级政府偿债压力；（2）“严堵后门”，规范举债行为，印发《甘肃省政府性债务风险应急处置预案》（甘政办发〔2017〕11号）①，明确地方政府偿债职责，防范债务风险。

① 《我省多措并举加强地方政府债务管理》，《甘肃日报》2018年7月31日。

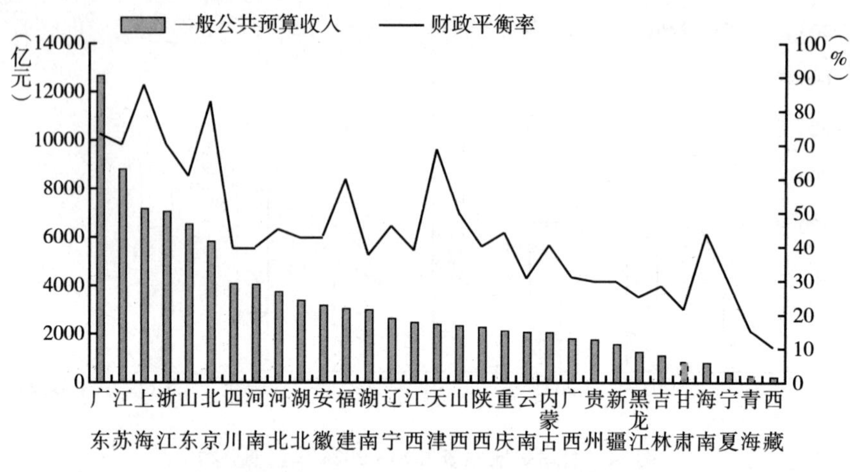

图 15　2019 年全国 31 个省（区、市）一般公共预算收入与财政平衡率

数据来源：全国 31 个省（区、市）财政预算执行及决算报告，中诚信国际整理计算。

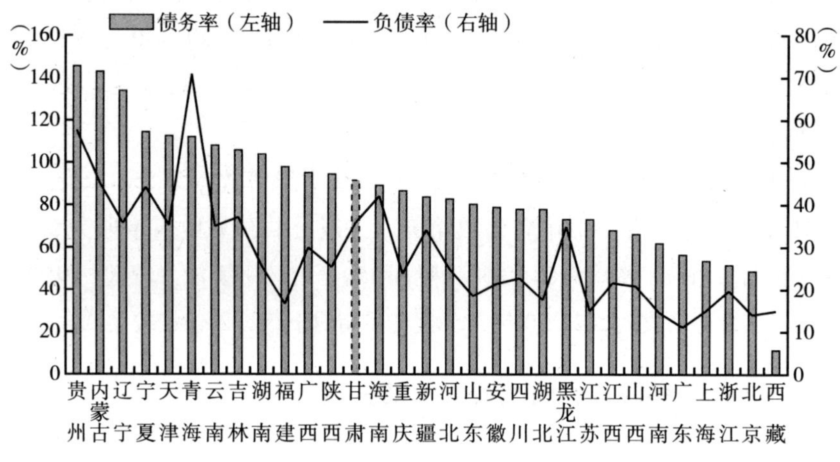

图 16　2019 年全国 31 个省（区、市）债务率及负债率

数据来源：全国 31 个省（区、市）财政预算执行及决算报告，中诚信国际整理计算。

四　小结

甘肃省经济与财政实力在全国排名较为靠后，财政平衡对转移支付依赖较高。2020 年 1 ~6 月甘肃省地方债发行利率有所下降，期限趋于长期化，受新冠肺炎疫情影响，到期收益率波动较大。近年来，甘肃省新增项目收益专项债发行规模大幅增长以撬动基建投资，发行成本逐年降低，发行期限较长，能够很好地匹配项目资金需求和期限。甘肃省债务增长较快，整体偿债压力较大。

面对甘肃省地方债的偿债形势，甘肃省政府须规范政府债务管理，把融资成本保持在低位，提高地方债资金使用效率，合理分散地方政府债券的到期时间，多措并举以缓解偿债压力。

B.20
2020年青海省地方政府债券分析报告

侯一甲　王　昭*

摘　要： 青海省存量地方债规模在全国排名靠后，2020年1~6月项目收益专项债发行规模较小，投向主要包含市政和产业园区基础设施、交通基础设施及民生服务等领域，项目领域向基建倾斜，但发行成本较高。受区域经济及财政实力影响，青海省整体财政收入不高，财政平衡能力较弱，对上级补助依赖性较强。此外，2019年青海省债务率超过国际警戒标准，地方债期限较集中，未来或存在较大债务压力。

关键词： 地方债　专项债　青海省

一　青海省地方债运行情况分析

截至2020年6月，青海省存量地方债共计145只，债券规模为2285.44亿元①，存量规模在全国排名靠后，仅高于宁夏和西藏（见图1）。从债券种类来看，青海省地方政府存续债以一般债为主，其中一般债和专项债余额分别为1758.30亿元和527.14亿元，分别占存量地方债总量的76.93%和

* 侯一甲，中诚信国际政府公共评级部（武汉）副总监，主要研究领域为地方政府债券、基础设施投融资行业等；王昭，中诚信国际政府公共评级部（武汉）分析师，主要研究领域为地方政府债券、基础设施投融资行业等。

① 如无特别说明，本报告中引用的地方债存量、发行量、发行利率、发行利差、交易量、到期收益率等债券相关数据均来自截至2020年6月的Choice数据库，并由中诚信国际整理计算。

23.07%；2018 年到 2020 年 6 月的存量地方债，以新增债为主，占比接近 70%，再融资债和置换债占比约 30%。从债券发行期限结构来看，青海省存量地方债发行期限以中长期为主，其中发行期限为 5 年、7 年以及 10 年的存续债分别为 40 只、45 只和 42 只，存量规模分别为 606.24 亿元、594.80 亿元和 774.25 亿元；发行期限为 3 年、15 年、20 年和 30 年的存量债较少，规模合计为 310.15 亿元。

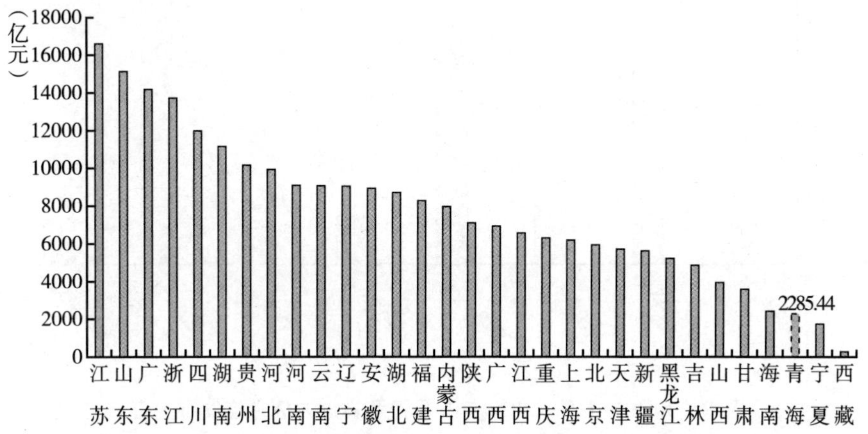

图 1　截至 2020 年 6 月全国 31 个省（区、市）地方债存量规模

数据来源：Choice 数据库，中诚信国际整理计算。

（一）2020年1~6月地方债发行数量及规模同比均有所增加

2020 年新冠肺炎疫情在全球爆发，经济下行压力进一步增大，疫情冲击下我国第一季度地区生产总值（GDP）同比出现负增长，其中青海省 2020 年第一季度 GDP 为 652.68 亿元，同比下降 2.1%；随着疫情防控和复工复产成效的显现，青海省经济发展有所回暖，2020 年 1 ~6 月全省 GDP 为 1390.74 亿元，比 2019 年同期增长 1.0%。此外，为了应对新冠肺炎疫情影响，统筹推进疫情防控和经济社会发展，财政部计划 2020 年发行 1 万亿元抗疫特别国债，并在原有基础上新增 3.75 万亿元地方政府专项债，在此背景下，青海省 2020 年 1 ~6 月合计发行地方债 19 只，发行规模为 287.59 亿元，发行数量及发行规模较 2019 年同期相比均有所增加。从债券发行时间看，2020 年 1 ~6 月青海省地方债发行集中在 2 月、4 月和 5 月，其中 4 月发行额最多，发行规模为 213.59 亿元，占 2020 年 1 ~6 月总发行额的 74.27%；2 月和 5 月发行额分别为 41.00 亿元和 33.00 亿元，发行规模相对较小（见图 2）。

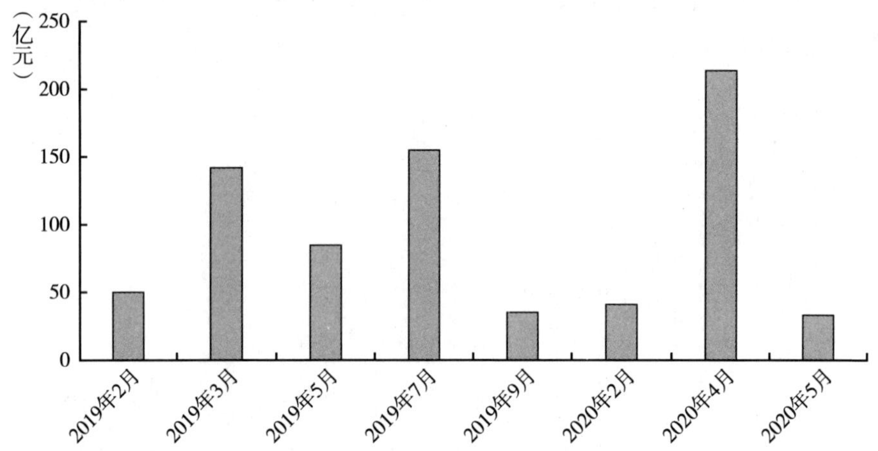

图 2　2019 年 1 月 ~2020 年 6 月青海省地方债月度发行规模

注：青海省部分月份无地方债发行，未在图中显示。
数据来源：Choice 数据库，中诚信国际整理计算。

（二）地方债发行以新增一般债为主，发行期限同比有所拉长

从结构来看，青海省 2020 年 1 ~6 月仅发行两只再融资债，其余均为新增债；其中新增一般债、新增专项债、再融资一般债以及再融资专项债发行规模分别为 152.00 亿元、108.00 亿元、20.41 亿元以及 7.18 亿元。从债券种类来看，青海省 2020 年 1 ~6 月发行的地方债数量虽以专项债居多，但一般债发行规模超过专项债发行规模，具体来看，1 ~6 月青海省一般债仅发行 2 只，发行额为 172.41 亿元，占总发行额的 59.95%；专项债发行 17 只，发行额为 115.18 亿元，占总发行额的 40.05%。从地方债期限分布来看，青海省地方债发行期限同比有所拉长，2020 年 1 ~6 月发行的地方债均为 7 年及以上的中长期债券，其中发行期限为 10 年及以上的长期债券占比最大，发

行数量为18只，发行额为278.07亿元，占总发行额的96.69%；期限为7年的中期债券仅1只，发行额为9.52亿元（见图3）。

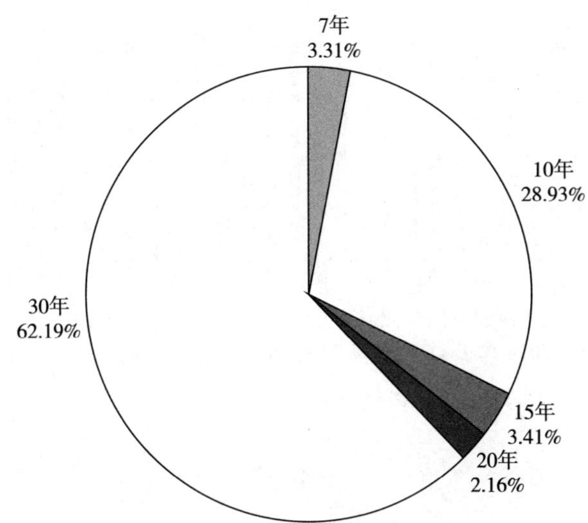

图3　2020年1～6月青海省地方债发行期限结构

数据来源：Choice数据库，中诚信国际整理计算。

（三）发行利率呈下降趋势，发行成本处于较高水平

从地方债发行成本来看，青海省2020年1～6月地方债发行利率①为3.39%，较2019年同期下降0.07个百分点，发行利差为30.54BP，同比小幅增长1.68BP，但两项指标在全国31个省（区、市）中排名靠前，发行成本总体偏高（见图4）。从青海省地方债每月发行的利率来看，2019年1～6月仅2月、3月及5月发行地方债，月度发行利率呈持续上升趋势；2020年2月地方债的发行利率最高，次之为4月，最低为5月，整体呈现下降趋势（见图5）。从发行利差来看，青海省2020年2月的地方债发行利差处于1～6月最高水平，4月及5月发行利差有所回落。

① 如无特别说明，本报告中发行利率、利差为根据发行额计算的加权平均发行利率、利差，发行利率计算公式为债券发行利率减对应期限国债收益率。

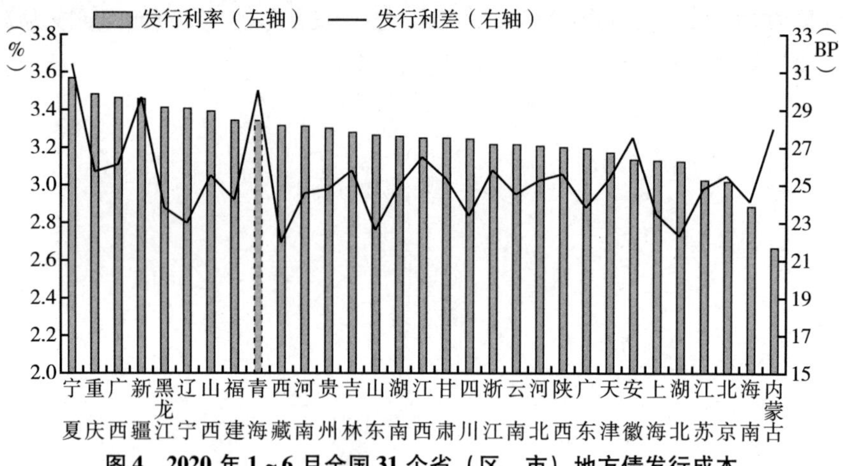

图4　2020 年 1～6 月全国 31 个省（区、市）地方债发行成本

数据来源：Choice 数据库，中诚信国际整理计算。

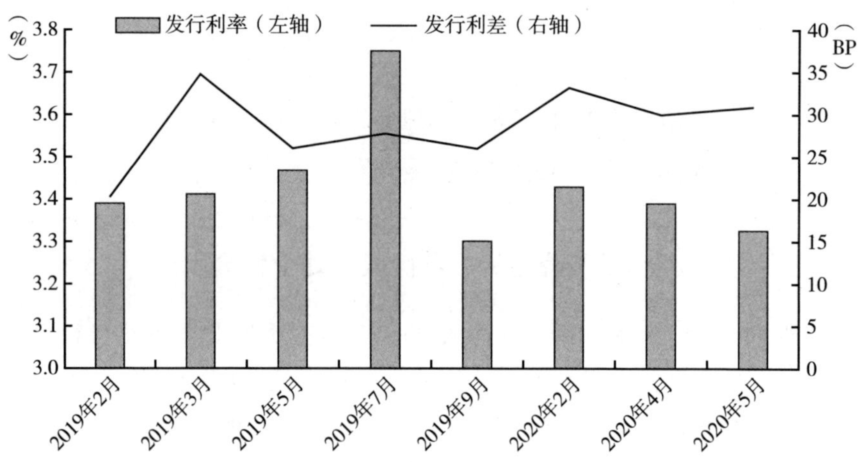

图5　2019 年 1 月～2020 年 6 月青海省地方债月度发行成本

注：青海省部分月份无地方债发行，未在图中显示。

数据来源：Choice 数据库，中诚信国际整理计算。

（四）交易规模同比大幅下滑，到期收益率整体回落

2020 年 1～6 月，青海省地方债交易规模①为 961.71 亿元，较 2019 年

① 交易统计包含回购交易、现券交易等部分。

同期下滑33.42%，在全国31个省（区、市）中排名中下游。从地方债到期收益率走势看，青海省地方债到期收益率①整体有所回落，其中2020年1～4月降幅较大，4月降至最低点，随后逐渐回升（见图6）。

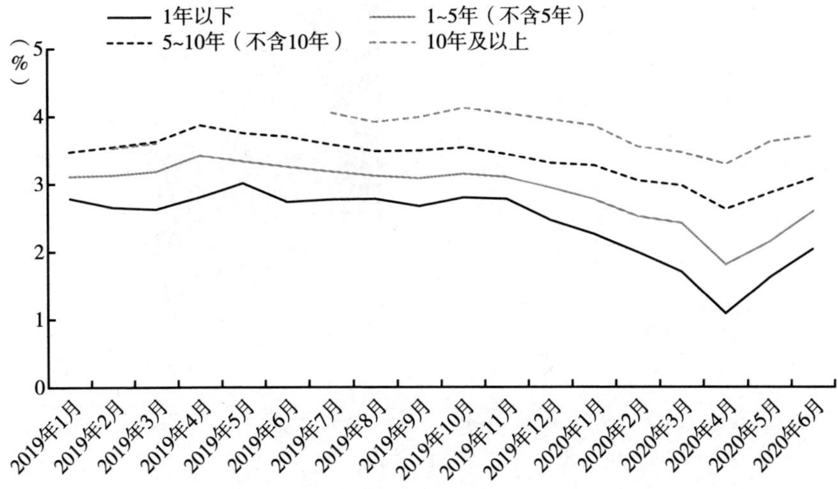

图6　2019年1月～2020年6月青海省地方债到期收益率走势

数据来源：Choice数据库，中诚信国际整理计算。

二　青海省地方政府项目收益专项债分析*

截至2020年6月，青海省存量地方政府项目收益专项债共49只，余额为293.00亿元，从投向来看，主要涉及棚改、土储、收费公路、民生服务、医疗和农林水利等领域，其中投向棚改、土储和收费公路的项目收益专项债较多，合计余额为181.50亿元，占总量的61.95%。从剩余期限看，1～5年期共10只，余额为27亿元；5～10年期共29只，余额为204.81亿元；10年期

① 此处到期收益率均值采用的是算术平均值。

* 2020年7月29日财政部《关于加快地方政府专项债券发行使用有关工作的通知》（财预〔2020〕94号），明确2020年新增专项债必须保证融资规模与项目收益相平衡，因此2020年发行的新增专项债均为项目收益专项债。本部分项目收益专项债的统计样本为2017～2019年项目收益专项债与2020年1～6月的新增专项债。

以上共10只，余额为61.19亿元，无1年内到期的项目收益专项债（见图7）。

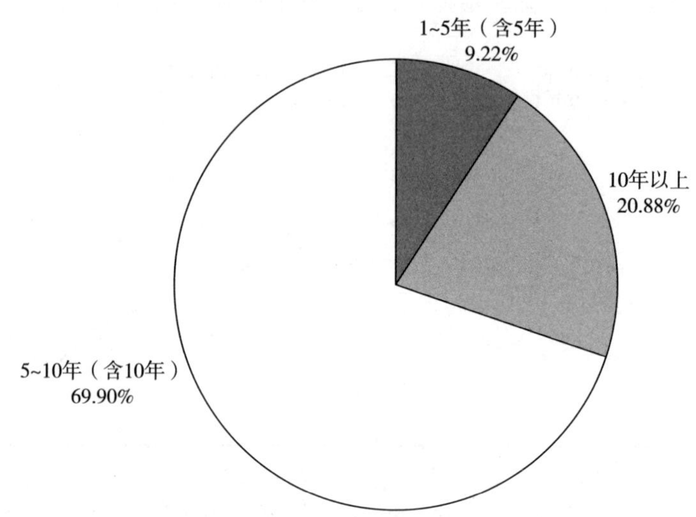

图7 截至2020年6月青海省项目收益专项债剩余期限结构

数据来源：Choice数据库，中诚信国际整理计算。

（一）发行规模快速增长，发行期限以10年为主，发行成本持续下降

自2017年财政部发布《关于试点发展项目收益与融资自求平衡的地方政府专项债券品种的通知》（财预〔2017〕89号）① 以来，青海省共发行项目收益专项债49只，截至2020年6月余额为293.00亿元。从发行规模来看，2019年1~6月青海省仅发行2只期限均为7年的项目收益专项债，规模合计28亿元；2020年1~6月，青海省发行项目收益专项债108.00亿元，较2019年同期大幅增长285.71%（见图8）。从发行项目收益专项债的期限来看，主要集中在7~10年，较2019年同期有所拉长，其中发行期限

① 《关于试点发展项目收益与融资自求平衡的地方政府专项债券品种的通知》（财预〔2017〕89号），中华人民共和国财政部网，2017年7月24日，http://yss.mof.gov.cn/zhuantilanmu/dfzgl/zcfg/201707/t20170724_2656632.htm。

为10年的项目收益专项债规模最多，为55.62亿元，占2020年1～6月发行总额的51.50%（见图9）。从发行利率及利差来看，自2017年青海省首次

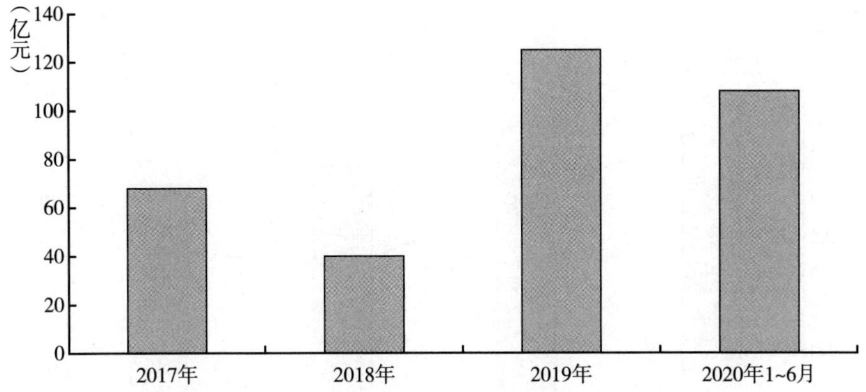

图8　2017年～2020年6月青海省项目收益专项债发行规模

数据来源：Choice数据库，中诚信国际整理计算。

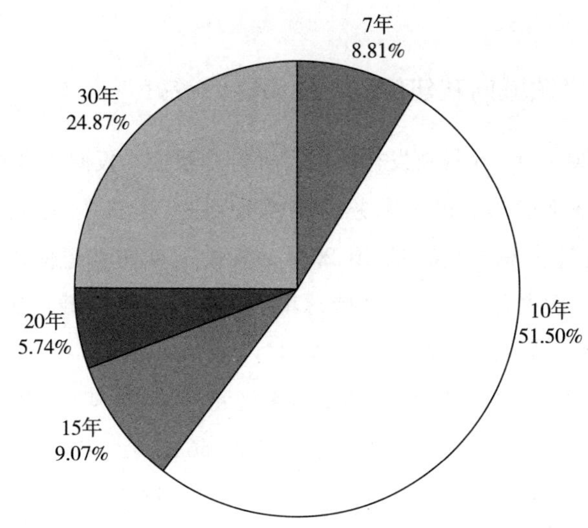

图9　2020年1～6月青海省项目收益专项债发行期限结构

数据来源：Choice数据库，中诚信国际整理计算。

发行项目收益专项债以来，发行利率逐年下降，但在全国仍处于较高水平，发行利差从 2017 年持续下降至 2019 年的低点之后回升至 2020 年 1～6 月的 31.58BP（见图 10）。

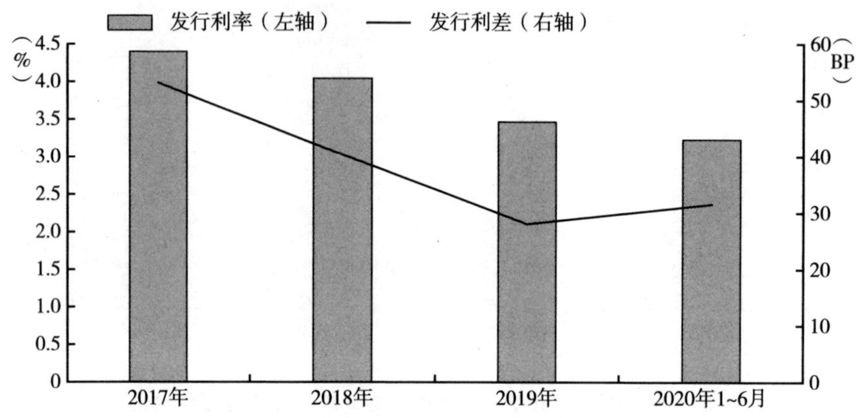

图 10　2017 年～2020 年 6 月青海省项目收益专项债发行成本

数据来源：Choice 数据库，中诚信国际整理计算。

（二）募投领域向基建倾斜，偿债能力较好

青海省 2020 年 1～6 月新发行的项目收益专项债，投向市政和产业园区基础设施、交通基础设施、民生服务的规模分别为 39.77 亿元①、23.80 亿元、23.17 亿元，合计占总发行额的 80.20%，募投领域向基建倾斜（见图 11）；其他投向领域包括生态环保项目和能源项目等。从项目行政层级分布情况看，省级、地市级和区县级均有涉及，省级项目、地市级项目和区县级项目总投资分别为 247.62 亿元、210.25 亿元和 79.64 亿元，其中专项债用作项目配套融资的数额分别为 27.50 亿元、49.99 亿元和 30.66 亿元。从项目本息覆盖倍数情况看，其倍数均大于 1，募投项目整体偿债能力较好。

① 如无特别说明，本报告中引用的专项债支持项目的相关数据均来自青海省政府新增专项债信息披露文件，并由中诚信国际整理计算。由于数据的获取问题，数据可能来自不同募投项目文件、项目实施方案、信息披露模板等，这可能导致数据分析出现一定偏差，但不会对分析结论产生实质上的影响。

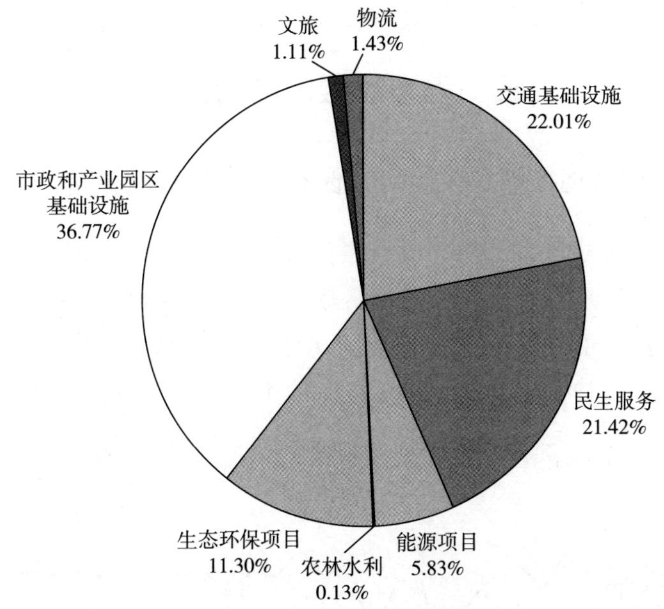

图 11　2020 年 1～6 月青海省新增项目收益专项债募投领域分布

数据来源：青海省地方政府新增专项债信息披露文件，中诚信国际整理计算。

（三）青海省无专项债资金用作项目资本金情况

自 2019 年以来，青海省共发行项目收益专项债 34 只，总规模为 233.00 亿元，主要投向包含医疗、收费公路和棚改等领域，无专项债资金用作项目资本金，项目收入来源主要是土地出让收入、医疗收入、租赁收入等。

（四）专项债配套融资撬动杠杆情况在全国处于末位

青海省 2020 年 1～6 月新发行的项目收益专项债主要投向市政和产业园区基础设施、交通基础设施、民生服务等领域，全部作为配套融资投入项目；由于青海省专项债均未用作项目资本金，故 2020 年 1～6 月青海省专项债资本金撬动杠杆为 0，因专项债项目配套融资比例均值为 0.81，故专项债配套融资撬动杠杆为 1.23 倍①，同全国其他省（区、市）相比处于末位。

① 专项债撬动基建投资方法参见袁海霞、汪苑晖、卞欢《专项债兼顾扩容提效，助力基建托底稳增长——地方政府专项债 2019 年回顾与 2020 年展望》，《财政科学》2020 年第 1 期。

三　青海省偿债能力分析

（一）债务规模增长较快，负债率已超国际警戒标准

青海省债务规模 2015～2019 年增长较快，但在全国范围处于较低水平。截至 2019 年，青海省债务限额及余额分别为 2284.66 亿元和 2102.13 亿元①，债务余额同比增加了 338.93 亿元（见图 12）。债务率方面，青海省 2019 年债务率为 112.12%，较 2018 年增长 5.56 个百分点，已超过国际警戒标准。

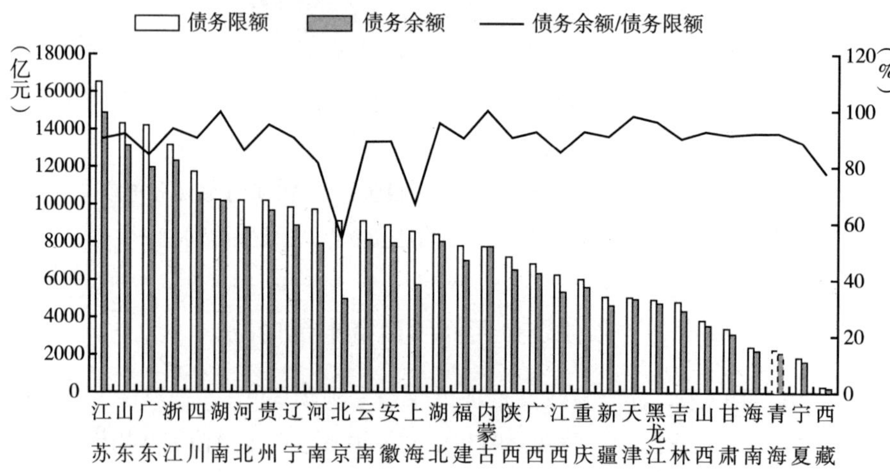

图 12　2019 年全国 31 个省（区、市）地方政府债务限额及余额

数据来源：全国 31 个省（区、市）财政预算执行及决算报告，中诚信国际整理计算。

截至 2020 年 6 月，青海省存量地方债规模为 2285.44 亿元，居全国倒数第 3 位；从到期时间分布来看，青海省地方债到期分布相对较分散，其中 2021～2023 年地方债到期规模呈持续增长趋势，2023 年到期债务规模达 275.73 亿元，2024～2026 年到期地方债债务规模虽有所减少，但均超过 200

① 如无特别说明，本报告中引用的青海省政府债务限额、余额，一般公共预算收入、支出，财政平衡率，债务率、负债率等财政相关数据均来自青海省财政预算执行及决算报告，并由中诚信国际整理计算。

亿元（见图 13）。整体来看，考虑到青海省财政实力水平一般，2022 ~ 2026 年面临较大的偿债压力。从到期券种看，2020 ~ 2026 年到期的青海省地方债以一般债为主，专项债到期规模除 2026 年相对较大以外，其余年份到期规模均不高。

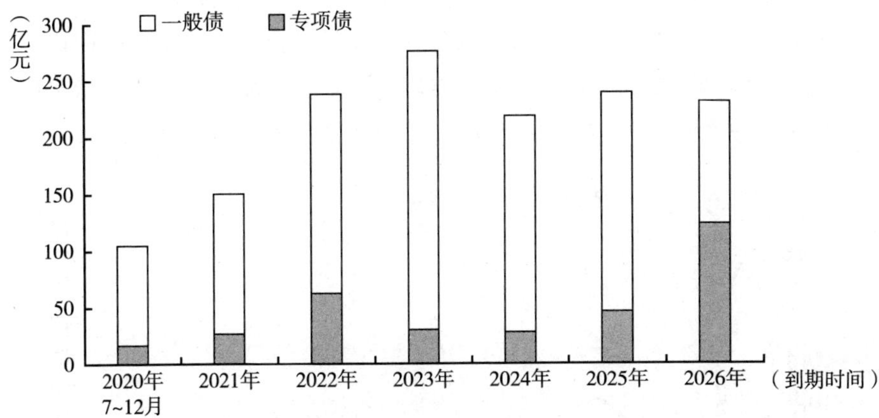

图 13　青海省地方债 2020 ~ 2026 年到期分布

数据来源：青海省财政预算执行及决算报告，中诚信国际整理计算。

（二）经济及财政实力较弱，财政平衡主要依赖上级补助

经济发展方面，青海省经济体量相对较小，虽然近年来经济持续增长，但增速有所放缓，且增速仍高于全国平均水平。2019 年青海省实现地区生产总值（GDP）① 2965.95 亿元，同比增长 6.3%，增速进一步放缓，经济总量在全国 31 个省（区、市）中仅高于西藏自治区。青海省产业结构以第三产业为主，三次产业比例由 2018 年的 9.4∶43.5∶47.1 调整为 10.2∶39.1∶50.7，产业结构有所优化。从经济发展驱动力看，投资是青海省经济发展第一动力，2019 年青海省固定资产投资同比增速为 5.0%，其中，制造业投资增长 2.6%，电力、热力、燃气及水生产和供应业投资增长 41.1%，采矿业投资增长 21.4%，民间投资增长 8.2%。短板领域投资继续加强，惠民生投资增长 6.1%，其中，

① 如无特别说明，本报告中引用的宏观经济数据均来自《青海省国民经济和社会发展统计公报》，并由中诚信国际整理计算。

基础设施投资增长 2.0%。

财政实力方面，青海省近年来财政收入增速较快，但财政平衡率较低，财政自给能力较差，财政平衡主要依赖上级补助，整体财政实力较弱。2019 年青海省实现一般公共预算收入 282.14 亿元，增速由 2018 年的 10.8% 回落至 3.4%，在全国 31 个省（区、市）中仅高于西藏（见图 14），其中税收收入为 198.7 亿元，占比 70.43%；2019 年青海省一般公共预算支出为 1863.7 亿元，同比增长 13.1%。财政平衡率方面，2019 年青海省财政平衡率仅为 15.14%，财政平衡能力较 2018 年进一步弱化，资金缺口较大，收支平衡主要依赖上级补助。

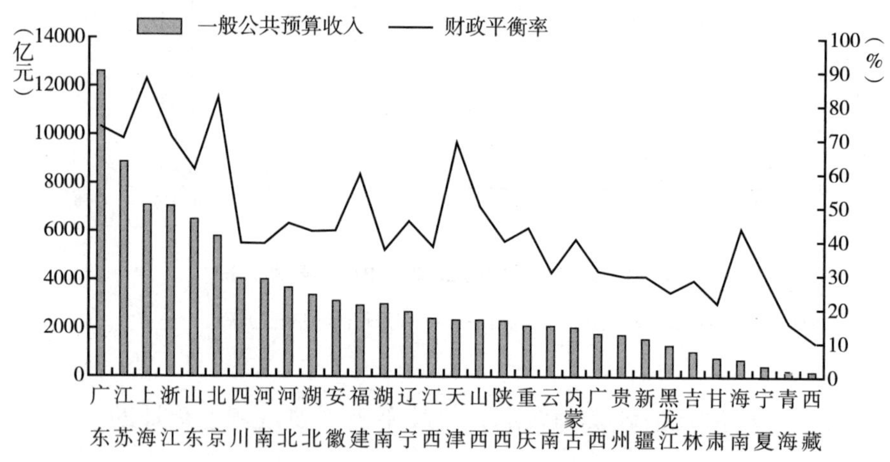

图 14　2019 年全国 31 个省（区、市）一般公共预算收入与财政平衡率

数据来源：全国 31 个省（区、市）财政预算执行及决算报告，中诚信国际整理计算。

（三）自身经济发展和财政实力较弱，偿债压力较大

截至 2019 年末，青海省地方政府债务余额为 2102.13 亿元，规模在全国范围内相对靠后，其中，一般债余额为 1682.98 亿元，专项债余额为 419.15 亿元。从债务率及负债率来看，2019 年青海省债务率为 112.12%，在全国排名靠前（见图 15），且超过 100% 国际警戒标准；负债率为 70.88%，在全国排名第一，负债率较高。整体而言，青海省债务规模相对较小，但自身经济发展和财政实力较弱，偿债压力相对较大。

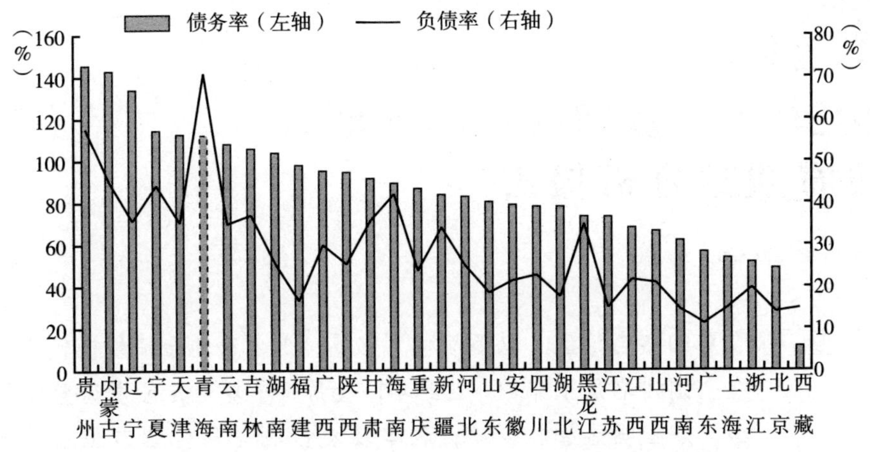

图15　2019年全国31个省（区、市）债务率及负债率

数据来源：全国31个省（区、市）财政预算执行及决算报告，中诚信国际整理计算。

四　小结

青海省地方债、项目收益专项债存量规模在全国范围内均处于靠后水平，其中存量地方债主要为中长期的一般债，发行成本在全国处于较高水平，到期收益率于2020年4月达到最低，随后逐渐回升。项目收益专项债方面，青海省存量项目收益专项债剩余期限主要分布在5～10年，且发行成本处于较高水平，其中2020年1～6月发行规模同比大幅增长，投向领域增多。地方政府债务和经济财政实力方面，青海省债务规模虽然不高，但经济和财政实力在全国处于较低水平，财政平衡能力较弱，且债务率超过国际警戒标准，债务压力较高。

根据青海省地方债发行及区域经济的特点，青海省地方政府应审慎发债，同时重点优化债券期限结构，以缓解债务压力，此外在合理范围内，积极通过专项债用作项目资本金撬动项目配套资金，以带动区域经济发展。

B.21

2020年宁夏回族自治区地方政府债券分析报告

杨龙翔　周 依　张 敏*

摘 要：宁夏回族自治区（以下简称“宁夏”）存量地方债规模较小，在全国排名居于末段。2020年1～6月，宁夏地方债发行整体放缓，期限明显加长，发行利率及发行利差居全国首位且呈上升趋势。从项目收益专项债来看，整体发行规模下降较大，投向主要包含交通基础设施、市政和产业园区基础设施及民生服务等领域，涉及范围较广且收益覆盖尚可，但对基建规模撬动有限。受该地区经济及财政实力较弱的影响，宁夏财政平衡能力较弱，对上级补助依赖性较强。此外，2019年，宁夏债务率较往年增幅较大且超过国际警戒标准，宁夏未来或存在一定债务压力，但地方政府债务相对举债空间较大，整体风险可控。

关键词：地方债　专项债　宁夏回族自治区

一　宁夏地方债运行情况分析

截至2020年6月，宁夏存量地方债规模为1743.59亿元①（见图1），占

* 杨龙翔，中诚信国际政府公共评级部（武汉）分析师，主要研究领域为地方政府债券、基础设施投融资行业等；周依，中诚信国际政府公共评级部（武汉）分析师，主要研究领域为地方政府债券、基础设施投融资行业等；张敏，中诚信国际政府公共评级部（武汉）分析师，主要研究领域为地方政府债券、基础设施投融资行业等。

① 如无特别说明，本报告中引用的地方债存量、发行量、发行利率、发行利差、交易量、到期收益率等债券相关数据均来自截至2020年6月的Choice数据库，并由中诚信国际整理计算。

全国存量地方债总规模的0.73%，在全国31个省（区、市）中，仅高于西藏自治区，地方债存量规模很小。债券种类方面，以一般债为主，规模为1245.97亿元，占比达71.46%；债券类型方面，以新增债为主，规模为459.91亿元；发行期限结构方面，5~10年期（含10年）债券存量规模最大，合计948.57亿元，占比为54.40%。

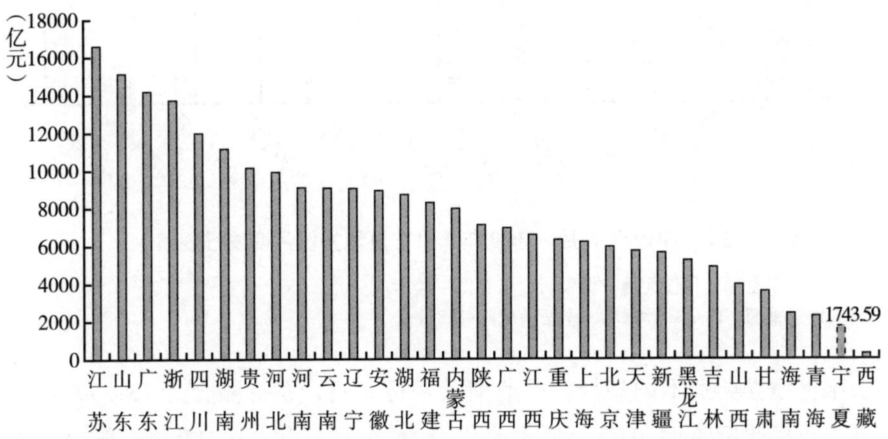

图1 截至2020年6月全国31个省（区、市）地方债存量规模

数据来源：Choice数据库，中诚信国际整理计算。

（一）地方债发行规模整体相对较小，全国排名靠后

2020年1~6月，宁夏共发行地方债13只，发行额合计156.50亿元，发行数量及发行规模均较2019年同期有所下降。从债券发行时间看，2020年1~6月，宁夏地方债发行集中在3~6月，发行额分别为46.90亿元、47.03亿元、10.00亿元、52.57亿元（见图2），月度发行规模呈现一定波动。根据全国31个省（区、市）截至2020年6月地方债存量规模情况，宁夏在全国31个省（区、市）中排名靠后，仅高于西藏自治区，地方债规模在全国范围内相对较小。

（二）地方债发行以一般债为主，30年期债券发行规模占比最大

从地方债发行结构看，2020年1~6月，宁夏共发行地方债13只，发行总额为156.50亿元，除一笔发行额为52.57亿元的再融资债外，其余均为新增

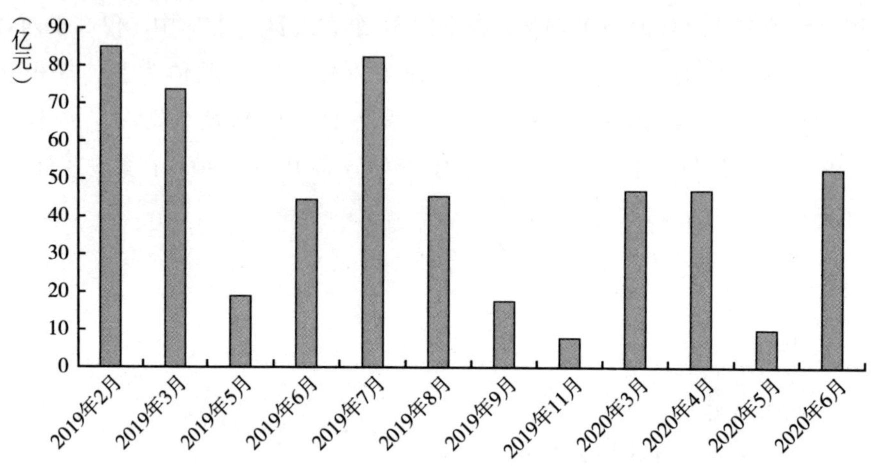

图2　2019 年 1 月～2020 年 6 月宁夏地方债月度发行规模

注：宁夏部分月份无地方债发行，未在图中显示。
数据来源：Choice 数据库，中诚信国际整理计算。

债。根据债券类别不同划分，一般债共发行 3 只，发行额合计 131.50 亿元，占总发行额比例的 84.03%，同比提升 24.09 个百分点，其中新增一般债 2 只，发行额共计 78.93 亿元，再融资一般债 1 只，发行额为 52.57 亿元；专项债共发行 10 只，全部为新增专项债，发行额合计为 25 亿元。从地方债发行期限看，2020 年 1～6 月宁夏地方债以 30 年期债券为主，规模为 132.32 亿元，占 1～6 月发行额的 84.55%（见图 3），相较其 2019 年发行债券以 10 年期和 5 年期为主变化显著。此外，对比全国其他 30 个省（区、市）2020 年 1～6 月地方债发行期限情况，仅有重庆市新发 30 年期地方债占比高于宁夏，占比为 84.85%。

（三）发行利率和利差居全国首位，发行成本有进一步上升趋势

从地方债发行成本看，2019 年宁夏地方债发行利率及利差①分别为 3.51% 和 26.60BP，其中，发行利率在全国 31 个省（区、市）中排名第 19 位，发行利差排名第 13 位（见图 4）。虽然宽松的环境有助于发行成本下降，但发行期

① 如无特别说明，本报告中发行利率、利差为根据发行额计算的加权平均发行利率、利差，发行利差计算公式为债券发行利率减对应期限国债收益率。

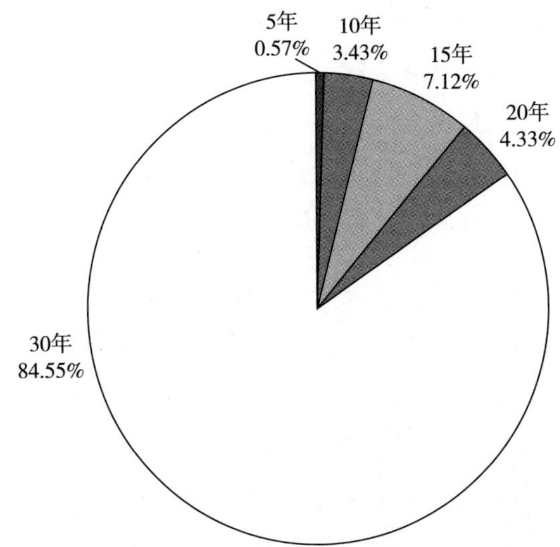

图3　2020 年 1 ~6 月宁夏地方债发行期限结构

数据来源：Choice 数据库，中诚信国际整理计算。

限的拉长在一定程度上使成本有所抬升，2020 年 1 ~6 月，宁夏地方债发行利率上升至 3. 62%，发行利差增加至 31. 99BP，两个指标均居全国首位。

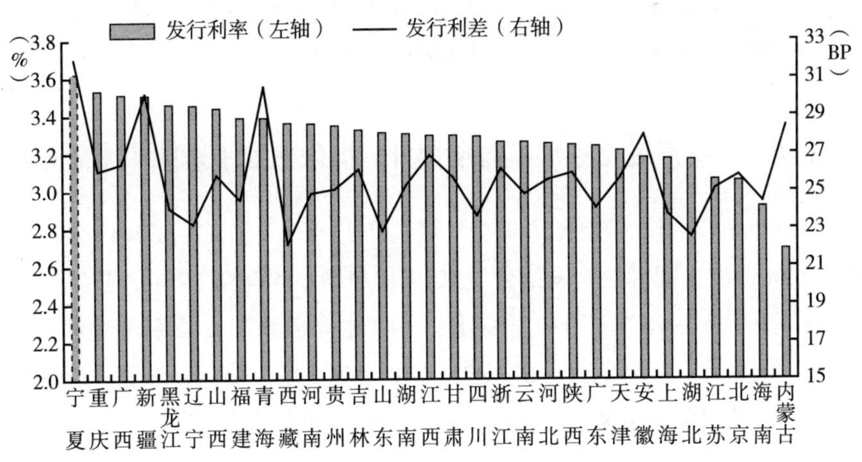

图4　2020 年 1 ~6 月全国 31 个省（区、市）地方债发行成本

数据来源：Choice 数据库，中诚信国际整理计算。

从月度发行利率来看，2020 年 1～6 月，宁夏地方债发行利率最低为 3.42%，最高为 3.86%（见图 5），发行利率存在一定波动，但总体呈上升趋势；发行利差方面，虽然 4 月与 5 月间发行利差有所波动，但 6 月即回归至 3 月同期水平，地方债发行利差总体趋于稳定。综上所述，因宁夏债券发行期限拉长，造成其地方债发行成本较高且有上升趋势。

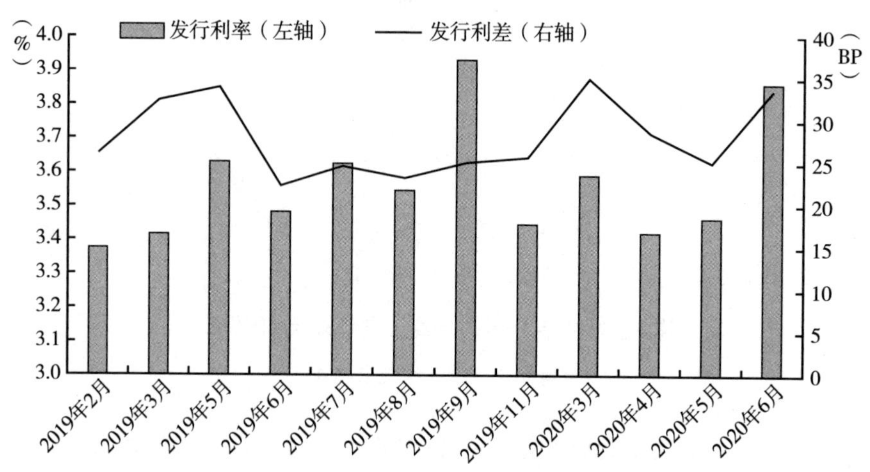

图 5　2019 年 1 月～2020 年 6 月宁夏地方债月度发行成本

注：宁夏部分月份无地方债发行，未在图中显示。
数据来源：Choice 数据库，中诚信国际整理计算。

（四）二级市场交易规模有所提升，但依然处于全国中下游水平

2020 年 1～6 月，宁夏地方债交易规模①为 186.12 亿元，较 2019 年同期增长 58.11%，交易规模在全国排名与 2019 年相同，均为第 30 位，整体交易规模有所提升但依然处于全国中下游水平。从地方债到期收益率走势看，2020 年 4 月，宁夏地方债到期收益率②迎来低谷（见图 6），随后逐渐回升至平均水平。此外，地方债剩余期限与到期收益率间呈正相关关系，即地方债剩余期限越长，到期收益率越高。

① 交易统计包含回购交易、现券交易等部分。
② 此处到期收益率均值采用的是算术平均值。

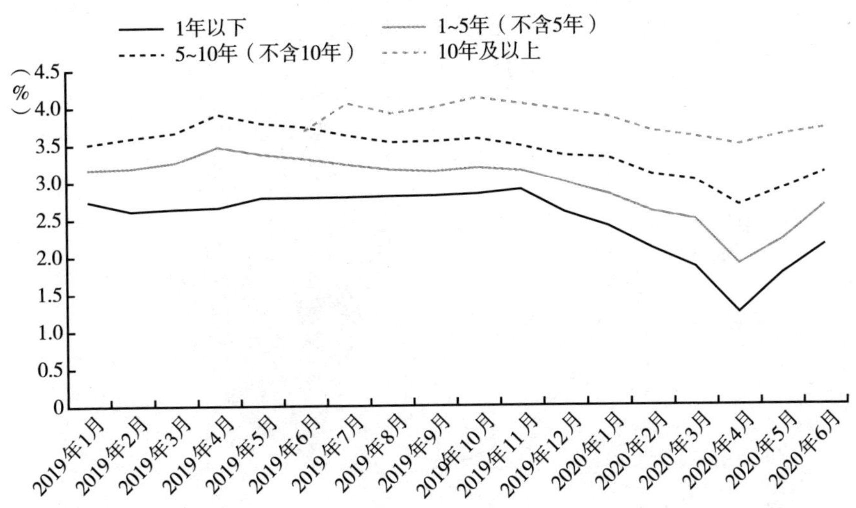

图6　2019 年 1 月 ~ 2020 年 6 月宁夏地方债到期收益率走势

数据来源：Choice 数据库，中诚信国际整理计算。

二　宁夏地方政府项目收益专项债分析*

截至 2020 年 6 月，宁夏存量地方政府项目收益专项债共计 34 只，余额总计 192.00 亿元，投向涉及交通基础设施、市政和产业园区基础设施、民生服务、生态环保项目及旧改等领域。从项目收益专项债剩余期限看，1 ~ 5 年合计 13 只，余额 65.88 亿元；5 ~ 10 年合计 7 只，余额 107.38 亿元；10 年以上共 14 只，余额 18.74 亿元，无 1 年内到期收益专项债（见图 7）。

（一）发行规模同比降幅较大，发行利率和发行利差持续走低

自 2017 年财政部发布《关于试点发展项目收益与融资自求平衡的地方政

* 2020 年 7 月 29 日财政部《关于加快地方政府专项债券发行使用有关工作的通知》（财预〔2020〕94 号），明确 2020 年新增专项债必须保证融资规模与项目收益相平衡，因此 2020 年发行的新增专项债均为项目收益专项债。本部分项目收益专项债的统计样本为 2017 ~ 2019 年项目收益专项债与 2020 年 1 ~ 6 月的新增专项债。

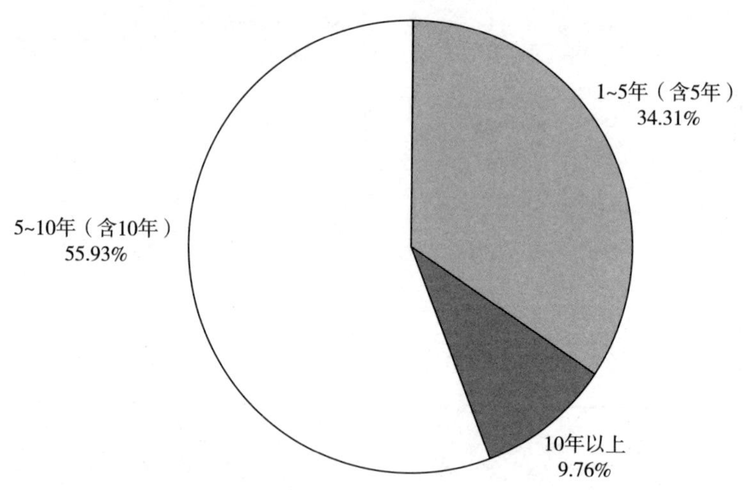

图 7　截至 2020 年 6 月宁夏项目收益专项债剩余期限结构

数据来源：Choice 数据库，中诚信国际整理计算。

府专项债券品种的通知》（财预〔2017〕89 号）① 以来，宁夏共发行项目收益专项债 34 只，发行额合计 192.00 亿元（见图 8）。从发行规模看，2020 年 1～6 月，宁夏发行项目收益专项债 25.00 亿元，较 2019 年同期降低 67.69%。随着 2020 年 7 月 27 日财政部印发《关于加快地方政府专项债券发行使用有关工作的通知》（下称《通知》）（财预〔2020〕94 号）②，后续或将继续下行。从债券期限看，2020 年 1～6 月新发项目收益专项债以 15 年期为主，发行规模为 11.14 亿元（见图 9），占 2020 年 1～6 月发行总规模的 44.54%。从发行利率及利差走势看，自 2018 年宁夏首次发行项目收益专项债以来，发行利率及利差保持下降趋势，项目收益专项债发行成本持续走低（见图 10）。

① 《关于试点发展项目收益与融资自求平衡的地方政府专项债券品种的通知》（财预〔2017〕89 号），中华人民共和国财政部网，2017 年 7 月 24 日，http：//yss. mof. gov. cn/zhuantilanmu/dfzgl/zcfg/201707/t20170724_ 2656632. htm。

② 《关于加快地方政府专项债券发行使用有关工作的通知》（财预〔2020〕94 号），中华人民共和国中央人民政府网，2020 年 7 月 29 日，http：//www. gov. cn/zhengce/zhengceku/2020 - 07/29/content_ 5530987. htm。

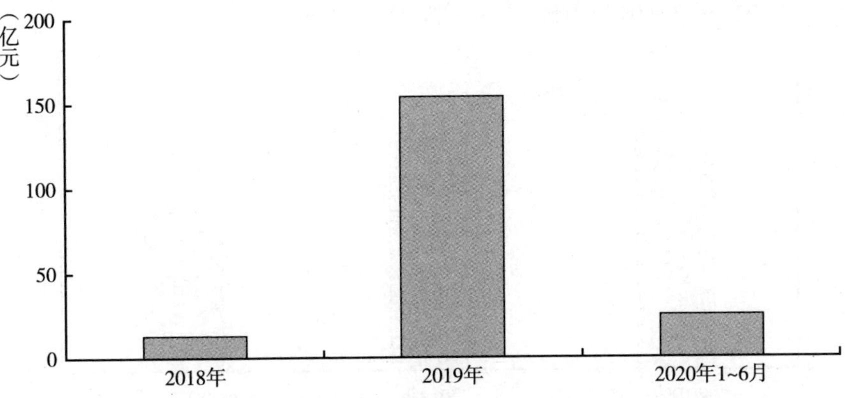

图8　2018 年 ~2020 年 6 月宁夏项目收益专项债发行规模

数据来源：Choice 数据库，中诚信国际整理计算。

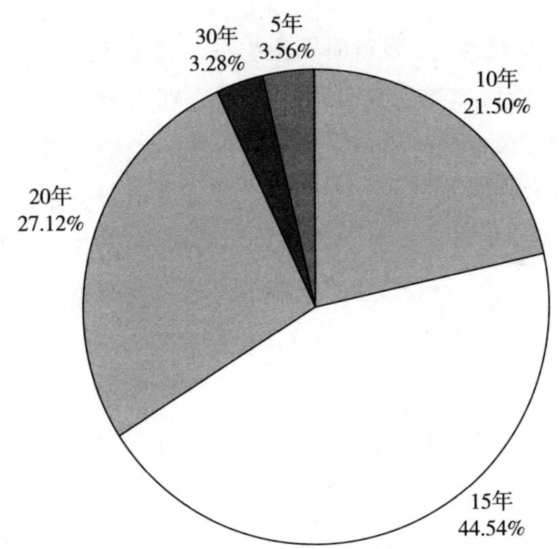

图9　2020 年 1 ~6 月宁夏项目收益专项债发行期限结构

数据来源：Choice 数据库，中诚信国际整理计算。

（二）项目收益专项债主要投向范围较广，且项目具有一定偿债能力

综观 2020 年 1 ~6 月宁夏地方政府项目收益专项债发行情况，可知宁夏新

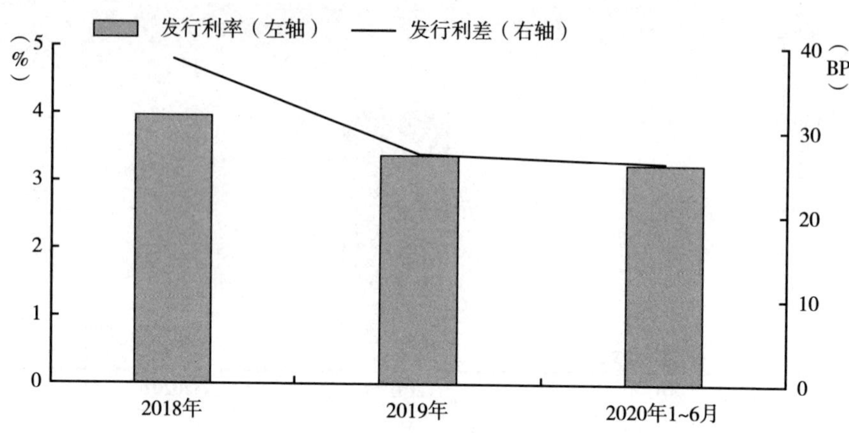

图 10　2018 年 ~2020 年 6 月宁夏项目收益专项债发行成本

数据来源：Choice 数据库，中诚信国际整理计算。

发行相关债券 25.00 亿元①，发行时期集中在 4 月至 5 月，主要投向交通基础设施及市政和产业园区基础设施领域，占比分别为 38.74%、32.41%（见图 11）。其他投向领域包括民生服务、生态环保项目及旧改等。细分项目投向领域，2020 年 1 ~6 月宁夏项目收益专项债主要涉及收费公路、供水和水务、医疗三个领域，投入规模分别为 6.94 亿元、5.28 亿元、3.47 亿元，占 2020 年发行总规模的 62.71%。整体来看，2020 年 1 ~6 月宁夏地方政府专项债在传统领域基础上，推进促消费、惠民生和调结构的“两新一重”项目，资金投向有所优化。

从项目行政层级分布情况看，2020 年 1 ~6 月，省级、地市级和区县级项目共计 46 个，其中区县级项目数量最多，达 33 个，项目总投资 64.26 亿元；省级项目数量为 6 个，项目总投资 416.35 亿元；地市级项目数量为 7 个，项目总投资 17.92 亿元。从项目本息覆盖倍数情况看，其覆盖倍数均大于 1，具有一定偿债能力。

① 如无特别说明，本报告中引用的专项债支持项目的相关数据均来自宁夏回族自治区政府新增专项债信息披露文件，并由中诚信国际整理计算。由于数据的获取问题，数据可能来自不同募投项目文件、项目实施方案、信息披露模板等，这可能导致数据分析出现一定偏差，但不会对分析结论产生实质上的影响。

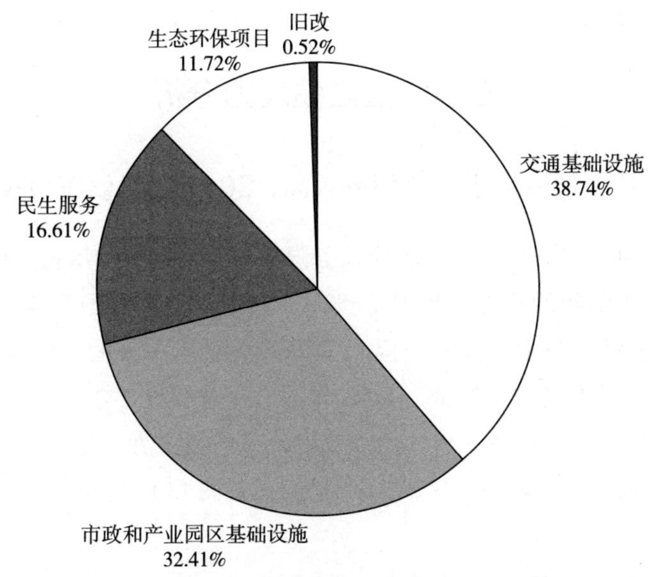

图 11　2020 年 1～6 月宁夏新增项目收益专项债募投领域分布

数据来源：宁夏地方政府新增专项债信息披露文件，中诚信国际整理计算。

（三）新发项目收益专项债全部用于配套融资，暂未用作项目资本金

自 2019 年以来，宁夏共发行项目收益专项债 32 只，涉及规模共 25.00 亿元，无专项债资金用于项目资本金，全部用于配套融资，项目收入来源主要是土地出让收入、水务业务收入、门诊收入等。

（四）项目收益专项债配套融资撬动杠杆较高，撬动规模有限

因专项债未用作项目资本金，故 2020 年 1～6 月，宁夏专项债资本金撬动杠杆为 0；经测算，2020 年 1～6 月宁夏专项债配套融资撬动杠杆为 1.96 倍，同全国其他省（区、市）相比较高；基建投资撬动规模为 49.02 亿元[①]，受项目收益专项债发行量限制，实际撬动效果有限。

---

① 专项债撬动基建投资方法参见袁海霞、汪苑晖、卞欢《专项债兼顾扩容提效，助力基建托底稳增长——地方政府专项债 2019 年回顾与 2020 年展望》，《财政科学》2020 年第 1 期。

三 宁夏偿债能力分析

（一）债务规模偏小但负债率较高，2023年偿债压力较大

自2017年以来，宁夏地方政府债务限额保持稳定持续增长，地方政府债务余额占债务限额的比重均维持在88%①左右，低于全国平均水平（见图12），表明宁夏债务水平较高，但后续举债空间相对较大，整体风险可控。2020年6月，宁夏地方债存量为1743.59亿元，规模处于全国末段，仅位列西藏自治区之前。从到期时间看，2021～2025年宁夏存在一定偿债压力，其中2023年到期债务规模最高，达225.33亿元（见图13），偿债压力较大；到期券种以一般债为主。

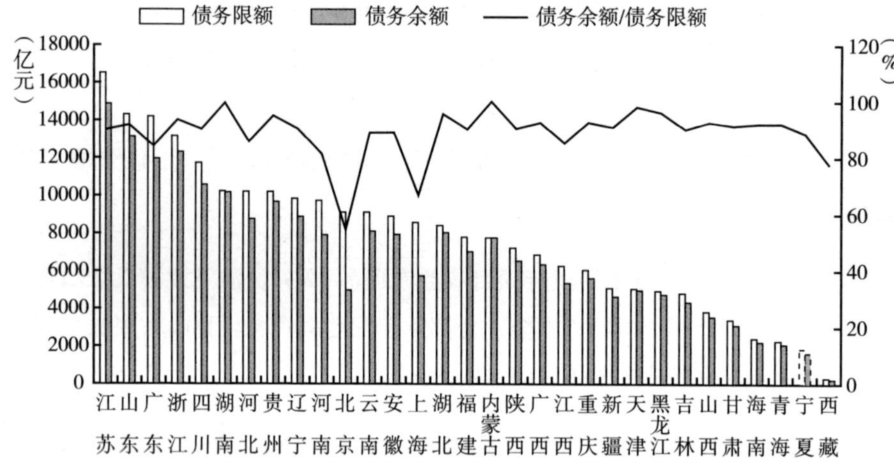

图12 2019年全国31个省（区、市）地方政府债务限额及余额

数据来源：全国31个省（区、市）财政预算执行及决算报告，中诚信国际整理计算。

① 如无特别说明，本报告中引用的宁夏回族自治区政府债务限额、余额，一般公共预算收入、支出，财政平衡率，债务率、负债率等财政相关数据均来自宁夏回族自治区财政预算执行及决算报告，并由中诚信国际整理计算。

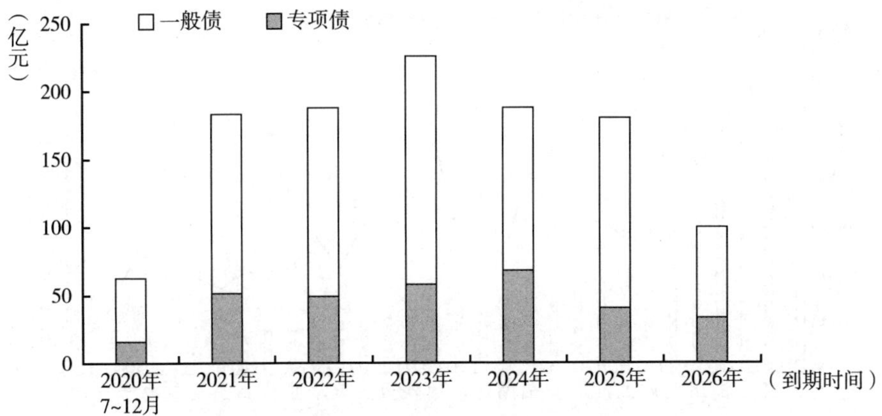

图 13　宁夏地方债 2020～2026 年到期分布

数据来源：宁夏财政预算执行及决算报告，中诚信国际整理计算。

（二）宁夏经济及财政实力较弱，对政府补助依赖度较高

经济实力方面，2019 年宁夏实现地区生产总值 3748.48 亿元①，全国排名倒数第三，较 2018 年增长 6.50%，增速高出全国平均水平 0.4 个百分点，但较 2018 年有所放缓；按常住人口计算，人均地区生产总值为 5.42 万元，低于全国平均水平。从产业结构看，2019 年宁夏实现第一产业增加值 279.93 亿元，同比增长 3.2%；第二产业增加值 1584.72 亿元，同比增长 6.7%；第三产业增加值 1883.83 亿元，同比增长 6.8%，产业结构以第三产业为主，三次产业结构比为 7.5∶42.3∶50.2。

财政实力方面，宁夏整体财政实力较弱，长期处于全国末段，2019 年一般公共预算收入为 423.55 亿元（见图 14），较 2018 年同期增长 7.2%，其中，税收收入为 267.48 亿元，占比 63.15%，较 2018 年同期有所下降，收入质量有待提升。2019 年宁夏财政平衡率为 29.45%，平衡能力较弱，对政府补助依赖度较高。

---

① 如无特别说明，本报告中引用的宏观经济数据均来自《宁夏回族自治区国民经济和社会发展统计公报》，并由中诚信国际整理计算。

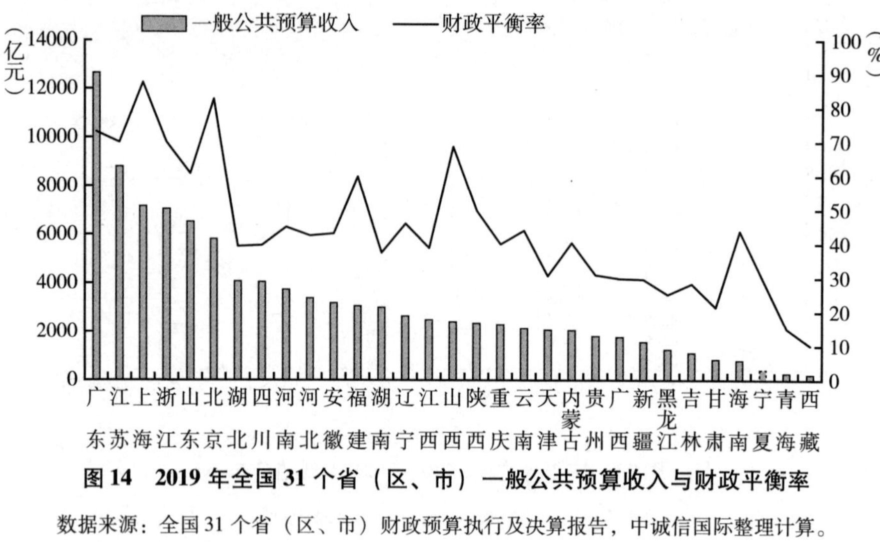

图14　2019年全国31个省（区、市）一般公共预算收入与财政平衡率

数据来源：全国31个省（区、市）财政预算执行及决算报告，中诚信国际整理计算。

（三）债务风险相对较高，整体偿债能力较弱

宁夏地方政府债务规模在全国31个省（区、市）中较小，截至2019年，地方政府债务余额为1654.87亿元，其中，一般债余额为1182.3亿元，专项债余额为472.57亿元。债务率方面，2019年债务率为114.49%（见图15），已

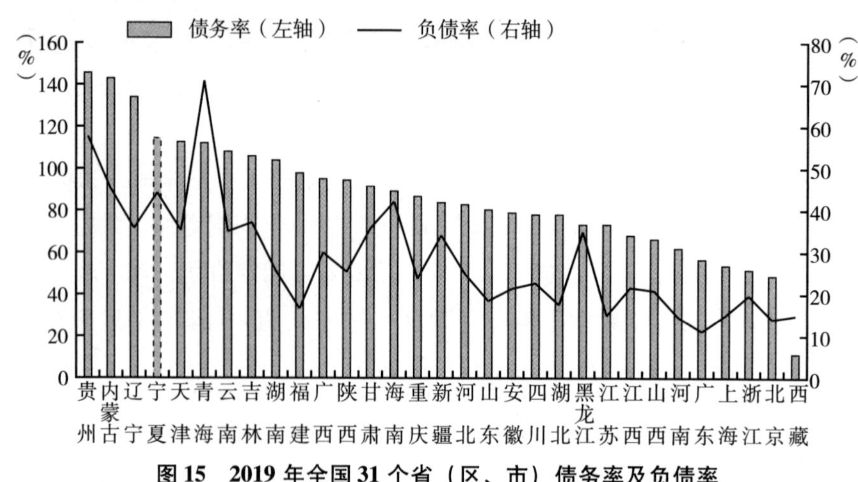

图15　2019年全国31个省（区、市）债务率及负债率

数据来源：全国31个省（区、市）财政预算执行及决算报告，中诚信国际整理计算。

超出国际警戒标准。负债率方面，2019 年负债率为 44.15%，在全国 31 个省（区、市）中排名前列，负债率较高。债务余额/一般公共预算收入方面，2019 年宁夏债务余额为一般公共预算收入的 3.61 倍，相关财政收入不足以覆盖当年债务。综上所述，宁夏整体偿债能力较弱，存在一定偿债压力。

四 小结

截至 2020 年 6 月，宁夏地方债存量规模在全国 31 个省（区、市）中居于末段，仅高于西藏自治区，整体规模较小，类型以一般债为主，期限中 5 ~ 10 年（含 10 年）占比较大。从 2020 年 1 ~ 6 月地方债运行情况来看，宁夏地方债发行规模有所放缓，类型上仍以一般债为主且占比提升至 79.46%。从期限上看，30 年期债券发行规模占比最大，发行期限显著拉长，与项目周期及运营更加匹配；期限的加长在一定程度上提高了发行成本，宁夏地方债发行利率及利差均居全国首位，发行成本较高且有上升趋势。二级市场表现方面，受资金面宽松影响，2020 年 4 月宁夏地方债收益率下降至近两年来最低点，随后逐渐回升到平均水平；1 ~ 6 月交易规模有所提升但依然处于全国中下游水平。从项目收益专项债方面来看，2020 年 1 ~ 6 月新发项目收益专项债规模较往年同期降幅较大，随着《通知》出台，后续或将继续下降；期限以 15 年为主，发行成本随着资金面宽松有所下降；专项债主要投向交通基础设施、市政和产业园区基础设施及民生服务等领域，项目涉及范围较广且扩大至“两新一重”项目，具有一定偿债能力且资金投向有所优化；新发项目收益专项债全部用于配套融资，撬动杠杆较高，但未用作项目资本金，整体对投资的撬动规模有限。从宁夏地方政府债务和经济财政实力方面来看，宁夏经济及财政实力较弱，经济发展以第三产业为主，对政府补助依赖度较高，此外，税收收入占比有所下降，政府收入质量仍需提升。2019 年，宁夏地方政府债务率已超过国际警戒标准，同时负债率较高，存在一定偿债压力，但考虑到债务调整空间相对较大，整体风险可控。

根据分析，宁夏须对下述情况保持关注。第一，2020 年 1 ~ 6 月，新发地方债期限较长，与项目周期更为匹配，但种类较为单一，以 30 年期为主，占比高达 84.55%，可能导致未来存在较大集中偿债压力。建议后续发债综合评估到期债券本息、可偿债财力，合理安排债券期限结构，以达到分散偿债压力的效果。第二，宁夏专项债务发行规模有限，且暂均未用于项目资本金，建议后续进一步优化新增专项债资金投向，加大基建投资撬动效果。第三，宁夏债务率已超国际警戒标准，负债率和债务率均处于全国前列，建议地方政府审慎发债，同时提升自身经济财政实力，多渠道增加财政收入，以缓解债务压力。第四，地方债发行成本较高，未来可根据区域内融资需求，顺应国家政策，通过合理手段降低发债成本。

B.22

2020年河南省地方政府债券分析报告

李文　陈涛*

摘　要： 截至2020年6月，河南省地方债余额在全国处于中上水平。2020年1～6月，河南省新发行地方债规模同比增长明显，期限拉长，成本下降，且新发行债券以专项债为主。河南省项目收益专项债多投向民生服务、市政和产业园区基础设施、生态环保项目及交通基础设施等领域。河南省经济与财政实力整体较为靠前，债务率和负债率不高，偿债压力相较于其他省（区、市）一般。综上所述，本报告建议河南省可以适度拉长地方债期限，充分发挥专项债可作项目资本金的优势，加快地区经济发展。

关键词： 地方债　专项债　河南省

一　河南省地方债运行情况分析

截至2020年6月，河南省地方债存量规模为9087.67亿元①，在全国31个省（区、市）中居第9位，整体处于中上水平（见图1）。从债券种类来看，河南省地方债结构较为均衡，截至2020年6月，一般债与专项债的比例为

---

* 李文，中诚信国际政府公共评级部（武汉）分析师，主要研究领域为地方政府债券、基础设施投融资行业等；陈涛，中诚信国际政府公共评级部（武汉）分析师，主要研究领域为地方政府债券、基础设施投融资行业等。

① 如无特别说明，本报告中引用的地方债存量、发行量、发行利率、发行利差、交易量、到期收益率等债券相关数据均来自截至2020年6月的Choice数据库，并由中诚信国际整理计算。

48.64∶51.36。从债务增长趋势来看，截至2020年6月，河南省地方债中新增、再融资和置换的债券规模为4898.00亿元，主要以新增债为主，占比达84.08%①；且新增地方债主要是专项债，截至2020年6月规模为2789.89亿元，占比为67.74%。整体来看，河南省地方债余额在全国处于中上水平，债券结构较为平衡，增长趋势明显。

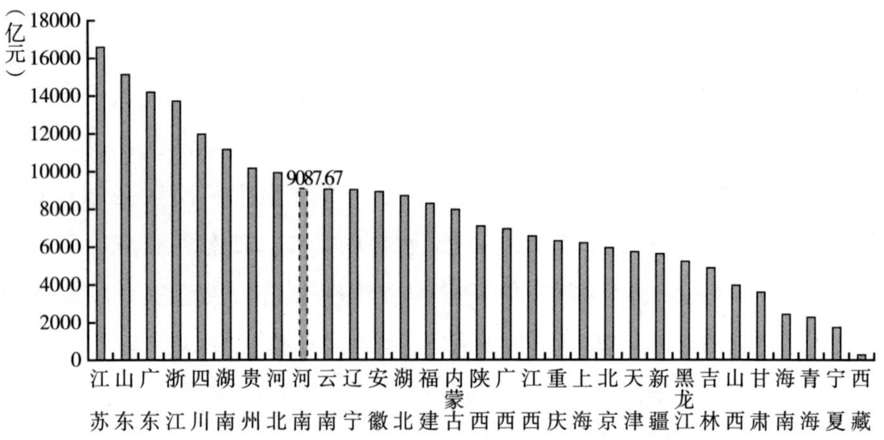

图1　截至2020年6月全国31个省（区、市）地方债存量规模

数据来源：Choice数据库，中诚信国际整理计算。

（一）发行规模同比增长较快，月度发行规模呈波动态势

2020年1～6月，受新冠肺炎疫情冲击影响，全国经济呈现负增长。但第二季度以来，随着疫情防控和复工复产成效的显现，全国经济复苏势头较好。政策方面，《政府工作报告》明确提出，加大“六稳”工作力度，以保促稳，明确财政赤字率按3.60%以上安排，新增专项债额度大幅提升，并发行1万亿元特别国债，同时进一步优化支出结构，重点投向民生及新基建等领域。在此背景下，2020年1～6月，河南省新增地方债规模为1625.83亿元，较2019年1～6月增长17.26%。从月度发行规模来看，2020年1～6

① 由于部分债券既有新增又有再融资，中诚信国际在计算占比时将其全部纳入新增债券计算，截至2020年6月，这部分债券的规模为943.00亿元。

月，河南省地方债发行主要集中在 1 月、3 月和 5 月，发行规模呈波动态势（见图 2）。

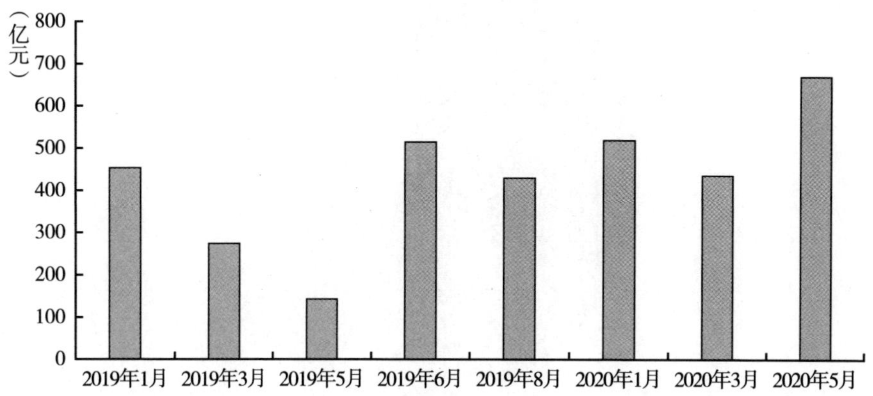

图 2　2019 年 1 月 ~2020 年 6 月河南省地方债月度发行规模

注：河南省部分月份无地方债发行，未在图中显示。
数据来源：Choice 数据库，中诚信国际整理计算。

（二）发行结构以专项债为主，债券期限拉长

2020 年 1 ~6 月，河南省新发行的债券以专项债为主，一般债规模较小，其中专项债的规模为 1054. 01 亿元，较 2019 年同期增长 47. 86%，占比由 51. 41% 上升至 64. 83%。新发行的专项债主要是项目收益专项债，规模为 996. 00 亿元，较 2019 年同期增长 46. 34%；占比为 94. 50%，占比有所下降。2020 年 1 ~6 月，河南省新发行的债券以新增债为主，规模为 1265. 00 亿元，较 2019 年同期增长 19. 07%，占比为 77. 81%，占比较 2019 年同期有所下降；剩余债券类型为再融资债，暂无置换债发行。从期限结构来看，与 2019 年同期相比，新发行的债券期限上移趋势明显。2019 年 1 ~6 月，河南省新发行的债券期限主要集中在 3 年、5 年和 7 年等，债券只数合计为 14 只，占总发行数量的 73. 68%；规模为 1134. 70 亿元，占总发行规模的 81. 84%。2020 年 1 ~6 月，河南省新发行的债券期限明显拉长，主要集中于 10 年和 15 年，发行只数分别为 9 只和 11 只，规模分别为 571. 65 亿元和 467. 70 亿元，合计占总发行数量和发行规模的比例分别为 66. 67% 和 63. 93%（见图 3）。

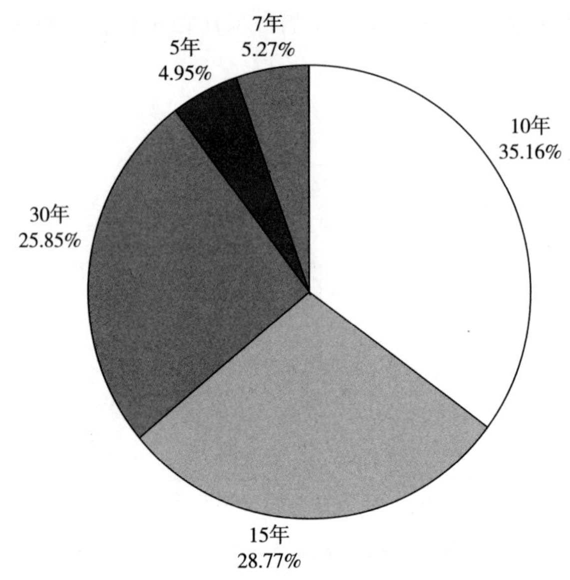

图3　2020年1~6月河南省地方债发行期限结构

数据来源：Choice数据库，中诚信国际整理计算。

（三）整体发行成本下降，利差有所收窄

2020年1~6月，河南省地方债发行成本有所下降，利差收窄。具体来看，2020年1~6月，河南省地方债发行利率①为3.36%，与2019年同期相比下降了0.10个百分点；发行利差为24.87BP，较2019年同期下降了5.88BP。按月来看，2020年1~6月，河南省地方债发行利率逐月下降，但利差逐月上升。2020年5月，河南省发行利率为3.19%，较1月下降0.35个百分点；利差为25.70BP，较1月上升2.37BP（见图4）。从全国地方债发行情况来看，在全国31个省（区、市）中，河南省发行利率处于中游水平，发行利差处于中下游水平（见图5）。

① 如无特别说明，本报告中发行利率、利差为根据发行额计算的加权平均发行利率、利差，发行利差计算公式为债券发行利率减对应期限国债收益率。

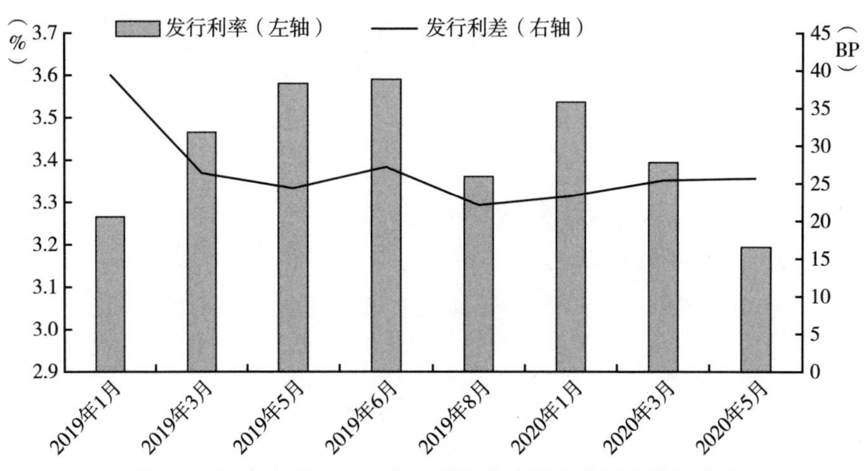

图4　2019 年 1 月 ~2020 年 6 月河南省地方债月度发行成本

注：河南省部分月份无地方债发行，未在图中显示。

数据来源：Choice 数据库，中诚信国际整理计算。

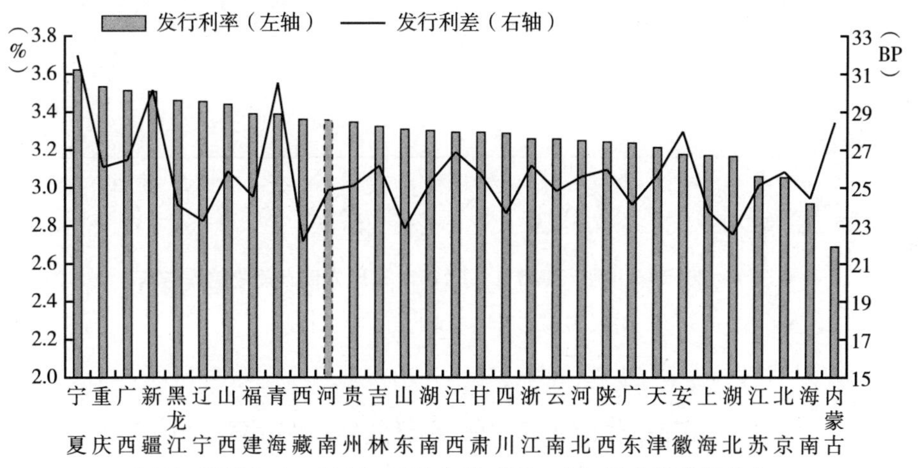

图5　2020 年 1 ~6 月全国 31 个省（区、市）地方债发行成本

数据来源：Choice 数据库，中诚信国际整理计算。

（四）二级市场交易明显下滑，各期限到期收益率整体有所波动

2020 年1 ~6 月，河南省地方债交易量[①]为 1400.28 亿元，全国排名由

① 交易统计包含回购交易、现券交易等部分。

2019 年的第 8 位下降至第 18 位，交易量较 2019 年同期下滑 46.92%。从各期限地方债到期收益率①走势来看，河南省地方债到期收益率和剩余期限呈正相关关系，即剩余期限越长，到期收益率越高。从同一剩余期限区间内地方债到期收益率走势来看，2019 年河南省地方债各期限到期收益率整体较为稳定；2020 年第一季度，受新冠肺炎疫情影响，各期限到期收益率均呈下降趋势，且于 2020 年 4 月达到最低点，但下降幅度因期限不同而有所差异；2020 年 5 月以来，随着复工复产的有效推进，各期限到期收益率有所回升（见图 6）。

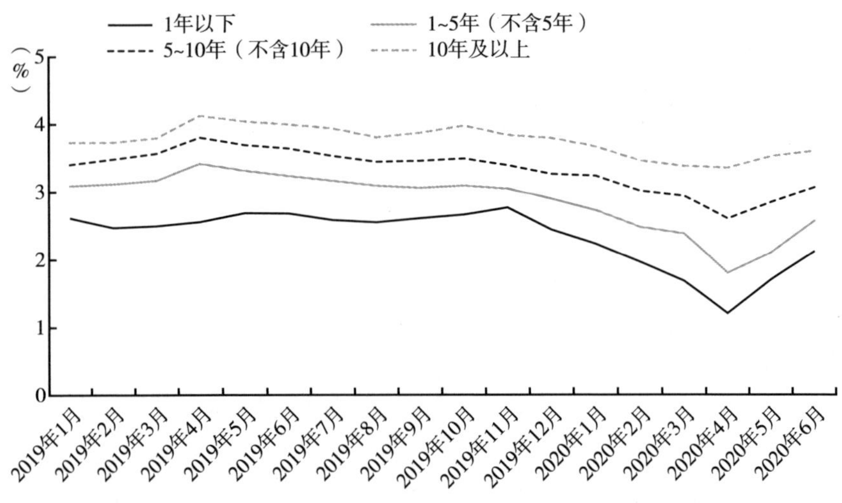

图 6　2019 年 1 月 ~ 2020 年 6 月河南省地方债到期收益率走势

数据来源：Choice 数据库，中诚信国际整理计算。

二　河南省地方政府项目收益专项债分析*

截至 2020 年 6 月，河南省地方政府项目收益专项债余额为 2606.55 亿元，在全国 31 个省（区、市）中居第 8 位。从剩余期限来看，河南省地方政府项

① 此处到期收益率均值采用的是算术平均值。

* 2020 年 7 月 29 日财政部《关于加快地方政府专项债券发行使用有关工作的通知》（财预〔2020〕94 号）明确 2020 年新增专项债必须保证融资规模与项目收益相平衡，因此 2020 年发行的新增专项债均为项目收益专项债。本部分项目收益专项债的统计样本为 2017 ~ 2019 年项目收益专项债与 2020 年 1 ~ 6 月的新增专项债。

目收益专项债主要集中在5年以内到期。具体来看，截至2020年6月，剩余期限为1～5年的河南省地方政府项目收益专项债规模为1313.14亿元，占比为50.38%；剩余期限为5～10年和10年以上的河南省地方政府项目收益专项债规模分别为491.65亿元和801.77亿元，占比分别为18.86%和30.76%（见图7）。

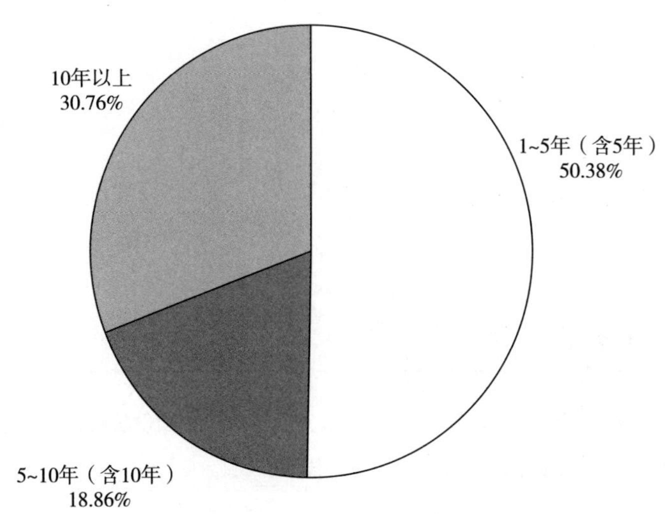

图7　截至2020年6月河南省项目收益专项债剩余期限结构

数据来源：Choice数据库，中诚信国际整理计算。

（一）发行规模同比大幅增长，期限明显拉长，平均成本回升但利差收窄

自2017年财政部发布《关于试点发展项目收益与融资自求平衡的地方政府专项债券品种的通知》（财预〔2017〕89号）[①] 以来，河南省地方政府项目收益专项债发行日趋活跃。截至2020年6月，河南省共发行项目收益专项债2605.93亿元，在全国31个省（区、市）中居第8位。从发行规模来看，

① 《关于试点发展项目收益与融资自求平衡的地方政府专项债券品种的通知》（财预〔2017〕89号），中华人民共和国财政部网，2017年7月24日，http：//yss.mof.gov.cn/zhuantilanmu/dfzgl/zcfg/201707/t20170724_2656632.htm。

2019 年，河南省项目收益专项债规模较 2018 年增长 123.91%①（见图 8）；2020 年 1～6 月，河南省发行项目收益专项债 996.00 亿元，较 2019 年 1～6 月增长 46.34%。从发行利率及利差来看，2017～2019 年，河南省项目收益专项债发行利率持续走低，利差整体有所波动，融资成本下降；2020 年 1～6 月，虽然发行利率有小幅回升，但利差收窄（见图 9）。从发行期限来看，2018 年以前，

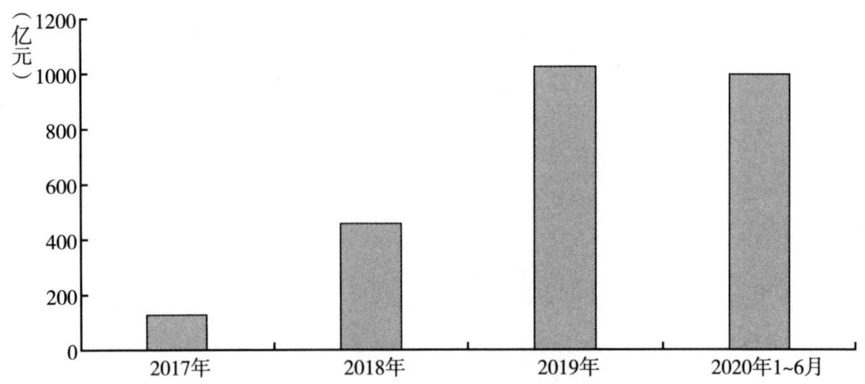

图 8　2017 年～2020 年 6 月河南省项目收益专项债发行规模

数据来源：Choice 数据库，中诚信国际整理计算。

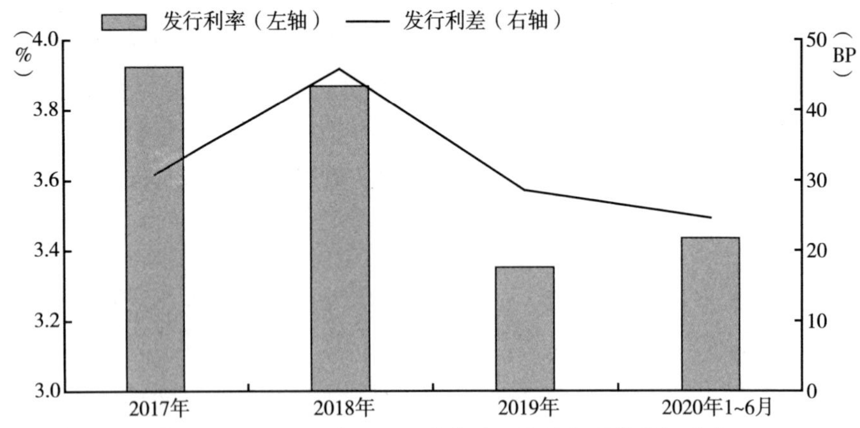

图 9　2017～2020 年 6 月河南省项目收益专项债发行成本

数据来源：Choice 数据库，中诚信国际整理计算。

① 2017 年仅半年数据，暂未纳入比较。

河南省项目收益专项债发行期限主要集中在5年，2017～2018年发行的39只项目收益专项债中，期限为5年的债券共计35只；期限为15年的债券仅1只，剩余3只债券的期限为3年。2019年以来，河南省项目收益专项债发行期限延长，其中2019年发行的25只债券中，10年期以上（含10年）的债券有9只；2020年1～6月发行的25只债券中，10年期以上（含10年）的债券有21只，规模占比为94.34%（见图10）。

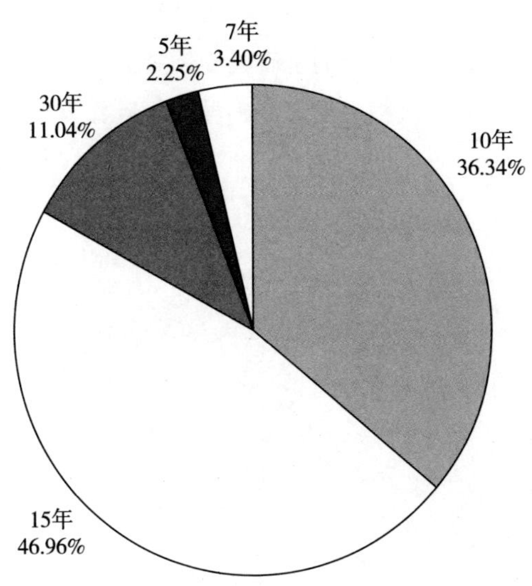

图10　2020年1～6月河南省项目收益专项债发行期限结构

数据来源：Choice数据库，中诚信国际整理计算。

（二）募投项目涉及范围较广，资金自平衡情况较好

2020年1～6月，河南省项目收益专项债的募集资金主要投向民生服务、市政和产业园区基础设施、生态环保项目及交通基础设施等领域。具体来看，2020年1～6月，河南省项目收益专项债募集资金共计996.00亿元①，其中投

① 如无特别说明，本报告中引用的专项债支持项目的相关数据均来自河南省政府新增专项债信息披露文件，并由中诚信国际整理计算。由于数据的获取问题，数据可能来自不同募投项目文件、项目实施方案、信息披露模板等，这可能导致数据分析出现一定偏差，但不会对分析结论产生实质上的影响。

向民生服务、市政和产业园区基础设施、生态环保项目及交通基础设施等领域的资金分别为415.35亿元、335.79亿元、194.89亿元及143.65亿元，合计占总募集资金的88.30%（见图11）。细分来看，民生服务的募集资金主要投向医疗（包含应急医疗）和教育等方面，规模分别为291.49亿元和96.27亿元，合计占该领域募集资金总额的93.48%；市政和产业园区基础设施的募集资金则投向厂房建设、供水和水务、其他市政和园区配套等项目，这些项目投入的资金规模为273.96亿元，占该领域募集资金总额的81.59%；生态环保项目主要分为城镇污水垃圾处理和其他环保；交通基础设施领域募投项目以城市停车场、收费公路等项目为主，资金投入规模占交通基础设施领域募集资金总额的61.54%。

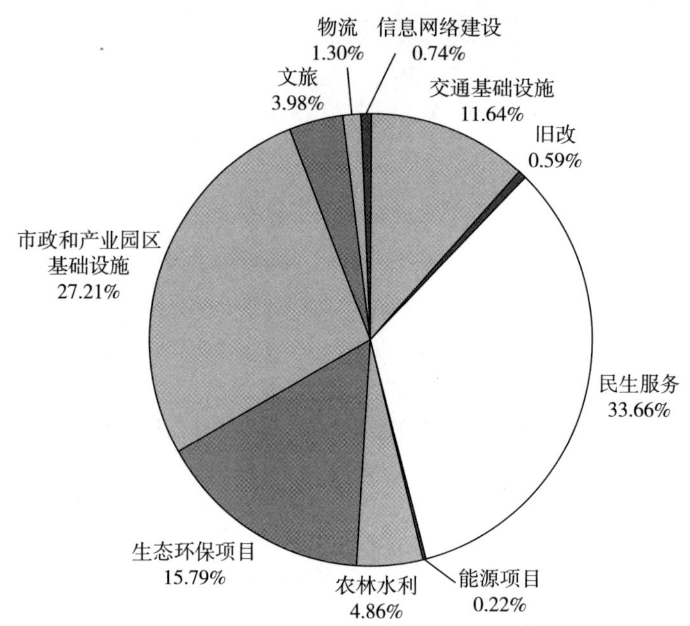

图11　2020年1~6月河南省新增项目收益专项债募投领域分布

数据来源：河南省地方政府新增专项债信息披露文件，中诚信国际整理计算。

从项目行政层级分布来看，河南省项目收益专项债募投项目主要分为地市级和区县级。2020年1~6月，地市级和区县级项目募集资金规模分别为429.08亿元和512.36亿元，分别占总募集资金规模的43.08%和51.44%。此外，还有部分项目尚未明确层级，这部分项目的资金规模为54.56亿元，占比

为5.48%。从项目本息覆盖倍数来看，河南省项目收益专项债募投项目未来现金流入均可覆盖债券本息支出，但覆盖能力因项目差异而有所不同，项目本息覆盖倍数为1~1.5倍的债券规模为644.11亿元，占比为52.24%。

（三）专项债用作项目资本金的规模不大，占资本金的比重较高

2020年1~6月，河南省项目收益专项债资金可用作项目资本金的债券有3只，可用于资本金的规模为1.40亿元。具体来看，专项债资金可用作项目资本金的项目主要是郑州市桥南水厂工程和长葛市、兰考县的污水处理项目，这些项目未来的收入主要来源于居民水费收入、污水处理费收入及中水收入。从项目资本金的构成来看，这些项目的资本金主要由财政资金和部分专项资金构成，其中用于资本金的专项债资金占资本金的比重大部分位于40.00%~70.00%之间。

（四）专项债对投资的撬动规模有限，在全国排名不高

2020年1~6月，河南省项目收益专项债中，用于资本金的规模为1.40亿元，用于配套融资的规模为994.60亿元。根据专项债作资本金项目中项目资本金比例和专项债不作资本金项目中项目配套融资比例，河南省专项债资本金撬动杠杆和专项债配套融资撬动杠杆分别为4倍和1.35倍，对基建投资的撬动规模为1346.84亿元①，根据河南省项目收益专项债资金投向，将有效推进医疗、环保、城市配套和交通等领域的投资建设。河南省虽然专项债规模比较靠前，但用于资本金的专项债资金规模在全国31个省（区、市）中处于中下游水平，因此其整体对基建投资的撬动规模在全国排名不高。

三　河南省偿债能力分析

（一）2022~2024年迎来地方债到期高峰，地方债余额整体增长但风险可控

2015~2019年，河南省地方政府债务限额分别为5954.50亿元、6499.50

① 专项债撬动基建投资方法参见袁海霞、汪苑晖、卞欢《专项债兼顾扩容提效，助力基建托底稳增长——地方政府专项债2019年回顾与2020年展望》，《财政科学》2020年第1期。

亿元、7265.50 亿元、8185.50 亿元和 9729.00 亿元①，债务余额分别为 5455.70 亿元、5524.90 亿元、5548.50 亿元、6541.30 亿元和 7909.00 亿元，债务余额始终低于债务限额，政府债务风险总体可控（见图 12）。截至 2020 年 6 月，河南省地方债余额合计为 9087.67 亿元，其中 2020 年 7～12 月及 2021～2026 年分别将到期 446.52 亿元、794.78 亿元、1290.23 亿元、1319.51 亿元、1333.76 亿元、732.64 亿元和 733.03 亿元，2022～2024 年为河南省地方债到期高峰期（见图 13）。从到期券种分布来看，2020 年 7～12 月和 2023 年，河南省一般债与专项债到期规模较为接近；2021 年、2022 年、2025 年和 2026 年，一般债到期规模远高于专项债；但 2024 年，受当年项目收益专项债到期规模大幅增长影响，专项债到期规模远高于一般债。

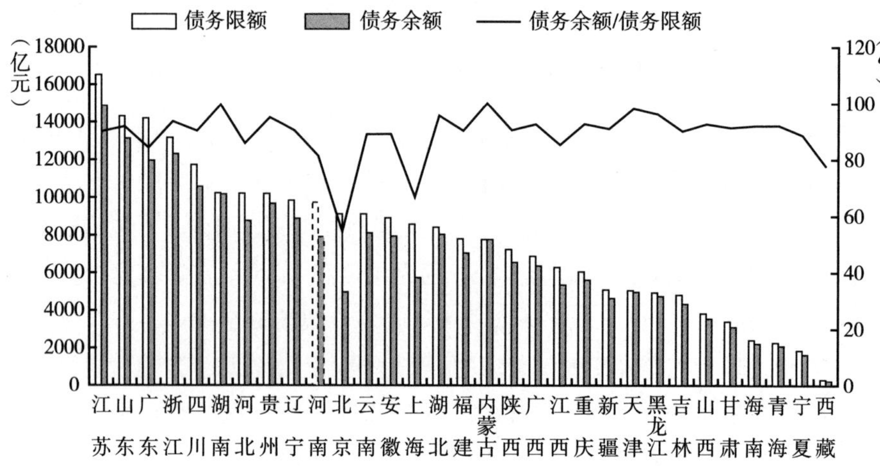

图 12　2019 年全国 31 个省（区、市）地方政府债务限额及余额

数据来源：全国 31 个省（区、市）财政预算执行及决算报告，中诚信国际整理计算。

（二）经济与财政实力较强，但经济增速有所放缓，且财政平衡能力较弱

河南省经济总量较大，但人均 GDP 不高，经济增速有所放缓。2019 年河

① 如无特别说明，本报告中引用的河南省政府债务限额、余额，一般公共预算收入、支出，财政平衡率，债务率、负债率等财政相关数据均来自河南省财政预算执行及决算报告，并由中诚信国际整理计算。

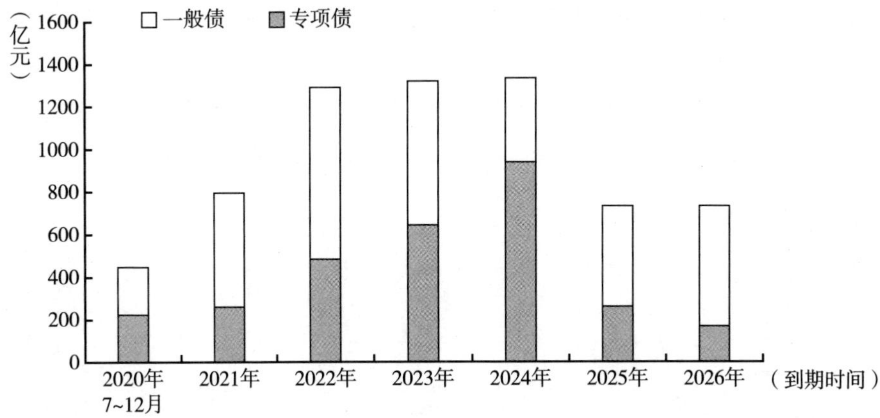

图13　河南省地方债 2020～2026 年到期分布

数据来源：河南省财政预算执行及决算报告，中诚信国际整理计算。

南省实现地区生产总值 54259.20 亿元①，在全国 31 个省（区、市）中位列第 5，同比增长 7.0%，增速较 2018 年有所放缓；人均 GDP 为 56388 元，为全国人均 GDP 的 79.54%。2019 年河南省三次产业比例为8.5∶43.5∶48.0，第三产业增加值占生产总值的比重较 2018 年有所提高。从经济发展驱动力看，投资是河南省经济发展第一动力，2019 年河南省固定资产投资（不含农户）比 2018 年增长 8.0%，其中第一产业投资比 2018 年下降 12.1%，第二产业投资增长 9.0%，第三产业投资增长 9.0%；基础设施投资增长 16.1%，民间投资增长 6.7%，工业投资增长 9.7%。河南省人口众多，人口数量仅次于广东省和山东省，2019 年全省常住人口 9640 万人，比 2018 年增加 35 万人，其中城镇人口 5129 万人，常住人口城镇化率为 53.21%，比 2018 年提高 1.50 个百分点。

河南省财政实力较强，但财政平衡能力较弱，对上级补助依赖较大。2019 年河南省一般公共预算收入为 4041.60 亿元，在全国 31 个省（区、市）中排名第 8 位（见图 14），同比增长 7.3%，增速较 2018 年降低 3.2 个百分点，其中税收收入为 2930.74 亿元，占比 72.51%，同比增长 6.9%；一般公共预算支出为 10176.26 亿元，同比增长 10.4%，增速较 2018 年下降 1.9 个

① 如无特别说明，本报告中引用的宏观经济数据均来自《河南省国民经济和社会发展统计公报》，并由中诚信国际整理计算。

百分点。财政平衡方面，河南省财政平衡能力较弱且逐年下滑，2019 年河南省财政平衡率为 39.72%，资金缺口较大，收支平衡依赖上级补助。政府性基金收入方面，2015 年以来，河南省政府性基金收入逐年提高，2015 ~ 2019 年分别为 1435.10 亿元、1848.90 亿元、2509.60 亿元、3826.10 亿元和 4080.25 亿元。

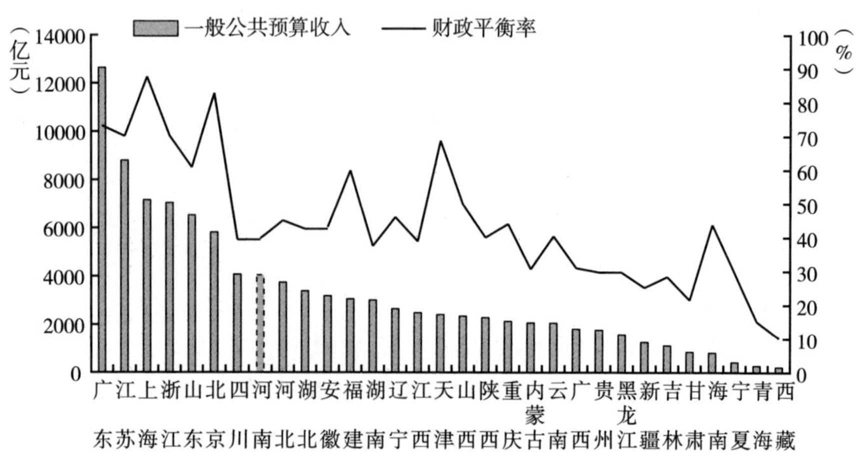

图 14　2019 年全国 31 个省（区、市）一般公共预算收入与财政平衡率

数据来源：全国 31 个省（区、市）财政预算执行及决算报告，中诚信国际整理计算。

（三）债务率及负债率不高，相较于全国其他省（区、市）债务压力一般

2015 年以来河南省地方政府债务规模持续增长，但债务压力相较于其他省（区、市）一般。2019 年河南省地方政府债务余额为 7909.00 元，规模居全国第 13 位（见图 15），相比 2018 年地方政府债务余额增加 1367.70 亿元，同比增长 20.91%，但债务余额仍保持在地方债务限额内，且与 2019 年地方政府债务限额相比仍有 1820.0 亿元额度（见图 16）。2019 年河南省债务率为 61.86%，较 2018 年上升 7.10 个百分点；负债率为 14.58%，较 2018 年增长 0.96 个百分点，河南省债务压力不大，且相对其他省（区、市）债务压力一般。

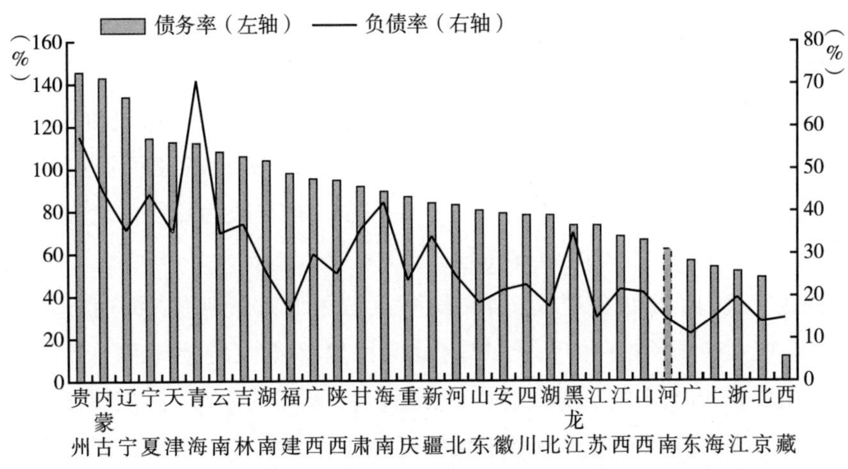

图 15　2019 年全国 31 个省（区、市）债务率及负债率

数据来源：全国 31 个省（区、市）财政预算执行及决算报告，中诚信国际整理计算。

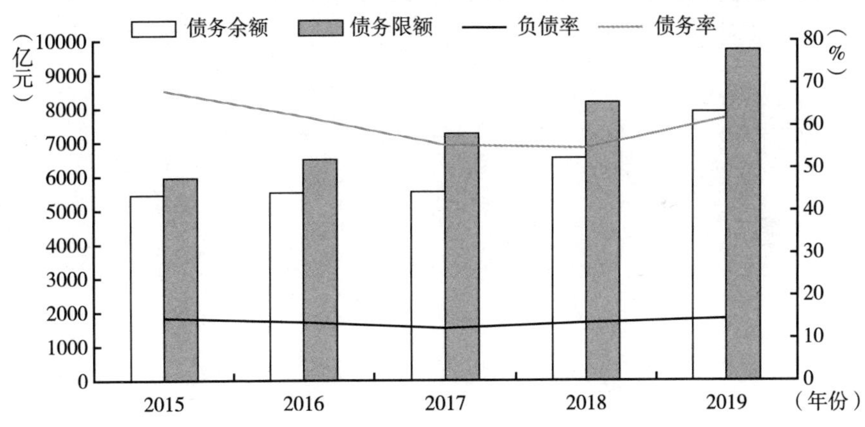

图 16　2015～2019 年河南省债务率及负债率

数据来源：河南省财政预算执行及决算报告，中诚信国际整理计算。

四　小结

综上所述，2020 年 1～6 月河南省地方债券市场整体较为活跃。首先，河南省地方债发行规模大幅增长，且债券品种主要以专项债为主，发行期限拉长趋势明显。其次，河南省地方债发行成本有所降低，利差收窄。再次，河南省地方债交易量创新高，增速位居全国第二。此外，河南省地方政府项目收益专项债规模在全国处于中上游水平，且专项债多投向民生服务、市政和产业园区基础设施、生态环保项目及交通基础设施等领域，撬动基建投资规模超过1300亿元。最后，河南省经济与财政实力在全国排名较为靠前，债务率和负债率不高，偿债压力相对其他省（区、市）一般。

据此，我们给出以下建议：第一，适度拉长地方债期限。河南省地方债中，项目收益专项债投向的领域多属于国计民生领域，公益性较强，盈利能力较弱，需要较长时间平衡前期投资。通过置换、新增的方式，适度拉长地方债期限，可以避开期限错配，有利于缓解偿债压力。第二，充分发挥专项债可作项目资本金的优势。目前，河南省项目收益专项债用于资本金的规模处于较低水平，无法发挥其高杠杆的效应。适度增加项目收益专项债用于资本金的规模，充分发挥其优势，既可以减轻财政压力，又可以撬动基建投资。

B.23

2020年湖北省地方政府债券分析报告

吴萍　周迪　胡娟　鄢红*

摘　要： 湖北省地方债存量规模位列全国中部靠前，地方债发行较为活跃且发行规模逐年增加，发行成本逐年降低。2020年1～6月，湖北省受新冠肺炎疫情影响全省经济及财政短期承压，目前随着城市恢复正常运营，整体情况逐步企稳。本报告首先对湖北省地方债市场运行情况进行阐述，并详细分析项目收益专项债资金使用情况及对区域投资的拉动效果，最后围绕湖北省地方债整体情况及财政表现对区域债风险进行剖析。

关键词： 地方债　专项债　湖北省

一　湖北省地方债运行情况分析

湖北省地方债存量规模位于全国中游偏上水平，以新增专项债①为主，债券期限以5～10年为主。从规模看，截至2020年6月，湖北省地方债存量规模为8706.52亿元②，占全国地方债存量的3.64%，在全国31个省（区、市）中排第13位（见图1）。从券种结构看，一般债存量规模4271.03亿元，专项债存量规模

* 吴萍，中诚信国际政府公共评级部（武汉）分析师，主要研究领域为地方政府债券、基础设施投融资行业等；周迪，中诚信国际政府公共评级部（武汉）分析师，主要研究领域为地方政府债券、基础设施投融资行业等；胡娟，中诚信国际政府公共评级部（武汉）分析师，主要研究领域为地方政府债券、基础设施投融资行业等；鄢红，中诚信国际政府公共评级部（武汉）分析师，主要研究领域为地方政府债券、基础设施投融资行业等。

① 存量地方债种类结构以存量地方债中2018年以来发行的样本进行统计。

② 如无特别说明，本报告中引用的地方债存量、发行量、发行利率、发行利差、交易量、到期收益率等债券相关数据均来自截至2020年6月的Choice数据库，并由中诚信国际整理计算。

4435.50亿元，占湖北省存量地方债的比重分别为49.06%和50.94%。其中，专项债以项目收益专项债为主，截至2020年6月，其规模为2311.47亿元，占湖北省专项债总额的52.11%。2018年到2020年6月的存量地方债以新增债为主，占比约为72%，再融资债占比约为24%，其余为置换债。从期限结构看，湖北省存量地方债以中期为主，5年期、7年期和10年期占比分别为32.31%、28.75%和26.60%。

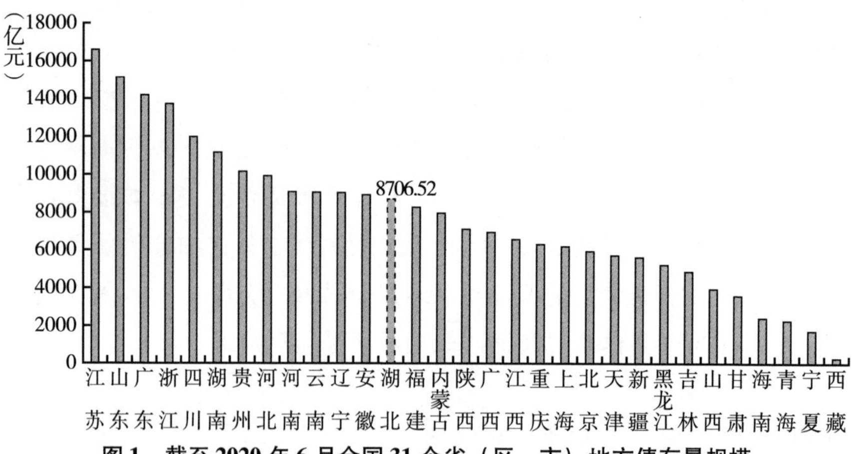

图1　截至2020年6月全国31个省（区、市）地方债存量规模

数据来源：Choice数据库，中诚信国际整理计算。

（一）2020年第一季度地方债发行规模下降，第二季度发行规模回升

从发行规模来看，2020年1～6月，湖北省地方债发行46只，发行规模为1355.33亿元，较2019年同期增长18.94%。从月度发行规模走势看，受新冠肺炎疫情影响，湖北省2020年第一季度地方债发行放缓，较2019年同期大幅下降63.32%；随着基本公共服务领域公益性项目建设的增加，湖北省地方债第二季度发行规模大幅增长，较2019年同期上升414.09%，其中2020年5月地方债发行502.85亿元，为2019～2020年最高（见图2）。

（二）发行结构以新增专项债为主，10年期及以上债券占比最高

2020年1～6月，湖北省新发行地方债以新增专项债为主，期限以中长期为主。从发行券种结构来看，2020年1～6月，湖北省地方债发行结构以新增专项债为主，新增专项债、再融资一般债、新增一般债和再融资专项债发行规

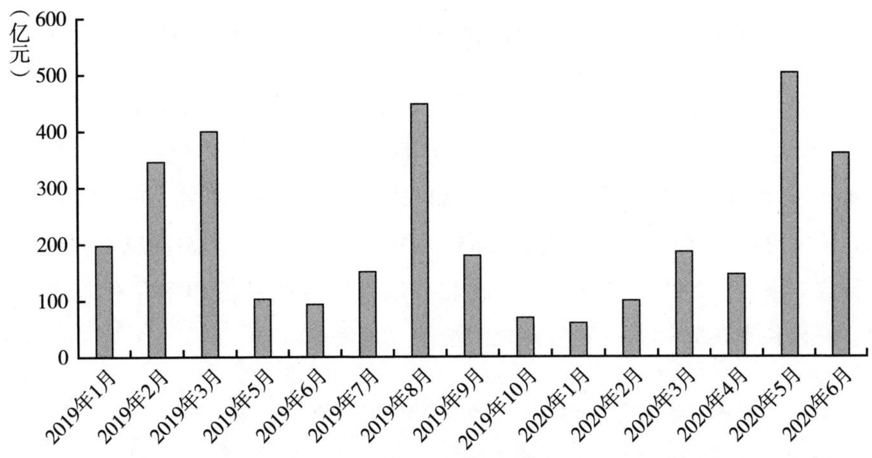

图2 2019年1月~2020年6月湖北省地方债月度发行规模

注：湖北省部分月份无地方债发行，未在图中显示。

数据来源：Choice数据库，中诚信国际整理计算。

模分别为549.80亿元、342.27亿元、305.00亿元和158.26亿元，占比分别为40.57%、25.25%、22.50%和11.68%；从期限分布来看，2020年1~6月，湖北省地方债发行期限以中长期为主，10年期、30年期和15年期的债券占比分别为34.02%、20.87%和13.55%（见图3）。

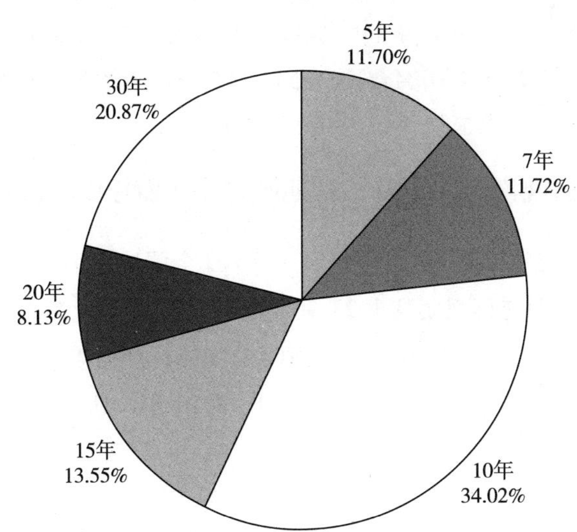

图3 2020年1~6月湖北省地方债发行期限结构

数据来源：Choice数据库，中诚信国际整理计算。

（三）发行成本处于全国较低水平，资金面较为宽松

湖北省地方债发行利率较低，2020 年 1～6 月，湖北省地方债发行利率①为3.16%，在全国31 个省（区、市）中排第27 位；发行利差为22.54BP（见图4）。受新冠肺炎疫情影响，财政部加大防控资金保障力度，同时随着复工地方债发行规模增加，湖北省资金面较为宽松，有效降低了融资成本。从月度发行成本来看，2020 年 1～6 月，湖北省地方债月度发行利率和利差波动下降，发行利率在2.98%～3.61%之间波动（见图5）。

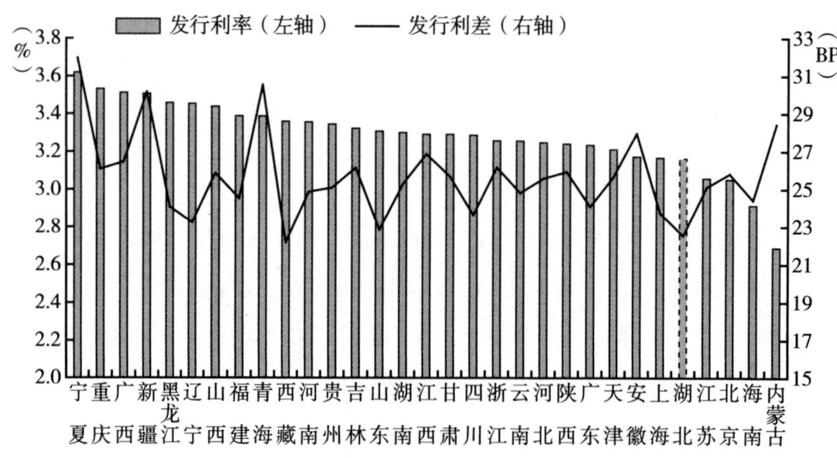

图4　2020 年 1～6 月全国 31 个省（区、市）地方债发行成本

数据来源：Choice 数据库，中诚信国际整理计算。

（四）交易规模同比下降，到期收益率于2020年4月触底回升

从二级市场交易规模②看，2020 年 1～6 月全国地方债二级市场流动性减弱，较 2019 年同期交易规模减少 27.90%。湖北省地方债 2020 年 1～6 月交易规模为 1586.44 亿元，较 2019 年同期下降 8.10%，交易规模从全国第 24 名上升至第 17 名。从到期收益率走势看，2019～2020 年，湖北省各期限地方债的

① 如无特别说明，本报告中发行利率、利差为根据发行额计算的加权平均发行利率、利差，发行利差计算公式为债券发行利率减对应期限国债收益率。

② 交易统计包含回购交易、现券交易等部分。

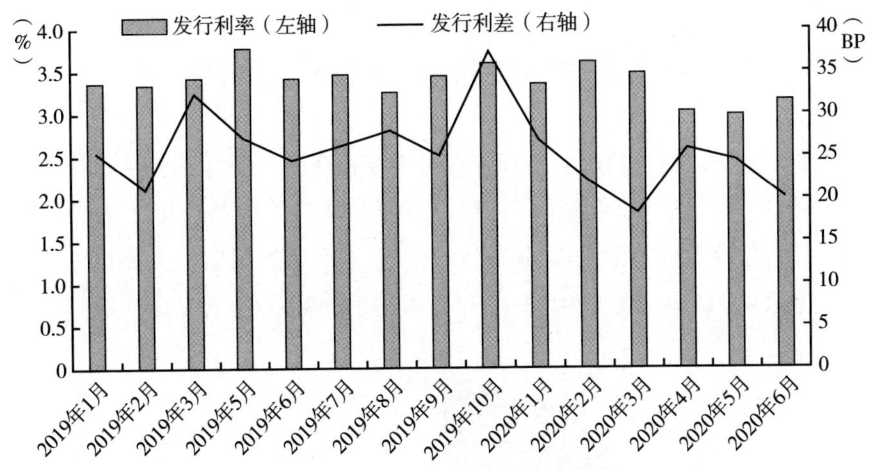

图5　2019 年 1 月 ~ 2020 年 6 月湖北省地方债月度发行成本

注：湖北省部分月份无地方债发行，未在图中显示。

数据来源：Choice 数据库，中诚信国际整理计算。

到期收益率[①]走势趋同，2019 年 4 月 ~ 2020 年 4 月波动下降，2020 年 4 月到达低点后持续回升（见图 6）。

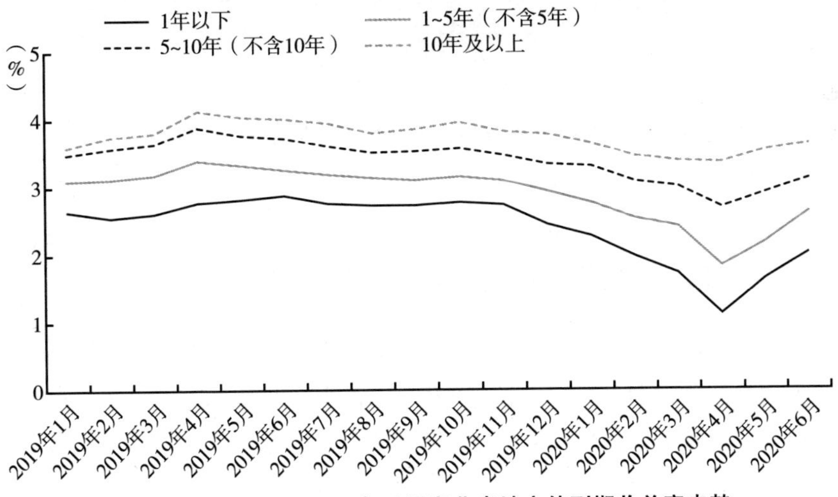

图6　2019 年 1 月 ~ 2020 年 6 月湖北省地方债到期收益率走势

数据来源：Choice 数据库，中诚信国际整理计算。

① 此处到期收益率均值采用的是算术平均值。

二　湖北省地方政府项目收益专项债分析*

湖北省地方政府项目收益专项债存量规模在全国范围内处于中游水平，截至2020年6月，湖北省存量项目收益专项债89只，债券余额为2311.47亿元，占湖北省存量地方债余额的26.55%；债券剩余期限结构方面以1～5年为主，占比45.17%，其次为5～10年，占比34.69%（见图7）。

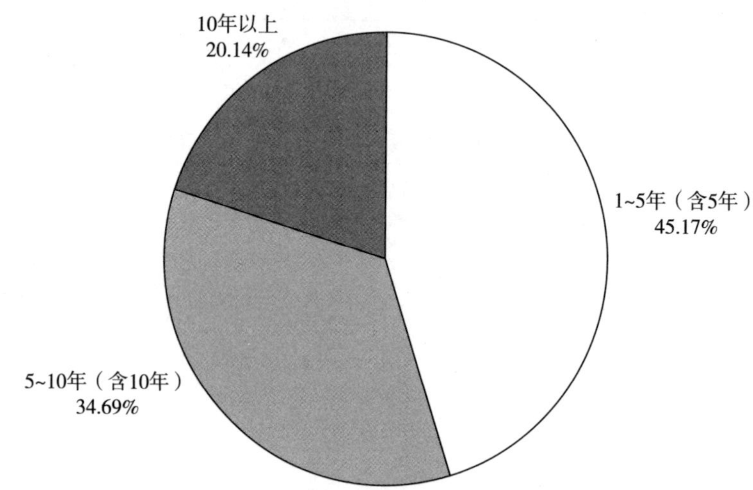

图7　截至2020年6月湖北省项目收益专项债剩余期限结构

数据来源：Choice数据库，中诚信国际整理计算。

（一）发行规模逐年上升，发行期限有所拉长

自2017年财政部发布《关于试点发展项目收益与融资自求平衡的地方政府专项债券品种的通知》（财预〔2017〕89号）以来，湖北省项目收益专项债发行规模逐年上升，2017～2019年及2020年1～6月，湖北省项目收益专项

* 2020年7月29日财政部《关于加快地方政府专项债券发行使用有关工作的通知》（财预〔2020〕94号）明确2020年新增专项债必须保证融资规模与项目收益平衡，因此2020年发行的新增专项债均为项目收益专项债。本部分项目收益专项债的统计样本为2017～2019年项目收益专项债与2020年1～6月的新增专项债。

债发行规模（发行数量）分别为220.00亿元（15只）、626.67亿元（9只）、975.00亿元（30只）和549.80亿元（36只）（见图8）。从发行利率及利差来看，2017～2019年，发行利率和发行利差均呈逐年递减态势（见图9）。从发行期限来看，2017～2019年以5年期为主，2020年1～6月则以10年及以上期限为主。2017～2019年，5年期债券发行规模占比分别为72.73%、50.51%和49.15%；2020年1～6月，10年及以上期限债券发行规模占比达

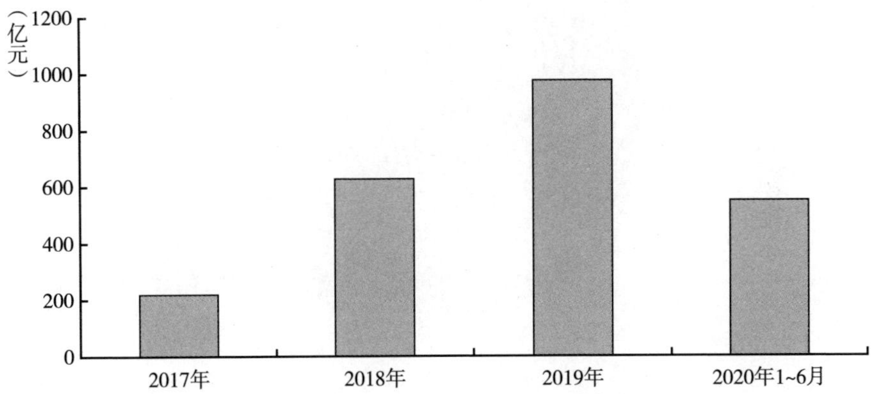

图8　2017年～2020年6月湖北省项目收益专项债发行规模

数据来源：Choice数据库，中诚信国际整理计算。

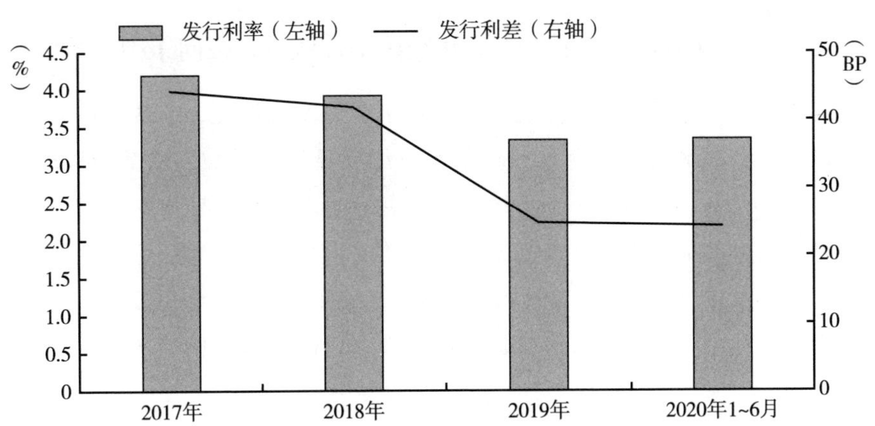

图9　2017年～2020年6月湖北省项目收益专项债发行成本

数据来源：Choice数据库，中诚信国际整理计算。

96.84%（见图10）。债券发行期限拉长，并首次发行期限为20年和30年的超长期债券，债券期限结构更加分散与合理。

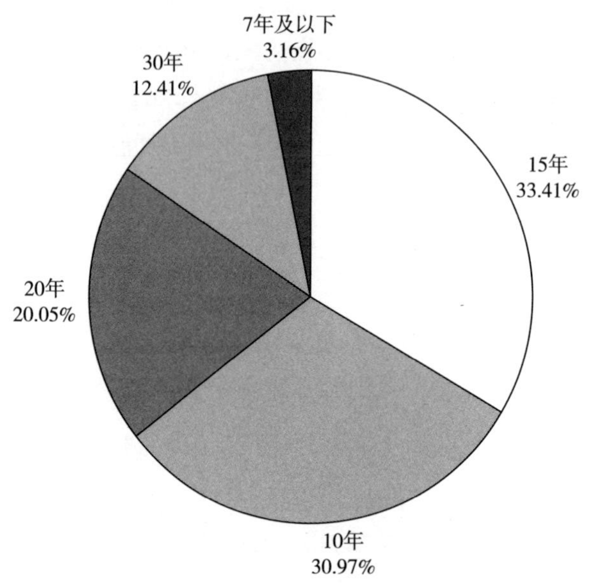

图10　2020年1～6月湖北省项目收益专项债发行期限结构

数据来源：Choice数据库，中诚信国际整理计算。

（二）募投领域向交通、市政和园区基建倾斜，投向集中在武汉市

湖北省项目收益专项债募投项目覆盖了交通基础设施、市政和产业园区基础设施、农林水利、民生服务和生态环保项目等多领域，覆盖范围较广。2020年1～6月，从募投项目分类来看，使用湖北省项目收益专项债募集资金最多的是交通基础设施，占比为35.03%①，其次为市政和产业园区基础设施与旧改，占比分别为24.38%和14.18%（见图11）；从募投项目行政层级分布来看，省级项目、地市级项目和区县级项目使用的募集资金占比分别为

① 如无特别说明，本报告中引用的专项债支持项目的相关数据均来自湖北省政府新增专项债信息披露文件，并由中诚信国际整理计算。由于数据的获取问题，数据可能来自不同募投项目文件、项目实施方案、信息披露模板等，这可能导致数据分析出现一定偏差，但不会对分析结论产生实质上的影响。

1.82%、66.05%和32.13%；从募投项目区域分布来看，项目收益专项债募集资金投入最多的是武汉市，占比为69.26%，其次是荆州市和鄂州市，占比分别为6.58%和6.57%，再次为黄冈市和孝感市，占比均为2.42%，其他市州所用湖北省项目收益专项债募集资金规模较小（见图12）。募投项目融资本息覆盖倍数最低为1.10倍，募投项目收益均能覆盖其使用的债券资金。

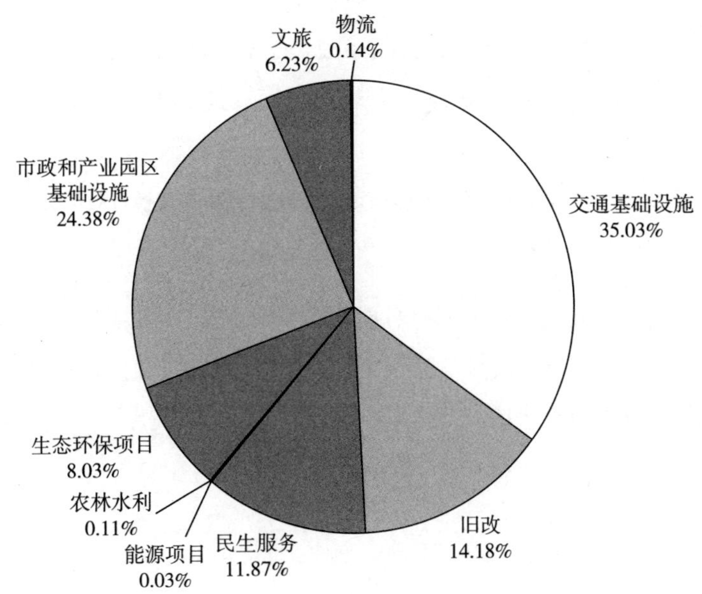

图11　2020年1~6月湖北省新增项目收益专项债募投领域分布

数据来源：湖北省地方政府新增专项债信息披露文件，中诚信国际整理计算。

（三）新增项目收益专项债用作项目资本金的规模极小

2020年1~6月，湖北省发行的项目收益专项债中资金用作项目资本金的债券仅有一只，为2020年1月20日发行的2020年湖北省政府专项债（三期）。该只债券募集资金中的2000万元拟用作咸宁市中医医院“三甲”复审项目的资本金，该项目总投资3653万元，资本金占比为100%，其中专项债用作资本金比例为54.75%，项目收入主要来自门诊、住院收入等。整体而言，2020年1~6月，全国31个省（区、市）中新增专项债用作资本金的省（区、

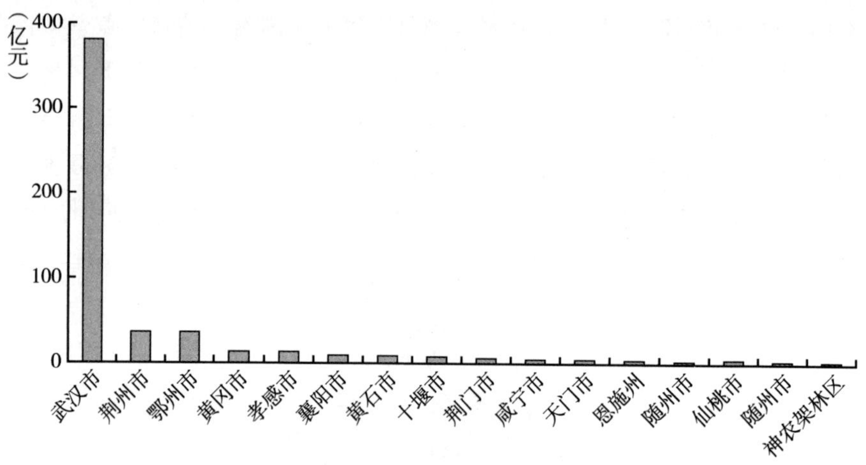

图 12　2020 年 1～6 月湖北省新增项目收益专项债规模行政区分布

数据来源：湖北省地方政府新增专项债信息披露文件，中诚信国际整理计算。

市）共 22 个，其中湖北省当期新增项目收益专项债中用作项目资本金的规模暂居末位（见图 13），且仅涉及医疗领域，这可能是由新冠肺炎疫情的短期冲击使资本金到位压力较小所致。

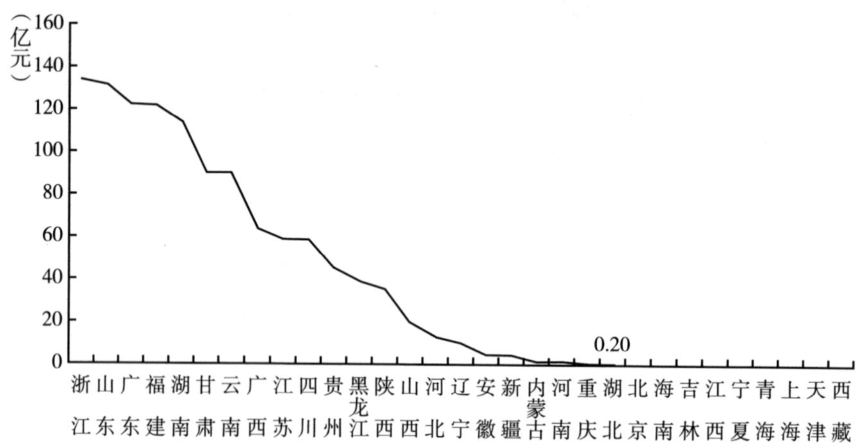

图 13　2020 年 1～6 月全国 31 个省（区、市）专项债用作资本金规模

数据来源：全国 31 个省（区、市）地方政府新增专项债信息披露文件，中诚信国际整理计算。

（四）新增项目收益专项债可撬动基建投资规模947.79亿元

2020年1～6月，湖北省新增专项债的规模为549.80亿元，合计撬动基建投资规模947.79亿元。具体而言，2020年1～6月湖北省新增专项债中549.60亿元用于非专项债资本金项目中的配套融资（此类项目的资本金和配套融资比例均值分别为0.42和0.58），剩余0.20亿元用于项目资本金；专项债配套融资和专项债资本金撬动杠杆比率分别为1.72和1，分别撬动基建投资规模947.59亿元和0.20亿元①。整体而言，2020年1～6月，湖北省新增专项债规模及撬动基建投资规模，尚处于全国中等偏下水平（均位列全国第18位），固定资产投资和基础设施投资分别同比下降56.2%和58.5%，主要是受新冠肺炎疫情影响。随着湖北省复工复产的加快，项目资金需求扩大，专项债的发行对其投资拉动效果有望进一步显现。

三　湖北省偿债能力分析

（一）债务规模位列全国中部靠前，存在一定偿债压力

截至2019年，湖北省地方债务规模为8040.00亿元②，居全国第11位（见图14）。截至2020年6月，湖北省地方债务规模为8706.52亿元，从到期情况看，2021～2026年湖北省存在一定偿债压力，其中2021年和2023年为偿债高峰年度，年到期规模均超1000亿元（见图15）。

（二）经济及财政实力较强，新冠肺炎疫情导致短期承压

从区域经济发展来看，2019年湖北省完成地区生产总值45828.31亿元③，

① 专项债撬动基建投资方法参见袁海霞、汪苑晖、卞欢《专项债兼顾扩容提效，助力基建托底稳增长——地方政府专项债2019年回顾与2020年展望》，《财政科学》2020年第1期。

② 如无特别说明，本报告中引用的湖北省政府债务限额、余额，一般公共预算收入、支出，财政平衡率，债务率、负债率等财政相关数据均来自湖北省财政预算执行及决算报告，并由中诚信国际整理计算。

③ 如无特别说明，本报告中引用的宏观经济数据均来自《湖北省国民经济和社会发展统计公报》，并由中诚信国际整理计算。

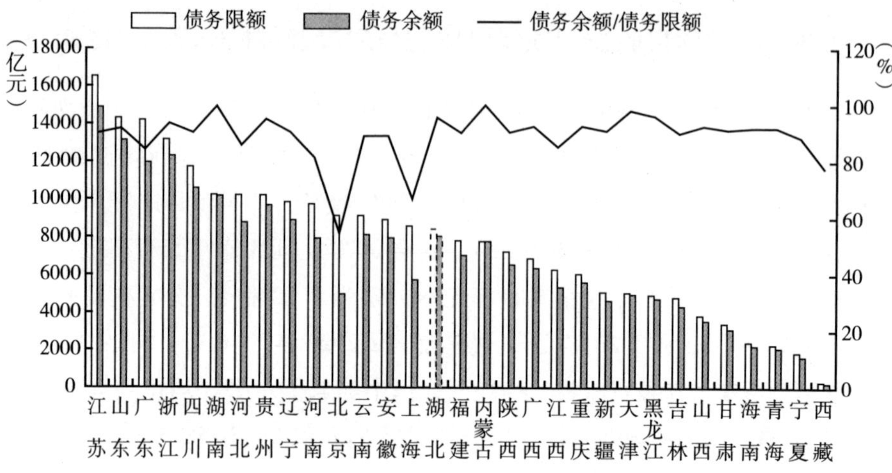

图 14　2019 年全国 31 个省（区、市）地方政府债务限额及余额

数据来源：全国 31 个省（区、市）财政预算执行及决算报告，中诚信国际整理计算。

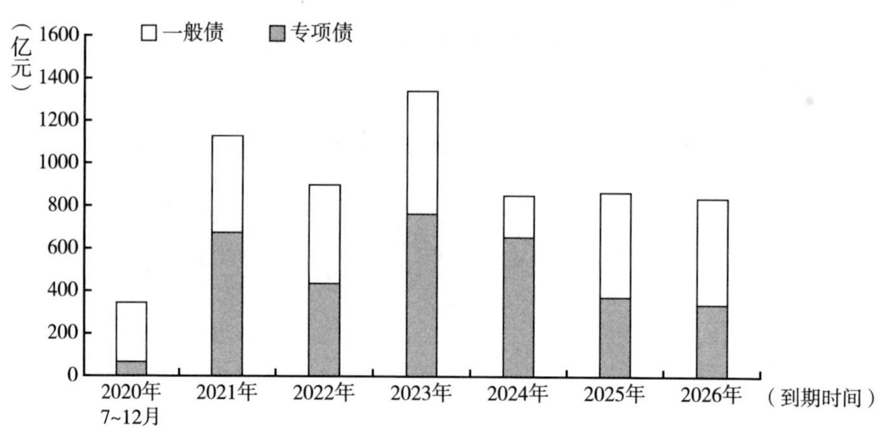

图 15　湖北省地方债 2020 ~ 2026 年到期分布

数据来源：湖北省财政预算执行及决算报告，中诚信国际整理计算。

同比增长 7.5%，经济规模稳居全国第一方阵，三次产业结构由 2018 年的 8.5∶41.8∶49.7 调整为 8.3∶41.7∶50.0。受新冠肺炎疫情影响，湖北省的经济短期承压，但是随着复工复产进度加快，城市经济逐步企稳。2020 年 1 ~ 6 月，湖北省地区生产总值 17480.51 亿元，同比下降 19.3%，降幅较第一季度收窄 19.9 个百分点。

从财政实力来看，湖北省财政实力较强，财政收入持续增加，但财政平衡率一般，对上级补助依赖较大。2019 年湖北省一般公共预算收入为 3388. 60 亿元，在全国处于第 10 位，同比增长 2. 5%，其中税收收入为 2531. 00 亿元，占比为 74. 69%；财政平衡率为 42. 52%，同比下降 2. 03 个百分点，财政自给能力弱化（见图 16）；政府性基金收入随土地行情景气程度变化有所下滑，为 3474. 90 亿元，同比减少 60. 11 亿元。2020 年 1 ~ 6 月受新冠肺炎疫情影响，全省地方一般公共预算收入完成 1208. 88 亿元，同比下降 38. 4%，但降幅较第一季度收窄 9. 2 个百分点，其中，税收收入 955. 98 亿元，同比下降 36. 4%；地方一般公共预算支出完成 3543. 21 亿元，同比下降 12. 5%，降幅较第一季度收窄 1. 6 个百分点；当期财政平衡率为 34. 12%，处于较低水平。

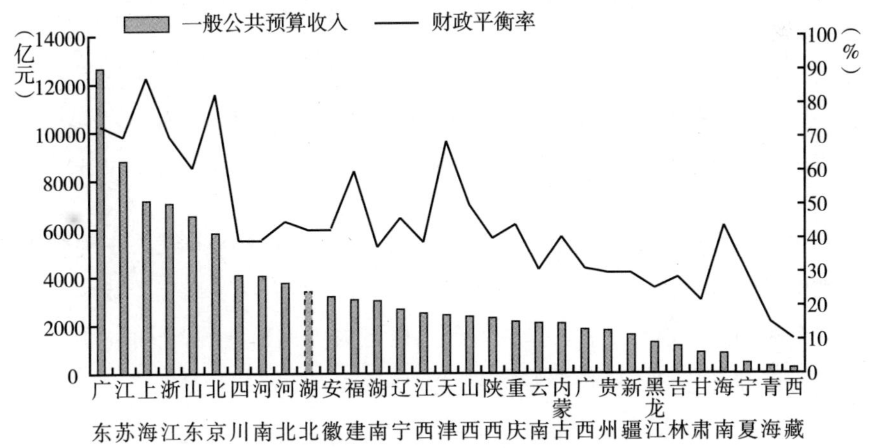

图 16　2019 年全国 31 个省（区、市）一般公共预算收入与财政平衡率

数据来源：全国 31 个省（区、市）财政预算执行及决算报告，中诚信国际整理计算。

（三）新冠肺炎疫情的爆发加大了湖北省的偿债压力

湖北省债务率和负债率在全国 31 个省（区、市）中处于较低水平，2019 年分别为 77. 92% 和 17. 54%，分别位列全国第 21 名和第 24 名（见图 17），但整体债务规模在全国 31 个省（区、市）中处于中上游水平，截至 2019 年，地方政府债务余额为 8034. 00 亿元，其中一般债余额和专项债余额各占 50% 左右。此外，受新冠肺炎疫情影响，2020 年 1 ~ 6 月湖北省财政收入较 2019 年同

期大幅下滑，须关注区域内财力大幅下滑对地方债偿付的影响以及湖北省在全面复工复产后的财力恢复状况。

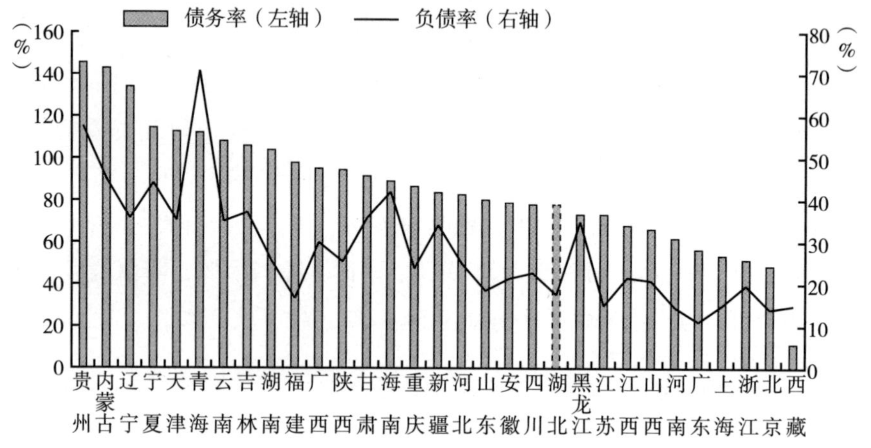

图 17　2019 年全国 31 个省（区、市）债务率及负债率

数据来源：全国 31 个省（区、市）财政预算执行及决算报告，中诚信国际整理计算。

为化解地方政府债务风险，2017 年以来，国家在《国务院关于加强地方政府性债务管理的意见》（国发〔2014〕43 号）等文件基础上，陆续出台一系列政策对地方政府各类违法违规举债融资行为“围追堵截”，并不断强调坚决遏制隐性债务增量、坚决打好防范地方债务风险攻坚战的决心。为全面落实国家对防风险的要求并持续推进省内地方债务风险化解，湖北省从加强地方债务管理、推进存量债务化解等方面着手，出台了一系列控制债务风险的政策。在加强债务管理方面，2017 年 7 月湖北省出台了《湖北省政府性债务风险应急处置预案》（鄂政办函〔2017〕45 号）①，明确划分了政府性债务风险事件等级，分类制定应急处置措施，严防债务化解中可能发生的系统性和区域性风险；2017 年 8 月，湖北省政府发布《省人民政府关于规范政府举债融资行为防范和化解债务风险的实施意见》，在进一步提高对规范政府举债融资行为、防范和化解债务风险的认识，全面落实政府性债务管理政策规定，加强各类融

① 《湖北省政府性债务风险应急处置预案》（鄂政办函〔2017〕45 号），湖北省人民政府网，2017 年 8 月 11 日，http：//www. hubei. gov. cn/govfile/ezbh/201708/t20170811_ 1034566. shtml。

资平台公司融资管理，建立健全政府性债务风险防控机制和加强对政府性债务管理工作的组织领导等方面提出实施意见。

四 小结

湖北省经济与财政实力位于全国中上游，地方债发行较为活跃且发行规模逐年增加，发行成本逐年降低，发行期限亦有所拉长，债券期限结构更加分散。从券种来看，项目收益专项债的发行规模增长最快。从募投项目来看，项目收益专项债募投项目收益均能覆盖其使用的债券资金，其中，募集资金投入最多的区域为武汉市。从债务到期方面来看，2021～2025 年，湖北省面临较大的偿债压力，其中 2021 年和 2023 年为偿债高峰，须重点关注省内受新冠肺炎疫情影响导致的财力下滑状况的持续时间，以及省内再融资能力，做好债务风险防控，合理安排债务限额。

B.24

2020年湖南省地方政府债券分析报告

杨 锐 吴亚婷 胡雅梅 张 蕾*

摘 要： 2020年受新冠肺炎疫情冲击影响，湖南省地方债发行节奏提前。债券发行规模扩大，发行期限延长，发行成本下降，二级市场活跃。湖南省地方政府项目收益专项债发行规模持续增长，募投领域向市政和产业园区基础设施、民生服务领域转移。专项债用作项目资本金的比例较低，对投资增长的撬动效应尚未完全释放。整体来看，湖南省的债务规模和债务率相对较高，债务限额空间有限，偿债压力相对较大，但政府在积极化解债务风险。未来须严格落实相关化债政策和工具的执行情况，严控债券融资成本，加强债务风险防控，落实地方债偿债高峰期的资金来源。

关键词： 地方债 专项债 湖南省

一 湖南省地方债运行情况分析

湖南省存量地方债规模较大，截至2020年6月，湖南省地方债存量规模达到11159.55亿元①，占全国地方债存量总规模的4.67%，在全国31个省

---

* 杨锐，中诚信国际政府公共评级部（武汉）高级分析师，主要研究领域为地方政府债券、基础设施投融资行业等；吴亚婷，中诚信国际政府公共评级部（武汉）分析师，主要研究领域为地方政府债券、基础设施投融资行业等；胡雅梅，中诚信国际政府公共评级部（武汉）分析师，主要研究领域为地方政府债券、基础设施投融资行业等；张蕾，中诚信国际政府公共评级部（武汉）分析师，主要研究领域为地方政府债券、基础设施投融资行业等。

① 如无特别说明，本报告中引用的地方债存量、发行量、发行利率、发行利差、交易量、到期收益率等债券相关数据均来自截至2020年6月的Choice数据库，并由中诚信国际整理计算。

（区、市）中位列第六（见图1）。债券种类方面，存量地方债以一般债为主，规模为6306.63亿元，占地方债存量规模的56.51%，专项债规模为4852.92亿元，占地方债存量规模的43.49%；2018年到2020年6月的存量地方债以新增债为主，占比约为57%。从期限看，存量地方债期限多在10年以下，规模合计为6941.12亿元，占地方债存量规模的62.20%；2020年以来，湖南省地方债发行以专项债为主，发行期限明显拉长，2020年1~6月，10年期及以上的长期债券发行规模占当期债券发行总规模的84.02%。

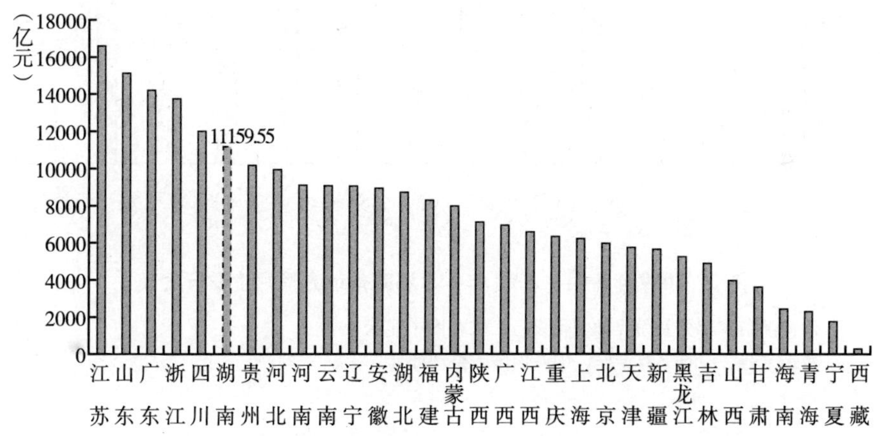

图1 截至2020年6月全国31个省（区、市）地方债存量规模

数据来源：Choice数据库，中诚信国际整理计算。

（一）2020年湖南省地方债发行前置，1~6月发行规模相对较高

2020年新冠肺炎疫情爆发，我国经济下行压力进一步增大，地方政府财力受到不利冲击。“补短板、稳增长”是湖南省的工作重点，地方债的发行与使用作为积极财政政策的重要手段之一，在补短板与稳增长的过程中起到了积极作用。

从地方债发行规模来看，2019年1~6月湖南省地方债发行以新增债为主，7~12月以置换债和再融资债为主。湖南省地方政府债务压力相对较大，存在一定的债务周转压力。2019年置换债发行规模占全年地方债发行规模的14.08%。2020年1~6月，为缓解新冠肺炎疫情给经济带来的冲击，湖南省地

方债的发行明显前置，第一季度发行规模为698.50亿元，较2019年同期大幅增长97.88%；2020年1～6月发行规模为1271.52亿元，较2019年同期增长33.75%（见图2）。

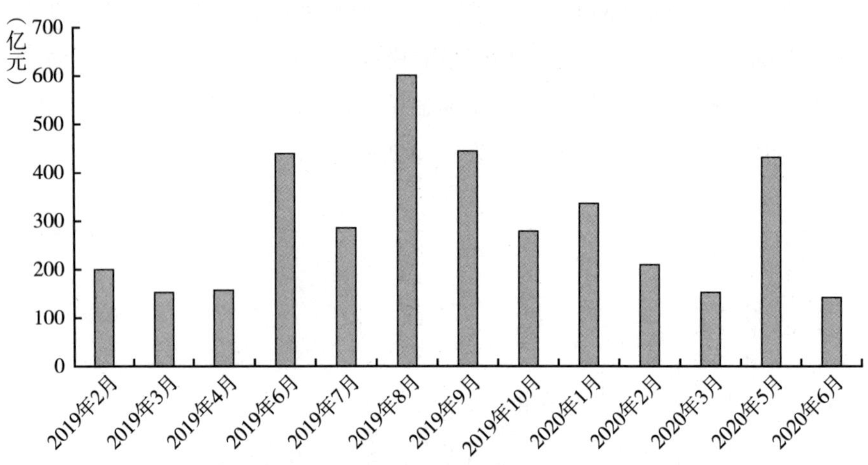

图2 2019年1月～2020年6月湖南省地方债月度发行规模

注：湖南省部分月份无地方债发行，未在图中显示。

数据来源：Choice数据库，中诚信国际整理计算。

（二）发行期限明显拉长，新增专项债发行占主导地位

从期限分布看，2020年1～6月湖南省共计发行地方债46只，其中10年期及以上的长期债券发行数量为40只，发行规模占当期债券发行总规模的84.01%，较2019年全年增长24.41个百分点（见图3）。

从券种结构看，2020年以来湖南省地方债发行以专项债为主。2019年9月，国务院常务会议明确专项债用于项目资本金的范围进一步扩充，专项债的发行规模进一步扩大。2020年1～6月，湖南省新增专项债发行规模占当期地方债发行总规模的68.62%，较2019年全年增长15.85个百分点。2020年1～6月湖南省未发行置换地方债和再融资专项债，新增和再融资一般债发行规模较小，分别占当期地方债发行总规模的20.21%和11.17%。

（三）发行成本有所下降，发行利率及利差在全国处于中等水平

2020年1～6月央行多次下调金融机构存款准备金率，货币市场利率整体下行，

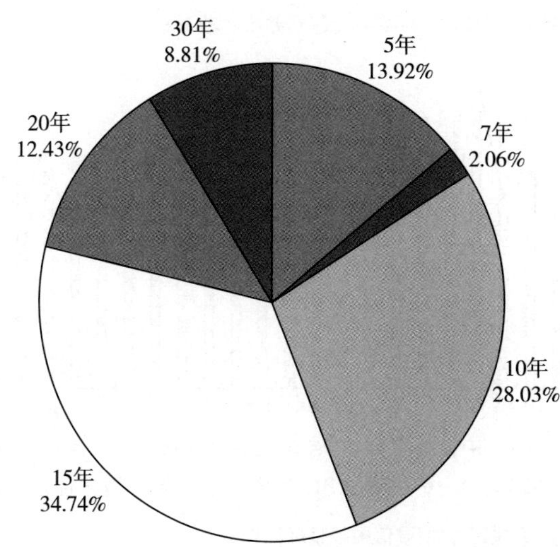

图3 2020 年 1 ~6 月湖南省地方债发行期限结构

数据来源：Choice 数据库，中诚信国际整理计算。

湖南省新发行地方债发行利率及利差①分别为 3.30% 和 25.28BP，同比分别下降 0.21 个百分点和 0.92BP，发行利率在全国 31 个省（区、市）中处于第 15 位（见图 4）。

具体来看，发行利率方面，2020 年 1 ~6 月湖南省新发行地方债月度发行利率整体呈现波动下降态势，其中，2020 年 2 月、3 月和 6 月发行的地方债发行利率分别为 3.31%、3.08% 和 2.70%（见图 5）；此外，2020 年 1 月新发行 11 只专项债及 1 只一般债的利率为 3.62%，2020 年 5 月新发行 18 只专项债的利率为 3.32%。发行利差方面，2020 年 1 ~6 月湖南省新发行地方债月度利差先走阔至 30.28BP，后收窄至 19.98BP，其中 2020 年 2 月和 3 月发行的地方债利差同比分别上升 6.58BP 和 3.78BP，6 月发行的地方债利差同比下降 2.94BP。

（四）交易规模同比大幅增长，到期收益率波动下行后触底回升

2020 年 1 ~6 月市场资金面整体较宽松，地方债二级市场表现活跃，全国累计完成交易规模② 7.03 万亿元，其中，湖南省地方债二级市场交易规模共

① 如无特别说明，本报告中发行利率、利差为根据发行额计算的加权平均发行利率、利差，发行利差计算公式为债券发行利率减对应期限国债收益率。

② 交易统计包含回购交易、现券交易等部分。

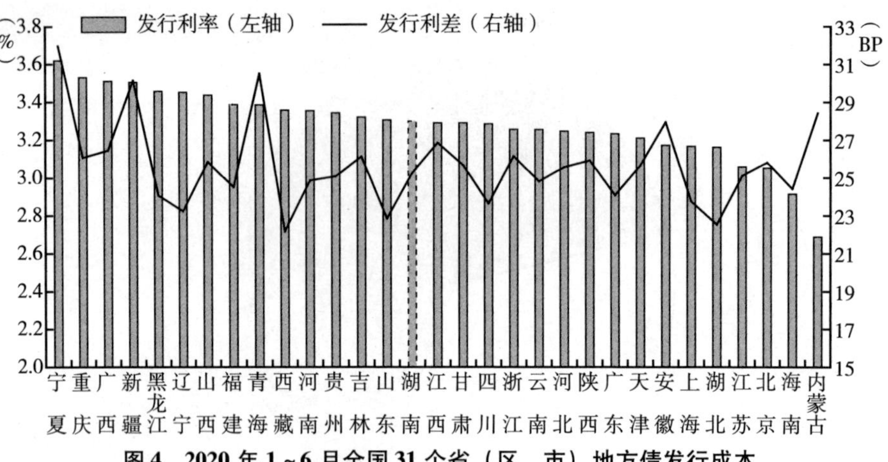

图4　2020年1~6月全国31个省（区、市）地方债发行成本

数据来源：Choice数据库，中诚信国际整理计算。

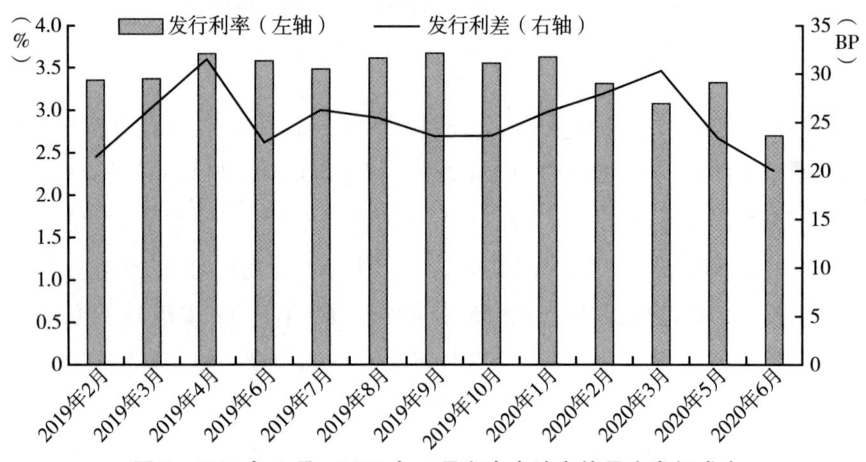

图5　2019年1月~2020年6月湖南省地方债月度发行成本

注：湖南省部分月份无地方债发行，未在图中显示。

数据来源：Choice数据库，中诚信国际整理计算。

计2521.29亿元，占比较小，在全国31个省（区、市）中排名第10位，较2019年全年交易量排名下降6个位次。

2019年1月~2020年4月，湖南省各期限地方债的到期收益率整体呈波动下行趋势，至2020年4月，湖南省存量地方债到期收益率①均值下行至

① 此处到期收益率均值采用的是算术平均值。

2.47%，其中，1年以下、1～5年（不含5年）、5～10年（不含10年）和10年及以上期限地方债的到期收益率均值分别为1.18%、1.86%、2.64%和3.37%。2020年4月以来收益率触底后快速上扬，其中1年以下、1～5年（不含5年）期限地方债的到期收益率反弹更为迅速，而5～10年（不含10年）、10年及以上期限地方债的到期收益率曲线相对较平缓（见图6）。

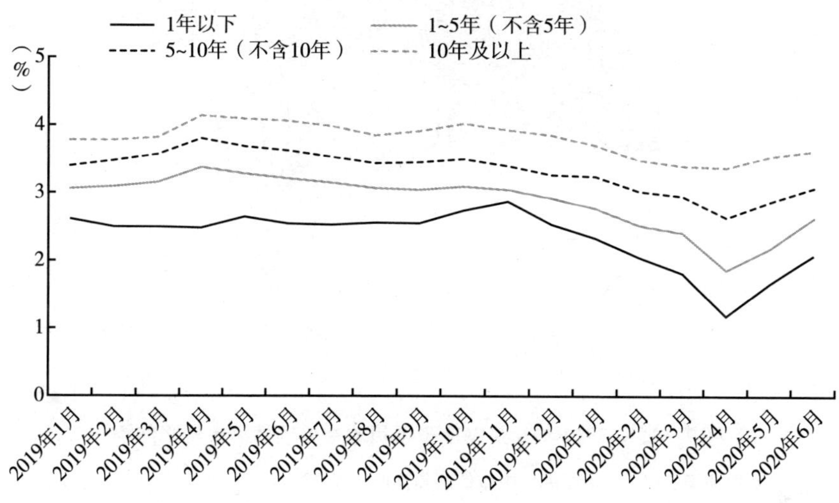

图6　2019年1月～2020年6月湖南省地方债到期收益率走势

数据来源：Choice数据库，中诚信国际整理计算。

二　湖南省地方政府项目收益专项债分析*

湖南省项目收益专项债存量规模在全国范围内处于中游水平，截至2020年6月，存量项目收益专项债65只，余额1891.52亿元，投向以土储

* 2020年7月29日财政部《关于加快地方政府专项债券发行使用有关工作的通知》（财预〔2020〕94号）明确2020年新增专项债必须保证融资规模与项目收益相平衡，因此2020年发行的新增专项债均为项目收益专项债。本部分项目收益专项债的统计样本为2017～2019年项目收益专项债与2020年1～6月的新增专项债。

和棚改领域为主，2020 年起向基建及民生服务领域倾斜。从剩余期限看，存量项目收益专项债以中长期为主，5～10 年（含 10 年）期限债券合计 26 只，余额 481.46 亿元；10 年以上期限债券合计 28 只，余额 743.09 亿元（见图 7）。

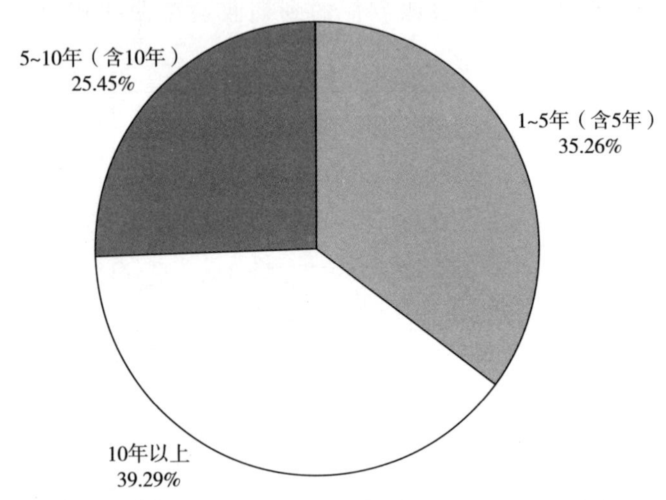

图 7　截至 2020 年 6 月湖南省项目收益专项债剩余期限结构

数据来源：Choice 数据库，中诚信国际整理计算。

（一）发行规模快速增长，发行期限以15年为主，发行成本持续下降

从发行数量与规模看，2017 年以来湖南省项目收益专项债在发行数量与规模上均保持较快增长，2020 年 1～6 月湖南省发行项目收益专项债 42 只，发行规模 872.52 亿元（见图 8），远超以往年度。

从债券期限看，2020 年 1～6 月，湖南省项目收益专项债的发行期限主要集中于中长期限，以 10～20 年为主。2020 年 1～6 月，湖南省共发行项目收益专项债 42 只，其中 15 年期项目收益专项债 13 只，发行规模 441.75 亿元，占同期发行总规模的 50.63%（见图 9）。

从发行利率及利差走势看，自 2017 年湖南省发行项目收益专项债以来，发行利率及利差均保持下降趋势，项目收益专项债发行成本持续走低（见图 10）。

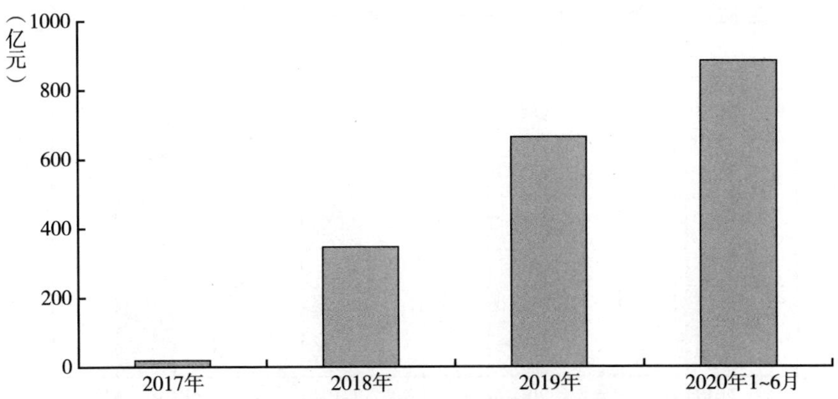

图8　2017年~2020年6月湖南省项目收益专项债发行规模

数据来源：Choice数据库，中诚信国际整理计算。

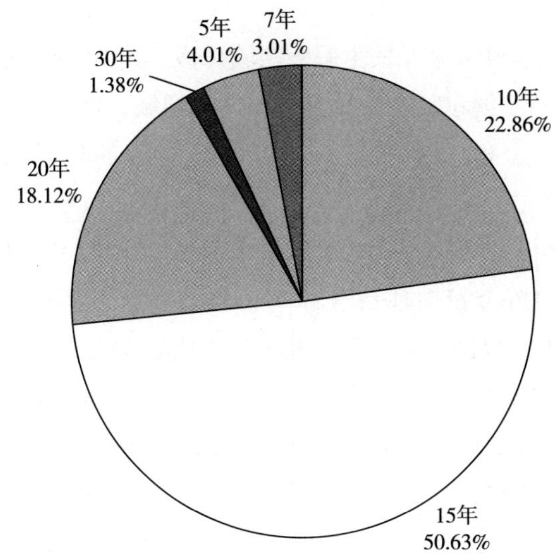

图9　2020年1~6月湖南省项目收益专项债发行期限结构

数据来源：Choice数据库，中诚信国际整理计算。

（二）专项债募投领域有所转移，涉及范围较广且偿债能力相对较高

2017~2019年，湖南省项目收益专项债投向以土储和棚改领域为主，仅涉及少量收费公路项目，2020年新发行项目收益专项债投向领域增加且重点

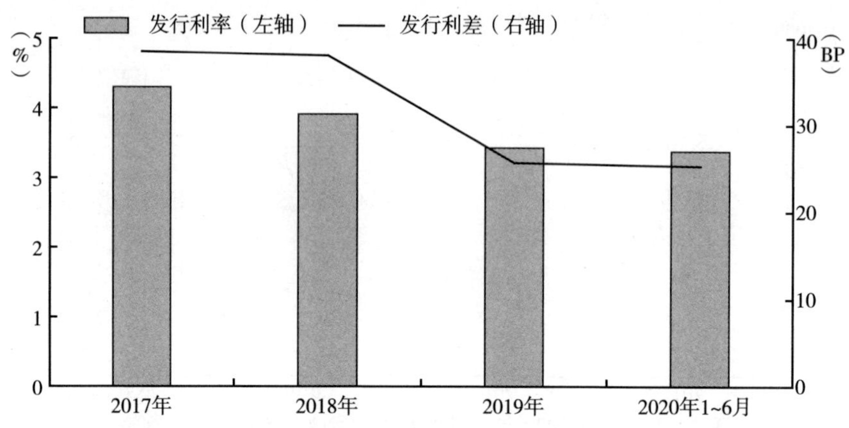

图 10　2017 年～2020 年 6 月湖南省项目收益专项债发行成本

数据来源：Choice 数据库，中诚信国际整理计算。

向市政和产业园区基础设施及民生服务领域转移。其中市政和产业园区基础设施、土储及交通基础设施为募集资金主要投向领域，债券余额分别为 611.82 亿元①、537.00 亿元和 356.70 亿元，占发行规模的比重分别为 32.18%、28.24%和 18.76%。

2020 年 1～6 月，湖南省发行新增项目收益专项债 42 只，发行规模 872.52 亿元，募集资金投向项目合计 575 个。从项目行政层级分布情况看，以区县级项目为主，数量为 421 个，占项目总数的 73.22%，区县级项目总投资 2265.11 亿元；地市级项目次之，数量为 144 个，占项目总数的 25.04%，地市级项目总投资 1759.07 亿元；省级项目 10 个，占项目总数的 1.74%，省级项目总投资 45.14 亿元。

从项目投向来看，2020 年 1～6 月，湖南省发行项目收益专项债主要投向市政和产业园区基础设施与交通基础设施领域，涉及项目数量分别为 239 个和 162 个，分别占项目总数的 55.26%和 19.08%，项目总投资分别为 2514.85 亿元和 434.29 亿元；其次为民生服务和生态环保项目领域，涉及项目数量分别

① 如无特别说明，本报告中引用的专项债支持项目的相关数据均来自湖南省政府新增专项债信息披露文件，并由中诚信国际整理计算。由于数据的获取问题，数据可能来自不同募投项目文件、项目实施方案、信息披露模板等，这可能导致数据分析出现一定偏差，但不会对分析结论产生实质上的影响。

为76个和64个，分别占项目总数的14.75%和5.58%，项目总投资分别为592.10亿元和208.85亿元。市政和产业园区基础设施领域中，以园区建设为主，涉及项目179个，项目总投资2293.49亿元；其次为供水和水务项目，涉及项目56个，总投资181.83亿元。民生服务领域中，以医疗类项目为主，涉及项目97个，总投资266.96亿元；其次分别为殡葬、教育和养老类项目，数量分别为24个、22个和17个，项目总投资分别为37.52亿元、68.60亿元和40.21亿元（见图11）。

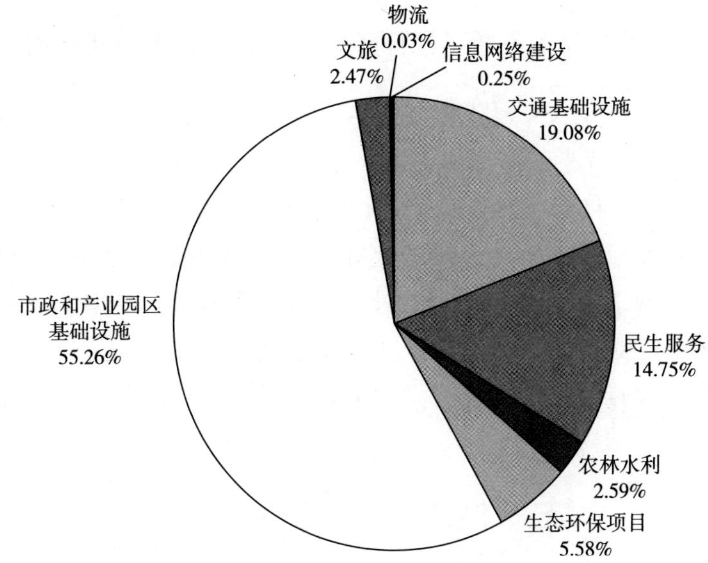

图11　2020年1～6月湖南省新增项目收益专项债募投领域分布

数据来源：湖南省地方政府新增专项债信息披露文件，中诚信国际整理计算。

从项目本息覆盖情况来看，2020年1～6月项目收益专项债涉及的575个项目中，项目本息覆盖倍数均大于1，其中最大倍数为22.59倍，最小倍数为1.10倍，募投项目整体偿债能力较好。

（三）专项债资金用作项目资本金情况尚可，但资金规模占比较低

2020年1～6月，湖南省新发专项债募投项目中，涉及专项债资金用作项目资本金的项目有56个，使用募集资金114.25亿元，项目数量及使用资金规模在中部各省份（安徽、河南、湖北、湖南、江西）中均排名首位，使用募

集资金占专项债总发行规模的13.05%，占比较低。在专项债资金用作项目资本金的项目中，以交通基础设施、生态环保项目及市政和园区基础设施领域为主。其中，生态环保项目21个，全部为城镇污水垃圾处理项目，专项债用于资本金比例从7.40%到100%不等，项目收入来源于污水处理收入及部分自来水销售收入；交通基础设施项目20个，主要为城市停车场、轨道交通、机场等交通枢纽项目，专项债用于资本金比例从6.83%到98.82%不等，项目收入主要来源于停车费及土地出让收入。

（四）专项债资本金撬动杠杆较低，配套融资撬动杠杆情况较好

2020年1~6月，受新冠肺炎疫情影响，湖南省固定资产投资增速放缓，在抗疫情、稳增长的特殊时期，专项债是积极财政的重要抓手，对基建投资具有一定拉动作用。2020年1~6月，湖南省新发行项目收益专项债募投项目中用作项目资本金的规模为114.25亿元，理论上撬动基建投资的规模为204.02亿元，撬动杠杆为1.79倍，在全国处于中下游水平；资金用于项目配套融资，理论上撬动基建投资的规模为1360.05亿元①，撬动杠杆为1.89倍，但实际效果受较多因素限制，如项目本身收益情况、资金到位情况、配套设施建设情况等。

三　湖南省偿债能力分析

（一）债务规模持续增长，债务限额空间有限

近年来湖南省地方政府债务余额持续增长，截至2019年，湖南省地方政府债务余额为10174.50亿元②，规模居全国第6位（见图12），同比增长16.84%，地方债务余额已逼近地方债务限额，同2019年地方债务限额相比，仅有54.41亿元额度。

① 专项债撬动基建投资方法参见袁海霞、汪苑晖、卞欢《专项债兼顾扩容提效，助力基建托底稳增长——地方政府专项债2019年回顾与2020年展望》，《财政科学》2020年第1期。

② 如无特别说明，本报告中引用的湖南省政府债务限额、余额，一般公共预算收入、支出，财政平衡率，债务率、负债率等财政相关数据均来自湖南省财政预算执行及决算报告，并由中诚信国际整理计算。

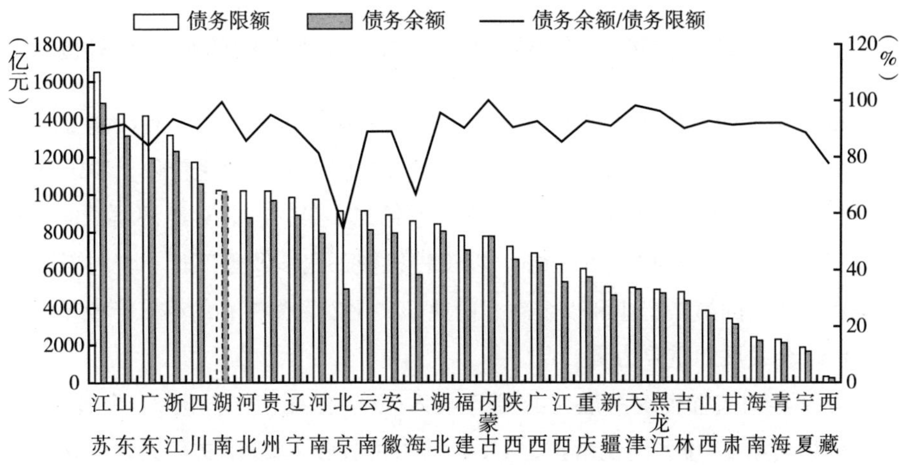

图 12　2019 年全国 31 个省（区、市）地方政府债务限额及余额

数据来源：全国 31 个省（区、市）财政预算执行及决算报告，中诚信国际整理计算。

截至 2020 年 6 月，湖南省存量地方债规模为 11159.55 亿元，居全国第六位。从券种分布看，一般债规模为 6306.63 亿元，占地方债规模的 56.51%，券种分布较为平均。从到期情况看，2021～2026 年湖南省将进入地方债偿债高峰，除 2024 年外，其余年份到期规模均超 1000 亿元（见图 13）。

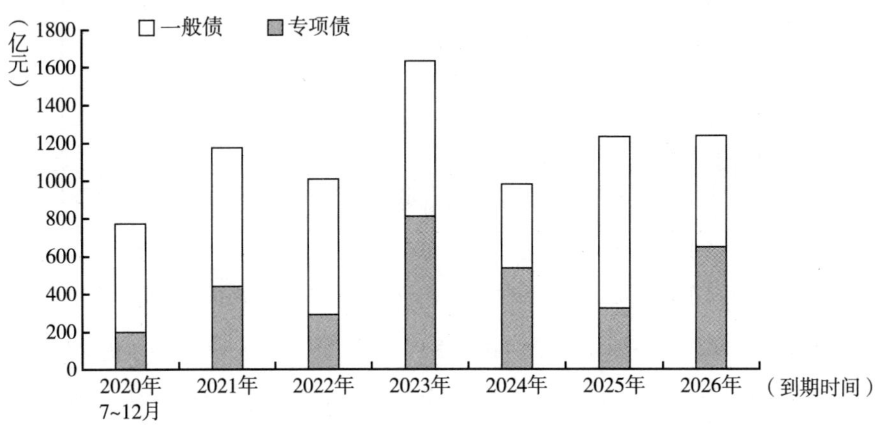

图 13　湖南省地方债 2020～2026 年到期分布

数据来源：湖南省财政预算执行及决算报告，中诚信国际整理计算。

（二）财政平衡能力较弱且逐年下滑，收支平衡依赖上级补助

2019 年湖南省地区生产总值（GDP）在全国排名第 9 位，经济增长速度高出全国平均水平 1.5 个百分点[①]，全省经济规模较大且增速较快。2019 年全省三次产业结构为 9.2∶37.6∶53.2，第一、第二、第三产业对经济增长的贡献率分别为 3.6%、44.4%、52.0%，以工程机械、汽车及零部件、新材料及电子信息为核心的第二产业和以金融、商业、文化创意为核心的第三产业是湖南省经济社会发展的重要力量。

2019 年湖南省实现一般公共预算收入 3007 亿元，在全国 31 个省（区、市）中排名第 13 位，同比增长 5.1%，其中税收收入 2061.9 亿元，同比增长 5.2%，较 2018 年下降 6.2 个百分点，税收收入占一般公共预算收入的比重为 68.57%，与 2018 年基本持平；一般公共预算支出为 8034.1 亿元，同比增长 7.4%。财政平衡方面，2019 年湖南省财政平衡率为 37.43%，财政平衡能力较弱且逐年下滑，资金缺口较大，收支平衡依赖上级补助（见图 14 及图 15）。

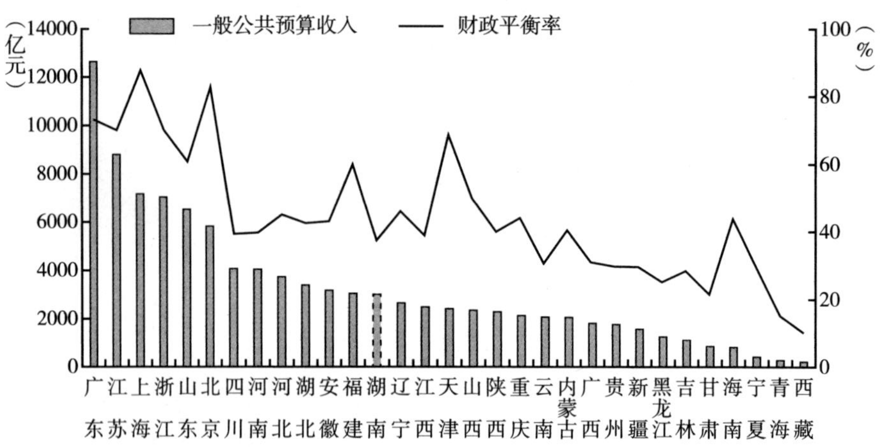

图 14　2019 年全国 31 个省（区、市）一般公共预算收入与财政平衡率

数据来源：全国 31 个省（区、市）财政预算执行及决算报告，中诚信国际整理计算。

① 如无特别说明，本报告中引用的宏观经济数据均来自《湖南省国民经济和社会发展统计公报》，并由中诚信国际整理计算。

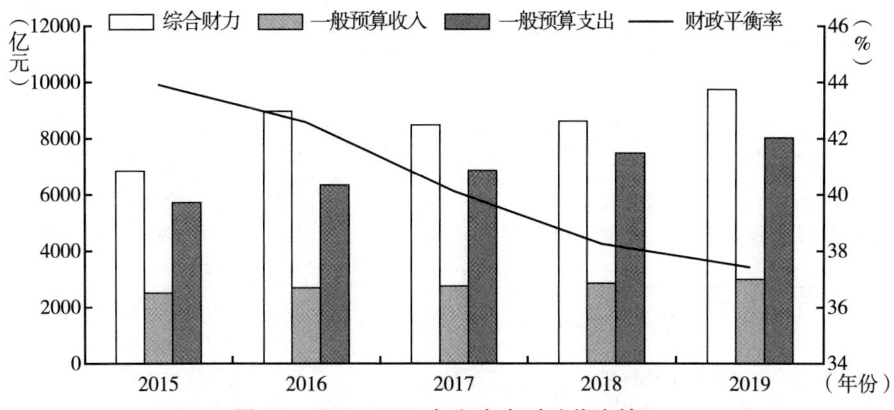

图 15　2015～2019 年湖南省财政收支情况

数据来源：湖南省财政预算执行及决算报告，中诚信国际整理计算。

（三）湖南省债务处于较高水平，偿债压力相对较大

截至 2019 年，湖南省负债率为 25.59%，较 2018 年上升 1.68 个百分点，居全国第 14 位；债务率为 103.89%，较 2018 年上升 2.84 个百分点，居全国第 9 位且超过 100% 国际警戒标准（见图 16），全省的债务压力相对较大。但整体来看，2018 年以来湖南省推进了一系列债务风险防范工作，政府也积极出台相应政策并设立债务化解新工具（见表 1），对维护区域金融稳定具有重要意义。

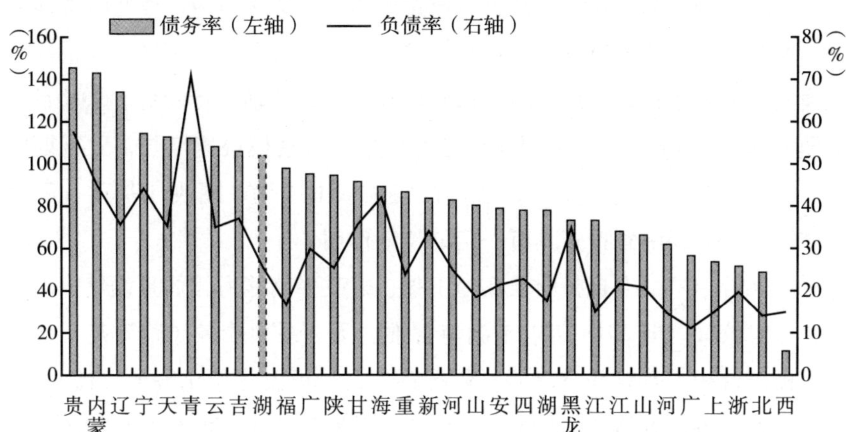

图 16　2019 年全国 31 个省（区、市）债务率及负债率

数据来源：全国 31 个省（区、市）财政预算执行及决算报告，中诚信国际整理计算。

表1　湖南省债务化解相关政策文件

文件名称	出台时间	出台部门	相关内容
《关于严控政府性债务增长切实防范债务风险的若干意见》	2018年2月	中共湖南省委办公厅	提出坚决制止各类违规举债、清理整顿融资平台的总目标
《关于压减投资项目切实做好甄别核实政府性债务有关工作的紧急通知》	2018年4月	湖南省财政厅	要求各地从资金需求端严控增量,同时切实做好甄别核实政府性债务的工作
《关于2019年度省级预算执行和其他财政收支的审计工作报告》	2020年7月	湖南省审计厅	对3个市本级和14个县市区开展的政府性债务审计结果表明各市县认真贯彻落实了加强政府债务管理的总体要求,对政府隐性债务进行了全面清理,各地债务风险总体可控

数据来源：依据湖南省人民政府网站等资料整理。

四　小结

湖南省存量地方债规模较大，2020年1～6月受新冠肺炎疫情影响，经济下行压力增大，湖南省地方债发行明显前置，新发行地方债以项目收益专项债为主，且发行期限明显拉长。从发行成本来看，2020年1～6月湖南省地方债发行利率及发行利差整体呈波动下降态势，同期地方债二级市场交易活跃，交易规模同比大幅增长，各期限地方债到期收益率呈波动下行趋势。从项目收益专项债情况看，2020年1～6月湖南省专项债发行规模快速增长，发行期限以15年为主，发行成本持续下降，项目投向领域由土储、棚改向基建及民生服务领域倾斜，对湖南省投资具有一定的拉动作用。

总体来看，湖南省自身财政实力不强，财政平衡能力较弱且逐年下滑，债务压力相对较大。但2018年以来湖南省推进了一系列债务风险防范工作，政府也积极出台相应政策并设立债务化解新工具，积极防范化解地方债务风险。根据目前湖南省地方债的偿债形势，湖南省政府须严格落实相关化债政策和工具的执行情况，严控新发行债券的融资成本；同时加强对各级政府债务风险的实时监控，落实地方债偿债高峰期的资金来源。

B.25

2020年广西壮族自治区地方政府债券分析报告

侯一甲　黄 伟*

摘　要： 随着广西壮族自治区政府债务规模的持续扩张，债务风险管控的重要性日益显现。本报告首先从发行规模、券种构成、期限结构及到期收益率等方面对广西地方债运行情况进行分析，其次对项目收益专项债运行情况和资金用途进行深入剖析，最后结合广西地方综合财力及债务情况，对偿付能力进行分析。

关键词： 地方债　专项债　广西壮族自治区

一　广西地方债运行情况分析

截至2020年6月，广西地方债存量规模为6935.95亿元①，占全国地方债存量总规模的2.90%，在全国31个省（区、市）中位列第17（见图1），期限以3~10年为主。广西地方债存量规模居中，低于贵州、云南等西南部省（区、市），与陕西、江西规模相近。从期限分布看，1~5年期占比较大，比例约为48%，其次为5~10年期，比例约为30%。从债券种类看，一般债占比较大，约占总规模的55%；2018年到2020年6月的存量地方债以新增专项债为主，占比约为67%。

---

* 侯一甲，中诚信国际政府公共评级部（武汉）副总监，主要研究领域为地方政府债券、基础设施投融资行业等；黄伟，中诚信国际政府公共评级部（武汉）分析师，主要研究领域为地方政府债券、基础设施投融资行业等。

① 如无特别说明，本报告中引用的地方债存量、发行量、发行利率、发行利差、交易量、到期收益率等债券相关数据均来自截至2020年6月的Choice数据库，并由中诚信国际整理计算。

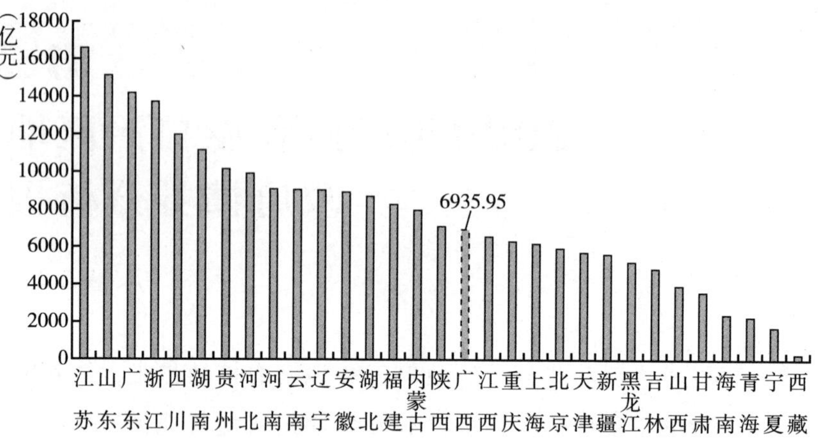

图1　截至2020年6月全国31个省（区、市）地方债存量规模

数据来源：Choice数据库，中诚信国际整理计算。

（一）2020年1~6月发行规模与2019年同期基本持平，受新冠肺炎疫情影响不大

2019年，广西地方债发行主要集中在1~6月（见图2），规模为994.58亿元，占全年发行规模的比重达到96.24%，以新增专项债为主。2020年1~6月，广西地方债发行规模同2019年1~6月基本持平，规模为967.36亿元，并未受全国地方债发行规模增长及新冠肺炎疫情影响而发生明显变化。

（二）地方债发行以专项债为主，期限以30年为主

从地方债期限分布来看，2020年1~6月广西地方债发行期限明显拉长，当期共计发行28只，10年期及以上的长期债券发行数量为26只，发行规模占当期债券发行总规模的81.69%，较2019年全年上升26.72个百分点，其中30年期的发行规模占比最大，达到66.45%（见图3）。从券种结构来看，2019年以来广西地方债发行以专项债为主，2019年9月国务院常务会议明确专项债用于项目资本金的范围进一步扩充，专项债的发行规模进一步扩大。2020年1~6月，广西新增专项债发行规模占当期地方债发行总规模的57.58%，较2019年全年上升4.16个百分点。

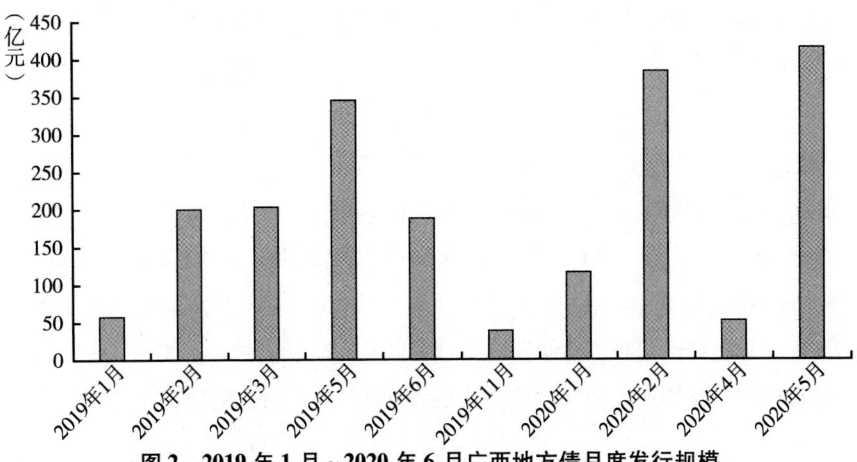

图 2　2019 年 1 月 ~ 2020 年 6 月广西地方债月度发行规模

注：广西部分月份无地方债发行，未在图中显示。

数据来源：Choice 数据库，中诚信国际整理计算。

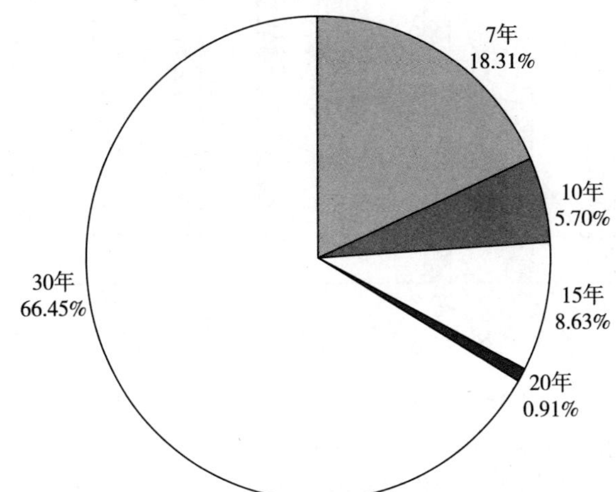

图 3　2020 年 1 ~ 6 月广西地方债发行期限结构

数据来源：Choice 数据库，中诚信国际整理计算。

（三）地方债发行期限较长

2019 年，广西地方债月度发行利率[①]呈逐步上升趋势，年初利率较低，最

① 如无特别说明，本报告中发行利率、利差为根据发行额计算的加权平均发行利率、利差，发行利差计算公式为债券发行利率减对应期限国债收益率。

低为2月的3.30%，后续一路上升至11月，达到最高的4.08%。2020年新冠肺炎疫情发生以来，央行多次下调金融机构存款准备金率，货币市场利率整体下行，广西新发地方债利率显著下降，由最高的3.91%（1月）下降至最低的2.91%（4月），5月利率有所回升，升高至3.33%。地方债利差方面，2019年广西地方债发行利差呈波动趋势，2月最低，为16.99BP，5月最高，为46BP，后续降至30BP以下，2020年5月为23.45BP（见图4）。从全国来看，广西地方债发行成本较高，2020年1～6月，广西地方债发行利率居第3位，发行利差居第7位（见图5），这与广西新发地方债期限相对较长有关，2020年1～6月广西新发地方债中30年期的发行规模占比达到66.45%，利率相对较高。

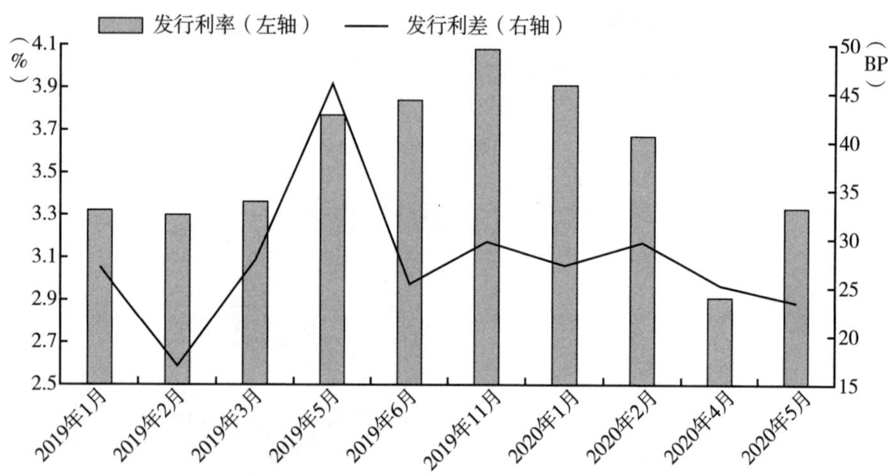

图4　2019年1月～2020年6月广西地方债发行成本

注：广西部分月份无地方债发行，未在图中显示。
数据来源：Choice数据库，中诚信国际整理计算。

（四）交易规模同比有所回落，到期收益率波动较大

从二级市场交易规模[①]看，2020年1～6月，在新冠肺炎疫情影响下广西地方债交易规模为458.38亿元，同比回落22.13%，在全国31个省（区、市）中排名第25位，排名较2019年全年排名上升2个位次。从到期收益率[②]走势看，

---

① 交易统计包含回购交易、现券交易等部分。
② 此处到期收益率均值采用的是算术平均值。

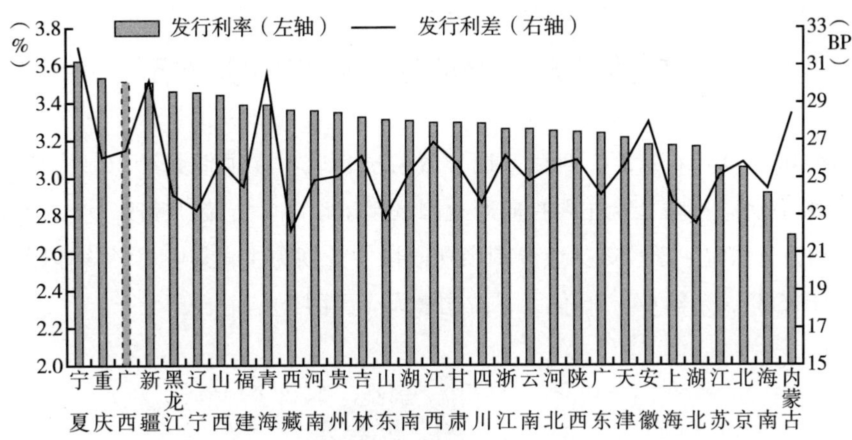

图5　2020 年 1～6 月全国 31 个省（区、市）地方债发行成本

数据来源：Choice 数据库，中诚信国际整理计算。

2019～2020 年，广西各期限地方债的到期收益率走势大致趋同，但 10 年及以上期限地方债的到期收益率曲线相对比较平缓。整体来看，各期限地方债到期收益率在 2019 年 4 月～2020 年 4 月呈下降趋势，但在 2020 年 5 月开始回升（见图 6）。

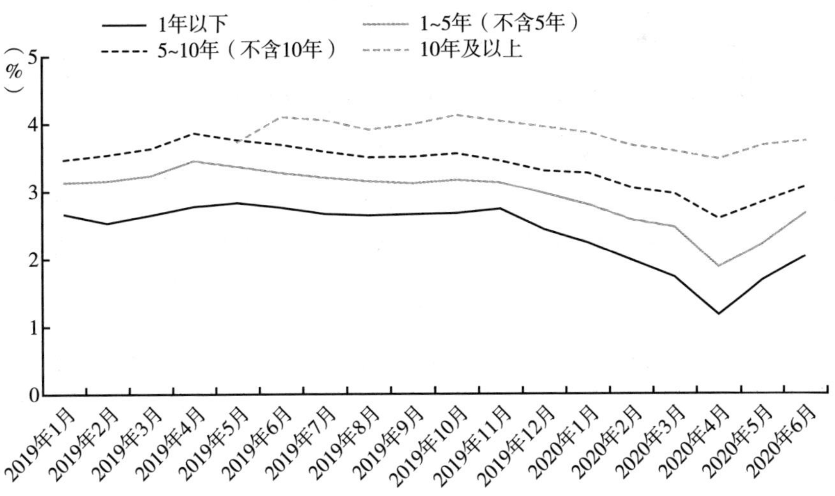

图6　2019 年 1 月～2020 年 6 月广西地方债到期收益率走势

数据来源：Choice 数据库，中诚信国际整理计算。

二　广西地方政府项目收益专项债分析*

截至2020年6月，广西存量地方政府项目收益专项债共计46只，余额1397.00亿元。募集资金主要投向产业园区基础设施、土储、棚改、交通基础设施和公立医院、学校等。债券剩余期限以中长期为主，其中10年期以上债券合计25只，余额646.36亿元，占比最大（见图7）。

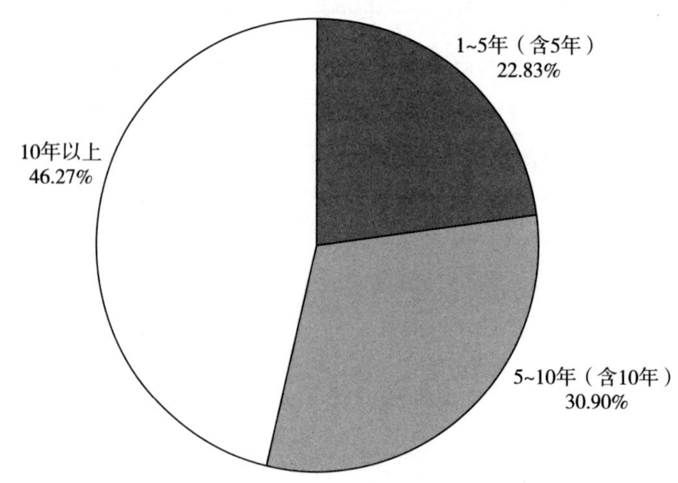

图7　截至2020年6月广西项目收益专项债剩余期限结构

数据来源：Choice数据库，中诚信国际整理计算。

（一）发行规模快速增长，发行期限以30年为主，发行成本有所下降

自2017年财政部发布《关于试点发展项目收益与融资自求平衡的地方政

* 2020年7月29日财政部《关于加快地方政府专项债券发行使用有关工作的通知》（财预〔2020〕94号）明确2020年新增专项债必须保证融资规模与项目收益相平衡，因此2020年发行的新增专项债均为项目收益专项债。本部分项目收益专项债的统计样本为2017～2019年项目收益专项债与2020年1～6月的新增专项债。

府专项债券品种的通知》（财预〔2017〕89 号）[①] 以来，广西累计发行项目收益专项债46 只，发行规模 1397.00 亿元。从发行数量与规模来看，2017 年当年未发行，2018～2020 年发行数量与规模快速增长，其中 2020 年1～6 月，合计发行 24 只，规模合计 557.00 亿元（见图 8），已超 2019 年全年发行额。从期限来看，长期债券发行规模占比逐年升高，2020 年 1～6 月发行的项目收益专项债中 30 年期的发行规模占总规模的比重达到 79.50%（见图 9）。从发行利率及利差走势看，自 2018 年广西发行项目收益专项债以来，发行利率有所波动，发行利差持续下降，整体发行成本呈下降趋势（见图 10）。

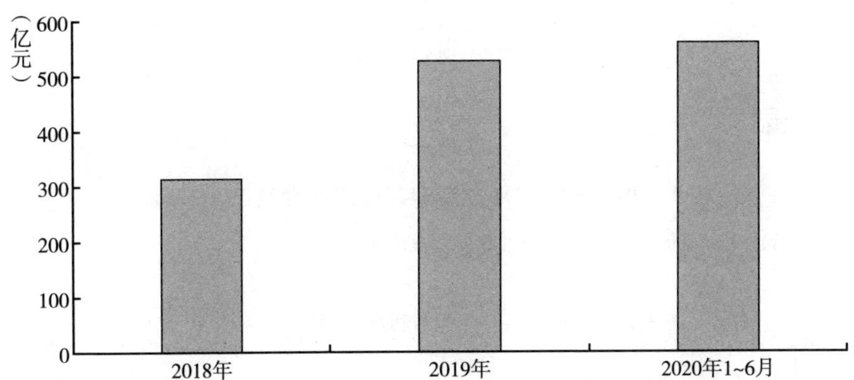

图 8　2018 年～2020 年 6 月广西项目收益专项债发行规模

数据来源：Choice 数据库，中诚信国际整理计算。

（二）募集资金向基建领域倾斜，地市级项目占比最大

从项目收益专项债的募投项目来看，2020 年 1～6 月广西地方政府项目收益专项债募集资金主要投向交通基础设施、市政和产业园区基础设施及民生服务等领域，占发行总额的比重分别为 42.18%、30.23% 及 21.58%[②]

① 《关于加快地方政府专项债券发行使用有关工作的通知》（财预〔2020〕94 号），中华人民共和国中央人民政府网，2020 年7 月29 日，http://www.gov.cn/zhengce/zhengceku/2020-07/29/content_5530987.htm。

② 如无特别说明，本报告中引用的专项债支持项目的相关数据均来自广西壮族自治区政府新增专项债信息披露文件，并由中诚信国际整理计算。由于数据的获取问题，数据可能来自不同募投项目文件、项目实施方案、信息披露模板等，这可能导致数据分析出现一定偏差，但不会对分析结论产生实质上的影响。

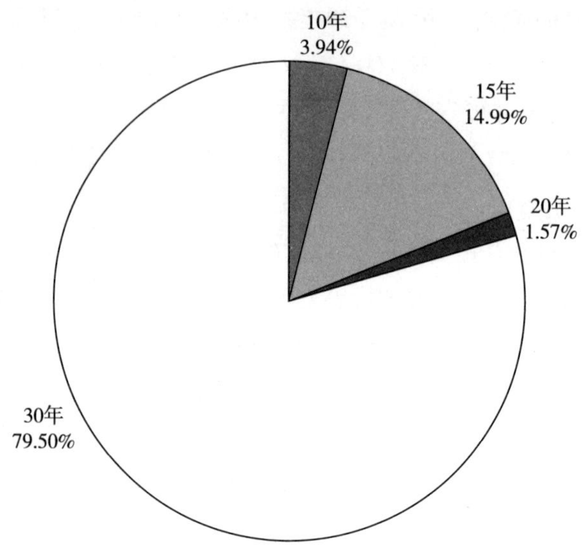

图9　2020年1～6月广西项目收益专项债发行期限结构

数据来源：Choice数据库，中诚信国际整理计算。

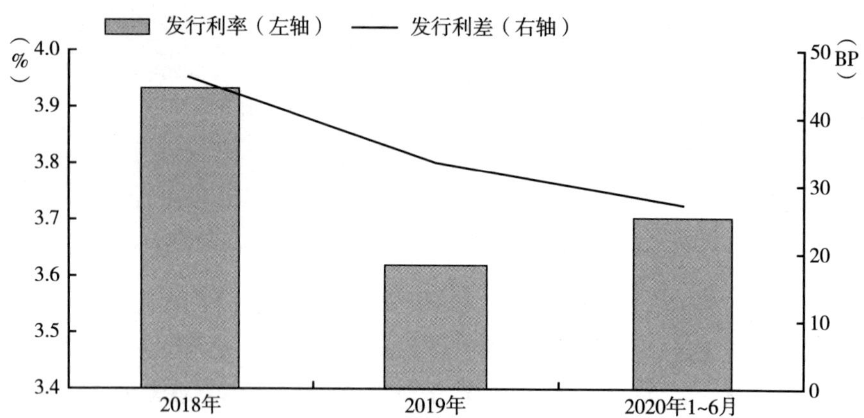

图10　2018年～2020年6月广西项目收益专项债发行成本

数据来源：Choice数据库，中诚信国际整理计算。

（见图11）。从项目行政层级分布情况看，以地市级为主，地市级项目合计218.56亿元，占发行总额的比重为39.24%；省级和区县级项目发行金额占比大致相当。

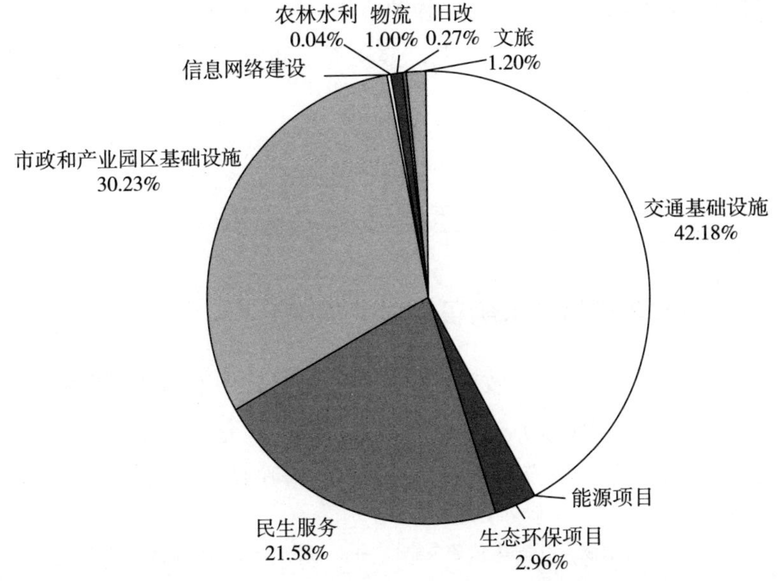

图11　2020 年 1～6 月广西新增项目收益专项债募投领域分布

数据来源：广西地方政府新增专项债信息披露文件，中诚信国际整理计算。

（三）专项债资金约10%用作资本金，全部为交通基础设施类项目

2020 年 1～6 月，广西发行项目收益专项债募集资金累计投向 397 个项目，主要分布在交通基础设施、市政和产业园区基础设施及民生服务领域。募投项目中涉及专项债资金用作项目资本金的项目有 15 个，使用募集资金 64.11 亿元，占发行规模的比重为 11.51%；涉及专项债资金用作项目资本金的项目全部为交通基础设施类项目，行政层级主要为省级，项目收入来源主要为铁路运输收入、铁路沿线站点土地综合开发收益和车辆通行费收入。

（四）专项债资本金撬动杠杆较高，在全国处于中上水平

2020 年 1～6 月广西新发行项目收益专项债用作项目资本金的规模为 64.11 亿元，撬动基建投资的规模为 145.70 亿元，专项债资本金撬动杠杆为 2.27 倍，在全国处于中上水平。新发行项目收益专项债其余募集资金用于项

目配套融资，撬动基建投资的规模为 809.32 亿元[①]，专项债配套融资撬动杠杆为 1.69 倍，在全国处于居中水平，募集资金涵盖项目 382 个，其中主要为市政园区、医疗、教育等项目。

三　广西偿债能力分析

（一）地方政府债务余额居全国中游水平

截至 2019 年，广西地方政府债务余额为 6354.70 亿元[②]，债务余额规模在全国居于中位（见图 12），债务限额为 6866.24 亿元，尚有 511.54 亿元的空间。从存量地方债规模来看，截至 2020 年 6 月，广西存量地方债余额

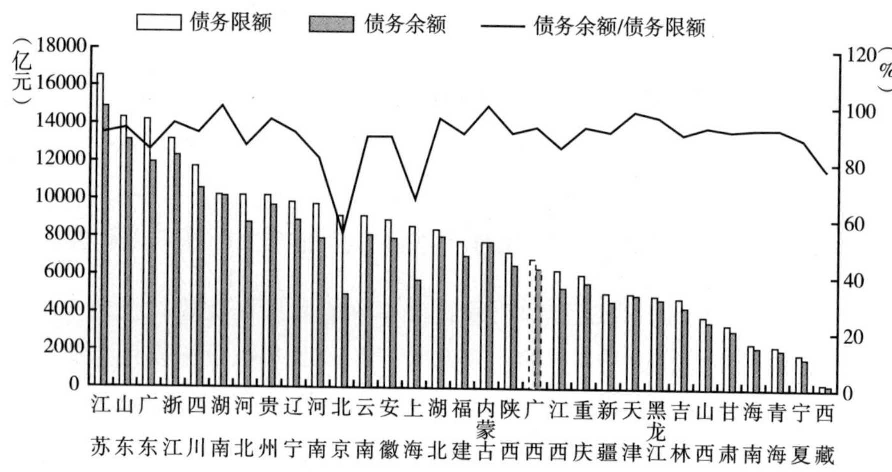

图 12　2019 年全国 31 个省（区、市）地方政府债务限额及余额

数据来源：全国 31 个省（区、市）财政预算执行及决算报告，中诚信国际整理计算。

① 专项债撬动基建投资方法参见袁海霞、汪苑晖、卞欢《专项债兼顾扩容提效，助力基建托底稳增长——地方政府专项债 2019 年回顾与 2020 年展望》，《财政科学》2020 年第 1 期。

② 如无特别说明，本报告中引用的广西壮族自治区政府债务限额、余额，一般公共预算收入、支出，财政平衡率，债务率、负债率等财政相关数据均来自广西壮族自治区财政预算执行及决算报告，并由中诚信国际整理计算。

为6935.95亿元，其中专项债规模为3117.01亿元，占比为44.94%；一般债规模为3818.94亿元，占比为55.06%。从到期情况来看，2023年为到期高峰，年到期规模达到1379.22亿元（见图13）。

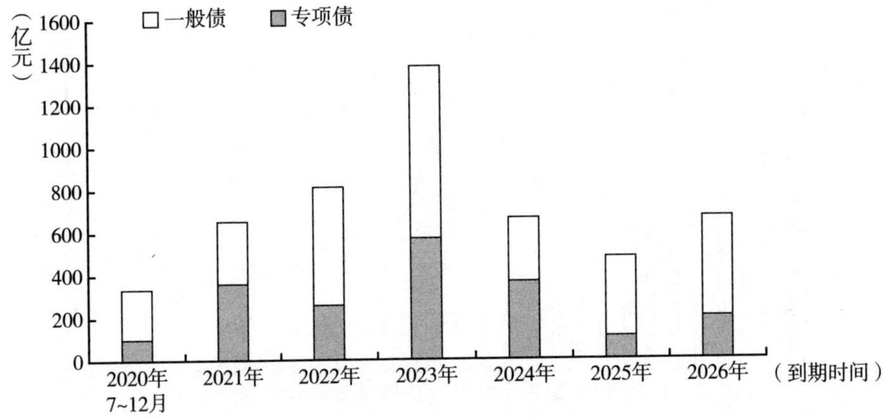

图13　广西地方债2020~2026年到期分布

数据来源：广西财政预算执行及决算报告，中诚信国际整理计算。

（二）经济财政实力持续增强，但财政平衡率较低且对上级补助依赖较强

2019年，广西地区生产总值（GDP）在全国排名第22位，较为靠后，为21237.14亿元[①]，较2018年增长6.0%，增速有所下降。第一、第二、第三产业增加值占地区生产总值的比重分别为16.0%、33.3%、50.7%。2019年，广西固定资产投资较2018年增长9.5%。

2019年，广西一般公共预算收入在全国排名第23位（见图14），排名较为靠后，且财政平衡率较低，对上级补助依赖较大。2019年，广西实现一般公共预算收入1811.89亿元，同比增长7.8%，增速高于全国平均水平，其中税收收入1146.78亿元，同比增长2.2%，因减费降税政策增速有所下降，占一

① 如无特别说明，本报告中引用的宏观经济数据均来自《广西壮族自治区国民经济和社会发展统计公报》，并由中诚信国际整理计算。

般公共预算收入的比重为 63.29%；一般公共预算支出为 5849.02 亿元，较 2018 年增长 10.1%。财政平衡方面，2019 年，广西财政平衡率为 30.98%，财政平衡能力较弱，资金缺口较大，收支平衡较为依赖上级补助。

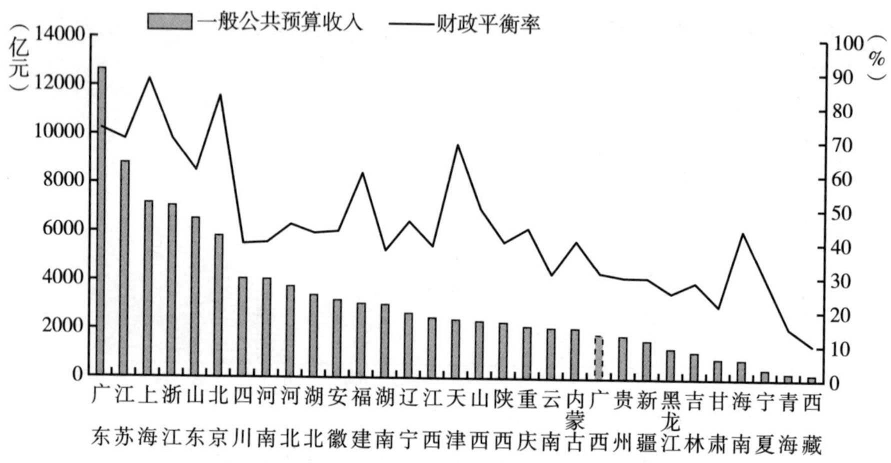

图 14　2019 年全国 31 个省（区、市）一般公共预算收入与财政平衡率

数据来源：全国 31 个省（区、市）财政预算执行及决算报告，中诚信国际整理计算。

（三）债务率和负债率居全国前列，经济财政增速高于全国平均水平

2019 年广西债务率为 95.05%，居全国第 11 位，暂未超过 100% 国际警戒标准，但仍处于较高水平；负债率为 29.92%，居全国第 13 位（见图 15），债务压力相对较大。经济和财政实力方面，广西经济发展相对落后，GDP 规模不大，财政收入偏低，财政平衡较为依赖政府补助，从全国 31 个省（区、市）对比来看，偿付能力居于中下水平。但广西 GDP 和一般公共预算收入增长较快，增速均高于全国平均水平。2017 年以来，尤其是在《关于进一步规范地方政府举债融资行为的通知》（财预〔2017〕50 号）① 及《关于坚决制止

① 《关于进一步规范地方政府举债融资行为的通知》（财预〔2017〕50 号），中华人民共和国财政部网，2017 年 5 月 3 日，http：//yss.mof.gov.cn/zhuantilanmu/dfzgl/zcfg/201705/t20170503_ 2592801.html。

地方以政府购买服务名义违法违规融资的通知》（财预〔2017〕87 号）① 下发以后，广西也相继出台了相关政策就防范化解政府性债务、清理整顿平台给出指导建议。债务风险管控方面，2017 年6 月，广西壮族自治区人民政府办公厅印发《广西壮族自治区政府性债务风险应急处置预案》（桂政办发〔2017〕73 号）②，明确划分了政府性债务风险事件等级，分类制定应急处置措施，严防债务化解中可能发生的系统性和区域性风险，对健全政府性债务风险应急处置机制做出总体部署。2018 年1 月，广西壮族自治区人民政府办公厅印发《关于进一步加强政府性债务管理防范化解政府性债务风险的意见》（桂政办发〔2018〕6 号）③，提出规范政府举债行为，严控隐性债务风险，加强考核监督问责，综合施策，逐步有序化解政府性债务风险。

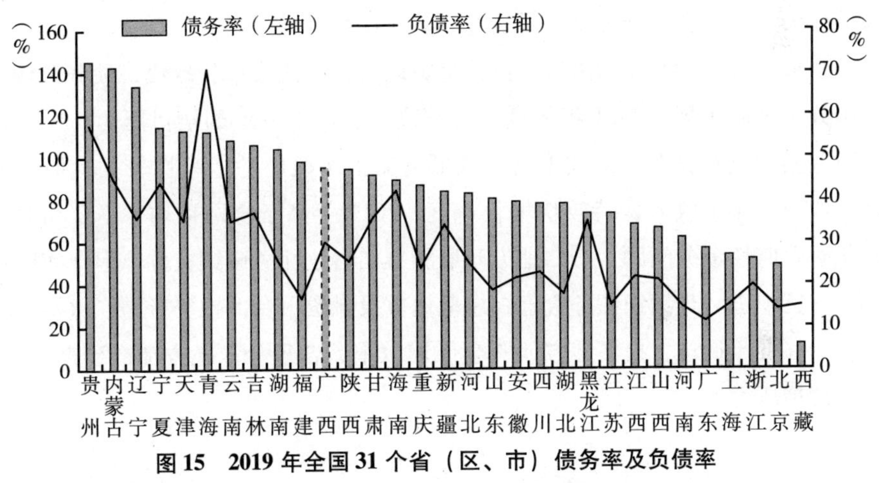

图 15　2019 年全国 31 个省（区、市）债务率及负债率

数据来源：全国 31 个省（区、市）财政预算执行及决算报告，中诚信国际整理计算。

---

① 《关于坚决制止地方以政府购买服务名义违法违规融资的通知》（财预〔2017〕87 号），中华人民共和国财政部网，2017 年 6 月 7 日，http：//www. mof. gov. cn/mofhome/liaoning/lanmudaohang/zhengcefagui/201706/t20170607_ 2617218. html。

② 《广西壮族自治区人民政府办公厅关于印发广西壮族自治区政府性债务风险应急处置预案的通知》（桂政办发〔2017〕73 号），广西壮族自治区人民政府网，2017 年 6 月 18 日，http：//www. gxzf. gov. cn/wjk/t1514906. shtml。

③ 《广西壮族自治区人民政府办公厅关于进一步加强政府性债务管理防范化解政府性债务风险的意见》（桂政办发〔2018〕6 号），广西壮族自治区人民政府网，2018 年 2 月 2 日，http：//www. gxzf. gov. cn/zfgb/2018nzfgb _ 35273/d4q _ 35274/zzqrmzfbgtwj _ 35275/t1512338. shtml。

四 小结

2020 年 1 ~6 月，广西地方债发行规模较 2019 年同期大致相当，并未受全国地方债发行规模增长及新冠肺炎疫情影响而发生明显变化，但债券期限明显拉长，30 年期占比最大。受债券期限较长因素影响，广西地方债发行成本较高，居全国前列。受新冠肺炎疫情影响，广西地方债到期收益率在 2020 年1 ~6 月波动幅度较大，于2020 年4 月降至最低点，但5 月以来又有所回调。项目收益专项债方面，发行规模自 2018 年以来持续以较快速度增长，主要投向交通基础设施、市政和产业园区基础设施及民生服务等领域；同时，项目收益专项债作为配套融资对地方基建投资起到较好的拉动效果。

从地方政府偿债压力来看，广西地方政府债务规模增长较快，债务余额在全国处于中游水平，2023 年将进入偿债高峰，面临一定的偿付压力。广西经济财政实力相对较弱，财政平衡率较低，对上级政府的依赖性较强，但 GDP 及一般公共预算收入保持较快增长速度，2019 年高于全国平均水平。为防范和化解政府性债务问题，广西地方政府相继出台了相关政策文件，但在实际操作中，还须进一步精细债务管理，规范地方投融资平台的融资行为，保持融资成本始终处于低位，提高地方债资金使用效率，合理分散地方债的到期时间，缓解偿债压力。

B.26

2020年西藏自治区地方政府债券分析报告

徐杭　周飞*

摘　要： 西藏自治区地方债规模总体较小，发行期限以长期为主；发行成本下降，二级市场交易规模较小但增速较快。西藏项目收益专项债发行规模明显增长，主要投向市政和产业园区基础设施领域，项目偿债能力整体较强；暂无专项债用作项目资本金，对投资的拉动效果有限。债务管理方面，西藏债务规模总体较小，整体债务风险可控，但存在过度依赖中央补助、一般公共预算收入负增长的偿债风险。未来西藏应利用政策和区位优势大力发展地方经济，谨慎规划地方债发行节奏，并合理安排债券期限结构。

关键词： 地方债　专项债　西藏自治区

一　西藏地方债运行情况分析

截至2020年6月，西藏地方债存量规模为281.39亿元①，在全国31个省（区、市）中排在末位（见图1），存量规模仅占全国总规模的0.12%。其中，

* 徐杭，中诚信国际政府公共评级部（武汉）助理分析师，主要研究领域为地方政府债券、基础设施投融资行业等；周飞，中诚信国际政府公共评级部（武汉）高级分析师，主要研究领域为地方政府债券、基础设施投融资行业等。

① 如无特别说明，本报告中引用的地方债存量、发行量、发行利率、发行利差、交易量、到期收益率等债券相关数据均来自截至2020年6月的Choice数据库，并由中诚信国际整理计算。

一般债规模达210.48亿元，占西藏存量地方债总规模的74.80%，专项债规模为70.91亿元，占比为25.20%。从存量地方债的类型来看，新增债规模达262.51亿元，占西藏存量地方债总规模的93.29%；置换债规模为13.78亿元，占比为4.90%；再融资债规模为5.10亿元，占比为1.81%。在发行期限方面，长期债券（期限在10年以上）的规模为23.20亿元，占西藏存量地方债总规模的8.24%；中期债券（期限在1年以上、10年及10年以下）的规模为258.19亿元，占比达91.76%，无短期债券。

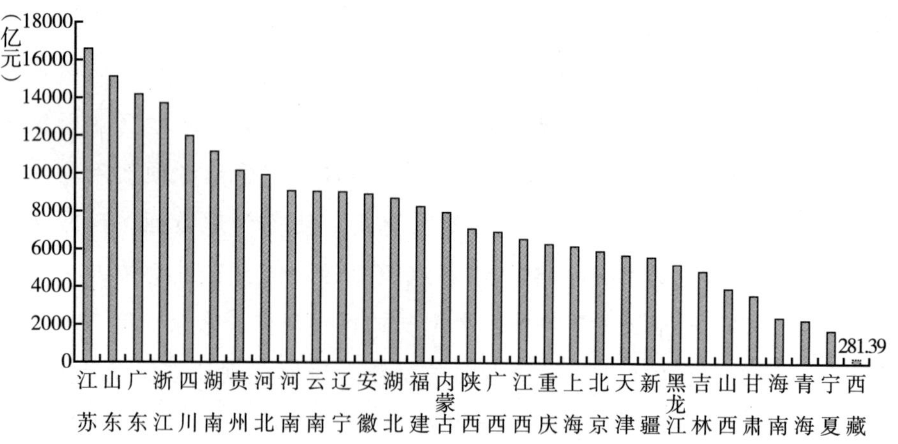

图1　截至2020年6月全国31个省（区、市）地方债存量规模

数据来源：Choice数据库，中诚信国际整理计算。

（一）发行规模同比有所增长，且全部为新增债

受新冠肺炎疫情冲击，第一季度国内GDP同比下降6.80%，但随着疫情防控和复工复产成效的显现，第二季度国内GDP同比由负转正，2020年1~6月国内GDP降幅收窄至-1.60%。在财政政策方面，《政府工作报告》明确指出将采取更加积极的财政政策，赤字率按3.60%以上安排，新增专项债额度大幅提升，并发行1万亿元特别国债。2020年1~6月，西藏共发行地方债33.00亿元，较2019年同期增长13亿元，且全部为新增债。2019年，西藏地方债发行时间集中在3月和8月，3月新增一般债13.00亿元、专项债7.00亿元，8月新增一般债108.00亿元，一般债发行额增幅明显；2020年1~6月，

西藏地方债发行时间集中在3月和6月，其中3月新增专项债16.00亿元，6月新增专项债17.00亿元，呈稳步增长趋势（见图2），2020年以来西藏地方债发行情况与国家财政政策要求基本吻合。

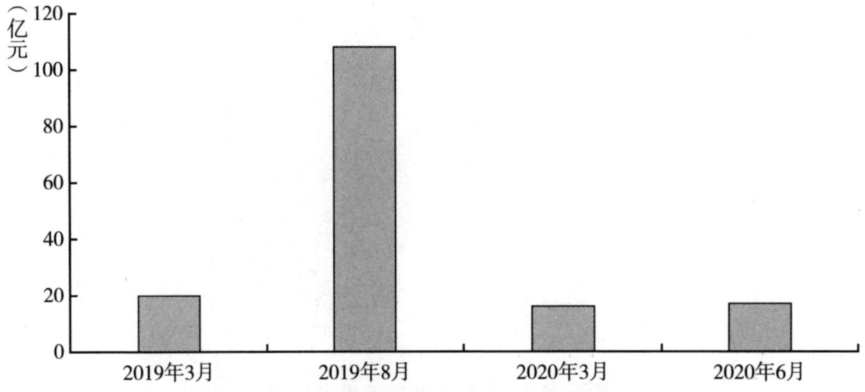

图2　2019年1月~2020年6月西藏地方债月度发行规模

注：西藏部分月份无地方债发行，未在图中显示。
数据来源：Choice数据库，中诚信国际整理计算。

（二）新增债均为新增专项债，发行期限以长期为主

从债券类型来看，2020年1~6月西藏发行的33.00亿元地方债全部为新增专项债，而2019年全年西藏发行的128亿元地方债中，大部分为新增一般债。在债券期限方面，期限为20年的债券规模达17.20亿元，占新增债券总规模的52.12%；期限为15年的债券规模为6.00亿元，占比为18.18%；期限为10年的债券规模为9.10亿元，占比为27.58%；期限为7年的债券规模最小，仅有0.70亿元，占比为2.12%（见图3）。

（三）发行成本上升，但整体较2019年同期有所下降

2020年1~6月，西藏新增地方债发行时间集中在3月和6月，其中3月新增地方债发行利率[①]为3.23%，6月新增地方债发行利率为3.48%（见图4）；

① 如无特别说明，本报告中发行利率、利差为根据发行额计算的加权平均发行利率、利差，发行利差的计算公式为债券发行利率减对应期限国债收益率。

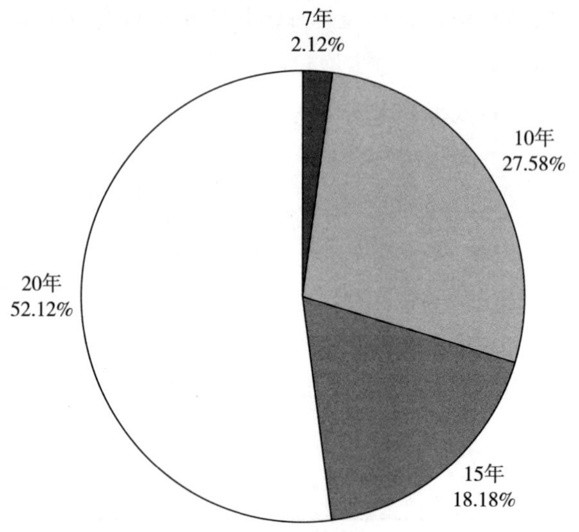

图3　2020 年 1 ~6 月西藏地方债发行期限结构

数据来源：Choice 数据库，中诚信国际整理计算。

从发行利差来看，西藏 3 月新增地方债利差为 19. 48BP，同比有所下降，6 月新增地方债利差为 24. 72BP。总体来看，2020 年 1 ~6 月西藏新增地方债发行利率和利差均呈增长趋势，但较 2019 年同期利率有所下降。从全国范围内看，2020 年 1 ~6 月西藏新增地方债发行利率居全国第 10 位，发行利差居末位（见图 5）。

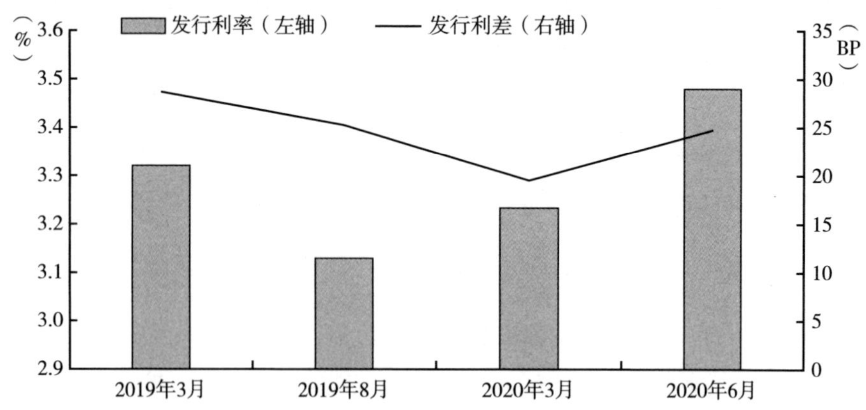

图4　2019 年 1 月 ~2020 年 6 月西藏地方债月度发行成本

注：西藏部分月份无地方债发行，未在图中显示。
数据来源：Choice 数据库，中诚信国际整理计算。

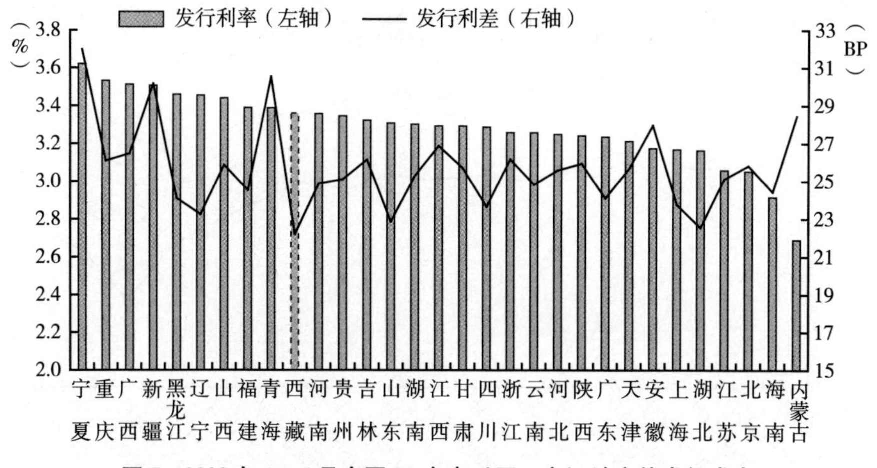

图5　2020年1～6月全国31个省（区、市）地方债发行成本

数据来源：Choice数据库，中诚信国际整理计算。

（四）二级市场交易规模较小但增速较快，到期收益率先降后升

2020年1～6月，西藏地方债交易规模①为48.69亿元，在全国31个省（区、市）中处于末位，同比增长250.50%。整体上看，西藏地方债到期收益率②和剩余期限呈正相关关系（见图6），即剩余期限越长，到期收益率越高。从同一剩余期限的地方债到期收益率走势来看，各期限地方债的到期收益率均在2020年4月达到最低值，随后逐步回升。

二　西藏地方政府项目收益专项债分析*

截至2020年6月，西藏存量项目收益专项债余额40.00亿元。从剩余期限来看，剩余期限为1～5年（不含5年）、5～10年（不含10年）、10年以上

① 交易统计包含回购交易、现券交易等部分。

② 此处到期收益率均值采用的是算术平均值。

* 2020年7月29日财政部《关于加快地方政府专项债券发行使用有关工作的通知》（财预〔2020〕94号）明确2020年新增专项债必须保证融资规模与项目收益相平衡，因此2020年发行的新增专项债均为项目收益专项债。本部分项目收益专项债的统计样本为2017～2019年项目收益专项债与2020年1～6月的新增专项债。

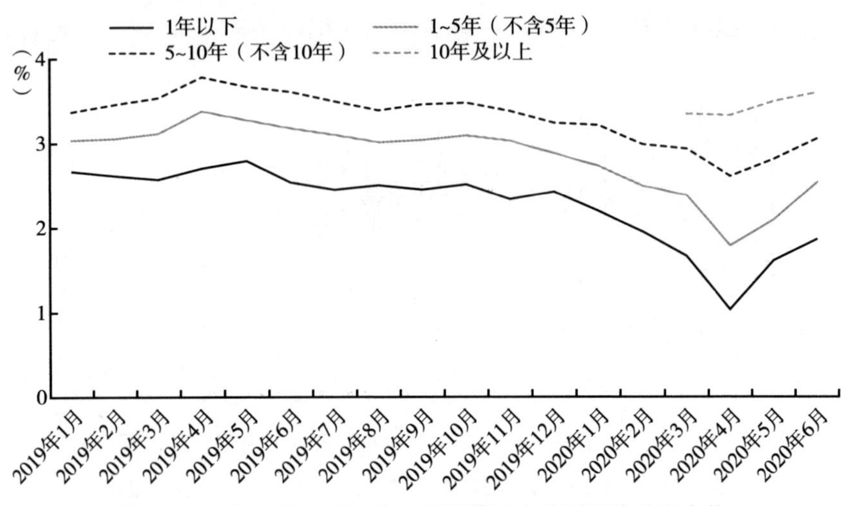

图6　2019 年 1 月 ~2020 年 6 月西藏地方债到期收益率走势

数据来源：Choice 数据库，中诚信国际整理计算。

的项目收益专项债余额分别为 7. 00 亿元、9. 80 亿元、23. 20 亿元，占项目收益专项债总余额的比重分别为 17. 50%、24. 50%、58. 00%（见图 7）。在募投项目领域方面，西藏项目收益专项债投向的领域包括交通基础设施、生态环保项目、市政和产业园区基础设施、物流、信息网络建设。

（一）发行规模同比显著增长，发行利率上升但利差收窄，期限以长期为主

自 2017 年财政部发布《关于试点发展项目收益与融资自求平衡的地方政府专项债券品种的通知》（财预〔2017〕89 号）① 以来，西藏共发行项目收益专项债 40. 00 亿元，在全国 31 个省（区、市）中居末位，仅占全国发行项目收益专项债总规模的 0. 07%。从年度发行规模走势来看，2019 年西藏发行项目收益专项债 7. 00 亿元，2020 年 1 ~6 月发行规模为 33. 00 亿元，增幅显著（见图 8）。从发行利率来看，2020 年 1 ~6 月西藏项目收益专项债发行利率高

① 《关于试点发展项目收益与融资自求平衡的地方政府专项债券品种的通知》（财预〔2017〕89 号），中华人民共和国财政部网，2017 年 7 月 24 日，http：//yss. mof. gov. cn/zhuantilanmu/dfzgl/zcfg/201707/t20170724_ 2656632. htm。

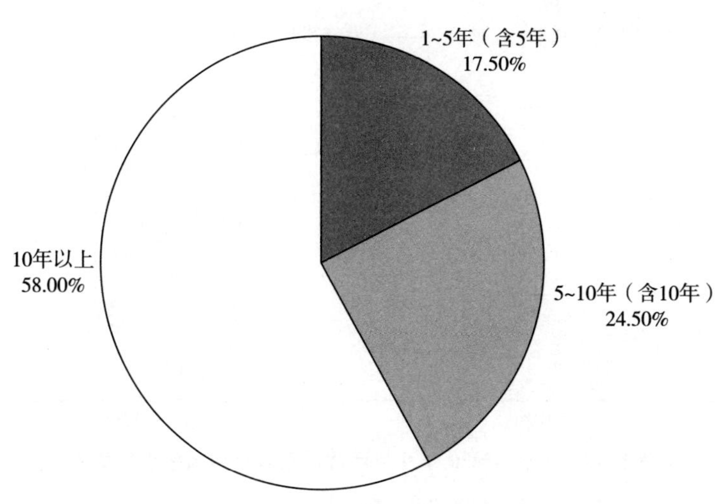

图7　截至2020年6月西藏项目收益专项债剩余期限结构

数据来源：Choice 数据库，中诚信国际整理计算。

于2019年，但发行利差低于2019年（见图9）。从期限结构来看，2020年1～6月发行的20年、15年、10年、7年期限的项目收益专项债规模分别为17.20亿元、6.00亿元、9.10亿元、0.70亿元，占项目收益专项债总规模的比重分别为52.12%、18.18%、27.58%、2.12%（见图10）。

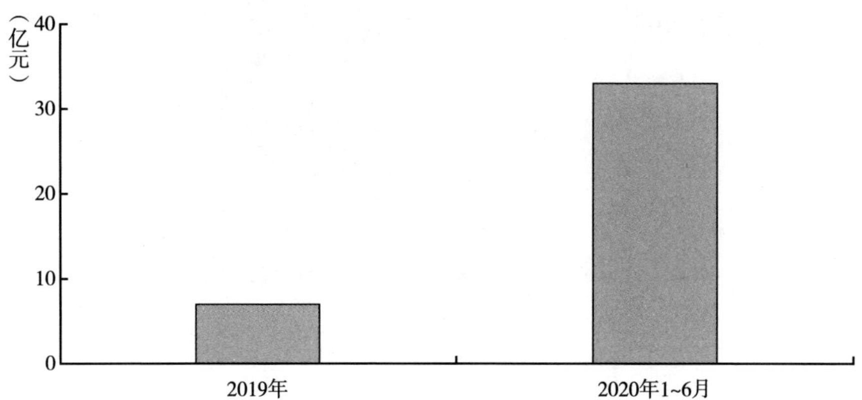

图8　2019年～2020年6月西藏项目收益专项债发行规模

数据来源：Choice 数据库，中诚信国际整理计算。

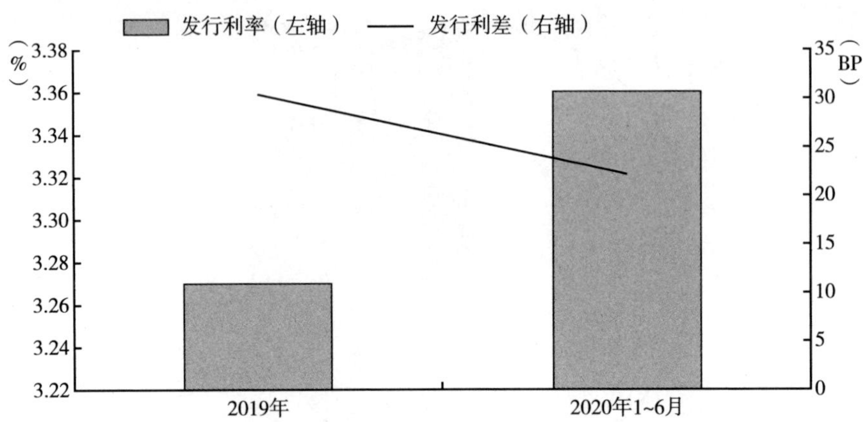

图9　2019年~2020年6月西藏项目收益专项债发行成本

数据来源：Choice 数据库，中诚信国际整理计算。

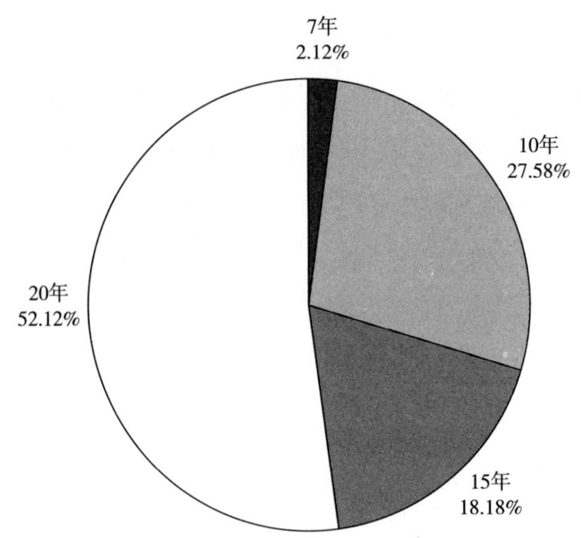

图10　2020年1~6月西藏项目收益专项债发行期限结构

数据来源：Choice 数据库，中诚信国际整理计算。

（二）主要投向市政和产业园区基础设施领域，项目偿债能力整体较强

在募投项目领域方面，2020年1~6月西藏发行的项目收益专项债投向的

领域有市政和产业园区基础设施、物流、信息网络建设、交通基础设施及生态环保项目五类，投入其中的债券资金规模分别为21.70亿元、4.00亿元、2.00亿元、1.60亿元、0.70亿元①（见图11）。其中，3月募投项目领域仅包含市政和产业园区基础设施及交通基础设施，投资金额分别为12.70亿元、0.30亿元；6月募投项目领域及金额分别为：市政和产业园区基础设施（9.00亿元）、交通基础设施（1.30亿元）、物流（4.00亿元）、信息网络建设（2.00亿元）、生态环保项目（0.70亿元）。进一步细分募投项目领域，市政和产业园区基础设施可分为综合管廊、供水和水务、电气热管网及其他市政和园区四个领域，使用的专项债资金规模分别为3.70亿元、5.00亿元、2.00亿元及11.00亿元；交通基础设施领域主要是城市停车场项目；信息网络建设主要是大数据中心项目；生态环保领域主要是城镇污水垃圾处理项目。

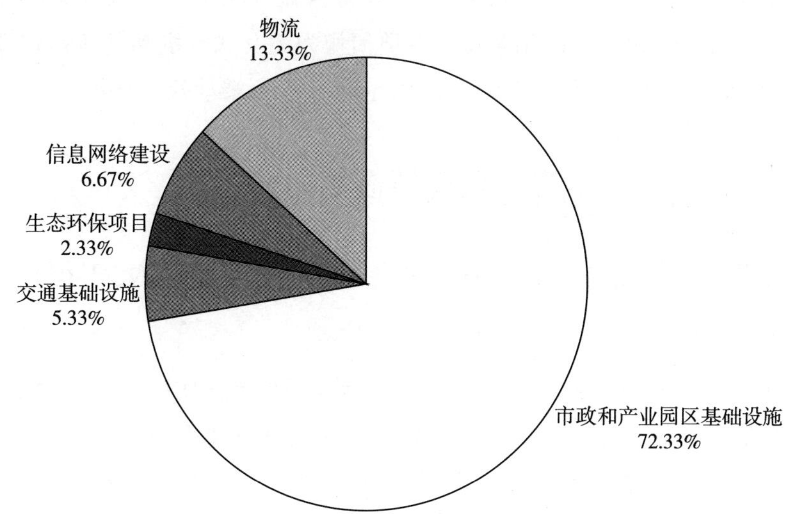

图11　2020年1~6月西藏新增项目收益专项债募投领域分布

数据来源：西藏地方政府新增专项债信息披露文件，中诚信国际整理计算。

① 如无特别说明，本报告中引用的专项债支持项目的相关数据均来自西藏自治区政府新增专项债信息披露文件，并由中诚信国际整理计算。由于数据的获取问题，数据可能来自不同募投项目文件、项目实施方案、项目披露模板等，这可能导致数据分析出现一定偏差，但不会对分析结论产生实质上的影响。

从项目行政层级分布来看，募投项目分为地市级和区县级两类，其中地市级项目使用专项债金额13.00亿元，区县级项目使用专项债金额17.00亿元。在项目融资本息覆盖倍数方面，倍数均大于1，募投项目的偿债来源较有保障。

（三）暂无专项债用作项目资本金，项目储备或不足

2019年以来，西藏新发行项目收益专项债资金均未用作项目资本金，相关专项债项目储备或不足。

（四）受发行量限制，专项债对投资的拉动效果有限

因专项债未用作项目资本金，故2020年1～6月西藏项目收益专项债资本金撬动杠杆为0。经测算，2020年1～6月西藏专项债配套融资撬动杠杆为1.92倍，在全国范围内居第8位；专项债作为配套融资撬动基建投资规模为63.46亿元①，受项目收益专项债发行量限制，实际撬动效果有限。

三 西藏偿债能力分析

（一）地方政府债务规模总体较小但增速较大，2022年地方债到期规模较大

西藏地方政府债务规模总体较小，主要用于保障性住房建设、基础设施建设及易地扶贫搬迁等项目。截至2019年，西藏地方政府债务余额251.39亿元②，较2018年增长86.51%，低于债务限额326.30亿元，且两者规模均居全国31个省（区、市）末位（见图12）。

以西藏2020年6月存量地方债为样本进行分析，2020年7～12月及2021～2026年的地方债到期规模分别为19.08亿元、38.61亿元、53.43亿元、

---

① 专项债撬动基建投资方法参见袁海霞、汪苑晖、卞欢《专项债兼顾扩容提效，助力基建托底稳增长——地方政府专项债2019年回顾与2020年展望》，《财政科学》2020年第1期。

② 如无特别说明，本报告中引用的西藏自治区政府债务限额、余额，一般公共预算收入、支出，财政平衡率，债务率、负债率等财政相关数据均来自西藏自治区财政预算执行及决算报告，并由中诚信国际整理计算。

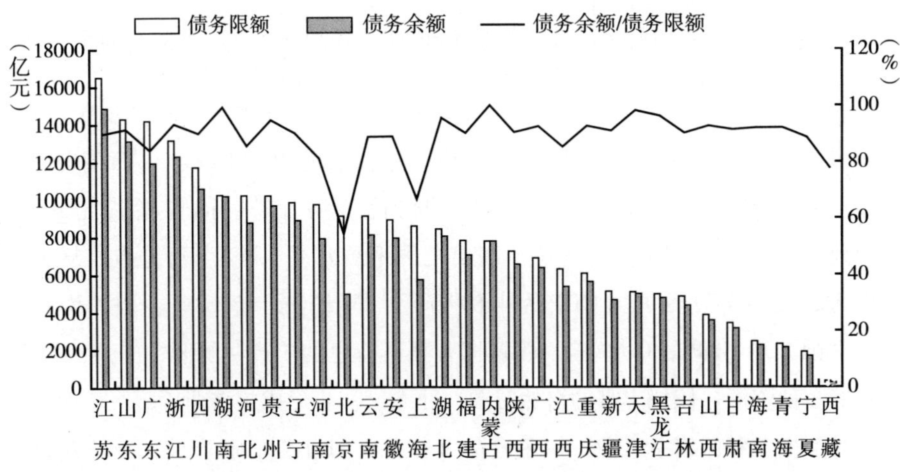

图 12　截至 2019 年全国 31 个省（区、市）地方政府债务限额及余额

数据来源：全国 31 个省（区、市）财政预算执行及决算报告，中诚信国际整理计算。

21.89 亿元、39.55 亿元、14.39 亿元、35.28 亿元，其中 2022 年到期债务规模最大（见图 13）。从到期券种分布来看，2020 年、2021 年和 2026 年到期的券种全部为一般债，2022 ~ 2025 年到期的券种既有一般债也有专项债，但到期专项债占到期总债务的比重均低于 50.00%。

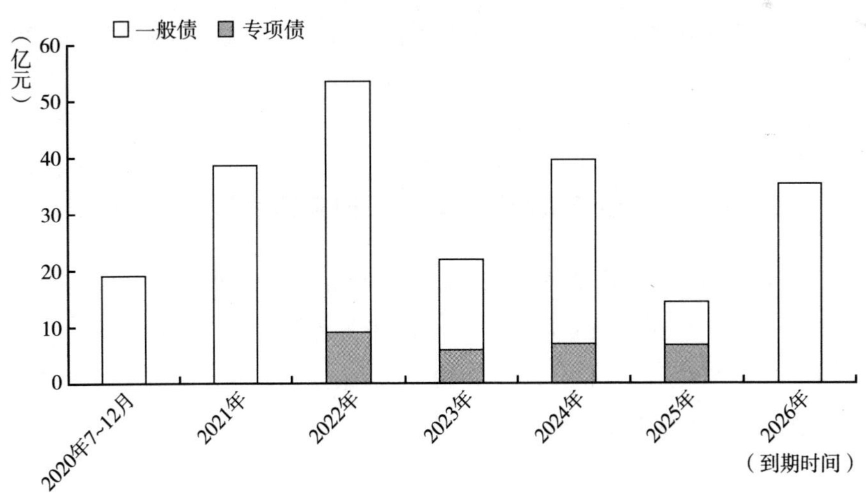

图 13　西藏地方债 2020 ~ 2026 年到期分布

数据来源：西藏财政预算执行及决算报告，中诚信国际整理计算。

（二）经济总量较小但增速位居前列，财政平衡基本依赖中央补助

西藏经济总量虽小，但得益于政策支持及自身资源优势，经济增长较快，2019 年经济增速在全国 31 个省（区、市）中位居前列。2019 年，西藏实现地区生产总值（GDP）1697.82 亿元①，按可比价格计算，同比增长 8.10%；GDP 增速与云南并列全国第 2 位，高出全国平均水平 1.69 个百分点。从人均 GDP 看，2019 年西藏人均 GDP 为 4.89 万元，同比增长 12.68%，但人均 GDP 仅为全国人均 GDP 的 0.69 倍。西藏拥有独具特色的矿产、能源、旅游、藏药、生物等多种资源，依托丰富的自然资源，西藏已初步形成旅游业、藏医药业、农畜产品深加工和民族手工业、绿色食品（饮品）加工业、矿产业、建筑建材业六大支柱产业，产业结构以第三产业为主。2019 年西藏第一产业增加值 138.19 亿元，同比增长 6.10%；第二产业增加值 635.62 亿元，同比增长 1.20%；第三产业增加值 924.01 亿元，同比增长 28.50%。

西藏经济发展水平相对较低，自身创造的财政收入规模较小，财政平衡基本依赖中央政府补助支持，2019 年财政平衡率仅为 10.14%（见图 14）。2019 年，西藏实现财政总收入 2265.14 亿元，同比增长 11.36%，其中一般公共预算收入和政府性基金收入占比很小，规模分别为 221.99 亿元和 75.46 亿元，同比分别下降 3.63% 和 15.34%，占财政收入的比重分别为 9.80% 和 3.33%；财政收入基本依靠转移性收入支撑，2019 年西藏上级补助收入（全部为一般公共预算补助）为 1963.80 亿元，占财政收入的比重达 86.70%。

（三）地方政府债务余额增速较快，但整体债务压力较小

2019 年西藏地方政府债务余额为 251.39 亿元，同比增长 86.50%，增速较快，其中一般债余额为 213.48 亿元，专项债余额为 37.91 亿元。2019 年西藏负债率和债务率分别为 14.81%、11.10%（见图 15），在全国范围内处于较低水平，地方政府债务压力可控。

---

① 如无特别说明，本报告引用的宏观经济数据均来自《西藏自治区国民经济和社会发展统计公报》，并由中诚信国际整理计算。

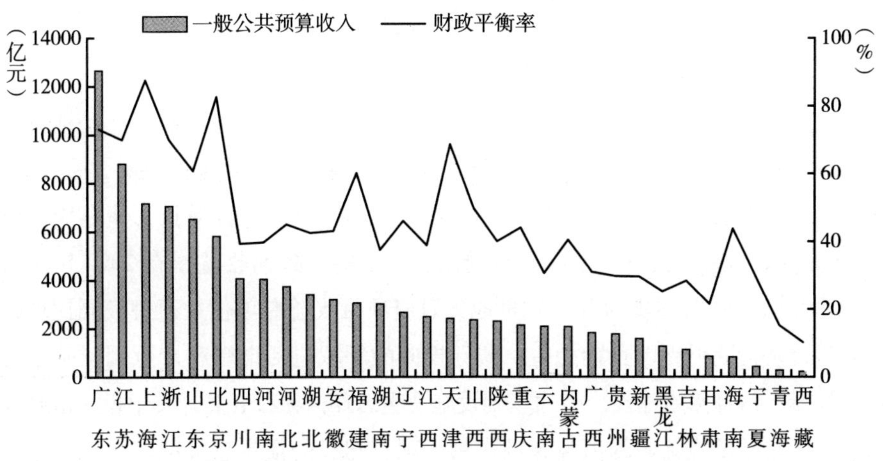

图 14　2019 年全国 31 个省（区、市）一般公共预算收入与财政平衡率

数据来源：全国 31 个省（区、市）财政预算执行及决算报告，中诚信国际整理计算。

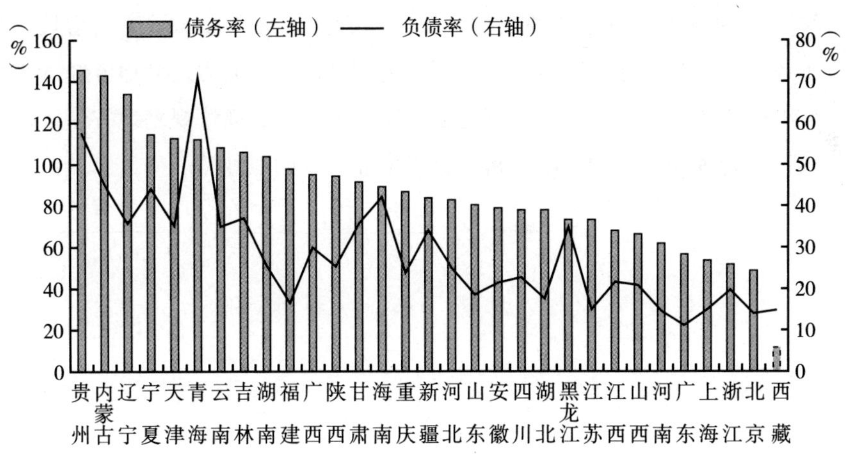

图 15　2019 年全国 31 个省（区、市）债务率及负债率

数据来源：全国 31 个省（区、市）财政预算执行及决算报告，中诚信国际整理计算。

四 小结

通过对西藏地方债运行和发展的分析，可以总结出以下要点：一是地方债总规模较小，债券类型以一般债为主，债券期限以 1 ~ 10 年为主；二是 2020 年 1 ~6 月发行的债券类型全部为专项债，且发行规模稳步增长，债券期限以 10 年及以上为主，发行利率和利差同比有所下降，到期收益率在 2020 年 4 月出现极小值，随后逐步回升；三是地方政府项目收益专项债发行规模同比增幅较明显，发行期限仍以长期为主，债券投向的领域包括市政和产业园区基础设施、物流、信息网络建设、交通基础设施及生态环保项目五类，其中投入市政和产业园区基础设施领域的债券金额占用于项目建设的债券总金额的比重超过一半；四是地方政府债务规模总体较小且未超过债务限额，相关财政收入规模可对预算内债务形成覆盖，整体偿债压力较小。

西藏地方债管理依然存在以下一些风险：一方面，地方财政运行过度依赖中央补助收入，地方政府自身财政实力较弱，这是潜在的偿债风险点；另一方面，2019 年地方政府债务余额增速较快，一般公共预算收入呈现负增长。针对以上风险，本报告建议：第一，利用政策和区位优势大力发展地方经济，增加地方财政收入；第二，客观评判地方政府偿债能力，谨慎规划地方债发行节奏；第三，合理安排债券期限结构，适当增加债券期限种类。

B.27

2020年云南省地方政府债券分析报告

王靖允　肖瀚*

摘　要： 云南省的存量地方债规模在全国31个省（区、市）中处于相对较高的水平，2020年以来地方债发行加快，债务风险管控的重要性日益显现。本报告首先对云南省地方债市场运行情况进行阐述，其次详细分析项目收益专项债资金使用情况及对区域投资的拉动效果，最后围绕云南省地方债整体情况及财政表现对区域债务风险进行剖析，并就云南省地方债市场下阶段发展提出建议。

关键词： 地方债　专项债　云南省

一　云南省地方债运行情况分析

截至2020年6月，云南省存量地方债规模为9059.43亿元（见图1），在全国31个省（区、市）中位列第10。从债券类型来看，一般债和专项债的规模分别为5343.40亿元和3716.03亿元①，分别占存量地方债的58.98%和41.02%，一般债占比在全国31个省（区、市）中居第9位。

---

* 王靖允，中诚信国际政府公共评级部（武汉）分析师，主要研究领域为地方政府债券、基础设施投融资行业等；肖瀚，中诚信国际政府公共评级部（武汉）分析师，主要研究领域为地方政府债券、基础设施投融资行业等。

① 如无特别说明，本报告中引用的地方债存量、发行量、发行利率、发行利差、交易量、到期收益率等债券相关数据均来自截至2020年6月的Choice数据库，并由中诚信国际整理计算。

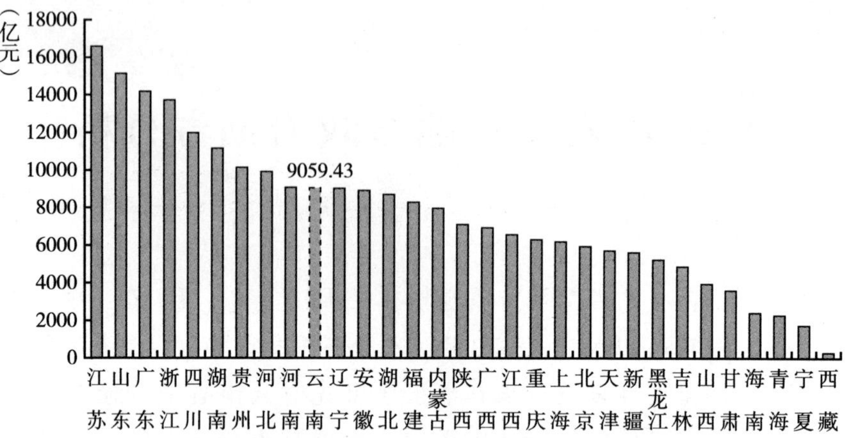

图 1　截至 2020 年 6 月全国 31 个省（区、市）地方债存量规模

数据来源：Choice 数据库，中诚信国际整理计算。

截至 2020 年 6 月，云南省 2018 年①以来发行的存量地方债合计 4432.33 亿元，占存量地方债总规模的 48.93%，其中新增债规模为 2716.70 亿元，占 2018 年以来发行的存量地方债的 61.29%；再融资债和置换债规模分别为 942.23 亿元和 648.10 亿元，分别占 2018 年以来发行的存量地方债的 21.26% 和 14.62%。从发行期限来看，截至 2020 年 6 月，云南省存量地方债期限以 7 年、5 年和 10 年为主，分别占总规模的 29.92%、29.90% 和 23.35%。

（一）发行节奏加快，3年期占比最高，新增专项债规模同比大幅提升

受新冠肺炎疫情影响，财政部提前下达了部分 2020 年新增地方债发行额度，加快了 2020 年 1～6 月地方债的发行。2020 年 1～6 月，云南省共发行地方债 25 只，发行规模合计 1376.67 亿元，同比增长 138.14%，超过 2019 年全年发行规模。

从期限结构来看，2020 年 1～6 月，云南省新发行的地方债以 30 年期和 7 年期为主，分别占发行总量的 35.61% 和 23.55%，其次为 10 年期和 5 年期，分别

① 2018 年以前发行的地方债大部分未对债券资金用途类型作明确区分，故此处可比样本为 2018 年以来发行的地方债。

占发行总量的16.23%和14.26%（见图2）。从债券种类来看，2020年1~6月，新发行的地方债主要为专项债，占总发行量的77.82%，同比大幅提高。

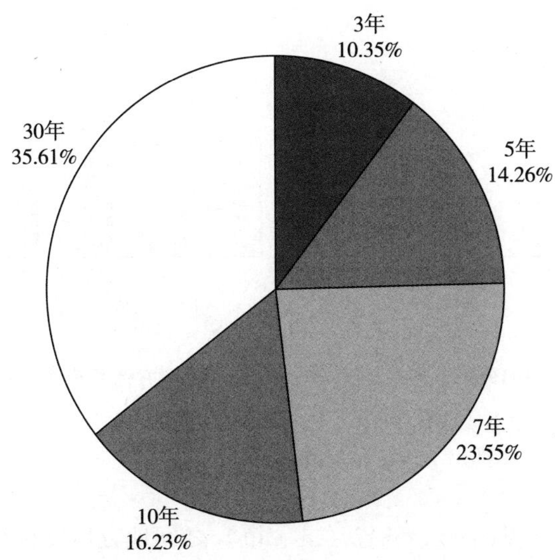

图2　2020年1~6月云南省地方债发行期限结构

数据来源：Choice数据库，中诚信国际整理计算。

2020年，财政部下达云南省地方债中新增债发行额度为1767亿元，同比增长91%，其中新增一般债277亿元，新增专项债1490亿元。云南省2020年1~6月发行新增地方债1137亿元（见图3），完成全年发行额度的64.35%，占当期新发行地方债总量的82.59%，其中新增专项债发行额占当期地方债发行总量的72.35%。在2019年以来防风险与补基建短板并举的基调下，云南省2020年1~6月新增专项债发行量为2019年同期的5.21倍，而新增一般债发行量仅为2019年同期的38.43%。此外，再融资一般债和专项债发行规模均较2019年同期有较大幅度增长。

（二）发行成本有所波动，多数月发行利率同比下降，而利差同比走阔

2020年1~6月，云南省地方债发行利率[①]和利差在全国31个省（区、

① 如无特别说明，本报告中发行利率、利差为根据发行额计算的加权平均发行利率、利差，发行利差计算公式为债券发行利率减对应期限国债收益率。

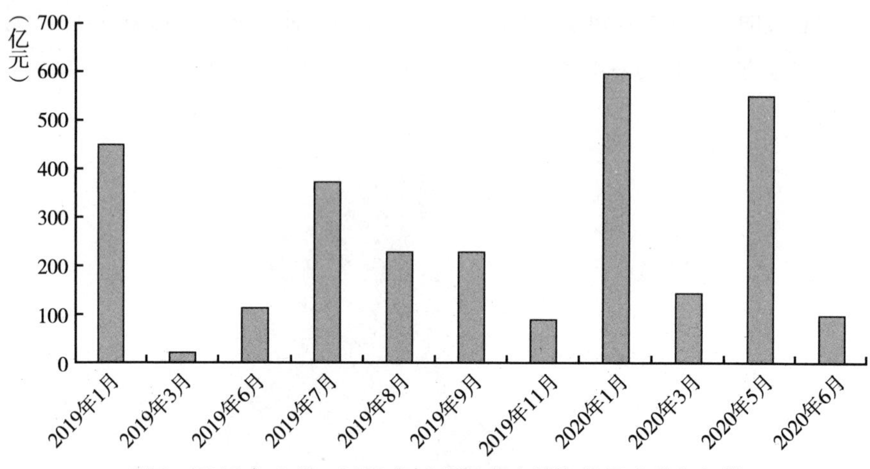

图3 2019年1月～2020年6月云南省地方债月度发行规模

注：云南省部分月份无地方债发行，未在图中显示。

数据来源：Choice数据库，中诚信国际整理计算。

市）中相对较低（见图4），各省（区、市）之间地方债发行利差的总体差异不大。

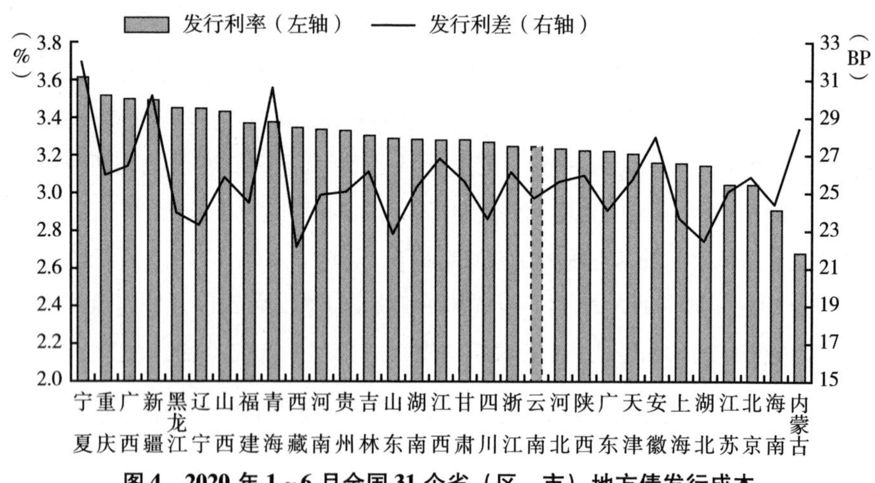

图4 2020年1～6月全国31个省（区、市）地方债发行成本

数据来源：Choice数据库，中诚信国际整理计算。

按月份看，2020年1～6月中1月、3月、5月、6月有地方债发行，各月发行利率呈现一定的波动，3月的发行利率最低（见图5）。按月份看，除1月以外，云南省2020年1～6月各月的地方债发行利率均同比下降；2020年1～6月，云南省地方债发行利差呈波动状态，1月的发行利差低于2019年同期，3月和6月高于2019年同期。

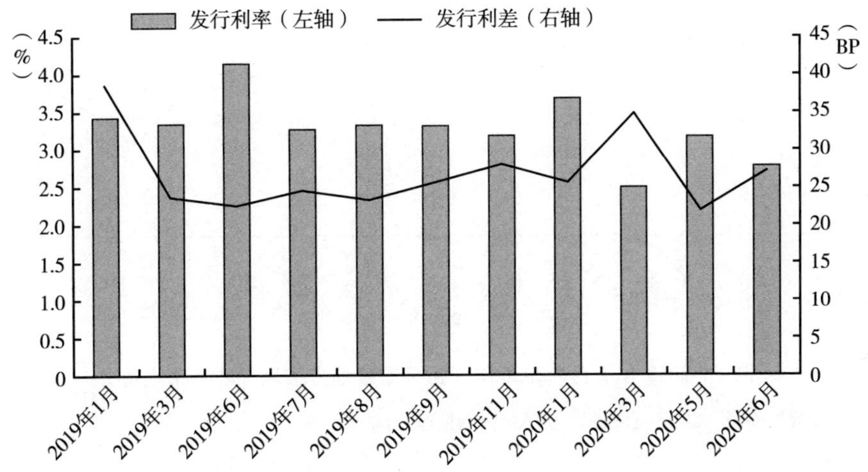

图5　2019年1月～2020年6月云南省地方债月度发行成本

注：云南省部分月份无地方债发行，未在图中显示。

数据来源：Choice数据库，中诚信国际整理计算。

（三）二级市场交易同比大幅增加，收益率先降后升，长债表现相对平稳

2020年1～6月，云南省地方债二级市场交易额①为2511.53亿元，同比增长38.69%，在全国31个省（区、市）中排第11位，较2019年同期上升1个位次。到期收益率②方面，受资金面宽松的影响，2019年4月～2020年4月，云南省剩余期限在10年以下的地方债到期收益率均有所下降（见图6）。2020年4月以来，国内新冠肺炎疫情控制得当，货币政策趋于稳健，云南省剩余期限在10年以下的各期限地方债到期收益率触底回升。2019年以来，云南省剩余期限为10年及以上期限的地方债到期收益率变动较小。

① 交易统计包含回购交易、现券交易等部分。

② 此处到期收益率均值采用的是算术平均值。

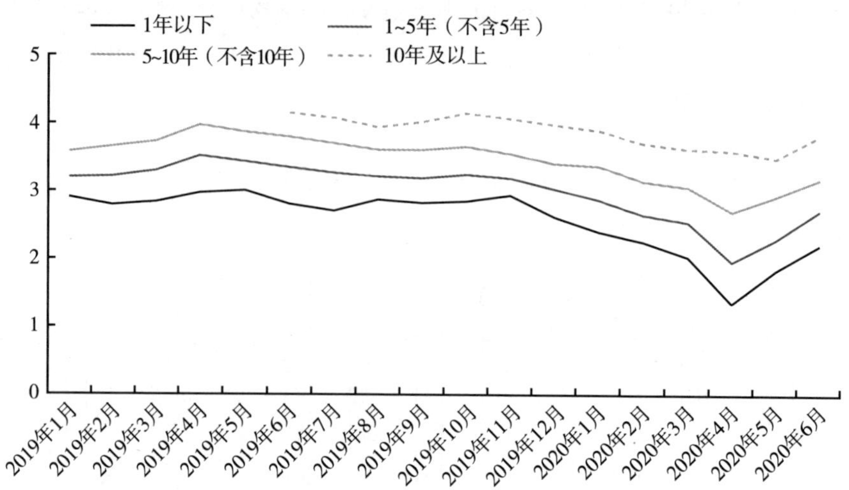

图6　2019 年 1 月 ~2020 年 6 月云南省地方债到期收益率走势

数据来源：Choice 数据库，中诚信国际整理计算。

二　云南省地方政府项目收益专项债分析*

截至 2020 年 6 月，云南省存量项目收益专项债共计 41 只，全部为新增专项债，余额合计 1863 亿元，在全国 31 个省（区、市）中处于中游水平，债券剩余期限以 5 ~ 10 年（含 10 年）为主（见图 7）。

（一）发行规模逐年增加，发行成本接近全国平均水平，全部为新增专项债

2017 ~ 2019 年及 2020 年 1 ~ 6 月，云南省项目收益专项债发行规模逐年增长（见图 8），占全国发行总量的比重整体呈上升趋势，发行利率及利差整体

* 2020 年 7 月 29 日财政部《关于加快地方政府专项债券发行使用有关工作的通知》（财预〔2020〕94 号）明确 2020 年新增专项债必须保证融资规模与项目收益相平衡，因此 2020 年发行的新增专项债均为项目收益专项债。本部分项目收益专项债的统计样本为 2017 ~ 2019 年项目收益专项债与 2020 年 1 ~ 6 月的新增专项债。

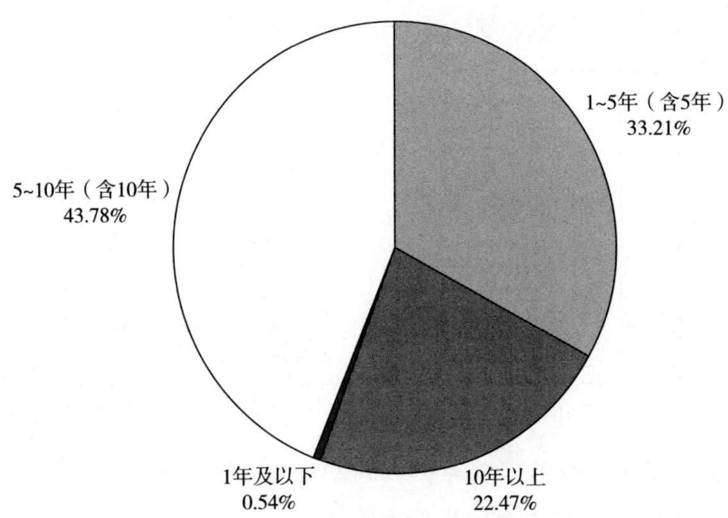

图7　截至2020年6月云南省项目收益专项债剩余期限结构

数据来源：Choice数据库，中诚信国际整理计算。

呈下降趋势（见图9），与全国平均水平基本持平，债券类型全部为新增专项债。

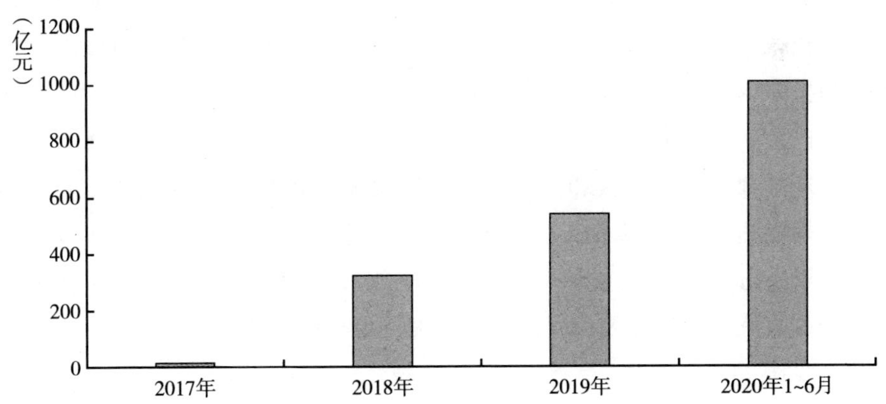

图8　2017年~2020年6月云南省项目收益专项债发行规模

数据来源：Choice数据库，中诚信国际整理计算。

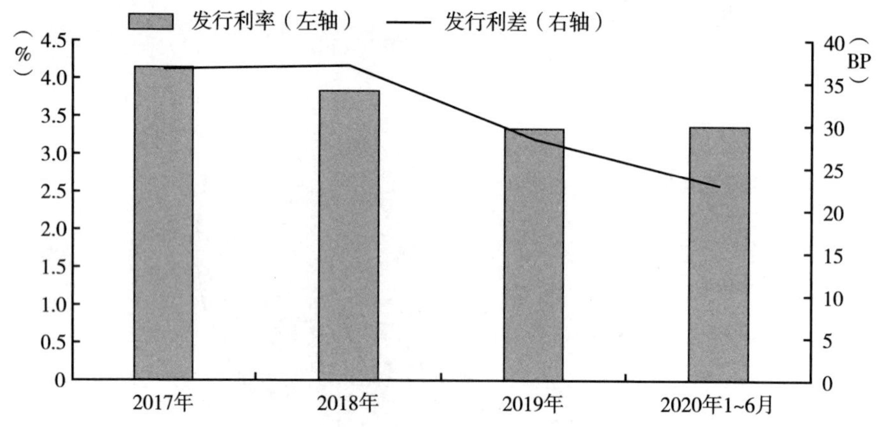

图9　2017 年 ~2020 年 6 月云南省项目收益专项债发行成本

数据来源：Choice 数据库，中诚信国际整理计算。

（二）发行期限以中长期为主，主要投向交通、市政等领域，且以区县级项目为主

2020 年 1 ~6 月，云南省新发行 18 只项目收益专项债，合计 996.00 亿元[①]，发行期限以 30 年和 7 年为主（见图 10）；涉及募投项目 349 个，涉及七大领域，其中第九期、第十期、第十五期债券投向了多个领域，其余债券均投向单一领域；本息覆盖倍数为 1.01 ~4.21 倍，主要集中在 1 ~1.5 倍，占比达到 88.21%。2020 年 1 ~6 月，云南省新增项目收益专项债主要投向交通基础设施、市政和产业园区基础设施及民生服务等领域，三大领域募投规模达到 922.92 亿元，占当期总发行量的 92.66%，其中交通基础设施领域发行量最大，为 524.62 亿元，占比 52.67%，涉及 6 只债券，市政和产业园区基础设施及民生服务领域发行量分别为 241.43 亿元及 126.87 亿元（见图 11）。

① 如无特别说明，本报告中引用的专项债支持项目的相关数据均来自云南省政府新增专项债信息披露文件，并由中诚信国际整理计算。由于数据的获取问题，数据可能来自不同募投项目文件、项目实施方案、信息披露模板等，这可能导致数据分析出现一定偏差，但不会对分析结论产生实质上的影响。

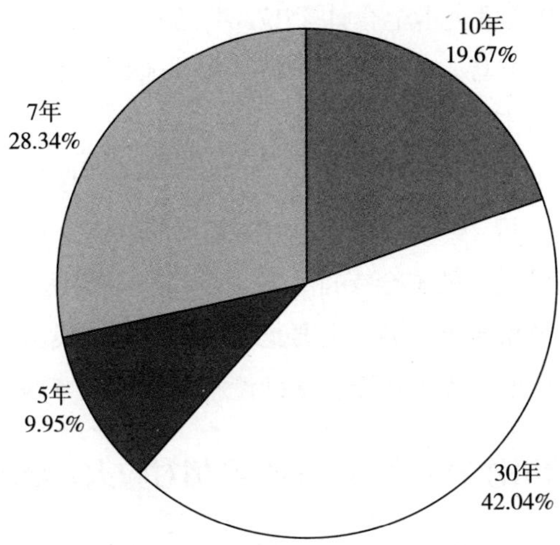

图10　2020 年 1～6 月云南省项目收益专项债发行期限结构

数据来源：Choice 数据库，中诚信国际整理计算。

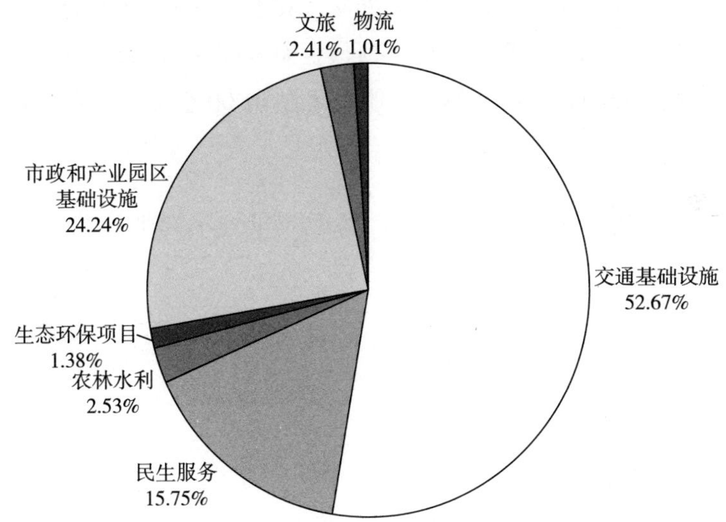

图11　2020 年 1～6 月云南省新增项目收益专项债募投领域分布

数据来源：云南省地方政府新增专项债信息披露文件，中诚信国际整理计算。

从募投领域的二级分类来看，收费公路领域发行规模最大，达到 335.80 亿元，占总发行规模的 33.71%，期限均为 30 年，投向的 42 个项目总投资

4190.11亿元，其中项目资本金合计2517.84亿元，项目收入主要来源为车辆通行费收入、附属设施营业收入、政府补贴和其他综合收入等，对融资本息覆盖倍数为1.01～4.21倍。

从行政层级分布来看，2020年1～6月云南省项目收益专项债资金下沉明显。区县级项目获得17只债券合计650.68亿元的资金支持，地市级项目获得6只债券合计256.92亿元的资金支持，省级项目获得5只债券合计88.40亿元的资金支持。区县级和地市级项目主要集中在交通基础设施、民生服务和文旅三个领域，省级项目主要集中在交通基础设施和民生服务两个领域。

（三）专项债用作项目资本金的金额相对较大，全部投向交通领域

2020年1～6月，云南省新发行项目收益专项债中的部分资金用作募投项目资本金，额度合计90.00亿元，共涉及16个项目，均属于交通基础设施领域，项目总投资额为3068.96亿元，项目资本金合计1239.48亿元，用作项目资本金的债券资金占资本金总量的7.26%。其中，用作一般铁路及城际高速铁路和城际轨道交通项目资本金的专项债金额分别为38.20亿元和31.80亿元；用作收费公路项目资本金的专项债金额为20.00亿元，另有121.30亿元用作配套融资资金（见图12）。

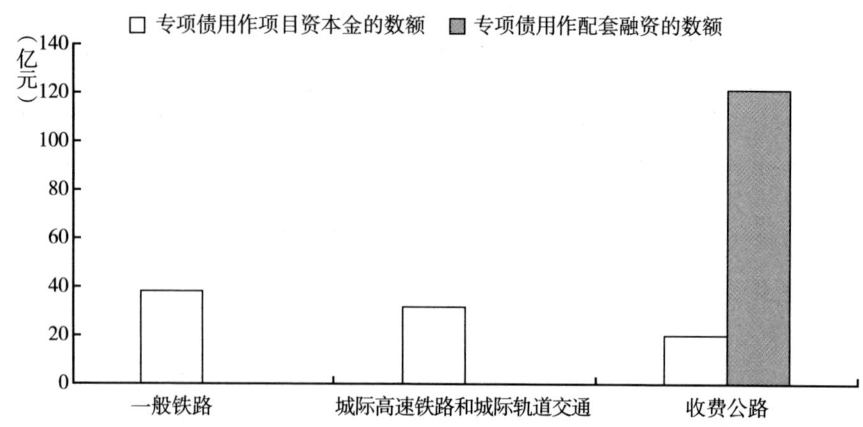

图12　2020年1～6月云南省新增项目收益专项债用作项目资本金情况

数据来源：云南省地方政府新增专项债信息披露文件，中诚信国际整理计算。

（四）理论上可撬动近两千亿元基建投资，但实际效果仍受限制

2020 年 1 ~6 月，云南省发行的专项债资金用作项目资本金及配套融资的规模分别为 90 亿元、906 亿元，专项债资本金项目中资本金比例均值约为 41%，其余非专项债资本金项目中配套融资比例均值为 45%，由此估算对应撬动杠杆分别约为 2.4 倍、2.2 倍，因此，理论上可撬动的基建投资规模为 1963.29 亿元[①]，在 31 个省（区、市）中排名靠前，但实际效果仍受资金到位情况、项目建设进度等限制。

三　云南省偿债能力分析

（一）2022 ~ 2023 年为偿债高峰期，项目收益专项债主要于 2025年后到期

截至 2020 年 6 月，云南省存量地方债余额为 9059.43 亿元[②]，从到期时间来看，2020 年 7 月至 2025 年到期的规模约占地方债存量总规模的 2/3，其中 2022 年和 2023 年为偿债高峰期，合计占存量的近 30%，一般债的偿债高峰为 2022 年，专项债的偿债高峰为 2023 年（见图 13）。2020 年 7 月至 2025 年到期的专项债中，项目收益专项债到期时间主要集中在 2023 ~ 2025 年，2024 年为偿债高峰（见图 14）；项目收益专项债的发行主要在 2018 年之后，到期时间大多在 2025 年之后，2025 年之后到期的项目收益专项债占存量项目收益专项债的近 65%。

近年来，云南省地方政府债务余额逐年上升，2019 年为 8108 亿元（见图 15），同比增长 13.56%，债务余额在全国 31 个省（区、市）中居第 10 位，债务压力相对较大；同期的政府债务限额为 9341.10 亿元，在全国 31 个省

① 专项债撬动基建投资方法参见袁海霞、汪苑晖、卞欢《专项债兼顾扩容提效，助力基建托底稳增长——地方政府专项债 2019 年回顾与 2020 年展望》，《财政科学》2020 年第 1 期。

② 如无特别说明，本报告中引用的云南省政府债务限额、余额，一般公共预算收入、支出，财政平衡率，债务率、负债率等财政相关数据均来自云南省财政预算执行及决算报告，并由中诚信国际整理计算。

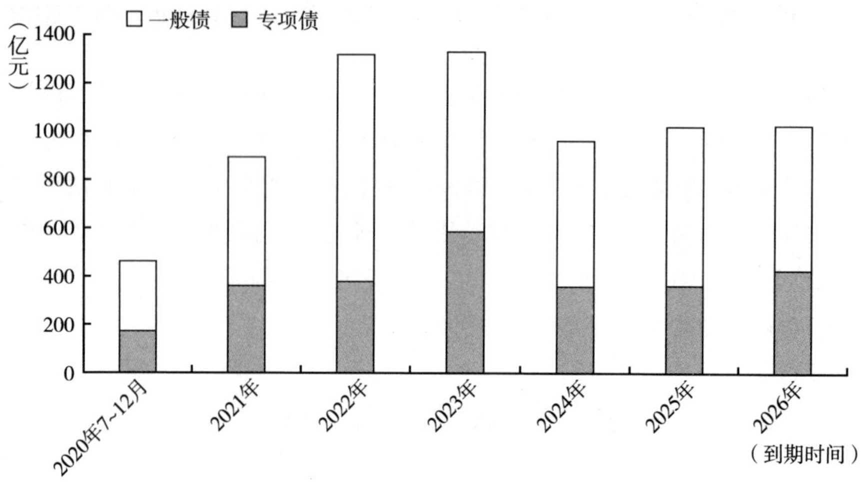

图 13　云南省地方债 2020 ~ 2026 年到期分布

数据来源：云南省财政预算执行及决算报告，中诚信国际整理计算。

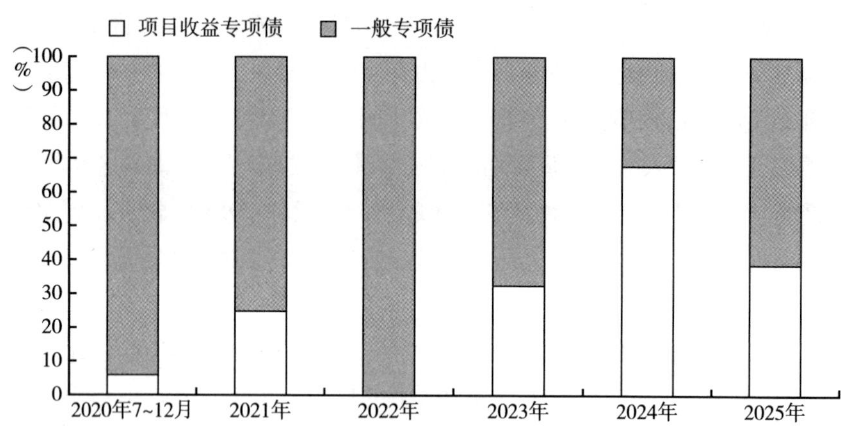

图 14　云南省专项债 2020 ~ 2025 年到期结构

数据来源：云南省财政预算执行及决算报告，中诚信国际整理计算。

（区、市）中位列第 11，2018 年以来，云南省政府债务限额与债务余额的差额呈增长趋势。

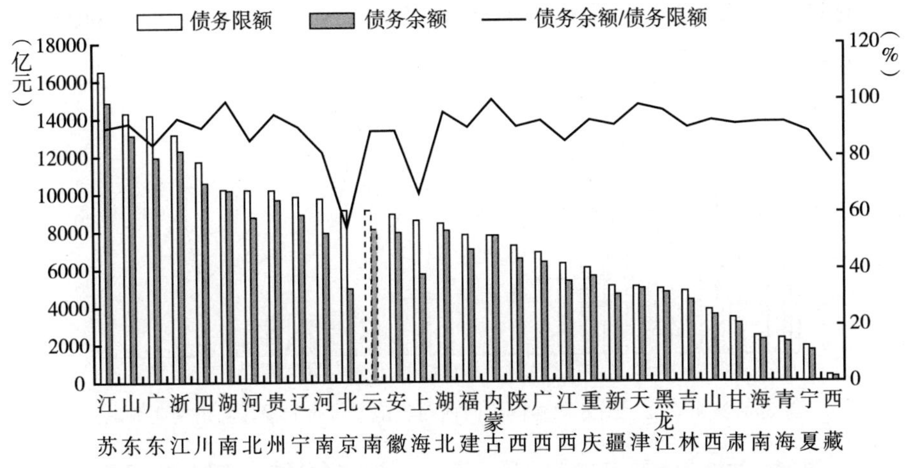

图 15　2019 年全国 31 个省（区、市）地方政府债务限额及余额

数据来源：全国 31 个省（区、市）财政预算执行及决算报告，中诚信国际整理计算。

（二）经济和财政实力处于全国中下水平，财政自给能力较弱

近年来，云南省经济实力逐年增强，2019 年实现地区内生产总值（GDP）23223.75 亿元①，在全国 31 个省（区、市）中位列第 19 名；同比增速为 8.1%，位居全国前三，经济保持较快增长。产业结构方面，云南省 2019 年的三次产业结构为13.1∶34.3∶52.6，以旅游业为代表的第三产业在云南省经济中占有最大份额。财政方面，云南省 2018～2020 年的一般公共预算收入逐年增长，2019 年为 2073.53 亿元，在全国 31 个省（区、市）中排第 19 位，同比增长 4.0%（见图 16），增速较 2018 年有所放缓，但高于全国平均水平。2018～2020 年，云南省政府性基金收入规模逐年增长，年增速均在 20% 以上，省内土地市场活跃度提高。受刚性支出增速较高的影响，云南省财政平衡率逐年下滑，2019 年财政平衡率仅为 30.63%，在全国 31 个省（区、市）中排第 23 位，财政自给能力较弱，财政平衡对转移支付收入的依赖程度较高。

① 如无特别说明，本报告中引用的宏观经济数据均来自《云南省国民经济和社会发展统计公报》，并由中诚信国际整理计算。

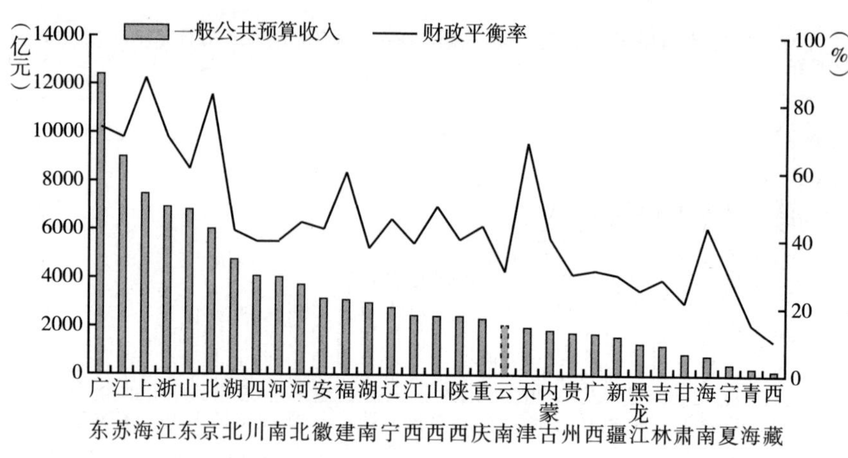

图16　2019年全国31个省（区、市）一般公共预算收入与财政平衡率

数据来源：全国31个省（区、市）财政预算执行及决算报告，中诚信国际整理计算。

（三）债务压力较大，在一系列化债政策下债务率整体下降

截至2019年，云南省地方政府债务余额为其2019年一般公共预算收入的3.91倍，仅低于青海、贵州和内蒙古，区域债务压力较大。债务率方面，云南省债务率整体呈下降趋势，2019年地方政府债务率和负债率在全国31个省（区、市）中均处于较高水平，债务率超过100%国际警戒水平（见图17）。

针对高企的区域债务，自2017年以来，云南省从加强地方债务管理、推进存量债务化解等方面着手，陆续出台了《云南省人民政府办公厅关于印发云南省政府性债务风险应急处置预案的通知》（云政办函〔2017〕52号）①、《云南省人民政府关于印发云南省政府性债务管理办法的通知》（云政发〔2017〕60号）②、《云南省人民政府办公厅关于印发通过政府和社会资本合作

① 《云南省人民政府办公厅关于印发云南省政府性债务风险应急处置预案的通知》（云政办函〔2017〕52号），云南省人民政府网，2019年10月31日，http://www.yn.gov.cn/zwgk/zcwj/zxwj/201910/t20191031_183840.html。

② 《云南省人民政府关于印发云南省政府性债务管理办法的通知》（云政发〔2017〕60号），云南省人民政府网，2019年11月1日，http://www.yn.gov.cn/zwgk/zcwj/yzf/201911/t20191101_183930.html。

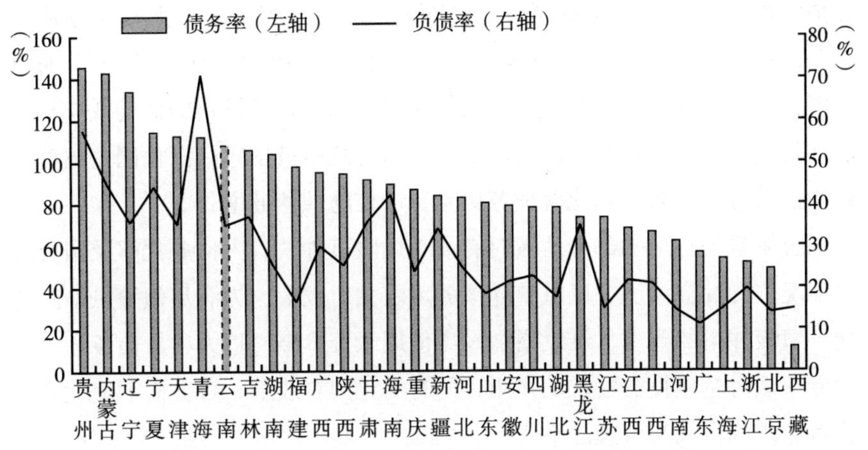

图17　2019年全国31个省（区、市）债务率及负债率

数据来源：全国31个省（区、市）财政预算执行及决算报告，中诚信国际整理计算。

模式化解存量政府性债务实施方案的通知》（云政办发〔2017〕70号）[①]和《云南省人民政府关于进一步深化预算改革加强预算管理的意见》（云政发〔2018〕57号）[②]等一系列控制债务风险的政策措施。通过加强对政府债务的预算管理，严控债务源头，建立起政府债务“借、用、管、还”环节管控标准；同时，在存量债务化解上，云南省出台应急处置预案保障债务平稳有序化解，陆续提出PPP模式、国企改革等方式推动云南省存量地方政府债务化解工作落地。

四　小结

云南省地方经济和财政实力处于全国中下游水平，但存量政府债务规模相对较高，区域债务压力较大。近年来，云南省地方政府专项债发行量逐年增

① 《云南省人民政府办公厅关于印发通过政府和社会资本合作模式化解存量政府性债务实施方案的通知》（云政办发〔2017〕70号），云南省人民政府网，2019年11月1日，http：//www.yn.gov.cn/zwgk/zfxxgkpt/fdzdgknr/zcwj/zfxxgkptyzbf/201911/t20191101_184035.html。

② 《云南省人民政府关于进一步深化预算改革加强预算管理的意见》（云政发〔2018〕57号），云南省人民政府网，2019年11月1日，http：//www.yn.gov.cn/zwgk/zfxxgkpt/fdzdgknr/zcwj/zdgkwjyzf/201911/t20191101_184071.html。

加，债券用于社会民生等领域的比重较大。2020 年以来，云南省地方债提速发行，专项债发行量同比大幅提升，其中项目收益专项债比重较大，期限较长，资金下沉力度较大，对基建尤其是交通类基建领域投资的撬动效应相对突出。在防风险和补短板并举的基调下，云南省从政策发布和深化国企改革等方面多举措并行，以防范和化解债务风险，严控隐性债务增长。

综合来看，云南省部分区域时有债务风险事件，省内债务化解及国资改革推进情况广受社会关注，区域整体债务风险相对较大，为满足债务风险防范和基建补短板并举的要求，继续增加专项债用于资本金的重大项目储备，进一步发挥专项债对基建投资的撬动作用，同时深化国企改革，自上而下梳理完善债务化解通道或将成为可选之举。

B.28

2020年贵州省地方政府债券分析报告

陈小鹏　张逸菲*

摘　要：随着贵州省政府债务规模逐年持续扩大，债务风险管控的重要性也日益凸显。本文首先对贵州省地方政府债券市场的运行情况进行阐述，并详细分析项目收益专项债券资金的使用情况及其对区域投资的拉动效果，最后围绕贵州省地方债务整体情况及财政表现对区域债务风险进行剖析，并就贵州省地方政府债券市场下个阶段发展提出建议。

关键词：地方债　专项债　贵州省

一　贵州省地方债运行情况分析

贵州省地方债存量规模大，专项债占比近半，发行期限以中期为主。截至2020年6月，贵州省地方债存量规模达10152.25亿元①（见图1），在全国31个省（区、市）中排名第7。从类型上看，一般债5877.48亿元，专项债4274.77亿元；自2018年起，新增一般债1303.45亿元，再融资地方债1669.18亿元，置换地方债2361.70亿元②。从期限结构看，5年期、7年期和

* 陈小鹏，中诚信国际政府公共评级部（武汉）分析师，主要研究领域为地方政府债券、基础设施投融资行业等；张逸菲，中诚信国际政府公共评级部（武汉）分析师，主要研究领域为地方政府债券、基础设施投融资行业等。

① 存量地方债数据中债券类型仅从2018年起分类；因部分地方债同属于多种债券类型，故新增、再融资、置换地方债的金额存在交叉部分。

② 如无特别说明，本报告中引用的地方债存量、发行量、发行利率、发行利差、交易量、到期收益率等债券相关数据均来自截至2020年6月的Choice数据库，并由中诚信国际整理计算。

10年期的地方债存量规模排名前三，合计占比77.99%（见图2），贵州省地方债的发行期限以中期为主。

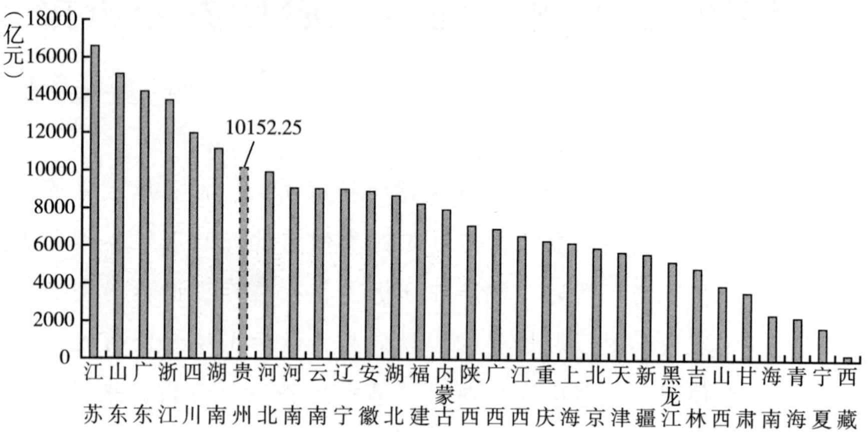

图1　截至2020年6月全国31个省（区、市）地方债存量规模

数据来源：Choice数据库，中诚信国际整理计算。

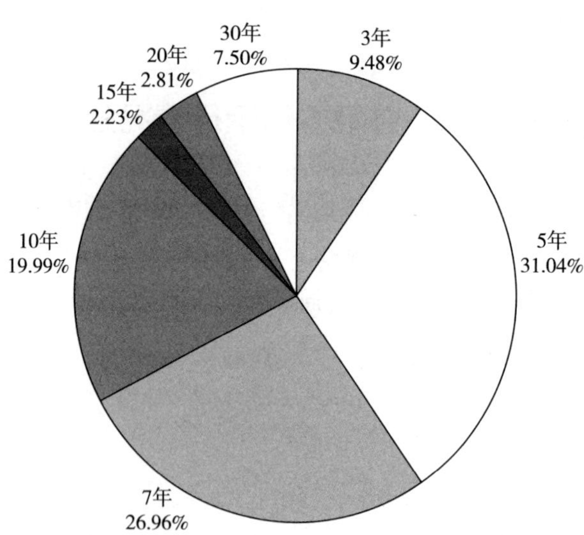

图2　截至2020年6月贵州省地方债存量期限结构

数据来源：Choice数据库，中诚信国际整理计算。

（一）发行规模全国居中，5月集中发行体量大

2020 年 1 ~6 月，贵州省地方债发行规模全国居中，以专项债和新增债为主，5 月发行规模和数量达到上半年峰值。受新冠肺炎疫情影响，中央执行更加积极的财政政策，地方债成为政策执行的重要工具。在此背景下，2020 年 1 ~6 月贵州省地方债发行规模共计 907.54 亿元，在全国 31 个省（区、市）中排名第 18 位，居全国中等水平；较 2019 年同期增加 264.86 亿元，增幅达到 42.40%，高于全国平均增速。从月度发行规模走势看，贵州省 2020 年上半年发行规模从 2 月起逐渐上升，5 月发行数量和规模均达到峰值，发行情况明显优于 2019 年同期（见图 3）。

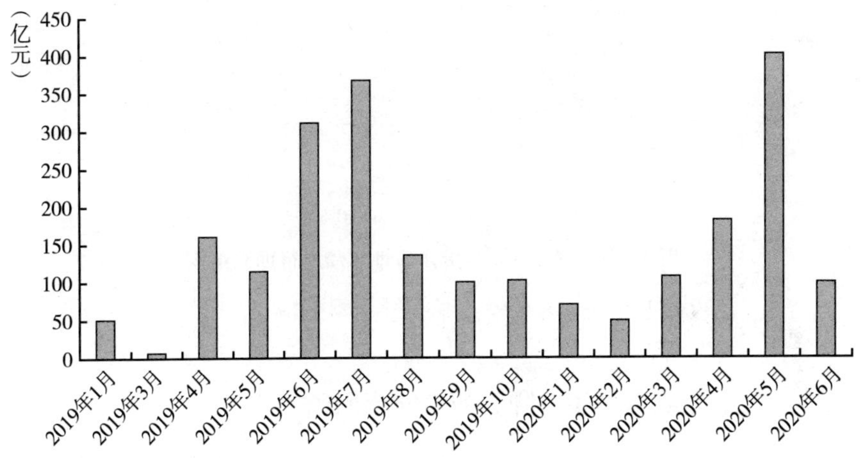

图 3　2019 年 1 月 ~2020 年 6 月贵州省地方债月度发行规模

注：贵州省部分月份无地方债发行，未在图中显示。

数据来源：Choice 数据库，中诚信国际整理计算。

（二）发行结构以新增专项债为主，长期限地方债占比显著提升

2020 年 1 ~6 月贵州省发行的地方债中新增专项债占据主导地位，长期限地方债占比较 2019 年同期明显增长。从券种结构看，2020 年 1 ~6 月贵州省新发行的地方债以专项债为主，且专项债占比从 2019 年 1 ~6 月的 28.12% 提高至 74.97%；从债券性质看，新增债 551.00 亿元，再融资债 356.54 亿元；具

体而言，新增专项债占比最高，为60.71%；从期限结构看，新发行地方债的加权平均期限为17.03年，10年及以上期限的地方债占比从2019年的48.68%提高至94.27%（见图4）。

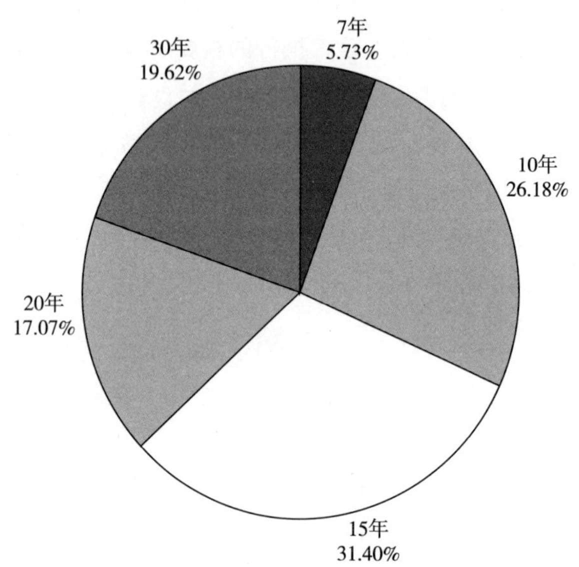

图4　2020年1~6月贵州省地方债发行期限结构

数据来源：Choice数据库，中诚信国际整理计算。

（三）发行成本整体下降，利差同步回落

2020年1~6月新增地方债发行利率和利差[①]均较2019年同期明显下行。2020年1~6月，贵州省新增地方债发行利率为3.35%（见图5），发行利差为25.10BP，在全国31个省（区、市）中分别居第12位和19位。1~6月，贵州省新增地方债发行利率先降后升（见图6），同期利差变化趋势与此基本相同。在此期间，发行利率与利差最高值与最低值分别相差73BP和11.36BP，2019年同期分别相差97BP和15.91BP。整体来看，2020年1~6月贵州省地方债的发行利率低于2019年同期，因此发行成本明显低于2019年同期。

① 如无特别说明，本报告中发行利率、利差为根据发行额计算的加权平均发行利率、利差，发行利差为债券发行利率减去对应期限国债收益率。

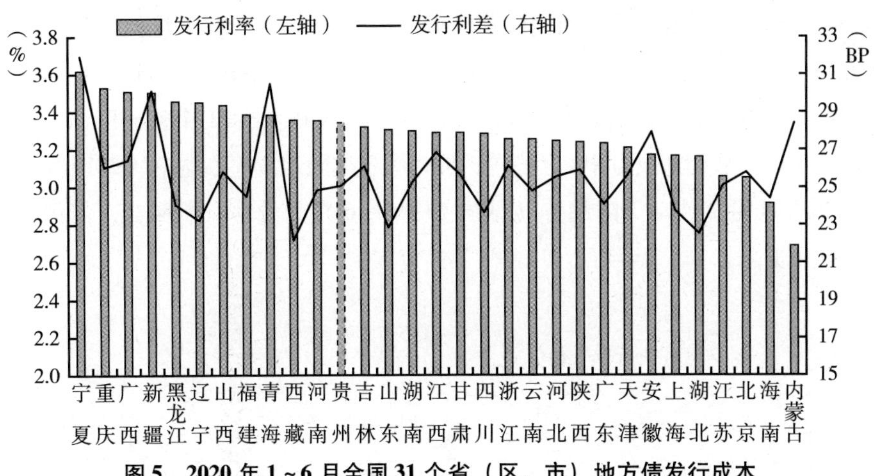

图5　2020 年 1 ~6 月全国 31 个省（区、市）地方债发行成本

数据来源：Choice 数据库，中诚信国际整理计算。

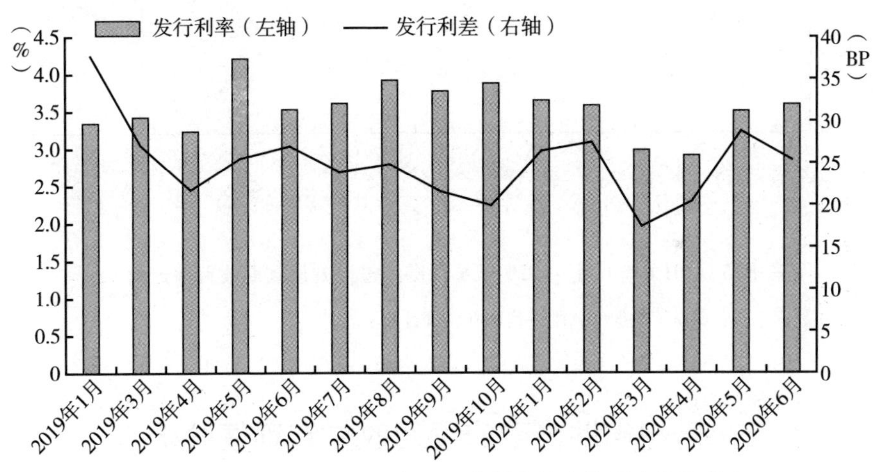

图6　2019 年 1 月 ~2020 年 6 月贵州省地方债月度发行成本

注：贵州省部分月份无地方债发行，未在图中显示。

数据来源：Choice 数据库，中诚信国际整理计算。

（四）交易规模显著增长，到期收益率波动下降

2020 年上半年贵州省地方债二级市场交易规模①显著增长，居全国前列；

① 交易统计包含回购交易、现券交易等部分。

到期收益率波动下降。从二级市场交易规模看，2020 年 1 ~6 月，贵州省存续地方债交易规模达 6255. 96 亿元，较 2019 年 1 ~6 月同比增长 53. 71%，但存续的 483 只债券中有交易额的仅有 73 只；交易规模在全国 31 个省（区、市）中排名第 3 位。从到期收益率①走势看，贵州省各期限地方债收益率从 2019 年 1 月至 2020 年 4 月呈波动下降趋势（见图 7）；5 ~6 月收益率有所回升，但仍低于 2019 年 1 月。

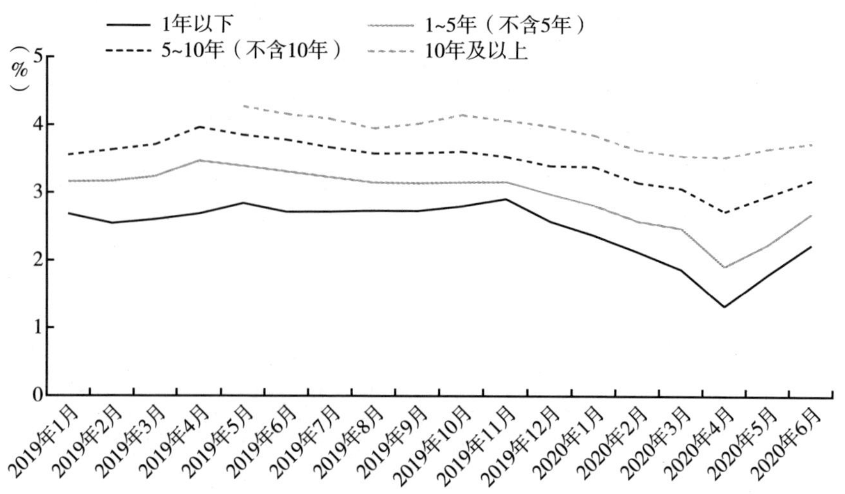

图 7　2019 年 1 月 ~2020 年 6 月贵州省地方债到期收益率走势

数据来源：Choice 数据库，中诚信国际整理计算。

二　贵州省地方政府项目收益专项债分析*

贵州省项目收益专项债存量规模在全国排名靠后，且全部为新增，剩余期限在 10 年及以上的占比超八成。截至 2020 年 6 月，贵州省项目收益专项债仅

① 此处到期收益率均值采用的是算术平均值。

* 2020 年 7 月 29 日财政部《关于加快地方财政专项债券发行使用有关工作的通知》明确 2020 年新增专项债须保证融资规模与项目收益平衡，因此 2020 年新增专项债为项目收益专项债。本报告项目收益专项债统计样本为 2017 ~2019 年项目收益专项债与 2020 年 1 ~6 月新增专项债。

存35只，存量规模为570.00亿元，在全国31个省（区、市）中居第26位，排名靠后。从项目种类看，贵州省现存项目收益专项债均为新增；从期限结构看，剩余期限为10年及以上的占比最高，达到81.86%（见图8）。

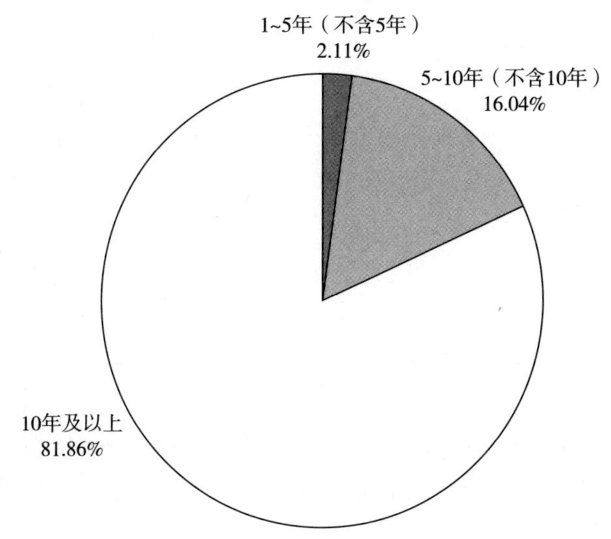

图8　截至2020年6月贵州省项目收益专项债剩余期限结构

数据来源：Choice数据库，中诚信国际整理计算。

（一）项目收益专项债呈爆发式增长，发行期限以长期为主

2020年1~6月，项目收益专项债发行规模呈爆发式增长，发行期限以长期为主，发行成本较2019年小幅上涨，但仍显著低于2018年。自2017年以来，贵州省共发行项目收益专项债570.00亿元（见图9）。其中，2018年和2019年分别发行12.00亿元和7.00亿元；2020年1~6月，受疫情影响，为提振经济、稳投资、补短板，政府采用积极的财政政策加大地方债发行力度，贵州省发行规模呈爆发式增长，达551.00亿元。从项目投向看，募集资金主要投向民生服务、市政和产业园区基础设施、交通基础设施及农林水利等领域，且募投领域由2018年、2019年的单一领域拓宽至2020年的多元化领域。从债券期限看，发行期限在10年及以上的项目收益专项债规模占99.43%（见图10），发行期限以长期为主。从发行成本看，2018~

2020 年发行利率先降后升（见图 11），2020 年 1～6 月仍较 2018 年低 34BP；发行利差的变化趋势与发行利率相同，2020 年 1～6 月较 2018 年低 12.79BP。

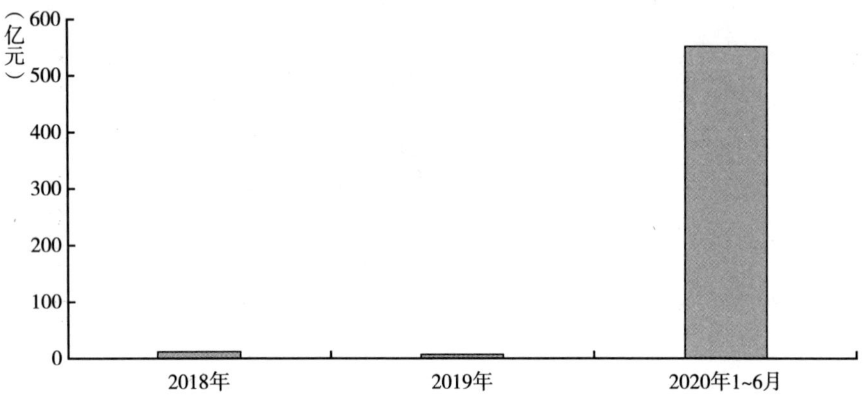

图 9　2018 年～2020 年 6 月贵州省项目收益专项债发行规模

数据来源：Choice 数据库，中诚信国际整理计算。

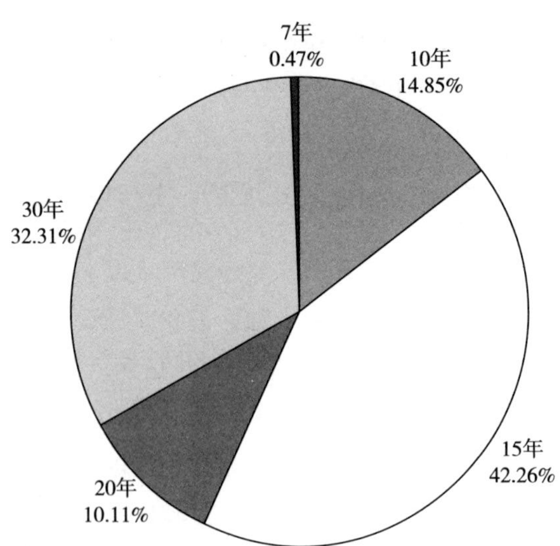

图 10　2020 年 1～6 月贵州省项目收益专项债发行期限结构

数据来源：Choice 数据库，中诚信国际整理计算。

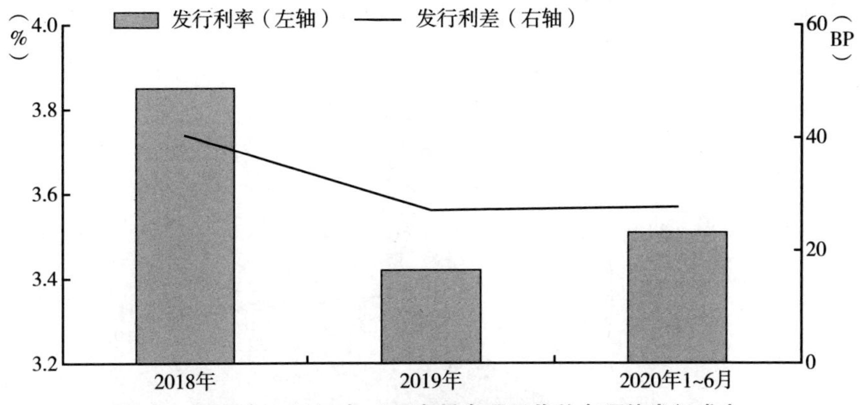

图 11　2018 年 ~2020 年 6 月贵州省项目收益专项债发行成本

数据来源：Choice 数据库，中诚信国际整理计算。

（二）募投领域以民生基建为主，项目偿债保障有待改善

2020 年 1 ~6 月，贵州省新发行项目收益专项债主要投向市政和产业园区基础设施、交通基础设施、民生服务等领域，集合项目占比超九成，多分布于区县级，项目利息保障倍数差异较大，项目偿债保障有待改善。2020 年 1 ~6 月贵州省新发行的 31 只项目收益专项债，共涉及 353 个募集项目。按一级分类看，规模占比排前三的募投领域分别为：市政和产业园区基础设施（28.83%）、交通基础设施（25.76%）、民生服务（24.50%），[①] 三者合计占比 79.09%（见图 12）。从单一/集合项目分布看，集合项目规模占比 96.77%，单一项目规模占比 3.23%，以集合项目为主。从项目行政层级分布看，省级、地市级和区县级的规模占比分别为0.45%、40.91%和58.64%，以区县级和地市级项目为主。从项目偿债情况看，市政和产业园区基础设施建设项目的平均融资本息覆盖倍数最高，达到 4.39 倍，生态环保项目最低，仅为 1.22 倍，最高值为最低值的 3.6 倍（见图 13），各项目融资本息覆盖倍数差异较大，项目偿债保障有待改善。

① 如无特别说明，本报告中引用的专项债支持项目相关数据均来自贵州省政府新增专项债信息披露文件，并由中诚信国际整理计算。由于数据的获取问题，数据可能来自不同募投项目文件、项目实施方案、信息披露模板等，这可能导致部分数据分析出现一定偏差，但不会对分析结论产生实质性的影响。

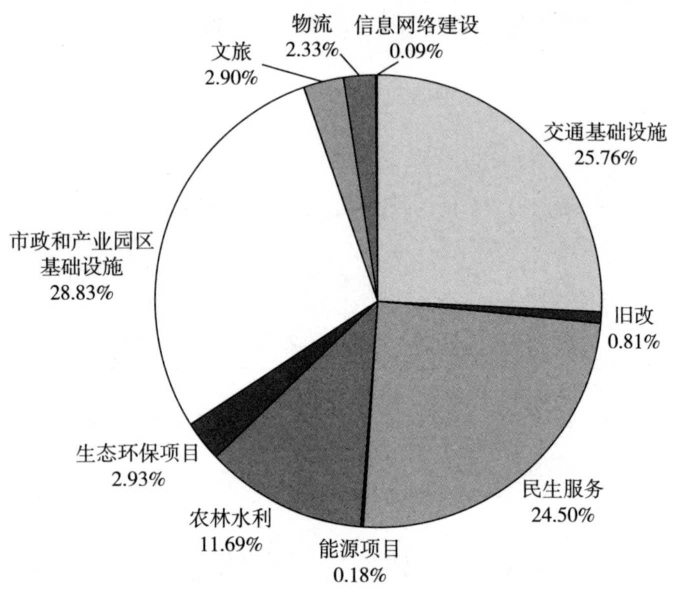

图 12　2020 年 1 ~ 6 月贵州省新增项目收益专项债募投领域分布

数据来源：贵州省地方政府新增专项债信息披露文件，中诚信国际整理计算。

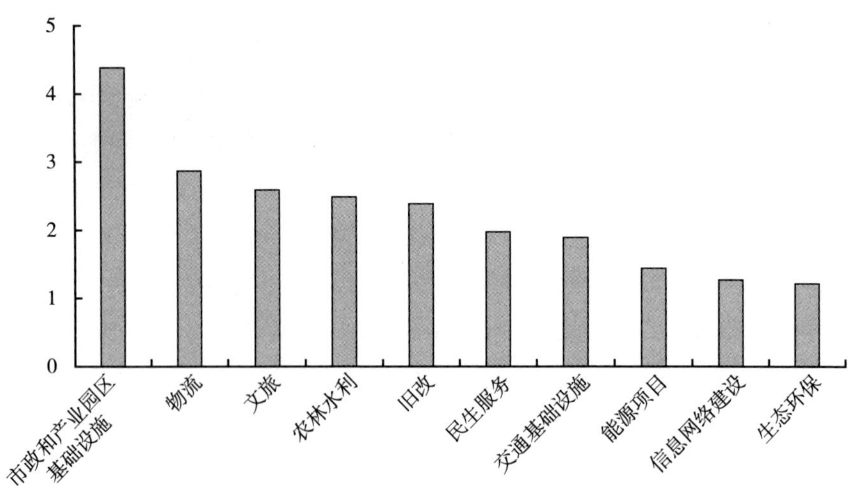

图 13　2020 年 1 ~ 6 月贵州省新增项目收益专项债投向的融资本息覆盖倍数

数据来源：贵州省地方政府新增专项债信息披露文件，中诚信国际整理计算。

（三）专项债用作资本金的项目数量较少，以交通基础设施建设领域项目为主

2020 年 1～6 月新发行的项目收益专项债中，将专项债用作资本金的项目数量占比较低，但资本金占专项债可用额度的平均比例较高；主要投向交通基础设施领域，该领域的项目收入来源比较多元化。2020 年 1～6 月，贵州省新发行项目收益专项债中，共 11 只专项债用作项目资本金，对应募投 24 个项目，占总项目数的 6.80%，比例较低。从项目领域看，主要投向交通基础设施、生态环保、农林水利、市政和产业园区基础设施领域（见图 14）。从专项债用作资本金的比例看，资本金占专项债可用额度的平均比例达到 63.40%，其中比例达到 100% 的项目有 6 个，占项目总数的 25.00%（见图 15）。从项目收入看，收入来源最为多元化的为交通基础设施项目，包括停车场收费收入、运输收入、土地出让净收入等；生态环保、市政和产业园区基础设施项目则均为单一收入来源。

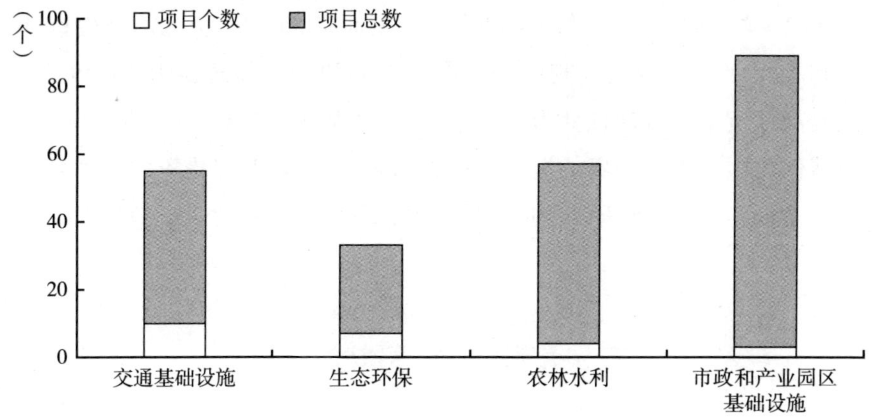

图 14　2020 年 1～6 月贵州省新增项目收益专项债用作资本金所投领域

数据来源：贵州省地方政府新增专项债信息披露文件，中诚信国际整理计算。

（四）理论上可撬动近千亿元基建投资，但专项债用作资本金的拉动效果不显著

2020 年 1～6 月新增的项目收益专项债对基建的撬动效应不显著。

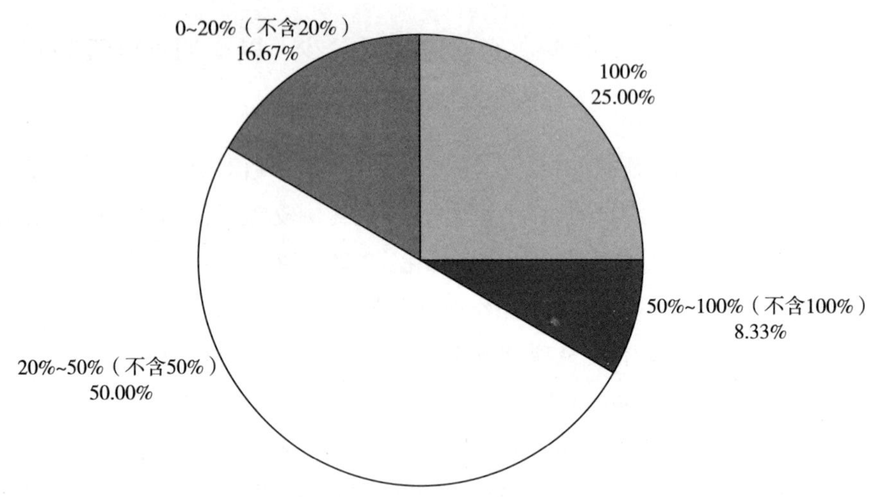

图15　2020年1~6月贵州省新增项目收益专项债用作资本金的比例分布

数据来源：贵州省地方政府新增专项债信息披露文件，中诚信国际整理计算。

2020年1~6月贵州省新增的项目收益专项债以551.00亿元的规模撬动了972.45亿元的基建投资。其中，用作资本金的专项债规模为45.49亿元，对应专项债资本金撬动杠杆为2.22倍，撬动基建投资规模为101.09亿元；专项债作为项目配套融资的撬动杠杆为1.82倍，对基建投资的撬动规模为871.36亿元①。整体来看，专项债用作项目资本金对基建投资的拉动效果不显著。

三　贵州省偿债能力分析

（一）存量债务规模较大且存在集中偿付压力，未来债务空间明显缩小

贵州省存量债务规模较大且存在集中偿付压力。截至2020年6月，贵州省存量地方债在2020年内到期规模为850.03亿元；2021~2023年到期规模均

① 专项债撬动基建投资方法参见袁海霞、汪苑晖、卞欢《专项债兼顾扩容提效，助力基建托底稳增长——地方政府专项债2019年回顾与2020年展望》，《财政科学》2020年第1期。

超1300亿元，偿债压力较大；2024～2026年到期规模有所下降，但2024年和2025年仍超1000亿元（见图16）。从到期券种分布看，2020年7～12月及2021～2026年到期一般债、一般专项债及项目收益专项债的规模分别为4806.81亿元、2968.94亿元和19.00亿元；一般债到期压力最大，且主要集中在未来2022～2023年到期。

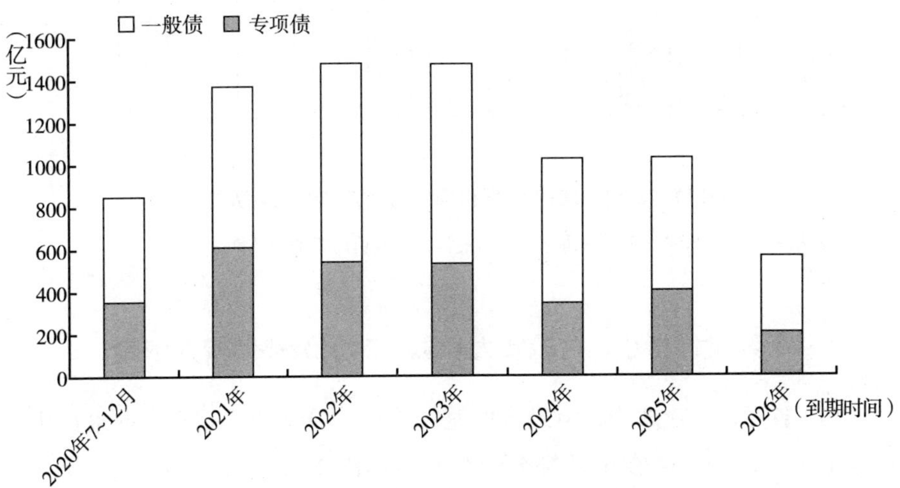

图16 贵州省地方债2020～2026年到期规模

数据来源：贵州省财政预算执行及决算报告，中诚信国际整理计算。

2017～2019年，贵州省可用债务空间明显缩小。截至2019年，贵州省地方政府债务余额为9673.38亿元，限额为10193.34亿元①（见图17），在全国31个省（区、市）中分别居第7位和第8位。2017～2019年，贵州省地方政府债务余额和限额均逐年上升，且增速明显加快，但余额与限额之间的差额自2017年的669.35亿元下降为2019年的519.96亿元，可用债务空间明显缩小。

① 如无特别说明，本报告中引用的贵州省政府债务限额、余额，一般公共预算收入、支出，财政平衡率，债务率、负债率等财政相关数据均来自贵州省财政预算执行及决算报告，并由中诚信国际整理计算。

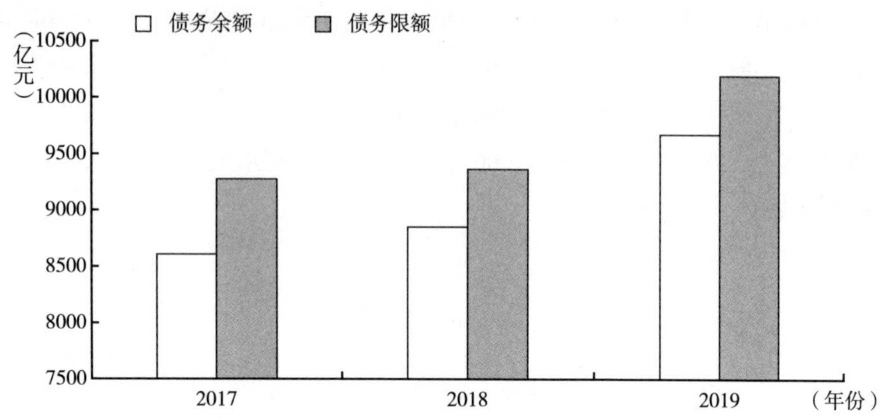

图 17　2017～2019 年贵州省地方政府债务余额及限额

数据来源：贵州省财政预算执行及决算报告，中诚信国际整理计算。

（二）经济体量小，财政实力较弱，对上级补助较为依赖

贵州省经济体量较小，但经济增速居首位。2019 年贵州省实现地区生产总值 1.68 万亿元,[①] 在全国排名较为靠后；比 2018 年增长 8.3%，增速较 2018 年有所放缓，但仍列全国首位。按产业分，第一产业增加值 2280.56 亿元，增长 5.7%；第二产业增加值 6058.45 亿元，增长 9.8%；第三产业增加值 8430.33 亿元，增长 7.8%。产业结构以第三产业为主，三次产业结构为 13.6∶36.1∶50.3。从经济发展驱动力看，全年固定资产投资总额比 2018 年增长 1.0%，增速较 2018 年下降 14.8%；其中，工业投资增长 32.6%，制造业投资增长 19.3%。

财政实力较弱，收入增速趋缓，财政平衡对上级补助的依赖程度较大。2019 年贵州省一般公共预算收入为 1767.36 亿元（见图 18），在全国 31 个省（区、市）中居第 23 位，同比增长 2.3%，增速较 2018 年下降 4.7 个百分比。其中，税收收入 1203.93 亿元，占比 68.1%，较 2018 年下降 4.9 个百分点。一般公共预算支出 5921.40 亿元，同比增长 17.7%，增速较 2018 年上升 8.7

① 如无特别说明，本报告中引用的宏观经济数据均来自《贵州省国民经济和社会发展统计公报》，并由中诚信国际整理计算。

个百分点。财政平衡方面，2019 年贵州省财政平衡率为 29.85%，较 2018 年、2017 年分别下降 4.48 个百分点和 5.14 个百分点。此外，贵州省 2019 年政府性基金收入为 1710.95 亿元，且 2017～2019 年不断增长，2019 年同比增速达到 36.89%。

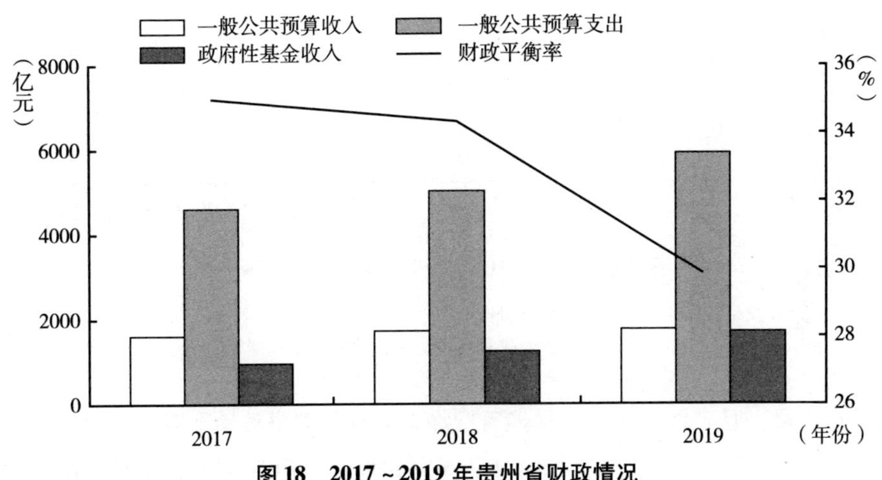

图 18　2017～2019 年贵州省财政情况

数据来源：贵州省财政预算执行及决算报告，中诚信国际整理计算。

（三）偿债能力下降，债务风险不容小觑

2017～2019 年，贵州省的负债率和债务率虽整体呈下降趋势，但债务风险仍不容小觑。负债率从 2017 年的 63.56%（见图 19）下降为 2019 年的 57.68%，债务率从 2017 年的 160.01% 下降为 2019 年的 146.28%。但考虑到 2017～2019 年贵州省一般公共预算收入增速减缓，财政平衡率不断下滑，债务余额/一般公共预算收入 2019 年大幅上升，达 3 年内最高，贵州省偿债能力下降，因而债务风险不容小觑。

四　小结

贵州省地方债存量规模较大，2020 年 1～6 月受全国第三批新增债务限额下达的影响，5 月发行规模和数量达到高峰，发行利率和利差均较 2019 年同

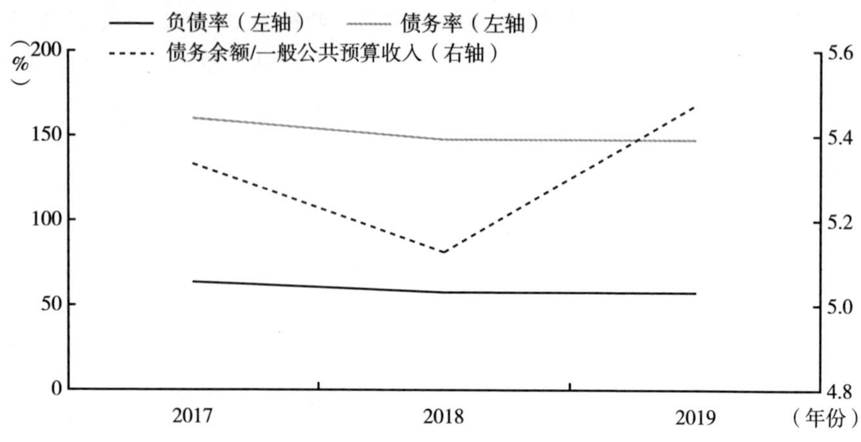

图 19　2017～2019 年贵州省偿债能力指标

注：负债率和债务率指标均只包含显性债务。

数据来源：贵州省财政预算执行及决算报告，中诚信国际整理计算。

期下行明显，且二级市场交易量显著增加，到期收益率波动下降。同时，2020年1～6月项目收益专项债发行规模呈爆发式增长，但各项目之间利息保障倍数差异较大，新增发行专项债用作资本金的项目数量占比较低，对基建投资的撬动能力表现一般。贵州省地方债务规模居全国前列，且存在集中偿付压力，但贵州省经济和财政实力较弱，财政平衡对上级补助的依赖程度较大，整体偿债能力逐年下降，债务风险不容小觑。

由此可以看出，贵州省经济发展速度滞后于债务增长速度，导致债务风险逐渐加剧；债务集中偿付压力较大，债务期限结构有待进一步调整，且目前未能充分发挥专项资金的撬动效应，项目收益不高，资金投向安排有待调整；债务余额与限额之间的差额逐渐缩小，地方融资可用空间不足。

对此，本报告提出以下建议：平衡好地方经济发展速度与债务风险防范之间的关系，适当控制投资力度，并通过部分债务置换后移债务偿还时间，为地方政府消化债务留足时间；进一步调整债务期限结构，通过以长换短、用时间换空间等途径减轻债务集中偿付压力；合理安排资金投向，在考虑地方实际发展需求的基础上，在政策允许的范围内，将项目收益专项债向国家允许将募集资金用作资本金的重大项目倾斜，以发挥更大的撬动作用。

B.29

2020年广东省地方政府债券分析报告

刘艳美　胡玲雅　王飞　王慧*

摘　要：近年来随着地方政府举债制度日渐完善，广东省地方债发行规模逐年增长，目前存量规模较大。2020年，为应对新冠肺炎疫情冲击，广东省地方债发行集中度提高且节奏提前，发行期限更趋延长，二级市场更趋活跃。广东省项目收益专项债发行规模居全国首位，其募投领域向交通基础设施、市政和产业园区基础设施等领域转变，对基建投资的撬动规模较大，但其作为资本金对投资增长的撬动效应尚未完全释放。从地方政府债务情况看，债务限额空间较大，在财政实力的支撑下偿债能力极强，债务风险较小。未来广东省应合理利用地方政府债务限额剩余空间，将地方债的投资拉动作用主要发挥在有重大投资项目且政府预算相对紧张的区域。

关键词：地方债　专项债　广东省

一　广东省地方债运行情况分析

广东省地方债存量规模排名全国31个省（区、市）前列，以新增专项债

* 刘艳美，中诚信国际政府公共评级部（上海）高级分析师，主要研究领域为地方政府债券、基础设施投融资行业等；胡玲雅，中诚信国际政府公共评级部（上海）分析师，主要研究领域为地方政府债券、基础设施投融资行业等；王飞，中诚信国际政府公共评级部（上海）分析师，主要研究领域为地方政府债券、基础设施投融资行业等；王慧，中诚信国际政府公共评级部（上海）分析师，主要研究领域为地方政府债券、基础设施投融资行业等。

为主，债券期限集中于5～10年。存量规模方面，截至2020年6月，广东省地方债存量规模为14187.01亿元①，在全国排名第三，仅次于江苏和山东（见图1）。结构②方面，存量地方债六成为专项债，规模达8611.61亿元。发行期限方面，主要为5～10年，合计占比超过90%。

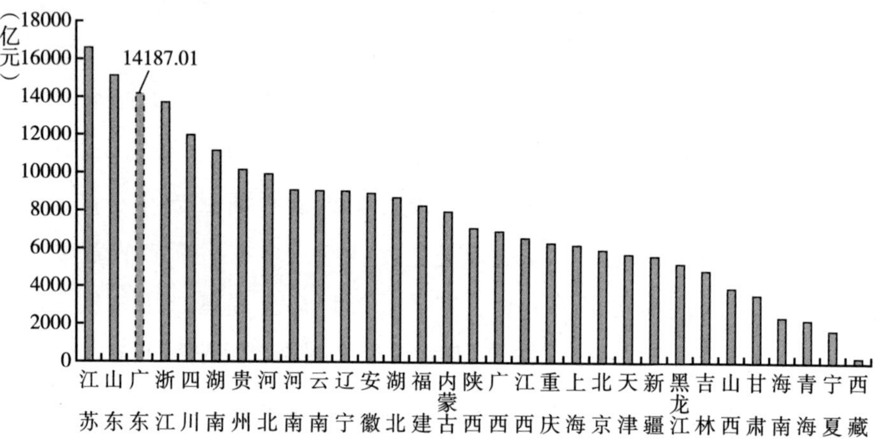

图1　截至2020年6月全国31个省（区、市）地方债存量规模

数据来源：Choice数据库，中诚信国际整理计算。

（一）2020年上半年发行规模居全国第一，发行集中度提高且节奏提前

为应对新冠肺炎疫情冲击，2020年以来财政政策持续加码，地方债的积极作用较2019年更为突出，广东省地方债发行规模大幅增长。2020年1～6月，广东省地方债发行规模为2812.10亿元，同比增长25.91%，且已超过2019年全年发行规模，位居全国第一（见图2）。从月度发行规模走势看，地方债发行集中度提高且节奏提前，2020年上半年，广东省地方债发行集中于1月和5月，较2019年的5月和6月明显提前（见图3）。

① 如无特别说明，本报告中引用的地方债存量、发行量、发行利率、发行利差、交易量、到期收益率等债券相关数据均来自截至2020年6月的Choice数据库，并由中诚信国际整理计算。

② 存量地方债种类结构以存量地方债中2018年以来发行的样本进行统计。

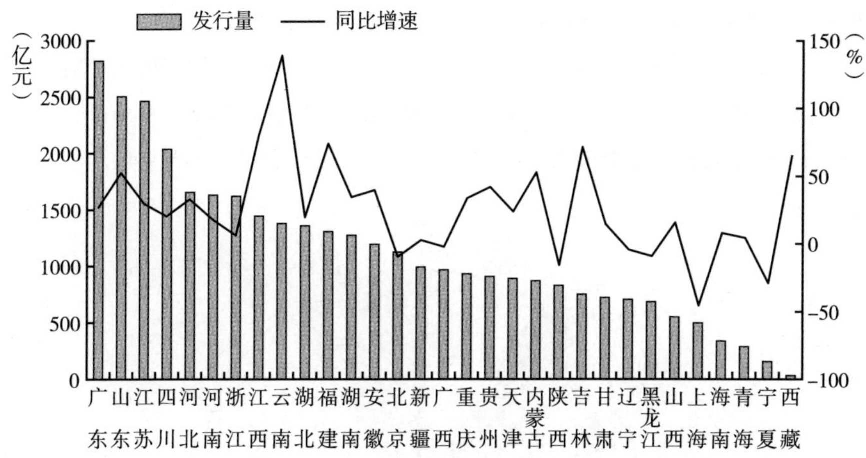

图2　2020年1~6月全国31个省（区、市）地方债发行情况

数据来源：Choice数据库，中诚信国际整理计算。

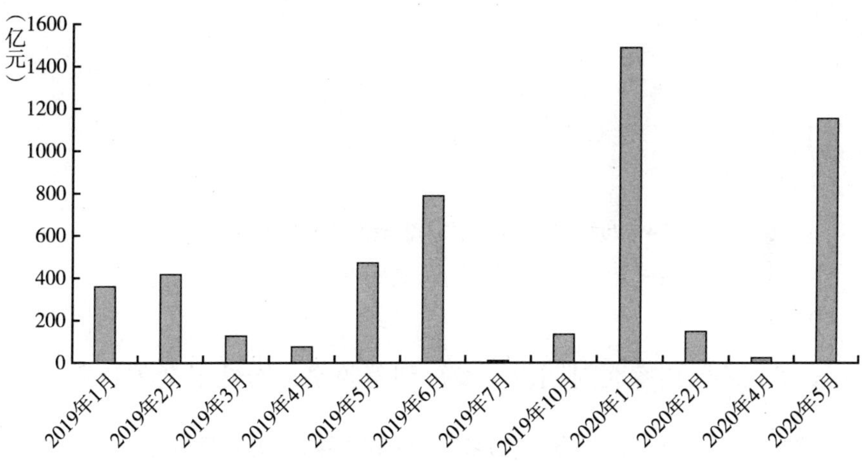

图3　2019年1月~2020年6月广东省地方债月度发行规模

注：广东省部分月份无地方债发行，未在图中显示。
数据来源：Choice数据库，中诚信国际整理计算。

（二）新增地方债以专项债为主，发行期限更趋长期化

2020年1~6月，广东省新增地方债以专项债为主，期限以10年为主，且占比有所提升。从发行结构来看，新增专项债发行规模为2242.00亿元，占上半年发行

规模的79.73%。从债券期限来看，10年及以上期限地方债发行规模占比为89.31%，同比增加37.74个百分点，发行期限更趋长期化，以更好地匹配项目投资周期。其中10年期地方债发行规模占比为69.05%，同比增加24.18个百分点；与2019年相比，2020年上半年新增30年期品种，占比达8.53%（见图4）。

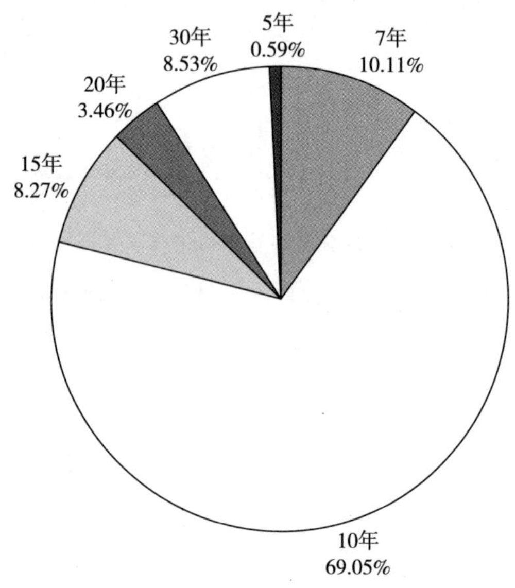

图4　2020年1~6月广东省地方债发行期限结构

数据来源：Choice数据库，中诚信国际整理计算。

（三）发行利率明显回落，发行利差收窄，均处于全国较低水平

2020年1~6月，广东省新增地方债以10年期为主，且发行集中于1月和5月，受发行时点和发行期限的影响，广东省地方债发行利率和发行利差①分别为全国31个省（区、市）第23位和第24位，仍处于全国较低水平。具体来看，2020年1~6月，广东省地方债发行利率同比回落17.58BP至3.24%，发行利差同比收窄1.56BP至24.09BP（见图5）。从月度情况来看，2020年1

① 如无特别说明，本报告中发行利率、利差为根据发行额计算的加权平均发行利率、利差，发行利差为债券发行利率减对应期限国债收益率。

~6 月广东省地方债发行利率从 1 月的 3.42% 降至 4 月最低位 2.84%，再回升至 5 月的 3.02%（见图 6），同期限地方债同比下行幅度在 20 ~ 35BP；发行利差从 1 月的 26.12BP 收窄至 5 月的 21.55BP，其中 10 年期地方债收窄幅度最小，为 0.15BP，20 年期收窄幅度最大，为 4.20BP。

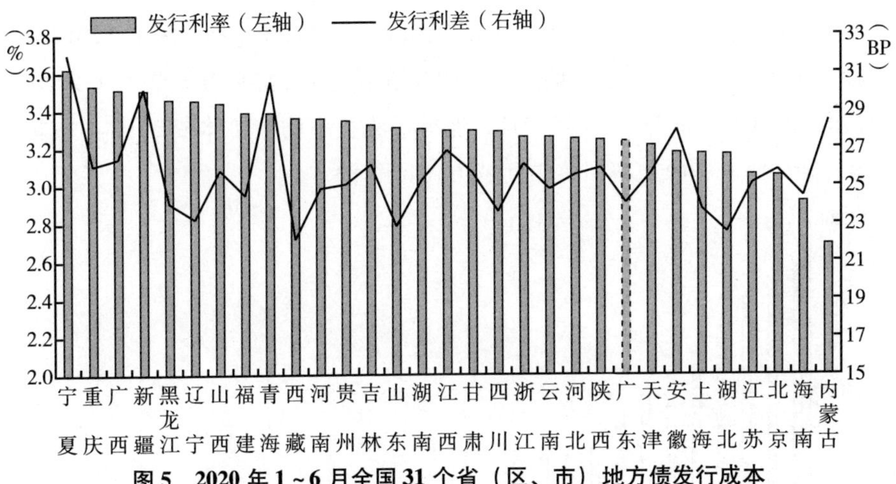

图 5　2020 年 1 ~6 月全国 31 个省（区、市）地方债发行成本

数据来源：Choice 数据库，中诚信国际整理计算。

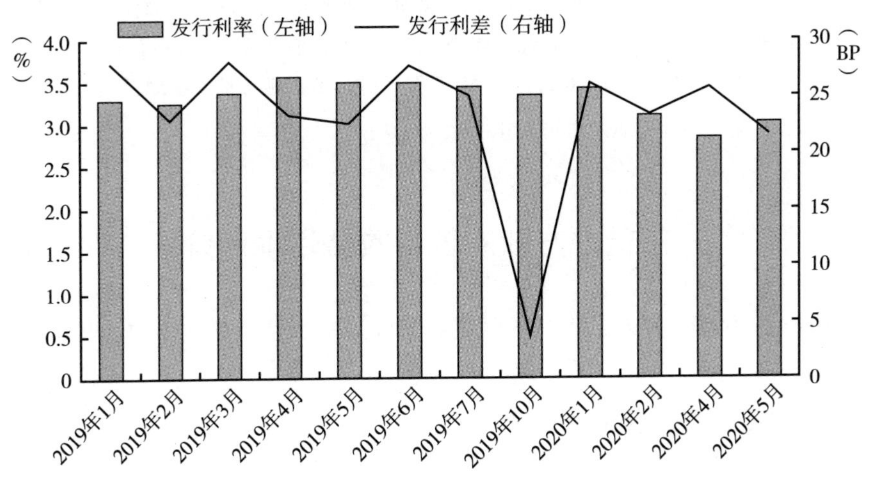

图 6　2019 年 1 月 ~2020 年 6 月广东省地方债月度发行成本

注：广东省部分月份无地方债发行，未在图中显示。

数据来源：Choice 数据库，中诚信国际整理计算。

（四）交易更趋活跃，到期收益率普遍下行

二级市场表现方面，广东省存续期地方债交易规模①较大，2020 年以来更趋活跃。2020 年 1 ~6 月，广东省存续期地方债交易规模为 4523.07 亿元，同比增长 113.42%，已超过 2019 年全年交易规模，在全国 31 个省（区、市）的排名较 2019 年上升 5 位至第 6 位（见图 7）。到期收益率②方面，2019 年 1 月至 2020 年 6 月，广东省各期限地方债收益率呈现先降后升态势，于 2020 年 4 月达到最低点。截至 2020 年 6 月，地方债收益率均值整体较 2019 年初有所回落；期限越长，收益率回落幅度越小（见图 8）。

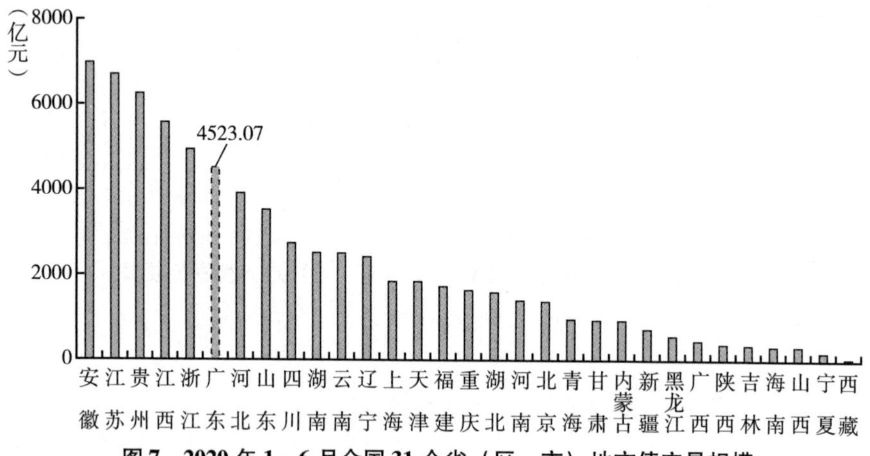

图 7　2020 年 1 ~6 月全国 31 个省（区、市）地方债交易规模

数据来源：Choice 数据库，中诚信国际整理计算。

二　广东省地方政府项目收益专项债分析*

截至 2020 年 6 月末，广东省存量项目收益专项债共计 221 只，规模合计

① 交易统计包含回购交易、现券交易等部分。

② 本报告到期收益率均为算术平均收益率。

* 2020 年 7 月 29 日财政部《关于加快地方财政专项债券发行使用有关工作的通知》明确 2020 年新增专项债券须保证融资规模与项目收益平衡，因此 2020 年新增专项债为项目收益专项债。本报告项目收益专项债统计样本为 2017 ~2019 年项目收益专项债与 2020 年 1 ~6 月新增专项债。

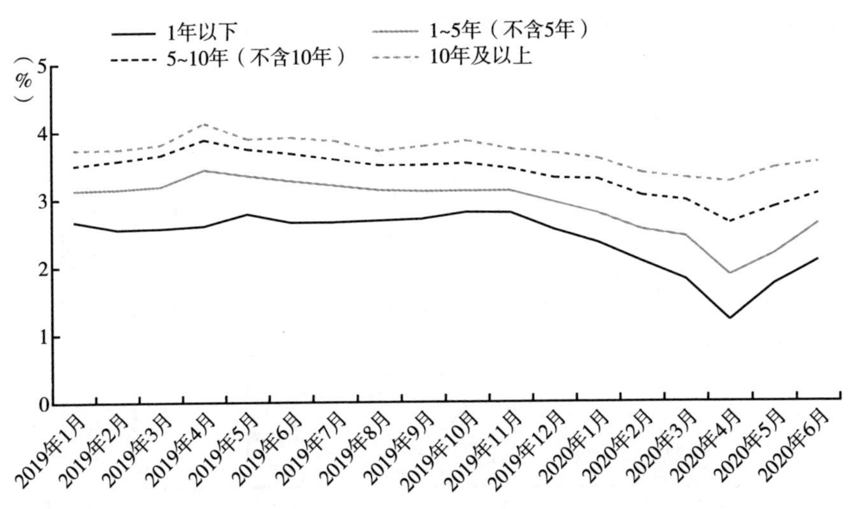

图8　2019年1月~2020年6月广东省地方债到期收益率走势

数据来源：Choice 数据库，中诚信国际整理计算。

4426.27亿元，占同期广东省存量地方债的31.20%，占同期全国地方政府项目收益专项债的8.06%，在全国排名第二，仅次于山东省。从债券发行期限看，广东省存量项目收益专项债发行期限以5年和10年为主，两者规模合计占比70.08%，均为新增债。

（一）发行规模居全国首位，发行利率及发行利差均低于全国平均水平

自2017年财政部发布《关于试点发展项目收益与融资自求平衡的地方政府专项债券品种的通知》（财预〔2017〕89号）[①] 以来，广东省项目收益专项债发行规模逐年增长，2017年至2020年6月共发行项目收益专项债222只，募集资金规模合计4448.33亿元（见图9）。随着粤港澳大湾区战略的实施推进，加之抗疫情、稳增长的政策驱使，广东省基础设施投融资需求迅速增加，2020年1~6月广东省发行项目收益专项债116只，募集资金2242.00亿元，

① 《关于试点发展项目收益与融资自求平衡的地方政府专项债券品种的通知》（财政〔2017〕89号文），参见财政部政府债务研究和评估中心网站，2017年7月21日，http://www.governbond.org.cn/zcfg1/45414.jhtml。

远超2019年全年发行规模，占同期全国地方政府项目收益专项债发行总额的10.05%，在全国排名第一。

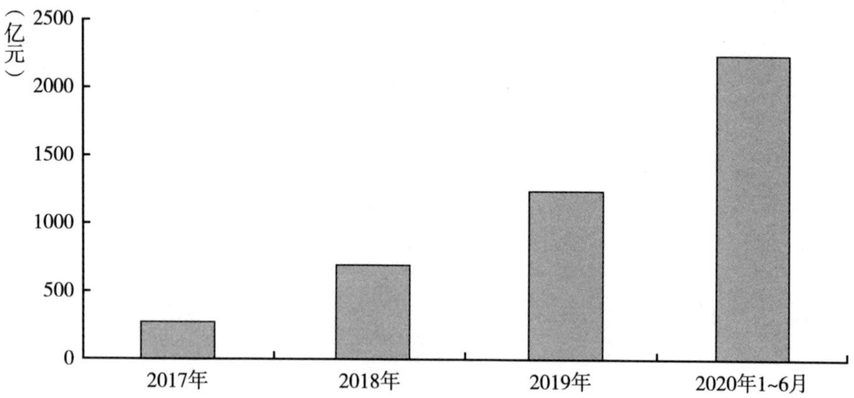

图9　2017年~2020年6月广东省项目收益专项债发行规模

数据来源：Choice数据库，中诚信国际整理计算。

发行成本方面，2018年以来广东省项目收益专项债发行利率和利差均呈现下行趋势（见图10），市场认可度较高。2020年1~6月，广东省项目收益专项债平均发行利率为3.29%，较2019年下降0.12个百分点，低于全国地方政府项目收益专项债平均发行利率0.07个百分点；同期，平均发行利差为24.38BP，较2019年收窄2.82BP，低于全国地方政府项目收益专项债平均发行利差0.64BP。

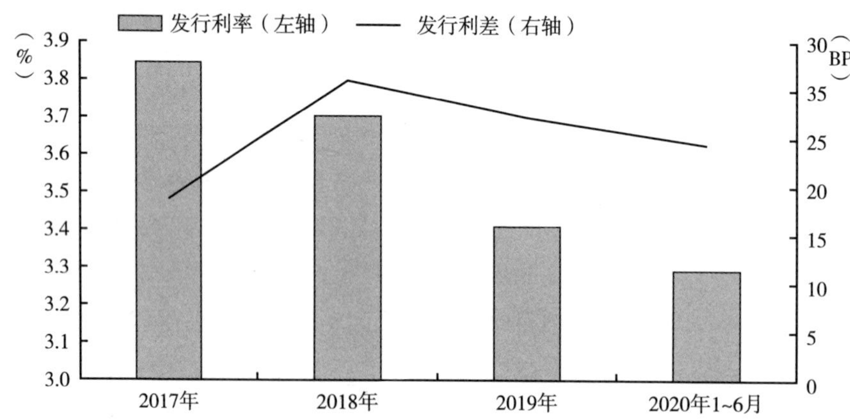

图10　2017年~2020年6月广东省项目收益专项债发行成本

数据来源：Choice数据库，中诚信国际整理计算。

发行期限方面，2020年以来广东省新发行项目收益专项债以10年期为主，并首次出现15年期、20年期、30年期品种，发行期限更趋长期化，与募投项目建设周期更为匹配。其中，10年期债券46只，发行金额合计1371.61亿元，规模占比61.18%；30年期债券15只，发行金额合计239.84亿元，规模占比10.70%；15年期债券25只，发行金额合计232.44亿元，规模占比10.37%（见图11）。

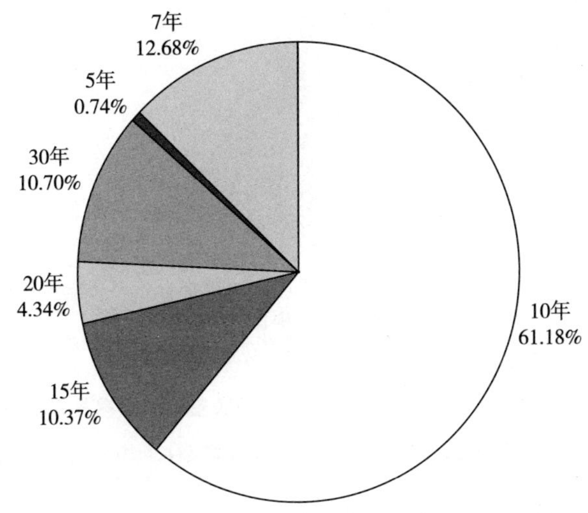

图11　2020年1~6月广东省项目收益专项债发行期限结构

数据来源：Choice数据库，中诚信国际整理计算。

（二）募投领域向交通基础设施、市政和产业园区基础设施等领域转变

为配合广东自贸区、粤港澳大湾区、先行示范区等战略的落地，广东省内产业转移以及产业升级将会提速，5G、数据中心等新基建投资力度也会加大，省内交通基础设施以及市政和产业园区基础设施领域的投资需求随之增长。2020年1~6月有1108.12亿元①新增项目收益专项债投向交通基础设施领域，占37.90%；909.96亿元投向生态环保项目，占31.13%（见图12）。

① 如无特别说明，本报告中引用的专项债支持项目的相关数据均来自广东省政府新增专项债信息披露文件，并由中诚信国际整理计算。由于数据的获取问题，数据可能来自不同募投项目文件、项目实施方案、信息披露模板等，这可能会给分析带来一定偏差，但不会对分析结论产生实质影响。

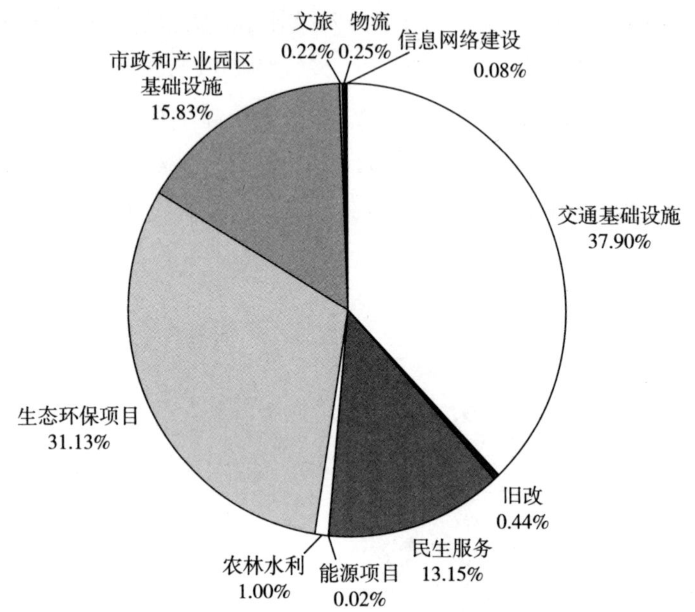

图 12　2020 年 1～6 月广东省新增项目收益专项债募投领域分布

数据来源：广东省地方政府新增专项债信息披露文件，中诚信国际整理计算。

项目行政层次方面，广东省项目收益专项债资金用于省级募投项目的占比为 18.53%，用于地市级募投项目的占比为 32.30%，区县级募投项目占比为 49.17%，专项债资金主要用于区县级项目，尤其是向粤港澳大湾区各城市倾斜显著。广东省 21 个地级市合计使用专项债资金 1829 亿元，其中，广州、深圳、珠海等 9 个粤港澳大湾区城市使用专项债资金占比超过 65%，且专项债资金对肇庆市等粤港澳大湾区范围内欠发达的城市倾斜明显，助力其补齐基建短板。

项目偿债方面，2020 年 1～6 月，广东省新增项目收益专项债中 59.57% 的项目本息覆盖倍数为 1～2 倍，15.31% 的项目本息覆盖倍数为 2～3 倍，项目收益对债券本息覆盖能力较好。募投项目收入来源根据项目性质不同而有所区别，主要包括污水处理收入、厂房租赁收入、过路费收入、土地出让收入等，其中，土地出让收入是近 1/4 项目的主要还款来源，但由于土地出让不确定性较大，需关注对应土地出让进度及项目本息偿还的潜在风险。

（三）募集资金多用作项目配套融资，用作资本金的占比较小

资本金方面，广东省财政实力很强，项目资本金比例均值在50%以上，且主要为财政资金或由建设单位自筹解决，项目建设资金压力相对较小，项目收益专项债用作资本金的比例也较低。2020年1～6月，广东省新增项目收益专项债中用作项目资本金的金额为122.04亿元，仅占专项债发行总额的5.44%。

（四）对基建投资的撬动规模较大，但用作资本金的撬动效果较弱

2020年1～6月，受新冠肺炎疫情影响，广东省完成固定资产投资同比增长0.1%，[①] 显著高于全国－3.1%的水平，其中第二季度广东省基础设施投资增速为6.8%，拉动整体投资增长1.1个百分点。2020年1～6月，广东省新发项目收益专项债中用作项目资本金、配套融资的规模分别为122.04亿元和2119.96亿元，基建投资撬动规模为5215.19亿元。其中，在专项债不用作资本金的项目中，专项债撬动杠杆为2.38倍，撬动基建投资规模4984.92亿元[②]；在专项债用作资本金的项目中，项目资本金比例均值为53%，比例较高，导致专项债撬动杠杆仅为1.89倍，低于配套融资的撬动杠杆，专项债的撬动作用仍有提高的空间。

三　广东省偿债能力分析

（一）地方政府债务限额空间较大，2021年开始迎来偿债高峰

2019年广东省地方政府债务限额14198.07亿元[③]（见图13），在全国31个省（区、市）中排名第三，较2018年新增2105.07亿元，为2018年新增债

① 如无特别说明，本报告中引用的宏观经济数据均来自《广东省国民经济和社会发展统计公报》，并由中诚信国际整理计算。

② 专项债撬动基建投资方法参见袁海霞、汪苑晖、卞欢《专项债兼顾扩容提效，助力基建托底稳增长——地方政府专项债2019年回顾与2020年展望》，《财政科学》2020年第1期。

③ 如无特别说明，本报告中引用的广东省政府债务限额、余额，一般公共预算收入、支出，财政平衡率，债务率、负债率等财政相关数据均来自广东省财政预算执行及决算报告，并由中诚信国际整理计算。

务限额的 1. 54 倍；债务余额为 11948. 95 亿元，在全国排名第四，较 2018 年新增 1990. 78 亿元，为 2018 年新增余额的 2. 13 倍，新增地方债务限额及余额规模均创历史新高，为粤港澳大湾区建设提供资金支持。截至 2019 年，广东省未使用的债务限额为 2241. 43 亿元，2020 年财政部提前下达广东省新增债务限额 1642 亿元，较 2019 年增加 741 亿元，尚有较大的使用空间。

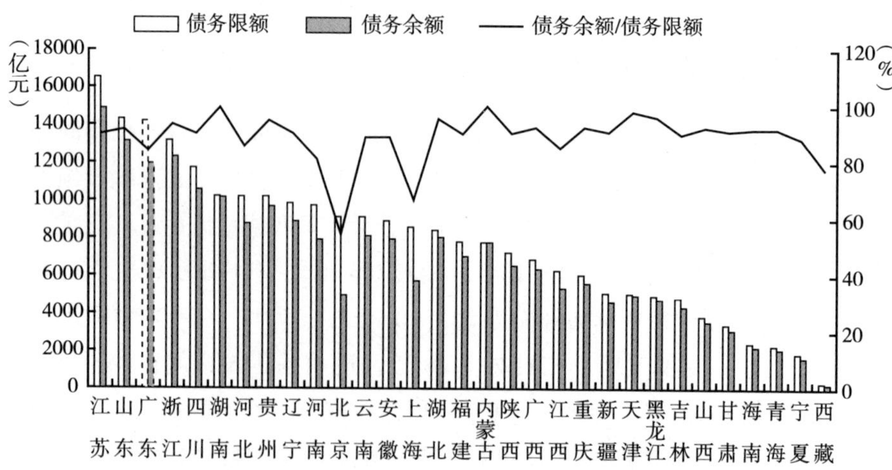

图 13　2019 年全国 31 个省（区、市）地方政府债务限额及余额

数据来源：全国 31 个省（区、市）财政预算执行及决算报告，中诚信国际整理计算。

从地方债到期分布看，2020 年 7 ~ 12 月及 2021 ~ 2026 年，广东省地方债到期规模合计 9415. 83 亿元，其中 2021 年和 2023 年为地方债偿债高峰期，占比分别为 11. 51% 和 14. 04%。从券种分布看，一般债、专项债偿债高峰期均出现在 2023 年，到期规模分别达到 886. 53 亿元和 1104. 93 亿元（见图 14）。

（二）区域经济和财政实力极强，财政平衡能力远超全国平均水平

广东省具有极强的经济基础。2019 年广东省实现地区生产总值（GDP）107671. 07 亿元，在全国 31 个省（区、市）中排名第一，同比增长 6. 2%，人均 GDP 为 94172. 00 元，三次产业结构为 4. 0∶40. 5∶55. 5，[①] 仍以第二和第三

① 如无特别说明，本报告中引用的宏观经济数据均来自《广东省国民经济和社会发展统计公报》，并由中诚信国际整理计算。

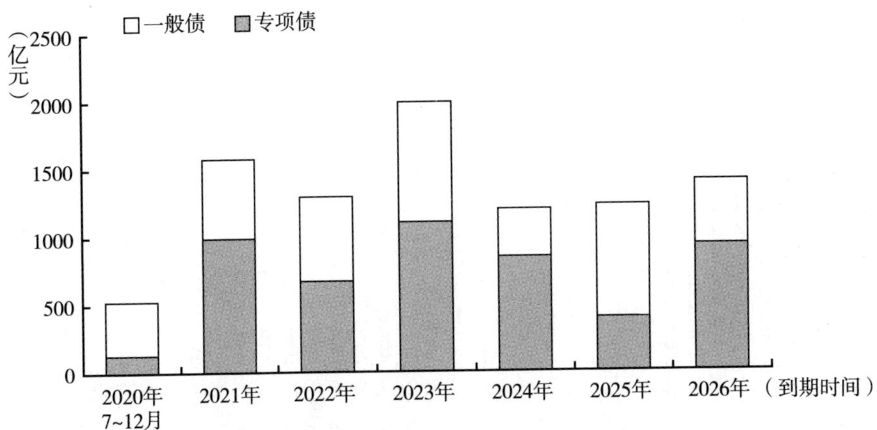

图14　广东省地方债2020～2026年到期分布

数据来源：Choice数据库，中诚信国际整理计算。

产业为主。目前广东省培育发展新一代电子信息、绿色石化、智能家电、半导体与集成电路、高端装备制造、智能机器人等战略性新兴产业集群，2020年上榜世界500强的企业共14家，包括平安保险、华为投资和华润等①，仅次于北京。

广东省财政实力极强。2019年广东省一般公共预算收入为12654.53亿元，在全国31个省（区、市）中排名第一（见图15），同比增长4.5%，其中税收收入为10062.35亿元，同比增长3.3%，占一般公共预算收入的比重为79.5%。2019年广东省财政平衡率为73.2%，远高于全国31个省（区、市）的平均财政平衡率44.32%②，在全国排名第三，仅次于上海和北京。

（三）政府债务管理强化，偿债能力极强，债务风险较小

广东省为强化政府债务管理，成立政府性债务管理领导小组，规范地方政府举债融资行为，结合各地区经济发展情况良性举债，提高长期限债务规模比例，并健全常态化监测机制，严控债务风险，保障还本付息工作。从具体数据

① 参见广东省人民政府网站，http：//www.gd.gov.cn/，中诚信国际整理。

② 全国31个省（区、市）平均财政平衡率为全国31个省（区、市）财政平衡率的算术平均数。

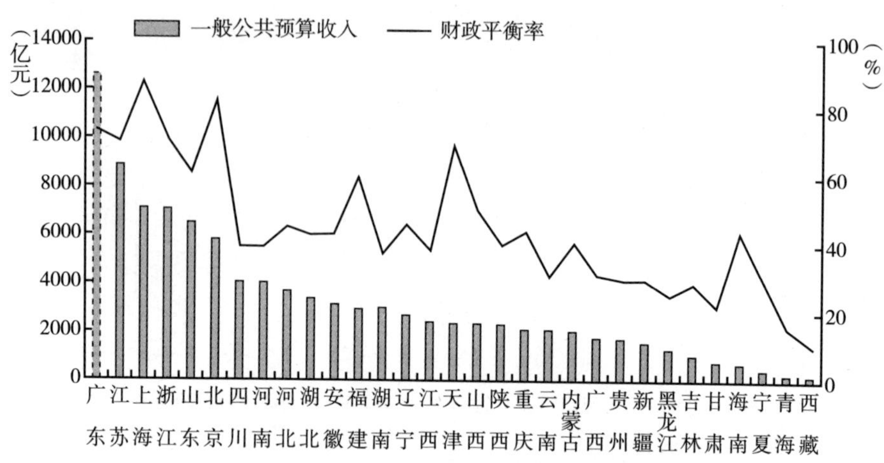

图 15　2019 年全国 31 个省（区、市）一般公共预算收入与财政平衡率

数据来源：全国 31 个省（区、市）财政预算执行及决算报告，中诚信国际整理计算。

看，广东省偿债能力极强，2019 年广东省负债率为 11.1%，为全国最低；债务率为 56.5%，为全国第五低，明显低于全国平均水平，整体债务风险较小（见图 16）。

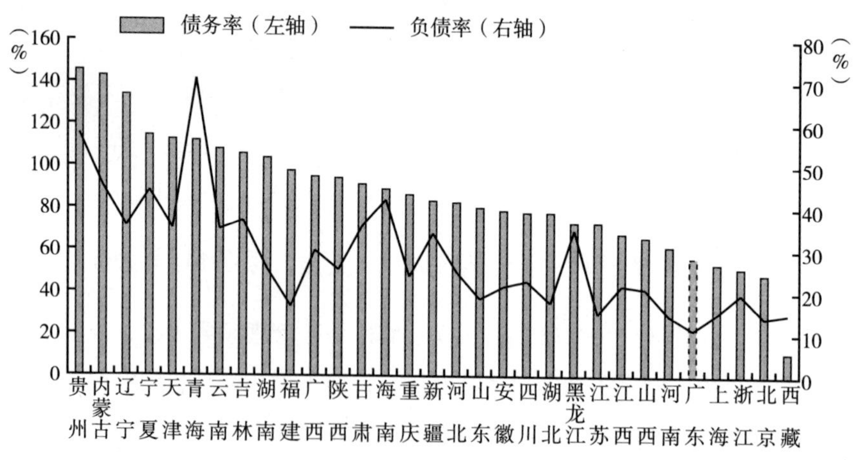

图 16　2019 年全国 31 个省（区、市）债务率及负债率

数据来源：全国 31 个省（区、市）财政预算执行及决算报告，中诚信国际整理计算。

四　小结

随着2014年《中华人民共和国预算法》修正案的执行及地方政府举债制度日渐完善，广东省地方债近几年发展较为迅速，逐渐成为地方政府融资的主要手段。在抗疫情、稳增长的背景下，2020年1～6月广东省地方债的发行规模已超过2019年全年的发行规模，新增债券以专项债为主，期限偏长期，发行利率和发行利差均处于全国较低水平，主要投向交通基础设施领域，对投资的拉动作用较大。目前，广东省地方债存量规模位居全国第三，仅次于江苏和山东，地方债成为期末地方债务余额的最主要构成部分。

受益于良好的经济环境，广东省目前对债务风险的控制情况良好，债务余额距财政部核定的限额仍有一定空间。鉴于粤港澳大湾区战略实施对基建投资的需求增长，且广东省将于2021年和2023年进入偿债高峰期，建议其首先合理利用地方政府债务限额剩余空间，将地方债的投资拉动作用主要发挥在有重大投资项目且政府预算相对紧张的区域，运用各区域的长处实现平衡发展。比如，在产业园项目中开展园区对园区的精准帮扶，募投资金和政策优惠优先倾向于互帮互扶的园区项目，逐步建立珠三角与粤东西北对口帮扶机制和产业转移机制。其次，有效配置募集资金，提高专项债对经营性项目的资本金的投向比例，将政府预算资金多用在公益性项目或其他地方债投向受限的领域，同时最大限度地引入社会资本，进一步促进广东省民营经济的发展，提高市场经济的自我造血能力，减轻财政压力。最后，建议做好项目收益专项债募投项目投资和经营情况的监测工作，保障项目收益专项债的首要还款来源，提前做好债务风险防控措施。

B.30

2020年江西省地方政府债券分析报告

方华东　桂兰杰　王少强　钟 婷　张 悦*

摘　要： 随着江西省政府债务规模逐年持续扩张，债务风险管控的重要性亦日益凸显。本报告首先从发行规模、券种构成、期限结构以及到期收益率等方面对近年来江西省地方债运行情况进行了分析，同时对项目收益专项债运行情况和资金用途进行了深入剖析，最后结合江西省地方综合财力及债务情况，提出相关债务化解建议。

关键词： 地方债　专项债　江西省

一　江西省地方债运行情况分析

截至2020年6月，江西省地方债存量规模①6570.86亿元，②期限以3～10年为主。从结构看，存量地方债中专项债占比50.94%，规模3346.97亿元；一般债占比49.06%，规模3223.89亿元。2018年至2020年6月的存量地方债

---

* 方华东，中诚信国际政府公共评级部（武汉）助理总监，主要研究领域为地方政府债券、基础设施投融资行业等；桂兰杰，中诚信国际政府公共评级部（武汉）高级分析师，主要研究领域为地方政府债券、基础设施投融资行业等；王少强，中诚信国际政府公共评级部（武汉）分析师，主要研究领域为地方政府债券、基础设施投融资行业等；钟婷，中诚信国际政府公共评级部（武汉）分析师，主要研究领域为地方政府债券、基础设施投融资行业等；张悦，中诚信国际政府公共评级部（武汉）助理分析师，主要研究领域为地方政府债券、基础设施投融资行业等。

① 地方债存量规模及期限以存量地方债中2018年以来发行的样本进行统计。

② 如无特别说明，本报告中引用的地方债存量、发行量、发行利率、发行利差、交易量、到期收益率等债券相关数据均来自截至2020年6月的Choice数据库，并由中诚信国际整理计算。

以新增债为主，占比接近80%。江西省地方债存量规模在全国处于中游偏下的水平（见图1），低于湖南、河南、安徽等中部省份，与重庆、广西规模相近。

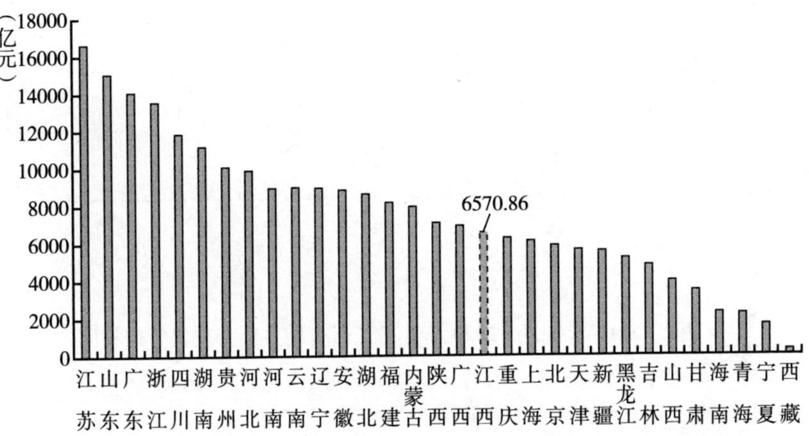

图1　截至2020年6月全国31个省（区、市）地方债存量规模

数据来源：Choice数据库，中诚信国际整理计算。

（一）江西省地方债发行规模同比大幅增长

2020年1~6月，受全国地方债发行规模扩容影响，江西省地方债发行规模为1441.38亿元，较2019年同期大幅增长79.64%，其中新增专项债为主要券种。江西省2020年1月和5月地方债发行规模相对较大（见图2），且均为新增专项债。

（二）发行结构以新增专项债为主，期限以10年和15年为主

2020年1~6月，江西省地方债发行规模为1441.38亿元，其中，新增专项债、新增一般债、再融资一般债、再融资专项债的占比分别为71.94%、15.26%、9.77%和3.02%。新增专项债是发行规模最大的券种，其次是新增一般债。从期限结构来看，10年期和15年期的地方债占比相对较高，占发行规模的比例分别为35.54%和31.81%（见图3）。

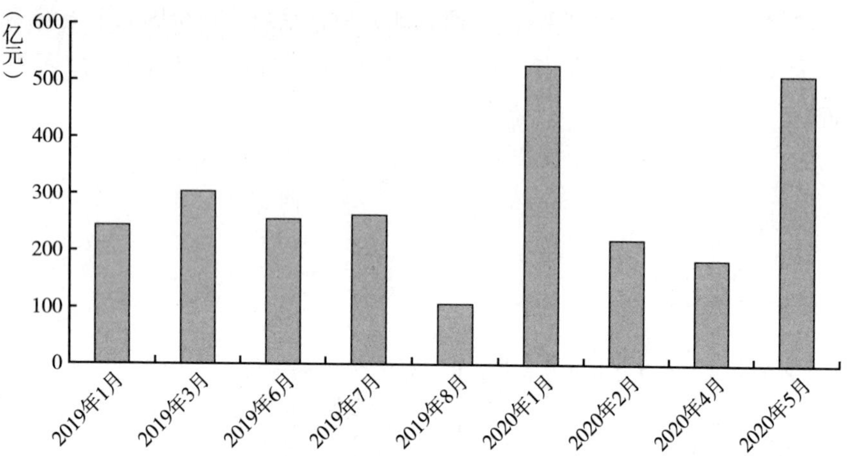

图2　2019 年 1 月 ~2020 年 6 月江西省地方债月度发行规模

注：江西省部分月份无地方债发行，未在图中显示。

数据来源：Choice 数据库，中诚信国际整理计算。

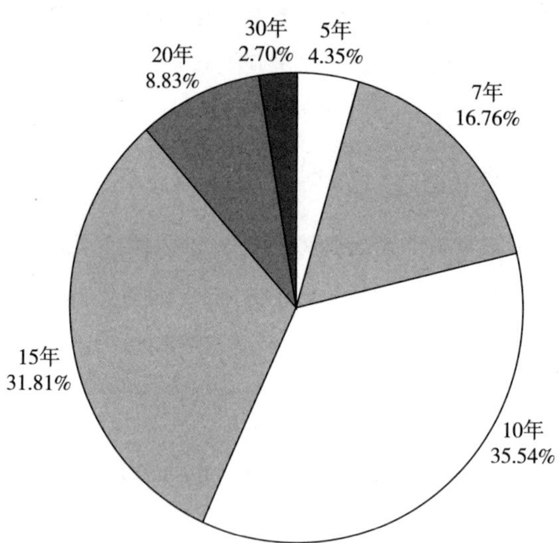

图3　2020 年 1 ~6 月江西省新发行地方债期限分布

数据来源：Choice 数据库，中诚信国际整理计算。

（三）发行成本在全国处于中游水平，与湖南、甘肃等省份相近

2020 年 1 ~6 月，江西省地方债发行利率①为 3. 29% ，在全国处于中游水平（见图 4），与湖南、甘肃等省份相近。2020 年 1 ~2 月及 4 月江西省地方债发行利率下行（见图 5），5 月有所回升；同期江西省地方债平均发行利差整体波动较小，5 月略有下降。

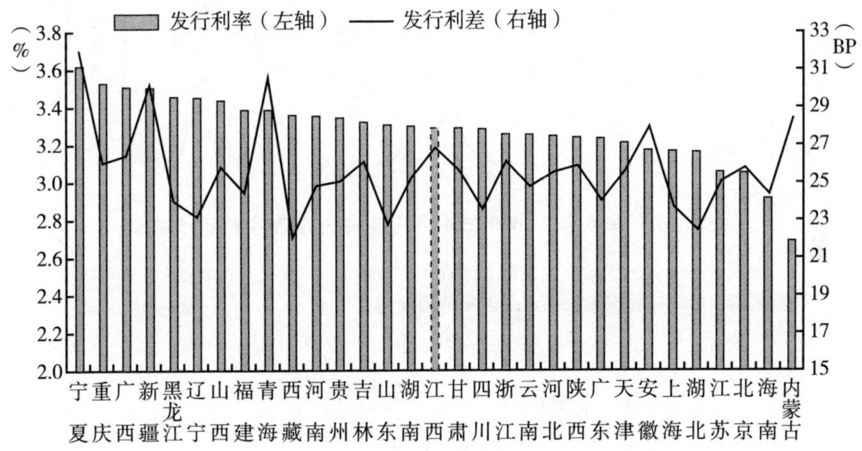

图 4　2020 年 1 ~6 月全国 31 个省（区、市）地方债发行成本

数据来源：Choice 数据库，中诚信国际整理计算。

（四）交易规模大幅增长，到期收益率整体回落

2020 年 1 ~6 月，江西省地方债交易规模②为 5579. 34 亿元，2019 年同期为 1891. 87 亿元，2020 年较 2019 年同期大幅增长。

2019 年江西省地方债到期收益率③整体波动较小（见图 6）。其中，2019 年 1 ~4 月总体小幅上升，2019 年 4 ~12 月总体缓慢下降；各剩余期限的地方债到期收益率基本处于 2. 54% 至 4. 04% 之间。

① 如无特别说明，本报告中发行利率、利差为根据发行额计算的发行利率、利差，发行利差为债券发行利率减去对应期限国债收益率。

② 交易统计包含回购交易、现券交易等部分。

③ 此处到期收益率均值采用的是算术平均值。

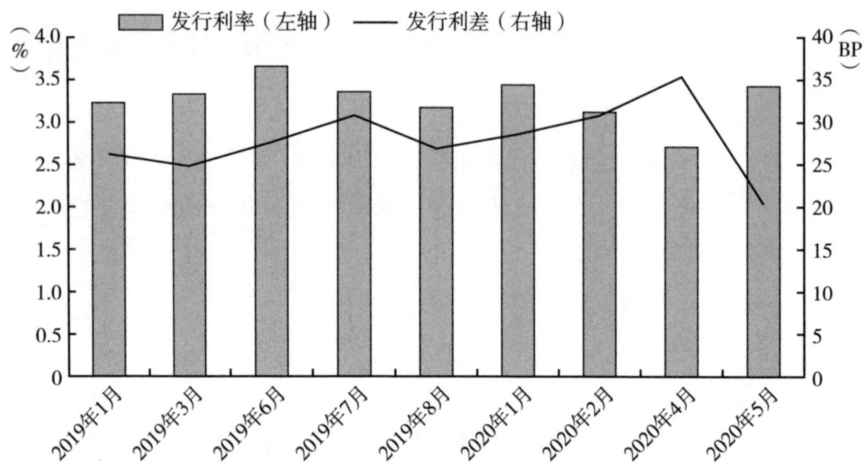

图5　2019 年 1 月 ~2020 年 6 月江西省地方债月度发行成本

注：江西省部分月份无地方债发行，未在图中显示。

数据来源：Choice 数据库，中诚信国际整理计算。

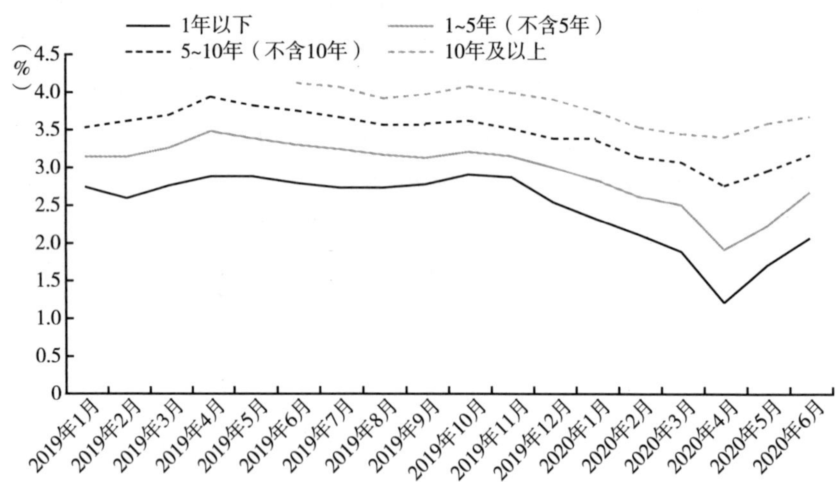

图6　2019 年 1 月 ~2020 年 6 月江西省地方债到期收益率走势

数据来源：Choice 数据库，中诚信国际整理计算。

2020 年 1 ~6 月，江西省地方债到期收益率呈现先下降后回升的态势。其中，2020 年 1 ~4 月下降幅度较大，2020 年 4 月到期收益率降到 2019 年以来最低点，2020 年 5 ~6 月大幅回升。

二　江西省地方政府项目收益专项债分析*

截至2020年6月，江西省项目收益专项债余额为2127.35亿元，其中剩余期限为1～5年（含5年）的占比最高（见图7），10年及以上的占比不到30%。

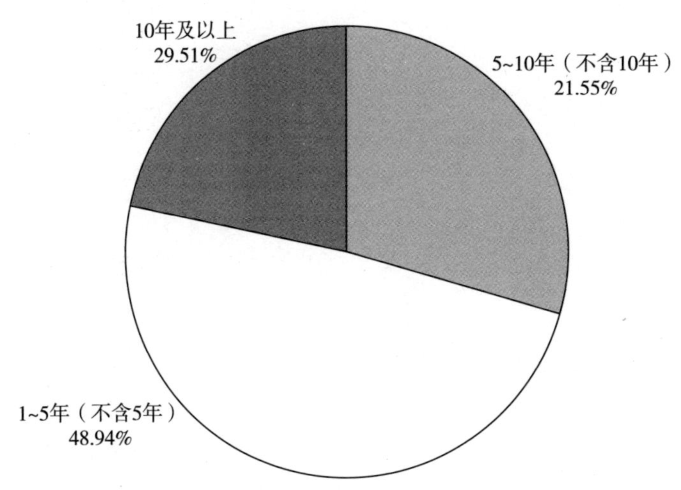

图7　截至2020年6月江西省项目收益专项债剩余期限结构

数据来源：Choice数据库，中诚信国际整理计算。

（一）近年来江西省项目收益专项债发行规模快速增长

近年来江西省专项债发行规模快速增长，其中2020年1～6月发行规模远超2019年（见图8），主要系在新冠肺炎疫情冲击下，为保障地方重大项目资金需求，国家提前下达专项债额度及扩大地方政府专项债规模以促进经济修复所致。从发行利率及利差来看，2017年至2020年6月，江西省项目收益专项债发行利率呈波动下降趋势（见图9）；同期，江西省项目收益专项债发行利差有所收窄，

* 2020年7月29日财政部印发《关于加快地方政府专项债券发行使用有关工作的通知》（财预〔2020〕94号），明确2020年新增专项债必须保证融资规模与项目收益相平衡，因此2020年发行的新增专项债均为项目收益专项债。本报告项目收益专项债的统计样本为2017～2019年项目收益专项债、2020年1～6月的新增专项债（全部为项目收益专项债）。

但在2020年上半年略有回升。从发行期限来看，2017～2018年新增项目收益专项债的发行期限均为5年；2019年新增项目收益专项债中发行期限为10年及以上的占比为16.30%；2020年1～6月，江西省发行期限为10年及以上的项目收益专项债占比显著提升，合计占总额的比重为88.44%（见图10），期限更加合理，与项目实际期限更加匹配。

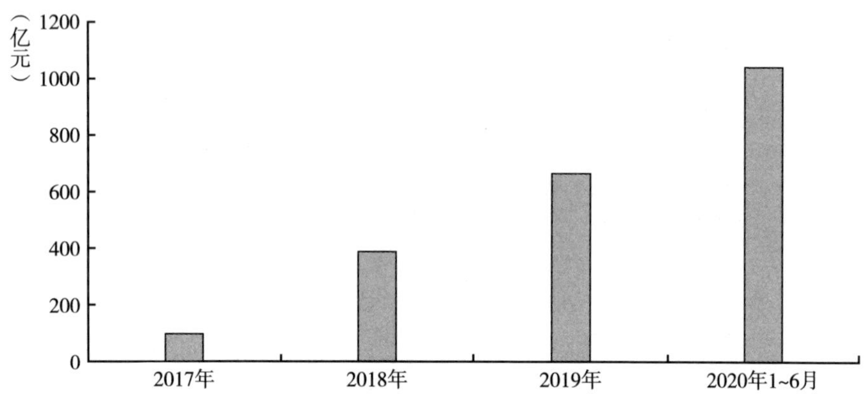

图8　2017年～2020年6月江西省项目收益专项债发行规模

数据来源：Choice数据库，中诚信国际整理计算。

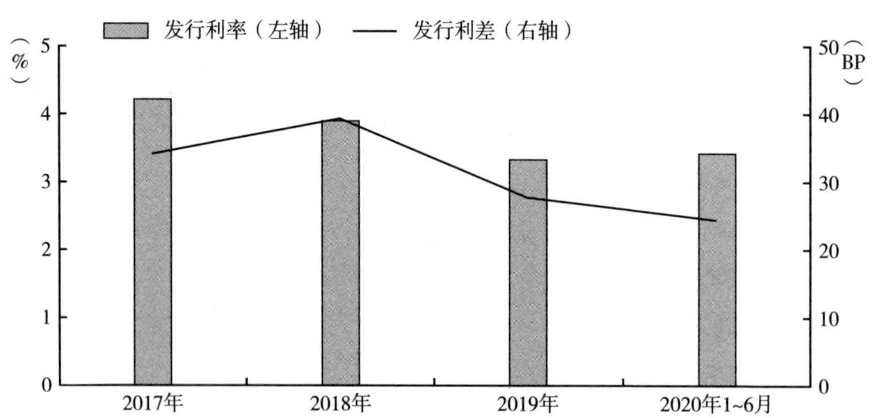

图9　2017年～2020年6月江西省项目收益专项债发行成本

数据来源：Choice数据库，中诚信国际整理计算。

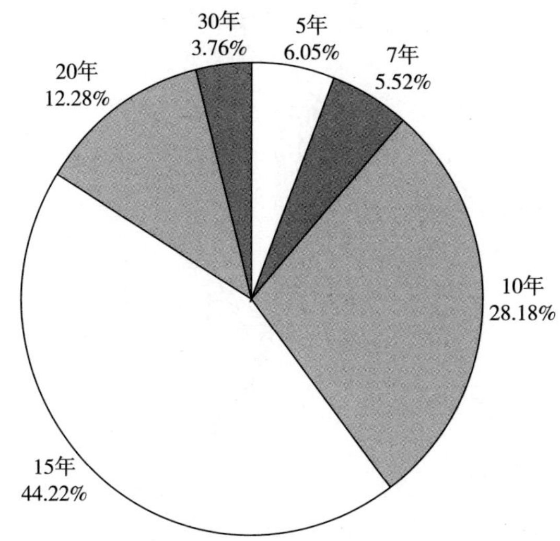

图10　2020 年 1 ~6 月江西省项目收益专项债发行期限结构

数据来源：Choice 数据库，中诚信国际整理计算。

（二）2020年上半年，江西省新增项目收益专项债资金多向基建领域倾斜

2020 年 1 ~6 月，江西省新增项目收益专项债发行规模为 1037. 00 亿元①，资金流向主要包括市政和产业园区基础设施、民生服务和交通基础设施，占比分别为 45. 70% 、20. 43% 和 14. 90% （见图 11），土地储备专项债和棚户区改造专项债在当期均未有发行。

从项目行政层级分布来看，2020 年 1 ~6 月，用于区县级政府项目的专项债发行规模占比在一半以上；从项目本息覆盖倍数来看，2020 年 1 ~6 月，省级、地市级及区县级的加权平均项目融资本息覆盖倍数分别为 1. 56 倍、1. 51 倍和 1. 62 倍，其中区县级专项债项目融资本息覆盖倍数最高，主要系受经济财政实力及区域风险影响，对项目收益性的要求更高所致。

① 如无特别说明，本报告中引用的专项债支持项目相关数据均来自江西省政府新增专项债信息披露文件，并由中诚信国际整理计算。由于数据的获取问题，数据可能来自不同募投项目文件、项目实施方案、信息披露模板等，这可能导致部分数据分析出现一定偏差，但不会对分析结论产生实质性的影响。

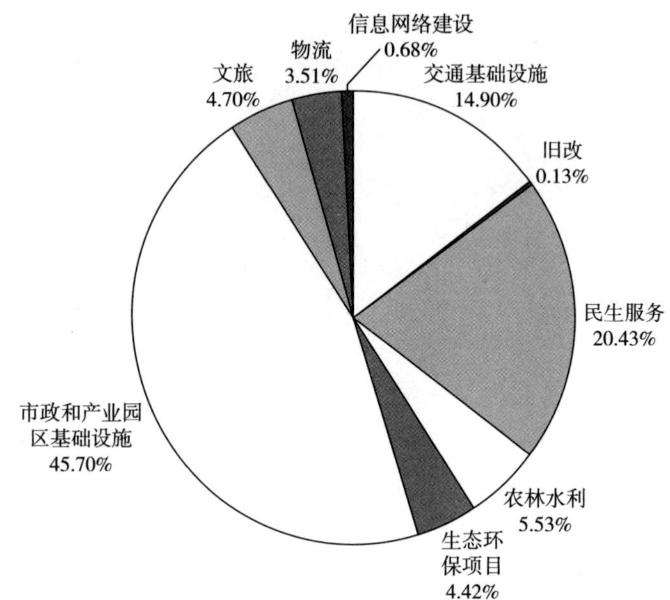

图11　2020年1~6月江西省新增项目收益专项债募投领域分布

数据来源：江西省地方政府新增专项债信息披露文件，中诚信国际整理计算。

（三）截至2020年6月，江西省暂无专项债用作资本金的项目

截至2020年6月，江西省暂无专项债用作资本金的项目，或与专项债用作资本金的项目审批手续较为繁杂及专项债用作资本金的项目收益性要求较高有关。

（四）江西省新增项目收益专项债对基建投资规模有一定撬动作用

2020年1~6月，江西省发行的项目收益专项债中无专项债用作资本金的项目，全部为专项债配套融资项目，相比之下江西省更倾向于通过配套融资扩大融资规模；同期江西省新增专项债规模为1037.00亿元，专项债配套融资撬动杠杆为1.75倍，专项债作为配套融资撬动的基建投资规模为1819.32亿元。①

① 专项债撬动基建投资方法参见袁海霞、汪苑晖、卞欢《专项债兼顾扩容提效，助力基建托底稳增长——地方政府专项债2019年回顾与2020年展望》，《财政科学》2020年第1期。

三　江西省偿债能力分析

（一）政府债务规模在全国属中等偏低水平

2015～2019年江西省政府债务余额逐年递增，2019年达到5350.10亿元，[①] 2017～2019年债务余额增速分别为13.36%、9.32%和11.94%，呈现一定的波动性，但整体来看增速较快；另外，2020年提前下达的江西省债务限额为8163.44亿元，较2019年增长25.99%。在全国31个省（区、市）中，江西省政府债务规模处于中下游水平（见图12），2015年以来债务规模虽增长较快，但整体债务风险仍可控，未来还有一定的债务融资空间。

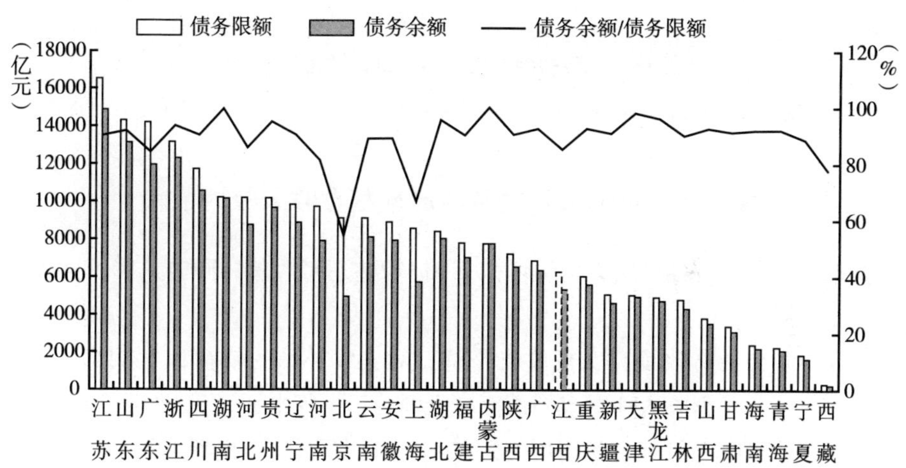

图12　2019年全国31个省（区、市）地方政府债务限额及余额

数据来源：全国31个省（区、市）财政预算执行及决算报告，中诚信国际整理计算。

截至2020年6月，江西地方债到期规模呈波动上升态势（见图13），其中2024年系到期高峰；2026年仍存在一定的长期债务压力。从到期券种分布

① 如无特别说明，本报告中引用的江西省政府债务限额、余额，一般公共预算收入、支出，财政平衡率，债务率、负债率等财政相关数据均来自江西省财政预算执行及决算报告，并由中诚信国际整理计算。

来看，一般债的到期分布较为均匀；专项债到期高峰在2023～2024年，到期规模分别为531.87亿元和732.89亿元。

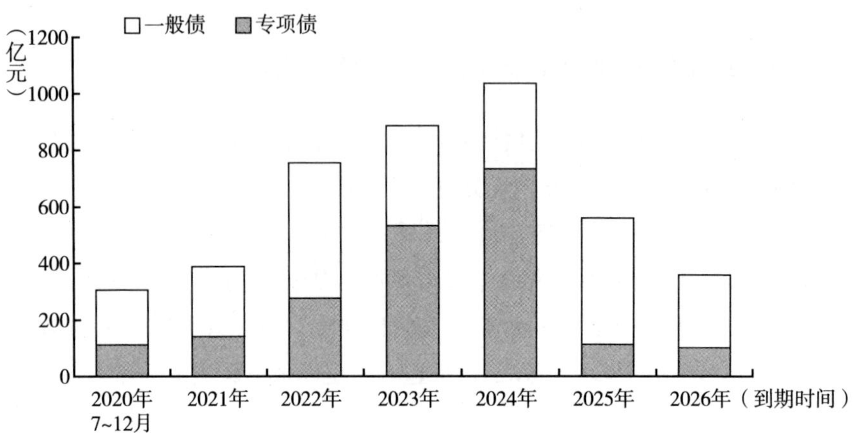

图13 江西省地方债2020～2026年到期分布

数据来源：Choice数据库，中诚信国际整理计算。

（二）综合财力对上级补助及政府性基金收入较为依赖

近年来江西省经济实力持续增强，① 但增速逐年放缓；同时，第三产业比重逐年递增。

江西省公共财政预算实现收支平衡，对上级补助的依赖程度较高，2019年的一般公共预算收入和财政平衡率在全国处于中等水平（见图14）。

2015～2019年江西省综合财力逐年增长（见图15），同期上级补助一直是江西省综合财力里最重要的构成部分，一般公共预算收入占综合财力的比重呈波动下降趋势，政府性基金收入的比重则波动上升，且2017～2019年的占比均超过25%。

（三）债务规模增长较快，但负债率和债务率指标基本稳定

2019年，江西省负债率和债务率分别为21.61%和67.96%，上述债务指

① 如无特别说明，本报告中引用的宏观经济数据均来自《江西省国民经济和社会发展统计公报》，并由中诚信国际整理计算。

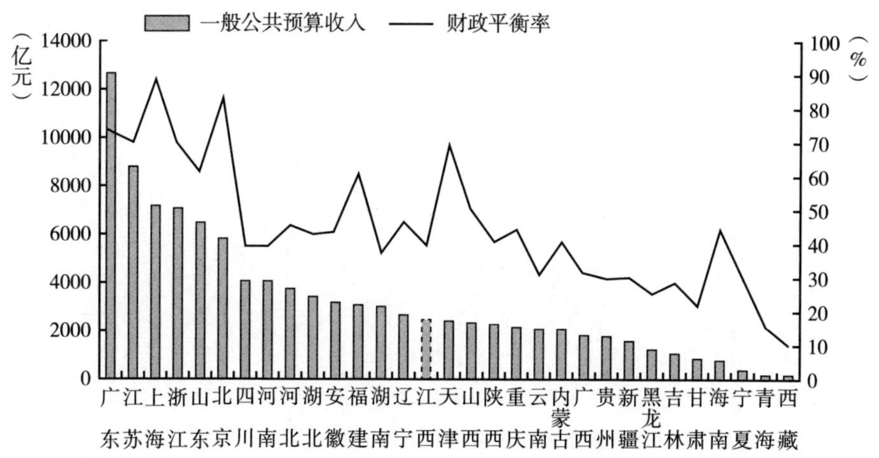

图14　2019年全国31个省（区、市）一般公共预算收入和财政平衡率

数据来源：全国31个省（区、市）财政预算执行及决算报告，中诚信国际整理计算。

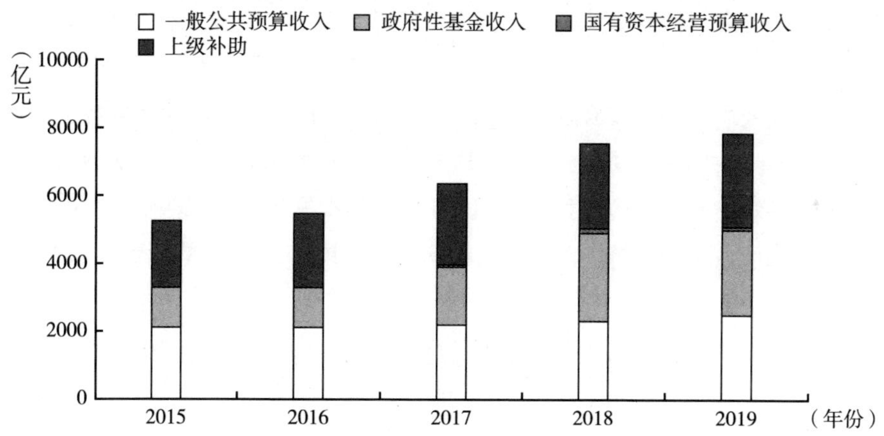

图15　2015～2019年江西省综合财力及其构成

数据来源：江西省财政预算执行及决算报告，中诚信国际整理计算。

标在全国31个省（区、市）中均处于较低水平（见图16）。

2015～2019年江西省债务余额规模逐年增长，受益于持续增强的经济、财政实力，负债率和债务率指标基本维持稳定，经济及财政体量对债务的承载能力较好。

2020年4月，江西省政府为进一步加强地方政府债务管理与监督、防范

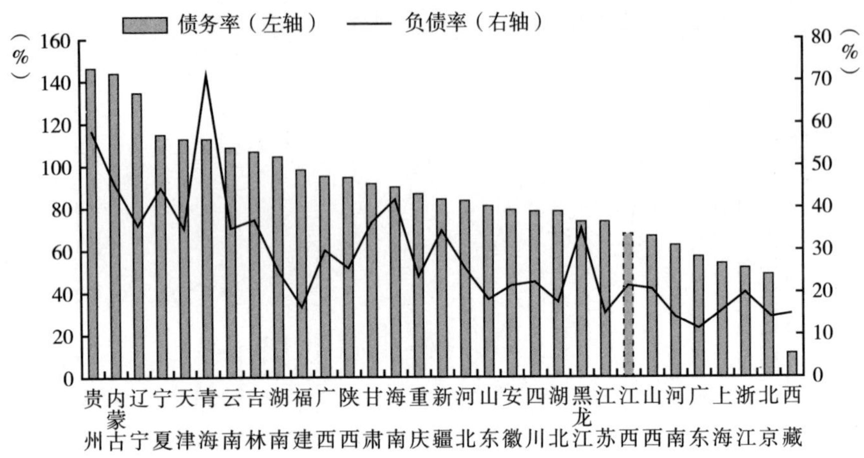

图 16　2019 年全国 31 个省（区、市）债务率及负债率

数据来源：全国 31 个省（区、市）财政预算执行及决算报告，中诚信国际整理计算。

债务风险、提高债券资金使用效益，主要从以下四个方面着手①：（1）将各设区市的融资平台公司整合为 2～3 家，各县（市、区）限定在不超过 2 家，逐渐减弱平台公司承担的政府融资职能；（2）对政府债务进行动态监控，尤其是掌握各地隐性债务的动态变化；（3）完善专项债风险管控，保证项目收益能够进行有效平衡；（4）对于债务风险化解情况较好地区提供一定的奖励，而对被列入债务风险预警名单及风险提示名单的地区，限制其扩大债务规模。

四　小结

2020 年 1～6 月，江西省地方债发行规模较 2019 年同期大幅增加，以专项债为主，10 年期和 15 年期的地方债合计占比超 60%；同期，江西省地方债平均发行利率为 3.29%，在全国处于中游水平。受新冠肺炎疫情影响，江西省地方债到期收益率在 2020 年上半年波动幅度较大，于 2020 年 4 月降至 2019

① 江西省财政厅：《江西省人民政府关于落实省人大常委会对 2019 年省级一般公共预算和政府性基金预算调整方案（草案）以及 2019 年地方政府债务限额审议意见情况的报告（书面）》，江西省人大新闻网，2020 年 4 月 13 日，http：//jxrd.jxnews.com.cn/system/2020/04/13/018847827.shtml。

年至2020年6月期间的最低点。江西省项目收益专项债发行规模自2017年以来持续以较快速度增长，募投项目流向对国家战略发展政策的敏感程度较高；同时，项目收益专项债作为配套融资对地方基建投资起到较好的拉动效果。2015年以来，江西省政府债务规模增长较快，但债务余额在全国仍处于中等偏低水平；同时，受益于地方持续增强的经济、财政实力，负债率和债务率指标在全国31个省（区、市）中均处于较低水平。

针对以上江西省地方债运行特点，建议从以下几个方面对债务风险进行防控。第一，新增地方债中可增加中长期限债券比重，与基础设施建设类、民生服务类等建设时间较长的项目周期相匹配，通过拉长期限来摊薄未来逐年到期的债务偿还压力。第二，截至2020年6月，江西省项目收益专项债暂无用作资本金用途，未来可积极响应国家对地方政府项目收益专项债的相关政策，做好符合项目收益专项债用作资本金条件的重大项目储备，增加项目收益专项债用作资本金的比重，从而更好地撬动社会资本投资。第三，相较于省级、地市级政府，区县级政府通常要承担更高的融资成本，新增地方债中可考虑对区县级项目进行更进一步的倾斜，从而缓解区县级政府的债务压力。同时，应加强对区县级政府债务风险的实时监管，严格把控区县级项目在审批前的相关测算，规范后续贷款资金使用及管理。

B.31
2020年江苏省地方政府债券分析报告

辜锡波 *

摘 要： 江苏省自2009年发行首只地方债以来，地方债累计发行规模已超19000亿元，发行活跃度较高。2020年受新冠肺炎疫情影响，江苏省地方债发行节奏有所提前，发行期限延长，发行成本下降，二级市场交易活跃度提高。其中，项目收益专项债持续扩容，以地市级项目为主，投向领域集中在市政和产业园区基础设施、交通基础设施和生态环保项目；专项债用作资本金的项目较少，其对基建投资的撬动效果仍然受限。整体看，江苏省的债务期限结构合理，债务管理规范，债务偿付压力相对较轻，整体债务风险可控，下一阶段应进一步利用好地方债务限额，丰富资金投向，充分利用专项债用作项目资本金等优惠政策，发挥资金撬动作用，降低财政压力。

关键词： 地方债　专项债　江苏省

一　江苏省地方债运行情况分析

江苏省地方债存量规模全国第一，以新增专项债为主，债券期限以5~10年为主。截至2020年6月，江苏省地方债存量为16597.17亿元①，在全国排名第一

* 辜锡波，中诚信国际政府公共评级部（上海）总监，主要研究领域为地方政府债券、基础设施投融资行业等。

① 如无特别说明，本报告中引用的地方债存量、发行量、发行利率、发行利差、交易量、到期收益率等债券相关数据均来自截至2020年6月的Choice数据库，并由中诚信国际整理计算。

(见图1)。从债务种类来看，一般债和专项债余额分别为6691.92亿元和9724.35亿元，占比分别为40.32%和58.59%。从债务资金用途来看，2018年至2020年6月7992.91亿元的存量地方债中，新增债、再融资债和置换债的余额分别为5237.00亿元、2022.01亿元和733.90亿元，用于债务置换的比例较小。从地方债的发行期限结构来看，江苏省地方债集中于5年、7年、10年期，以中长期为主的发行期限结构有助于债务管理。

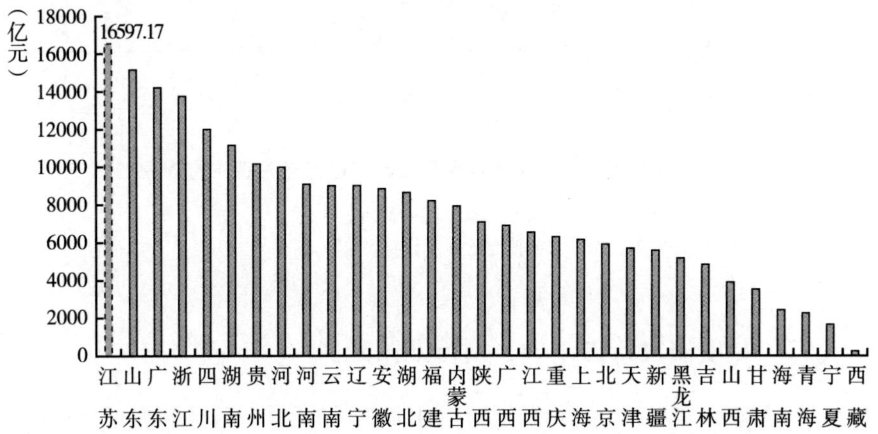

图1　截至2020年6月全国31个省（区、市）地方债存量规模

数据来源：Choice数据库，中诚信国际整理计算。

（一）保持较高的发行活跃度，发行规模同比大幅增加

2020年以来新冠肺炎疫情对中国经济冲击较大，随着国内疫情防控取得成效、复工复产推进及积极财政政策的实施，中国经济持续修复。同时，政策上通过增加地方政府专项债券发行规模，提高使用效率，助力地方经济发展。2020年1～6月，江苏省地方债发行活跃，发行15期，合计规模2458.71亿元，已接近2019年全年水平，平均单期发行规模同比增加20余亿元；从月度发行情况来看，2019年发行集中在前三个季度（见图2），2020年受新冠肺炎疫情影响，第一季度发行规模同比下降，复工复产后第二季度发行规模同比大幅增长。

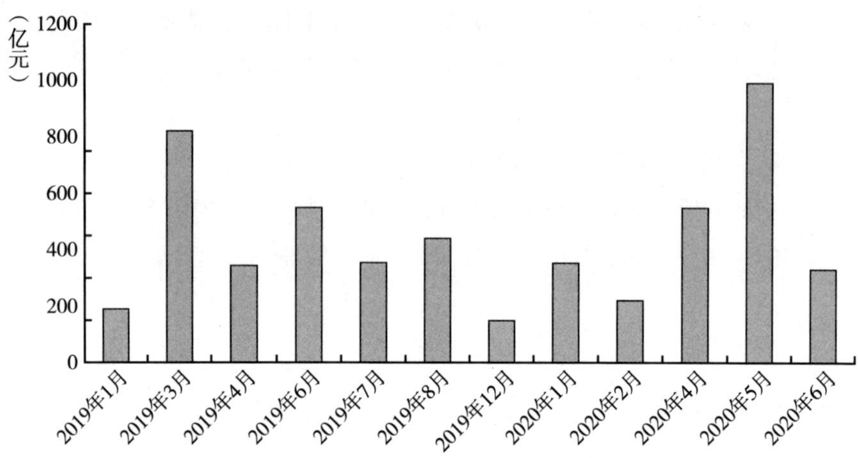

图 2　2019 年 1 月 ~2020 年 6 月江苏省地方债月度发行规模

注：江苏省部分月份无地方债发行，未在图中显示。

数据来源：Choice 数据库，中诚信国际整理计算。

（二）专项债发行占主导，发行期限延长

江苏省 2020 年 1 ~6 月新增地方债 2458.71 亿元，一般债和专项债规模分别为 762.46 亿元和 1696.25 亿元，专项债发行占比 68.99%，占据发行主导地位。从资金用途来看，2020 年 1 ~6 月新增债和再融资债分别为 1573 亿元和 885.71 亿元，以新增债为主，再融资债已超过 2019 年全年规模，2018 ~2019 年新增置换债规模大幅减小。从期限结构来看，2020 年仍以 5 年期和 10 年期为主（见图 3），新增 15 年期和 30 年期，发行期限逐步延长，以中长期为主的发行期限有助于优化债务期限结构。

（三）发行成本下降幅度较大，利差基本保持稳定

2020 年 1 ~6 月江苏省地方债发行利率[①]为 3.06%，在全国 31 个省（区、市）中排名第四位，略高于内蒙古自治区、海南省和北京市；与 2019 年同期相比，发行利率下降 28BP，发行利差扩大 1.57BP，发行利率下降幅度较大，

① 如无特别说明，本报告中发行利率、利差为根据发行额计算的加权平均发行利率、利差，发行利差为债券发行利率减去对应期限国债收益率。

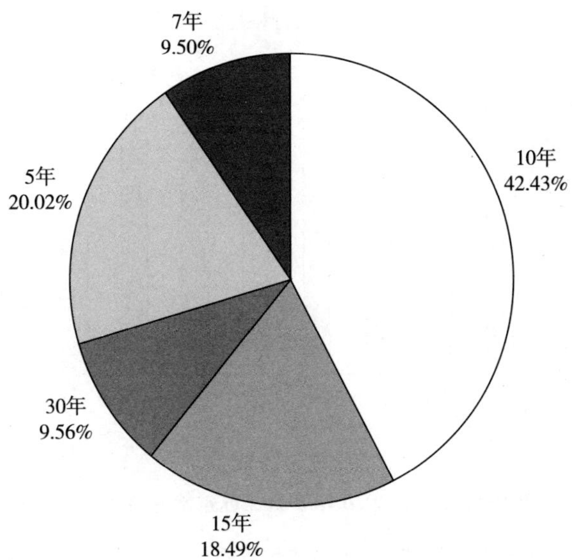

图3　2020 年 1～6 月江苏省地方债发行期限结构

数据来源：Choice 数据库，中诚信国际整理计算。

发行利差水平基本保持稳定。江苏省 2020 年 1～6 月地方债发行利率呈现先降后升的走势（见图 4），第一季度发行利率下行、发行利差扩大，第二季度发行利率上行、发行利差逐月缩小；同比来看，2020 年 1 月发行利率下降 4BP、利差扩大 0.67BP，4 月发行利率下降 87BP、利差扩大 10.96BP，6 月加权平均利率上升 10BP、利差缩小 4.07BP。

（四）交易活跃度大幅提高，到期收益率波动下行

从二级市场交易规模①看，2020 年 1～6 月交易规模较 2019 年同期 1092.62 亿元大幅增至 6705.73 亿元，在全国 31 个省（区、市）排名从 2019 年的第 17 位上升至第 2 位，交易活跃度大幅提高。从到期收益率②情况来看，江苏省地方债到期收益率在 2019 年 4 月达到 2019 年至 2020 年 1～6 月的高点（见图 5），2019 年 5 月至 2020 年 4 月逐步下行并于 2020 年 4 月到

① 交易统计包含回购交易、现券交易等部分。
② 此处到期收益率均值采用的是算术平均值。

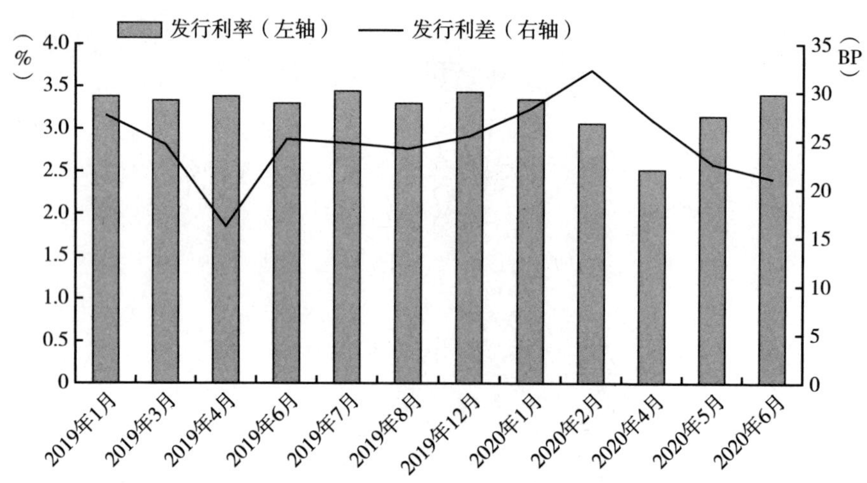

图4　2019年1月~2020年6月江苏省地方债月度发行成本

注：江苏省部分月份无地方债发行，未在图中显示。

数据来源：Choice 数据库，中诚信国际整理计算。

达低点，5月起开始反弹。从各期限来看，1年以下和1~5年（不含5年）的到期收益率走势相对陡峭，5~10年（不含10年）和10年及以上剩余期限的到期收益率走势相对平稳，各期到期收益率走势基本一致。

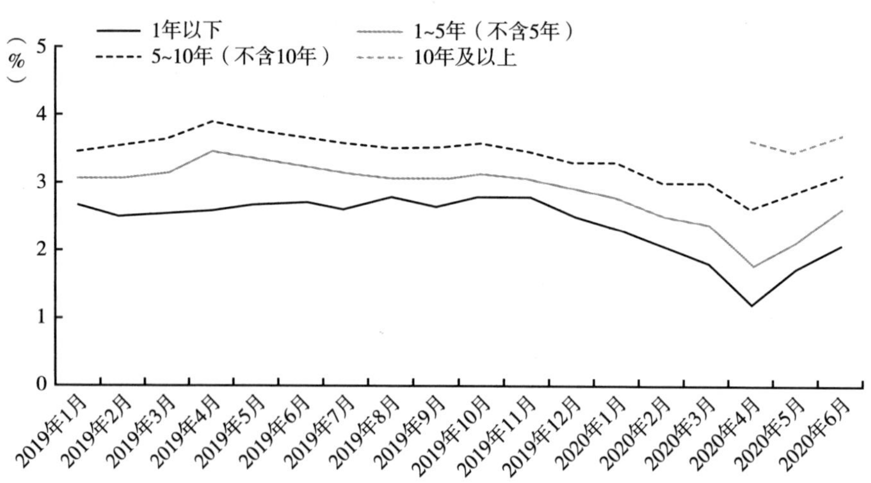

图5　2019年1月~2020年6月江苏省地方债到期收益率走势

数据来源：Choice 数据库，中诚信国际整理计算。

二　江苏省地方政府项目收益专项债分析*

随着地方政府专项债券扩容及发行进度加快，截至2020年6月，江苏省地方政府项目收益专项债余额为4170亿元，均为新增专项债，较2019年增长47.82%，余额占全国的7.59%，排名全国第三。从期限结构来看，剩余期限1年以下、1~5年（不含5年）、5~10年（不含10年）和10年及以上的占比分别为1.85%、48.03%、39.21%和10.91%，到期集中于2022~2024年、2029~2030年和2035年，2020年和2021年到期兑付压力相对较小。

（一）发行规模增大，发行期限延长，发行成本下降、利差缩小

自2017年财政部发布《关于试点发展项目收益与融资自求平衡的地方政府专项债券品种的通知》（财预〔2017〕89号）① 以来，江苏省项目收益专项债发行量逐步增大，2019年达到1678亿元，同比增长117.08%；2020年1~6月发行规模为1349亿元，占全国的7.40%，排名全国第三，当期发行额已达2019年的80.39%，发行进度较快。从发行期限来看，2020年1~6月江苏省项目收益专项债发行期限从2019年的以5年和10年期为主延长至以10年和15年期为主。从发行利率及发行利差走势来看，2017年和2018年发行利率基本持平，2019年以来发行利率持续下降至2020年1~6月的3.20%（见图6）；2018年发行利差为39.50BP，处于2017年以来（截至2020年6月）高位，2019年和2020年1~6月发行利差分别下降至24.63BP和24.11BP，利差缩小。

---

* 2020年7月29日财政部印发的《关于加快地方政府专项债券发行使用有关工作的通知》（财预（〔2020〕4号）明确2020年新增专项债必须保证融资规模与项目收益相平衡，因此2020年新增专项债均为项目收益专项债。本报告项目收益专项债的统计样本为2017~2019年项目收益专项债与2020年1~6月的新增专项债。

① 《关于试点发展项目收益与融资自求平衡的地方政府专项债券品种的通知》（财政〔2017〕89号），参见财政部政府债务研究和评估中心网站，2017年7月21日，http://www.governbond.org.cn/zcfg1/45414.jhtml。

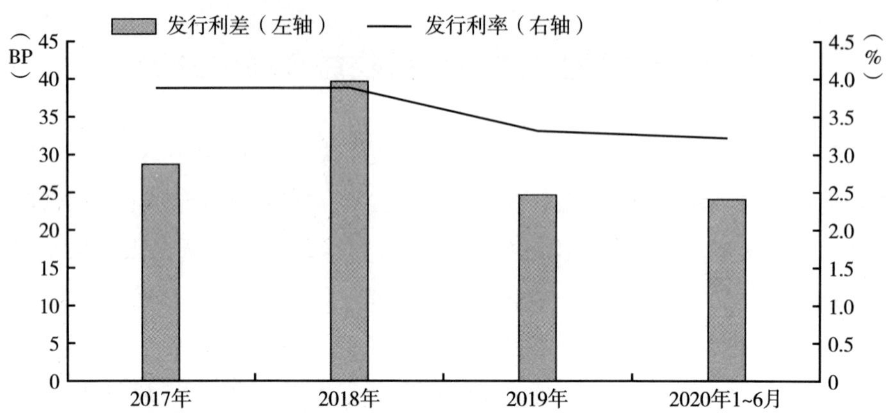

图6　2017 年～2020 年 6 月江苏省项目收益专项债发行成本

数据来源：Choice 数据库，中诚信国际整理计算。

（二）发行以地市级项目为主导，投向领域集中度高

2020 年 1～6 月江苏省共计发行 9 期政府项目收益专项债，均为集合类项目；省级、地市级和区县级项目发行额占比分别为 2.88%、82.92% 和 14.20%，[①] 项目数占比分别为 3.78%、77.90% 和 18.32%，发行额和涉及项目均集中于地市级。从项目收益专项债募集资金投向领域来看，投向涉及 10 个领域（见图 7），前五大领域中市政和产业园区基础设施占比 37.10%，交通基础设施占比 22.28%，生态环保项目占比 17.50%，民生服务占比 15.92%，旧改占比 2.38%，合计占比达到 95.18%，集中度高。江苏省于 2020 年 4 月 2 日印发《交通强国江苏方案》，[②] 后期交通基础设施领域的投入将进一步加大。土储占比较 2019 年的 26.45% 下降至 0.32%，更多的专项债资金投向市政和产业园基础设施、交通基础设施等领域，能够有效拉动固定资产投资。从项目

① 如无特别说明，本报告中引用的专项债支持项目相关数据均来自江苏省政府新增专项债信息披露文件，并由中诚信国际整理计算。由于数据的获取问题，数据可能来自不同募投项目文件、项目实施方案、信息披露模板等，这可能导致部分数据分析出现一定偏差，但不会对分析结论产生实质性的影响。

② 《交通强国江苏方案》，江苏省委新闻网，2020 年 4 月 26 日，http：//www.zgjssw.gov.cn/fabuting/shengweiwenjian/202004/t20200426_6619444.shtml。

覆盖倍数情况来看，715 个项目中仅 1 个项目的覆盖倍数低于 1 倍（0. 89 倍），1 ~2 倍、2 ~5 倍和 5 倍以上的占比分别为 52. 17%、29. 65% 和 18. 04%，融资规模与项目收益基本能够实现平衡。

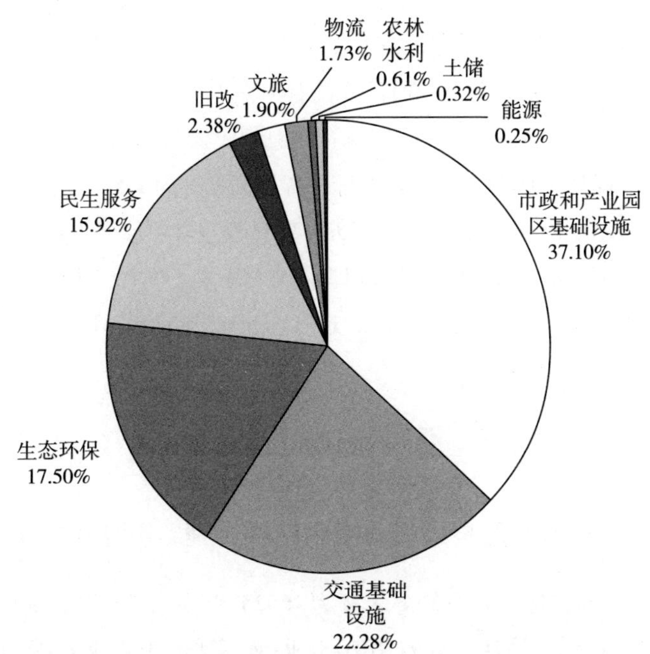

图 7　2020 年 1 ~6 月江苏省新增项目收益专项债募投领域分布

数据来源：Choice 数据库，中诚信国际整理计算。

（三）专项债用作资本金的项目较少，集中于交通基础设施领域

2020 年 1 ~6 月江苏省项目收益专项债涉及 715 个项目，其中 26 个项目的专项债用作项目资本金，项目占比 3. 64%，用作资本金的项目较少；用作资本金的总额度为 59. 14 亿元，占当期发行规模的 4. 38%，涉及的交通基础设施、生态环保项目、市政和产业园区基础设施三个领域占比分别为 81. 42%、13. 85% 和 4. 73%，交通基础设施项目中一般铁路和城际高铁是重点投向；单个项目中用于项目资本金的比例跨度大，最低为 7. 75%，最高为 100%。从项目收入来源看，用作资本金的项目收入主要来自土地出让收入、铁路运输收入、污水处理费收入、政府性基金收入等，收入来源较广泛。

（四）专项债理论撬动效应明显，但实际效果仍受多因素限制

2020 年 1 ~6 月，江苏省固定资产投资同比下降 7.2%①，降幅较第一季度收窄 13.0 个百分点，其中基础设施投资增长 13.5%，计划总投资 5000 万元以上的项目投资增长 26.6%，基建投资及重大项目投入对固定资产投资形成有力支撑。2020 年 1 ~6 月江苏省发行项目收益专项债 1349 亿元，其中用于资本金的总额度为 59.14 亿元，专项债用作配套融资的总规模为 1289.86 亿元，江苏省专项债资本金撬动杠杆为 3.13 倍，专项债配套融资撬动杠杆为 1.54 倍，理论上基建投资撬动规模为 2124.14 亿元②。2020 年江苏省项目收益专项债均为新增，较少投向土储领域，发行扩容及发行进度加快，以上因素将有利于发挥专项债的撬动效应，但实际效果还受资金到位情况、项目建设进度、配套设施建设情况等因素限制。

三　江苏省偿债能力分析

（一）债务余额稳步增长，期限结构合理，不存在集中支付压力

2019 年江苏省地方政府债务限额为 16525.13 亿元③（见图 8），较 2018 年增加 1756.83 亿元，另从江苏省 2020 年提前下达的地方债务限额来看，2020 年新增债务限额 357 亿元全部来自专项债。截至 2019 年，债务余额为 14878.38 亿元，同比增长 11.99%，债务余额全国最高。就债务资金结构而言，江苏省经过债务置换后，政府债务余额以地方债为主。从债务到期结构来看，截至 2020 年 6 月末，江苏省地方债 2020 年 7 ~12 月及 2021 ~2026 年到期金额分别为 1175.03 亿元、1901.98 亿元、2079.78 亿元、2535.48 亿元、1696.59 亿元、1628.50 亿元和 1359.39 亿元（见表 1），2021 ~2023 年到期金

① 如无特别说明，本报告中引用的宏观经济数据均来自《江苏省国民经济和社会发展统计公报》，并由中诚信国际整理计算。

② 专项债撬动基建投资方法参见袁海霞、汪苑晖、卞欢《专项债兼顾扩容提效，助力基建托底稳增长——地方政府专项债 2019 年回顾与 2020 年展望》，《财政科学》2020 年第 1 期。

③ 如无特别说明，本报告中引用的江苏省政府债务限额、余额，一般公共预算收入、支出，财政平衡率，债务率、负债率等财政相关数据均来自江苏省财政预算执行及决算报告，并由中诚信国际整理计算。

额逐年增大，2024 年起到期金额开始下降；分类别来看，一般债到期分布相对较平均，一般专项债到期规模隔年波动较大，项目收益专项债集中于 2022 ~ 2024 年到期（见图 9）。总体来看，江苏省仍存在一定的债务融资空间，地方债到期分布较均匀，债务期限结构合理，不存在债务集中到期支付压力。

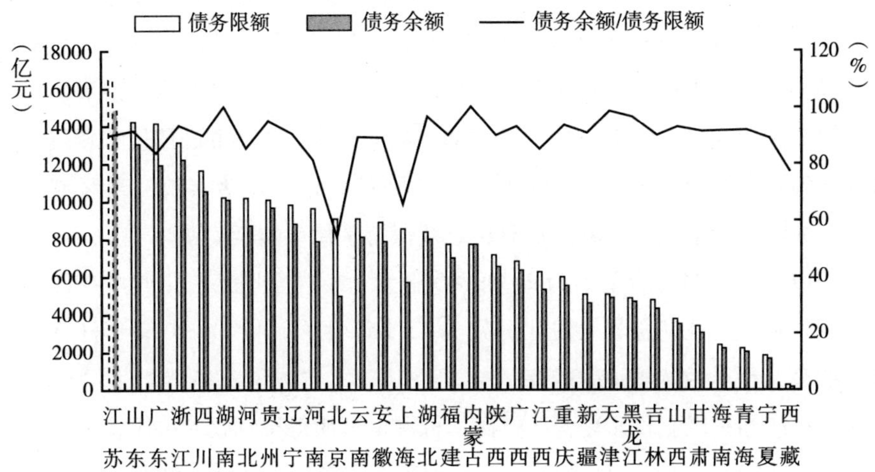

图 8　2019 年全国 31 个省（区、市）地方政府债务限额及余额

数据来源：全国 31 个省（区、市）财政预算执行及决算报告，中诚信国际整理计算。

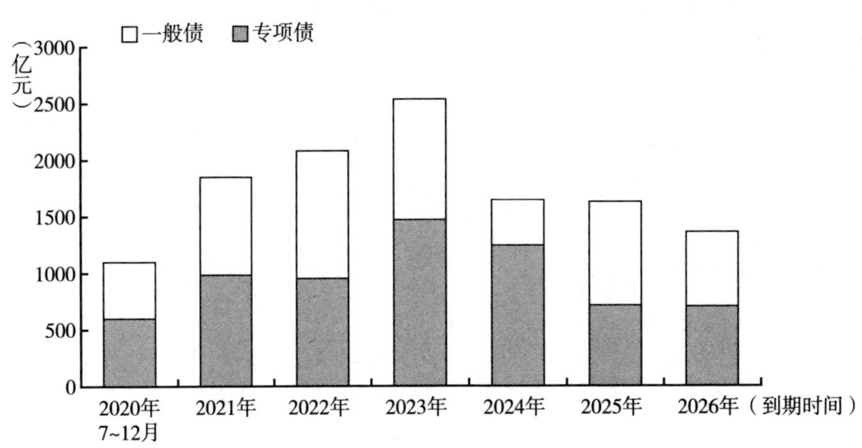

图 9　江苏省地方债 2020 ~ 2026 年到期分布

数据来源：江苏省财政预算执行及决算报告，中诚信国际整理计算。

（二）经济发达，财政实力较强，财政平衡率较高

江苏省经济发达，主要经济指标位列全国前茅。2019 年江苏省实现地区生产总值（GDP）99631.52 亿元，规模位居全国第二；GDP 同比增长 6.1%，经济增速有所下行，但仍处于较合理的区间，与全国 GDP 增长率持平。2019 年江苏省固定资产投资增速从 5.5% 下降至 5.1%，仍保持较快增速，为经济发展提供了有力支撑。从三次产业结构来看，江苏省第三产业稳步发展，形成了以第三产业为主的经济格局，经济结构基本稳定。江苏省区位优势较好，未来随着高铁网络全线贯通，在深度参与“一带一路”及落实长三角区域一体化发展战略的带动下，区域经济有望继续保持平稳、健康发展。

2019 年江苏省综合财力为 20349.28 亿元，位列全国第三，其中一般公共预算收入和政府性基金收入占比分别为 43.26% 和 45.45%。2019 年江苏省实现一般公共预算收入 8802.36 亿元（见图 10），在减税降费背景下同比增长 2.00%；江苏省产业多元化程度较高，税源丰富使得税收收入占比较高且稳定性较强，2019 年税收占比为 83.38%，位列全国第三。同时，江苏省房地产业较发达，以土地出让收入为主的政府性基金收入规模大，为江苏省财力提供有力保障。2019 年财政平衡率为 70.01%，在全国处于较高水平。

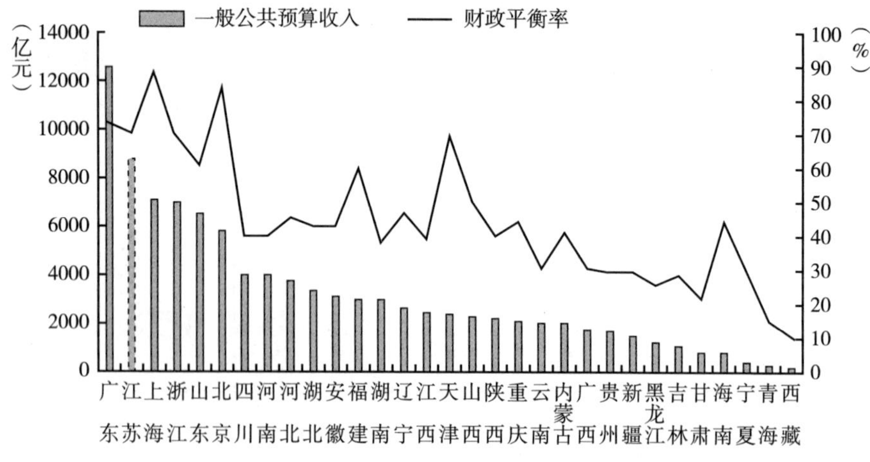

图 10　2019 年全国 31 个省（区、市）一般公共预算收入及财政平衡率

数据来源：全国 31 个省（区、市）财政预算执行及决算报告，中诚信国际整理计算。

（三）债务管理较规范，债务压力相对较轻，整体债务风险可控

2016 年江苏省出台了《省政府关于加强政府性债务管理的实施意见》（苏政发〔2016〕154 号），[①] 针对政府性债务管理，从总体要求、强化管理责任、加强基础管理、控制债务规模、规范融资机制、实行预算管理、加强债务监管、妥善处置债务存量、防范债务风险等方面做了系统性规定。截至 2019 年，江苏省债务余额在全国排名第一，但江苏省经济和财政实力强，2019 年债务率和负债率分别为 73.12% 和 14.93%（见图 11），均未超国际警戒线 100% 和 60% 的标准，债务水平相对较低，不存在集中到期支付压力。2019 年江苏省国有企业实现利润总额 965.33 亿元，同比增长 10.46%。此外，以 2020 年 6 月 30 日收盘价测算，江苏省各级政府控制的 59 家上市公司总市值 10396.57 亿元，按照持股比例计算持股市值为 3618.99 亿元，拥有大量的优质资产，也能为政府债务偿还提供流动性支持。

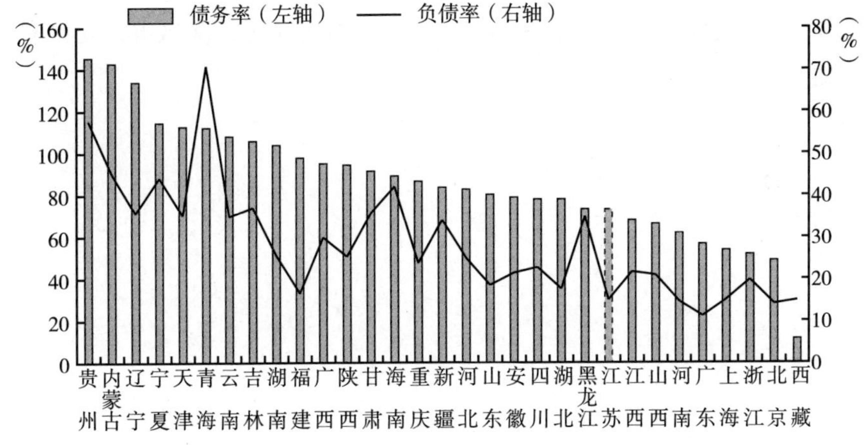

图 11　2019 年全国 31 个省（区、市）债务率及负债率

数据来源：全国 31 个省（区、市）财政预算执行及决算报告，中诚信国际整理计算。

---

① 《省政府关于加强政府性债务管理的实施意见》（苏政发〔2016〕154 号），江苏省人民政府网站，2016 年 11 月 24 日，http：//www. jiangsu. gov. cn/art/2016/11/24/art_ 46143_ 2543252. html。

四 小结

江苏省地方债券存量规模大，发行期限延长，发行成本下降幅度较大，利差基本保持稳定，交易活跃度提升，到期收益率波动下行。江苏省项目收益专项债发行量逐步增大，融资规模与项目收益基本能够实现平衡，以项目收益专项债发行为主导有利于拉动固定资产投资，促进区域经济发展。

总体来看，江苏省政府债务限额还有一定的使用空间，债务以地方债为主，债务期限结构合理，不存在集中到期支付压力，同时区域经济和财政实力强，债务管理较规范，区域整体债务风险可控。但在新冠肺炎疫情冲击下，经济下行压力增大，财政收支矛盾进一步加剧，下一阶段江苏省应紧紧围绕“强富美高”新江苏建设总目标，用好地方债务限额，丰富资金投向。建议下一阶段江苏省应充分利用专项债用作项目资本金等优惠政策，发挥资金撬动作用，减轻财政压力。在推动地方债资金聚力增效的同时，还必须合理统筹安排一般预算及政府性基金预算资金，加强债务风险监测，妥善应对地方债到期偿还。

B.32

2020年浙江省地方政府债券分析报告

翟贾筠 赵敏 孙静*

摘 要： 目前，地方债在稳经济、稳增长中发挥了重要作用，加之疫情对经济造成的冲击，各地政府均扩大了地方债的发行规模。2020年，浙江省地方债发行规模增幅不大，债券期限明显偏长，交易规模提升。其中，项目收益专项债持续扩容，期限结构优化，交通基础设施为其近期主要投资领域，但资本金规模不大，对投资增长的撬动效应尚未完全释放。整体来看，浙江省债务规模较大，其债务存量规模位居全国第四，但作为全国经济和财政实力较强的省份，负债率和债务率相对较低，政府性债务风险较小。未来伴随偿债高峰来临，浙江省应更加关注到期压力较大年份的政府资金安排，充分利用地方政府预算及债务限额；同时，监控好专项债中募投项目的投资和经营状况，并充分发挥专项债用作资本金的撬动作用，减轻财政压力。

关键词： 地方债 专项债 浙江省

* 翟贾筠，中诚信国际政府公共评级部（上海）高级分析师，主要研究领域为地方政府债券、基础设施投融资行业等；赵敏，中诚信国际政府公共评级部（上海）高级分析师，主要研究领域为地方政府债券、基础设施投融资行业等；孙静，中诚信国际政府公共评级部（上海）助理分析师，主要研究领域为地方政府债券、基础设施投融资行业等。

一　浙江省地方债运行情况分析

截至2020年6月，浙江省地方债存量规模为13724.84亿元，[①] 在全国排名第四，仅次于江苏省、山东省和广东省（见图1）。存量地方债中一般债和专项债规模分别为6453.18亿元和7271.65亿元，[②] 占比分别为47.02%和52.98%。2018年以来，浙江省存量地方债以新增债为主。截至2020年6月，浙江省新增地方债占比约为70%。浙江省存量地方债的期限分布中，2021～2023年以及2026年为偿债的高峰期，其中2021～2023年到期规模呈现逐年提升的趋势。

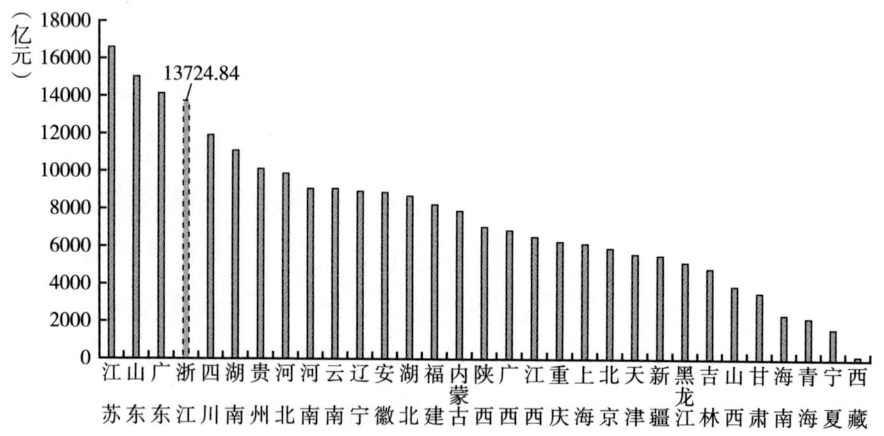

图1　截至2020年6月全国31个省（区、市）地方债存量规模

数据来源：Choice数据库，中诚信国际整理计算。

（一）发行规模增长幅度不大，但5月迎来发债高峰

2020年1～6月大部分省（区、市）的地方政府发行规模大幅提升，浙江省共计发行地方债1615.70亿元，较2019年同期增长5.59%，整体增幅不大。

① 如无特别说明，本报告中引用的地方债存量、发行量、发行利率、发行利差、交易量、到期收益率等债券相关数据均来自截至2020年6月的Choice数据库，并由中诚信国际整理计算。

② 存量债券中仍有少量2015年之前发行的债券，规模约为0.01亿元，该类债券并未区分一般债与专项债，未纳入分类统计。

从月度发行情况来看，5 月迎来近期的发债高峰。2020 年中央提前下达新增地方债额度，且到 5 月末全国提前下达的额度已基本使用完毕，因此多省（区、市）在 5 月迎来了发债高峰，较 2019 年发债安排有所提前（见图 2）。

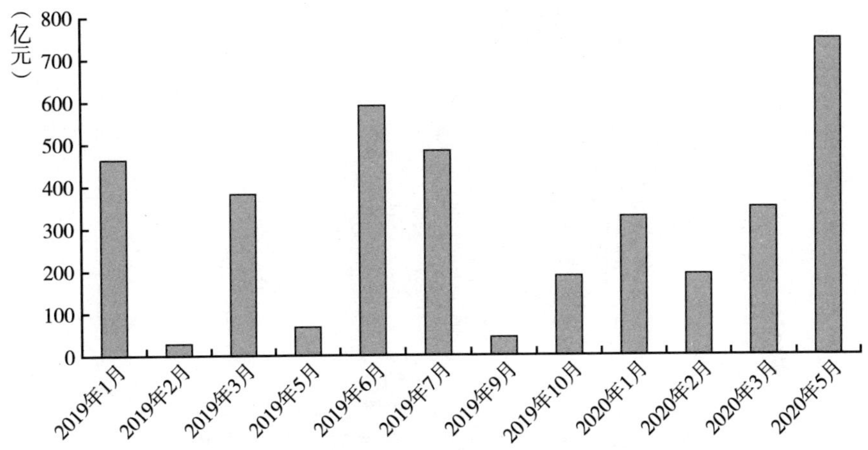

图 2　2019 年 1 月～2020 年 6 月浙江省地方债月度发行规模

注：浙江省部分月份无地方债发行，未在图中显示。

数据来源：Choice 数据库，中诚信国际整理计算。

（二）新增专项债规模占据主导，债券期限明显偏长

从 2020 年 1～6 月浙江省地方债的发行情况来看，发行期限以 10 年为主，共计 596.35 亿元，其次分别为 15 年期（347.10 亿元）、20 年期（279.66 亿元）和 30 年期（193.90 亿元），5 年期和 7 年期的债券相对较少，分别为 82.61 亿元和 116.08 亿元。浙江省以发行 10 年及以上期限的债券为主，整体期限较长（见图 3）。

从券种来看，2020 年 1～6 月浙江省以发行专项债为主，发行的地方债中 74% 均为专项债，其余 26% 为一般债。债券类型上，新增债共计 1443 亿元，占比 89%，其余均为再融资债，占比 11%。

（三）浙江省地方债发行成本处于全国中等偏低水平

从浙江省地方债发行利率和利差情况来看，2020 年 1～6 月，浙江省地

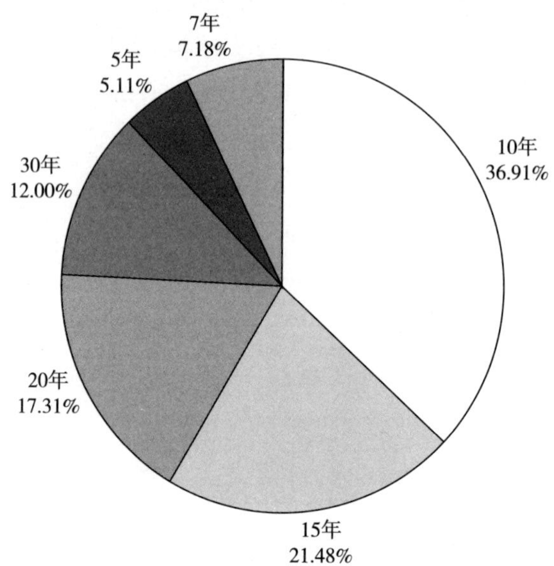

图3　2020年1~6月浙江省地方债发行期限结构

数据来源：Choice数据库，中诚信国际整理计算。

方债发行利率①为3.26%，发行利差为26.17BP，处于全国中等偏低水平（见图4）。

（四）交易规模提升，活跃度高，到期收益率呈现先降后升态势

2018年、2019年以及2020年1~6月，浙江省地方债交易规模②分别为1352.35亿元、4875.20亿元和4949.57亿元，交易规模呈现不断增长的态势。其中，2020年1~6月交易量同比增长124.08%，增长速度较快。从全国的情况来看，2019年和2020年1~6月浙江省地方债的交易量分别居全国第六名和第五名，较为活跃。

到期收益率③方面，2019年1月至2020年4月，各期限地方债到期收益率

① 如无特别说明，本报告中发行利率、利差为根据发行额计算的加权平均发行利率、利差，发行利差为债券发行利率减去对应期限国债收益率。

② 交易统计包含回购交易、现券交易等部分。

③ 此处到期收益率均值采用的是算术平均值。

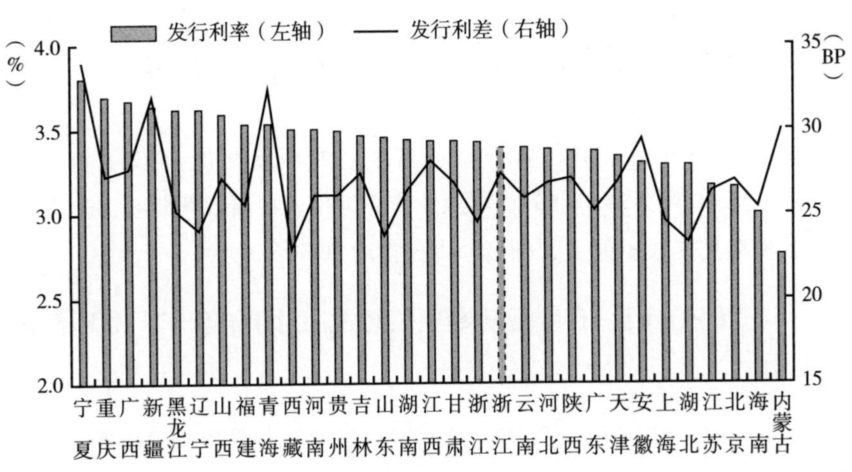

图4　2020 年 1 ~6 月全国 31 个省（区、市）地方债发行成本

数据来源：Choice 数据库，中诚信国际整理计算。

呈现下滑的趋势，2020 年 5 月开始回升。截至 2020 年 6 月，浙江省地方债剩余期限在 1 年以下的到期收益率为 2. 08%，1 ~5 年（不含 5 年）的为 2. 60%，5 ~10 年（不含 10 年）的为 3. 11%，10 年及以上的为 3. 65%（见图 5）。

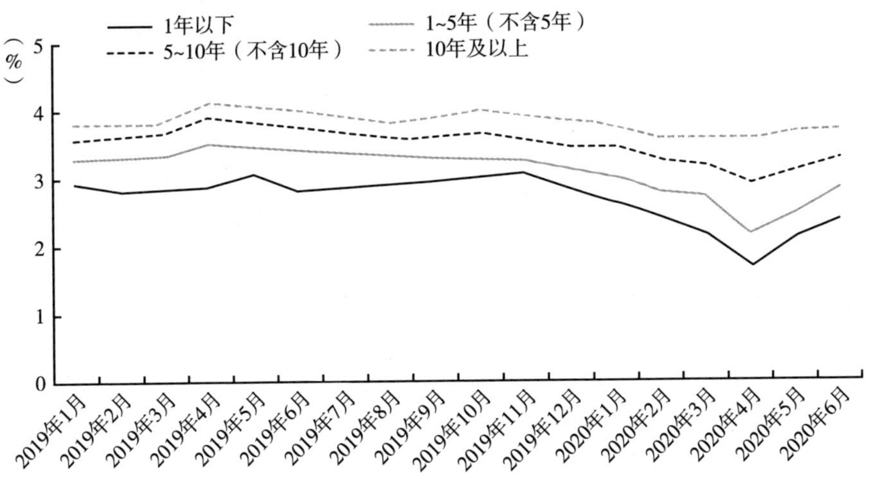

图5　2019 年 1 月 ~2020 年 6 月浙江省地方债到期收益率走势

数据来源：Choice 数据库，中诚信国际整理计算。

二　浙江省地方政府项目收益专项债分析*

截至2020年6月，浙江省存量项目收益专项债共计75只，规模合计3255.6亿元，其中以5年期和10年期的债券为主。在项目类型上，土地储备、棚改和收费公路是投资的主要领域，占比接近70%。

（一）2020年1~6月新增专项债超过2019年全年，专项债期限结构优化

自2017年财政部发布《关于试点发展项目收益与融资自求平衡的地方政府专项债券品种的通知》（财预〔2017〕89号）以来，2017年至2020年6月末，浙江省共计发行项目收益专项债75只，规模为3255.6亿元。从年度发行量来看，2017年以来浙江省发行的项目收益专项债规模呈现不断提升的态势，2017~2019年以及2020年1~6月，发行规模分别为340亿元、633.6亿元、1119亿元和1163亿元（见图6）。

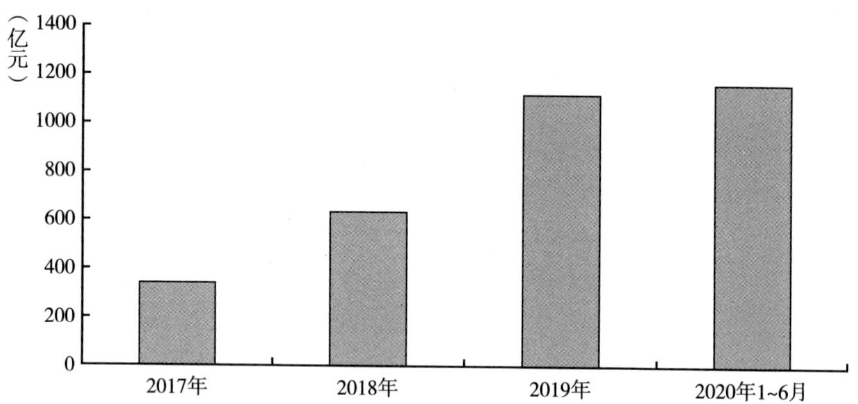

图6　2017年~2020年6月浙江省项目收益专项债发行规模

数据来源：Choice数据库，中诚信国际整理计算。

* 2020年7月29日财政部印发《关于加快地方政府专项债券发行使用有关工作的通知》（财预〔2020〕94号），明确2020年新增专项债必须保证融资规模与项目收益相平衡，因此2020年发行的新增专项债均为项目收益专项债。本部分项目收益专项债的统计样本为2017~2019年项目收益专项债与2020年1~6月的新增专项债。

发行利率方面，2017 年以来浙江省项目收益专项债发行利率呈现波动下降的趋势，其中 2017 年和 2018 年相对较高，尤其是 2018 年为 2018 年以来（截至 2020 年 6 月）最高，2019 年开始明显下降。发行利差方面，2018 年最大，2017 年最小，2019 年后发行利差相对稳定（见图 7）。

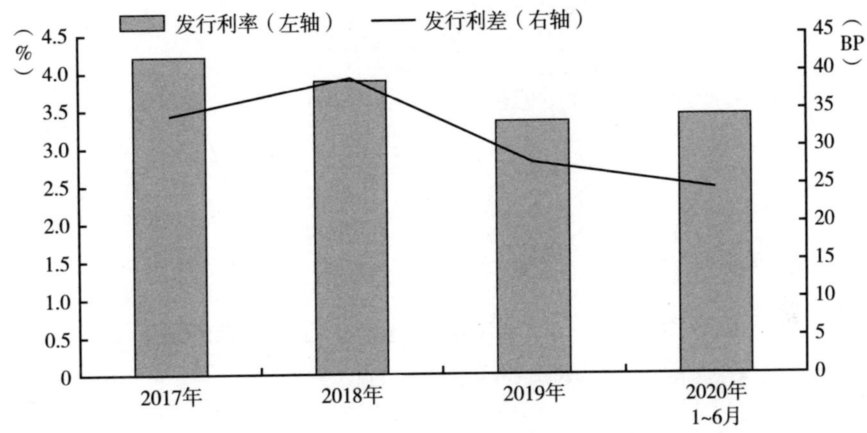

图 7　2017 年 ~2020 年 6 月浙江省项目收益专项债发行成本

数据来源：Choice 数据库，中诚信国际整理计算。

发行期限方面，2020 年 1 ~6 月浙江省共发行 29 只项目收益专项债，其中以 15 年期和 20 年期为主，其次为 10 年期和 30 年期。整体而言，2020 年以来发行的专项债券期限相对较长（见图 8）。

（二）交通基础设施为近期主要投资领域，预期现金流可覆盖本息

2020 年 1 ~6 月，浙江省共发行 29 只项目收益专项债，募集资金 1163 亿元。[①] 从募投领域来看，44. 37% 的资金投向交通基础设施，19. 97% 的资金投向市政和产业园区基础设施，15. 68% 的资金投向民生服务，12. 95% 的资金投向生态环保项目（见图 9）。从二级细分投向来看，交通基础设施下的收费公

① 如无特别说明，本报告中引用的专项债支持项目相关数据均来自浙江省政府新增专项债信息披露文件，并由中诚信国际整理计算。由于数据的获取问题，数据可能来自不同募投项目文件、项目实施方案、信息披露模板等，这可能导致部分数据分析出现一定偏差，但不会对分析结论产生实质性的影响。

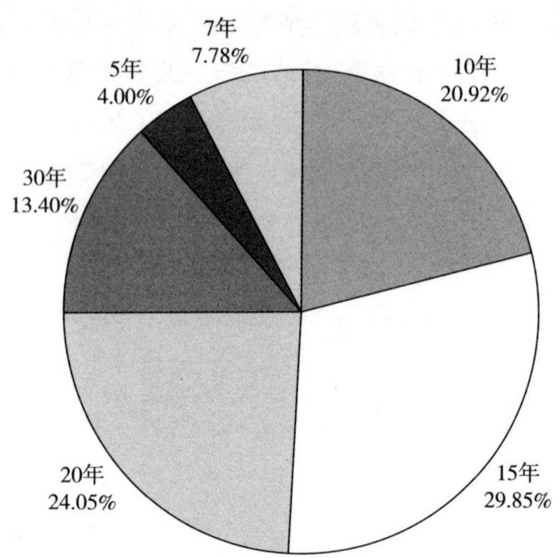

图 8　2020 年 1～6 月浙江省项目收益专项债发行期限结构

数据来源：Choice 数据库，中诚信国际整理计算。

路投资最多，占比 15.28%；其次为市政和产业园区基础设施下的其他市政和园林，占比 10.84%，其余资金投向占比均低于 10%。

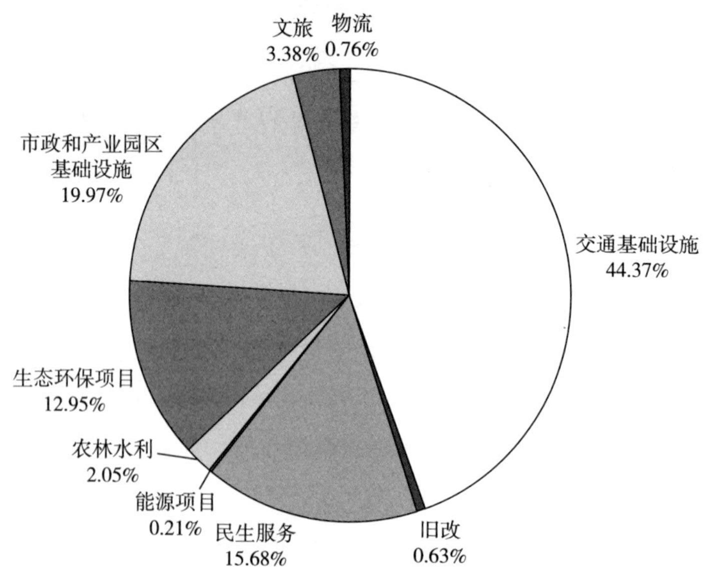

图 9　2020 年 1～6 月浙江省新增项目收益专项债募投领域

数据来源：浙江省地方政府新增专项债信息披露文件，中诚信国际整理计算。

募投项目行政层次方面，2020 年 1 ~6 月，7.77% 投向省级项目，48.94% 投向地市级项目，43.29% 投向区县级项目。其中，省级和地市级投资领域主要为交通基础设施以及部分民生服务，区县级项目中最多的则为市政和产业园区基础设施和生态环保项目，其次为交通基础设施和民生服务。这或许表明在浙江省建设交通强省过程中，省级和地市级承担了更多的责任，而区县则更为注重地方经济发展和生态环保项目的投资。

项目本息覆盖倍数方面，所有募投项目的收入均能覆盖项目融资本息。其中，66.59% 的项目本息覆盖倍数在 1 到 2 倍之间，15.64% 的项目本息覆盖倍数在 2 到 3 倍之间。募投项目资金主要来源于项目本身产生的现金流，以及部分财政支持资金（包括补助以及基金收入等），考虑到项目本息覆盖倍数良好，加上浙江省较强的财政实力，整体偿债风险可控。

（三）资本金规模不大，仍以配套融资为主

2020 年 1 ~6 月，浙江省发行的项目收益专项债中有 134.30 亿元用作项目资本金，主要集中于交通基础设施项目。这些项目的总资本金为 655.47 亿元（占项目总投资的 40.73%），专项债资金占总资本金的比例为 20.49%。由于这些项目集中于交通基础设施，故整体项目收益来源以交通设施运营收入为主，其余少量为土地出让金、补贴收入等。

（四）发挥乘数效应撬动有效投资，支持地方经济高质量发展

2020 年 1 ~6 月，浙江省发行项目收益专项债 1163 亿元，其中 134.30 亿元用作项目资本金，1028.70 亿元用作配套融资。专项债资本金撬动杠杆为 2.13 倍，专项债配套融资撬动杠杆为 1.89 倍。2020 年 1 ~6 月，浙江省投资稳步回升，固定资产投资同比增长 3.8%，专项债撬动基建投资规模 2211.59 亿元，其中作为资本金撬动规模为 285.74 亿元，作为配套融资撬动规模为 1925.85 亿元①。整体来看，专项债能够发挥乘数效应拉动投资，且纳入资本金的项目撬动作用大于配套融资。

---

① 专项债撬动基建投资方法参见袁海霞、汪苑晖、卞欢《专项债兼顾扩容提效，助力基建托底稳增长——地方政府专项债 2019 年回顾与 2020 年展望》，《财政科学》2020 年第 1 期。

三　浙江省偿债能力分析

（一）政府债务规模较大，到期债务多集中于2021～2023年

政府债务方面，浙江省地方债规模处于全国较高水平，2019 年，浙江省地方政府债务余额为 12309.82 亿元，[①] 而浙江省地方政府债务限额为 13168.00 亿元，仍有 858.18 亿元额度，可用空间一般（见图 10）。

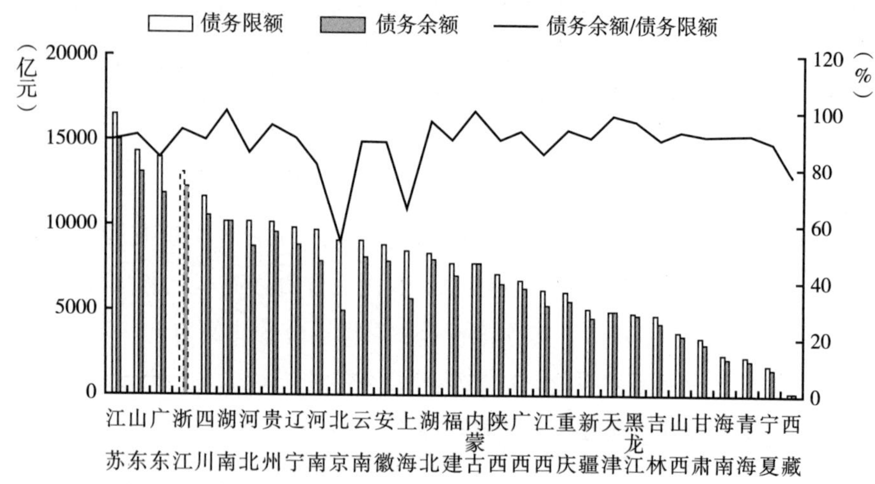

图 10　2019 年全国 31 个省（区、市）地方政府债务限额及余额

数据来源：全国 31 个省（区、市）财政预算执行及决算报告，中诚信国际整理计算。

债务到期分布方面，截至 2020 年 6 月，浙江省地方政府债务余额 13724.84 亿元，其中一般债余额为 6453.18 亿元、专项债余额为 7271.65 亿元，专项债中一般专项债余额为 4016.05 亿元、项目收益专项债余额为 3255.60 亿元。2020 年 7～12 月，浙江省到期债务规模 852.64 亿元，2021～2026 年到期债务规模分别为 1442.74 亿元、1535.73 亿元、1805.72 亿元、

① 如无特别说明，本报告中引用的浙江省政府债务限额、余额，一般公共预算收入、支出，财政平衡率，债务率、负债率等财政相关数据均来自浙江省财政预算执行及决算报告，并由中诚信国际整理计算。

1137.31 亿元、1077.82 亿元和 1539.41 亿元，到期债务更多分布于 2021 ~ 2023 年（见图 11）。

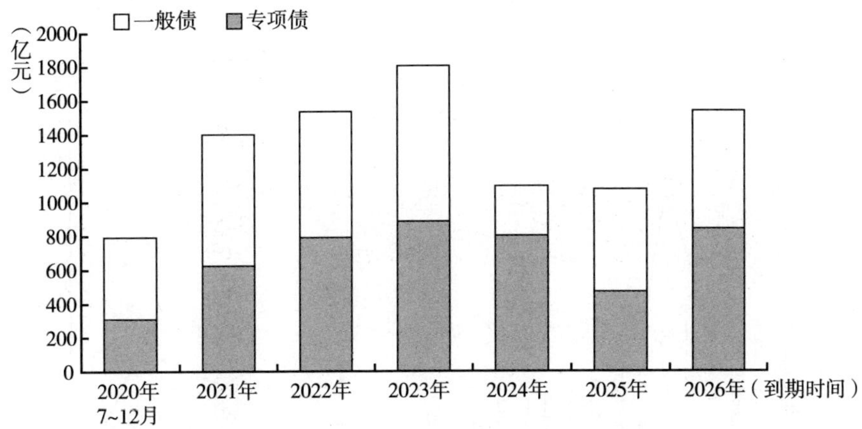

图 11　浙江省地方债 2020 ~ 2026 年到期分布

数据来源：Choice 数据库，中诚信国际整理计算。

（二）综合竞争力位于全国前列，为地方债的偿还提供保障

浙江省经济体量较大，综合经济实力位于全国前列。2019 年，浙江省实现地区生产总值（GDP）62352.00 亿元，① 在全国 31 个省（区、市）中排名第四，比 2018 年增长 6.80%；浙江省人均 GDP 达到 10.76 万元，为全国人均 GDP 的 151.82%。近年来，浙江省 GDP 和固定资产投资增速均有所放缓。

产业结构方面，浙江省产业结构以第二产业和第三产业为主，2019 年三次产业占比分别为 3.4%、42.6% 和 54.0%。其中，第一产业增加值 2097 亿元，增长 2.0%；第二产业增加值 26567 亿元，增长 5.9%；第三产业增加值 33688 亿元，增长 7.8%。

财政实力方面，2019 年，浙江省一般公共预算收入为 7048.00 亿元，在全

① 如无特别说明，本报告中引用的宏观经济数据均来自《浙江省国民经济和社会发展统计公报》，并由中诚信国际整理计算。

国31个省（区、市）中排名第四，同比增长6.8%。其中，税收收入为5898.17亿元，占比83.69%；一般公共预算支出为10052.99亿元。财政平衡方面，浙江省财政平衡能力较好，2019年浙江省财政平衡率（一般公共预算收入/一般公共预算支出）为70.11%（见图12）。

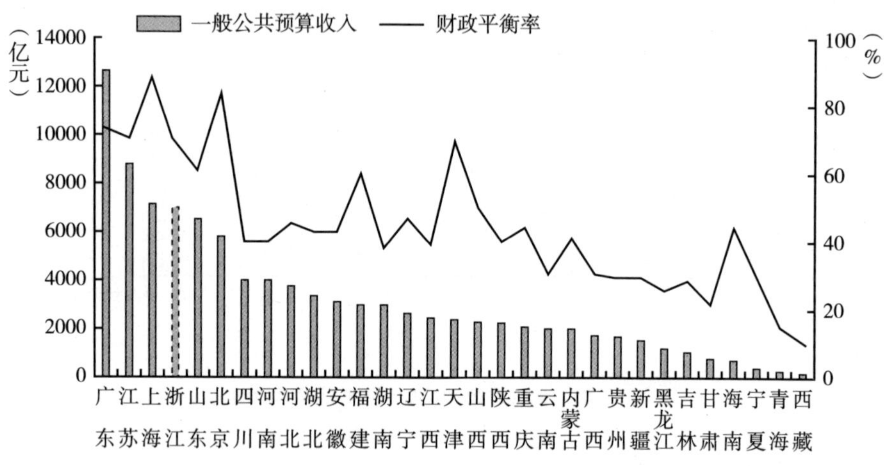

图12　2019年全国31个省（区、市）一般公共预算收入与财政平衡率

数据来源：全国31个省（区、市）财政预算执行及决算报告，中诚信国际整理计算。

近年来，浙江省政府性基金收支呈持续增长态势。2019年，浙江省政府性基金收入为10607.82亿元，较2018年增长21.4%，其中国有土地使用权出让收入8259.54亿元，增长35.5%。同期，政府性基金支出为10388.89亿元，增长15.2%（见图13）。

（三）负债率和债务率相对较低，政府性债务风险较小

浙江省经济和财政实力较强，虽然地方债务规模较大，负债率和债务率仍然较低，2019年浙江省负债率（地方政府债务余额/GDP）为19.74%，债务率（地方政府债务余额/综合财力）为51.62%（见图14），在全国31个省（区、市）中处于较低水平。围绕地方债务管理，浙江省以“适度举债、讲求效益、加强管理、规避风险”为总体要求，要求政府债务规模须与地方国民经济发展和政府财力相适应，并落实好还款的资金来源。在还本付息的实际操

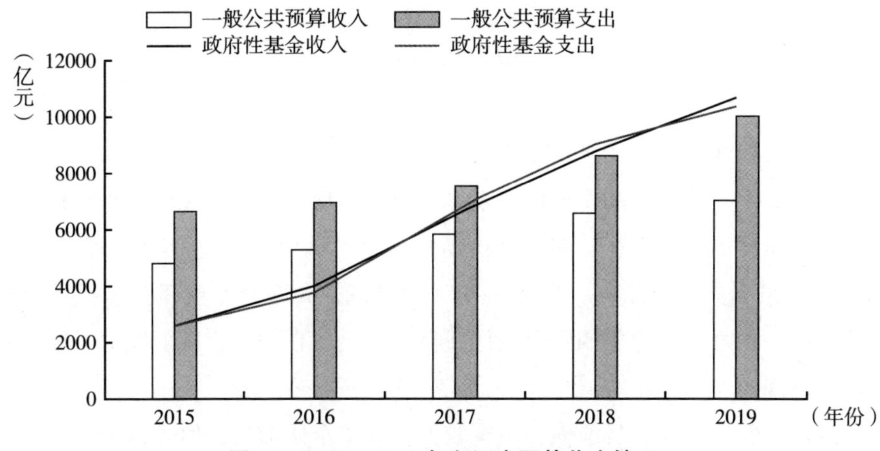

图 13 2015～2019 年浙江省预算收支情况

数据来源：浙江省财政预算执行及决算报告，中诚信国际整理计算。

作中，一方面，将各期债券到期偿还金额分解到具体市县，对市县缴款情况进行考核；另一方面，对新增债资金使用进度进行实时监控，并将还本付息情况、使用进度作为以后年度债券额度的分配依据。整体来看，地方债实行自发自还五年来，浙江省政府以强劲的经济财力基础和公开透明的操作程序，保证了地方债自发自还的有序推进。

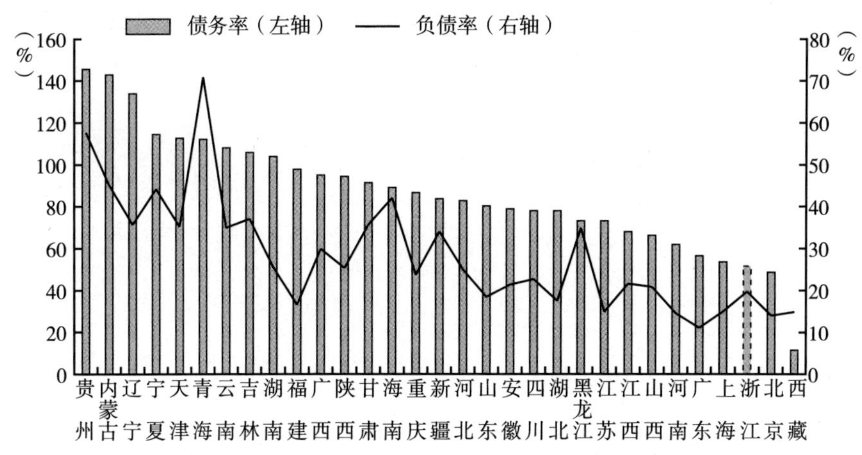

图 14 2019 年全国 31 个省（区、市）债务率及负债率

数据来源：全国 31 个省（区、市）财政预算执行及决算报告，中诚信国际整理计算。

四 小结

近年来浙江省地方债发行规模逐年增加，在一定程度上已成为地方经济发展的重要推手。从近期的发行情况来看，浙江省地方债发行规模较为平稳，多以新增专项债的形式发行，期限结构不断优化。从项目收益专项债情况来看，2020 年以来为支持浙江省“交通强省”的建设，大部分专项债资金投入交通基建项目，加之一定比例的资金用作项目资本金，在一定程度上撬动了浙江省基建投资规模。

总体来看，浙江省目前债务规模较大，处于全国前列，但受益于浙江省较强的经济和财政实力，地方政府整体负债率和债务率均处于较低水平，浙江省整体地方债务风险的控制情况较好。从浙江省存量地方债情况来看，2021 ~ 2023 年将迎来第一个偿债高峰，建议首先关注这些年份政府的资金安排，并充分利用地方政府预算及债务限额。其次，随着专项债发行规模的扩大，建议监控好专项债中募投项目的投资和经营情况，从而确保第一还款来源，以防止债务风险的发生。最后，建议充分发挥政府投资优势，将更多的社会资本投入政府项目，利用专项债用作资本金的撬动作用，减轻财政压力。

B.33

2020年重庆市地方政府债券分析报告

庞一帆　刘洁　张敏*

摘　要： 受宏观经济形势和积极财政政策的影响，2020年1~6月重庆市地方债发行规模增长显著；已发行的地方债中，专项债及新增债占比提升，债券期限有所延长，整体发债成本居国内高位。相对于2019年募集资金投向土地及棚改项目，2020年1~6月募集资金多投资于基础设施建设、民生服务及生态环保项目。重庆市项目收益专项债用作项目资本金的比例极低，多以配套融资的形式投向市政项目，收入来源多样，且项目收益基本可以覆盖项目融资；专项债作为配套融资，对基建投资的撬动杠杆居全国末位。此外，重庆市经济及财政总量均居国内中下游，人均经济总量排名尚可，但财政平衡能力较弱；显性债务相对可控，但仍存在一定的偿债压力。

关键词： 地方债　专项债　重庆市

一　重庆市地方债运行情况分析

截至2020年6月，重庆市地方债存量6307.22亿元，[①] 居全国31个省

---

* 庞一帆，中诚信国际政府公共评级部（武汉）助理分析师，主要研究领域为地方政府债券；刘洁，中诚信国际政府公共评级部（武汉）高级分析师，主要研究领域为地方政府债券、基础设施投融资行业等；张敏，中诚信国际政府公共评级部（武汉）助理总监，主要研究领域为地方政府债券、基础设施投融资行业等。

① 如无特别说明，本报告中引用的地方债存量、发行量、发行利率、发行利差、交易量、到期收益率等债券相关数据均来自截至2020年6月的Choice数据库，并由中诚信国际整理计算。

（区、市）第 19 位，占全国地方债存量总规模的 2.64%。债券种类方面，重庆市以专项债为主，规模为 3753.40 亿元，居全国第 14 位，占比达 59.51%，处于全国前半段；债券类型方面，以新增债为主，规模为 2540 亿元；发行期限结构方面，5～10 年期（含 10 年）地方债存量规模最大，合计 4714.95 亿元，占比为 81.19%。

（一）2020年1～6月发行规模增长明显，月度发行规模集中且呈现较大波动

受新冠肺炎疫情冲击，国内经济下行压力增大，财政部提出适度增大地方债发行规模，激励地方政府加大投资力度。在相关政策的引导下，2020 年 1～6 月，国内共计发行地方债 34864.04 亿元，较 2019 年同期增长 22.64%。2020 年 1～6 月，重庆市共发行地方债 9 只，发行金额达 928.08 亿元（见图 1），发行金额较 2019 年同期增长 32.91%，发行金额及增速均排名全国中位（见图 2）。从债券发行时间看，重庆地方债发行集中在 2 月、4 月和 6 月，发行金额分别为 332.00 亿元、235.94 亿元和 360.14 亿元，月度发行规模集中且呈现较大波动。

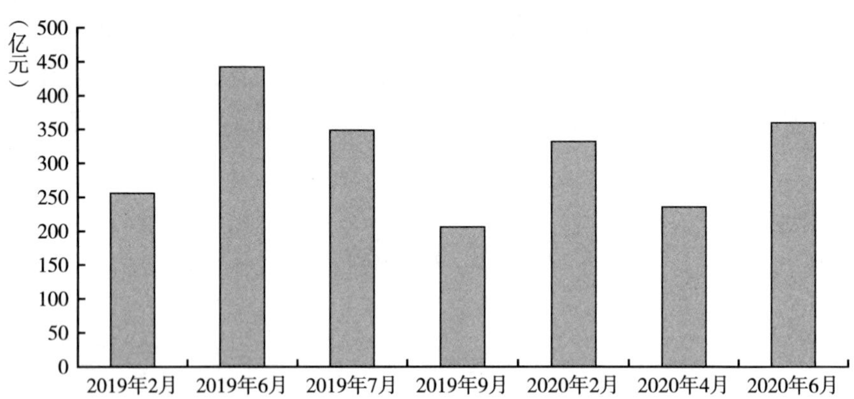

图 1　2019 年 1 月～2020 年 6 月重庆市地方债月度发行规模

注：重庆市部分月份无地方债发行，未在图中显示。

数据来源：Choice 数据库，中诚信国际整理计算。

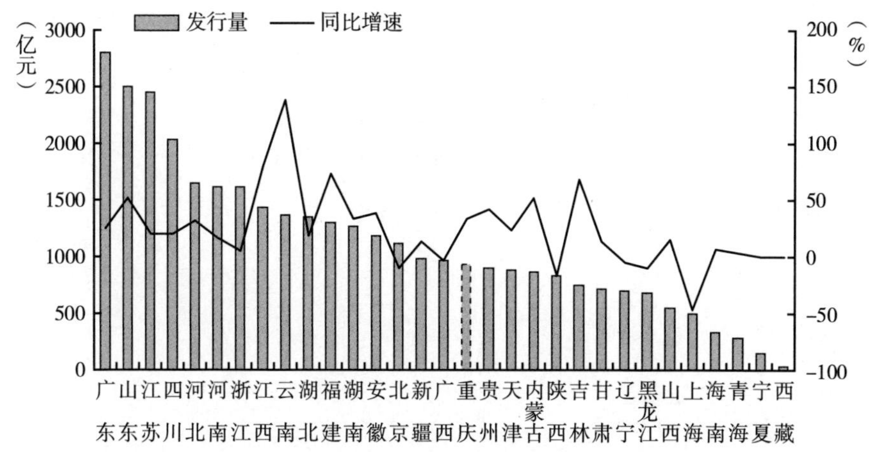

图2　2020年1~6月全国31个省（区、市）地方债发行情况

数据来源：Choice数据库，中诚信国际整理计算。

（二）专项债及新增债占比提升，债券期限延长，以30年期债券为主

从已发行的地方债券种结构看，疫情背景下逆周期宏观调控政策有效发力，新增债及专项债占比持续上升。2020年1~6月，重庆市已发行的地方债中，一般债3只，合计金额214.38亿元，占比23.10%；专项债6只，合计金额713.70亿元，占比76.90%。新增债772.00亿元，再融资债156.08亿元，占比分别为83.18%和16.82%。与2019年相比，2020年1~6月专项债及新增债占比均有所提升。从专项债发行情况来看，2020年1~6月重庆市共发行新增专项债674.00亿元，占专项债的94.44%，占比较2019年增加9.87个百分点。

从债券期限来看，2019年重庆市发行的地方债中，近半数为5年期债券；10年期及30年期债券合计占比45.45%。而2020年上半年重庆市发行的地方债中，5年期债券共3只，合计发行金额127.13亿元；10年期债券1只，发行金额13.46亿元；余下5只为30年期债券，发行金额总计达787.49亿元，占84.85%（见图3）。2020年1~6月，重庆市发行地方债尤其是专项债的期限与2019年相比显著延长。

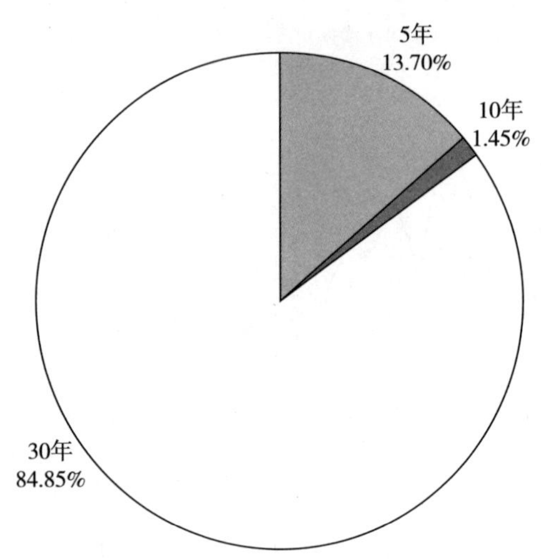

图3　2020年1~6月重庆市地方债发行期限结构

数据来源：Choice数据库，中诚信国际整理计算。

（三）近年来发债成本整体略有降低，但仍居国内高位

从地方债发行成本来看，2018年以来重庆市政府融资成本略有降低，但在国内仍排位较高。2017年重庆市地方债发行利率①为3.92%，发行利差达40.77BP；2018~2019年重庆市地方债发行利率及发行利差均连续下降；虽然宽松的环境有助于发行成本下降，但发行期限的拉长在一定程度上导致成本有所抬升，2020年1~6月重庆市发行成本略高于2019年，发行利率为3.53%，发行利差为26.09BP（见图4）。与国内其他省（区、市）相比，2020年1~6月重庆市地方债发行利率排名全国第二，发行利差位列全国第十，融资成本在国内属较高水平（见图5）。

（四）二级市场流动性充裕，到期收益率先降后升

从交易量来看，受新冠肺炎疫情冲击，多数省（区、市）地方债交易活

① 如无特别说明，本报告中发行利率、利差为根据发行额计算的加权平均发行利率、利差，发行利差为债券发行利率减去对应期限国债收益率。

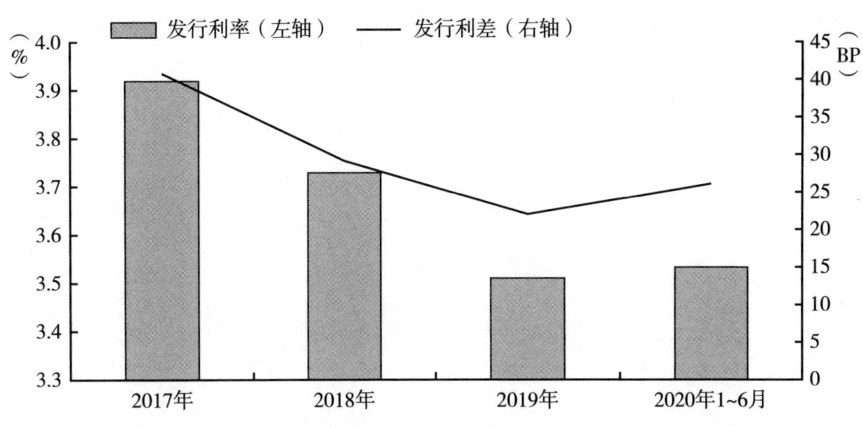

图4　2017年~2020年6月重庆市地方债发行成本

数据来源：Choice数据库，中诚信国际整理计算。

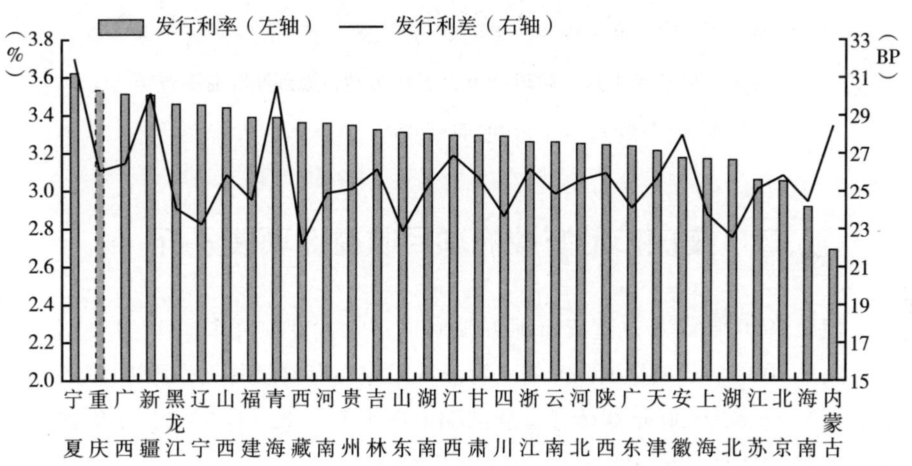

图5　2020年1~6月全国31个省（区、市）地方债发行成本

数据来源：Choice数据库，中诚信国际整理计算。

跃。2020年1~6月重庆市地方债二级市场交易规模①达1645.64亿元，与2019年全年交易量相比高出351.57亿元，同比增长83%，流动性相对充裕。从国内排位来看，2019年重庆市地方债二级市场交易量排名全国第25位，2020年1~6

① 交易统计包含回购交易、现券交易等部分。

月居全国第16位，排位有所上升。受资金面及政策综合影响，重庆市地方债平均到期收益率①在2020年4月迎来低点，随后逐步回升（见图6）。

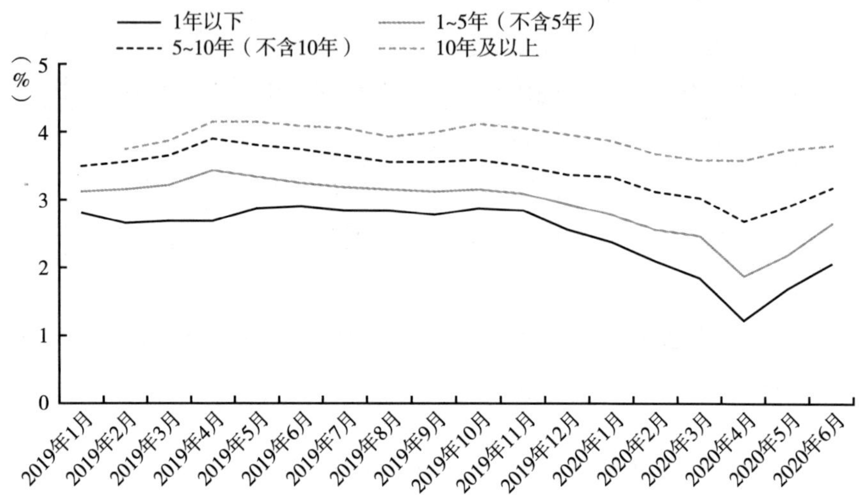

图6　2019年1月~2020年6月重庆市地方债到期收益率走势

数据来源：Choice数据库，中诚信国际整理计算。

二　重庆市地方政府项目收益专项债分析*

截至2020年6月，重庆市地方政府项目收益专项债余额1744.00亿元，排全国第16位。从债券期限来看，存量项目收益专项债中，六成以上为5年期债券，其余大多为30年期债券。从到期情况来看，2020年7~12月及2021~2024年的偿债高峰在2024年，偿债压力尚可。

（一）项目收益专项债发行量增大，期限延长，且发行成本上升

2017~2019年，重庆市发行的项目收益专项债总量分别为125亿元、350

① 此处到期收益率均值采用的是算术平均值。

* 2020年7月29日财政部《关于加快地方财政专项债券发行使用有关工作的通知》明确2020年新增专项债须保证融资规模与项目收益相平衡，因此2020年新增专项债为项目收益专项债。本报告项目收益专项债统计样本为2017~2019年项目收益专项债与2020年1~6月新增专项债。

亿元和595亿元；2020年的发行量则有新突破，仅1~6月即发行674亿元，排名全国第15位。

2020年1~6月，重庆市发行的项目收益专项债期限显著延长。2017~2019年，重庆市发行的项目收益专项债均为5年期债券；2020年1~6月发行的项目收益专项债中，30年期债券占比则逾90%。从发行成本来看，2020年1~6月重庆市发行的项目收益专项债的发行利率达3.69%，仅略低于广西，发行利率较2019年增长12.72%，增长率远高于其他省（区、市）；发行利差为26.05BP，列全国第12位，高于国内平均水平。总体而言，2020年重庆市项目收益专项债发行成本较2019年有所提升，且发行成本处于国内高位。

（二）募集资金多投资于基建、民生及环保项目，近七成为区县级项目

2020年1~6月，重庆市发行的项目收益专项债资金用于交通基础设施、市政和产业园区基础设施的额度分别为302.44亿元[①]和168.59亿元，合计占项目收益专项债发行总量的69.88%；其余项目收益专项债的主要募投领域包含民生服务、生态环保项目、文旅等（见图7）。从募投项目所属行政级别来看，2020年1~6月重庆市发行项目收益专项债所募资金中，约有30%投资于省级项目，近70%投资于区县级项目。

（三）多以配套融资的形式投资，募投项目多样、收入来源充裕

相较2019年专项债主要投资于土地、棚改单一项目领域，2020年1~6月专项债募投领域更为广泛，涉及交通枢纽及轨道交通建设、医疗卫生、教育、环保及城镇垃圾处理、文旅等。2020年2~4月重庆市新发行的四期项目收益专项债中，除第三期募得资金以项目资本金的形式向“重庆三峡职业学院高职扩招硬件设施建设项目”投资0.36亿元，其余全部以配套融资的形式投向基础设施建设、民生服务及生态环保等领域的项目。2020年6月，重庆市政

---

① 如无特别说明，本报告中引用的专项债支持项目相关数据均来自重庆市政府新增专项债信息披露文件，并由中诚信国际整理计算。由于数据的获取问题，数据可能来自不同募投项目文件、项目实施方案、信息披露模板等，这可能导致部分数据分析出现一定偏差，但不会对分析结论产生实质性的影响。

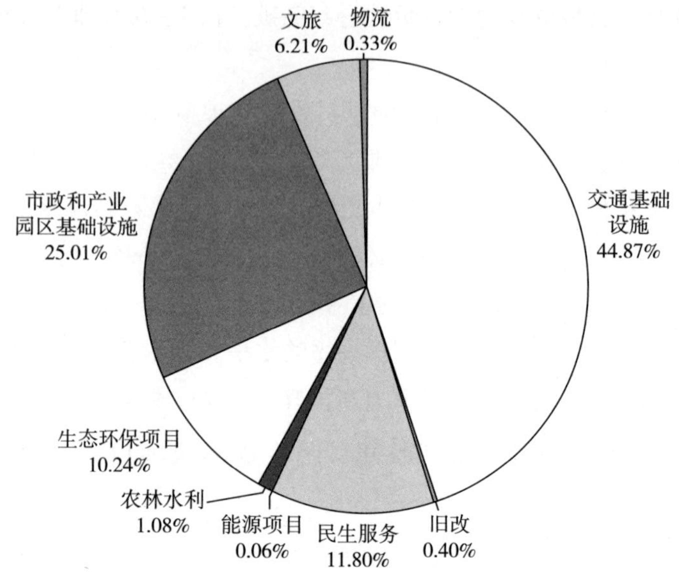

图7　2020 年 1～6 月重庆市新增项目收益专项债募投领域分布

数据来源：重庆市地方政府新增专项债信息披露文件，中诚信国际整理计算。

府又发行第五期专项债券，共计发行 284.74 亿元，全部以配套融资的形式投资于项目。与前四期相比，第五期投资领域更加多样，包含生态环保项目、民生服务、旧改、能源项目、农林水利、文旅等。

偿债资金来源方面，2020 年 1～6 月项目收益专项债的偿债依托为相应项目的运营收入，涵盖教育收入、科研收入、土地出让收入、园区厂房租赁收入、票务收入等。项目收入对其融资本息的覆盖倍数达 4.56 倍，专项债还本付息来源较有保障。

（四）专项债用作项目资本金的比例较低，对基建投资的撬动效应不明显

重庆市项目收益专项债多以配套融资的形式投入项目。2020 年 1～6 月，重庆市共发行项目收益专项债 674.00 亿元，其中仅 0.36 亿元用作项目资本金，占比较低，主要系项目收益专项债用作资本金的审核流程烦琐、投资领域局限且存在潜在政策风险所致。

重庆市项目收益专项债用作资本金对基建投资的撬动效应并不明显，2020年1～6月仅撬动基建投资0.37亿元，撬动杠杆仅1.03，居全国后段。而专项债作为配套融资共撬动基建投资1020.67亿元，[①] 撬动杠杆为1.52，受发债规模影响，绝对撬动量排位居中，但撬动杠杆较低。

三　重庆市偿债能力分析

（一）显性债务规模可控，但债务存量持续攀升

从地方显性债务存量来看，重庆市显性债务规模整体可控，但债务存量持续攀升。2019年，重庆市地方政府债务余额为5603.70亿元，[②] 规模位列全国第18，同比增长19.47%，但仍低于债务限额。以政府显性债务余额计算得到2019年重庆市债务率为86.56%，负债率为23.74%，债务率及负债率均列于全国中位，显性债务压力整体可控。就显性债务结构而言，2017～2019年专项债务分别占当年地方政府债务余额的44%、50%和55%，专项债增长相对较快。

就地方债而言，2019年重庆市地方债存量5538.82亿元，位列全国第21；2020年6月，该存量指标上涨至6307.22亿元，国内排名第19位。从到期情况来看，以2020年6月30日为观测节点，2020年底重庆市地方债到期金额为351.88亿元；2023～2024年是重庆市地方债偿债的高峰期（见图8）。2020年到期的一般债及专项债金额大体相当，而在债务大量到期的2024年，到期专项债占比达82.73%。

（二）经济及财政体量均居国内中下游，人均GDP排名靠前

从经济发展水平来看，重庆市经济体量较小，近年来增速也有所放缓，但

① 专项债撬动基建投资方法参见袁海霞、汪苑晖、卞欢《专项债兼顾扩容提效，助力基建托底稳增长——地方政府专项债2019年回顾与2020年展望》，《财政科学》2020年第1期。

② 如无特别说明，本报告中引用的重庆市政府债务限额、余额，一般公共预算收入、支出，财政平衡率，债务率、负债率等财政相关数据均来自重庆市财政预算执行及决算报告，并由中诚信国际整理计算。

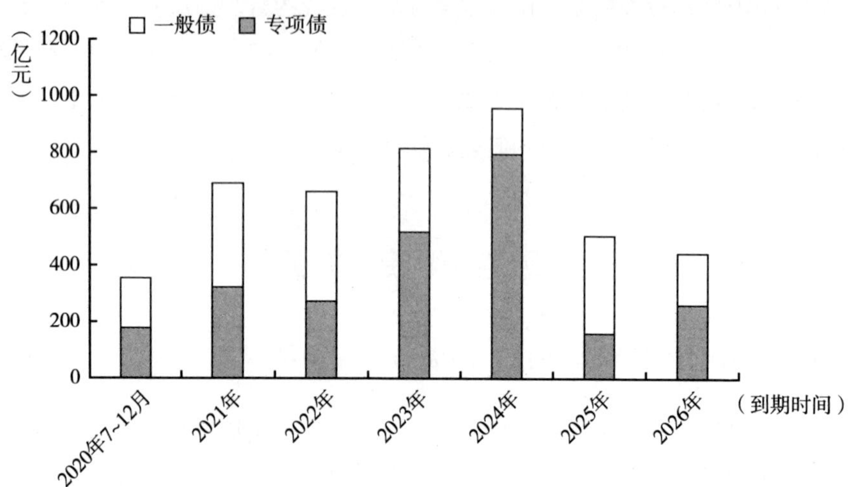

图 8　重庆市地方债 2020～2026 年到期分布

数据来源：重庆市财政预算执行及决算报告，中诚信国际整理计算。

人均 GDP 仍居全国前列。2019 年重庆市完成地区生产总值 23605.77 亿元，① 排名全国第 17 位，比 2018 年增长 6.3%，增速较 2018 年小幅提升，但较以前年份明显放缓；按常住人口计算，人均地区生产总值达 75828 元，排名全国第 7 位。近年来重庆市继续加快投资转型升级，推动产业结构调整，2019 年重庆市高技术制造业投资及工业技术改造投资分别增长 18.0% 和 6.9%，高技术制造业及战略性新兴制造业增加值分别增长 12.6% 和 11.6%，对全市工业经济增长的贡献率分别达 34.8% 和 42.1%。

从财政实力来看，重庆市近年来财政收入质量有所提升，但财政自给能力依然较弱，收支平衡依赖上级财政补助；可观的基金收入则极大程度地充裕了地方综合财力（见图 9）。受减税降费政策的影响，2019 年重庆市一般公共预算收入 2134.88 亿元，排名全国第 19 位，较 2018 年降低 5.8%。其中，税收收入占比为 72.19%，收入质量略有提升。财政平衡能力方面，2019 年重庆市财政平衡率仅 44.04%，财政平衡能力较弱且近年来持续下滑。2019 年重庆市

① 如无特别说明，本报告中引用的宏观经济数据均来自《重庆市国民经济和社会发展统计公报》，并由中诚信国际整理计算。

政府性基金收入达2247.93亿元，位列全国第15，基金收入给重庆市地方政府综合财力做了重要补充。

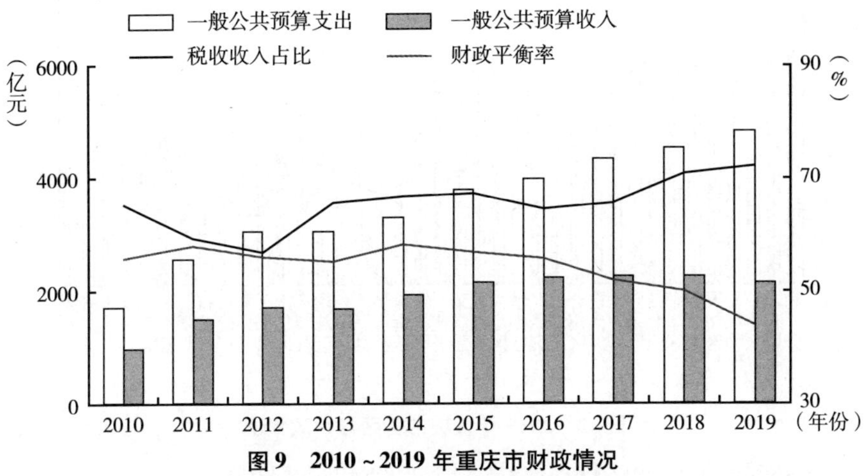

图9　2010～2019年重庆市财政情况

数据来源：重庆市财政预算执行及决算报告，中诚信国际整理计算。

（三）债务风险整体可控，近年来积极响应国家号召化解债务风险

重庆市经济体量不大，但人均GDP靠前且近年来地方产业结构调整初显成效，而财政平衡能力较差。重庆市政府显性债务相对可控，但近年来举债空间不断收窄，地方债偿债高峰期为2023年和2024年，短期偿债压力可控。

具体至重庆市下辖各片区，地区间经济和财政及政府债务负担则显现出明显的分化（见图10）。渝东北片区及渝东南片区经济、财务、债务指标均处于劣势地位；主城区偿债能力强于其他片区。近年来重庆市积极响应国家号召，持续推进地方政府债务风险化解工作，助力降低区域债务风险。

四　小结

重庆市经济状况尚可，产业结构合理，财政收入质量优良；政府债务方面，显性债务规模整体可控。受疫情影响，2020年1～6月重庆市地方债发行量显著增长，已发行地方债中专项债及新增债占比提升，债券期限延长；虽然

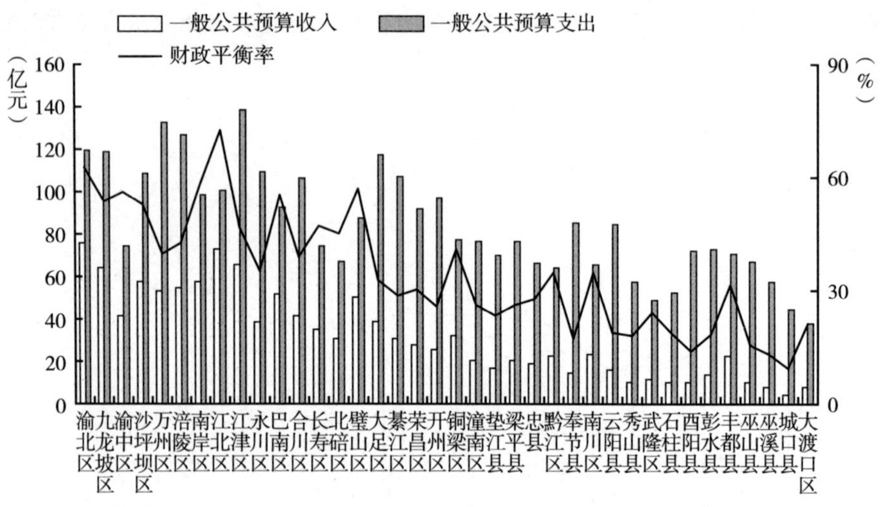

图 10　2019 年重庆市各区县财政情况

数据来源：重庆市财政预算执行及决算报告，中诚信国际整理计算。

宽松的环境有助于发行成本下降，但发行期限的拉长在一定程度上造成发行成本有所抬升，2020 年 1 ~ 6 月重庆市地方债发债成本小幅提升，仍居国内高位。从专项债使用情况来看，项目收益专项债所募资金多投资于基础设施建设、民生服务及生态环保项目。从偿债能力来看，第一，重庆市整体财政平衡能力较弱，财政收支平衡依赖举债及上级补助；第二，重庆市各区县经济发展水平及财政实力呈现明显的两极分化；第三，重庆市政府债务规模不断扩大，未来或面临一定的偿债压力。

针对上述问题，提出如下政策建议：第一，重庆市可发挥其主城核心区域在经济发展等方面的带动作用，并合理开发渝东北片区及渝东南片区在生态文旅等领域的资源优势，充分利用专项债对政府投资的拉动作用，推动辖区内各区县均衡、稳定发展；第二，进一步优化专项债投向领域，加大对“两新一重”项目以及新型基础设施建设等的投资力度；第三，灵活决定项目收益专项债的使用方式，充分发挥专项债资金用作项目资本金撬动基建投资的优势；第四，由于重庆新增债发行量较大，须合理推进和有效监控新增债的使用进度，防止资金闲置。

B.34

2020年安徽省地方政府债券分析报告

李颖 周璇 屈露*

摘 要： 为了对冲新冠肺炎疫情对经济增长的冲击，货币政策持续宽松，2020年1～6月，安徽省地方债发行节奏明显前倾，发行规模进一步扩大，发行结构、发行成本、资金投向均有所变化。本报告首先对安徽省地方债市场运行情况进行阐述，并详细分析项目收益专项债资金使用情况及其对区域投资的拉动效果，最后围绕安徽省地方债务整体情况及财政表现对区域债务风险进行剖析。

关键词： 地方债 专项债 安徽省

一 安徽省地方债运行情况分析

截至2020年6月，安徽省存量地方债共计131只，规模合计8926.83亿元，[①] 居全国31个省（区、市）第12位（见图1）。从券种看，一般债余额3611.89亿元，专项债余额5314.94亿元，占比分别为40.46%和59.54%；2018年至2020年6月的存量地方债以新增债为主，占比约为67%。从期限结

---

* 李颖，中诚信国际政府公共评级部（武汉）分析师、项目经理，主要研究领域为地方政府债券、基础设施投融资行业等；周璇，中诚信国际政府公共评级部（武汉）分析师，主要研究领域为地方政府债券、基础设施投融资行业等；屈露，中诚信国际政府公共评级部（武汉）分析师，主要研究领域为地方政府债券、基础设施投融资行业等。

① 如无特别说明，本报告中引用的地方债存量、发行量、发行利率、发行利差、交易量、到期收益率等债券相关数据均来自截至2020年6月的Choice数据库，并由中诚信国际整理计算。

构看，安徽省存量地方债以中长期为主，5 年期、7 年期和 10 年期的地方债占比分别为 39.69%、29.77% 和 20.61%。

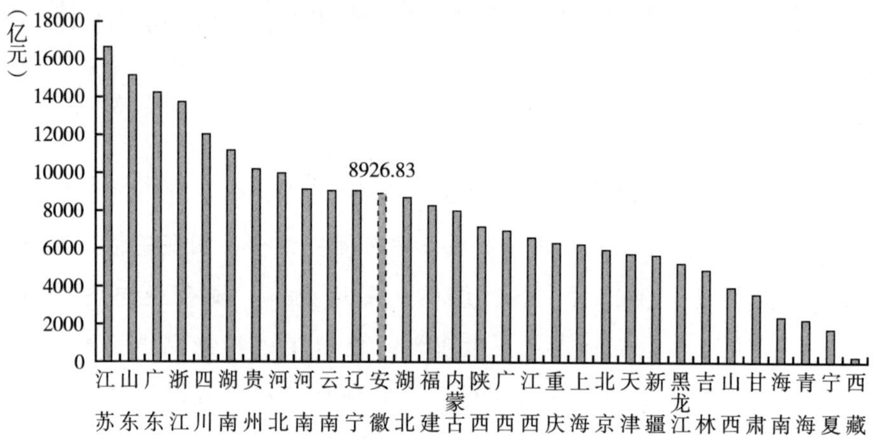

图 1　截至 2020 年 6 月全国 31 个省（区、市）地方债存量规模

数据来源：Choice 数据库，中诚信国际整理计算。

（一）2020年安徽省地方债发行节奏明显前倾，发行规模进一步扩大

2019 年 1 月至 2020 年 6 月，安徽省共计发行地方债 35 只，发行规模为 2819.64 亿元，其中，新增债达 2416.98 亿元（一般债 266.98 亿元，专项债 2150.00 亿元），再融资债达 402.66 亿元（一般债 402.66 亿元，无专项债）。为了对冲疫情对经济增长的冲击，财政政策持续发力，2020 年1～6 月，安徽省共计发行地方债 19 只，发行规模 1191.66 亿元，已达到 2019 年全年发行规模的 73.2%（见图 2）。

（二）2020年1～6月安徽新增地方债以10年期为主，专项债占比超八成

从期限分布看，安徽省新增地方债以 10 年期为主，占比达 54.45%，其次是 7 年期和 15 年期，占比分别为 20.48% 和 10.63%（见图 3）。从券种结构看，安徽省新增债达 1083.00 亿元（新增一般债 119.00 亿元，占 9.99%；新

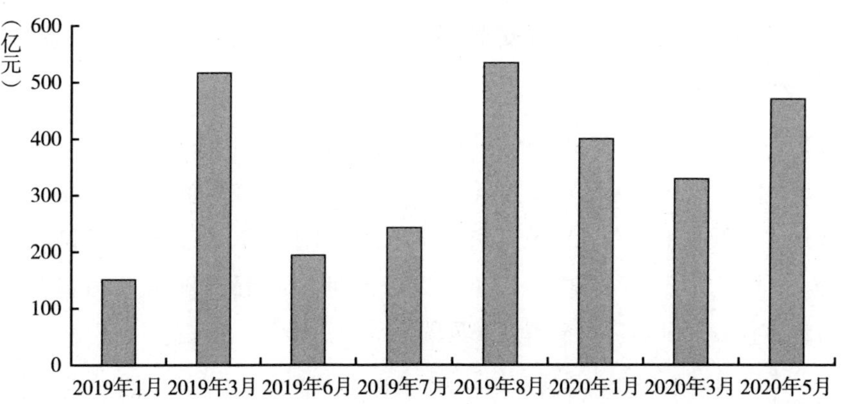

图 2　2019 年 1 月～2020 年 6 月安徽省地方债月度发行规模

注：安徽省部分月份无地方债发行，未在图中显示。
数据来源：Choice 数据库，中诚信国际整理计算。

增专项债 964.00 亿元，占 80.90%）（见图 4），同比增长 60.58%；再融资债达 108.66 亿元（全部为一般债），同比减少 40.66%。

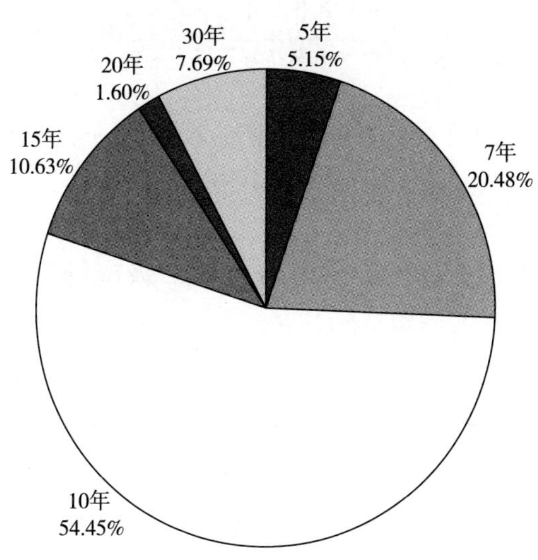

图 3　2020 年 1～6 月安徽省地方债发行期限结构

数据来源：Choice 数据库，中诚信国际整理计算。

（三）2020年1～6月安徽省地方债发行利率相对较低，发行利差逐步收窄

2020 年 1～6 月，安徽省地方债发行利率区间为 2.44%～3.68%，平均发行利率①为 3.17%（见图 4），居全国 31 个省（区、市）第 25 位，发行成本总体处于较低水平。在货币政策宏观调控影响下，2020 年 3 月发行利率显著下降，5 月有所回升。2020 年 1～6 月，以同期限国债到期收益率为基准，安徽省地方债发行利差呈收窄趋势（见图 5）。

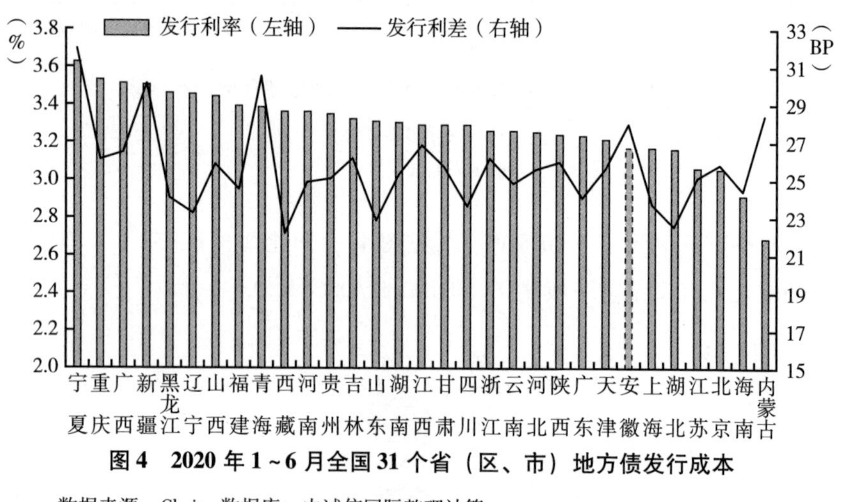

图 4　2020 年 1～6 月全国 31 个省（区、市）地方债发行成本

数据来源：Choice 数据库，中诚信国际整理计算。

（四）2020年1～6月安徽省地方债二级市场交易活跃，到期收益率先降后升

2019 年安徽省地方债二级市场交易规模②达 8029.37 亿元，居全国 31 个省（区、市）首位。2020 年 1～6 月安徽省地方债二级市场交易规模为 6978.25 亿元，同比增长 58.33%，规模仍居全国 31 个省（区、市）第 1 位，处于上游水平。

以 2020 年 6 月安徽省存量地方债为样本，2019 年 1～11 月，到期收益

① 如无特别说明，本报告中发行利率、利差为根据发行额计算的加权平均发行利率、利差，发行利差计算公式为债券发行利率减对应期限国债收益率。

② 交易统计包含回购交易、现券交易等部分。

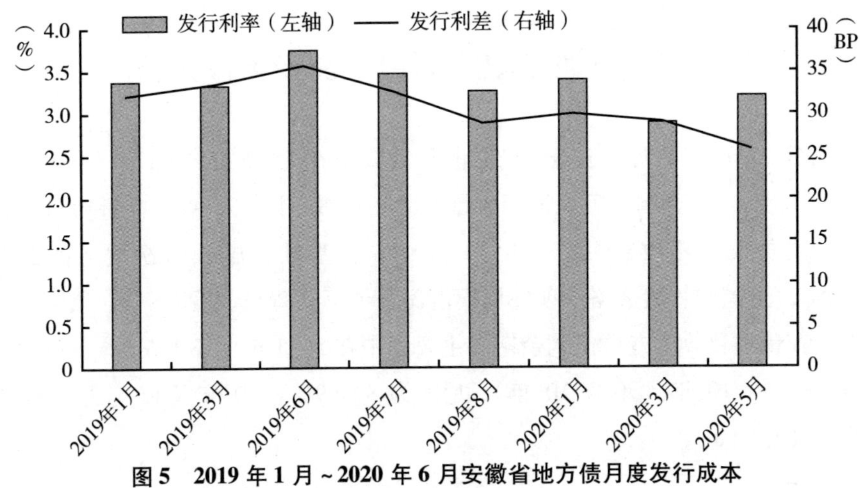

图5　2019 年 1 月 ~2020 年 6 月安徽省地方债月度发行成本

注：安徽省部分月份无地方债发行，未在图中显示。

数据来源：Choice 数据库，中诚信国际整理计算。

率①整体保持平缓，自 2019 年 12 月开始，资金面转松，到期收益率开始下行，至 2020 年 4 月到达低点，5 月开始逐步回升。从各期限来看，安徽省各期限地方债平均到期收益率在 2020 年 4 月到达低点，随后逐步回升（见图 6）。

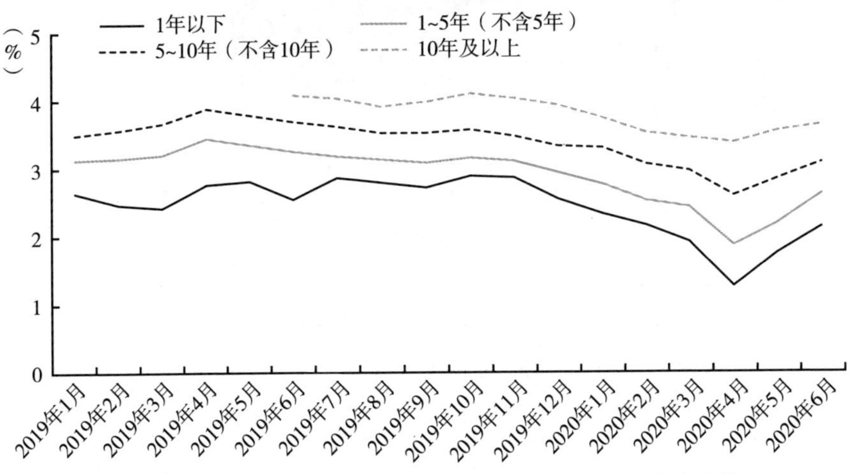

图6　2019 年 1 月 ~2020 年 6 月安徽省地方债到期收益率走势

数据来源：Choice 数据库，中诚信国际整理计算。

① 此处到期收益率均值采用的是算术平均值。

二 安徽省地方政府项目收益专项债分析*

截至2020年6月，安徽省存量项目收益专项债有32只，规模共计2782.99亿元，在全国排第6位。从专项债品种看，同期安徽省存量项目收益专项债主要投向棚改项目，占比为46.48%；基础设施领域次之，占比为34.00%；土储和收费公路专项债规模占比合计不到20%（见图7）。从期限结构看，存量项目收益专项债剩余期限主要集中在1~5年（不含5年），占比达57.77%，5~10年（不含10年）占比为36.99%，10年及以上占比仅为5.24%（见图8）。

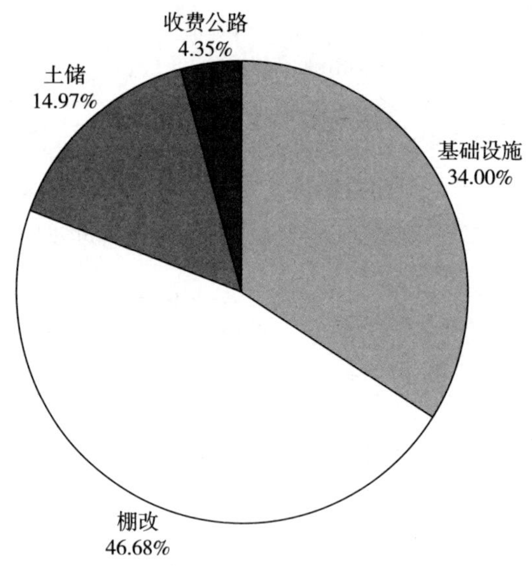

图7 截至2020年6月安徽省存量项目收益专项债募投领域分布

数据来源：安徽省地方政府新增专项债信息披露文件、Choice数据库，中诚信国际整理计算。

* 2020年7月29日财政部《关于加快地方财政专项债券发行使用有关工作的通知》明确2020年新增专项债须保证融资规模与项目收益相平衡，因此2020年新增专项债为项目收益专项债。本报告项目收益专项债统计样本为2017~2019年项目收益专项债与2020年1~6月新增专项债。

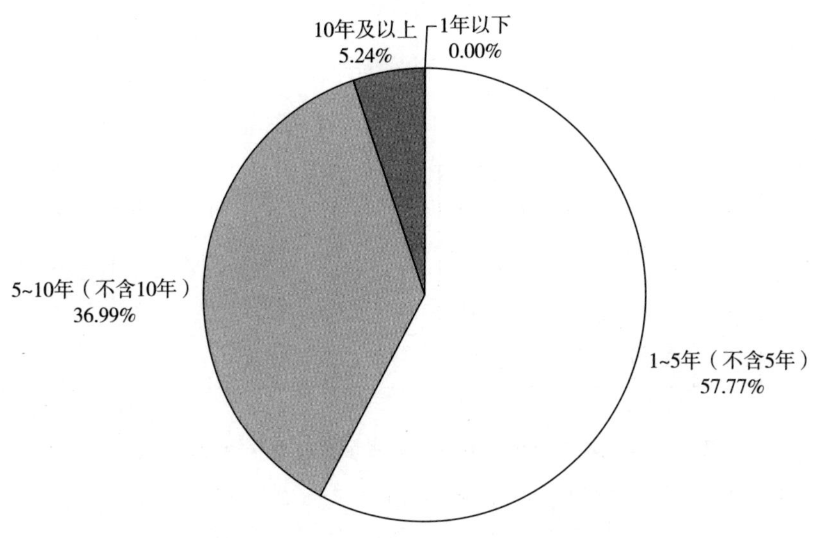

图8　截至2020年6月安徽省项目收益专项债剩余期限结构

数据来源：Choice数据库，中诚信国际整理计算。

（一）2020年1～6月安徽省项目收益专项债快速扩容且期限趋长，成本回升

自《关于试点发展项目收益与融资自求平衡的地方政府专项债券品种的通知》（财政〔2017〕89号文）[①] 发布以来，安徽省项目收益专项债发行规模逐年攀升，2017～2019年发行规模分别为140.09亿元、782.57亿元和1036.42亿元（见图9），年复合增长率高达172%；2020年1～6月全省项目收益专项债发行规模为964.00亿元，在全国排第11位，已接近2019年安徽省全年发行规模。

从发行成本看，2017～2019年安徽省项目收益专项债的发行利率分别为4.17%、3.90%和3.29%，呈逐年下降趋势；同期发行利差分别为32.91BP、43.11BP和31.56BP，呈波动态势。2020年1～6月二者均有不同程度的回升（见图10）。

① 《关于试点发展项目收益与融资自求平衡的地方政府专项债券品种的通知》（财预〔2017〕89号），财政部政府债务研究和评估中心网站，2017年7月21日，http：//www.governbond.org.cn/zcfg1/45414.jhtml。

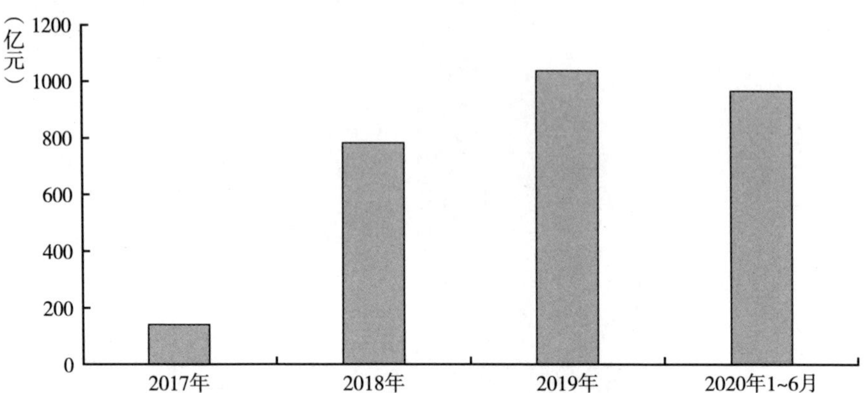

图 9　2017 年 ~2020 年 6 月安徽省项目收益专项债发行规模

数据来源：Choice 数据库，中诚信国际整理计算。

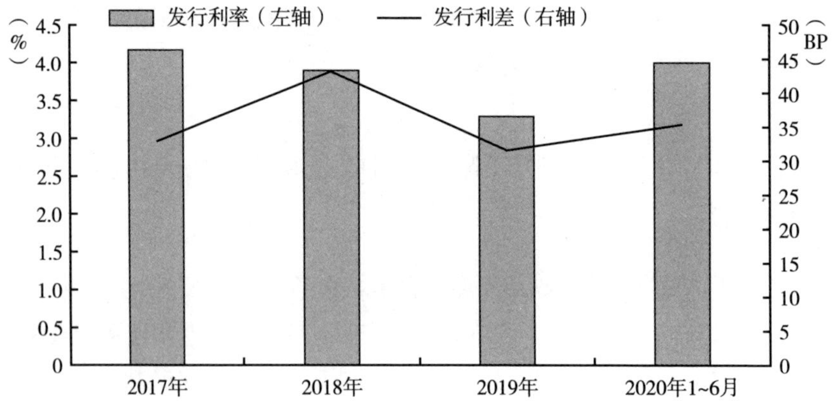

图 10　2017 年 ~2020 年 6 月安徽省项目收益专项债发行成本

数据来源：Choice 数据库，中诚信国际整理计算。

从发行品种来看，安徽省项目收益专项债由最初的土地储备专项债逐步拓展至棚改、收费公路和基础设施等领域，品种更加多元。受政策导向影响，2020 年 1 ~6 月安徽省停止发行土地储备和棚改专项债，基础设施建设专项债成主流品种（见图 11）。

从发行期限看，2020 年 1 ~6 月安徽省新发行的项目收益专项债期限趋于长期化，期限在 10 年及以上的发行规模占比为 82.44%（见图 12）。

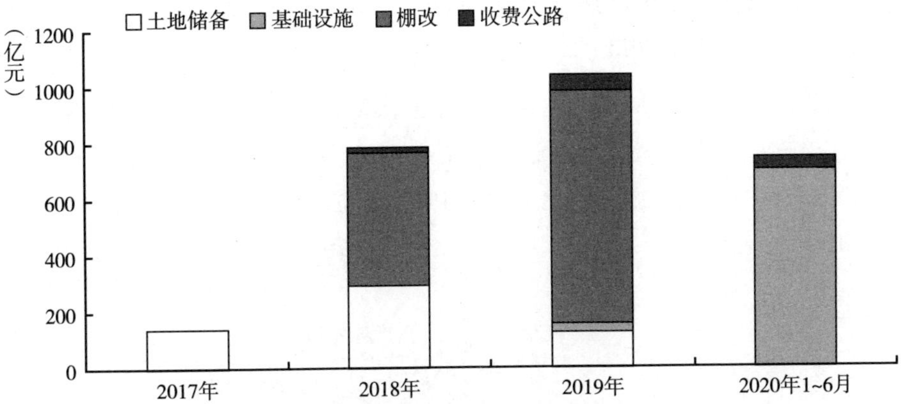

图 11　2017～2020 年安徽省项目收益专项债发行品种

数据来源：安徽省地方政府新增专项债信息披露文件、Choice 数据库，中诚信国际整理计算。

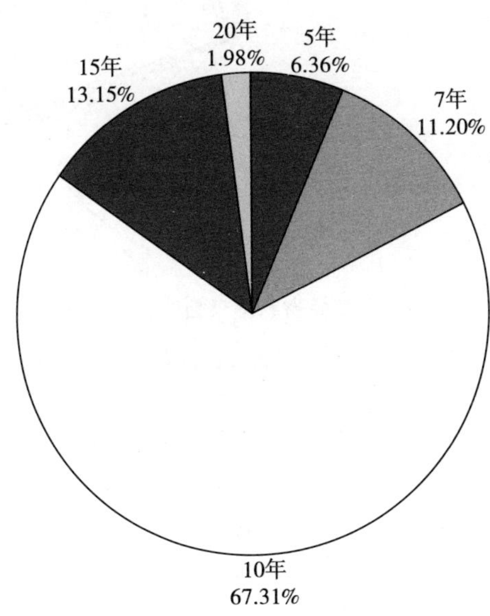

图 12　2020 年 1～6 月安徽省项目收益专项债发行期限结构

数据来源：Choice 数据库，中诚信国际整理计算。

（二）项目重点聚焦于市政和产业园区基础设施，区县级占比高，本息覆盖能力较弱

从募投领域看，2020 年 1 ~6 月安徽省新增项目收益专项债募投领域主要分布在市政和产业园区基础设施，占比达 61.25%①；其次是交通基础设施，占比为 17.80%；民生服务占比为 11.94%；生态环保项目和农林水利占比均小于 10%（见图 13）。

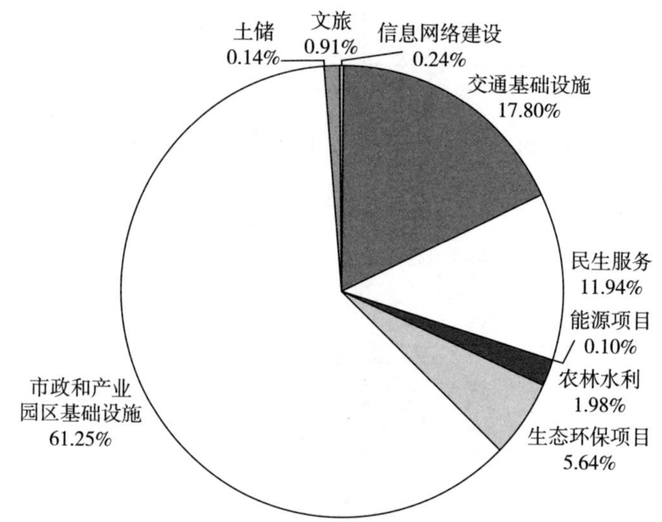

图 13　2020 年 1 ~6 月安徽省新增项目收益专项债募投领域分布

数据来源：安徽省地方政府新增专项债信息披露文件，中诚信国际整理计算。

从募投项目行政层级分布看，区县级和地市级专项债规模占比分别为 69.96% 和 28.52%，省级项目仅占 1.52%。从募投项目地级市分布情况看，安徽省项目收益专项债主要向合肥、滁州、阜阳、蚌埠、安庆等地倾斜，对淮南、铜陵、黄山、池州、淮北等省内经济落后地区扶持力度不够，前五名和倒数五名合计占比分别为 54.82% 和 13.47%，两极分化较为严重（见图 14）。

---

① 如无特别说明，本报告中引用的专项债支持项目相关数据均来自安徽省政府新增专项债信息披露文件，并由中诚信国际整理计算。由于数据的获取问题，数据可能来自不同募投项目文件、项目实施方案、信息披露模板等，这可能导致部分数据分析出现一定偏差，但不会对分析结论产生实质性的影响。

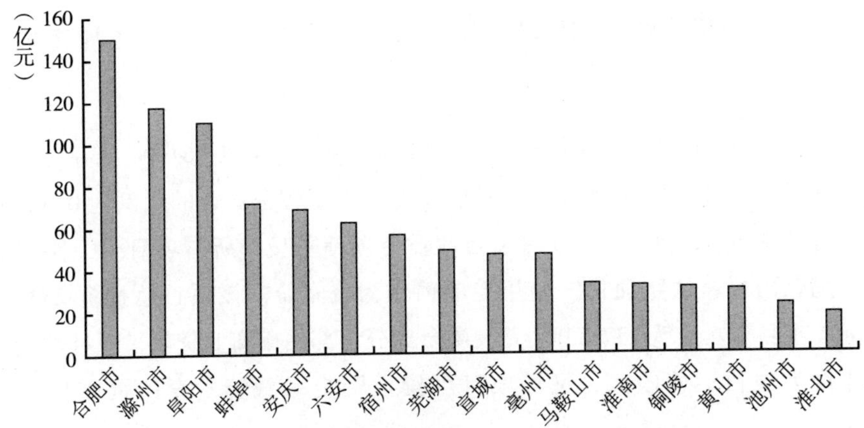

图 14　2020 年 1～6 月安徽省新增项目收益专项债各地级市分布

数据来源：安徽省地方政府新增专项债信息披露文件，中诚信国际整理计算。

从项目本息覆盖倍数看，2020 年 1～6 月安徽省新增项目收益专项债募投项目中可偿债资金对融资本息的覆盖倍数主要为 1～1.5 倍（含），占比达 83.35%，覆盖能力较弱（见图 15）。

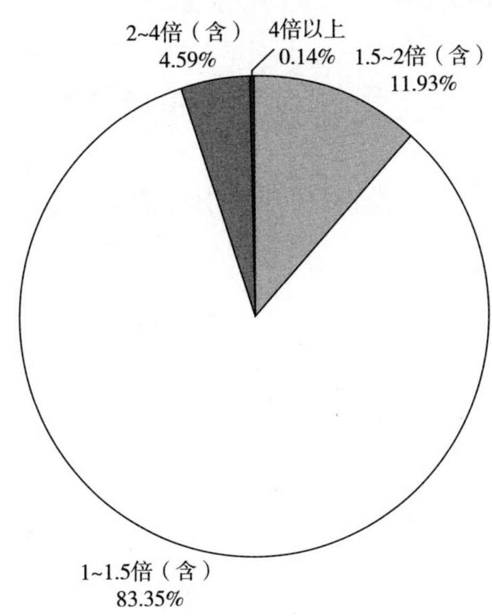

图 15　2020 年 1～6 月安徽省项目收益专项债项目本息覆盖情况

数据来源：安徽省地方政府新增专项债信息披露文件，中诚信国际整理计算。

（三）专项债资金用作项目资本金的比例不足1%，需更加充分发挥其撬动作用

2020年1～6月，安徽省新增项目收益专项债资金共964.00亿元，其中仅5.00亿元用作项目资本金，项目收益专项债用作资本金的比例为0.52%，处于较低水平。2020年1～6月项目收益专项债募投的所有项目中，仅“巢湖至马鞍山快速铁路项目”使用专项债作为资本金。该项目总投资254.51亿元，项目资本金为137.51亿元，剩余部分全部使用商业贷款，项目偿债资金来源为项目运营收入，预计项目可偿债资金对融资本息的覆盖倍数为1.16倍。

（四）安徽省项目收益专项债对投资的拉动能力处于全国中等偏下水平

通过测算，2020年1～6月，安徽省新增项目收益专项债用作资本金和配套融资的撬动杠杆分别为1.85倍和1.64倍，该撬动倍数在全国处于中等偏下水平，合计撬动基建投资规模为1581.40亿元。①

三　安徽省偿债能力分析

（一）地方债存量规模较高，2023年进入偿债高峰，以一般债券为主

截至2020年6月，安徽省存量地方债于2020年7～12月、2021～2026年将分别到期564.18亿元、812.54亿元、979.57亿元、2066.78亿元、1266.33亿元、948.40亿元和670.54亿元（见图17）。其中，2023年是偿债的高峰期。从到期券种分布来看，2020年7～12月、2021年、2022年、2025年和2026年到期债券以一般债为主，2023年和2024年以专项债为主（见图16）。

① 专项债撬动基建投资方法参见袁海霞、汪苑晖、卞欢《专项债兼顾扩容提效，助力基建托底稳增长——地方政府专项债2019年回顾与2020年展望》，《财政科学》2020年第1期。

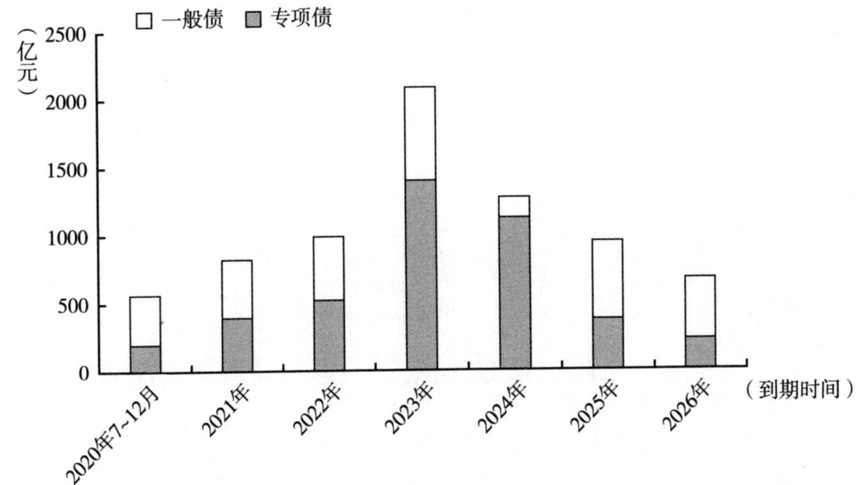

图 16 安徽省地方债 2020～2026 年到期分布

数据来源：Choice 数据库，中诚信国际整理计算。

2017～2019 年，安徽省债务余额分别为 5823.40 亿元、[①] 6704.65 亿元和 7936.40 亿元，年复合增长率为 16.74%。截至 2019 年，安徽省债务余额居全国第 12 位（见图 17）。

此外，财政部提前下达安徽省 2020 年新增地方政府债务限额合计为 1671.65 亿元，其中包含一般债限额 175.65 亿元、专项债限额 1496.00 亿元，截至 2020 年 8 月，新增一般债无剩余额度，新增专项债剩余额度为 532.00 亿元，仍有一定的举债空间。

（二）受益于长三角地区经济辐射和产业转移，安徽省经济财政实力较好

从区域经济发展来看，受益于较好的工业基础以及长三角发达地区经济辐射和产业转移，近年来安徽省区域经济持续增长，但在宏观经济下行和产

① 如无特别说明，本报告中引用的安徽省政府债务限额、余额，一般公共预算收入、支出，财政平衡率，债务率、负债率等财政相关数据均来自安徽省财政预算执行及决算报告，并由中诚信国际整理计算。

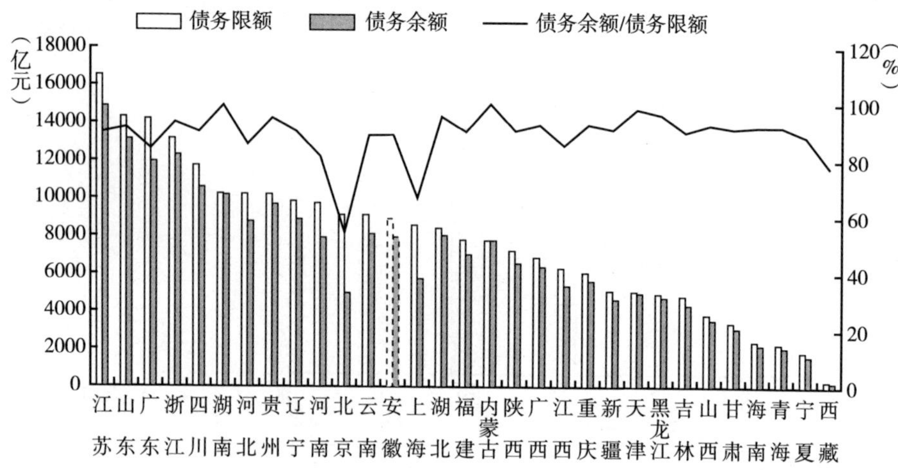

图 17　2019 年全国 31 个省（区、市）债务限额及余额

数据来源：全国 31 个省（区、市）财政预算执行及决算报告，中诚信国际整理计算。

业结构调整的影响下，经济发展增速有所放缓。2017 ~ 2019 年地区生产总值分别为 27518.70 亿元①、34010.91 亿元②和 37114.00 亿元（见图 18），按可比价格计算，同比增速分别为 8.50%、8.02% 和 7.50%。2019 年安徽省地区生产总值在全国 31 个省（区、市）处于中上游水平，三次产业结构由 2018 年的 7.8∶41.4∶50.8 微调整为 7.9∶41.3∶50.8，产业结构进一步优化。

从财政实力来看，安徽省一般公共预算收入保持增长，基金收入对地方财力形成有力补充。2017 ~ 2019 年，一般公共预算收入分别为 2812.45 亿元、3048.67 亿元和 3182.54 亿元（见图 18），其中税收占比分别为 70%、72% 和 69%；同期财政平衡率分别为 45%、46% 和 43%，财政自给能力有所波动。2017 ~ 2019 年政府性基金预算收入分别为 3197.79 亿元、2426.71 亿元和 3374.19 亿元。2019 年安徽省一般公共预算收入在全国 31 个省（区、市）处于中上游水平，财政平衡率处于中游水平（见图 19）。

① 如无特别说明，本报告中引用的宏观经济数据均来自《安徽省国民经济和社会发展统计公报》，并由中诚信国际整理计算。

② 此数据为第四次全国经济普查后调整的地区生产总值。

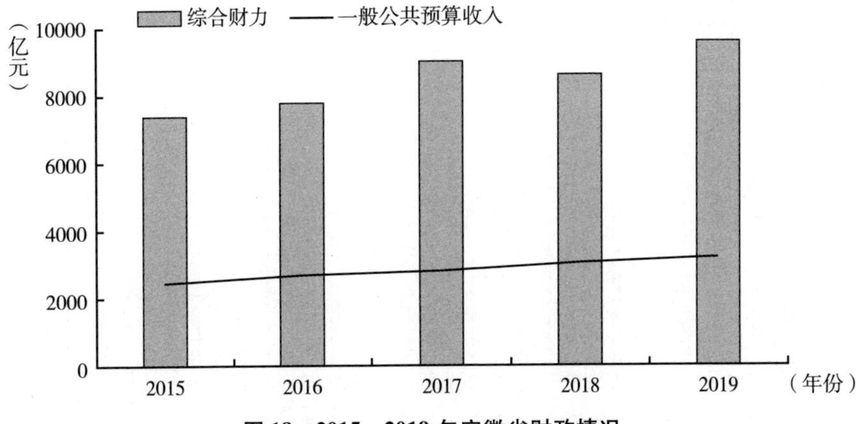

图 18　2015～2019 年安徽省财政情况

数据来源：安徽省财政预算执行及决算报告，中诚信国际整理计算。

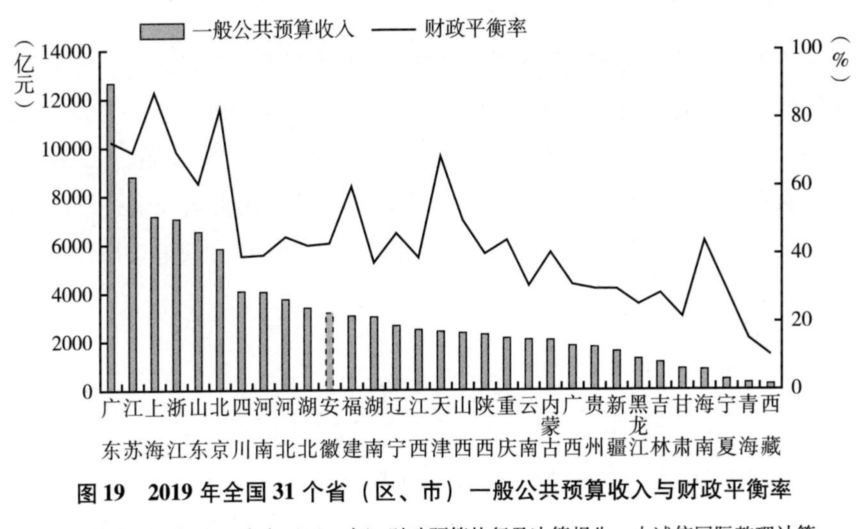

图 19　2019 年全国 31 个省（区、市）一般公共预算收入与财政平衡率

数据来源：全国 31 个省（区、市）财政预算执行及决算报告，中诚信国际整理计算。

（三）安徽省债务水平不高，债务化解政策逐步推进，信用风险整体可控

从债务水平来看，2019 年，安徽省债务率和负债率分别为 78.81% 和 21.38%，债务率和负债率在全国排名分别为第 19 位和第 18 位，整体债务水平不高（见图 20）。

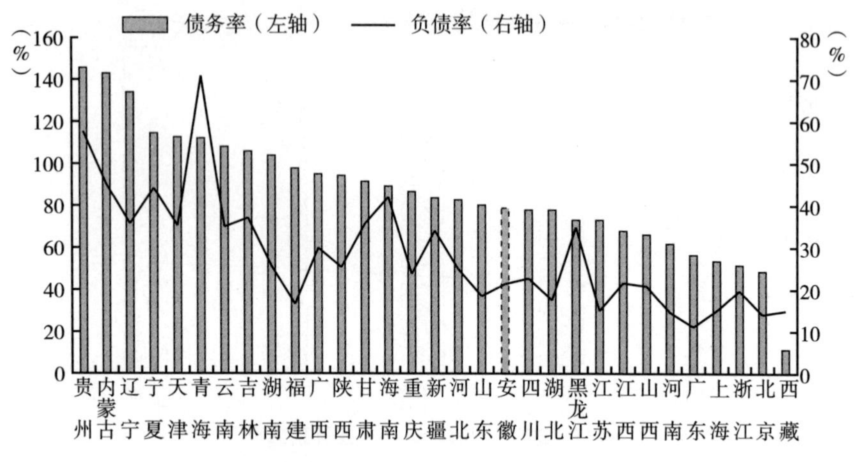

图 20　2019 年全国 31 个省（区、市）债务率及负债率

数据来源：全国 31 个省（区、市）财政预算执行及决算报告，中诚信国际整理计算。

从当地政府债务化解政策来看，2018 年 11 月安徽省审议通过了《关于防范化解地方政府隐性债务风险的实施意见》，意见明确指出将存量债务纳入预算管理，并对各级政府的新增债务规模及资金用途进行严格控制。① 2020 年 3 月，安徽省委、省政府印发了《关于加大政策调节力度促进经济持续健康发展的意见》（皖发〔2020〕4 号），该意见指出支持依法合规多举措化解到期存量地方政府隐性债务。②

四　小结

2020 年 1 ~6 月，安徽省地方债发行规模同比有所扩大，平均发行利率处于较低水平，发行利差呈收窄趋势。其中，项目收益专项债发行规模保持高速增长，新增项目收益专项债近六成投向市政和产业园区基础设施领域，且主要投向省内经济发达地区，对省内经济落后地区的扶持力度不够。同时，项目收

① 《关于防范化解地方政府隐性债务风险的实施意见》（中发〔2018〕27 号），中建科信网站，2018 年 10 月 10 日，http：//zfpppzx. com/content/？520. html。

② 《关于加大政策调节力度促进经济持续健康发展的意见》（皖发〔2020〕4 号），中华人民共和国国务院新闻办公室网站，2020 年 3 月 9 日，http：//www. scio. gov. cn/xwfbh/gssxwfbh/xwfbh/anhui/Document/1675171/1675171. htm。

益专项债用作资本金的比例不足1%，对基建投资规模的撬动效应在全国处于中等偏下水平。截至2020年6月，安徽省地方债存量规模居全国中上游，以中期债券为主，受益于安徽省经济总体运行平稳，综合财力持续提升，全省债务率和负债率水平不高，且现阶段债务限额仍有较大使用空间，债务风险整体可控。

B.35
2020年山东省地方政府债券分析报告

邵新惠　成 铮　许晓亮*

摘　要： 2020年上半年，受新冠肺炎疫情冲击，我国经济下行压力进一步增大。为支持重点项目复工复产，山东省地方债发行规模大幅提升，其中项目收益专项债发行规模远超2019年全年，居全国第二位，对基建投资的撬动规模较大。目前山东省政府债务规模处于全国前列，但就其经济及财政总量而言，负债率及债务率均处于相对合理水平，同时近年来其不断强化政府债务管理，区域债务风险整体可控。本报告从山东省地方债运行情况、项目收益专项债情况和偿债能力等三个方面，分析山东省地方债发展情况。

关键词： 地方债　专项债　山东省

一　山东省地方债运行情况分析

截至2020年6月，山东省地方债存量规模为15128.03亿元①，占全国地方债存量规模的6.32%，居全国第二位，仅次于江苏省（见图1）。从结构看，

---

* 邵新惠，中诚信国际政府公共评级部（上海）高级分析师，主要研究领域为地方政府债券、基础设施投融资行业等；成铮，中诚信国际政府公共评级部（上海）分析师，主要研究领域为地方政府债券、基础设施投融资行业等；许晓亮，中诚信国际政府公共评级部（上海）分析师，主要研究领域为地方政府债券、基础设施投融资行业等。

① 如无特别说明，本报告中引用的地方债存量、发行量、发行利率、发行利差、交易量、到期收益率等债券相关数据均来自截至2020年6月的Choice数据库，并由中诚信国际整理计算。

2018年以来的存量地方债以新增债为主，占比接近70%。从发行期限来看，截至2020年6月，山东省存量地方债主要为5年期、7年期和10年期，相应规模分别为4785.44亿元、4115.82亿元和3741.97亿元，占比分别为31.63%、27.21%和24.74%。

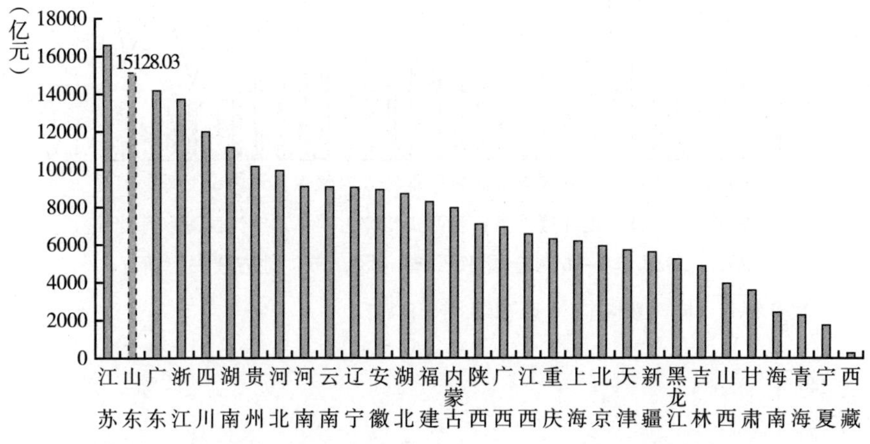

图1　截至2020年6月全国31个省（区、市）地方债存量规模

数据来源：Choice数据库，中诚信国际整理计算。

（一）发行规模持续维持在高位，上半年发行节奏提前且集中度提高

2020年以来，受新冠肺炎疫情等因素的影响，全国经济呈现阶段性下行趋势。为应对疫情冲击，财政政策持续加码，地方债发行力度加大，尤其是专项债大幅扩容以托底经济。2020年，中央分四批下达山东省新增专项债额度3134亿元（含青岛市387亿元），为支持重点项目复工复产，山东省加快提前下达专项债发行使用进度，其中2500.11亿元（见图2）已于上半年发行完毕，同比增长51.68%。从具体发行月份来看，山东省发行地方债集中在2020年1月和5月，其中1月发行21只，共计817.34亿元；5月发行26只，共计1151.81亿元（见图3）。

（二）上半年发行结构以专项债为主，发行期限更趋长期化

2020年1~6月，山东省新发行地方债以新增专项债为主，期限以10年、15

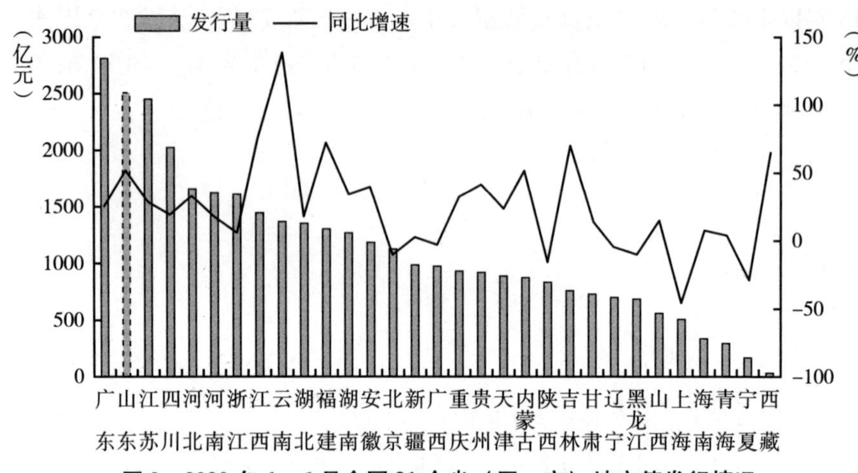

图 2　2020 年 1～6 月全国 31 个省（区、市）地方债发行情况

数据来源：Choice 数据库，中诚信国际整理计算。

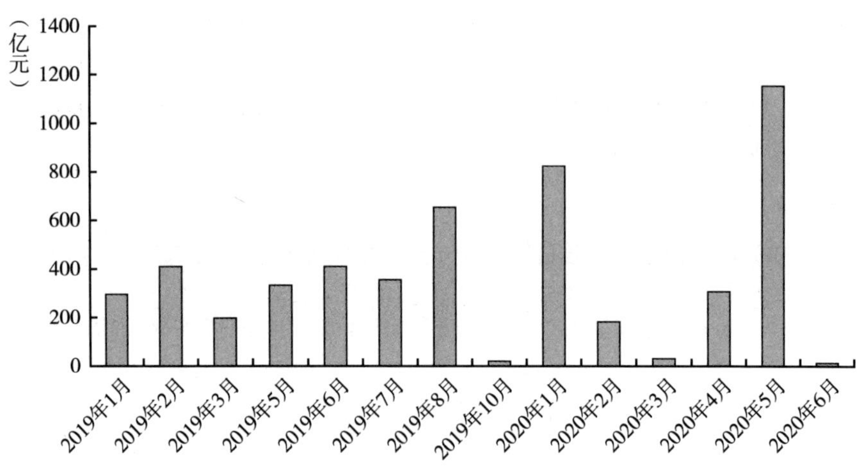

图 3　2019 年 1 月～2020 年 6 月山东省地方债月度发行规模

注：山东省部分月份无地方债发行，未在图中显示。
数据来源：Choice 数据库，中诚信国际整理计算。

年和 20 年为主，整体发行期限长于 2019 年。从发行结构来看，新增专项债发行规模为 1895.00 亿元，新增一般债 163.00 亿元，合计占上半年发行规模的 82.32%，再融资一般债 435.41 亿元，再融资专项债 6.70 亿元。从债券期限来看，10 年期及以上地方债发行规模占比为 97.21%，同比增加 66.81 个百分点，

发行期限更趋长期化，以更好地匹配项目投资周期。其中10年期地方债发行规模占比为50.51%，同比增加22.00个百分点。此外，2020年上半年较2019年新增15年期、30年期品种，发行规模合计占比达27.36%（见图4）。

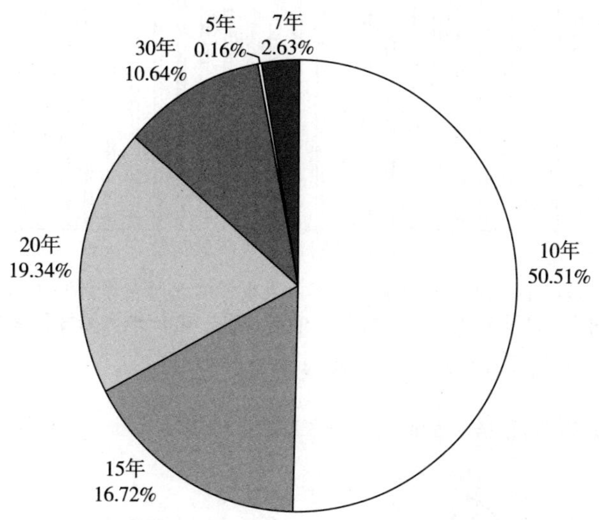

图4　2020年1~6月山东省地方债发行期限结构

数据来源：Choice数据库，中诚信国际整理计算。

（三）上半年发行利率整体下行，发行利差有所收窄

发行成本方面，2020年1~6月，山东省地方债加权平均发行利率①较2019年同期回落1.14BP，至3.31%，在全国31个省（区、市）中处于平均水平（见图5）；从月度情况来看，2020年1~6月山东省发行利率整体下行，2020年6月发行利率降至3.10%（见图6）。

发行利差方面，2020年1~6月，山东省地方债发行利差较2019年同期由3.79BP收窄至22.85BP，在全国31个省（区、市）中处于较低水平；从月度情况来看，1~3月发行利差略有上浮，4~6月发行利差收窄，发行利差整体从1月的25.68BP收窄至6月的18.47BP（见图6）。

① 如无特别说明，本报告中发行利率、利差为根据发行额计算的加权平均发行利率、利差，发行利差为债券发行利率减去对应期限国债收益率。

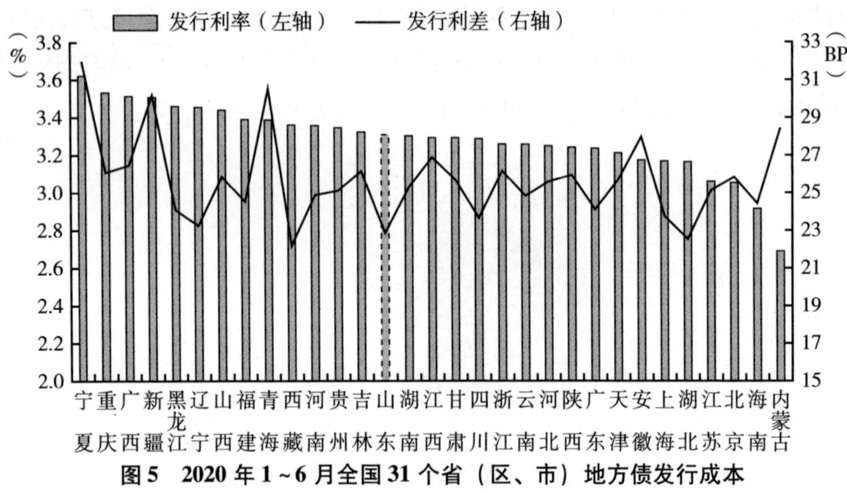

图5　2020 年 1～6 月全国 31 个省（区、市）地方债发行成本

数据来源：Choice 数据库，中诚信国际整理计算。

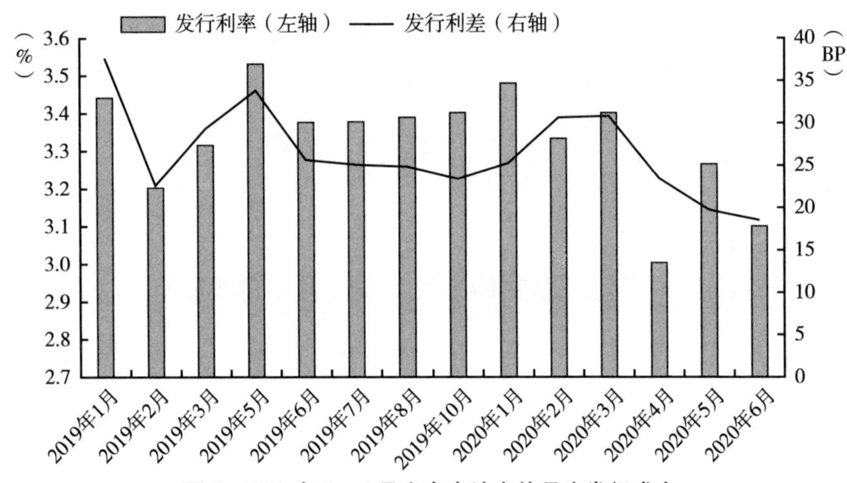

图6　2020 年 1～6 月山东省地方债月度发行成本

注：山东省部分月份无地方债发行，未在图中显示。

数据来源：Choice 数据库，中诚信国际整理计算。

（四）山东省地方债交易活跃，上半年到期收益率于4月触底反弹

2020 年 1～6 月，山东省存续地方债交易规模①为 3526.34 亿元，较 2019

① 交易统计包含回购交易、现券交易等部分。

年增长 81.21%。从债券平均到期收益率①来看，2019 年 1 月至 2020 年 6 月山东省各期限地方债到期收益率走势一致，均呈现先降后升趋势，并于 2020 年 4 月触底反弹（见图 7）。

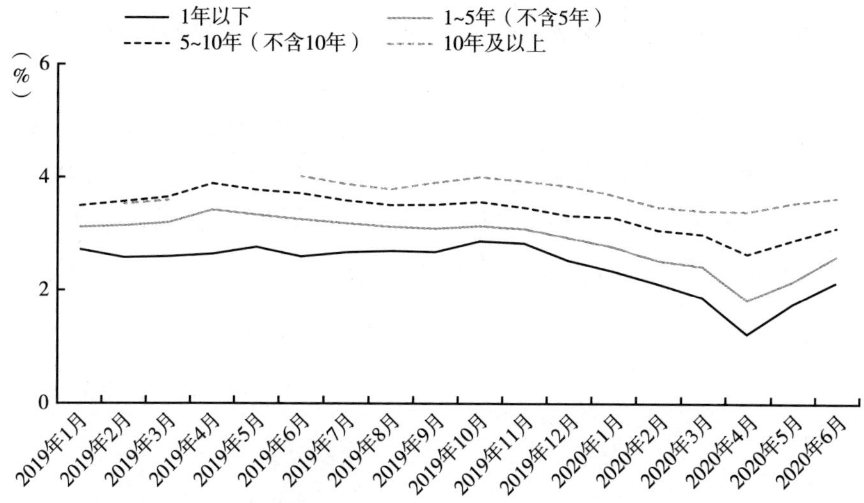

图 7　2019 年 1 月 ~ 2020 年 6 月山东省地方债到期收益率走势

数据来源：Choice 数据库，中诚信国际整理计算。

二　山东省地方政府项目收益专项债分析*

山东省项目收益专项债存量规模在全国 31 个省（区、市）中居于首位，截至 2020 年 6 月，存量项目收益专项债规模合计 4491.39 亿元；债券发行期限以 5 年和 10 年及以上期限为主，其中 5 年期债券规模为 1681.95 亿元，10 年及以上期限债券规模为 2122.23 亿元；投向聚焦基础设施建设和棚户区改造领域，其中基础设施专项债 29 只，规模为 1389.74 亿元，占比 30.94%；棚户区改造专项债 22 只，规模为 1493.96 亿元，占比 33.26%。

---

① 此处到期收益率均值采用的是算术平均值。

* 2020 年 7 月 29 日财政部《关于加快地方财政专项债券发行使用有关工作的通知》明确 2020 年新增专项债须保证融资规模与项目收益相平衡，因此 2020 年新增专项债为项目收益专项债。本报告项目收益专项债统计样本为 2017 ~ 2019 年项目收益专项债与 2020 年 1 ~ 6 月新增专项债。

（一）发行规模逐年上升，发行利率和发行利差低于全国平均水平

自2017年财政部发布《关于试点发展项目收益与融资自求平衡的地方政府专项债券品种的通知》（财预〔2017〕89号）① 以来，截至2020年6月，山东省共发行项目收益专项债134只，募集资金规模合计4491.39亿元，占同期全国地方政府项目收益专项债总额的8.17%。其中，2017年发行18只，募集资金201.50亿元；2018年发行10只，募集资金759.89亿元；2019年发行57只，募集资金1635.00亿元；2020年1～6月发行49只，募集资金1895.00亿元（见图8），占同期全国地方政府项目收益专项债发行总额的8.49%，在全国31个省（区、市）中排名第二，仅次于广东省。

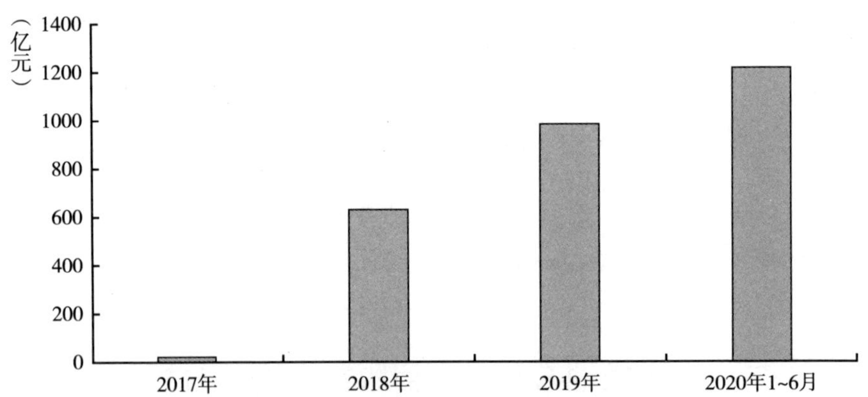

图8　2017年～2020年6月山东省项目收益专项债发行规模

数据来源：Choice数据库，中诚信国际整理计算。

发行利率和利差方面，近年来发行利率呈现波动下行趋势，发行利差呈现先升后降趋势。具体来看，2017年山东省发行利率为3.94%，发行利差为33.40BP；2018年发行利率为3.81%，发行利差为40.88BP；2019年发行利率为3.31%，发行利差为25.87BP；2020年1～6月发行利率为3.37%，发行利

① 《关于试点发展项目收益与融资自求平衡的地方政府专项债券品种的通知》（财预〔2017〕89号），中华人民共和国财政部网站，2017年7月24日，yss.mof.gov.cn/zhuantilanmu/dfzgl/zcfg/201707/t20170724_2656632.html。

差为22.72BP（见图9）。2020年1～6月，全国地方政府项目收益专项债平均发行利率为3.36%，略低于山东省项目收益专项债发行利率；平均发行利差为25.02BP，高出山东省项目收益专项债发行利差2.30BP。

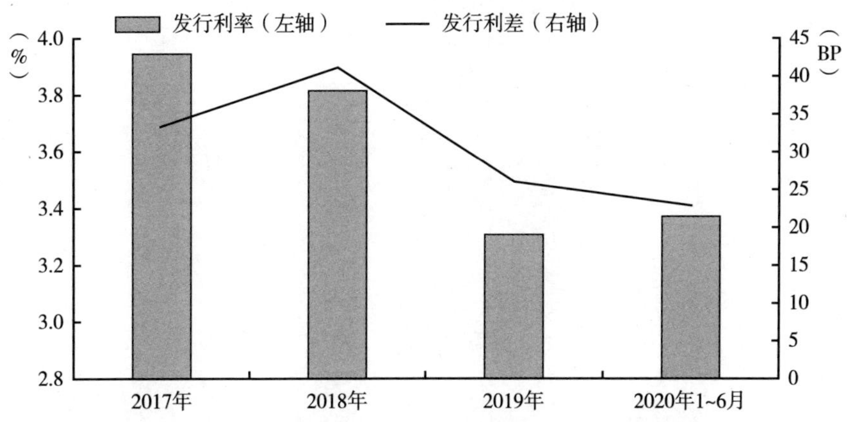

图9　2017年～2020年6月山东省项目收益专项债发行成本

数据来源：Choice数据库，中诚信国际整理计算。

从债券发行期限看，新增发行债券期限以10年、15年和20年为主，与专项债项目期限更为匹配。其中10年期债券20只，发行金额为913.83亿元，占48.22%；15年期债券10只，发行金额为376.28亿元，占19.86%；20年期债券11只，发行金额为339.79亿元，占17.93%（见图10）。

（二）募投领域向市政和产业园区基础设施倾斜，募投项目收入均能覆盖项目融资本息

2020年1～6月，山东省共发行项目收益专项债49只。具体来看，投向市政和产业园区基础设施、交通基础设施、民生服务和生态环保项目的募集资金占比分别为56.88%、17.84%、15.27%和6.94%①（见图11）。2019年，山

① 如无特别说明，本报告中引用的专项债支持项目相关数据均来自山东省政府新增专项债信息披露文件，并由中诚信国际整理计算。由于数据的获取问题，数据可能来自不同募投项目文件、项目实施方案、信息披露模板等，这可能导致部分数据分析出现一定偏差，但不会对分析结论产生实质性的影响。

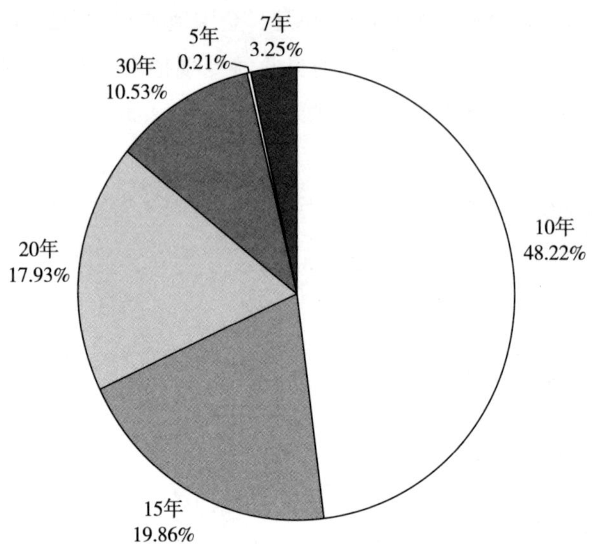

图 10　2020 年 1～6 月山东省项目收益专项债发行期限结构

数据来源：Choice 数据库，中诚信国际整理计算。

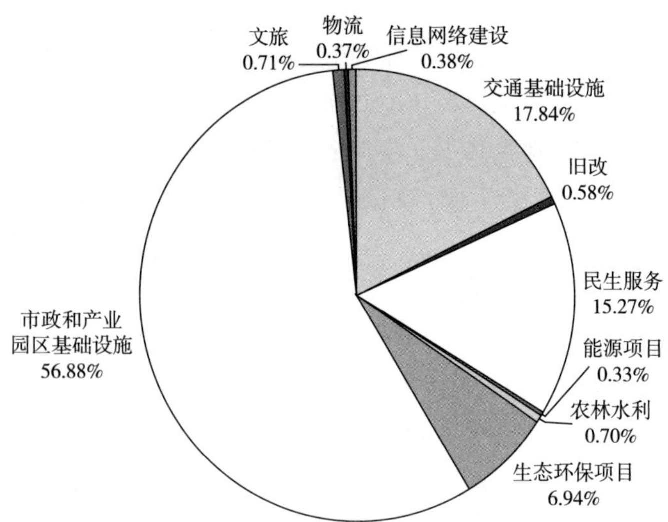

图 11　2020 年 1～6 月山东省新增项目收益专项债募投领域分布

数据来源：山东省地方政府新增专项债信息披露文件，中诚信国际整理计算。

东省“四新”经济增势强劲，实现增加值占比达到28%，投资占比达到44.8%。山东省2020年上半年通过扩大发行市政和产业园区基础设施项目收益专项债，进一步拉动动能转换，促进提质加速，带动“四新”经济进一步增长。此外，为更有力地服务山东省“六稳”“六保”工作，2020年上半年山东省综合交通基础设施投资建设也强力推进，完成全年计划任务的59.4%。

募投项目行政层次方面，2020年1~6月，项目收益专项债主要投向地市级和区县级，占比分别为43.75%和52.19%，剩余4.06%投向省级项目。

项目本息覆盖倍数方面，2020年1~6月，山东省项目收益专项债募投项目共有1088个，所有募投项目的收入均能覆盖项目融资本息。其中，987个募投项目的本息覆盖倍数在1到2倍之间，募投资金占山东省当期项目收益专项债发行总规模的比重为91.17%，79个募投项目的本息覆盖倍数在2到3倍之间，募投资金占山东省当期项目收益专项债发行总规模的比重为6.78%。

（三）项目收益专项债资金用作项目资本金的比重相对较小

2020年1~6月，山东省发行的项目收益专项债中用作项目资本金的比重为6.53%，占比相对较低。但考虑到专项债用作项目资本金对基建投资规模的撬动作用，在稳增长背景下仍需合理推进资本金应用，以放大其对基建投资的拉动效果。从项目还款来源看，约1/3的项目将厂房租赁收入作为还款来源之一，需关注产业园区项目建设及运营情况。

（四）上半年山东省项目收益专项债对基建投资的撬动规模尚可

2020年上半年，在抗疫情、稳增长的特殊时期，山东省突出重大规划、重大战略和重大工程，特别是重点推进实施补短板、强弱项项目，专项债作为积极财政政策的重要抓手。2020年1~6月，山东省新增项目收益专项债规模为1895.00亿元，理论上可撬动基建投资规模约为3518.05亿元，撬动规模尚可。其中，专项债用作资本金的项目中，项目资本金比例均值为0.61，专项债用作资本金的撬动杠杆为1.64倍，理论上约能撬动基建投资规模为215.01亿元，但实际效果仍受较多因素限制，如资金到位情况、项目建设进度、配套设施建设情况等；专项债不用作资本金的项目中，项目资本金比例均值为0.47，项目配套融资比例均值为0.53，撬动杠杆为1.89倍，专项债作为配套融资撬动基建投资规模为3303.04亿元①，整体来看项目收益专项债对基建投资具有拉动效果。

三　山东省偿债能力分析

（一）政府债务规模保持较高水平，2021～2024年到期债务规模较大

山东省地方政府债务规模保持较高水平，在全国31个省（区、市）中排名第二，占比为6.2%。2017～2019年，山东省地方政府债务余额分别为10196.8亿元、11436.7亿元和13127.5亿元②（见图12），均在债务限额以内。其中截至2019年，山东省一般债务余额和专项债务余额分别为6736.4亿元和6391.1亿元。

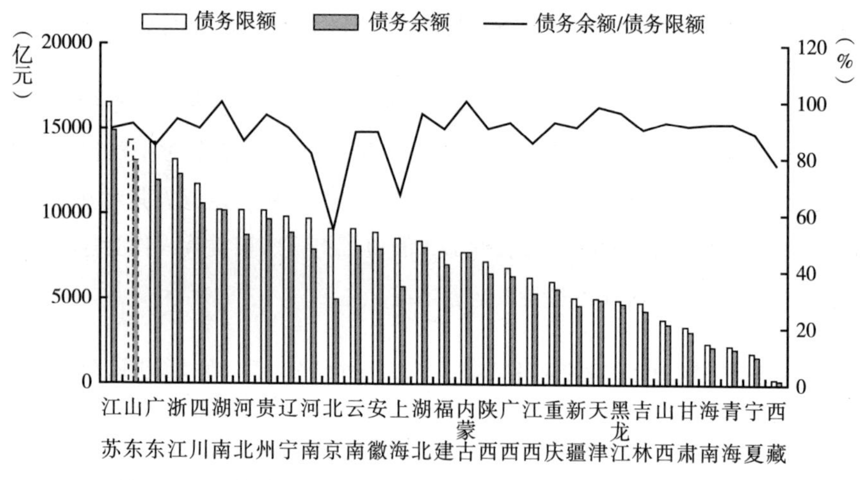

图12　2019年全国31个省（区、市）地方政府债务限额及余额

数据来源：全国31个省（区、市）财政预算执行及决算报告，中诚信国际整理计算。

① 专项债撬动基建投资方法参见袁海霞、汪苑晖、卞欢《专项债兼顾扩容提效，助力基建托底稳增长——地方政府专项债2019年回顾与2020年展望》，《财政科学》2020年第1期。

② 如无特别说明，本报告中引用的山东省政府债务限额、余额，一般公共预算收入、支出，财政平衡率，债务率、负债率等财政相关数据均来自山东省财政预算执行及决算报告，并由中诚信国际整理计算。

存续债券方面，截至 2020 年 6 月，山东省存续地方政府债合计 15128.03 亿元，其中一般债余额为 6668.05 亿元，一般专项债余额为 3968.59 亿元，项目收益专项债余额为 4491.39 亿元。从到期分布来看，2020 年 7～12 月、2021～2026 年山东省存续地方政府债到期规模分别为 588.37 亿元、2228.05 亿元、1632.60 亿元、2379.41 亿元、2151.23 亿元、855.01 亿元和 1460.50 亿元，未来面临一定的偿债压力（见图 13）。

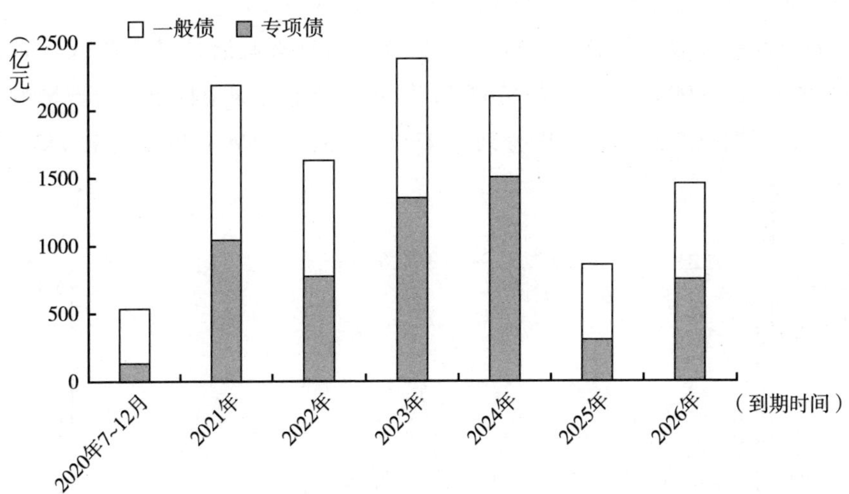

图 13　山东省地方债 2020～2026 年到期分布

数据来源：山东省财政预算执行及决算报告，中诚信国际整理计算。

（二）山东省经济和财政实力较强，财政平衡率处于全国中上水平

山东省经济基础较好，目前经济体量位于全国 31 个省（区、市）前列，但近年来增速有所放缓。2017～2019 年，山东省分别实现地区生产总值（GDP）72678.2 亿元、76469.7 亿元[①]和 71067.5 亿元[②]，按可比价格计算，分别实现同比增长 7.4%、6.4%和 5.5%。分产业看，2019 年山东省第一产业

① 根据全国第四次经济普查，2018 年山东省 GDP 核减至 66649.0 亿元，下调比例为 12.84%。

② 如无特别说明，本报告中引用的宏观经济数据均来自《山东省国民经济和社会发展统计公报》，并由中诚信国际整理计算。

增加值为 5116.4 亿元，增长 1.1%；第二产业增加值为 28310.9 亿元，增长 2.6%；第三产业增加值为 37640.2 亿元，增长 8.7%；三次产业结构由 2018 年的 7.4∶41.3∶51.3 调整为 7.2∶39.8∶53.0。

财政实力方面，2017 ~2019 年，山东省一般公共预算收入分别为 6098.50 亿元、6485.38 亿元和 6526.71 亿元，其中税收收入占比保持在 75% 左右。同期，山东省财政平衡率分别为 65.88%、64.22% 和 60.77%，不足部分主要由上级政府的税收返还及转移支付来弥补（见图 14）。

政府性基金收支方面，2017 ~2019 年，山东省政府性基金收入分别为 3769.16 亿元、6000.62 亿元和 6742.71 亿元，受土地使用权出让情况影响波动较大；同期政府性基金支出分别为 4317.93 亿元、6709.88 亿元和 7532.22 亿元。

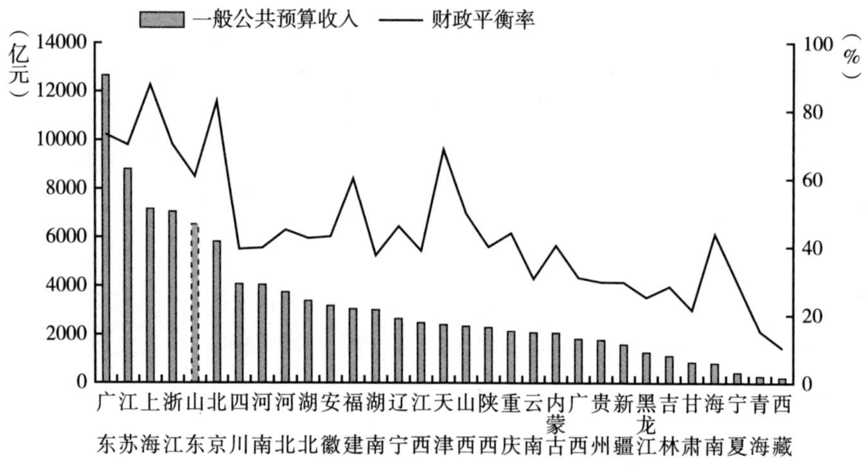

图 14　2019 年全国 31 个省（区、市）一般公共预算收入与财政平衡率

数据来源：全国 31 个省（区、市）财政预算执行及决算报告，中诚信国际整理计算。

（三）山东省整体债务规模处于中等偏下，债务风险整体可控

山东省强化政府债务管理，规范政府和社会资本合作及政府购买服务行为，纠正违法违规举债融资担保行为，结合各地区经济发展情况良性举债，积极化解政府性存量债务，严控政府债务风险。从具体数据看，2019 年山东省

负债率为18.47%，就其经济总量而言，负债率处于相对较低水平；债务率为80.22%，处于全国中游偏下水平，整体债务风险相对可控（见图15）。

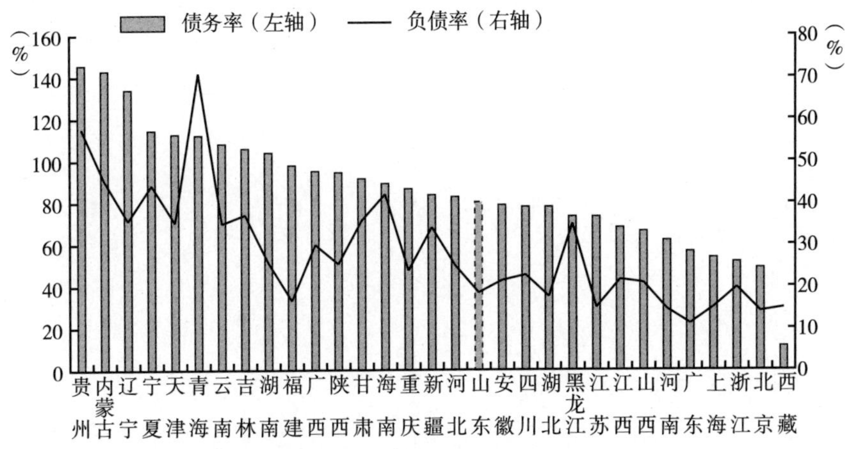

图15　2019年全国31个省（区、市）债务率及负债率

数据来源：全国31个省（区、市）财政预算执行及决算报告，中诚信国际整理计算。

四　小结

山东省经济及财政实力位居全国前列，地方债整体运行良好，且地方债对基建投资的撬动规模较大，发行规模持续维持在高位。2020年上半年，为支持重点项目复工复产，山东省地方债发行节奏提前且集中度提高。新发债券以新增专项债为主，期限偏长期，发行利率和发行利差均处于全国中位水平，主要投向市政和产业园区基础设施，对投资的拉动作用较大。

目前，山东省地方债存量规模位居全国前列，债务增长较快，但就其经济及财政实力而言，负债率及债务率均处于相对合理水平；同时山东省政府不断强化政府债务管理，债务风险整体可控。鉴于山东省将于2021～2024年进入偿债高峰期，建议其仍要合理安排期限结构和资金投向，尤其重点监测项目收益专项债募投项目的投资和经营情况，保障项目收益专项债的首要还款来源，提前做好债务风险防控措施；同时有效配置资金投向，充分发挥专项债作为项目资本金的撬动作用，尤其是在市政和产业园区基础设施领域及交通基础设施建设等领域最大限度地引入社会资本，降低财政压力。此外，积极创新专项债用于支持生态环保及新型城镇化、新型基础设施、重大工程等“两新一重”领域的项目建设，促进产业转型升级，助力新旧动能转换。

B.36

2020年海南省地方政府债券分析报告

李龙泉　马蕙桐　唐庶田　秦羽璇*

摘　要： 2015年海南省首次自主发行地方债，募集债券资金主要用于重大项目建设，但近年来受限于海南省整体经济实力及偿债资金安排等，海南省地方债发行及存量规模在全国31个省（区、市）中排名相对靠后。2020年，为加快海南省自贸港建设，海南省地方债发行规模扩大，发行节奏加快。项目收益专项债持续扩容，资金投向较为均衡，但无专项债用作项目资本金，其对投资增长的撬动效应有很大的释放空间。从债务情况看，海南省债务规模较小，债务率较低，债务风险整体可控。未来海南省要继续加强对地方隐性债务的约束，完善地方政府债务风险预警机制，并加快政府发债使用进度，发挥政府债券资金效能，全力支持海南自贸港建设。

关键词： 地方债　专项债　海南省

一　海南省地方债运行情况分析

截至2020年6月，海南省地方债存量规模为2423.79亿元，[①] 在全国31

---

* 李龙泉，中诚信国际政府公共评级部（上海）高级分析师，主要研究领域为地方政府债券、基础设施投融资行业等；马蕙桐，中诚信国际政府公共评级部（上海）高级分析师，主要研究领域为地方政府债券、基础设施投融资行业等；唐庶田，中诚信国际政府公共评级部（上海）分析师，主要研究领域为地方政府债券、基础设施投融资行业等；秦羽璇，中诚信国际政府公共评级部（上海）分析师，主要研究领域为地方政府债券、基础设施投融资行业等。

① 如无特别说明，本报告中引用的地方债存量、发行量、发行利率、发行利差、交易量、到期收益率等债券相关数据均来自截至2020年6月的Choice数据库，并由中诚信国际整理计算。

个省（区、市）中排名第28位（见图1），占全国地方债存量的1.01%，存量地方债规模在全国处于较低水平。其中，存量一般债为1379.48亿元，占比56.91%；专项债余额为1044.32亿元，占比43.09%。存量专项债中以新增债为主，约570.63亿元，占比54.64%；置换及再融资债规模较小。从发行期限来看，截至2020年6月，海南省存量地方债发行期限以5年、7年及10年为主，存量规模分别为816.09亿元、709.74亿元和613.87亿元，合计占88.28%。

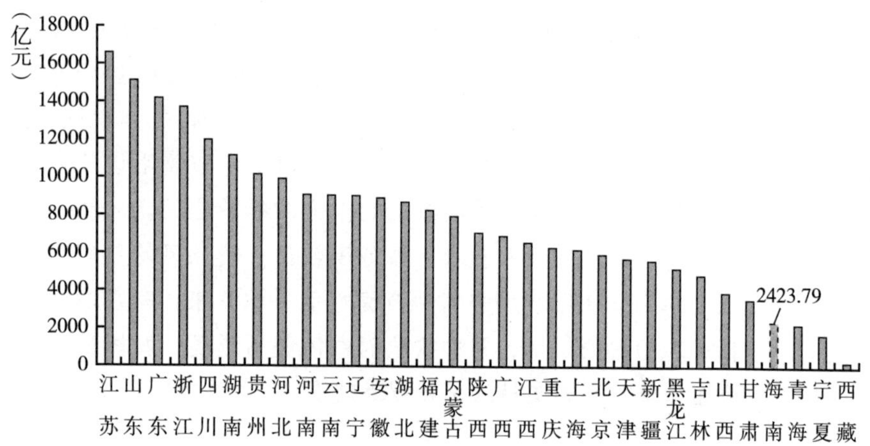

图1　截至2020年6月全国31个省（区、市）地方债存量规模

数据来源：Choice数据库，中诚信国际整理计算。

（一）2020年地方债发行规模扩大，以保障自贸港建设资金需要

2020年1～6月，海南省为加快海南自贸港建设，应对新冠肺炎疫情，共发行地方债336.49亿元，同比增长7.4%（见图2）。其中发行专项债186.81亿元，同比增长36.0%，占财政部已下达地方债额度的79.9%。截至2020年6月，财政部下达的2020年新增债额度273.00亿元已全部发行完毕。从月度发行规模走势看，海南省地方债集中发行于2月、3月及5月，发行规模分别为74.00亿元、89.00亿元和173.49亿元（见图3）。

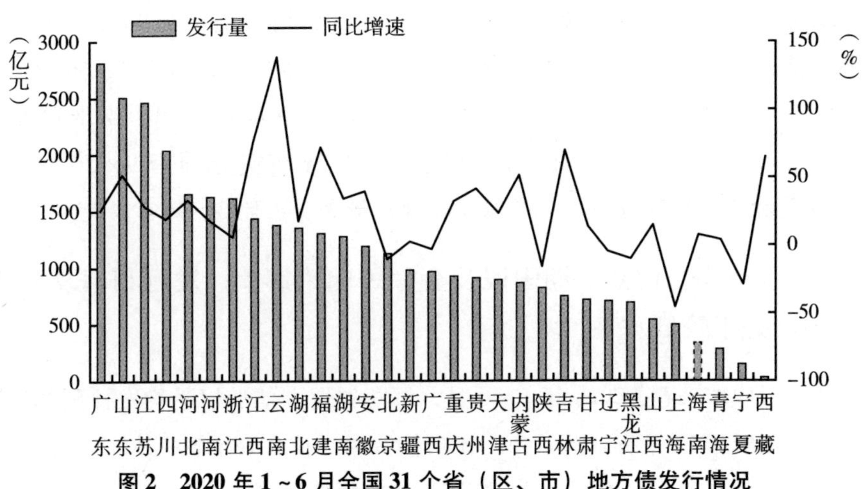

图2　2020 年 1～6 月全国 31 个省（区、市）地方债发行情况

数据来源：Choice 数据库，中诚信国际整理计算。

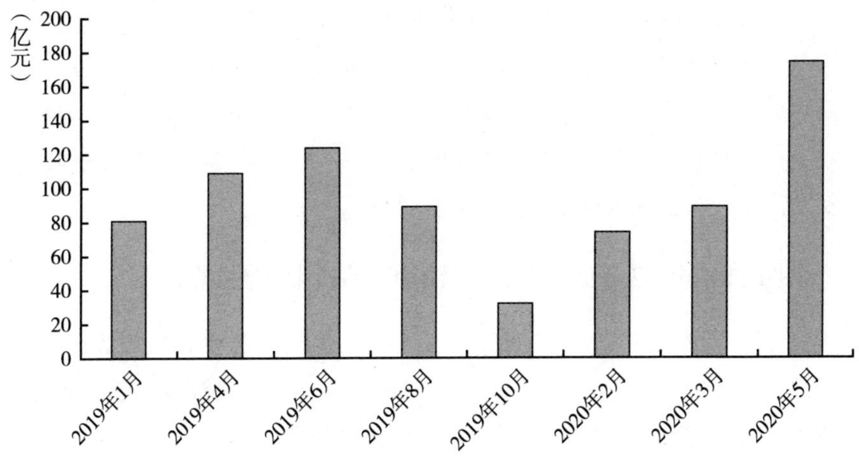

图3　2019 年 1 月～2020 年 6 月海南省地方债月度发行规模

注：海南省部分月份无地方债发行，未在图中显示。

数据来源：Choice 数据库，中诚信国际整理计算。

（二）2020年1～6月发行的地方债以新增债为主，期限结构以中长期限为主

从发行结构来看，2020 年 1～6 月海南省发行的地方债以新增债为主，再融资债规模较小，无置换债。2020 年 1～6 月，海南省发行新增债规模为

273.00亿元，其中新增一般债为95.00亿元，新增专项债为178.00亿元；同期，发行再融资债规模为63.50亿元，其中再融资一般债为54.69亿元，再融资专项债为8.81亿元。从发行期限来看，2020年1~6月，海南省新发行地方债期限以5年、7年、10年为主，发行规模分别为93.50亿元、130.89亿元和79.71亿元，7年期发行规模最大，占比38.90%。

（三）受发行时点、期限以及金额等因素影响，发行利率及利差在全国均处于较低水平

从发行成本来看，2020年1~6月，海南省地方债加权平均发行利率①为2.92%，在全国31个省（区、市）中居倒数第二位，处于较低水平，与2019年同期发行利率3.44%相比下浮52BP。从月度情况来看，2020年1~6月发行利率整体呈现先下行后小幅回升的趋势，2月发行利率为3.09%，3月发行利率降至上半年最低点2.83%，5月发行利率回升至2.88%。

从发行利差来看，2020年1~6月，海南省地方债发行利差较2019年同期收窄4.56BP，为24.43BP，在全国31个省（区、市）中居第23位。从月度情况来看，2月利差为25.51BP，3月利差升至35.20BP后，5月大幅收窄至18.45BP，发行利差整体呈先增后降的趋势（见图4）。

（四）海南省地方债交易规模较小，在全国排名靠后

从二级市场表现来看，海南省由于存续地方债规模较小，故二级市场交易规模处于较低水平。2020年1~6月，海南省地方债二级市场交易规模②为327.00亿元，在全国31个省（区、市）中排名第28位，较2019年同期交易规模196.73亿元增长66.42%，且已超过2019年全年317.49亿元的交易规模，交易活跃度有所上升。

从到期收益率来看，自2019年以来，海南省地方债各月到期收益率③整体呈现波动下行趋势，2020年4月到达最低点2.12%，较2020年1月的

---

① 如无特别说明，本报告中发行利率、利差为根据发行额计算的加权平均发行利率、利差，发行利差为债券发行利率减去对应期限国债收益率。

② 交易统计包含回购交易、现券交易等部分。

③ 此处到期收益率均值采用的是算术平均值。

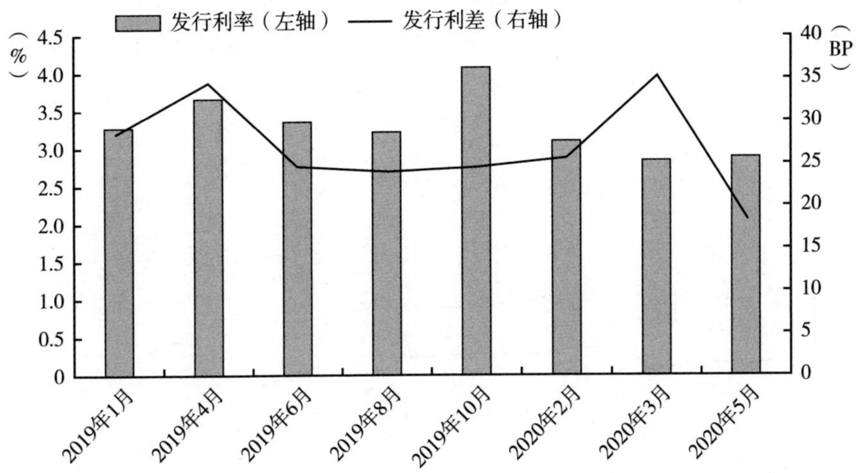

图4　2019 年 1 月 ~ 2020 年 6 月海南省地方债月度发行成本

注：海南省部分月份无地方债发行，未在图中显示。

数据来源：Choice 数据库，中诚信国际整理计算。

2.95% 下降 83BP，2020 年 5 月到期收益率反弹至 2.47%，6 月继续走高至 2.81%，但仍未超过 2020 年 1 月水平（见图 5）。

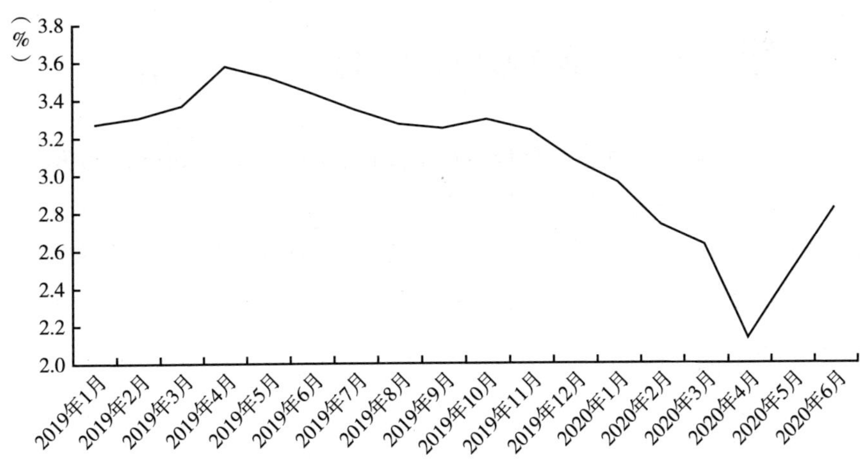

图5　2019 年 1 月 ~ 2020 年 6 月海南省地方债到期收益率情况

数据来源：Choice 数据库，中诚信国际整理计算。

从各期限地方债到期收益率情况来看，2020 年 1 ~4 月，各期限地方债到期收益率均呈下行趋势，5 月以来各期限地方债到期收益率全部回升，且剩余期限越短，到期收益率波动幅度越大（见图 6）。

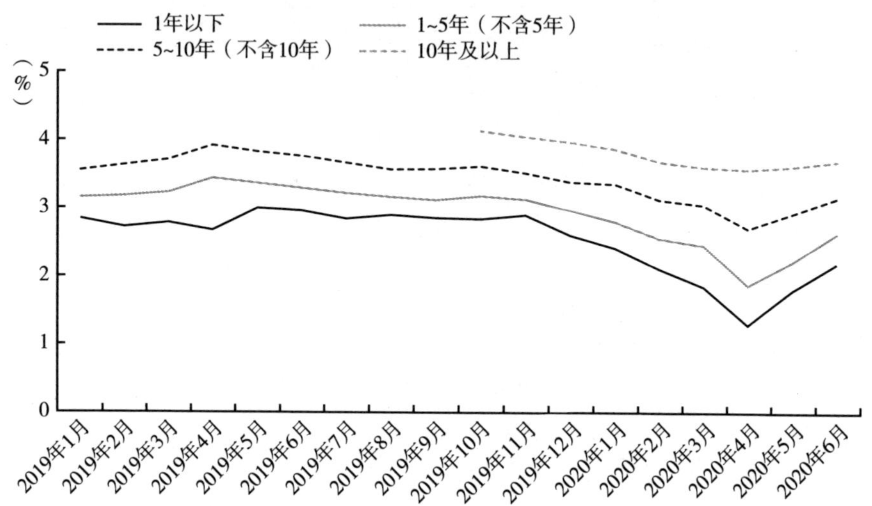

图 6　2019 年 1 月 ~2020 年 6 月海南省地方债到期收益率走势

数据来源：Choice 数据库，中诚信国际整理计算。

二　海南省地方政府项目收益专项债分析*

海南省项目收益专项债存量规模在全国排名相对靠后，截至 2020 年 6 月末，海南省项目收益专项债存量规模合计 536.00 亿元；其中 5 年期债券规模为 298.80 亿元，占存量余额的 55.75%，期限结构偏短。从具体债券品种来看，以土地储备专项债及基础设施专项债为主，规模分别为 218.50 亿元和 167.30 亿元。

* 2020 年 7 月 29 日财政部印发《关于加快地方政府专项债券发行使用有关工作的通知》，明确 2020 年新增专项债必须保证融资规模与项目收益相平衡，因此 2020 年发行的新增专项债均为项目收益专项债。本部分项目收益专项债的统计样本为 2017 ~2019 年的项目收益专项债与 2020 年 1 ~6 月的新增专项债。

（一）2017年以来项目收益专项债发行规模呈上升趋势，且发行成本逐年下滑

自2017年财政部发布《关于试点发展项目收益与融资自求平衡的地方政府专项债券品种的通知》（财预〔2017〕89号）① 以来，截至2020年6月，海南省共发行项目收益专项债45只，募集资金规模合计为556亿元。其中，2017年发行14只，募集资金60亿元；2018年发行3只，募集资金108亿元；2019年海南省项目收益专项债快速扩容，发行15只，募集资金210亿元；2020年1～6月发行13只，募集资金178亿元（见图7）。从债券期限看，海南省项目收益专项债以5年期为主，2020年首次出现15年、20年、30年期品种，与专项债项目期限更为匹配。

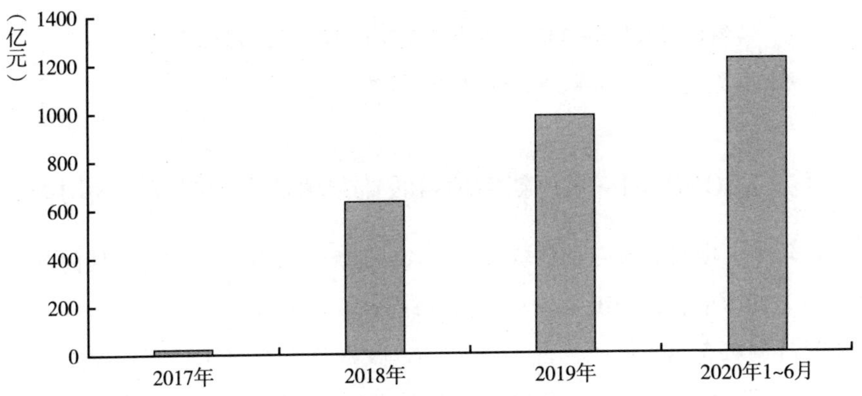

图7　2017年～2020年6月海南省项目收益专项债发行规模

数据来源：Choice数据库，中诚信国际整理计算。

发行利率和发行利差方面，近年来均呈现下降趋势。具体来看，2017年发行利率为4.25%，平均发行利差为40.68BP；2018年发行利率为3.88%，平均发行利差为37.62BP；2019年发行利率为3.34%，平均发行

① 《关于试点发展项目收益与融资自求平衡的地方政府专项债券品种的通知》（财预〔2017〕89号），中华人民共和国财政部网站，2017年7月24日，yss. mof. gov. cn/zhuantilanmu/dfzgl/zcfg/201707/t20170724_ 2656632. html。

利差为 24.89BP；2020 年 1～6 月发行利率为 2.99%，平均发行利差为 21.04BP（见图 8）。

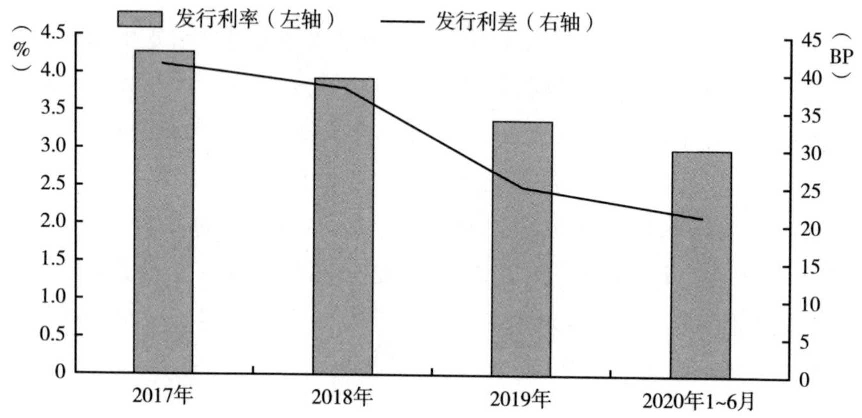

图 8　2017 年～2020 年 6 月海南省项目收益专项债发行成本

数据来源：Choice 数据库，中诚信国际整理计算。

（二）2020年1～6月新增项目收益专项债资金投向较为均衡

近年来，项目收益专项债资金投向领域逐渐多元化，新增专项债向基建领域倾斜。具体来看，2020 年 1～6 月，海南省发行的项目收益专项债投向交通基础设施领域 57.00 亿元，占 32.02%①，收费公路类占比较高；投向市政和产业园区基础设施领域 52.40 亿元，占 29.44%，以园区建设为主；投向民生服务领域 52.80 亿元，占 29.66%（见图 9）。

从资金投向行政层级来看，投向省级项目 47.20 亿元，投向地市级项目 82.40 亿元，投向区县级项目 48.40 亿元；从资本金比例看，省级项目资本金比例均值为 35.59%，地市级项目为 71.86%，地市级项目对财政资金的需求相对更高。

① 如无特别说明，本报告中引用的专项债支持项目相关数据均来自海南省政府新增专项债信息披露文件，并由中诚信国际整理计算。由于数据的获取问题，数据可能来自不同募投项目文件、项目实施方案、信息披露模板等，这可能导致部分数据分析出现一定偏差，但不会对分析结论产生实质性的影响。

项目本息覆盖倍数方面，所有募投项目的收入均能覆盖项目融资本息，偿债风险不大；项目收入来源结构较为多元化，主要包括通行费收入、土地出让收入、住院收入及财政补贴等，其中以土地出让收入作为还款来源的项目约占30%，后续土地出让进度情况须关注。

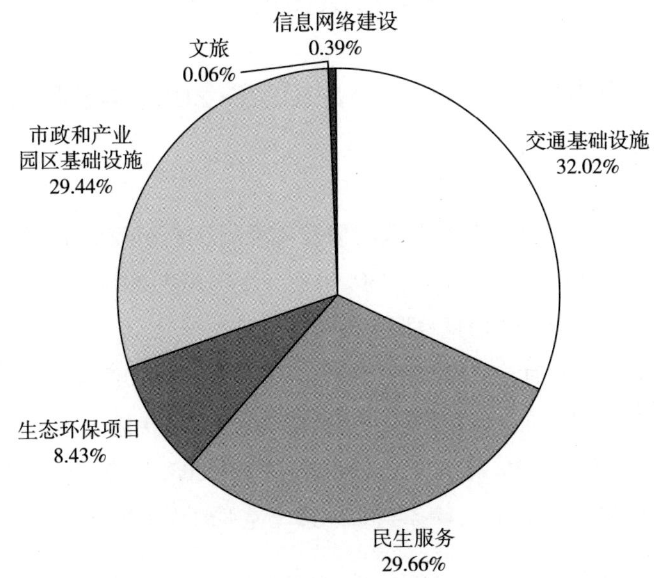

图9　2020 年 1 ~6 月海南省新增项目收益专项债募投领域分布

数据来源：海南省地方政府新增专项债信息披露文件，中诚信国际整理计算。

（三）海南省暂无专项债用作项目资本金，专项债全部用作项目配套融资

2020 年 1 ~6 月，海南省发行的项目收益专项债未用作资本金，专项债对基建投资的撬动以项目配套融资的形式体现，海南省专项债项目配套融资比例中位数为 41%。2019 年 1 ~6 月，海南省固定资产投资总额（不含农户）同比下降 23. 0%①，其中，房地产开发投资下降 31. 4%。2020 年 1 ~6 月，海南省

① 如无特别说明，本报告中引用的宏观经济数据均来自《海南省国民经济和社会发展统计公报》，并由中诚信国际整理计算。

固定资产投资总额（不含农户）同比增长3%，其中非房地产投资占总投资的61.7%，同比增长13.3%。同期，根据中诚信测算，海南省专项债配套融资的撬动杠杆约为2.44倍，理论上能撬动基建投资434.15亿元[①]。

三 海南省偿债能力分析

（一）整体政府债务规模较小，2021～2025年债务到期分布较为平均

政府债务方面，海南省地方政府债务规模处于全国较低水平，截至2019年，海南省地方政府债务余额为2230.70亿元，[②] 相比2018年增加288.99亿元，2019年海南省地方政府债务限额为2426.40亿元。

债务到期分布方面，截至2020年6月，海南省地方债务余额为2423.79亿元。2020年7～12月，海南省到期债务规模为95.00亿元，2021～2026年到期债务规模分别为296.05亿元、291.82亿元、308.32亿元、311.63亿元、303.10亿元和216.12亿元，债务到期分布较为平均（见图10）。

（二）随着自由贸易区建设的不断推进，经济发展质量和效益将明显改善

海南省成立时间较短，1988年4月撤销广东省海南行政区，设立海南省和海南经济特区，海南经济特区是我国最大的经济特区。经济体量方面，海南省经济体量较小，综合经济实力位于全国较低水平。近年来，受房地产调整政策影响，海南省经济增速有所放缓。2019年，海南省实现地区生产总值（GDP）5308.94亿元，在全国31个省（区、市）中排名靠后，比2018年增长5.80%；海南省人均GDP达到56507元，为全国人均GDP的79.71%。

① 专项债撬动基建投资方法参见袁海霞、汪苑晖、卞欢《专项债兼顾扩容提效，助力基建托底稳增长——地方政府专项债2019年回顾与2020年展望》，《财政科学》2020年第1期。

② 如无特别说明，本报告中引用的海南省政府债务限额、余额，一般公共预算收入、支出，财政平衡率，债务率、负债率等财政相关数据均来自海南省财政预算执行及决算报告，并由中诚信国际整理计算。

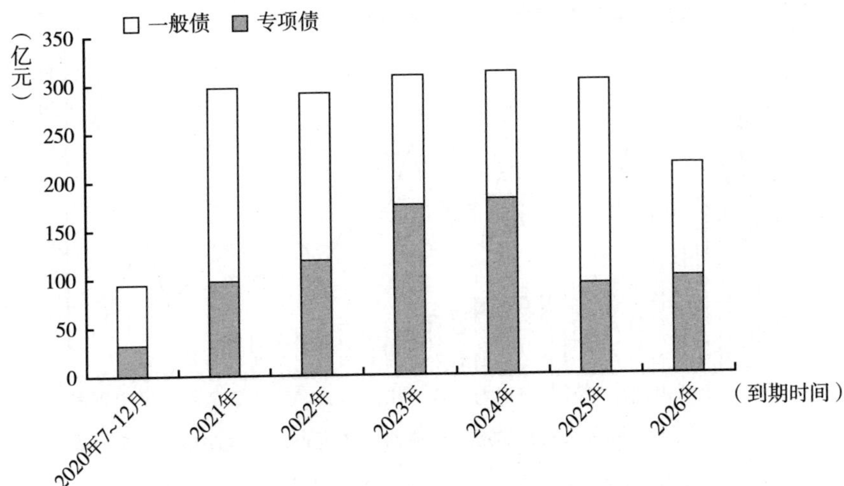

图10　海南省地方债2020～2026年到期分布

数据来源：海南省财政预算执行及决算报告，中诚信国际整理计算。

产业结构方面，海南省产业结构以第三产业为主，2019年三次产业占比分别为20.3%、20.7%和59.0%。其中，第一产业增加值1080.36亿元，增长2.5%；第二产业增加值1099.04亿元，增长4.1%；第三产业增加值3129.54亿元，增长7.5%。第三产业中批发和零售业、房地产业、住宿和餐饮业的发展为经济增长提供了有力支持：批发和零售业增加值533.03亿元，同比增长12.1%；房地产业增加值497.86亿元，同比下降0.5%；住宿和餐饮业增加值269.18亿元，同比增长5.2%。

固定资产投资方面，2019年，海南省固定资产投资比2018年下降9.2%，其中，房地产开发投资下降22.1%。按产业分，第一产业投资下降11.3%，第二产业投资增长17.2%，第三产业投资下降11.8%。按地区分，海澄文一体化综合经济圈投资下降12.1%，大三亚旅游经济圈下降11.4%，东部地区下降11.3%，中部地区下降5.9%，西部地区下降1.9%。

财政实力方面，2019年，海南省一般公共预算收入为814.13亿元，在全国处于较低水平（见图11），同比增长8.2%。其中，税收收入为653.23亿元，占比80.24%；一般公共预算支出为1859.10亿元。财政平衡方面，海南省财政平衡能力一般，2019年财政平衡率（一般公共预算收入/一般公共预算支出）为43.79%，较2018年回落0.71个百分点。

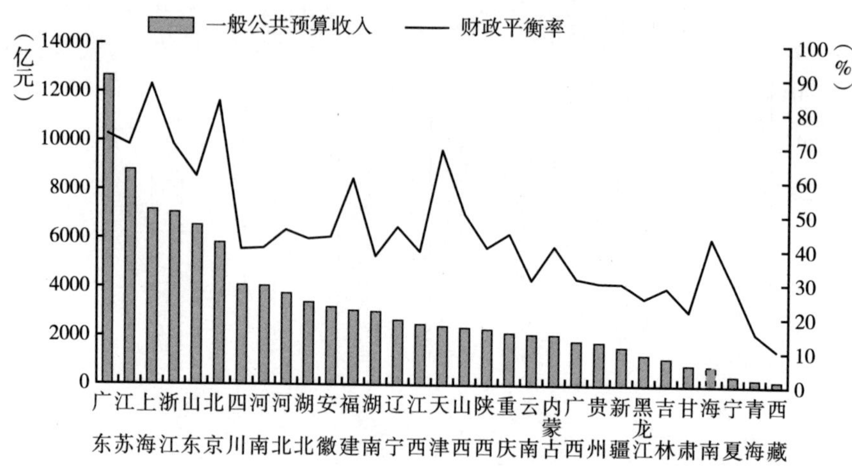

图 11　2019 年全国 31 个省（区、市）一般公共预算收入与财政平衡率

数据来源：全国 31 个省（区、市）财政预算执行及决算报告，中诚信国际整理计算。

政府性基金收支方面，2019 年，海南省政府性基金收入为 455.80 亿元，在全国处于较低水平，加上债务收入 225.90 亿元和转移性收入 62.80 亿元，收入总计 744.50 亿元；同期政府性基金支出为 624.80 亿元（见图 12）。受土地市场行情及房地产市场调控等因素影响，海南省政府性基金收入存在一定的不确定性。

政策支持方面，随着海南省全岛升级为自由贸易港，海南省战略地位的提升将为其带来新的发展机遇。2018 年 4 月，党中央决定支持海南全岛建设海南自贸区。2018 年 6 月，海南省委、省政府深入调研、统筹规划，决定设立海口江东新区，将其作为建设海南自贸区的重点先行区域。2018 年 10 月，国务院批复同意设立海南自贸区并印发《中国（海南）自由贸易试验区总体方案》。① 2020 年 6 月，中共中央、国务院印发了《海南自由贸易港建设总体方案》。②

① 《中国（海南）自由贸易试验区总体方案》（国发〔2018〕34 号），中华人民共和国中央人民政府网站，2018 年 10 月 16 日，http：//www.gov.cn/zhengce/content/2018 - 10/16/content_ 5331180.htm。

② 《海南自由贸易港建设总体方案》，中华人民共和国中央人民政府网站，2020 年 6 月 1 日，http：//www.gov.cn/zhengce/2020 - 06/01/content_ 5516608.htm。

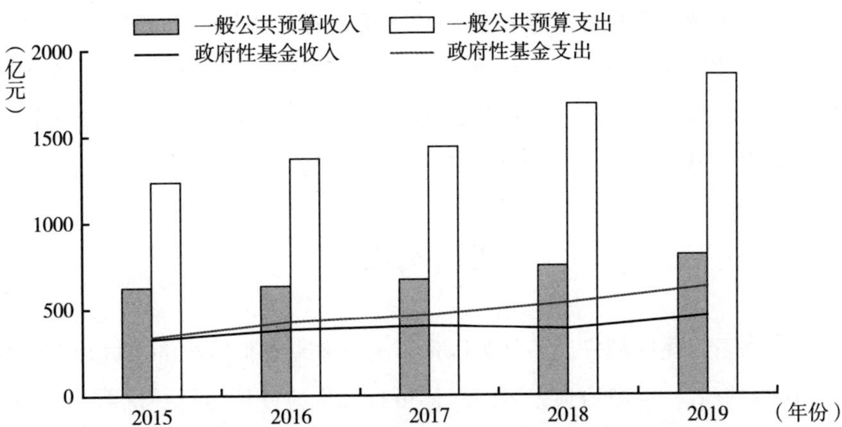

图 12　2015～2019 年海南省一般公共预算收支及政府性基金预算收支

数据来源：海南省财政预算执行及决算报告，中诚信国际整理计算。

（三）海南省负债率和债务率相对较低，为进一步加强债务风险管理，海南省制定了相关债务管理办法

由于海南省地方债务规模较小，因此负债率和债务率相对较低，2019 年海南省负债率（地方政府债务余额/GDP）为 42.02%，债务率（地方政府债务余额/综合财力）为 89.12%（见图 13），债务率未超过 100% 的国际警戒标准。

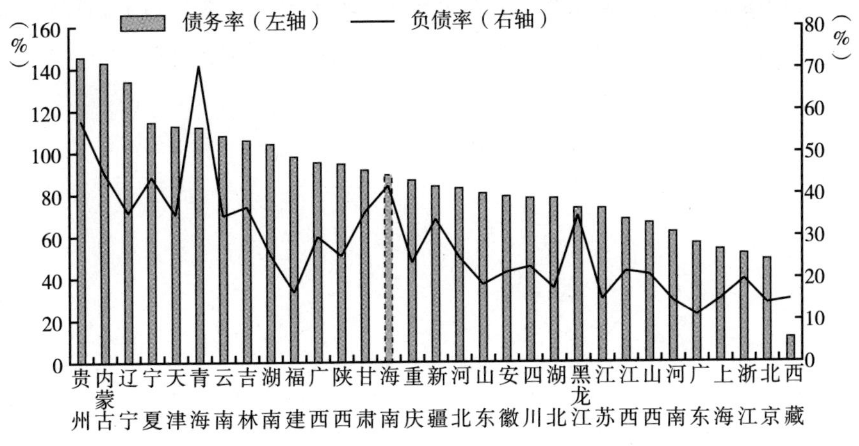

图 13　2019 年全国 31 个省（区、市）债务率及负债率

数据来源：全国 31 个省（区、市）财政预算执行及决算报告，中诚信国际整理计算。

债务管理及债务风险政策措施制定方面，近年来海南省政府出台多项规定，在严控政府债务风险、规范政府举债行为、新增债券资金使用、置换债券政策利用、筹集资金偿还存量债务、建立政府债务公开风险预警应急机制、规范使用 PPP 模式、政府购买服务、禁止形成隐性政府债务等方面进行了规范。

四　小结

总体来看，受区域发展条件等因素影响，海南省整体经济及财政实力在全国排名相对靠后，但政府债务风险总体可控。从地方债运行情况看，2020 年，为保障海南自贸港建设资金需要，海南省地方债发行规模有所扩大；发行的地方债以新增债为主，期限结构中中长期限占比较高；发行成本方面，海南省地方债发行利率及利差在全国均处于较低水平，2020 年发行利率较 2019 年同期有所回落。项目收益专项债方面，2020 年在各项政策加码下，海南省项目收益专项债规模持续扩大，且发行成本逐年下滑；新增项目收益专项债资金投向较为均衡，主要用于交通基础设施、民生服务、市政和产业园区基础设施等项目。近年来受益于国家政策支持，海南省全岛升级为自由贸易港，战略地位的提升将为其后续发展带来新的机遇。鉴于目前海南省地方债务规模相对较小，建议其继续加强对地方隐性债务的约束，继续完善地方政府债务风险预警机制，强化风险预警及处置流程，加快政府发债使用进度，发挥政府债券资金效能，全力支持海南自贸港建设，为当地经济可持续发展提供保障。

B.37

2020年上海市地方政府债券分析报告

江林燕　吴江珊　杨　成　汤爱萍*

摘　要： 地方债对各地政府稳经济、稳增长发挥了重要作用，近年来在各项积极政策的推进下，全国各地发行规模扩张较快，上海市作为全国经济、财政实力很强的直辖市，2019年以来地方债的发行情况良好。2020年上海市地方债发行节奏稍有放缓，发行成本保持在较低水平，二级市场表现尚可；项目收益专项债持续扩容，主要用于交通基础设施类项目，但暂无专项债用作项目资本金，对投资增长的撬动效应尚有较大的释放空间。从债务情况看，上海市债务规模适度，债务率相对较低，债务风险基本可控。下一阶段，上海市应利用好地方政府债务额度，丰富资金投向，合理推进专项债作为项目资本金的应用，以放大对基建投资的撬动作用。

关键词： 地方债　专项债　上海市

一　上海市地方债运行情况分析

由于地方债的限额管理，加之上海市提前偿还了部分债券，目前上海市

* 江林燕，中诚信国际政府公共评级部（上海）高级分析师，主要研究领域为地方政府债券、基础设施投融资行业等；吴江珊，中诚信国际政府公共评级部（上海）分析师，主要研究领域为地方政府债券、基础设施投融资行业等；杨成，中诚信国际政府公共评级部（上海）分析师，主要研究领域为地方政府债券、基础设施投融资行业等；汤爱萍，中诚信国际政府公共评级部（上海）助理分析师，主要研究领域为地方政府债券、基础设施投融资行业等。

存量地方债规模不大。截至2020年6月，上海市存量地方债规模为6193.80亿元①，低于全国平均水平7699.65亿元，占全国规模的2.59%，排名第20位（见图1）。从结构看，一般债为2913.10亿元，占比47.03%；专项债为3280.70亿元，占比52.97%。专项债以新增债为主，为1857.70亿元，占比52.63%；置换债为1273.90亿元，占比38.83%；再融资债为149.10亿元，占比4.54%。

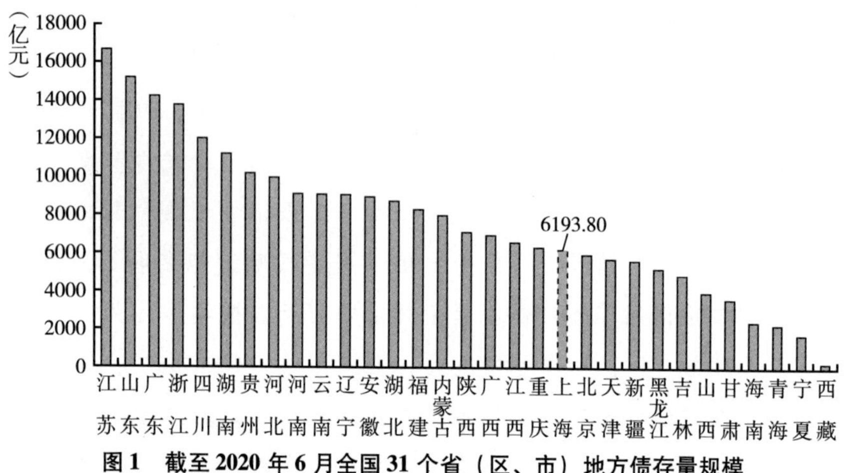

图1　截至2020年6月全国31个省（区、市）地方债存量规模

数据来源：Choice数据库，中诚信国际整理计算。

（一）上半年发行规模稍有下滑，下半年或将加大发行量

2020年初，中央通过适当提高赤字率、发行抗疫特别国债、扩大地方政府专项债规模等，来应对经济运行中出现的短期冲击和挑战，地方债的积极作用较为突出。2020年1~6月，上海共发行7只地方债，规模共计495.3亿元；2019年1~6月共发行8只，规模共计917亿元（见图2）。受到地方债新增额度的批复时间以及发债进度安排的影响，2020年上半年上海地方债的发行节奏稍有放缓，下半年或加大发行量。2020年上半年发行时间集中在2月和5月，而2019年上半年主要集中在2月和6月。

① 如无特别说明，本报告中引用的地方债存量、发行量、发行利率、发行利差、交易量、到期收益率等债券相关数据均来自截至2020年6月底的Choice数据库，并由中诚信国际整理计算。

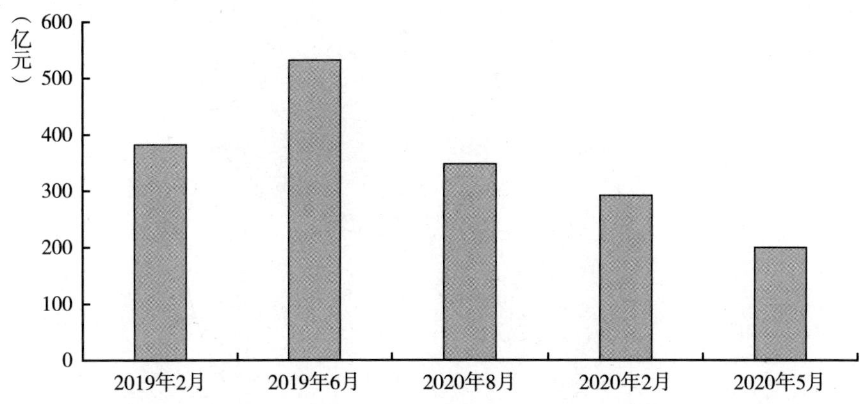

图2　2019 年 1 月 ~2020 年 6 月上海市地方债月度发行规模

注：上海市部分月份无地方债发行，未在图中显示。
数据来源：Choice 数据库，中诚信国际整理计算。

（二）2020年以来发行的主要是新增债，尤以专项债占比较高

2020 年 1 ~6 月，上海市发行的地方债均为新增债，无再融资和置换债，其中新增一般债 149 亿元，新增专项债 346. 3 亿元。

期限方面，2020 年 1 ~6 月，主要是 7 年、10 年和 15 年期，规模占比分别为 19. 18% 、42. 34% 和 38. 48% （见图 3）。其中 7 年期 2 只，规模为 95 亿元；10 年期 3 只，规模为 209. 7 亿元；15 年期 2 只，规模为 190. 6 亿元。2019 年发行期限分别为 3 年、5 年、7 年和 10 年，占比分别为 5% 、66% 、1% 和 28% 。2020 年 1 ~6 月，10 年及以上期限的地方债占比明显提升。

（三）发行成本处于全国较低水平，且近年来发行利率持续回落

发行利率方面，近年来上海市地方债发行利率①持续回落，2017 ~2019 年及 2020 年 1 ~6 月发行利率分别为 3. 85% 、3. 69% 、3. 28% 和 3. 17% （见图 4）。从债券类型来看，2020 年 1 ~6 月，新增一般债的发行利率为 2. 98% ，专项债的发行利率为 3. 25% ，较 2019 年的 3. 33% 和 3. 30% 明显回落。按月份

① 如无特别说明，本报告中发行利率、利差为根据发行额计算的加权平均发行利率、利差，发行利差为债券发行利率减去对应期限国债收益率。

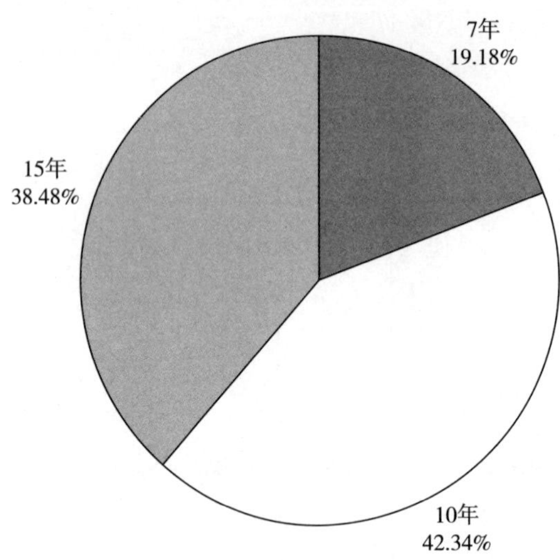

图 3　2020 年 1~6 月上海市地方债发行期限结构

数据来源：Choice 数据库，中诚信国际整理计算。

看，2020 年 2 月发行利率为 2.23%，较 2019 年 2 月的 3.27% 大幅回落，2020 年 5 月发行利率为 3.08%。

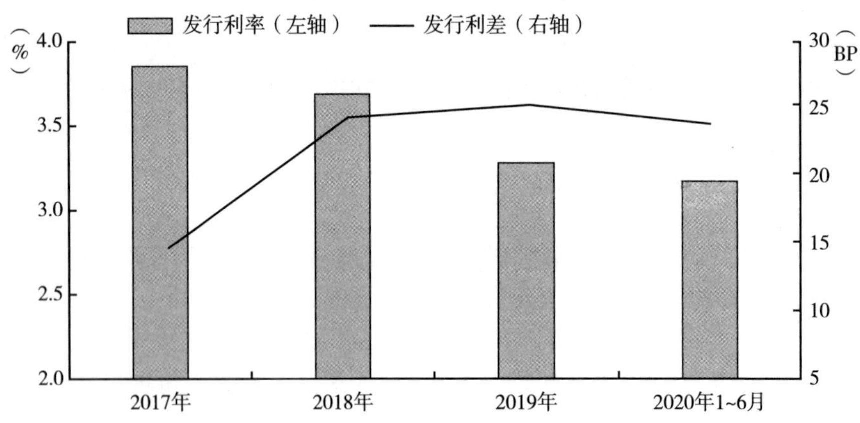

图 4　2017 年~2020 年 6 月上海市地方债发行成本

数据来源：Choice 数据库，中诚信国际整理计算。

发行利差方面，因地方债利率确认特点，[①] 全国31个省（区、市）地方债的平均发行利差差距较小，2020年1~6月，全国地方债的平均发行利差为22.18~31.99BP，其中上海为23.76BP，在全国排名第26位，处于较低水平，为直辖市中最低（见图5）。

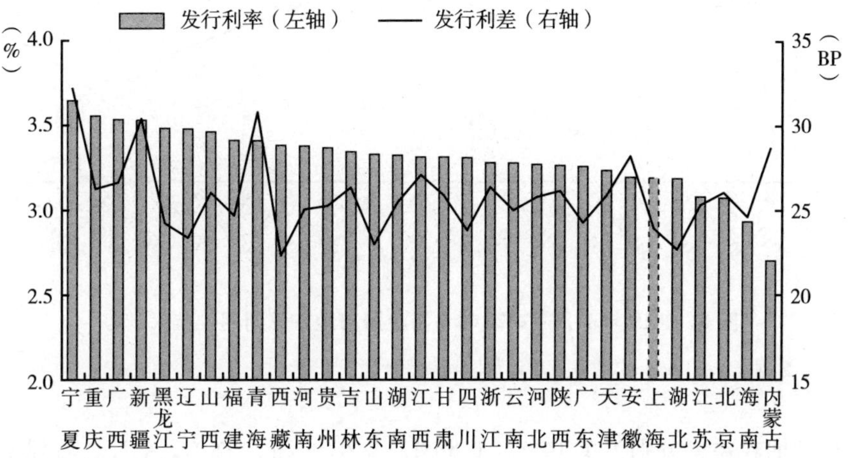

图5 2020年1~6月全国31个省（区、市）地方债发行成本

数据来源：Choice数据库，中诚信国际整理计算。

（四）二级市场表现尚好，到期收益率普遍下行，4月开始显著上升

从二级市场交易规模[②]来看，2020年1~6月，上海市地方债交易规模为1850.23亿元，在全国排名第13位，较2019年同期增长0.38%。到期收益率[③]方面，不同剩余期限的地方债到期收益率存在一定差异，到期收益率与剩余期限成正比，其中1年以下期限的地方债到期收益率最低，10年及以上期限的地方债到期收益率最高（见图7）。从趋势来看，2019年1月至2020年4月，到期收益率整体呈波动下降趋势，并于2020年4月达到最低，1年以下、1~5年（不含5年）、5~10年（不含10年）、10年及以上期限的地

① 地方政府债券利率一般为同期限前五日国债利率的平均值加25BP。

② 交易统计包含回购交易、现券交易等部分。

③ 此处到期收益率均值采用的是算术平均值。

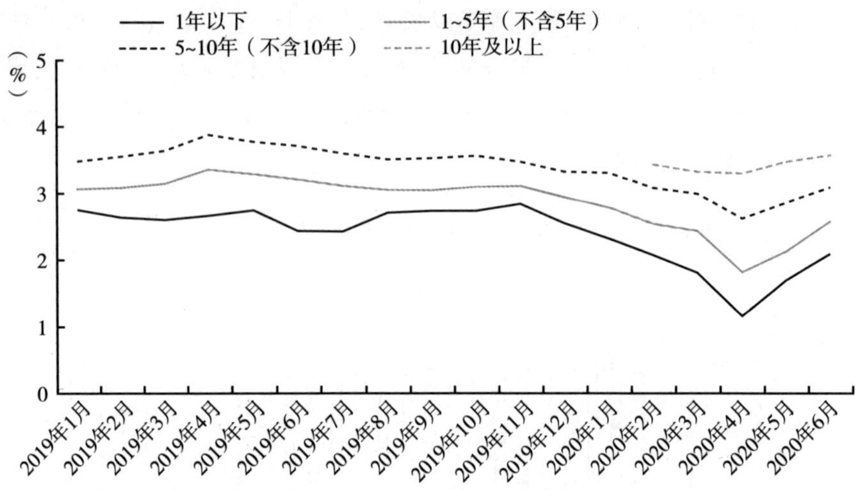

图6　2019 年 1 月 ~2020 年 6 月上海市地方债到期收益率走势

数据来源：Choice 数据库，中诚信国际整理计算。

方债到期收益率分别为 1.14%、1.80%、2.61%和 3.28%，4 月之后到期收益率显著上升。

二　上海市地方政府项目收益专项债分析*

上海市项目收益专项债存量规模在全国处于中游水平，截至 2020 年 6 月，存量规模为 1330.70 亿元，在全国排第 18 位。从债券期限来看，上海市存量项目收益专项债发行期限主要是 3 年和 10 年，其中 3 年期的债券有 7 只，规模合计 146.40 亿元；10 年期的有 5 只，规模合计 202.70 亿元。从项目类型来看，以土地储备专项债和棚改专项债为主，具体来看，土地储备专项债有 10 只，规模合计 872.40 亿元；棚改专项债有 4 只，规模合计 112.00 亿元；其他类型的项目专项债券有 5 只，规模合计 346.30 亿元。

* 2020 年 7 月 29 日财政部印发《关于加快地方政府专项债券发行使用有关工作的通知》，明确 2020 年新增专项债必须保证融资规模与项目收益相平衡，因此 2020 年发行的新增专项债均为项目收益专项债。本部分项目收益专项债的统计样本为 2017 ~2019 年的项目收益专项债与 2020 年 1 ~6 月的新增专项债。

（一）2020年上半年项目收益专项债规模持续扩大，且发行成本逐年下降

自2017年财政部发布《关于试点发展项目收益与融资自求平衡的地方政府专项债券品种的通知》（财预〔2017〕89号）① 以来，全国开始启动项目收益专项债的发行。2017～2019年以及2020年1～6月，上海市分别发行项目收益专项债47.40亿元、265.00亿元、672.00亿元和346.30亿元（见图7）。

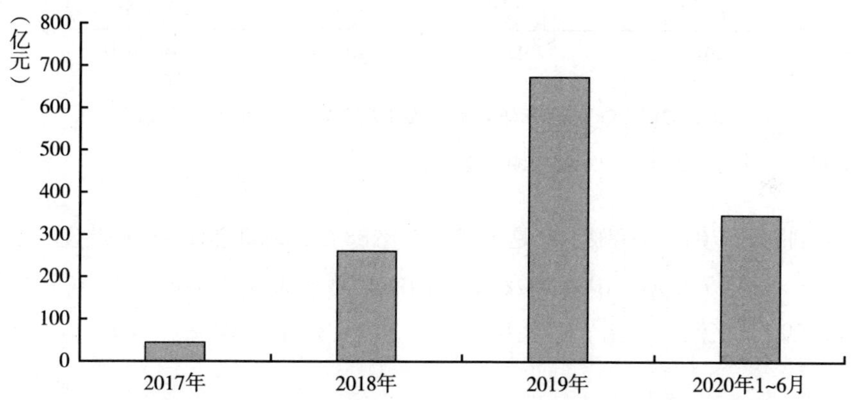

图7　2017年～2020年6月上海市项目收益专项债发行规模

数据来源：Choice数据库，中诚信国际整理计算。

从发行利率和发行利差来看，2017～2018年上海市项目收益专项债的发行利率和利差有所上升，具体来看，2017年发行利率为3.69%，发行利差为-3.12BP；2018年发行利率为3.91%，发行利差为40.98BP（见图8）。2018年以后发行利率和利差均呈下降趋势，其中，2019年发行利率为3.35%，发行利差为26.24BP；2020年1～6月发行利率为3.19%，发行利差为24.21BP。

发行期限方面，2020年1～6月上海市新发行的项目收益专项债以10年和15年期为主，与募投项目的建设周期更加匹配（见图9）。2019年上海新发行

① 《关于试点发展项目收益与融资自求平衡的地方政府专项债券品种的通知》，财政部政府债务研究和评估中心网站，2017年7月21日，http：//www.governbond.org.cn/zcfgl/45414.jhtml。

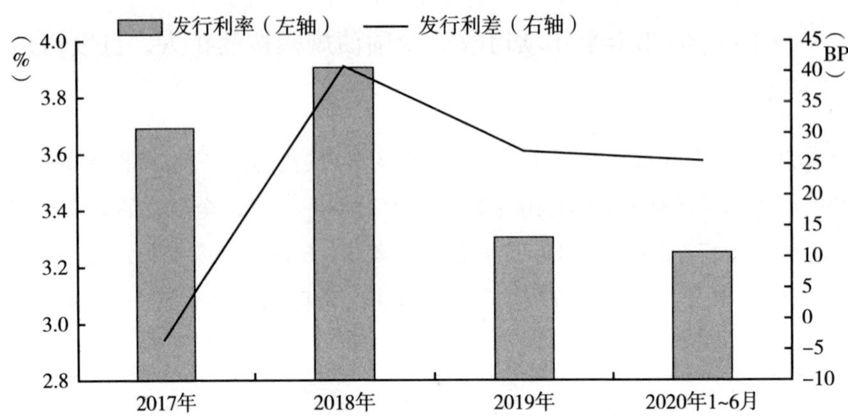

图 8　2017 年 ~2020 年 6 月上海市项目收益专项债发行成本

数据来源：Choice 数据库，中诚信国际整理计算。

的项目收益专项债的期限主要是 5 年，占比 88%。2020 年 1 ~6 月共发行 5 只专项债，其中 7 年期、10 年期及 15 年期的规模分别为 50.00 亿元、105.70 亿元和 190.60 亿元，占比分别为 14.44%、30.52% 和 55.04%。

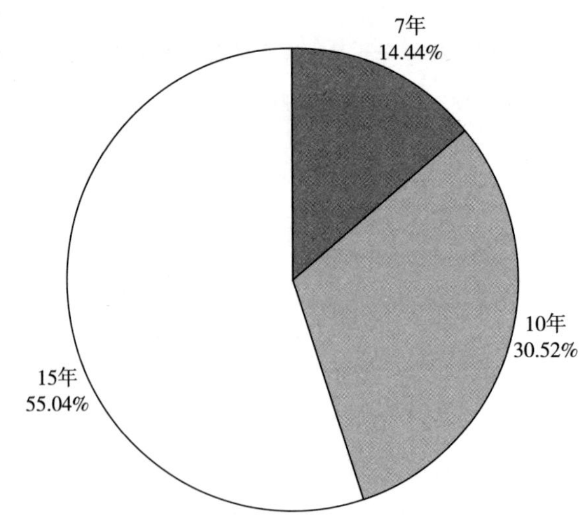

图 9　2020 年 1 ~6 月上海市项目收益专项债发行期限结构

数据来源：Choice 数据库，中诚信国际整理计算。

（二）2020年上半年发行的项目收益专项债主要用于交通基础设施类项目

2020 年 1 ~6 月，上海市共发行项目收益专项债券 5 只，募集资金 346. 30 亿元。[①] 从具体募投项目来看，与其他各省（区、市）类似，2017 ~2019 年上海市专项债募投领域较为单一，主要投向土储和棚改，自 2020 年起开始投向交通基础设施、市政和产业园区基础设施等领域。具体来看，2020 年上半年发行的 346. 30 亿元中，有 290. 10 亿元投向交通基础设施领域，其中 288. 70 亿元投向轨道交通，1. 40 亿元投向城市停车场；31. 70 亿元投向旧改领域；15. 20 亿元投向市政和产业园区基础设施领域，其中以其他市政和园区为主；6. 10 亿元投向民生服务领域，其中以医疗（包括应急医疗）为主；3. 20 亿元投向生态环保项目，均投向城镇污水垃圾处理项目（见图 10）。

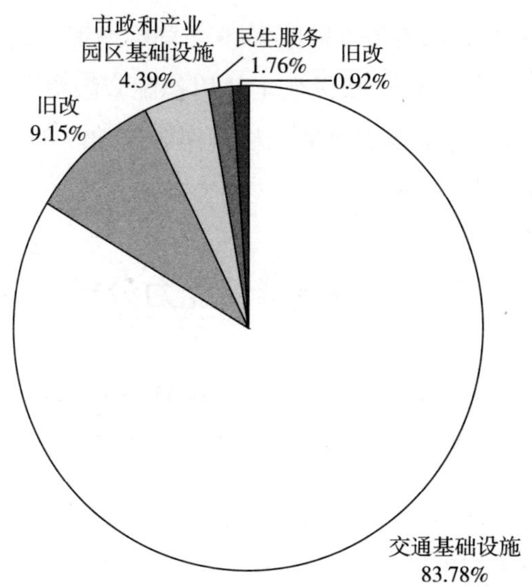

图 10　2020 年 1 ~6 月上海市新增项目收益专项债募投领域分布

数据来源：上海市地方政府新增专项债信息披露文件，中诚信国际整理计算。

---

① 如无特别说明，本报告中引用的专项债支持项目相关数据均来自上海市政府新增专项债信息披露文件，并由中诚信国际整理计算。由于数据的获取问题，数据可能来自不同募投项目文件、项目实施方案、信息披露模板等，这可能导致部分数据分析出现一定偏差，但不会对分析结论产生实质性的影响。

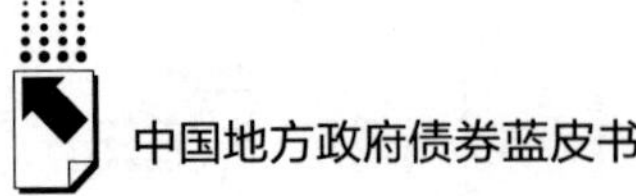

募投项目行政层次方面，上海市因近年来重大投资项目主要是轨道交通类项目，由市级主导，2020 年 1 ~6 月发行的项目收益专项债中用于上海市级项目的投资占比为 83.37%，用于区级项目的投资占比为 16.63%。

项目本息覆盖倍数方面，根据募投项目的实施方案，所有募投项目的收入均能覆盖项目融资本息，其中该收入包括项目本身可能产生的现金流以及相应政府基金收入的补贴等，覆盖倍数中位数为 1.23 倍，考虑到上海市地方财政实力较强，其偿债风险较小。

（三）目前上海市暂无专项债用作项目资本金，主要用作配套融资

截至 2020 年 6 月，上海市发行的项目收益专项债均未用作项目资本金，一定程度上表明上海市财政实力很强，基本无项目资本金到位压力，上海市项目资本金比例均值为 50%。2020 年 1 ~6 月，上海市固定资产投资总额同比增长 6.70%，① 其中城市基础设施投资比 2019 年同期增长 2.2%。同期，上海市新发行的项目收益专项债 346.30 亿元全部用作配套融资。根据中诚信测算，上海市专项债作为项目配套融资的撬动杠杆为 2.00 倍，理论上能撬动基建投资规模为 692.60 亿元②。

三　上海市偿债能力分析

（一）债务规模适度，尚有一定的融资空间，且债务期限分布相对均衡

政府债务方面，截至 2019 年，上海市地方政府债务余额为 5722.10 亿元，③ 相比 2018 年增加 687.20 亿元，居全国 31 个省（区、市）第 19 位（见图

① 如无特别说明，本报告中引用的宏观经济数据均来自《上海市国民经济和社会发展统计公报》，并由中诚信国际整理计算。

② 专项债撬动基建投资方法参见袁海霞、汪苑晖、卞欢《专项债兼顾扩容提效，助力基建托底稳增长——地方政府专项债 2019 年回顾与 2020 年展望》，《财政科学》2020 年第 1 期。

③ 如无特别说明，本报告中引用的上海市政府债务限额、余额，一般公共预算收入、支出，财政平衡率，债务率、负债率等财政相关数据均来自上海市财政预算执行及决算报告，并由中诚信国际整理计算。

11）。2019 年，上海市地方政府债务限额为 8577.10 亿元，余额为 2855.00 亿元，余额较大主要是前期偿还的部分额度尚未使用。

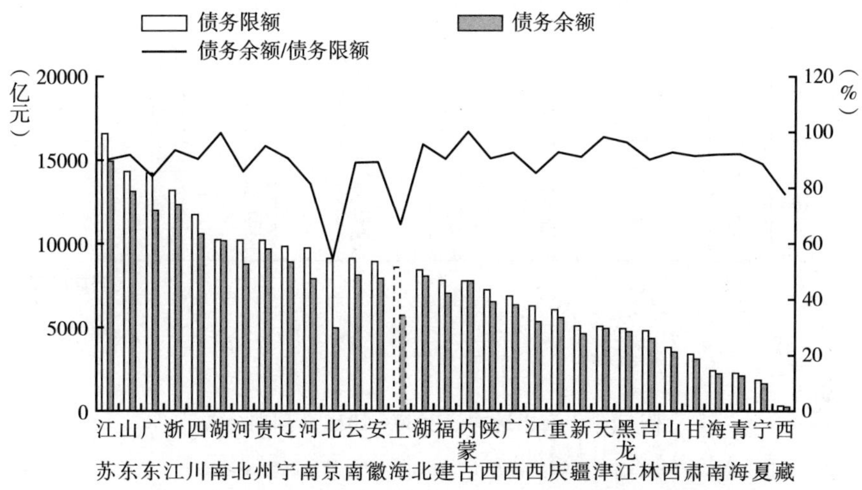

图 11　2019 年全国 31 个省（区、市）债务限额及余额

数据来源：全国 31 个省（区、市）财政预算执行及决算报告，中诚信国际整理计算。

债务到期分布方面，截至 2020 年 6 月，上海市地方政府债务余额 6193.80 亿元，其中一般债务余额 2913.10 亿元，一般专项债务余额 1950.00 亿元，项目收益专项债务余额 1330.70 亿元。2020 年 7～12 月，上海市到期债务规模 575.20 亿元，2021～2026 年到期债务规模分别为 745.20 亿元、608.80 亿元、781.20 亿元、1030.20 亿元、521.50 亿元和 675.00 亿元，2024 年到期债务规模较大（见图 12）。

（二）上海市经济、财政实力很强，综合竞争实力位于全国前列

上海市经济实力很强，是中国重要的经济中心、国际航运中心，在全国经济建设和社会发展中具有十分重要的地位。2019 年，上海市实现地区生产总值（GDP）38155.32 亿元，在全国 31 个省（区、市）中排名第 10 位，比 2018 年增长 6.0%，人均 GDP 达到 157300.00 元，高于全国人均 GDP（70892.00 元）121.89%。

产业结构方面，上海市产业结构以第三产业为主，2019 年三次产业占比

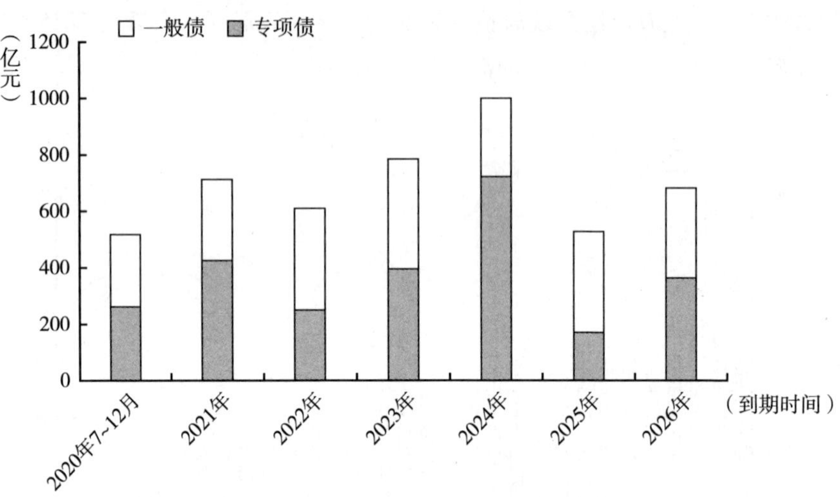

图 12　上海市地方债 2020 ~ 2026 年到期分布

数据来源：上海市财政预算执行及决算报告，中诚信国际整理计算。

分别为 0. 27% 、26. 99% 和 72. 74% 。其中，第一产业增加值 103. 88 亿元，下降 5. 0% ；第二产业增加值 10299. 16 亿元，增长 0. 5% ；第三产业增加值 27752. 28 亿元，增长 8. 2% 。

固定资产投资方面，2017 年上海市固定资产投资总额为 7246. 60 亿元，同比增长 7. 30% 。2018 ~ 2019 年固定资产投资总额分别增长 5. 2% 和 5. 1% ，其中，第一产业投资额同比增长 90. 4% ，第二产业同比增长 11. 6% ，第三产业同比增长 3. 80% 。

财政实力方面，上海市一般公共预算收入在全国 31 个省（区、市）中排名第 3 位，财政实力较强（见图 13）。2019 年，上海市一般公共预算收入为 7165. 10 亿元，同比增长 0. 8% 。其中，税收收入为 6216. 30 亿元，占比 86. 76% ；一般公共预算支出为 8179. 30 亿元。财政平衡方面，上海市财政平衡能力较强，财政平衡率（一般公共预算收入/一般公共预算支出）为 87. 60% ，较 2018 年增加 2. 49 个百分点。

政府性基金收支方面，2019 年，上海市政府性基金收入为 2418. 10 亿元，占全国政府性基金收入的 2. 86% ，同期政府性基金支出为 2580. 00 亿元（见图 14）。近年来上海市政府性基金收支规模较大。

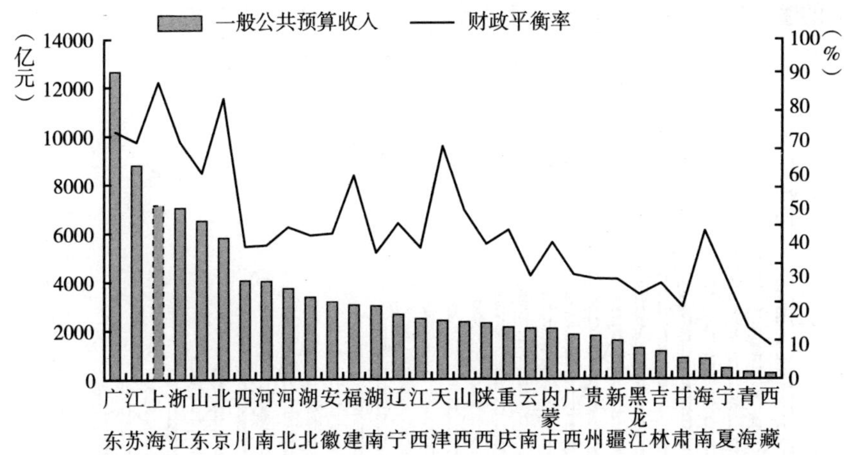

图 13　2019 年全国 31 个省（区、市）一般公共预算收入与财政平衡率

数据来源：全国 31 个省（区、市）财政预算执行及决算报告，中诚信国际整理计算。

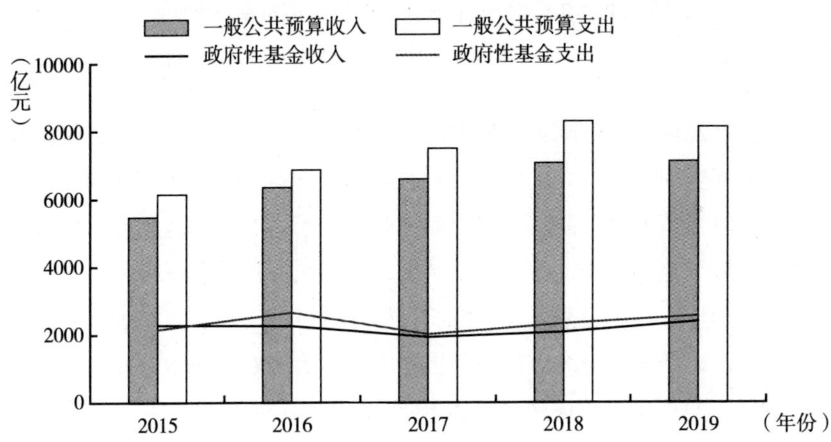

图 14　2015～2019 年上海市一般公共预算收支及政府性基金预算收支

数据来源：上海市财政预算执行及决算报告，中诚信国际整理计算。

（三）负债率和债务率相对较低，债务率远低于国际警戒标准

上海市经济、财政实力很强，地方债务规模不大，负债率和债务率相对较低。2019 年上海市负债率（地方政府债务余额/GDP）为 15.00%，低于欧盟

60%的警戒线（见图15）；债务率（地方政府债务余额/综合财力）为53.62%，远低于100%的国际警戒标准，债务偿付风险较低。

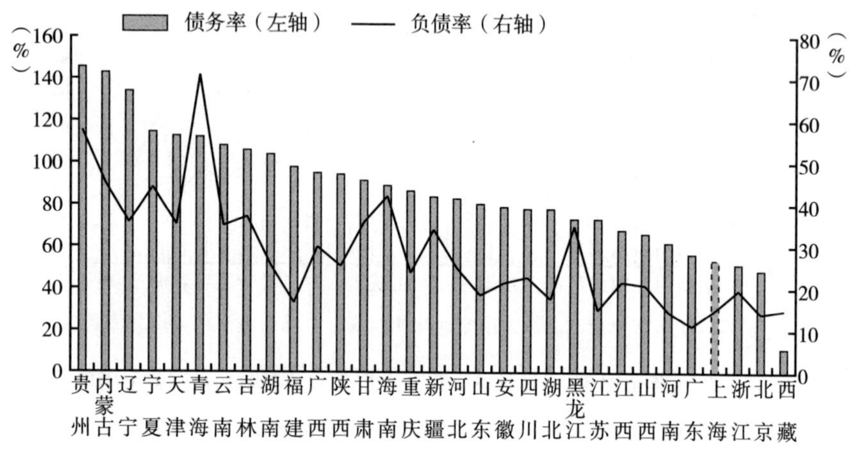

图15　2019年全国31个省（区、市）债务率及负债率

数据来源：全国31个省（区、市）财政预算执行及决算报告，中诚信国际整理计算。

债务管理及债务风险政策措施方面，上海市委、市政府按照国务院的部署和中央有关部委的要求，高度重视政府性债务管理工作，积极采取有效措施，不断完善政府性债务管理制度，着力控制债务规模，有效防范和化解财政金融风险。一是健全完善政府性债务管理制度，严格政府性债务管理；二是落实债务限额管理和债券额度分配方案，组织实施债券发行工作；三是加强对政府债务的动态监控，严格实行政府债务月报制度，实时跟踪分析本市政府债务到期和变动情况；四是建立政府债务风险预警和应急处置机制，明确应急组织机构、预警和预防机制、应急响应、后期处理和保障措施，切实防范和化解财政金融风险。

四　小结

上海市近年来地方债的发行呈现规模提速扩容、节奏安排合理、发行成本下降、发行期限不断拉长等特点。从目前存量地方债到期期限来看，上海市地方债每年到期规模较平均，且到期压力较小。受益于上海市较强的财政实力，上海市政府主导的项目资本金比例在全国处于较好的水平，专项债没有用作项目资本金，均用作配套项目融资。

总体来看，上海市经济及财政实力很强，各项指标在全国排名靠前，且负债率和债务率均处于较低的水平，现阶段债务限额仍有一定的使用空间。针对存量地方债，建议其及时做好债务的动态管理，包括及时监控募投项目的投资进度、运营状况、项目还款来源等，预防债务风险的发生。对于新增债以及投向方面，建议上海市应充分结合城市发展规划及行业定位，用好地方政府债务额度，丰富资金投向，特别是在稳增长大背景下，须合理推进专项债用作项目资本金的应用，以放大对基建投资的撬动作用。

B.38

2020年福建省地方政府债券分析报告

孟一波　陈小中　王梦怡*

摘　要：　福建省地方债处于全国中等水平，发行利率呈回落趋势，专项债及新增债发行比重持续提高，地方政府项目收益专项债发行规模增长较为明显。但福建省地方债规模总体较小且不超过地方债务限额，整体偿债风险可控。

关键词：　地方债　专项债　福建省

一　福建省地方债运行情况分析

截至2020年6月，福建省存量地方债共计245只，债券余额8276.98亿元，[①] 存量规模居全国第14位（见图1）。从债券类型来看，以专项债为主，余额5060.41亿元，占比61.14%；一般债余额3216.57亿元，占比38.86%。从债务资金用途来看，2018年至2020年6月发行且存续的3454.31亿元债务中，新增债的比重较高，占比接近八成，再融资和置换债规模较小。期限结构方面，以10年和5年为主，占比分别为33.77%和38.69%，其次为7年，占比为13.98%。

---

* 孟一波，中诚信国际政府公共评级部（上海）总监，主要研究领域为地方政府债券、基础设施投融资行业等；陈小中，中诚信国际政府公共评级部（上海）高级分析师，主要研究领域为地方政府债券、基础设施投融资行业等；王梦怡，中诚信国际政府公共评级部（上海）分析师，主要研究领域为地方政府债券、基础设施投融资行业等。

① 如无特别说明，本报告中引用的地方债存量、发行量、发行利率、发行利差、交易量、到期收益率等债券相关数据均来自截至2020年6月的Choice数据库，并由中诚信国际整理计算。

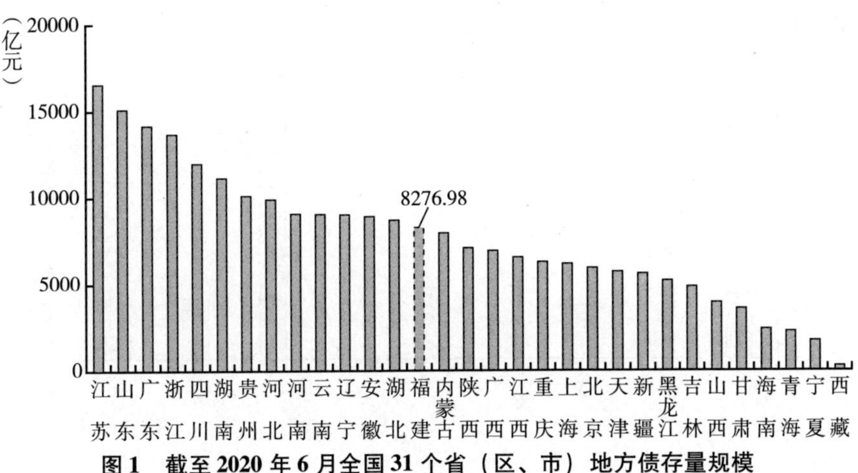

图1　截至2020年6月全国31个省（区、市）地方债存量规模

数据来源：Choice数据库，中诚信国际整理计算。

（一）发行规模大幅增加，预计2020年发行总额维持在较高水平

受中美贸易摩擦及新冠肺炎疫情等因素影响，我国经济发展面临的外部环境复杂，同时国内处于经济转型升级、结构性调整阶段，宏观经济下行压力较大。2020年第二季度复工复产基本到位，宏观经济供需两端稳步修复，上半年GDP同比增速从第一季度的-6.80%回升到第二季度的-1.60%。其中，第二季度固定资产投资同比增长3.80%，增速比第一季度大幅加快20.00个百分点，是当前经济复苏的主导力量。同时，2020年第二季度M2和社融存量增速均加快，达多年以来的高位，地方债筹资大幅增加，成为支撑投资加速和经济复苏的关键因素。2020年1~6月，福建省地方债累计发行规模1304.50亿元（4月和6月未发行地方债），已远超2019年全年发行规模，预计全年福建省地方债发行规模将较小。从月度发行情况来看，2020年1月和5月为发债高峰期，发行规模分别为586.00亿元和542.50亿元；2月和3月发行规模大幅减少，分别为126.00亿元和50.00亿元（见图2）。

（二）以专项债为主，且主要为新增债，发行期限更趋长期化

2020年1~6月福建省地方债发行类型以专项债为主，专项债发行金额为1077.65亿元，同比增加640.65亿元，占当期发行总额的82.61%；一般债发行

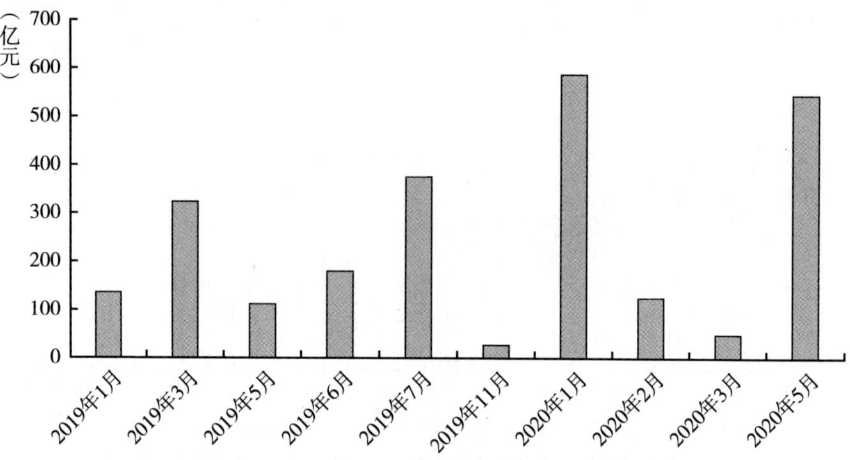

图 2　2019 年 1 月 ~2020 年 6 月福建省地方债月度发行规模

注：福建省部分月份无地方债发行，未在图中显示。
数据来源：Choice 数据库，中诚信国际整理计算。

金额为 226.85 亿元，较 2019 年同期下降 28.39%。此外，受债务置换进程基本于 2018 年结束的影响，2020 年 1 ~6 月福建省未发行置换债，仍以新增债为主，新增债发行金额为 1173.00 亿元，同比增长 83.03%，占地方债发行总额的 89.92%，较 2019 年同期提升 4.90 个百分点；同期，因 2019 年发行的地方债到期规模较小，福建省再融资债发行金额仅 131.50 亿元，占发行总额的 10.08%。从发行期限看，2020 年以来福建省地方债发行期限更趋长期化，10 年期及以上地方债发行金额为 1235.90 亿元，占比为 94.74%，较 2019 年同期大幅提升 40.42 个百分点，其中 10 年期地方债发行规模为 497.92 亿元，占比 38.17%，较 2019 年同期提升 12.75 个百分点，占比位列第一。当期新增发行 20 年期地方债占比 28.12%，15 年期占比 19.42%，30 年期占比 9.03%（见图 3）。

（三）发行利率及利差同比均有所回落

2020 年 1 ~6 月福建省地方债发行利率①为 3.39%，较 2019 年同期回落 14BP，居全国第 8 位（见图 4）。从月度情况来看，1 ~2 月地方债发行利率下移趋

① 如无特别说明，本报告中发行利率、利差为根据发行额计算的加权平均发行利率、利差，发行利差计算公式为债券发行利率减对应期限国债收益率。

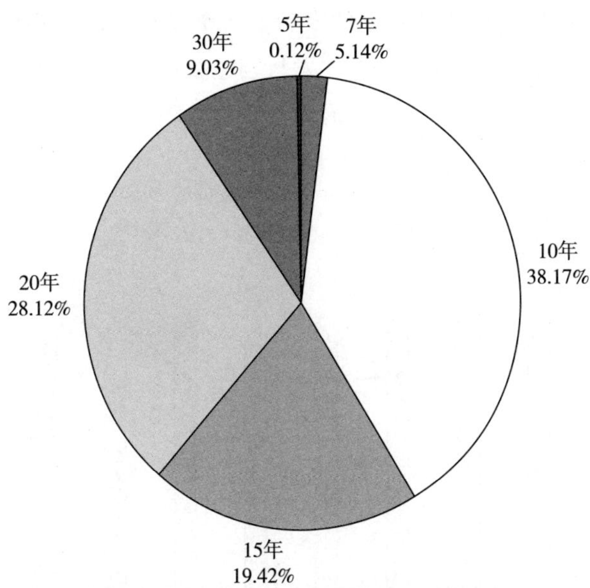

图3　2020年1~6月福建省地方债发行期限结构

数据来源：Choice数据库，中诚信国际整理计算。

势明显；3月和5月，受到经济基本面数据偏强等因素影响，地方债发行利率有所上行（见图5），在此期间发行利率整体呈现相对平稳态势。

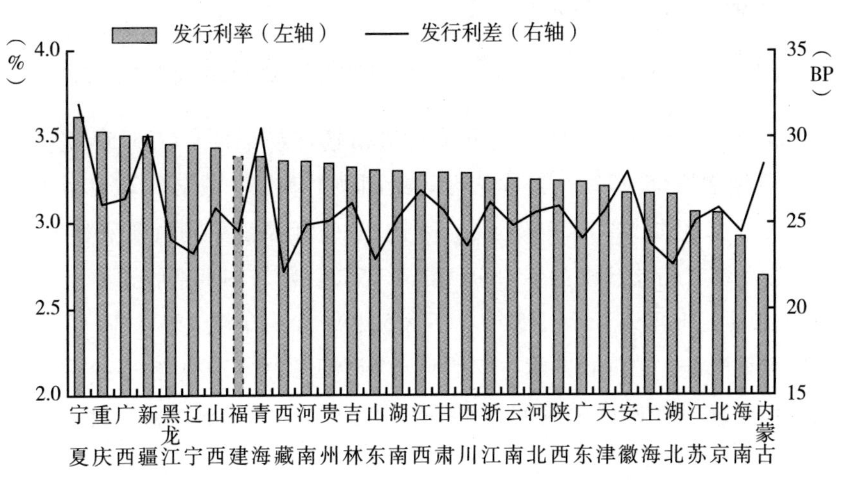

图4　2020年1~6月全国31个省（区、市）地方债发行成本

数据来源：Choice数据库，中诚信国际整理计算。

2020 年 1 ~6 月福建省地方债发行利差较 2019 年同期收窄 4.55BP 至 24.52BP，位居全国第 10 位，此期间发行利差整体收窄。从月度走势来看，2 月发行利差较 1 月扩张；从 3 月开始受市场风险偏好下降影响，发行利差大幅收窄；5 月发行利差则小幅上行（见图 5）。

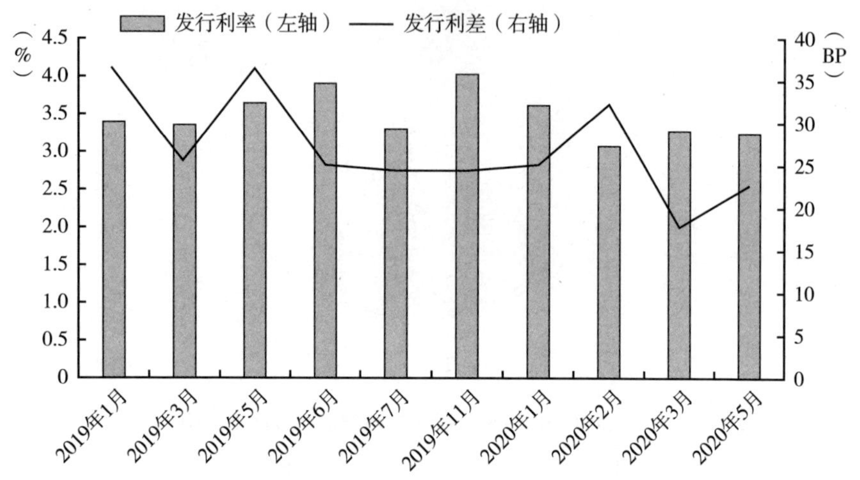

图 5　2019 年 1 月 ~2020 年 6 月福建省地方债月度发行成本

注：福建省部分月份无地方债发行，未在图中显示。

数据来源：Choice 数据库，中诚信国际整理计算。

（四）二级市场交易活跃度提升，到期收益率呈现波动趋势

2020 年 1 ~6 月，福建省地方债二级市场交易金额① 1735.52 亿元，较 2019 年同期增长 65.29%，交易规模位居全国第 15 位。截至 2020 年 6 月，福建省地方债存量共计 8276.98 亿元，其中，以 1 年及以下剩余期限和 1 ~5 年剩余期限为主，占比分别为 43.59% 和 36.09%。从月内到期收益率②走势看，2019 年 12 月，1 年以下、1 ~5 年（不含 5 年）、5 ~10 年（不含 10 年）和 10 年及以上期限地方债的到期收益率达到当年最低水平。2020 年 1 ~4 月，各期限地方债延续了 2019 年的到期收益率下行趋势，曲线整体下移，随着资金面

① 交易统计包含回购交易、现券交易等部分。

② 此处到期收益率均值采用的是算术平均值。

的收紧，各期限地方债到期收益率自 5 月开始迅速上升，至 6 月已基本回到年初时的到期收益率水平（见图 6）。

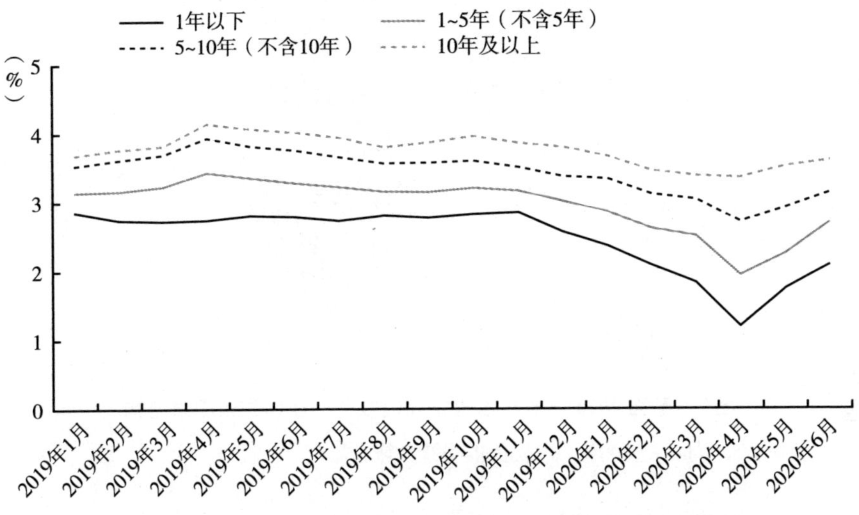

图 6　2019 年 1 月 ~ 2020 年 6 月福建省地方债到期收益率走势

数据来源：Choice 数据库，中诚信国际整理计算。

二　福建省地方政府项目收益专项债分析*

截至 2020 年 6 月，福建省存量项目收益专项债合计 76 只，均为新增债，存量余额 2317.00 亿元。从存量项目收益专项债期限结构来看，存量项目收益专项债期限主要集中在 1 ~ 5 年（不含 5 年）、5 ~ 10 年（不含 10 年）和 10 年及以上，分别占项目收益专项债存量余额的 41.77%、18.91% 和 30.92%（见图 7）。从 2020 年 1 ~ 6 月募投领域来看，福建省项目收益专项债主要投向为交通基础设施、生态环保项目以及市政和产业园区基础设施。

* 2020 年 7 月 29 日财政部《关于加快地方政府专项债券发行使用有关工作的通知》明确 2020 年新增专项债必须保证融资规模与项目收益相平衡，因此 2020 年新增专项债均为项目收益专项债；本部分项目收益专项债的统计样本为 2017 ~ 2019 年的项目收益专项债与 2020 年1 ~ 6 月的新增专项债。

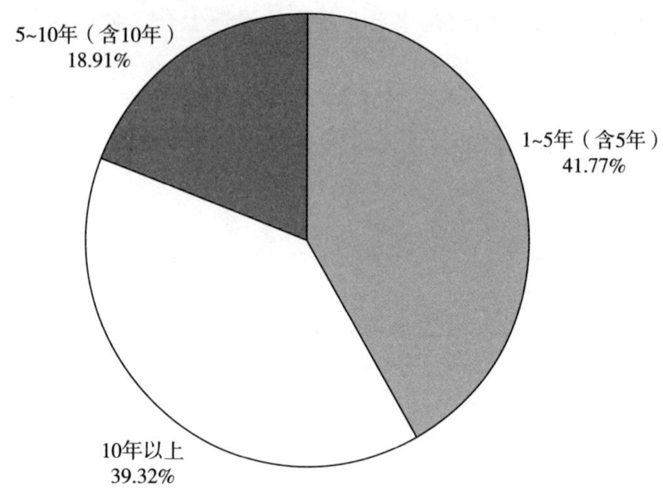

图7　截至2020年6月福建省项目收益专项债剩余期限结构

数据来源：Choice数据库，中诚信国际整理计算。

（一）福建省项目收益专项债发行规模显著增加，利率波动下降

2017~2019年以及2020年1~6月，福建省项目收益专项债分别发行50.00亿元、419.00亿元、812.00亿元和1036.00亿元（见图8），发行规模显著增大，分别占全国项目收益专项债发行总规模的1.74%、4.06%、4.07%和4.64%。从发行利率来看，近年来福建省项目收益专项债发行利率的波动下降体现出市场对此类专项债的认可度逐渐提高（见图9）。随着项目收益专项债用途范围不断扩大，募投项目类别涵盖交通基础设施、能源项目、生态环保项目、民生服务、市政和产业园区基础设施、信息网络建设、农林水利、物流、旧改、土储、棚改、文旅等，同时部分项目为城镇基础设施综合体项目，项目建设内容覆盖交通、社会公共服务等多个类别。另外，项目收益专项债发行期限趋向多样化、长期化，2020年1~6月福建省发行20年、15年和10年期限的项目收益专项债规模分别为366.85亿元、242.33亿元和240.42亿元，占项目收益专项债发行总规模的比重分别为35.41%、23.39%和23.21%（见图10）。

（二）投向集中于交通基础设施，募投项目整体偿债能力较强

2020年1~6月，福建省发行的项目收益专项债主要投向领域为交通基

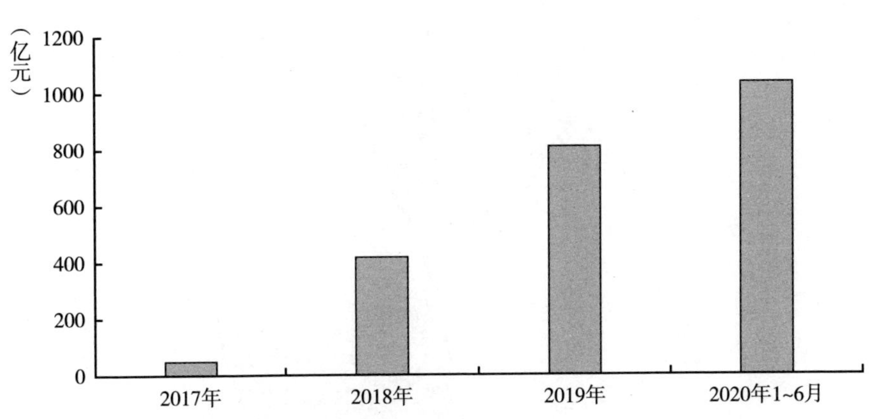

图8　2017年~2020年6月福建省项目收益专项债发行规模

数据来源：Choice数据库，中诚信国际整理计算。

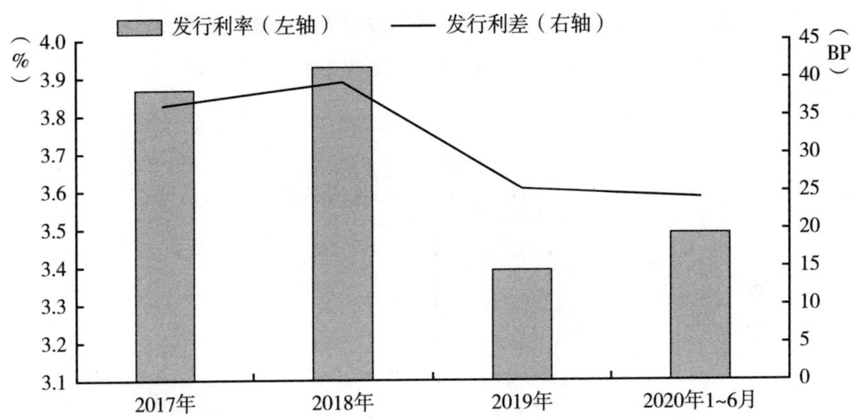

图9　2017年~2020年6月福建省项目收益专项债发行成本

数据来源：Choice数据库，中诚信国际整理计算。

础设施、市政和产业园区基础设施及民生服务等，投入债券资金规模分别为441.20亿元、391.25亿元和108.96亿元，[①] 投向各领域占比如图11所示。进

① 如无特别说明，本报告中引用的专项债支持项目的相关数据均来自福建省地方政府新增专项债信息披露文件，并由中诚信国际整理计算。由于数据的获取问题，数据可能来自不同募投项目文件、项目实施方案、信息披露模板等，这可能会给分析带来一定的偏差，但不会对分析结论产生实质性影响。

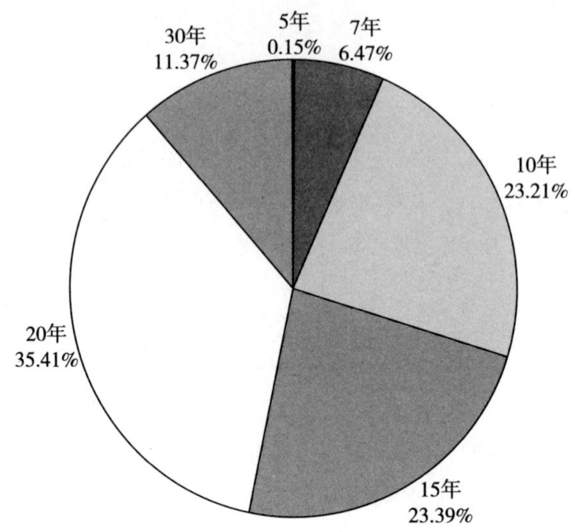

图 10　2020 年 1～6 月福建省项目收益专项债发行期限结构

数据来源：Choice 数据库，中诚信国际整理计算。

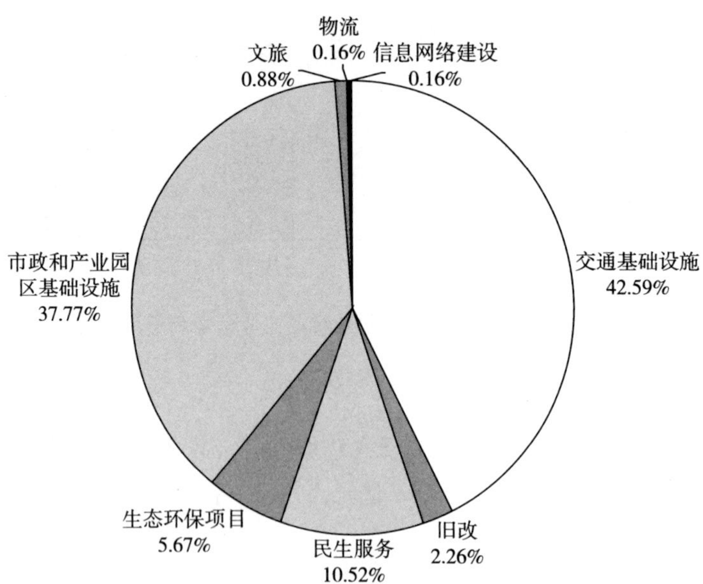

图 11　2020 年 1～6 月福建省新增项目收益专项债募投领域分布

数据来源：福建省地方政府新增专项债信息披露文件，中诚信国际整理计算。

一步细分福建省募投项目领域，交通基础设施领域主要有一般铁路、收费公路和城市停车场项目，使用的专项债金额分别为180.81亿元、124.88亿元和7.55亿元；市政和产业园区基础设施主要包括其他市政和园区、供水和水务等领域，使用专项债金额分别为322.14亿元和58.36亿元；民生服务可细分为医疗（包括应急医疗）和教育等领域，使用专项债金额分别为71.61亿元和22.81亿元。从项目行政层级分布来看，募投项目分为省级、地市级和区县级三类，其中福建省省级项目使用专项债金额为87.59亿元，地市级项目使用专项债金额为428.66亿元，区县级项目使用专项债金额为434.28亿元，分别占募投项目的9.21%、45.10%和45.69%。此外，福建省项目收益专项债募投项目本息覆盖倍数均大于1，倍数为1～2、2～3、3～4和4以上的项目所使用的专项债金额分别为738.10亿元、103.82亿元、12.73亿元及163.20亿元，募投项目的偿债能力整体较强。

（三）专项债募集资金用作资本金的比重较低

从2020年1～6月福建省发行的项目收益专项债的情况来看，项目资本金占总投资的比例普遍较高，尽管各省（区、市）可以将20%的专项债资金用作资本金，但福建省多数项目的资本金比例较高，仅有5个项目的资本金比例在20%的规定下限水平，而23个项目的资本金比例较高（超过50%），债券融资杠杆不高。整体而言，福建省项目收益专项债募集资金充当资本金的部分只是起到了局部补充作用，项目建设的资本金主要来源依然是地方财政资金拨付和建设单位自有资金。尤其是项目投入资金量较大的铁路和公路项目，项目收益专项债募集的资金用作资本金的比例普遍比较小，多数在10%以内。从偿还资金来源来看，多数项目如城镇污水处理、收费公路、供水和水务等，往往有直接收入或间接的企业运营收入来源。

（四）新增、发行扩容等因素将有利于发挥撬动效应

2020年1～6月，福建省固定资产投资（不含跨省铁路项目）同比下降0.8%，[①] 降幅比1～5月收窄5.1个百分点。其中，基础设施投资下降6.0%，

① 如无特别说明，本报告中引用的宏观经济数据均来自《福建省国民经济和社会发展统计公报》，并由中诚信国际整理计算。

降幅明显收窄。2020 年福建省基建项目 1567 个，总投资额 3. 84 万亿元，其中在建项目 1257 个，总投资 2. 94 万亿元，年度计划投资 5005 亿元；预备项目 310 个，总投资 0. 87 万亿元，基建投资投入对固定资产形成有力支撑。2020 年 1 ~6 月，福建省发行项目收益专项债 1036. 00 亿元，其中用作资本金的总额为 121. 53 亿元，专项债用作配套融资的总规模为 914. 47 亿元，依据中诚信国际测算，福建省专项债资本金撬动杠杆为 1. 67 倍，理论上基建投资撬动规模为 2370. 36 亿元①。从实际情况来看，福建省项目收益专项债用作资本金的比例较低、投向领域较少且涉及新基建等因素在一定程度上降低了撬动效益，但新发行的项目收益专项债均为新债，加之发行规模快速增长、发行进度加快、专项债品种增加，以上因素将有利于发挥专项债的撬动效应。

三　福建省偿债能力分析

（一）债务规模低于限额，2021 年、2023 年和2024 年为偿债高峰

截至 2019 年，福建省地方债务余额为 7033. 91 亿元，② 其中一般债务余额为 3050. 45 亿元，专项债务余额为 3983. 46 亿元，2019 年福建省地方政府债务余额规模居全国第 15 位，相比 2018 年地方政府债务余额增加 977. 24 亿元，同比增长 16. 13%。同期，福建省地方政府债务限额为 7799. 20 亿元（见图 12），同比增长 14. 84%，债务余额仍保持在债务限额内。此外，截至 2020 年 7 月，财政部共下达福建省地方债新增额度 1594 亿元，比 2019 年增加 585 亿元，同比增长 57. 98%。

从地方政府债券期限结构来看，福建省地方债期限整体较长，以 5 年和 10 年为主。截至 2020 年 6 月，以上两类债券余额占福建省地方债余额的比例

① 专项债撬动基建投资方法参见袁海霞、汪苑晖、卞欢《专项债兼顾扩容提效，助力基建托底稳增长——地方政府专项债 2019 年回顾与 2020 年展望》，《财政科学》2020 年第 1 期。

② 如无特别说明，本报告中引用的福建省政府债务限额、余额，一般公共预算收入、支出，财政平衡率，债务率、负债率等财政相关数据均来自福建省财政预算执行及决算报告，并由中诚信国际整理计算。

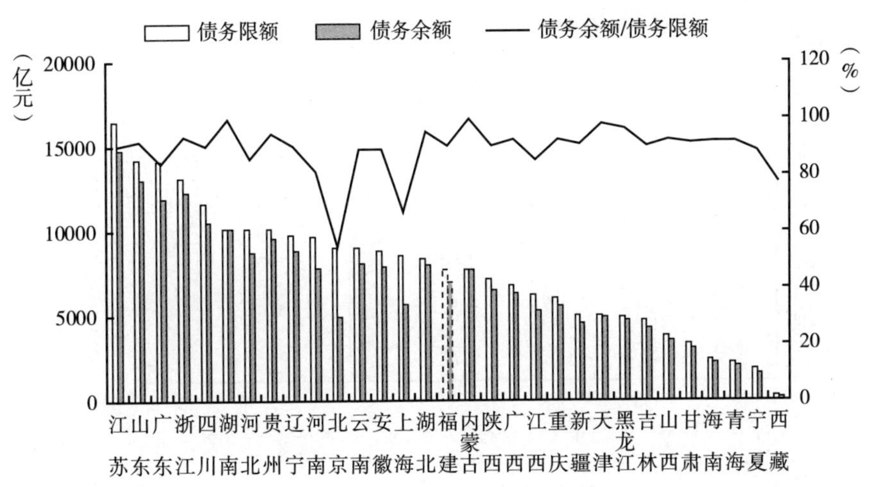

图12　2019年全国31个省（区、市）地方政府债务限额及余额

数据来源：全国31个省（区、市）财政预算执行及决算报告，中诚信国际整理计算。

分别为38.69%和33.77%。从地方债到期规模分布来看，截至2020年6月，存量地方债2020年7～12月及2021～2026年到期规模分布中，2021年、2023年、2024年和2026年为债务集中偿还期，分别需偿还869亿元、932亿元、987亿元和894.6亿元；从到期债券种类分布来看，除2022年到期一般债占比较高外，2020年7～12月、2021年及2023～2026年到期债券以专项债为主，其中2024年为专项债偿债高峰。总体来看，福建省仍存在一定的债务融资空间，地方债到期分布较为均匀，债务期限结构较为合理，不存在较大的债务集中到期偿付压力（见图13）。

（二）经济保持增长，财政实力处于全国中上游，财政平衡能力较强

近年来，福建省经济持续保持快速平稳增长，2019年福建省地区生产总值（GDP）为4.24万亿元，在全国31个省（区、市）中排名第8位，同比增长7.6%，增速较2018年略有下降，但仍高于全国平均水平①；同年，福建省人均GDP为10.71万元，较2018年增长6.7%。福建省逐渐优化形成第二产

① 2019年国内生产总值同比增长6.1%。

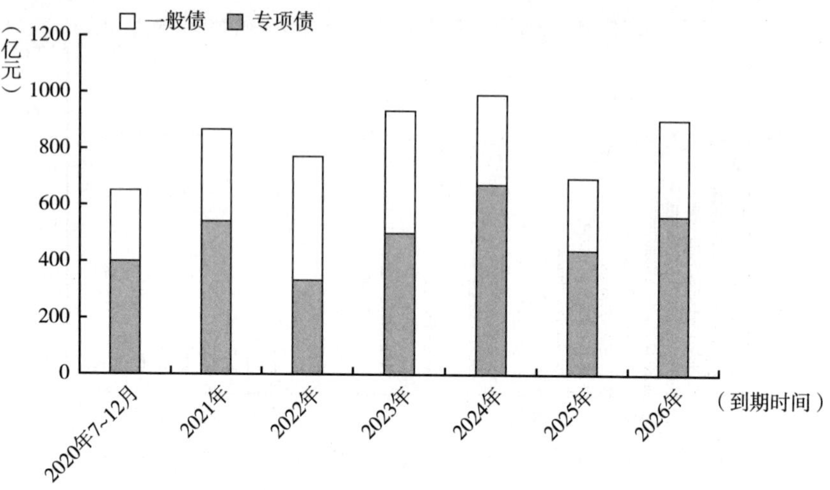

图 13　福建省地方债 2020～2026 年到期分布

数据来源：全国 31 个省（区、市）财政预算执行及决算报告，中诚信国际整理计算。

业和第三产业并重的产业格局，从产业结构来看，2019 年第一产业增加值 2596.23 亿元，同比增长 3.5%；第二产业增加值 20581.74 亿元，同比增长 8.3%；第三产业增加值 19217.03 亿元，同比增长 7.3%。2019 年，福建省三次产业结构由 2018 年的 6.7∶48.1∶45.2 调整为 6.1∶48.6∶45.3。

近年来，福建省财政实力不断增强。2019 年，福建省一般公共预算收入为 3052.93 亿元，在全国处于第 12 位，同比增长 1.5%，其中税收收入为 2208.98 亿元，占比 72.36%；一般公共预算支出为 5077.93 亿元，同比增长 5.0%。2019 年，福建省政府性基金收入为 2569.68 亿元，主要是国有土地使用权出让金和国有土地收益基金收入，较 2018 年下降 0.67%。财政平衡方面，2019 年，福建省财政平衡率为 60.12%，较 2018 年小幅下降 2.1 个百分点，但仍处于全国中上游水平（见图 14）。

（三）债务压力有所提升，债务风险可控

从债务水平看，2019 年，福建省债务率为 97.19%（见图 15），较 2018 年上升 10.9 个百分点，居全国第 10 位，但仍未超过国际 100% 的警戒线标准；负债率为 16.59%（见图 15），较 2018 年小幅下降 0.33 个百分点，未超过

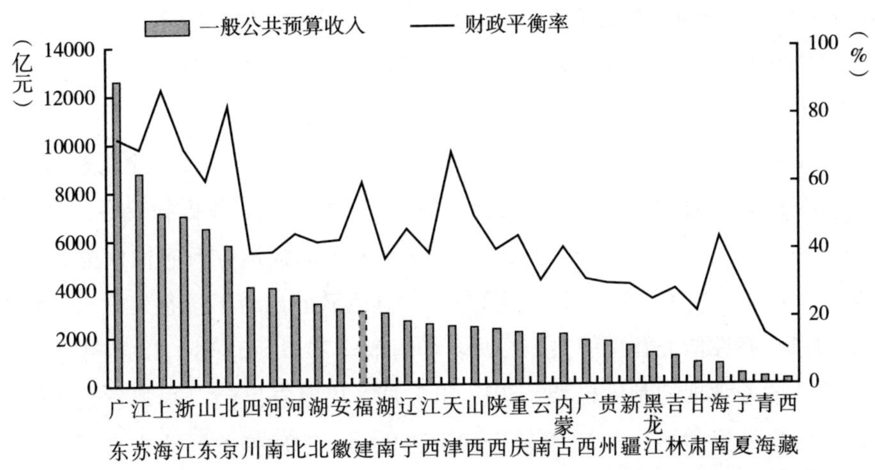

图 14　2019 年全国 31 个省（区、市）一般公共预算收入与财政平衡率

数据来源：全国 31 个省（区、市）财政预算执行及决算报告，中诚信国际整理计算。

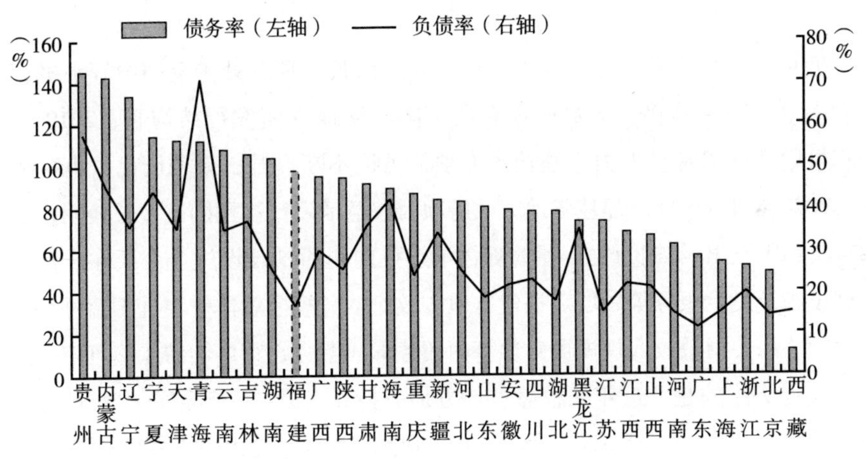

图 15　2019 年全国 31 个省（区、市）债务率及负债率

数据来源：全国 31 个省（区、市）财政预算执行及决算报告，中诚信国际整理计算。

国际 60% 的警戒线标准，居全国第 25 位，福建省债务压力一般。一般公共预算收入是政府偿债资金的主要来源之一，2019 年福建省债务余额/一般公共预算收入为 2. 30，较 2018 年小幅增长，覆盖能力有所减弱。但考虑到福建省 2019 年政府性基金预算收入为 2569. 68 亿元及国有资本经营预算收入为

118.45 亿元，分别居全国第 12 位和第 7 位，可对地方债务偿还起到重要补充作用，加之福建省债务到期分布较为均匀合理，较快增长的经济财政实力能对到期债务偿还形成良好覆盖，偿债风险可控。

为全面落实国家对防风险的要求并持续推进省内地方债务风险化解，福建省从加强地方政府债务管理、防范化解地方政府债务风险等方面着手，出台了一系列控制债务风险的政策。根据国务院《关于加强地方政府性债务管理的意见》（国发〔2014〕43 号）① 等文件，福建省政府出台了《福建省人民政府关于加强政府性债务管理的实施意见》（闽政〔2015〕55 号）②，构建了福建省政府性债务管理的制度框架。2017 年 7 月，福建省出台《福建省政府性债务风险应急处置预案》，③ 完善预警和预防机制，明确债务风险事件等级，分类制定应急处置措施。

四 小结

近年来，福建省地方债规模和增速持续增长，债务处于全国中等水平，发行利率呈现回落趋势，融资成本有所下降。从地方债发行结构看，2019 年以来积极财政政策持续发力，福建省专项债占比不断提升，新增债比重也持续提高。2020 年 1 ~6 月，福建省地方政府项目收益债发行规模同比增长较明显，债券存续期限以 10 年期为主，募集资金重点投向交通基础设施、市政和产业园区基础设施及民生服务等领域。福建省地方政府债务规模总体较小且不超过地方债务限额，相关财政收入规模可对预算内债务形成覆盖，整体偿债风险可控。

值得关注的是，近年来福建省地方债务持续上升，一般预算收入对地方债务规模的覆盖能力有所减弱。针对以上问题，本报告提出以下建议：第一，加

---

① 《国务院关于加强地方政府性债务管理的意见》（国发〔2014〕43 号），中华人民共和国中央人民政府网站，2014 年 10 月 2 日，http：//www. gov. cn/zhengce/content/2014 - 10/02/content_ 9111. htm。

② 《福建省人民政府关于加强政府性债务管理的实施意见》（闽政〔2015〕55 号），福建省人民政府网站，2015 年 12 月 16 日，http：//www. fujian. gov. cn/zwgk/zfxxgk/szfwj/jgzz/csjrzcwj/201512/t20151216_ 1186834. htm。

③ 《福建省政府性债务风险应急处置预案》（闽政办〔2017〕85 号），法律法规网，2017 年 7 月 27 日，http：//www. lc123. net/laws/2017 - 07 - 27/312275. html。

强债务管理，健全地方政府举债机制，稳步推进专项债管理改革，创新专项债品种，拓展专项债使用领域，发挥政府规范举债促进经济社会发展作用，保障重点领域合理融资需求；第二，强化风险防范，化解地方政府性债务风险，建立健全组织指挥体系，完善预警和预防机制，明确债务风险事件等级，分类制定应急处置措施等，进一步加强政府性债务风险防控。

B.39
2020年四川省地方政府债券分析报告

程 成*

摘 要: 截至2020年6月底，四川省存量地方债规模居全国31个省（区、市）第5位，债券发行明显提速，中长期债券占比显著提高，发行成本下降，但二级市场流动性仍较弱。近年来，四川省项目收益专项债发行规模逐年大幅增长，主要投向领域为基建及民生服务；2020年1～6月，新发行项目收益专项债募投项目的本息覆盖倍数很高，区县级项目占比近75%。四川省地方债的到期分布相对平均，基于四川省较大的经济和财政收入规模，显性债务风险相对可控。

关键词: 地方债 专项债 四川省

一 四川省地方债运行情况分析

截至2020年6月底，四川省地方债存量规模为11984.28亿元①（见图1），在全国31个省（区、市）中排第5位，其中专项债存量规模为5895.08亿元，占全省地方债存量的49.19%；专项债中项目收益专项债存量规模为2817.00亿元，占全省地方债存量的23.51%。四川省存量地方债发行期限以5年、7年和10年为主，发行数量分别占存量地方债总数的23.56%、27.49%和29.84%，此外，3年、15年、20年、30年期限的存量债券数量占比均在5%以

---

* 程成，企业金融学博士，中诚信国际政府公共评级部（武汉）分析师，主要研究领域为地方政府债券、基础设施投融资行业等。

① 如无特别说明，本报告中引用的地方债存量、发行量、发行利率、发行利差、交易量、到期收益率等债券相关数据均来自截至2020年6月的Choice数据库，并由中诚信国际整理计算。

内。2018 年至 2020 年 6 月，四川省发行的 270 只地方债中，228 只为新增债，42 只为再融资或置换债。

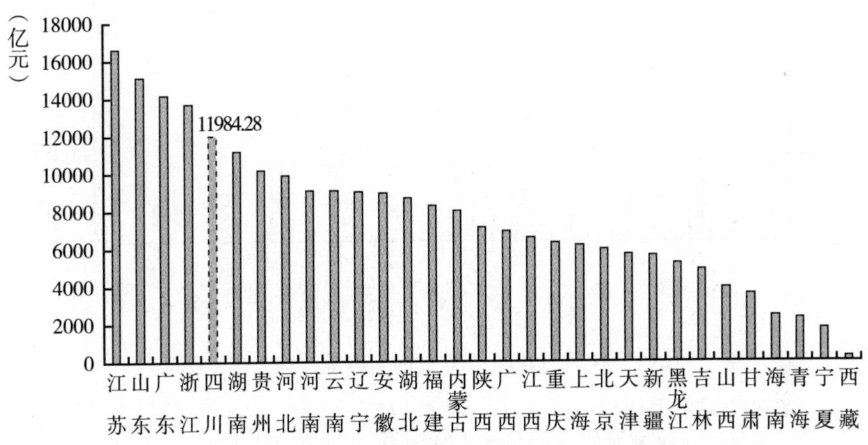

图 1　截至 2020 年 6 月全国 31 个省（区、市）地方债存量规模

数据来源：Choice 数据库，中诚信国际整理计算。

（一）2020年上半年地方债发行明显提速，5月形成专项债发行高峰

2020 年《政府工作报告》明确提出，加大“六稳”工作力度，以保促稳，明确财政赤字率按 3.6% 以上安排，新增专项债额度大幅提升。2020 年 1 ~6 月，四川省共发行地方债 2030.56 亿元，较 2019 年同期增加 335.01 亿元，同比增幅为 19.76%；与 2019 年同期相比，四川省 2020 年 1 ~2 月地方债发行明显提速，3 ~4 月大幅放缓，5 月形成发债高峰，当月发行新增专项债 586 亿元（见图 2）。

（二）以新增专项债为主，中长期占比显著提高、30年期发行有所突破

2020 年 1 ~6 月，四川省新增地方债以专项债为主，新增专项债和新增一般债的占比分别为 59.59% 和 13.64%，新增专项债占比同比上升 6.88 个百分点，而新增一般债占比同比下降 13.78 个百分点。发行期限方面，四川省新发行的中长期地方债占比显著提高，超长期地方债发行有所突破。具体来看，2020 年 1 ~6 月发行的 91 只地方债中，5 年及以下期限的地方债占比为 9.89%，7 年

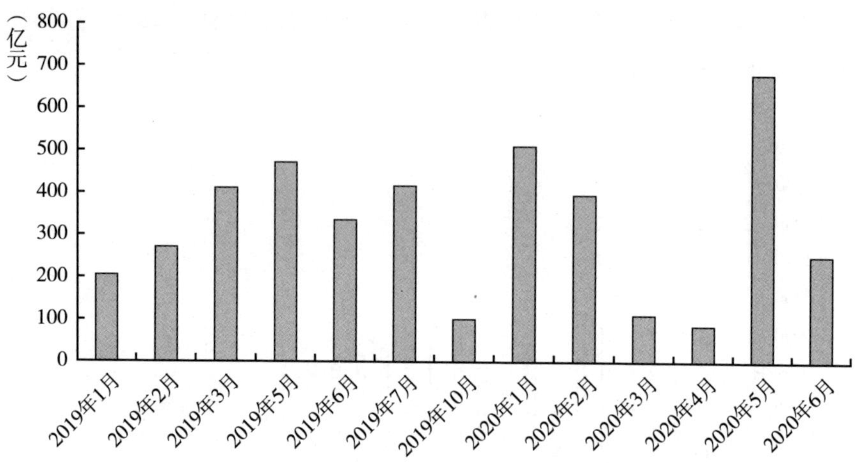

图2　2019 年 1 月～2020 年 6 月四川省地方债月度发行规模

注：四川省部分月份无地方债发行，未在图中显示。
数据来源：Choice 数据库，中诚信国际整理计算。

期和 10 年期地方债占比为 43.95%（见图 3）；15 年及以上期限的地方债占比为 46.16%，较 2019 年的 7.29% 大幅增长，其中 30 年超长期地方债发行 11 只，共计 488.74 亿元，已超出 2019 年的 7 只，共计 351.45 亿元。

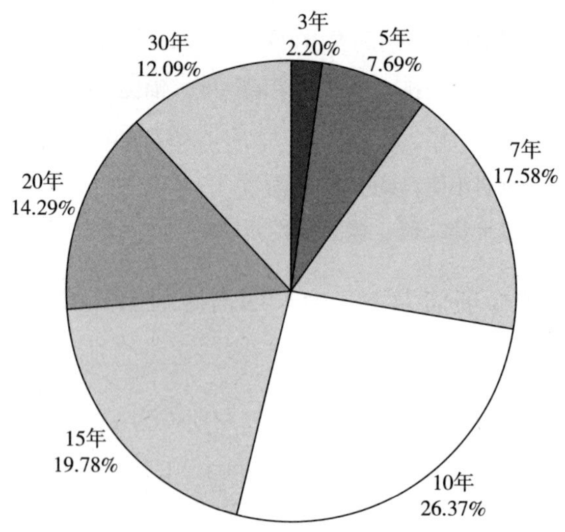

图3　2020 年 1～6 月四川省新增地方债发行期限结构

数据来源：Choice 数据库，中诚信国际整理计算。

（三）发行利率整体下降，发行利差呈现收窄趋势

2020 年 1～6 月，四川省地方债发行集中于 1 月、2 月、5 月和 6 月，整体来看，四川省地方债发行利率[①]在4 月下降，发行利差在1～4 月有所上升，但在 5～6 月大幅收窄（见图 4）。2020 年 1～6 月，四川省地方债发行利率为 3.29%，在全国处于中等水平，发行利差为 23.65BP，处于较低水平（见图 5）。

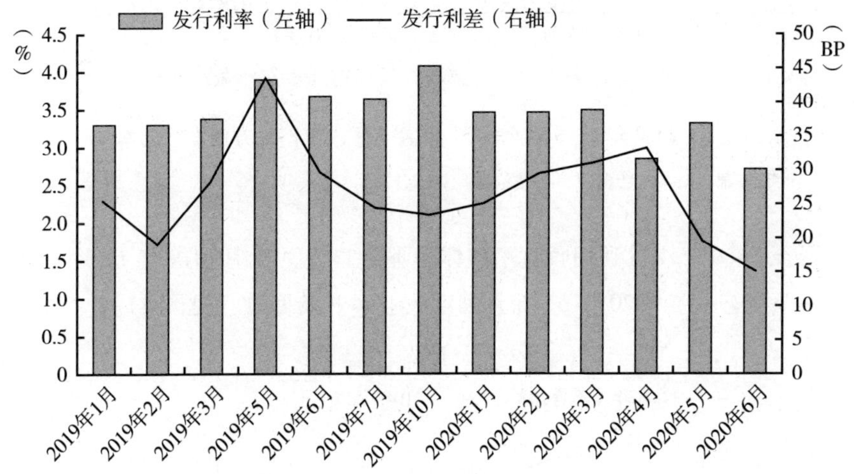

图 4　2019 年 1 月～2020 年 6 月四川省地方债月度发行成本

注：四川省部分月份无地方债发行，未在图中显示。

数据来源：Choice 数据库，中诚信国际整理计算。

（四）二级市场流动性不高，2019年4月以来到期收益率整体下行

2020 年 1～6 月，四川省地方债交易规模[②]为 2745.27 亿元。到期收益率[③]方面，2019 年 1～4 月四川省各期限地方债的到期收益率有所上升，2019

① 如无特别说明，本报告中发行利率、利差为根据发行额计算的加权平均发行利率、利差，发行利差为债券发行利率减去对应期限国债收益率。

② 交易统计包含回购交易、现券交易等部分。

③ 此处到期收益率均值采用的是算术平均值。

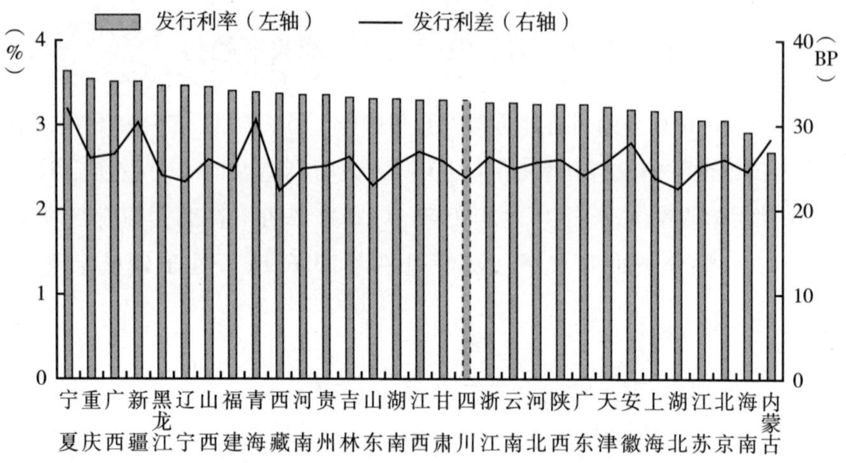

图5　2020年1~6月全国31个省（区、市）地方债发行成本

数据来源：Choice数据库，中诚信国际整理计算。

年5月至2020年4月到期收益率整体呈下降趋势，其中2019年12月至2020年4月下降较快，2020年5~6月到期收益率开始回升（见图6）。

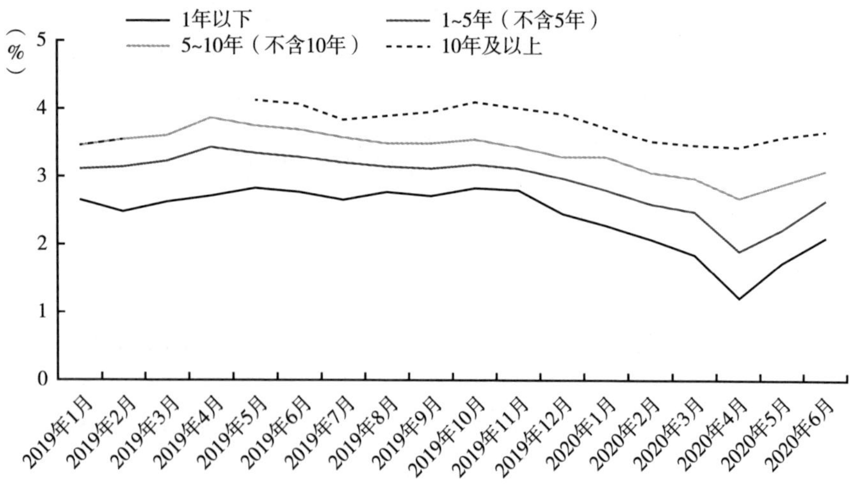

图6　2019年1月~2020年6月四川省地方债到期收益率走势

数据来源：Choice数据库，中诚信国际整理计算。

二　四川省地方政府项目收益专项债分析*

截至2020年6月，四川省存量项目收益专项债有217只，存量余额为2817.00亿元，发行期限以5～10年的中长期债券为主，全部为新增专项债（见图7）。

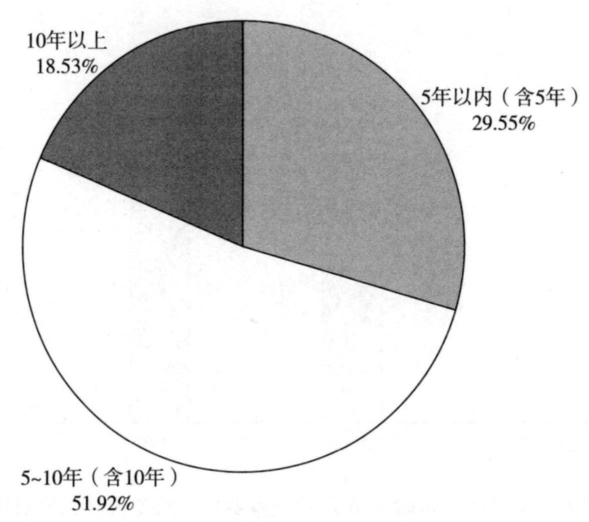

图7　截至2020年6月四川省项目收益专项债剩余期限结构

数据来源：Choice数据库，中诚信国际整理计算。

（一）项目收益专项债发行规模逐年增长，主要投向基建和民生服务

2017年，财政部发布《关于试点发展项目收益与融资自求平衡的地方政府专项债券品种的通知》（财预〔2017〕89号），[①] 自2018年开始，四川省项

---

* 2020年7月29日财政部《关于加快地方财政专项债券发行使用有关工作的通知》明确2020年新增专项债须保证融资规模与项目收益平衡，因此2020年新增专项债为项目收益专项债；本部分项目收益专项债统计样本为2017～2019年项目收益专项债与2020年1～6月新增专项债。

① 《关于试点发展项目收益与融资自求平衡的地方政府专项债券品种的通知》（财预〔2017〕89号），中华人民共和国财政部网站，2017年7月24日，yss.mof.gov.cn/zhuantilanmu/dfzgl/zcfg/201707/t20170724_2656632.html。

目收益专项债发行规模逐年大幅增长，2020 年 1 ~6 月发行的 79 只项目收益专项债规模达到 1210.00 亿元，已超过 2019 年全年发行规模（见图 8）。2018 年以来的发行利率呈现持续走低趋势，发行利差也逐年收窄，2020 年 1 ~6 月发行的项目收益专项债发行利率为 3.34%，发行利差为 23BP（见图 9）。发行期限为 7 年、10 年、15 年和 20 年的项目收益专项债规模占比分别为 10.37%、47.55%、19.63% 和 8.73%，主要投向领域为市政和产业园区基础设施及民生服务（见图 10 和图 11）。

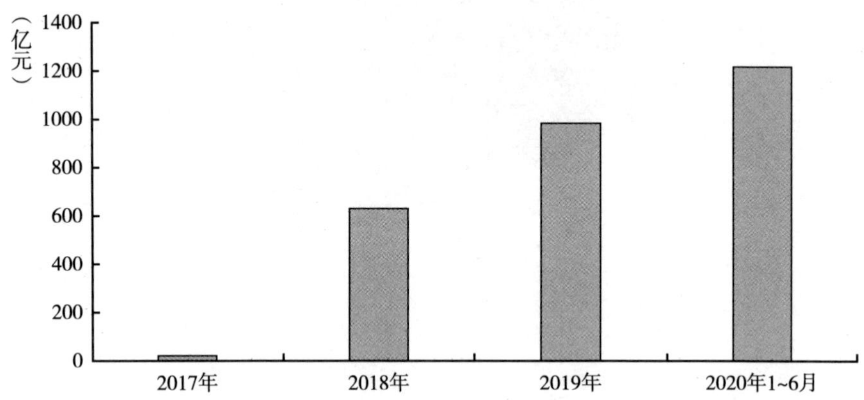

图 8　2017 年 ~2020 年 6 月四川省项目收益专项债发行规模

数据来源：Choice 数据库，中诚信国际整理计算。

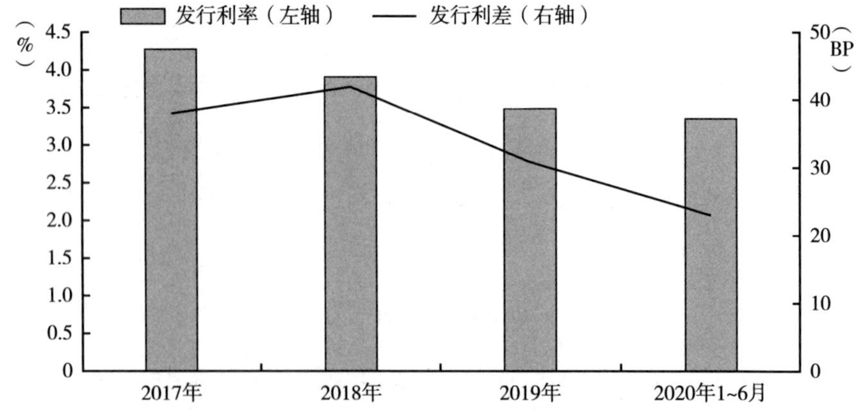

图 9　2017 年 ~2020 年 6 月四川省项目收益专项债发行成本

数据来源：Choice 数据库，中诚信国际整理计算。

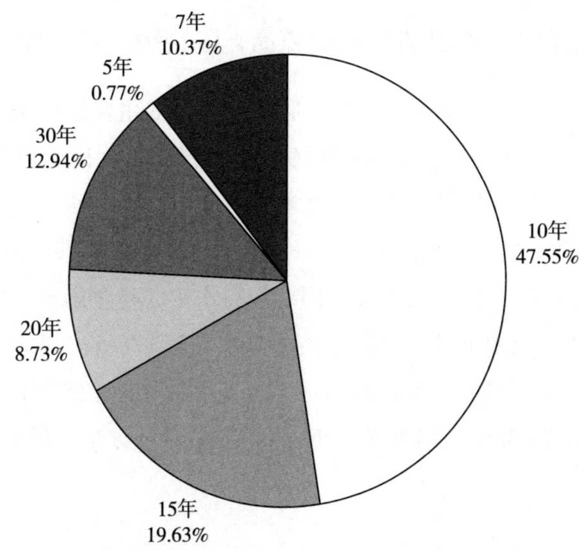

图 10　2020 年 1～6 月四川省项目收益专项债发行期限结构

数据来源：Choice 数据库，中诚信国际整理计算。

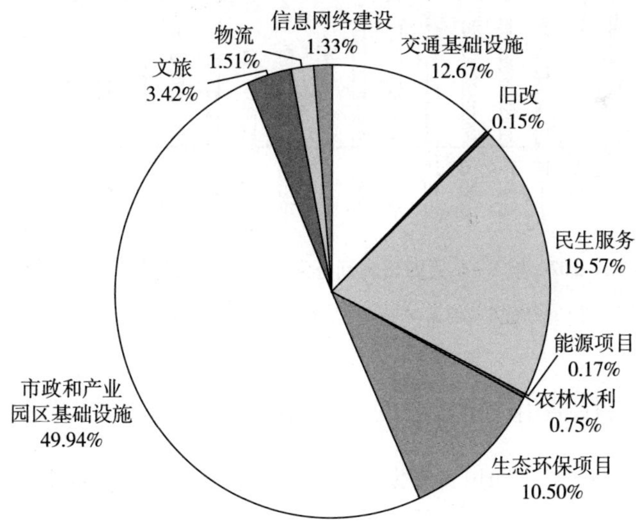

图 11　2020 年 1～6 月四川省新增项目收益专项债募投领域分布

数据来源：四川省地方政府新增专项债信息披露文件，中诚信国际整理计算。

（二）项目融资本息覆盖倍数较高，区县级项目占比近75%

2020 年 1 ~6 月，四川省新增项目收益专项债的主要投向市政和产业园区基础设施（供水、水务、孵化器、厂房建设及其他）、民生服务（医疗、教育）、生态环保项目（城镇污水垃圾处理和环保）以及交通基础设施（城市停车场、收费公路、一般铁路等）等领域，项目融资本息平均覆盖倍数为 10.62，[①] 为全国 31 个省（区、市）同期最高水平，是全国平均覆盖倍数 4.63 的两倍多。其中，能源项目平均覆盖倍数最高，达到 26.58；农林水利覆盖倍数最低，为 5.24。募投项目行政层级及区域分布方面，地市级项目占比 25.67%，区县级项目占比 74.33%，四川省各市（州）均有项目分布（见图 12）。

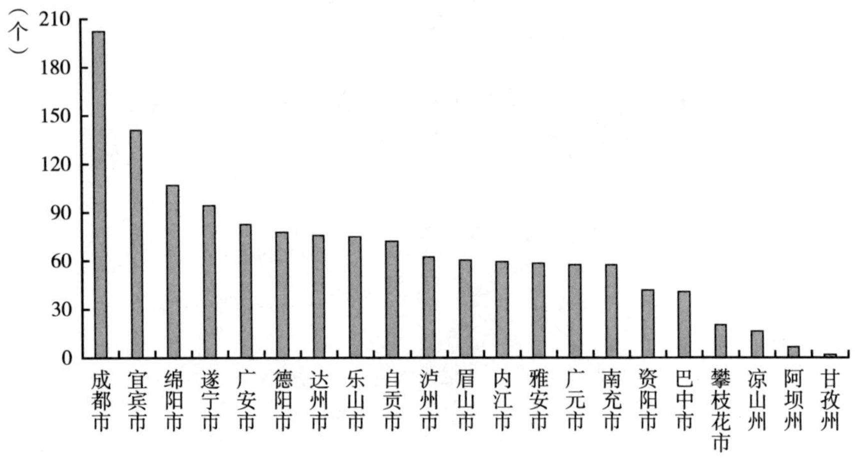

图 12　2020 年 1 ~6 月四川省新增项目收益专项债投向区域项目数

数据来源：四川省地方政府新增专项债信息披露文件，中诚信国际整理计算。

（三）专项债用作资本金的项目占比很低，主要投向铁路相关项目

2020 年 1 ~6 月，四川省新发行的项目收益专项债用作资本金的项目共有

① 如无特别说明，本报告中引用的专项债支持项目相关数据均来自四川省政府新增专项债信息披露文件，并由中诚信国际整理计算。由于数据的获取问题，数据可能来自不同募投项目文件、项目实施方案、信息披露模板等，这可能导致部分数据分析出现一定偏差，但不会对分析结论产生实质性的影响。

13个，占总数的0.91%。其中，城际高速铁路和城际轨道交通项目有5个，专项债用作资本金的平均比例为36.32%，项目收入主要来源为高铁周边沿线综合运营收入、铁路运输收入和土地综合收益；一般铁路项目有7个，专项债用作资本金的平均比例为56.69%，项目收入主要来源为铁路运输费、客运收入、专项资金收入等；电器热管项目有1个，专项债用作资本金的比例为49.92%，项目收入主要来源为供水收入和管道修理收入。

（四）专项债用作资本金的撬动能力高于用作配套融资，但对投资的撬动作用不显著

2020年1~6月，四川省新增专项债1210.00亿元，其中专项债用作资本金的规模较小，仅为58.19亿元，占新增专项债的4.81%，专项债用作资本金的撬动杠杆为2.08，撬动的基建投资规模为121.23亿元；非专项债资本金项目中专项债用作配套融资的规模为1149.81亿元，占新增专项债的95.03%，撬动杠杆为1.67，撬动的基建投资规模为1916.35亿元。[①]

三　四川省偿债能力分析

（一）地方政府债务余额较大，2023年地方债到期较集中

截至2019年，四川省地方政府债务余额为10577亿元[②]，债务限额为11731亿元，债务总量在全国处于较高水平（见图13），与其较大的经济体量和较大力度的固定资产投资相适应。2020年7~12月，四川省到期的地方债规模为824.54亿元，2021~2025年需要偿还的地方债均超过1000亿元，其中2023年是债务到期高峰期，当年需偿还1882.29亿元，其中专项债券需偿还925.17亿元（见图14）。

① 专项债撬动基建投资方法参见袁海霞、汪苑晖、卞欢《专项债兼顾扩容提效，助力基建托底稳增长——地方政府专项债2019年回顾与2020年展望》，《财政科学》2020年第1期。

② 如无特别说明，本报告中引用的四川省政府债务限额、余额，一般公共预算收入、支出，财政平衡率，债务率、负债率等财政相关数据均来自四川省财政预算执行及决算报告，并由中诚信国际整理计算。

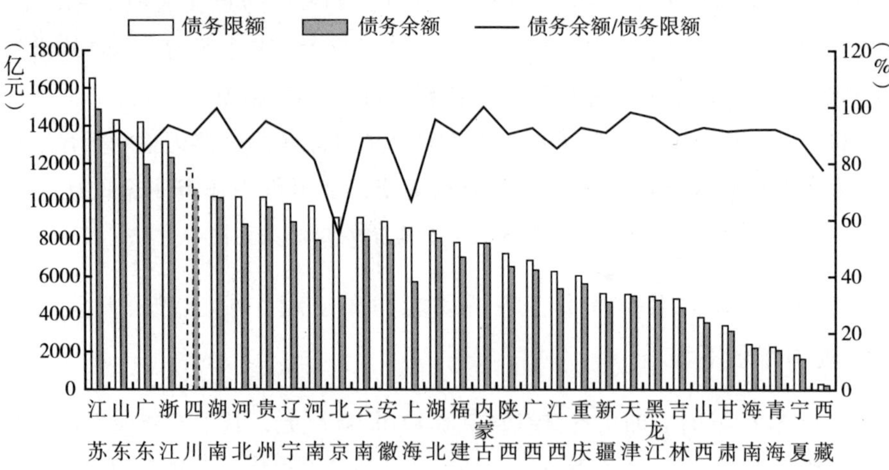

图 13　2019 年全国 31 个省（区、市）地方政府债务限额及余额

数据来源：全国 31 个省（区、市）财政预算执行及决算报告，中诚信国际整理计算。

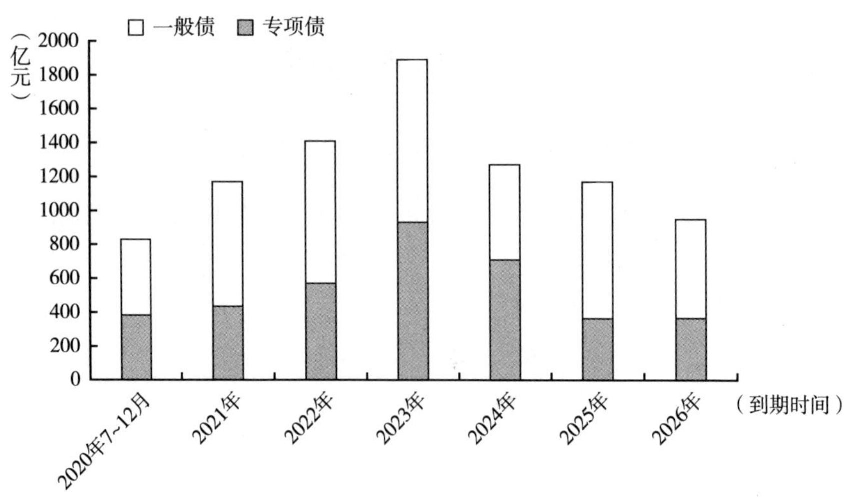

图 14　四川省地方债 2020～2026 年到期分布

数据来源：四川省财政预算执行及决算报告，中诚信国际整理计算。

（二）经济总量较大且增速较快，财政收入质量较好但自给能力较低

2019 年，四川省实现地区生产总值（GDP）46615.8 亿元，[①] 居 31 个省（区、市）第 6 名，同比增长 7.5%；人均地区生产总值为 55774 元，同比增长 7.0%；第一产业增加值 4807.20 亿元，增长 2.80%；第二产业增加值 17365.30 亿元，增长 7.50%；第三产业增加值 24443.30 亿元，增长 8.50%；三次产业结构为 10.3∶37.3∶52.4。财政实力方面，2019 年四川省一般公共预算收入为 4070.80 亿元（见图 15），同比增长 7.7%，其中税收收入为 2888.80 亿元，税收占比 70.97%，财政收入质量较好。随着房地产市场的回暖，2019 年四川省实现政府性基金收入 4181.20 亿元，其中国有土地使用权出让收入为 3785.90 亿元。财政支出方面，2019 年四川省一般公共预算支出为 10349.60 亿元，同比增长 6.60%；同期，四川省财政平衡率（一般公共预算收入/一般公共预算支出）为 39.33%，财政自给能力较弱，收支平衡主要依赖中央的补助。

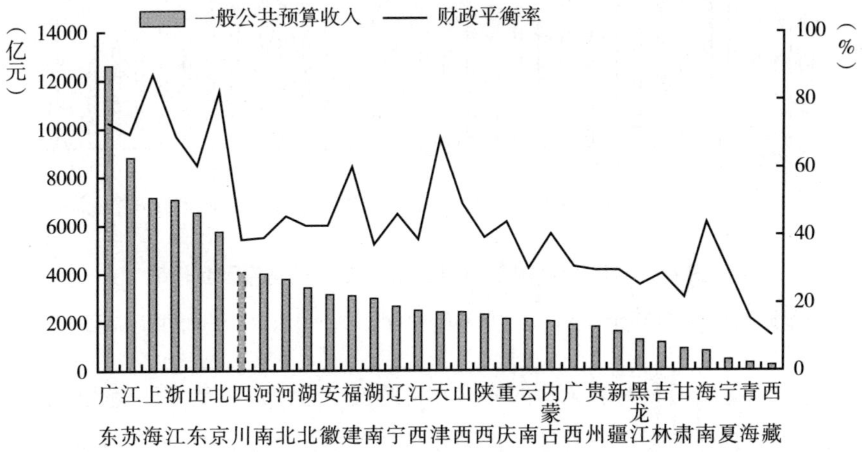

图 15　2019 年全国 31 个省（区、市）一般公共预算收入与财政平衡率

数据来源：全国 31 个省（区、市）财政预算执行及决算报告，中诚信国际整理计算。

① 如无特别说明，本报告中引用的宏观经济数据均来自《四川省国民经济和社会发展统计公报》，并由中诚信国际整理计算。

（三）地方债到期分布平均，基于较大的经济总量，显性债务压力相对可控

四川省显性债务规模持续增长，债务水平居全国前列。2019 年，四川省地方政府债务余额为 10577 亿元，规模居全国第 5 位，较 2018 年增加 1278 亿元，低于地方债务限额 11731 亿元。2019 年四川省债务率为 73.35%，较 2018 年上升 1.92 个百分点；负债率为 22.69%，与 2018 年基本持平，债务率和负债率在 31 个省（区、市）中均处于较低水平（见图 16）。

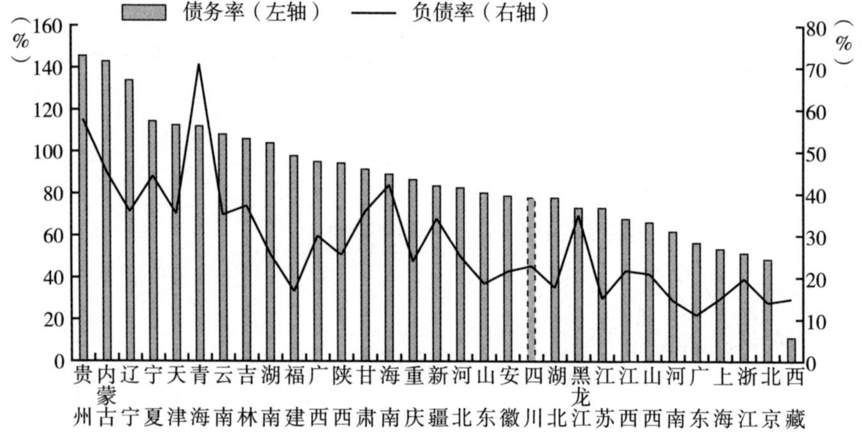

图 16　2019 年全国 31 个省（区、市）债务率及负债率

数据来源：全国 31 个省（区、市）财政预算执行及决算报告，中诚信国际整理计算。

为全面落实国家对防风险的要求并持续推进省内地方债务风险化解，四川省出台了一系列加强债务管理和控制债务风险的政策。2016 年 7 月 21 日，四川省连发四文，将政府债务分类纳入预算管理，提出有序高效处置政府债务风险突发事件的措施，针对存量债务，提出了化解期限和化解方案，并对债务进行分级分类管理。2017 年 2 月，四川省下发通知规范政府举债担保行为，对新型融资模式加以规范，对平台企业转型提出指导，定期监测债务风险，出台相应的问责制度。2017 年 9 月，四川省印发《四川省政府性债务风险应急处

置预案》,[①] 明确风险等级分类及认定标准，并对相应责任人依法认定其责任，纳入考核范围。2018 年 6 月，四川省发文制止和纠正违规以地融资行为，进一步规范土地融资管理，进一步清理不合规的土地融资行为，对土地抵押融资提出明确标准，对平台企业和土储机构的土地业务开展进行指导。总体来看，四川省经济体量较大，有较强的抗风险能力，地方债的到期分布相对平均，全省显性债务压力相对可控。

四 小结

四川省地方债存量及新增债规模均处于全国前列，2020 年 1 ~6 月地方债发行明显提速，新发债以专项债和中长期债为主，发行成本整体下行，但二级市场流动性仍较弱。2020 年 1 ~6 月，四川省通过新增项目收益专项债撬动基建投资 2037. 58 亿元，以区县级项目为主，主要投向市政和产业园区基础设施以及民生服务等领域，项目本息覆盖倍数居全国 31 个省（区、市）首位。偿债压力方面，四川省地方债总量及未来各期偿债金额均较大，但显性债务率和负债率相对较低，债务到期分布相对平均。四川省经济体量和财政收入规模较大，但财政平衡能力较弱。四川省在债务分级分类管理、存量债务化解、债务风险监测、应急处置、问责与考核以及规范政府融资行为方面出台了相应政策。总的来说，四川省显性债务风险相对可控，区域内可增加专项债用作资本金的重大项目储备，进一步发挥专项债对基建投资的撬动作用。

① 《关于印发四川省政府性债务风险应急处置预案的通知》（川办发〔2017〕91 号），四川省人民政府网站，2017 年 9 月 15 日，http：//www. sc. gov. cn/10462/c103046/2017/9/15/cbf3f6417a0f4e9988ce2127a3144fa5. shtml。

专 题 篇

Special Reports

B.40 2020年中国地方政府债券信用评级理论研究

尹玉洁*

摘　要：　自2015年以来，我国地方政府债券采用自发自还方式，并实行限额管理。其中，一般债券纳入一般公共预算管理；专项债券纳入政府性基金预算管理，且可用作重大项目资本金，在稳增长方面发挥积极作用。从评级思路看，一般债券及普通专项债券的信用风险需考虑区域经济实力和地方政府综合财力以及偿债能力等；项目收益专项债券的信用风险首先考虑募投项目的基础信用情况，例如项目资产信用质量、融资本息覆盖倍数以及压力测试后的覆盖倍数，然后考虑地方政府区域信用风险和债券可能获得的其他增信措施。

关键词：　地方政府一般债券　普通专项债券　项目收益专项债券

* 尹玉洁，中诚信国际评级技术与标准部总监，主要研究领域为地方政府债券、基础设施投融资平台、交通、公用事业、评级方法与模型、评级技术与评级政策研究与制定等。

一　地方政府债券的基本特征

（一）地方政府债券采用自发自还方式，并实行限额管理

2014 年《中华人民共和国预算法》修正案和《关于加强地方政府性债务管理的意见》（国发〔2014〕43 号），明确了加快建立规范的地方政府举债融资机制，确定了地方政府作为地方政府债券的发行主体和偿还主体的法律地位。“举借债务的规模，由国务院报全国人民代表大会或者全国人民代表大会常务委员会批准。省、自治区、直辖市依照国务院下达的限额举借的债务，列入本级预算调整方案，报本级人民代表大会常务委员会批准，实行限额管理。”按照市场化原则自发自还，以防范和化解地方政府债务风险。

（二）一般债券以一般公共预算收入作为还款来源，专项债券以政府性基金或专项收入作为还款来源

根据《关于加强地方政府性债务管理的意见》，“没有收益的公益性事业发展确需政府举借一般债务的，由地方政府发行一般债券融资，主要以一般公共预算收入偿还。有一定收益的公益性事业发展确需政府举借专项债务的，由地方政府通过发行专项债券融资，以对应的政府性基金或专项收入偿还”。因此，地方政府一般债券和专项债券形成的债务为地方政府直接债务。地方政府专项债券还可细分为普通专项债券和项目收益专项债券，普通专项债券的发行期限及约束条件与地方政府一般债券相同；项目收益专项债券是按照地方政府性基金收入分类发行的，是实现项目收益与融资自求平衡的债券，其发行期限可以根据相关规定，结合实际情况合理确定。

（三）专项债券可作重大项目资本金，在稳增长方面发挥积极作用

根据 2019 年 6 月中共中央办公厅、国务院办公厅印发的《关于做好地方政府专项债券发行及项目配套融资工作的通知》（厅字〔2019〕33 号），对于“国家重点支持的铁路、国家高速公路和支持推进国家重大战略的地方高速公路、供电、供气项目，在评估项目收益偿还专项债券本息后专项收入具备融

资条件的，允许将部分专项债券作为一定比例的项目资本金，但不得超越项目收益实际水平过度融资”。同年 9 月，为更好地发挥专项债券促进投资的作用，国务院常务会议将教育、卫生、医疗、养老及托幼等公共服务项目纳入专项债券可作为项目资本金的范围，更好地发挥地方政府专项债券在撬动投资和稳增长方面的积极作用。

二　地方政府债券的评级思路

（一）地方政府一般债券的评级思路

地方政府一般债券以一般公共预算收入作为还本付息的来源，根据《关于深化预算管理制度改革的决定》（国发〔2014〕45 号），“加大政府性基金预算、国有资本经营预算与一般公共预算的统筹力度，建立将政府性基金预算中应统筹使用的资金列入一般公共预算的机制，加大国有资本经营预算资金调入一般公共预算的力度”。因此，地方政府一般债券的信用风险需考虑区域经济实力和地方政府综合财力以及偿债能力等。

（二）地方政府专项债券的评级思路

地方政府专项债券以有一定收益的公益性项目对应的政府性基金或专项收入作为偿债来源。根据发行年限和信息披露要求等情况的不同，地方政府专项债券还可分为普通专项债券和项目收益专项债券。对于普通专项债券，其偿债资金不仅来源于项目对应的政府性基金收入或专项收入，还可由发行人再次发行专项债券偿还。根据财政部发布的《关于做好 2018 年地方政府债券发行工作的意见》（财库〔2018〕61 号），地方政府可在限额内发行用于偿还部分到期地方政府债券本金的债券。因此，对于普通专项债券来说，其信用风险的考虑因素同地方政府一般债券一致。

根据《关于试点发展项目收益与融资自求平衡的地方政府专项债券品种的通知》（财预〔2017〕89 号），“专项债券对应的项目取得的政府性基金或专项收入，应当按照该项目对应的专项债券余额统筹安排资金，专门用于偿还到期债券本金，不得通过其他项目对应的项目收益偿还到期债券本金。因项目取得的政府性基金或专项收入暂时难以实现，不能偿还到期债券本金时，可在专项债务限额内发行相关专项债券周转偿还，项目收入实现后予以归还”。在当前债务管理体制下，地方政府在专项债务限额内发行相关专项债券周转偿还，是项目收益专项债券除自身项目收入外可获得的主要外部支持偿付渠道。项目收益专项债券的第一偿债来源为项目本身对应的收益，但地方政府作为债券的最终信用提供方，其区域信用也是重要考量因素。在考虑项目收益专项债券信用风险时，首先衡量募投项目的收益与融资平衡情况，然后综合衡量地方政府信用状况。与一般政府债券和普通专项债券不同的是，项目收益专项债券的信用风险首先考虑募投项目的基础信用情况，然后考虑地方政府区域信用风险和债券可能获得的其他增信措施。

三　地方政府债券的评级要素

（一）区域信用

1. 地方经济

地方经济是评估地方政府信用水平的最重要的因素之一，体现了该地区经济发展的程度、潜力和影响力。地方经济主要体现在资源禀赋及发展条件、经济总量及结构、经济增长弹性和人均经济总量等方面。

一个地区的经济除了受宏观经济环境等外部因素影响外，资源禀赋及发展条件对地方经济来说也十分重要。我国地方政府面临着基本相似的宏观经济环境，但各地区的资源禀赋和市场意识存在差异，从而导致经济和社会发展程度不同。

经济总量及结构构成了一个地区的经济基础。地方政府的财政实力主要取决于该地区的经济基础，从这个意义上来说，经济基础体现了地方政府获取税源或收入的程度和潜力。中国各地的差异很大，经济发展速度、结构和程度不同，一般来说，经济越发达，该地区的财政实力越强，地方政府的偿债能力越有保障。

考察一个地方的经济，除了考虑以上因素外，还需要考察经济增长弹性和人均经济总量指标。影响经济增长弹性的因素包括国内生产总值（GDP）增速、支柱产业发展潜力以及资源利用的可持续性等。人均经济总量指标，如人均 GDP 等，能够反映一个地区资源利用及价值创造的效率，以及经济发展的技术边际等。

2. 地方财政实力

地方财政实力是综合判断地方政府偿债能力和信用水平的基础和依据，主要体现为地方综合财政收入。现阶段，我国地方政府的财政收入来源及构成相对比较复杂，要全面考察地方政府财政实力，需要关注地方政府的所有收入来源。

2014 年《中华人民共和国预算法》修正案新增第五条明确："预算包括一般公共预算、政府性基金预算、国有资本经营预算、社会保险基金预算（以下简称'四项预算'）。"现阶段，在四项预算中，一般公共预算和政府性基金预算已形成相对比较完善的体系。而国有资本经营预算在地方尚未完全铺开，社会保险基金预算相对比较独立。此次修正明确了"政府的全部收入和支出都应当纳入预算"，确立了全口径预算体系，但鉴于数据口径等问题，全口径预算体系还有待完善。

一般来说，可以从规模、稳定性和平衡率等方面来评价地方政府财政状况。在计算地方综合财力规模时，主要考察一般公共预算收入、税收返还和转移支付、政府性基金预算收入等。在财政收入稳定性方面，主要考察地方财政收入中法定收入的规模以及政府性基金预算收入的可持续性等。在财政平衡率方面，主要考察一般公共预算收入对一般公共预算支出的覆盖程度，即地方政府依靠自身财力对收入和支出的平衡能力，考察的是地方财力的基础平衡能力。①

一般来说，对于经济发展好、财政实力强的地区而言，地方公共财政预算收入是可以覆盖大部分支出的，而经济实力相对较弱的区域对于预算支出的保障则需要转移支付和税收返还加以辅助。实际上，地方政府是地方经济建设和社会发展责任的主要承担者，地方财政承担了大部分的支出任务，远远超过了其财政收入。中央政府主要通过转移支付的形式来填补地方财政收入和支出的缺口。

3. 地方偿债能力

地方偿债能力是反映地方政府财政对到期债务的偿付能力或保障程度。地

① 冯俏彬：《中国财政可持续之道：基于政府收入体系视角的研究》，《地方财政研究》2019 年第 3 期。

方政府性债务的涵盖范围通常包括一般债务和专项债务，根据《关于加强地方政府性债务管理的意见》，“地方政府要将一般债务收支纳入一般公共预算管理，将专项债务收支纳入政府性基金预算管理”。除此之外，还要关注当地方政府因对投融资平台公司承担偿还责任、救助责任的债务而形成的地方政府隐性债务。①

地方政府的负债水平和负债结构直接决定了其信用风险的大小，在对地方债务进行评估时，需综合考察各地方政府的债务规模、债务负担以及流动性等方面。

财政部下达的《关于对地方政府债务实行限额管理的实施意见》（财预〔2015〕225 号），从切实加强地方政府债务限额管理、建立健全地方政府债务风险防控机制、妥善处理存量债务三个方面进行规定，“合理确定地方政府债务总限额”“逐级下达分地区地方政府债务限额”“严格按照限额举借地方政府债务”“将地方政府债务分类纳入预算管理”，以及“全面评估和预警地方政府债务风险”“抓紧建立债务风险化解和应急处置机制”“健全地方政府债务监督和考核问责机制”。为有效防范和化解地方政府债务风险，我国建立了严格的地方政府债务管理机制。近年来，在国家的监管和调控下，地方债务风险得到控制，但我国区域发展不平衡，部分地区的隐性债务规模较大，值得关注。

通常选取两个指标来衡量地方偿债能力，即负债率和债务率，这两个指标比较具有代表性。债务负担是从债务偿付基础的角度来考量地方政府偿还债务的弹性或能力。负债率即期末债务余额与当年 GDP 的比率，是衡量经济总量对政府性债务的承载能力或经济增长对政府举债依赖程度的指标。债务率即期末债务余额与当年综合财力的比率，是衡量债务相对规模大小的指标。

4. 外部支持

考虑到我国现有的财政体制和组织结构，在考虑外部支持时，首先要区分不同的行政级次，不同行政级次的地方政府的财政汲取能力和控制力有所不同，所能获得的上级政府的支持程度也不尽相同。根据我国现有财政体制框架，可将我国行政级次分为省级和直辖市、省会城市和计划单列市、地级市、

① 毛振华、闫衍：《中国地方政府与融资平台债务分析报告》，社会科学文献出版社，2018，第 10 ~ 11 页。

区县和开发区、镇。其次要考虑地方政府的特殊地位，特殊地位主要体现在上级政府对本级政府在转移支付、经济发展战略规划、社会稳定、生态环保、文化建设等方面的支持程度。

（二）项目基础信用风险

1. 项目资产信用质量

项目资产信用质量分析旨在检验项目的抗风险能力以及现金流的稳健性，可以通过项目的可行性分析、建设风险分析、运营风险分析和资本结构分析等多个维度进行剖析。

2. 融资本息覆盖倍数

融资本息覆盖倍数是指项目可以作为偿债资金的净收益对自身融资本息的覆盖倍数，其中可以用来还债的净收益系项目预计产生的收益或指定的还债资金，一般为项目运营收入或政府指定的土地出让收入等。融资本息指该项目建设产生的所有融资本息，除发行专项债券所募集到的资金外，还包括为匹配项目建设，通过其他渠道获取的各类债务融资。根据《关于做好地方政府专项债券发行及项目配套融资工作的通知》，“允许将专项债券作为符合条件的重大项目资本金”。因此，需将专项债券作为资本金部分的本息也纳入融资本息的考虑范围内。不同融资本息覆盖倍数对应不同风险水平，当融资本息覆盖倍数较低时，债券违约的流动性风险较高；当融资本息覆盖倍数较高时，债券的安全性则相对较高。在考察项目净收益对融资本息的覆盖能力阶段，主要依据独立第三方提供的专项财务评估报告进行独立判断，确保评级依据的合理性。

3. 压力测试后的覆盖倍数

除了对假定情况下项目所产生的现金流对融资本息的覆盖倍数进行分析外，还应对压力测试后的最低覆盖倍数进行分析。一般情况下，项目风险程度越高、稳健性越差，越需关注其压力测试后的净收益对融资本息的覆盖情况。

考虑到地方政府专项债券存在较长的存续期，存续期内存在多种影响项目偿债现金流收入的不确定因素，因此在压力测试阶段，针对影响偿债现金流收入的关键因素设置不同的压力情景，以通过压力测试对项目偿债现金流收入及融资本息覆盖倍数进行谨慎预测和调整。

B.41

2020年地方政府债券管理制度创新研究

卞 欢　汪苑晖　袁海霞　王赫雷*

摘　要：以2014年《中华人民共和国预算法》修正案与《关于加强地方政府性债务管理的意见》的出台为标志，我国地方债市场进入规范发展期，管理制度日益完善。2020年在新冠肺炎疫情冲击、经济下行压力加大的背景下，我国地方债管理制度进一步创新。在发行情况方面，地方债务新增限额合理扩大、发行节奏更趋灵活，且政策鼓励发行长期专项债以匹配重点项目期限；在资金使用方面，专项债投向扩充至“两新一重”领域，用作项目资本金的额度明显增加，并首次允许用于补充中小银行资本金。与此同时，地方债在信息披露、资金管理、信用评级等方面的配套管理细则持续完善，助力地方债市场向高质量发展。

关键词：地方债　管理政策　制度创新

* 卞欢，金融学博士，中诚信国际研究院高级研究员，主要研究领域为财政政策、地方债与城投行业等；汪苑晖，中诚信国际研究院高级研究员，主要研究领域为宏观经济、货币政策、地方债与城投行业等；袁海霞，经济学博士，高级经济师，中诚信国际研究院副院长，中国人民大学国发院政府债务研究中心联席主任，主要研究领域为宏观经济、地方债与城投行业、债券市场等；王赫雷，中国国债协会研发部主任，主要研究领域为国债、地方债及行业自律管理研究。

一　地方政府债券发行制度创新分析

（一）合理增加新增债务限额，助力稳投资与稳增长

2015 年，财政部发布的《关于对地方政府债务实行限额管理的实施意见》（财预〔2015〕225 号），明确指出地方政府债务总限额需要科学合理确定。财政部根据确定的限额对地方政府债务余额实行限额管理，年度地方政府债务限额等于上年地方政府债务限额加上当年新增债务限额。限额确定后，财政部按省份逐级下达，并严格要求地方政府按限额举借债务，同时将地方政府债务纳入对应预算体系分类管理。限额管理制度为地方政府举借新增债务设定了“天花板”，有利于防范地方债务过快增长。在此制度的基础上，为应对疫情对经济的冲击，2020 年我国在制定新增债务限额时充分考虑各地区债务风险、财力状况等因素，并根据中央确定的重大项目支出、地方融资需求等情况，将 2020 年地方政府新增债务限额设定为 47300 亿元，较 2019 年大幅增加 16500 亿元，其中，新增专项债务限额较 2019 年增加 16000 亿元，达到 37500 亿元。此次地方政府新增债务限额尤其是新增专项债务限额的增加，是对抗疫情影响下我国积极财政政策的具体体现之一，保障了各地重大基建项目顺利推进，拉动了投资，稳定了经济增长。

（二）充分考虑疫情不利冲击，灵活调整专项债发行节奏

2015 年以来，全年新增地方债①限额主要在年初的全国人民代表大会和中国人民政治协商会议②结束后发布，同时于“两会”结束后启动发行。2018 年，我国经济下行压力有所增加，稳增长需求明显上升。十三届全国人大常委会第七次会议授权 2019 ~ 2022 年债务规模可在当年新增地方政府债务限额的 60% 以内，提前下达下一年度新增地方政府债务限额，由此缓解每年上半年地

① 除政策文件名称外，“地方政府债券”在本报告中均简称为“地方债”，“地方政府专项债券”简称为“专项债”，“地方政府一般债券”简称为“一般债”。

② 全国人民代表大会和中国人民政治协商会议在本报告中简称为“两会”。

方债发行进度偏慢、难以有效支持基建项目的问题。2020 年，为对冲疫情不利影响，我国首次分 3 批提前下达新增债务限额共计 28480 亿元。同年 5 月 6 日，国务院常务会议[①]要求提前下达的新增专项债需在 5 月底发行完毕，较 2019 年提前 1 个月，以尽快发挥专项债的积极财政作用。在提前下达的新增专项债发行完毕后，财政部印发《关于加快地方政府专项债券发行使用有关工作的通知》，要求新增专项债可在 10 月底前发行完毕，时间要求较 2019 年延后 1 个月，以让路 7 月抗疫特别国债，统筹多项财政工具，灵活调整发行节奏。

（三）期限品种持续多元，鼓励发行长期专项债保障项目融资

2015 年以来，地方债期限品种新增 1 年期、2 年期、15 年期、20 年期及 30 年期，期限结构进一步完善。在满足各类投资者期限偏好的同时，可以更加灵活匹配地方基础设施建设项目的期限要求。在此基础上，2020 年财政部出台《关于加快地方政府专项债券发行使用有关工作的通知》，明确鼓励发行长期专项债，加大对铁路、城际交通、水利工程等期限较长的重大项目的支持力度，以更好匹配项目资金与期限。但在优化期限结构的同时，也要求各地“综合评估分年到期专项债券本息、可偿债财力以及融资成本等情况，合理确定专项债券期限，避免人为将偿债责任后移”，做好保障项目融资和防范债务风险的平衡。

二　地方政府债券资金使用制度创新分析

（一）进一步扩大专项债募投领域，重点助力“两新一重”建设

2017 年，财政部发布《关于试点发展项目收益与融资自求平衡的地方政府专项债券品种的通知》，正式发布项目收益与融资自求平衡的专项债，此后土地储备[②]、收费公路[③]、棚户区改造[④]三个领域的专项债管理办法相继出台。

---

① 国务院常务会议在本报告中简称为“国常会”。

② 2017 年《地方政府土地储备专项债券管理办法（试行）》。

③ 2017 年《地方政府收费公路专项债券管理办法（试行）》。

④ 2018 年《试点发行地方政府棚户区改造专项债券管理办法》。

2020年，为有效对冲疫情的不利影响，中央在多项重要会议中强调扩大专项债投资范围，助力支持重点领域项目建设。2020年3月17日，国家发改委表示将持续扩大专项债规模，支持有一定收益的基础设施和公共服务项目建设；4月3日，在国务院联防联控机制发布会上，财政部表态将进一步扩大专项债范围，新增城镇老旧小区改造、应急医疗等领域；5月，"两会"《政府工作报告》再次强调专项债应扩大有效投资、助力稳增长，重点支持既促消费惠民生又调结构增后劲的"两新一重"建设。①

（二）提高专项债用作项目资本金的比例，加强对投资的拉动作用

2019年6月，中共中央办公厅、国务院办公厅印发《关于做好地方政府专项债券发行及项目配套融资工作的通知》，首次明确"专项债可作为重大项目资本金"，打破以往债务性资金不得用作项目资本金的规定。2019年9月4日，国常会进一步扩大专项债作为项目资本金的使用领域，将专项债可作为项目资本金的范围明确为符合重点投向的重大基础设施领域②。2020年4月3日，在国务院联防联控机制发布会上，财政部明确"允许地方在符合政策规定和防控风险的基础上，可适当提高用于符合条件的项目资本金的比例"，充分发挥专项债资金对投资的拉动作用。2020年5月底，《政府工作报告》再次强调，提高专项债可作为项目资本金的比例，助力撬动更多投资，托底经济发展。

（三）首次允许专项债用于补充中小银行资本金，助力稳企业、保就业

2020年，在疫情冲击下，中央要求金融机构向企业让利1.5万亿元，助力稳企业、保就业。在此背景下，为稳定中小银行在支持企业过程中的资本充足率、增强中小银行资金实力和风险抵御能力、加大其服务中小微企业的力

① 2020年5月22日，国务院总理李克强在发布的《政府工作报告》中提出，重点支持"两新一重"建设，包含新型基础设施建设，新型城镇化建设，交通、水利等重大工程建设。

② 该领域包括铁路、轨道交通、城市停车场等交通基础设施，城乡电网、天然气管网和储气设施等能源项目，农林水利，城镇污水垃圾处理等生态环保项目，职业教育和托幼、医疗、养老等民生服务，冷链物流设施，水电气热等市政和产业园区基础设施。

度，2020 年 7 月 1 日国常会决定，在 2020 年新增地方政府专项债限额中安排一定额度，允许地方政府依法依规通过认购可转换债券等方式，探索合理补充中小银行资本金的新途径。专项债用于补充中小银行资本金，将助力中小微企业从中小银行获得更多资金支持，保障中小微企业的可持续经营。值得注意的是，2020 年 9 月，浙江、陕西均已启动专项债用于补充中小银行资本金的工作，或将成为首批落地的省份。

三　地方政府债券规范管理制度创新分析

（一）启用信息披露模板与信息公开平台，市场基础设施持续完善

信息披露是地方债市场健康发展的重要一环。2014 年，财政部发布《关于 2014 年地方政府债券自发自还试点信息披露工作的指导意见》，奠定了地方债信息披露规范的基石。此后，财政部于 2017 年及 2018 年分别发布《关于试点发展项目收益与融资自求平衡的地方政府专项债券品种的通知》《地方政府债务信息公开办法（试行）》，进一步规范地方债信息披露要求。2020 年 1 月，财政部发布《关于启用地方政府新增专项债券项目信息披露模板的通知》，进一步提高专项债信息披露机制的全面性、及时性和标准化水平，提炼关键信息、提高披露频率。具体来看，披露内容要求更为全面，涵盖债券基本要素、项目融资来源、分年融资计划、分年预期收益等核心信息；同时明确“各地发行地方政府新增专项债券时，须增加披露地方政府新增专项债券项目信息披露模板”。信息披露模板以表格形式展示披露信息，披露形式更为直观明确，标准化水平显著提高，有效提升信息披露效率。

2020 年 7 月，财政部发布《关于加快地方政府专项债券发行使用有关工作的通知》，再次强调依法加大专项债信息公开力度，健全通报和约谈机制、监督机制等新要求，进一步加强信息披露规范性。根据该文件要求，各地方政府需发挥全国统一的地方政府债券信息公开平台[①]的作用，全面详细公开专项债对应的项目信息，加快推进专项债券项目库公开，对组合使用专项债和市场

① 平台网址为 http：//www. celma. org. cn/，网站名称为中国地方政府债券信息公开平台。

化融资的项目以及将专项债作为资本金的项目要单独公开。此外，该文件明确要求各地方政府健全月度定期通报机制，对专项债资金拨付进度快、安排使用合规有效的主体予以表扬，对其他未达标准的主体予以约谈或通报，防止资金滞留国库以及资金拨付后沉淀在项目单位，提高资金使用效率，尽快形成对经济的有效拉动。

（二）规范专项债资金用途及偿债来源，多措并举防范违规举债

在资金投向方面，2020 年 2 月，财政部发布《关于加强政府投资基金管理　提高财政出资效益的通知》，强调地方债资金均不得用于政府投资基金的设立或注资，并要求地方财政部门对违反规定的基金严肃整改。在偿债来源方面，2020 年 9 月，中共中央办公厅及国务院办公厅印发《关于调整完善土地出让收入使用范围优先支持乡村振兴的意见》，提出“严禁以已有明确用途的土地出让收入作为偿债资金来源发行地方政府专项债券”，以提高土地出让收入用于农业农村的比例，规范专项债偿债来源。2020 年 10 月起正式实施的修订后的《中华人民共和国预算法实施条例》，再次细化地方政府债务管理机制，强调“统一管理政府债务的举借、支出与偿还，监督债务资金使用情况”，对于超出一般债务限额或者专项债务限额举借债务的行为责令改正，并对负有直接责任的主管人员和其他直接责任人员依法给予处分，多措并举防范地方债务风险。

（三）加强地方债信用评级规范管理，促进地方债市场健康发展

2019 年 12 月，中国人民银行、国家发改委、财政部、证监会联合发布《信用评级业管理暂行办法》，明确信用评级行业规范发展的政策导向，建立健全对信用评级行业的统一监管制度框架。在此基础上，2020 年 3 月，中国国债协会发布《地方政府债券信用评级业务自律规范指引》，明确地方债信用评级自律管理框架，细化对地方债评级机构基本信息、地方债信用评级方法、评级模型等方面的披露要求，推动评级机构统一评级方法中的关键量化评价指标、计算方法、权重等内容，更好规范地方债评级业务、完善市场基础设施建设、提升地方债信用评级质量。

四 小结与建议

在抗疫情、稳增长的背景下，2020年我国地方债管理制度根据经济形势和宏观调控需要进行调整，新增地方债务限额较2019年明显增加，地方债发行节奏也更为灵活。同时，地方债资金使用机制不断创新，专项债除了用作项目资本金助力稳投资、稳基建外，也可用于补充中小银行资本金。此外，专项债信息披露模板和中国地方政府债券信息公开平台的正式启用，有利于进一步完善市场基础设施建设，使得地方债配套管理机制持续完善。

伴随国内疫情趋于稳定，宏观政策已逐步回归常态化，在维持必要稳增长力度的同时，我国也需防范由前期政策刺激带来的宏观债务水平过快攀升的风险，把握稳增长与防风险的平衡。从稳增长方面看，当前我国宏观经济运行仍然承压；作为积极财政政策的重要组成部分，新增地方债仍将持续扩容。因此，应加大支持“两新一重”建设，提升项目资本金使用比例，继续发挥地方债在稳基建、补短板、支撑经济增长方面的重要作用，未来各地仍需持续做好新增地方债发行的相关工作，同时积极探索专项债用于补充中小银行资本金的新途径。从防风险方面看，仍需着重防范专项债项目可能存在的资金闲置、收益不及预期等风险，做好专项债在全生命周期的项目管理和风险防范；此外，各地监管部门也需要加强对专项债用于补充中小银行资本金这一方式的监督管理，压实各方责任，稳妥推进专项债用于补充中小银行资本金，建立市场化的专项债合理补充中小银行资本金的到期及时退出机制，严防道德风险。

B.42

2020年地方政府债券募投领域创新研究

汪苑晖　袁海霞　王赫雷　王艾然*

摘　要：　地方政府债券尤其是专项债，是支持基础设施建设的重要资金来源，在拉动基建投资、支撑地方经济方面发挥着日益重要的作用。2020年上半年，在新冠肺炎疫情冲击、经济下行压力加大的背景下，地方债募投领域出现了显著变化，专项债投向更为精准，重点支持传统基建及民生领域，并根据需求增加了“两新”（新型基础设施建设、新型城镇化建设）、应急医疗等领域，更全面地发挥补短板、稳增长作用。本报告详细梳理了2020年上半年地方政府债券募投领域特点，并结合政策走势对后续募投方向与结构进行展望。

关键词：　专项债　募投领域　新型基础设施建设　新型城镇化建设　重大工程建设

一　地方政府债券募投资金特点分析

自2009年地方政府发债“前门”正式开启后①，地方政府债券（以下简称

---

* 汪苑晖，中诚信国际研究院高级研究员，主要研究领域为宏观经济、地方债与城投行业、货币政策等；袁海霞，经济学博士，高级经济师，中诚信国际研究院副院长，中国人民大学国发院政府债务研究中心联席主任，主要研究领域为地方债与城投行业、宏观经济、债券市场等；王赫雷，中国国债协会研发部主任，主要研究领域为国债、地方债及行业自律管理研究；王艾然，中国国债协会研发部，主要研究领域为财政政策、经济政策、政府债券市场发展研究等。

① 2009年，财政部出台《2009年地方政府债券预算管理办法》，首次提出发行地方政府债券，并明确以省、自治区、直辖市和计划单列市政府为发行和偿还主体。

"地方债"）进入高速发展期。截至 2020 年 6 月底，地方债存量规模已超 23 万亿元①，是目前全市场第一大券种。伴随总量扩容，地方债投向公益性项目的规模持续扩大，且更加注重项目的公益性，已成为支持基础设施建设的重要资金来源之一。在近年来经济持续承压的大环境下，地方债发挥着稳定基建投资、补齐发展短板、支撑经济增长的重要作用。

（一）从资金用途看，地方债投向公益性项目的规模持续扩大

若按资金用途划分地方债的发行结构，可分为新增、置换及再融资。一般来说，置换及再融资地方债不对应项目发行；新增地方债对应公益性项目发行，为地方基建投资提供增量资金。根据财政部数据，2017 年以来，新增地方债发行规模逐年上升；自 2018 年起，伴随三年地方债务置换工作结束，新增地方债快速扩容；2020 年 1～6 月，新增地方债共发行 2.79 万亿元（见图 1），已达到 2019 年全年的九成规模，占地方债总规模的比重也从 2017 年的 36% 上升至 2020 年 1～6 月的 80%，大幅增加超过 40 个百分点，地方债投向公益性项目的规模持续扩大。

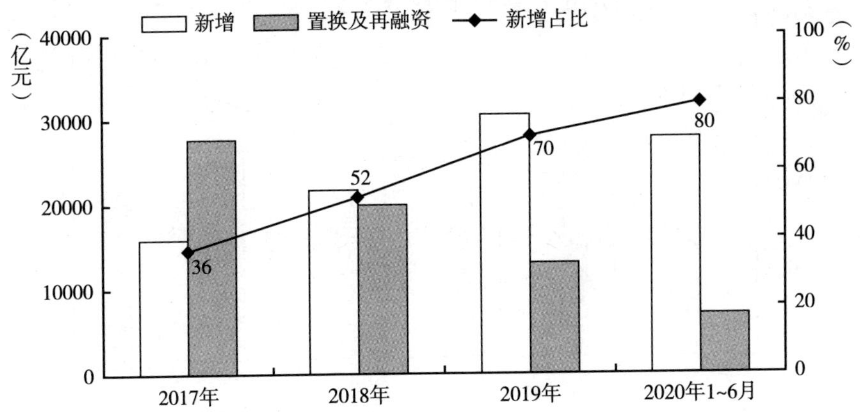

图 1　2017 年～2020 年 6 月地方政府债券发行规模（按资金用途分）

数据来源：财政部，中诚信国际整理计算。

① 如无特别说明，本报告中引用的地方债存量规模、发行规模等债券相关数据均来自截至 2020 年 6 月的 Choice 数据库，并由中诚信国际整理计算。

（二）从资金投向看，地方债资金更多向收益自求平衡的公益性项目倾斜

自2015年起，地方债开始区分一般债及项目收益专项债（以下简称“专项债”），专项债占比逐年上升（见图2）。结合地方债资金用途，新增一般债主要用于基本无收益的公益性项目，新增专项债主要用于有一定收益的公益性项目。伴随2017年项目收益专项债问世①，地方债募投项目质量进一步提高；2019以来经济下行压力加大，加上2020年初新冠肺炎疫情冲击，积极财政政策持续发力，专项债尤其是新增专项债大幅扩容，地方债资金明显向收益相对更高、收益与融资自求平衡的公益性项目倾斜。2020年《政府工作报告》指出，新增专项债限额为3.75万亿元，较2019年大幅增加1.6万亿元。从2020年1~6月发行规模看，各地方政府共发行地方债3.49万亿元，其中，发行专项债2.37万亿元，同比大幅增加8211亿元，占地方债的68%，且大多为新增专项债（2.23万亿元），占地方债的64%，占比较2019年上升了15个百分点。

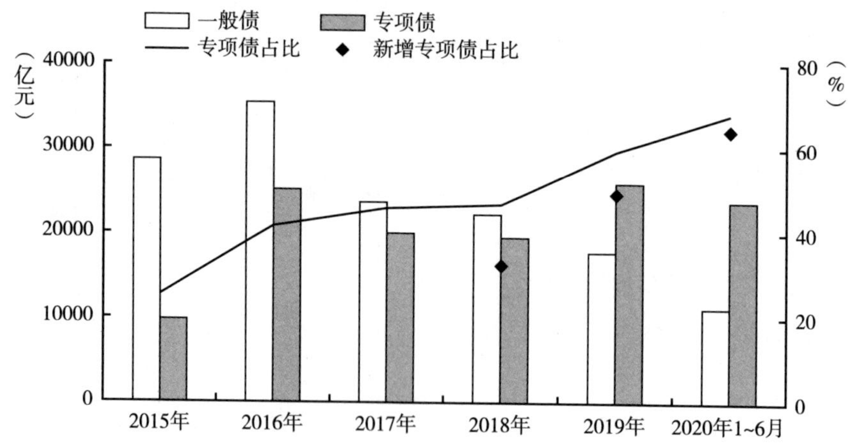

图2　2015年~2020年6月地方政府一般债及专项债发行规模

数据来源：Choice数据库，中诚信国际整理计算。

---

① 2017年8月，财政部发布《关于试点发展项目收益与融资自求平衡的地方政府专项债券品种的通知》（财预〔2017〕89号）。

二　地方政府债券重点募投领域分析*

作为积极财政政策的重要抓手，地方债尤其是专项债已逐步成为稳定经济增长的着力点之一。在抗疫情、稳增长背景下，2020年上半年专项债募投领域发生了显著变化，投向更为精准，结构持续优化，前期占比较高的土储及棚改专项债暂缓发行，资金更多投向传统基建及民生领域，进一步发挥地方债稳增长及补短板的重要作用。

（一）从土储、棚改向基建领域倾斜，放大对基建投资的撬动作用

2020年初疫情冲击我国经济，经济增长出现改革开放以来首次下滑，固定资产投资也持续下滑。为更好地发挥稳基建、稳投资的重要作用，专项债额度从前期投入比例较高的土储及棚改领域转移，更多地向基建领域①倾斜，以放大专项债对基建投资的撬动作用。2019年9月4日，国务院常务会议明确2020年提前下达专项债额度不得用于土储及房地产领域；2020年4月3日，财政部继续强调2020年专项债不得用于土地收储以及与房地产相关的项目。从2017～2020年项目收益专项债投向（见图3）看，为满足疫情防控和投资领域需求，专项债持续投向基建领域，规模大幅超过此前水平；而原本占比较大（2019年同期合计占比超过七成）的土储及棚改专项债暂缓发行，部分土地收储项目纳入了产业园区基建配套板块下，两者合计存量占比大幅压缩超过30个百分点。②

（二）注重传统基建对经济的支撑作用，西部地区专项债资金向交通基建类倾斜

自2019年起，政策层面持续调整专项债资金投向。2019年9月4日，国

---

* 本报告后三章节中地方政府债券募投领域主要针对专项债募投领域展开分析。若无特殊说明，涉及专项债募投领域规模、占比等数据均为中诚信国际根据2020年1～6月专项债所有募投项目统计所得，募投项目信息来自专项债信息披露文件。

① 根据固定资产投资范围，土地开发的前期作业即土地一级开发并不计入固定资产投资，且棚户区改造属于房地产行业，因此两者均不纳入基建领域范围。

② 2017年为项目收益专项债始发年，无基建类项目收益专项债，且当年所有项目收益专项债均于下半年发行，因此采用2017年全年情况进行趋势分析。

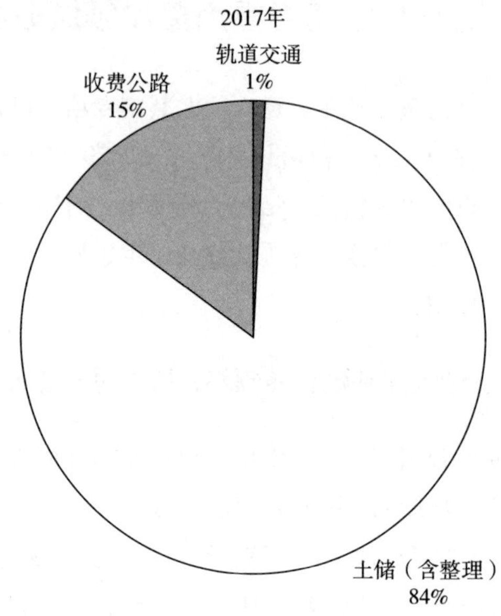
2017年
轨道交通
1%
收费公路
15%
土储（含整理）
84%

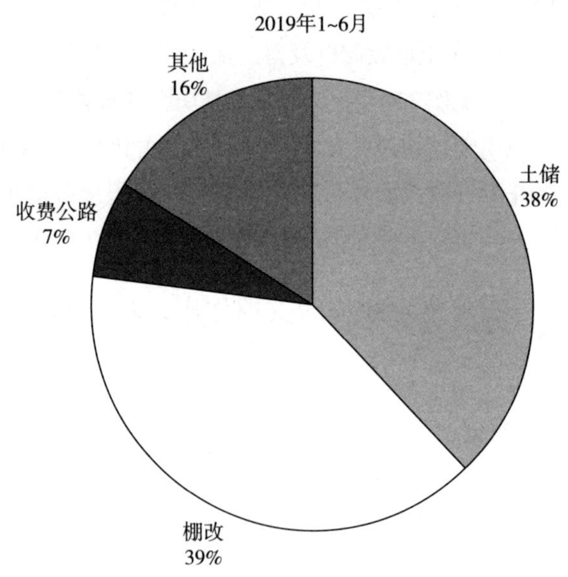
2019年1~6月
其他
16%
收费公路
7%
土储
38%
棚改
39%

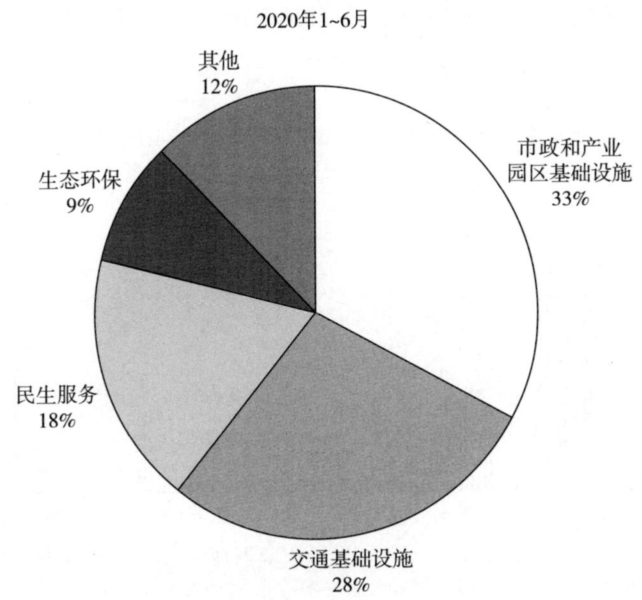

图3　2017~2020年项目收益专项债投向领域占比

数据来源：Choice数据库，中诚信国际整理计算。

务院常务会议要求2020年提前批新增专项债全部用于交通、市政和产业园区等七大领域。2020年《政府工作报告》指出专项债重点支持“两新一重”建设，“一重”为交通、水利等重大工程建设。从2020年1~6月专项债重点投向看，用于市政和产业园区建设的比重较高，占新增专项债的33%；投向交通领域6342.23亿元，占新增专项债的28%，同比上升近20个百分点，其中超过八成用于铁路、轨道交通及公路等建设，除去纳入新基建的城际高速铁路和城际轨道交通后，剩余一般铁路及公路合计占比仍超过50%，更加注重传统基建对经济的支撑作用。值得注意的是，目前已有专项债投向交通类PPP项目①，有利于撬动更多社会投资，发挥PPP模式与专项债资金的协同加力效应。从分布区域来看，中部地区专项债投向整体向市政和产业园区基建倾

① 山东省邹平县交通基础设施建设投资有限公司新建铁路专用线项目为财政部PPP项目，于2020年1月16日成功申请发行专项债作为项目配套融资，成为山东省首批发行的“PPP+专项债”项目。

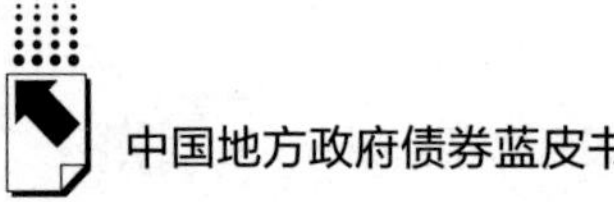

斜，而西部地区更多投向交通领域，东部地区两类投向相对均匀，东北地区募投项目规模均较小（见图4）。

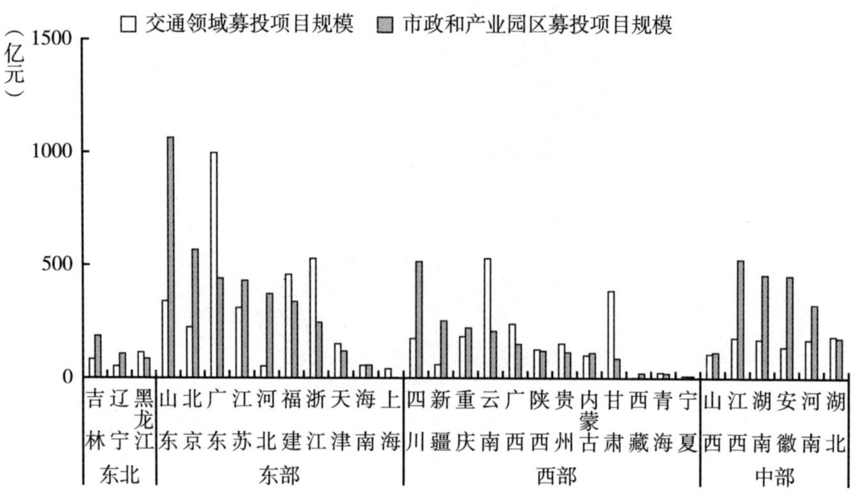

图4　2020年1~6月全国31个省（区、市）专项债投向交通及市政和产业园区规模比较

数据来源：Choice数据库，中诚信国际整理计算。

（三）补齐疫情暴露出的民生短板，大力支持医疗卫生领域

疫情冲击我国经济社会的同时，也暴露出城市建设过程中的部分短板，尤其是民生领域，区域医疗资源分布不平衡、基层医疗资源匮乏等供需矛盾集中显现。2020年《政府工作报告》强调加强公共卫生体系建设、提高基本医疗服务水平。在“六稳”“六保”的政策背景下，以医疗卫生为主的民生领域专项债大幅扩容。2020年1~6月，专项债投向民生领域3909.15亿元，占新增专项债的18%，较2019年同期不足3%的比重明显增加，仅次于市政和产业园区及交通领域。其中，超过一半资金用于医疗卫生领域，合计2072.72亿元，占新增专项债的9.3%，较2019年同期提升8个百分点。从区域分布来看，河南、广东、山东专项债投向民生领域较多，用于医疗卫生的规模也较大；从民生领域中医疗卫生类占比看，东北及西部地区占比较高，辽宁、宁夏、云南占比超过七成，北京、西藏均无该类项目（见图5）。

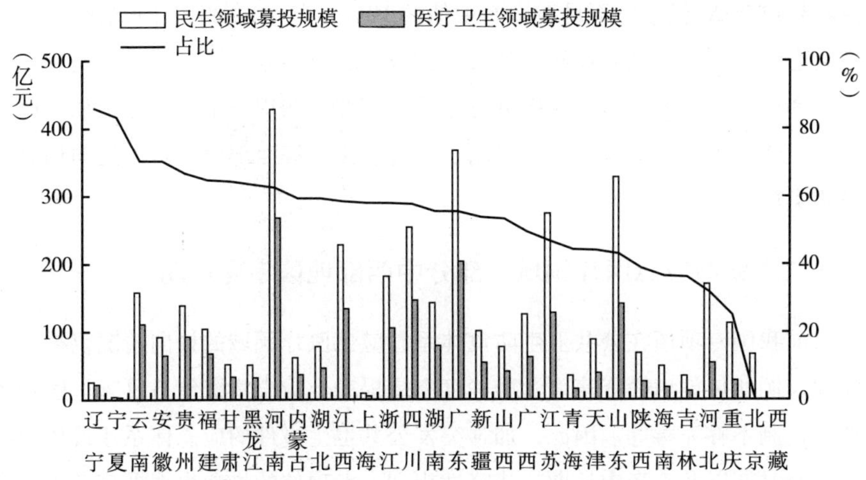

图5　2020年1~6月全国31个省（区、市）专项债投向民生领域规模比较

数据来源：Choice数据库，中诚信国际整理计算。

三　地方政府债券募投领域创新分析

为进一步落实“六稳”“六保”的政策要求，地方政府债券募投领域不断创新，专项债投向更加多元。面对疫情对我国经济社会的冲击，专项债主要投向适应性增加的应急医疗领域，进一步适应疫情防控需求，同时拓宽新基建、城镇老旧小区改造、冷链物流等领域，更全面地发挥补短板、稳增长作用。

（一）助推新型基础设施建设，但信息基础设施类项目仍偏少

自2018年底中央经济工作会议首次提出加快新型基础设施建设以来，2019年《政府工作报告》指出加快新一代信息基础设施建设；进入2020年，政策层面不断强调新基建。2020年4月初，财政部表态扩大专项债范围，加快新基建；4月20日，国家发改委首次明确新基建范围为信息基础设施、融合基础设施及创新基础设施；2020年《政府工作报告》将新基建纳入“两新一重”概念，提出“发展新一代信息网络，拓展5G应用，建设充电桩，推广新能源汽车”。但从实际执行看，2020年1~6月专项债投向新基建仍较少，

规模略超过2000亿元，不足新增专项债的10%，基本以城际高速铁路和城际轨道交通为主，信息基础设施类项目占比较低，且多数信息基础设施类项目多为市政和产业园区类项目。从区域分布看，湖北、四川、山东等专项债投向信息基础设施类项目的规模较大，云南、青海、宁夏等西部地区暂未投向信息基础设施类项目。

（二）新增应急医疗领域，部分中西部地区率先启动

目前我国专项债在公共卫生防疫体系、应急医疗领域的投向情况仍待进一步完善，例如传染病筛查速度及准确度有待提升、应急物资储备匮乏、医疗资源调运机制不够完善等。因此，加强突发公共卫生事件的应急体系建设成为我国抗疫情时期以及未来中长期的战略性规划，专项债的投向也根据疫情需求增加了应急医疗领域，更具针对性地补齐医疗领域的应急体系短板。2020年4月，财政部指出结合疫情防控等要求，适当优化专项债投向，允许投向应急医疗等项目。2020年1~6月，专项债共支持应急医疗项目超过100个，募投规模近100亿元，且多集中于5月。从区域分布看，部分中西部地区如江西、四川、贵州等率先启动该类项目且规模较大；北京、上海医疗体系较为完备，因而暂无该类项目；宁夏、青海等西部地区或由于项目储备缺乏也暂未投向该领域。

（三）支持城镇老旧小区改造，项目多集中于东部地区

近年来，在“惠民生”“补短板”的背景下，国家对城镇老旧小区改造的重视程度持续上升。2020年，《政府工作报告》再次强调加强新型城镇化建设，城镇老旧小区改造全面推进，预期改造3.9万户，较2019年的目标翻了一番。但由于该类项目收益偏低，社会资本参与积极性不高，融资多依赖中央专项资金。为进一步保障项目资金来源，2020年4月初，财政部表态扩大专项债范围，新增城镇老旧小区改造领域；4月14日，国务院常务会议要求给予专项债倾斜，专项债投入规模明显扩大，且出现债券名称为“城镇老旧小区改造”的新品种，相比此前多与其他类型项目集合发行的特点，此次以特定类别发行的方式或表明项目储备逐渐充足，且进一步突出我国对此类专项债的支持力度。2020年1~6月，专项债共投入该领域264.20亿元，区域分布上

多集中于东部地区，江苏、广东、山东的项目数量较多，湖北、江苏、上海募投规模较大，安徽、湖南、吉林等7个省份暂无该类专项债投入。

（四）创新冷链物流设施债券品种，中西部地区建设需求相对较高

我国冷链物流行业起步较晚，基础设施不够完善，流通率和运输率相对较低，且存在区域资源不均衡现象，例如中西部地区冷链资源较为匮乏。[①] 伴随我国城镇居民生活改善、食品消费结构变化、对生鲜冷链宅配的需求明显提升，2019年7月30日，中共中央政治局会议将城乡冷链物流设施建设列为补短板工程；2019年9月4日，国务院常务会议明确2020年提前批专项债投向包括冷链物流设施在内的七大领域，为冷链物流这一短板领域提供了有力的资金保障。2020年1月起，各地陆续发行冷链物流设施专项债，1~6月募投规模合计111.29亿元。中西部地区建设需求更高，新疆、广东、四川此类项目数量较多，江西、新疆、云南募投规模较大。在推进新型城镇化建设的背景下，2020年6月国家发改委发布《关于加快开展县城城镇化补短板强弱项工作的通知》，部署包含冷链物流设施在内的3项产业培育设施提质增效的任务，冷链物流设施专项债仍有较大的发展空间。

四　地方政府债券募投领域展望

在稳增长背景下，地方债募投领域将继续聚焦既促消费惠民生又调结构增后劲的“两新一重”建设。同时，为进一步稳企业、保市场主体，专项债投向范围将拓宽至补充中小银行资本金，助力化解中小企业经营风险。此外，伴随疫情影响逐步消退，部分领域需求回升，地方债募投结构或逐步回归疫情前的状态。

（一）继续聚焦“两新一重”领域，“两新”占比或大幅提升

在稳增长背景下，未来地方债募投领域或仍将以基建领域为主，政策强调的“两新一重”仍是聚焦中心。其中，以交通、水利等重大项目建设为主的

---

① 檀霖可：《我国冷链物流发展现状与对策》，《交通企业管理》2018年第2期。

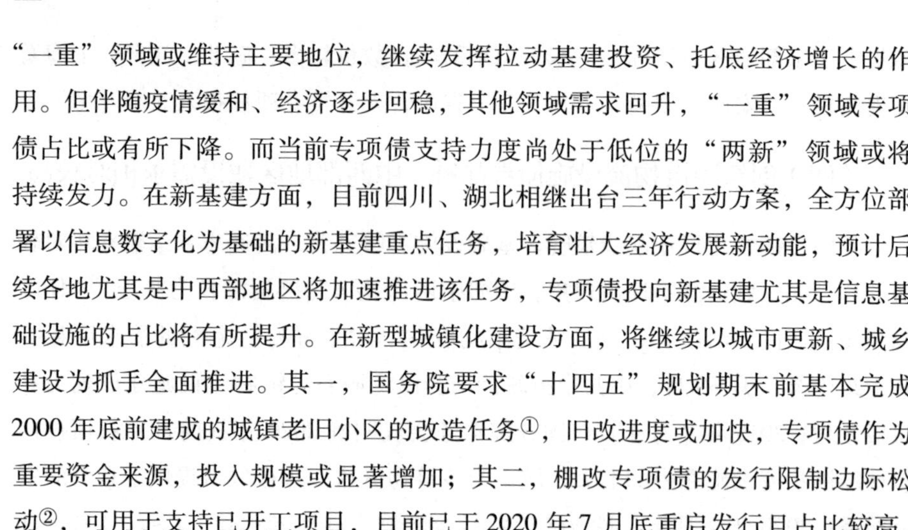

"一重"领域或维持主要地位，继续发挥拉动基建投资、托底经济增长的作用。但伴随疫情缓和、经济逐步回稳，其他领域需求回升，"一重"领域专项债占比或有所下降。而当前专项债支持力度尚处于低位的"两新"领域或将持续发力。在新基建方面，目前四川、湖北相继出台三年行动方案，全方位部署以信息数字化为基础的新基建重点任务，培育壮大经济发展新动能，预计后续各地尤其是中西部地区将加速推进该任务，专项债投向新基建尤其是信息基础设施的占比将有所提升。在新型城镇化建设方面，将继续以城市更新、城乡建设为抓手全面推进。其一，国务院要求"十四五"规划期末前基本完成2000年底前建成的城镇老旧小区的改造任务①，旧改进度或加快，专项债作为重要资金来源，投入规模或显著增加；其二，棚改专项债的发行限制边际松动②，可用于支持已开工项目，目前已于2020年7月底重启发行且占比较高，后续或持续加速；其三，乡村振兴类专项债将加快发行，尽早发挥补基层短板、保基层民生的作用。从区域特点看，中西部地区城乡建设需求大、旧改规模大、开工率低，且棚户区项目存量高、改造项目多，后续建设进度或加快，专项债规模也将明显增加；而东部地区由于在快速的城市更新中消化了大部分棚户区项目，且乡村发展相对领先，专项债或更多投向城镇老旧小区改造项目。

（二）稳企业政策持续发力，拓宽补充中小银行资本金的新用途

为进一步稳企业、保市场主体，2020年7月初国务院常务会议进一步拓宽专项债的投向领域，在2020年新增地方政府专项债限额中安排一定额度，允许地方政府依法依规探索合理补充中小银行资本金的新途径；7月中旬银保监会表态，专项债注资中小银行的额度为2000亿元，占2020年全年新增专项债额度的5.3%。此前专项债主要用于投资基建项目以拉动经济增长，对中小微企业的直接作用较小，而通过补充中小银行资本金，将借金融杠杆撬动更多资金助力中小微企业，提高对中小微企业的支撑作用及其资金利用效率，保障

---

① 2020年7月，国务院办公厅《关于全面推进城镇老旧小区改造工作的指导意见》（国办发〔2020〕23号）。

② 2020年5月，财政部、国家发改委、住建部三部委办公厅联合发布《关于梳理新增专项债棚户区改造项目资金需求的通知》（财办预〔2020〕46号）。

其生存及正常经营。在区域分布上，共18个省获得该额度，额度分配基本符合区域金融资源分布及专项债使用需求的特点，例如西部地区金融资源分散且专项债用于建设的需求更高，有一半省份分得该额度。

（三）疫情趋稳，部分领域需求回升，地方债募投结构或回归常态

受疫情影响，2020年上半年文娱活动、旅游等消费型行业经营活动基本停滞，抗疫情背景下医疗资源的倾斜对康养类行业也造成一定影响，加上其他领域如交通、市政、医疗卫生等对专项债资金的大规模占用，2020年1～6月文旅类、康养类专项债发行较少。伴随疫情影响逐步消退，上述领域需求回升，后续占比或上升，地方债募投结构或逐步回归疫情前的状态。此外，值得注意的是，由于当前地方政府性基金收入仍以土地出让收入为主，而土地储备是形成土地出让收入的起点，随着经济逐步回稳，专项债稳基建、稳增长的迫切性或边际趋弱。2021年以后，对土储专项债发行的限制政策或边际放松，使得此前占比居首位的土储专项债有望快速重启发行，其在地方债募投结构中的占比或逐步回升。

附　　录

Appendixes

B.43
2020年地方政府债券政策汇编

表1　2020年地方政府债券政策汇编

政策名称	出台时间	出台机构	政策要点
《关于启用地方政府新增专项债券项目信息披露模板的通知》（财办库〔2019〕364号）	2020年1月15日	财政部	为加强地方政府债券信息披露管理，提高信息披露质量，该通知要求增加地方政府新增专项债券项目信息披露模板，每年披露项目实际收益、项目最新预期收益等信息，并加强信息系统建设。该披露模板将投资者关心的项目核心信息提炼出来，方便投资者获取，进一步强化市场约束，规范专项债券项目管理，更好促进项目收益与融资自求平衡，有效防范专项债券风险
《政府购买服务管理办法》（财政部令第102号）	2020年1月3日	财政部	该办法分别对购买主体和承接主体、购买内容和目录、购买活动的实施、合同及履行、监督管理和法律责任等分章做了规定，以部门规章的形式硬化制度约束，进一步规范和加强政府购买服务管理
《记账式国债发行远程招标现场管理与监督方法》（财库〔2020〕8号）	2020年2月20日	中国人民银行、财政部	该方法将招标现场人员管理、招标现场通信管理、技术支持部门管理、应急投标管理等方面的措施进行细化，要求财政部通过发行系统中心端完成记账式国债发行远程招标的同时，对招标现场人员和操作进行管理，进一步规范记账式国债招标发行，保证国债发行公平、公开、有序

续表

政策名称	出台时间	出台机构	政策要点
《关于加强政府投资基金管理　提高财政出资效益的通知》(财预〔2020〕7号)	2020年2月24日	财政部	该通知要求强化政府预算对财政出资的约束,并对投资基金的使用效能、全过程绩效管理、退出机制、变相举债、报告制度等方面进行细化说明,加强对设立基金或注资的预算约束,提高财政出资效益,促进基金有序运行,重点强调地方政府债券资金不得用于基金设立或注资
《地方政府债券信用评级业务自律规范指引》(财债协〔2020〕6号)	2020年3月3日	中国国债协会	该指引明确了协会的自律管理主体地位,对评级机构及其人员在开展地方政府债券信用评级业务时应遵循的一般原则、评级业务及内控制度建设、评级程序与各业务环节规则、信息披露要求做了明确说明,并列明协会对评级机构的业务调查内容、市场化评价及自律处分原则,以引导评级机构规范发展,强化评级行业自我约束,维护评级市场良好运行秩序,促进地方政府债券市场健康发展
《政府和社会资本合作(PPP)项目绩效管理操作指引》(财金〔2020〕13号)	2020年3月31日	财政部	该指引规范了PPP项目全生命周期绩效管理工作,明确了参与主体、内容要求、工作程序等要素,统一了实施机构、项目公司、社会资本各方绩效评价管理的指标体系和制度标准,同时,全面梳理了绩效管理全过程各环节工作内容和程序
《政府工作报告》	2020年5月22日	国务院	该报告综合研判当前和今后国内外的形势,对2019年以来的工作进行回顾,总结公共卫生应急管理等方面暴露出的薄弱环节;提出今年的发展目标,要求现行标准下农村贫困人口全部脱贫、贫困县全部"摘帽";同时提出下一阶段关于抗疫、财政、就业、消费、投资等方面的重要工作部署,编制好"十四五"规划
《关于加快地方政府专项债券发行使用有关工作的通知》(财预〔2020〕94号)	2020年7月29日	财政部	该通知根据社会经济实际情况并结合特别国债发行时间,要求新增专项债力争在10月底前发行完毕,并对后续专项债发行节奏、债券期限、资金投向等方面进行合理规划。此政策将减轻剩余专项债集中发行的压力,确保其顺利发行,保障重点项目能够顺利融资,更好带动投资增长

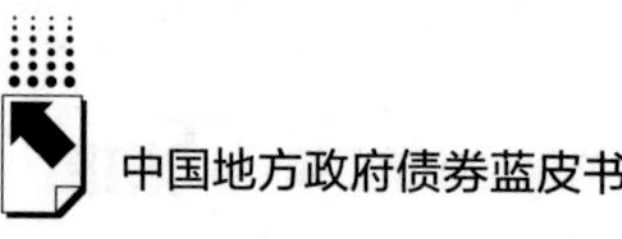

续表

政策名称	出台时间	出台机构	政策要点
《中华人民共和国预算法实施条例》(国务院令第729号修订)	2020年8月3日	国务院	修订后的条例从明确预算收支范围、强化预算公开要求、完善转移支付制度、加强地方政府债务管理等方面进一步细化2014年《中华人民共和国预算法》修正案有关规定,将近年来财税体制改革和预算管理实践成果以法规形式固定下来。在地方债方面,根据本条例要求,各级政府性基金预算年度执行中有超收的,应当在下一年度安排使用并优先用于偿还相应的专项债务,若出现短收则应当通过减少支出实现收支平衡。此部分资金使用顺序在《政府性基金管理暂行办法》及2014年《中华人民共和国预算法》修正案中均未做具体规定,本条例填补了这一空白,或将助力缓解专项债务偿还压力。此外,本条例要求一般公共预算年度执行中出现短收时,可通过申请上级政府临时救助平衡当年预算,而专项债不能通过此方式弥补
《国家发展改革委办公厅关于印发县城新型城镇化建设专项企业债券发行指引的通知》(发改办财金规〔2020〕613号)	2020年9月3日	国家发展和改革委员会	为加快推进县城城镇化补短板强弱项工作,推进县城公共服务设施提标扩面、环境卫生设施提级扩能、市政公用设施提档升级、产业培育设施提质增效,本指引就适用范围和支持重点、发行条件、支持政策等方面提出了细化要求,以满足农民日益增加的到县城就业安家的需求,充分发挥企业债券融资对县城新型城镇化建设的积极作用。其中,支持政策强调,对已安排中央预算内投资和地方政府专项债券等资金的项目,优先支持项目实施主体发行企业债券,以保证募投项目所需资金足额到位
《关于调整完善土地出让收入使用范围优先支持乡村振兴的意见》	2020年9月23日	中共中央办公厅、国务院办公厅	为拓宽实施乡村振兴战略资金来源,优先支持乡村振兴,该意见要求以省(自治区、直辖市)为单位核算,土地出让收入用于农业农村的比例在50%以上;严禁以已有明确用途的土地出让收入作为偿债资金来源发行地方政府专项债券;不得将与土地前期开发无关的基础设施和公益性项目建设成本纳入成本核算范围,避免导致土地出让成本虚增、土地出让收入缩减

续表

政策名称	出台时间	出台机构	政策要点
《关于进一步做好地方政府债券发行工作的意见》(财库〔2020〕36号)	2020年11月11日	财政部	该意见从发行机制、发行计划、期限结构、专项债项目评估、信息披露等多角度细化地方债发行管理,同时增加了对第三方专业机构的管理要求,明确各主体在发行过程中负有的责任,这有利于加强地方债发行管理,在防风险的前提下继续发挥地方债稳增长的作用
《地方政府债券发行管理办法》(财库〔2020〕43号)	2020年12月18日	财政部	该办法从发行额度和期限、信用评级和信息披露、债券发行与托管、相关机构职责、监督检查等方面对地方债的发行进行了统一规范,同时废止了2015年的《地方政府一般债券发行管理暂行办法》和《地方政府专项债券发行管理暂行办法》

资料来源：中诚信国际整理，各政府部门官方网站。

B.44

2020年影响中国地方政府债券发展十大事件

2020 年是我国地方政府债券全面实行自发自还的第五年，地方政府债券市场配套制度体系持续完善，各项创新不断涌现。本报告立足地方政府债券长期发展视角，选取 2020 年推进地方政府债券市场高质量发展，以及在地方政府债券发展历程中具有重要意义的标志性十大事件，按时间顺序予以排列，具体如下所示。

第一件：财政部分三批提前下达 2020 年部分新增专项债限额 2.29 万亿元，尽早发挥专项债拉动投资、稳增长的作用。

为贯彻落实党中央、国务院决策部署，加快地方政府专项债券发行使用进度，带动有效投资，支持补短板扩内需，根据第十三届全国人大常委会第七次会议审议决定授权，经国务院同意，2019 年 11 月 27 日，财政部提前下达了第一批 2020 年新增专项债务限额 1 万亿元，以确保 2020 年初即可使用见效。2020 年 2 月 11 日，财政部提前下达第二批 2020 年新增地方政府债务限额 8480 亿元，其中一般债务限额 5580 亿元、专项债务限额 2900 亿元。2020 年 4 月底，财政部提前下达第三批 2020 年地方政府新增专项债券额度 1 万亿元，并启动发行准备工作，加上此前提前下达的部分，2020 年共提前下达新增地方政府债务限额 28480 亿元。此外，根据国务院部署，提前下达的专项债需在 5 月底发行完毕，此举将有助于专项债尽快起到带动扩大有效投资、稳定经济增长的作用。

第二件：财政部发布《关于启用地方政府新增专项债券项目信息披露模板的通知》（财办库〔2019〕364 号），要求 4 月 1 日后，各地发行新增专项债时，须增加项目信息披露模板，债券存续期内也要按年披露。

2020 年 1 月，财政部发布《关于启用地方政府新增专项债券项目信息披露模板的通知》（财办库〔2019〕364 号），要求进一步提高专项债信息披露机制的全面性、及时性和标准化水平，提炼关键信息，提高披露频率。2020年4月1日后，信息披露模板正式启用，专项债全生命周期的信息反馈机制进一步完善，公开披露信息更详细及时、直观明确。此举有利于加强地方政府债券信息披露管理，提高信息披露质量，进一步强化市场约束，规范专项债券项目管理。

第三件：中国国债协会发布《地方政府债券信用评级业务自律规范指引》（财债协〔2020〕6号），强化地方政府债券信用评级机构行业自律机制，进一步规范地方政府债券信用评级业务。

为进一步完善地方政府债券信用评级管理，解决地方政府债券信用评级过程中存在的不规范问题，2020年3月3日中国国债协会发布《地方政府债券信用评级业务自律规范指引》（财债协〔2020〕6号）（以下简称《指引》），在信用评级机构及人员、信用评级程序及业务规则、信息披露、自律管理等方面进一步细化管理细则。《指引》的出台将助力引导评级机构规范发展，强化评级行业自我约束，维护评级市场良好运行秩序，进一步完善市场基础设施，促进地方政府债券市场的持续健康发展。

第四件：深圳市发行国内首只城镇老旧小区改造专项债券。

城镇老旧小区改造是重要民生工程和发展工程，对满足人民群众美好生活需要、推动惠民生扩内需、推进城市更新和开发建设方式转型、促进经济高质量发展具有十分重要的意义。2020年深圳市（福田区）城镇老旧小区改造专项债券（一期），即2020年深圳市政府专项债券（三十三期）为国内首只城镇老旧小区改造专项债券，于2020年5月18日正式发行，开创了发行此类专项债的先河，响应了2020年以来多个重要政策和会议提出的加强对老旧小区改造支持的要求。该只债券作为国内首只城镇老旧小区改造专项债券，为其他地区发行同类债券提供了重要借鉴。

第五件：2020年《政府工作报告》首次提出“两新一重”概念，并强调对专项债予以重点支持。

2020年5月22日，《政府工作报告》指出要扩大有效投资，具体表现为2020年拟安排地方政府专项债券3.75万亿元，比去年增加1.6万亿元。同时，《政府工作报告》强调专项债需用于重点支持既促消费惠民生又调结构增后劲的“两新一重”建设，其主要包括：加强新型基础设施建设，发展新一代信息网络，拓展5G应用，建设数据中心，增加充电桩、换电站等设施，推广新能源汽车，激发新消费需求，助力产业升级；加强新型城镇化建设，大力提升县城公共设施的服务能力，以满足农民日益增加的到县城就业安家的需求；加强交通、水利等重大工程建设。此举有利于充分发挥专项债作为积极财政政策重要抓手的作用。

第六件：2020年7月1日，国务院常务会议首次允许专项债用于补充中小银行资本金。

2020年7月1日，国务院总理李克强主持召开国务院常务会议，会议决定，在2020年新增地方政府专项债限额中安排一定额度，允许地方政府依法依规通过认购可转换债券等方式，探索合理补充中小银行为资本金的新途径，在提高中小银行为中小微企业服务的能力、化解中小银行经营风险的同时，间接助力中小微企业融资。

第七件：财政部发布《关于加快地方政府专项债券发行使用有关工作的通知》（财预〔2020〕94号），赋予地方一定自主权，可依法合规调整新增专项债券用途。

2020年7月29日，财政部发布《关于加快地方政府专项债券发行使用有关工作的通知》（财政〔2020〕94号，以下简称《通知》），指出地方政府可依法合规调整新增专项债券用途，提高专项债资金使用效率。具体表现为，对因准备不足短期难以建设实施的项目，《通知》首次允许省级政府及时按程序调整用途，优先用于“两新一重”、城镇老旧小区改造、公共卫生设施建设等领域中符合条件的重大项目。此举在防范新增专项债资金挪用风险的同时，可优先支持重点领域专项债项目开工，充分发挥专项债资金助力稳增长的作用。

第八件：财政部印发《关于加快地方政府专项债券发行使用有关工作的通知》（财预〔2020〕94号），强调依法加大专项债信息公开力度，发挥按中央要求建立的全国统一的地方政府债券信息公开平台的作用。

中国地方政府债券信息公开平台的建设，是深化重点领域信息公开、提升政务公开质量的重要举措。财政部已于2019年12月31日正式上线试运行中国地方政府债券信息公开平台。2020年7月27日发布的《关于加快地方政府专项债券发行使用有关工作的通知》（财预〔2020〕94号）再次强调依法加大专项债信息公开力度，发挥按中央要求建立的全国统一的地方政府债务信息公开平台（www. celma. org. cn）的作用，并要求全面、详细公开专项债券对应的项目信息，加快推进专项债券项目库公开，尤其是对组合使用专项债券和市场化融资的项目以及将专项债券作为资本金的项目要单独公开。这一举措将在一定程度上发挥市场自律约束的作用，并实现以公开促规范、以公开防风险的目标，规范地方政府债务管理，防范化解债务风险。

第九件：国务院总理李克强签署国务院令，公布修订后的《中华人民共和国预算法实施条例》（国务院令第729号修订），并于2020年10月正式施行。该条例对《中华人民共和国预算法》关于政府债务管理规定予以细化和明确，包含加强地方政府债务管理、明确预算草案编制时间、规范财政专户管理以及制定各类型预算超收和短收处理方式等方面。

2020年8月3日，国务院总理李克强签署国务院令第729号文，公布修订后的《中华人民共和国预算法实施条例》（以下简称《条例》），并自2020年10月1日起施行。《条例》严格遵循并贯彻落实2014年《中华人民共和国预算法》修正案的要求，与近年来推行的各项财政改革相衔接，进一步健全预算管理体制机制，为完善标准科学、规范透明、约束有力的预算制度提供了法规依据和制度基础。同时，《条例》从明确预算收支范围、强化预算公开要求、完善转移支付制度、加强地方政府债务管理、明确预算草案编制时间、规范财政专户管理以及制定各类型预算超收和短收处理方式等方面进一步细化2014年《中华人民共和国预算法》修正案中的有关规定，将近年来财税体制改革和预算管理实践成果以法规形式固定下来，确保公共财政资金管理更为科学、规范、高效。从地方债角度看，《条例》要求省级地方政府建立债务风险评估指标体系，为监督化解债务提供制度支撑。此外，《条例》明确政府性基金超收应当在下一年度安排使用并优先用于偿还相应的专项债务，助力缓解专项债务偿还压力。

第十件：财政部发布《地方政府债券发行管理办法》（财库〔2020〕43号），从发行额度和期限、信用评级和信息披露、债券发行与托管、相关机构职责、监督检查等方面对地方债的发行进行了统一规范。

2020年12月18日，财政部发布《地方政府债券发行管理办法》（财库〔2020〕43号），对地方债（包含地方政府一般债券和地方政府专项债券）的发行进行了统一规范，而2015年发布的《地方政府一般债券发行管理暂行办法》（财库〔2015〕64号）和《地方政府专项债券发行管理暂行办法》（财库〔2015〕83号）同时废止。根据《地方政府债券发行管理办法》的内容，地方债期限结构的设置将更为灵活，地方政府债券的期限比例要求被取消，同时要求地方财政部门按照地方政府债券信息披露有关规定，及时公开地方政府债券发行安排、债券基本信息等内容，并从发行额度和期限、信用评级和信息披露、债券发行与托管、相关机构职责、监督检查等方面对地方债的发行进行了相应规范。整体来看，《地方政府债券发行管理办法》的出台，完善了地方政府债券发行管理的相关政策制度，为地方债市场的管理提供了强有力的政策依据，对地方债市场的高质量发展及风险防控具有积极意义。

B.45
2020年各省（区、市）地方政府债券发行情况

表1　2020年1~6月全国31个省（区、市）地方政府债券发行规模

省(区、市)	地方政府债券发行规模(亿元)	地方政府一般债券发行规模(亿元)	地方政府专项债券发行规模(亿元)	加权平均期限(年)	排名
广　东	2812.10	556.60	2255.50	12.13	1
山　东	2500.11	598.41	1901.70	14.81	2
江　苏	2458.71	762.46	1696.25	11.55	3
四　川	2030.56	680.88	1349.68	15.45	4
河　北	1651.36	621.56	1029.80	16.11	5
河　南	1625.83	571.82	1054.01	16.20	6
浙　江	1615.70	427.15	1188.55	14.73	7
江　西	1441.38	360.82	1080.56	12.29	8
云　南	1376.67	305.39	1071.28	14.98	9
湖　北	1355.33	647.27	708.06	14.73	10
福　建	1304.50	226.85	1077.65	15.43	11
湖　南	1271.52	399.00	872.52	13.98	12
安　徽	1191.66	227.66	964.00	11.36	13
北　京	1123.49	180.89	942.60	12.12	14
新　疆	990.80	426.50	564.30	19.57	15
广　西	967.36	410.36	557.00	23.26	16
重　庆	928.08	214.38	713.70	26.29	17
贵　州	907.54	227.14	680.40	17.03	18
天　津	889.68	174.68	715.00	13.81	19
内蒙古	869.06	538.06	331.00	7.46	20
陕　西	828.19	393.19	435.00	14.11	21
吉　林	751.76	374.76	377.00	19.43	22
甘　肃	722.51	297.20	425.31	15.35	23
辽　宁	705.24	355.89	349.36	18.74	24

续表

省(区、市)	地方政府债券发行规模(亿元)	地方政府一般债券发行规模(亿元)	地方政府专项债券发行规模(亿元)	加权平均期限(年)	排名
黑龙江	685.07	367.22	317.86	22.83	25
山　西	550.95	189.95	361.00	16.48	26
上　海	495.30	149.00	346.30	11.35	27
海　南	336.49	149.69	186.81	8.37	28
青　海	287.59	172.41	115.18	22.73	29
宁　夏	156.50	131.50	25.00	27.67	30
西　藏	33.00	0.00	33.00	16.06	31

注：此排名依据2020年1~6月全国31个省（区、市）地方债发行规模进行排序。

数据来源：Choice数据库，中诚信国际整理计算。

Abstract

The local government bond market has maintained rapid development since its full launch in 2015. As of October 2020, the existing scale of China's local government bond has reached RMB 25. 53 trillion, accounting for 23% of the bond market, and it has become the largest in volume in the bond market. It is of great significance in enriching China's macro-control tools, standardizing the management of local debt, and promoting the development of the bond market. In 2020, in the context of the fight against the epidemic, local government bond was an important tool for counter-cyclical regulation. It continued to expand capacity and improve efficiency, and increased investment in the new infrastructure and new urbanization field. The proportion of special bonds used as project capital further increased, and the special bonds were allowed to supplement the capital of small and medium-sized banks, playing an important role in stabilizing economic growth. At the same time, the management systems of local government bond have been continuously improved in information disclosure, fund management, credit rating and other aspects, laying a solid institutional foundation for the high-quality development of the local government bond market.

While the local government bond market is rapidly expanding and continuing to innovate, there are still many problems at this stage. For instance, marketization needs to be improved, supporting management mechanisms still need to perfect, and regional debt risks cannot be ignored. Currently, China's development is facing profound and complex changes. In the future, the development of local government bond needs pay more attention to the balance between volume and quality, continue to promote market-oriented reforms, strengthen the whole process management of "borrowing, using, managing, and repaying", realize the situation of reasonable "borrowing", efficient "using", standardized "managing" and orderly "returning", give full play to the important role of local government bonds in stabilizing growth, shoring up weak spots, adjusting structure, expanding domestic demand, and preventing risks, and finally promote the high-quality development of China's economy.

Keywords: Local Government Bonds; Special Bonds; Bond Management; High-quality Development

Contents

Ⅰ General Report

Abstract: After more than ten years of rapid development, local government bonds have become the largest bond variety in China's bond market, which is of great significance for improving macro-control, standardizing local debt management, and enriching bond investment varieties. Combined with the development and changes of local government investment and financing system, this report systematically analyzes the development characteristics and existing problems of local government bonds in China. Under the long-term balanced goal of growth stabilization and risk prevention, local government bond will continue to expand its capacity and improve its efficiency in the future, paying more attention to the balance between total amount and quality, strengthening the whole process management of "borrowing, using, managing and repaying", and realizing the situation of reasonable "borrowing", efficient "using", standardized "managing", and orderly "returning".

Keywords: Local Government Bonds; Special Bonds; Growth Stabilization; Risk Prevention

Ⅱ Topical Reports

B.2 Report on the Analysis of Local Government Project Income Special Bonds for Transportation Infrastructure in 2020

Abstract: The investment field for transportation infrastructure local government special bonds has gradually expanded from toll road to railway, metro and other mass transportation infrastructure. The issuing period was characterized by long-term, debt service coverage ratios were good. However, we should pay attention to different local governments' credit risk. In the future, local government special bonds for transportation infrastructure can play an active role in promoting investment and stabilizing growth in means of capital investment.

Keywords: Local Government Bonds; Special Bonds; Transportation Infrastructure

B.3 Report on the Analysis of Local Government Project Income Special Bonds for Energy in 2020

Abstract: At present, local government project income special bonds in energy field are still in the early stage of development, and its issuance is a little bit lower. In 2020, the issuance period of energy project income special bonds was mainly medium and long term, the issuance area was concentrated in northwest and southwest China, and the aggregate type of energy special bonds was in the majority. Among the fundraising projects, avionics projects had a large investment demand but a small number of issuance, electrical projects accounted for a large proportion, and the energy projects belonging to new infrastructure had emerged gradually. From the characteristics of the project, the investment scale of electrical pipe network project was small, and the project cycle was short. Besides, LNG peak station projects had large investment scale and long project cycle. In the future, benefiting from the relaxed environment created by policies and the demand for construction funds, the issuance of energy special bonds is expected to continue to grow, and local governments should also give full play to the advantage of special bonds as project capital to improve the leverage effect on investment.

Keywords: Local Government Bonds; Special Bonds; Energy

Abstract: Driven by the continued urbanization and industrialization and benefit from a series of favorable policies, China's eco-environmental protection industry is now in a high-speed development stage. In recent years, the issuance scale of eco-environmental protection projects income special bonds has been significantly increased, but there is a large regional differentiation. According to the situation in 2020, eco-environmental protection special bonds financing projects were mainly at the district and county level. The number of projects with special bonds as capital was relatively low, but the proportion of special bonds to capital in such projects was relatively high, which helped to ensure the smooth progress of project construction. On the whole, eco-environmental protection special bonds' project financing has a good coverage of principal and interest, and relevant local governments can provide strong credit support. In the future, the issuance scale of eco-environmental protection special bonds should be further expanded, and the proportion of special bonds used as project capital should be increased to give better play to the positive role of local government special bonds in leveraging investment and stabilizing growth.

Keywords: Local Government Bonds; Special Bonds; Eco-environmental Protection

Abstract: Under the national guiding policy of innovation leading development, China's local government project income special bonds for the industry park is now in a high-speed development stage. In the first half of 2020, the project income special bonds of industry park have been significantly expanded. The issuance term was mainly 10 years or above, and the scale and quantity distribution among provinces and cities was uneven. Its projects were mainly at the district or county level, and the proportion of project capital was relatively high. Meanwhile, its debt repayment mainly depended on land balance income, and it may faces certain uncertainty of repayment. Besides, the risk assessment also needs to consider the impact of local government credit on the guarantee of debt repayment, economic cycle and social risk. In the future, the development of income special bonds for such projects should adhere to the principle of prudence, actively expand the capital sources of major projects, rationally make overall arrangements for local industry park projects, and strictly implement the work deployment of different development stages of the park.

Keywords: Local Government Bonds; Special Bonds; Industry Park

Abstract: Medical and health care is a major project related to people's livelihood, and it is the core link of building the bottom line of people's wellbeing. Since 2020, under "Six Stabilities" and "Six Guarantees" policies, the proportion of local government project income special bonds in medical field has been continuously increased, providing strong support for bolstering weak spots of people's livelihood. In the first half of 2020, the income special bonds of medical projects were issued mainly in terms of 10 and 15 years, and most of them were issued in aggregate type. The single type of medical special bonds were mainly issued in western provinces. Besides, the projects were mainly in districts and counties, the project construction cycle was generally short, and the project income was mainly from the operation of hospitals. On the whole, there was little pressure for the medical special bonds projects to get the funds, and the construction risks were under overall control. However, the projects may be faced with debt repayment risks caused by income deviation. In the future, the development of medical special bonds should further play an important role in reinforcing weak spots by allocating bond funds according to needs, paying attention to the reliability and rationality of income sources, reasonably arranging bond maturity structure and standardizing project income measurement.

Keywords: Local Government Bonds; Special Bonds; Medical Field

Abstract: According to report on the work of the government 2020, priority will be given to new infrastructure and new urbanization initiatives and major projects, which provides good policy support for the development of water conservancy projects. In 2020, the income special bonds of water conservancy projects continued to expand, and the issuing period was mainly 10-30 years, which matched the operation period of water conservancy projects. Its projects were mainly to small and medium-sized reservoirs at district and county level. Meanwhile, the project income mainly came from water supply income, and the balance between income and financing was good. Water conservancy construction was an important project for people's livelihood, and its construction risks were under overall control. However, there may be some deviations in the project investment calculation, and it may affect the project's solvency. In the future, in order to make the special bonds better match the local water conservancy infrastructure construction, we should allocate the amount of special bonds reasonably, standardize the calculation of project income cost, and further broaden the source of income.

Keywords: Local Government Bonds; Special Bonds; Water Conservancy Construction

B.8 Report on the Analysis of Local Government Project Income Special Bonds for Information Infrastructure in 2020

Liu Xinhe, Yuan Haixia / 086

Abstract: As an important component of new infrastructure construction in China, information infrastructure is an important force to cultivate new driving force of local economic growth. Under the guidance of national policies to promote new infrastructure construction, the proportion of information infrastructure special bonds in the newly added special bonds has increased significantly, and its issuance period is mainly medium and long term. This kind of project takes the industrial park construction as the carrier, covers the big data center, internet of things and other fields, and the project income sources are diverse. As for the project risk, the project construction standard is high, and the project quality will affect the income realization. Besides, the technology changes quickly and the operation period is faced with high uncertainty. Meanwhile, the arrival of special financial funds also affects the project cash flow. Looking forward to the next stage, in order to realize the further development of income special bonds of information infrastructure projects, it is necessary to standardize the requirements of project income measurement, refine the disclosure of project risk information and optimize the design of bond maturity structure.

Keywords: Local Government Bonds; Special Bonds; Information Infrastructure

Ⅲ Regional Reports

B.9 Report on the Analysis of Local Government Bonds in Beijing of Year 2020

Yuan Haixia, Bian Huan, Wang Yuanhui, Liu Xinhe and Zhao Jingjie / 095

Abstract: Since Beijing issued the first local government bond in 2009, the cumulative scale of local government bonds issuance has exceeded RMB 630 billion. Affected by the impact of the epidemic situation in 2020, the pace of issuing local government bonds in Beijing was advanced. The issuance structure was dominated by newly added special bonds and the proportion of long-term bonds was increased. Besides, the project income special bond funds continued to increase. Its investment was skewed towards infrastructure but not used as project capital, the actual leveraging result was still limited by many factors. On the whole, Beijing's local government debt ceiling still had a large space, its financial strength and debt solvency was strong and the debt risk was under control. Looking forward to the next stage, this report suggests that Beijing local governments should invest funds in various fields and focus local debt funds on scientific research and public governance.

Keywords: Local Government Bonds; Special Bonds; Beijing

Abstract: Since 2020, the scale of local government bonds issuance in Tianjin has expanded and the pace of issuance has been accelerated. The special bonds have increased significantly and the issuance period has been prolonged. The interest rate of local government bonds declined and the secondary market became increasingly active, but the yield rate dropped. The type of project income special bonds continued to innovate and the issue cost dropped. Besides, the structural of investment changes, the project income was better covering principal and interest. The special bonds were not used as capital, there was a large room to free up its leverage effect on investment. From the perspective of debt situation, Tianjin's debt balance increases greatly and will face certain repayment pressure in the years from 2021 to 2024. The debt ratio is relatively high but the overall debt risk was controllable. As for the next stage, the management of local debts in Tianjin should pay attention to the use efficiency and fund investment, rationally arrange the term structure and strengthen the use management and debt risk control.

Keywords: Local Government Bonds; Special Bonds; Tianjin

B. 11 Report on the Analysis of Local Government Bonds in Liaoning of Year 2020

Fu Yige / 124

Abstract: Since 2020, the pace of local government bonds issuance in Liaoning has been appropriate, the expansion of special bonds has been obvious and the issue period has been extended. The overall issuance cost was still high but there was a downward trend. The secondary trading volume declined but remained in the upper middle class. The project income special bond funds continued to increase, mainly to people's livelihood areas and the investment structure has been optimized day by day. However, only a small proportion of project income special bond funds was used as project capital and the leveraging effect on investment growth has not been fully released. On the whole, Liaoning has a relatively high debt balance and will face certain repayment pressure in the years from 2021 to 2023. Though its debt ratio was high, the debt risk was controllable. In the subsequent debt management process, Liaoning should pay attention to strengthening efforts to resolve outstanding debt, optimizing the maturity and structure of debt, doing a good job in debt fund management and improving the debt management system.

Keywords: Local Government Bonds; Special Bonds; Liaoning

B. 12 Report on the Analysis of Local Government Bonds in Jilin of Year 2020

Wang Chong / 138

Abstract: Since 2020, the pace of local government bonds issuance in Jilin has been accelerated, the special bonds have expanded significantly, and the issuance period has been extended. The issuance cost and the secondary market transaction scale have declined. The project income special bond funds continued to expand, mainly to municipal projects and the bond investment structure has been optimized day by day. However, the new project income special bond funds of Jilin in 2020 have not been used as the project capital and the leveraging effect of capital on investment growth has not been fully released. In terms of debt, Jilin had small debt pressure and the debt risk was controllable. In the subsequent debt management process, Jilin should optimize the capital investment, reasonably arrange the financing term structure, and strengthen the management of capital use and debt risk control.

Keywords: Local Government Bonds; Special Bonds; Jilin

B.13 Report on the Analysis of Local Government Bonds in Hebei of Year 2020

Abstract: In the first half of 2020, in response to the economic downturn brought about by epidemic situation of Covid −19, the issuance of local government bonds in Hebei has increased significantly. At the same time, the issuance cost has fallen sharply due to the loose funding. The local government bonds newly issued were mainly special bonds, and the investment structure was still dominated by traditional projects, but the special bonds used as capital are small, and there was still room for improvement in the leverage multiples of investment. The debt ratio of Hebei was among the top in the country, while the debt ratio was relatively low, and the overall debt risk was controllable.

Keywords: Local Government Bonds; Special Bonds; Hebei

B.14 Report on the Analysis of Local Government Bonds in Heilongjiang of Year 2020

Abstract: Since 2020, the scale of local government bonds issuance in Heilongjiang has continued to decline, but the expansion of special bonds has been noticeable. The issuance cost has remained high but generally declined, the issuance period has been extended, and the local government bonds secondary market activity has jumped upwards. The project income special bond funds in Heilongjiang have expanded, mainly to traditional infrastructure, and the capital support for projects to strengthen weak links have been increased. However, there was only a small proportion of special bonds to be used as capital, so the leveraging effect of capital on investment growth has not been fully released. Heilongjiang's debt balance and debt ratio were relatively low, and its debt risks were controllable. In the future, Heilongjiang should improve the use efficiency and profitable investment of special bonds, rationally arrange the term structure, strengthen the use management of local government bonds and control debt risks.

Keywords: Local Government Bonds; Special Bonds; Heilongjiang

B.15 Report on the Analysis of Local Government Bonds in Inner Mongolia of Year 2020 *Li Aoyan* / 178

Abstract: Since 2020, the local government bonds issuance peak of Inner Mongolia Autonomous Region has been preceded as a whole and increased significantly. The scale of issuance increased, and the issuance cost rised slightly after the decline. The trend of collective issuance of special bonds for project income was obvious, but the leveraging effect of capital on investment growth has not been fully released. The debt risk of Inner Mongolia is basically controllable, but it was still necessary to pay attention to the matching of finance and debt.

Keywords: Local Government Bonds; Special Bonds; Inner Mongolia

B.16 Report on the Analysis of Local Government Bonds in Xinjiang of Year 2020 *Li Jiaqi* / 192

Abstract: Since 2020, the local government bonds issuance pace of Xinjiang has been accelerated, the scale of issuance has increased, the secondary market of trading has been active, the capacity of special bonds has been significantly expanded, and the overall issuance costs have declined. Xinjiang continues to innovate in the types of project income special bond funds, its investment was mainly for the people's livelihood, and the investment structure has been optimized day by day. However, the proportion of special bonds used for project capital was still low, the capital's leveraging effect on investment growth has not been fully released. From the perspective of debt situation, Xinjiang will face certain debt repayment pressure in the years from 2021 to 2024, but its debt level is relatively low and debt risks were controllable. In the subsequent debt management process, Xinjiang should implement the requirements for comprehensively implementing budget performance management, rationally arrange the term structure and strengthen the prevention and control of debt risks.

Keywords: Local Government Bonds; Special Bonds; Xinjiang

Abstract: The scale of the existing local government bonds in Shaanxi was average, at the middle level in the country, and the types of existing bonds were relatively evenly distributed. In the first half of 2020, the scale of newly issued local government bonds in Shaanxi has decreased year-on-year, the maturity has been extended, and the cost has decreased. The issuance of bonds was dominated by special bonds; the special bonds for project income in Shaanxi were mainly concentrated in the areas of municipal and industrial park infrastructure, transportation infrastructure, and people's livelihood services. The investment of special bonds can have a certain pulling effect on investment; the economic and financial strength of Shaanxi was in the middle reaches of the country. The scale of local government debt matched the level of economic development, and the debt risk was relatively controllable.

Keywords: Local Government Bonds; Special Bonds; Shaanxi

Abstract: Since 2020, the pace of local government bonds issuance in Shanxi has been accelerated. Special bonds expanded significantly. The issuance cost increased slightly as the overall issuance period lengthened. The investment structure has been optimized day by day. However, the leveraging effect of capital on investment growth has not been fully released. The debt risk in Shanxi was controllable, but it was still necessary to pay attention to the cost control and the sustainability of fiscal and debt.

Keywords: Local Government Bonds; Special Bonds; Shanxi

B.19 Report on the Analysis of Local Government Bonds in Gansu of Year 2020

Hou Yijia, *Zhou Meng* / 234

Abstract: In the first half of 2020, the issuance scale of local government bonds in Gansu increased, the issuance term tended to be longer, the issuance cost decreased compared with the same period in 2019, and it was in the middle of the whole country. In recent years, the issuance of project income special bond funds in Gansu has been expanding, and the weighted average issuance rate has been decreasing year by year. The project income special bond funds were mainly invested in transportation infrastructure, municipal and industrial park infrastructure, and the prefecture-level and district-level projects accounted for a relatively high proportion. In addition, Gansu debt growth was fast, debt ratio was high, facing great debt pressure.

Keywords: Local Government Bonds; Special Bonds; Gansu

B.20 Report on the Analysis of Local Government Bonds in Qinghai of Year 2020

Hou Yijia, *Wang Zhao* / 248

Abstract: The local government bonds of Qinghai ranked low in China. In the first half of 2020, the newly added project income special bond was of a small scale and was invested mainly in municipal and industrial park infrastructure, transportation infrastructure and livelihood services, etc. The field of fundraising was tilted towards infrastructure, but the issuance cost was relatively high. Affected by the regional economic and financial strength, the overall quality of fiscal revenue was not high, the financial balance ability was weak, and the dependence on the superior subsidy was strong. In addition, the debt ratio of Qinghai by the end of 2019 exceeded the international warning standard, and the maturity of local government bonds were relatively concentrated, so there may be a great debt pressure in the future.

Keywords: Local Government Bonds; Special Bonds; Qinghai

B. 21 Report on the Analysis of Local Government Bonds in Ningxia of Year 2020

Abstract: Ningxia Hui Autonomous Region (hereinafter referred to as "Ningxia") had a relatively small stock of local government bonds and ranked at the bottom of the country. In the first half of 2020, the issuance of local government bonds in Ningxia slowed down overall, and the maturity was significantly longer. Issuance costs and issuance spreads ranked first in the country and showed an upward trend. Specifically, from the perspective of project income special bonds, the overall issuance scale dropped significantly. The investment mainly included transportation infrastructure, municipal and industrial park infrastructure, and people's livelihood services. The scope was wide and the income coverage was acceptable, but the scale of infrastructure movement was limited. Affected by the weak economic and financial strength of the region, Ningxia's financial balance ability was weak, and it was highly dependent on superior subsidies. In addition, at the end of 2019, Ningxia's debt ratio increased significantly compared with previous years and exceeded international warning standards. Ningxia may have certain debt pressures in the future, but local government bonds have relatively large borrowing space, and the overall risk is controllable.

Keywords: Local Government Bonds; Special Bonds; Ningxia

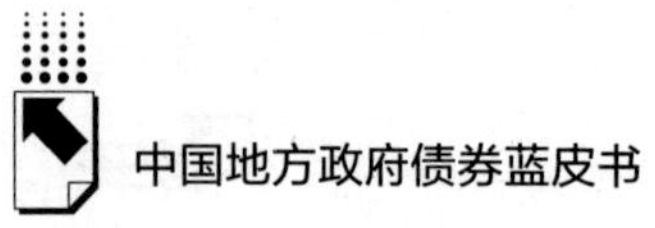

B.22 Report on the Analysis of Local Government Bonds in Henan of Year 2020

Li Wen, Chen Tao / 277

Abstract: The balance of local government bonds in Henan was at an upper-middle level in the country. In the first half of 2020, the scale of newly issued local government bonds increased significantly compared with the same period last year, the maturity was lengthened, and the cost fallen. Newly issued bonds were mainly special bonds. Most of the debt was invested in areas such as people's livelihood services, municipal and industrial park infrastructure, ecological and environmental protection projects, and transportation infrastructure. Henan's overall economic and financial strength was relatively high, the debt ratio and debt ratio were not high, and the debt repayment pressure was average compared to other areas. In summary, this report suggests that Henan can appropriately extend the term of local government bonds, give full play to the advantages of special bonds as project capital, and accelerate regional economic development.

Keywords: Local Government Bonds; Special Bonds; Henan

B.23 Report on the Analysis of Local Government Bonds in Hubei of Year 2020

Wu Ping, Zhou Di, Hu Juan and Yan Hong / 293

Abstract: The stock scale of local government bonds in Hubei ranked among the upper middle in China, the pace of issuing local government bonds in Hubei was relatively active and the scale of issuance increased yearly, while the issuance costs were decreasing. Affected by the impact of the epidemic situation in the first half of 2020, Hubei's economy and finances were under short-term pressure, however, the overall situation gradually stabilized as the city returned to normal operations. This report firstly describes the operation of Hubei local government bond market from the perspective of primary market and secondary market, and then analyzes the use of project income special bond funds and the pulling effect on regional investment in detail. Finally, it analyzes the regional debt risk around the overall situation and financial performance of Hubei local government debt.

Keywords: Local Government Bonds; Special Bonds; Hubei

B.24 Report on the Analysis of Local Government Bonds in Hunan of Year 2020

Yang Rui, Wu Yating, Hu Yamei and Zhang Lei / 308

Abstract: Affected by the impact of the epidemic situation in 2020, the pace of issuing local government bonds in Hunan was advanced and its scale was expanded. Meanwhile, the issuance period of local government bonds was extended, the issuance cost was declined, and the secondary market was active. The project income special bond funds in Hunan local government continued to expand, and the areas of fundraising and investment were transferred to municipal, industrial park infrastructure and livelihood services. However, the proportion of special bonds used as project capital was low, and its leveraging effect on investment growth has not been fully released. On the whole, the debt scale and debt ratio of Hunan were relatively high, the debt limit space was limited, the debt repayment pressure was relatively large, but the government was actively resolving the debt risk. In the future, Hunan needs to strictly implement related debt policies, control bond financing costs, strengthen debt risk prevention and control, and implement the funding sources of local government bonds repayment peak periods.

Keywords: Local Government Bonds; Special Bonds; Hunan

B.25 Report on the Analysis of Local Government Bonds in Guangxi of Year 2020

Hou Yijia, Huang Wei / 323

Abstract: With the continuous expansion of government debt scale in Guangxi Zhuang Autonomous Region (hereinafter referred to as "Guangxi" or "autonomous region"), the importance of debt risk management and control has become increasingly prominent. Firstly, this report analyzes the operation of local government bonds in Guangxi in recent years from the aspects of issuance scale, composition of bonds, term structure and yield to maturity. At the same time, it makes an in-depth analysis of the operation of project income special bonds and the use of funds. Finally, combined with the local comprehensive financial resources and debt situation in Guangxi, it analyzes the solvency.

Keywords: Local Government Bonds; Special Bonds; Guangxi

Abstract: The scale of local government bonds in Tibet was generally small, the issuance maturities were mainly long-term. Meanwhile, the issuance costs declined, the secondary market transaction scale was small but with rapid growth. The project income special bond funds in Tibet expanded significantly, mainly to municipal and industrial park infrastructure projects, and the overall solvency of the project was relatively strong. However, there was no special bonds to be used as project capital, the effect of pulling investment is limited. In terms of local debt management, the debt scale of Tibet was small, and the debt risk was basically controllable. However, there were debt repayment risks of over-reliance on central subsidies and negative growth of general budget revenue. In the future, Tibet should make full use of its policies and geographical advantages to vigorously develop local economy, prudently plan the pace of local government bonds issuance, and reasonably arrange the maturity structure of bonds.

Keywords: Local Government Bonds; Special Bonds; Tibet

Abstract: The stock of local government bonds (hereinafter referred to as "local bonds") in Yunnan was at a relatively high level among all provinces in China. Since 2020, the issuance of local bonds has accelerated, and the importance of debt risk control has become increasingly prominent. This report first describes the operation of the local bonds market in Yunnan, and analyzes in detail the use of project income special bond funds and the pulling effect on regional investment. Finally, it analyzes the regional debt risk around the overall situation and financial performance of local debt in Yunnan, and puts forward suggestions for the development of local bonds market in Yunnan in the next stage.

Keywords: Local Government Bonds; Special Bonds; Yunnan

Abstract: The importance of controlling debt risks has been increasingly emerging, as the scale of the government debts of Guizhou expands constantly year by year. First, this report states the running conditions of local government bonds' market, then analyzes how the project income special bonds are used and how much it pulls on regional investment, at last dissects the regional debt risks around the overall conditions of local government debts and fiscal performance of Guizhou, and makes recommendations how to develop next for local government bonds of Guizhou.

Keywords: Local Government Bonds; Special Bonds; Guizhou

Abstract: In recent years, as the local governments' borrowing system has been improved, the issuing scale of local government bonds in Guangdong has increased gradually, and the stock scale was large among provinces. In 2020, in order to cope with the impact of the epidemic, Guangdong have increased the concentration of local government bonds and advanced the issuing pace. Meanwhile, the issuance period has been extended and the secondary market has been more active. Guangdong ranked the first in terms of the issuance scale of project income special bonds in China. Its fundraising and investment field was shifted to transportation infrastructure, municipal administration and industrial parks, and its leveraging effect on infrastructure investment was relatively large. However, its leveraging effect on investment growth as capital has not been fully released. From the perspective of local government debt, Guangdong's debt limit space was large. Under the support of fiscal strength, the debt repayment ability was strong and the debt risk was relatively small. In the future, Guangdong should make rational use of the remaining space of local government debt limit, and play the investment-driving role of local government bonds mainly in areas with major investment projects and relatively tight government budget.

Keywords: Local Government Bonds; Special Bonds; Guangdong

B.30 Report on the Analysis of Local Government Bonds in Jiangxi of Year 2020

Abstract: Since the government debt scale in Jiangxi keeps a sustained growth in recent years, the importance of preventing local government debt risk has become increasingly prominent. This report commenced analyzing the circumstance of Jiangxi local government bonds in recent years from such aspects as issuance scale, composition of bonds, term structure and yield to maturity. Meanwhile, the existing status of project income special bonds and the use of funds has been systematically analyzed. Finally, considering the local government financial performance and debt status in Jiangxi, it puts forward relevant suggestions to resolve the debt.

Keywords: Local Government Bonds; Special Bonds; Jiangxi

Abstract: Since Jiangsu issued the most local government bond in 2009, the cumulative scale of local government bonds issuance has exceeded RMB 1900 billion, with a high degree of issuance activity. Affected by the impact of the epidemic situation in 2020, the pace of issuing local government bonds in Jiangsu was advanced and the issuance period was extended. Meanwhile, the issuance cost declined and the secondary market becomes more active. The project income special bond funds continued to expand, mainly to prefecture-level projects. Its investment areas focused on municipal and industrial park infrastructure, transportation infrastructure and ecological and environmental protection projects. However, only a small proportion of special bonds was used as project capital, and its leverage effect on infrastructure investment was still limited. On the whole, the debt maturity structure of Jiangsu was reasonable and the debt management was standardized. Thus, its debt repayment pressure was relatively small and the overall debt risk was controllable. In the next stage, Jiangsu should further make good use of the local surplus quota, enrich the investment fields, give full play to the preferential policies such as the special bonds can be used as project capital to achieve the leverage effect of funds, and reduce the financial pressure.

Keywords: Local Government Bonds; Special Bonds; Jiangsu

Abstract: In recent years, local government bonds plays an important role in stabilizing the economy and growth. In addition, with the impact of the Covid −19 on the national economy, China's local governments have increased the issuance of local government bonds. In 2020, the scale of local government bonds in Zhejiang didn't have big growth, the trading scale increased and the issuance period was obviously longer. Its project income special bond funds continued to expand, the term structure was optimized and the transportation infrastructure was its main investment field. However, the scale of project capital was small and the leveraging effect on investment growth has not been fully released. On the whole, Zhejiang had a large scale of government debt, and its debt stock ranked the fourth in China. However, as a province with strong economic and financial strength, its debt ratio and debt ratio were relatively low, and the risk of government debt was relatively small. In the future, with the coming of debt repayment peak, Zhejiang should pay more attention to the government fund arrangement in years with great maturity pressure, and make full use of local government budget and debt limit. Meanwhile, Zhejiang should monitor the investment and operation status of the projects raised in special bonds, and give full play to the leverage role of special bonds as capital to reduce the financial pressure.

Keywords: Local Government Bonds; Special Bonds; Zhejiang

Abstract: Affected by the macroeconomic situation and proactive fiscal policies, the scale of local government bonds issuance in Chongqing in the first half of 2020 increased significantly. Among the newly issued local government bonds, the proportion of special bonds and new bonds increased, the bond maturity was extended, and the overall bond issuance cost ranked high in China. Compared with the funds raised in 2019 that were invested in land and shed reform projects, the funds raised in the first half of 2020 were mostly invested in infrastructure construction, livelihood services and ecological and environmental protection projects. The proportion of Chongqing's project income special bonds used as project capital was low. Most of the projects were invested in municipal projects in the form of supporting financing. The income sources were diverse, and project income can basically cover project financing; special bonds were used as supporting financing, and the leverage for infrastructure investment was among the lowest in the country. In addition, Chongqing's economic and fiscal aggregates ranked in the middle and lower reaches of the country, and the per capita economic aggregate ranked well, but its fiscal balance ability was relatively weak; explicit debt was relatively controllable, but there was still some debt repayment pressure.

Keywords: Local Government Bonds; Special Bonds; Chongqing

Abstract: In order to hedge the impact of the epidemic on economic growth, the monetary policy continued to be loose. From January to June 2020, the pace of issuing local government bonds in Anhui was advanced, the issuing scale was further expanded. Meanwhile, the issuance structure, issuance cost and capital investment direction were all different. The report firstly describes the operation of Anhui local government bonds' market from the perspective of primary market and secondary market, and then analyzes the use of project income special bond funds and the pulling effect on regional investment in detail. Finally, it analyzes the regional debt risk around the overall situation and financial performance of Anhui local government debt.

Keywords: Local Government Bonds; Special Bonds; Anhui

Abstract: In the first half of 2020, affected by the impact of the epidemic situation, China's economic downward pressure increased. In order to support the resumption of work and key projects, a greatly increasing issue scale of local government bonds occurred in Shandong. Among them, the issuing scale of special bonds for project income of local governments in Shandong was far more than that of last year, ranking the second in the country, and the scale of capital construction investment was relatively large. The overall debt level of Shandong was in the front of

China. However, in terms of its economic and financial volume, the debt ratio was relatively reasonable. Meanwhile, the government strengthened constantly debt management, so that the debt risk is basically under control. This report will analyze the development of local government bonds in Shandong from three aspects: the operation of local government bonds, the simulation of the effect brought by the issuance of the special bonds of project income and the solvency of Shandong.

Keywords: Local Government Bonds; Special Bonds; Shandong

B.36 Report on the Analysis of Local Government Bonds in Hainan of Year 2020

Abstract: In 2015, Hainan independently issued local government bonds for the first time, and the bonds were mainly used for major project construction. However, due to Hainan's overall economic strength and debt repayment arrangement, Hainan's local government bonds issuance and stock scale ranked relatively low among all provinces and municipalities in China. In 2020, in order to speed up the construction of Hainan free trade port, the scale of Hainan's local government bonds has been extended and the issuance pace has been improved. Meanwhile, the project income special bond funds in Hainan continued to expand and the investment was relatively balanced. However, no special bonds were used as project capital and its leveraging effect on investment growth has a great space to release. From the perspective of debt situation, the debt scale and debt ratio of Hainan were relatively small, and the debt risk was under control. In the future, Hainan should continue to strengthen the restraint on local hidden debts, improve the local government debt risk early-warning mechanism, speed up the use of government bond issuance, give full play to the efficiency of government bond funds, and fully support the construction of Hainan free trade port.

Keywords: Local Government Bonds; Special Bonds; Hainan

B. 37 Report on the Analysis of Local Government Bonds in Shanghai of Year 2020

Jiang Linyan, Wu Jiangshan, Yang Cheng and Tang Aiping / 497

Abstract: In recent years, as an important financial measure to stabilize economy and sustain growth, China's local government bond market expanded rapidly under proactive fiscal policy. Shanghai, the municipality with strong economic and financial strength, had performed well in issuing local government bonds since 2019. In 2020, the pace of Shanghai's local government bonds slowed down slightly, the issuance cost kept a low level, and the secondary market performs well. Meanwhile, the project income special bond funds continued to expand and were mainly used for transportation infrastructure projects. However, no special bonds were used as project capital, so its leveraging effect on investment growth still had great room to release. For the debt situation, Shanghai's debt scale was moderate, the debt ratio was relatively low, and the debt risk was controllable. In the next stage, Shanghai should make good use of the local government debt quota, enrich the investment of capital, and rationally promote the application of special bonds as capital, so as to enlarge the leverage effect on infrastructure investment.

Keywords: Local Government Bonds; Special Bonds; Shanghai

B. 38 Report on the Analysis of Local Government Bonds in Fujian of Year 2020

Meng Yibo, Chen Xiaozhong and Wang Mengyi / 512

Abstract: The local government debt of Fujian was at the middle level in China. And the issuing interest rate showed a downward trend. Moreover, the proportions of special bonds and new bonds issuing continued to increase. Furthermore, there was a significantly rise in the scale of local governments' project income special bonds. However, the scale of local government debt in Fujian was generally small and did not exceed the local debt limit. In general, the solvency of overall debt in Fujian was under control.

Keywords: Local Government Bonds; Special Bonds; Fujian

B.39 Report on the Analysis of Local Government Bonds in Sichuan of Year 2020 *Cheng Cheng* / 528

Abstract: By the end of June 2020, Sichuan's stock of local government bonds (hereinafter referred to as "local bonds" or "bonds") ranked the fifth in all provinces and municipalities. In the first half of 2020, the issuance speed of bonds increased significantly, the proportion of medium and long-term bonds increased significantly, and the issuance cost decreased, but the liquidity of secondary market was still weak. In recent years, the issuance scale of project income special bonds in Sichuan has increased significantly year by year, and mainly in the fields of infrastructure construction and people's livelihood services. In the first half of 2020, the principal and interest coverage ratio of new project income special bonds raised investment projects was very high, and the proportion of county-level projects is nearly 75%. The maturity distribution of local bonds in Sichuan was relatively average. Based on the large scale of economic and financial revenue in Sichuan, the dominant debt risk is relatively controllable.

Keywords: Local Government Bonds; Special Bonds; Sichuan

Ⅳ Special Reports

B.40 Research on the Credit Rating Theory of Local Government Bonds in China of Year 2020 *Yin Yujie* / 542

Abstract: Since 2015, local government bonds in China have been issued in a "self-issuing and self-repaying" manner, with quota management. General bonds are put under the management of general public budgets, and special bonds are put under the management of government funds budgets. Besides, special bonds can be used as capital for major projects and play a positive role in stabilizing growth. From the perspective of rating, the credit risks of general bonds and ordinary special bonds take into account the regional economic strength, local governments' comprehensive financial capacity and solvency. In the credit analysis of project income special bonds, the basic credit status of the project is considered first, such as project quality, financing principal and interest coverage multiple and post-stress test coverage multiple, and then the regional credit risk of local government and other credit enhancement measures that the bond may obtain are considered.

Keywords: Local Government General Bonds; Ordinary Special Bonds; Project Income Special Bonds

B. 41 Research on the Innovation of Local Government Bonds' Management System of Year 2020

Bian Huan, Wang Yuanhui, Yuan Haixia and Wang Helei / 549

Abstract: Marked by the issuance of newly revised "Budget Law" in 2014 and the "Opinions of the State Council on Strengthening the Management of Local Government Debt", the degree of standardization of China's local government bond market has been gradually improved, while the management system becomes more comprehensive. Especially under the background of Covid - 19 pandemic and increasing downward pressure of domestic economy, the local government bonds management system made further innovation in 2020. In the aspect of issuance, the tariff of local government bonds is decided more scientifically. The issuing rhythm was more flexible. The bond duration was encouraged to be longer to match the project duration. In the aspect of funds usage, the range of special bonds was wider, which included more important areas. Also, the special bonds have been used as capital in more projects. Furthermore, the special bonds' new function of capital replenishment for small and medium-sized banks was also a breakthrough in policy. In the aspect of information disclosure, fund management and credit rating, these policies were improved to promote the quality of local government bonds management.

Keywords: Local Government Bonds; Management Policy; System Innovation

Abstract: Local government bonds, especially special bonds, are an important source of funds to support infrastructure construction, playing an increasingly necessary role in stabilizing infrastructure investment and supporting local economy. In the first half of 2020, under the background of economic downturn impacted by the epidemic, significant changes have taken place in the investment fields of local government bonds. The investment of special bonds was more accurate, focusing on supporting traditional infrastructure construction and people's livelihood, and adding "Two New" (new infrastructure, new urbanization construction) investment fields, emergency medical treatment and other investment fields according to the demand, so as to play a more comprehensive role in shoring up weak spots and stabilizing economic growth. This report analyzed in detail on characteristics of local government bonds' investment fields in the first half of 2020, and made a prospect of future investment direction and structure considering the trend of policies.

Keywords: Special Bonds; Investment Field; New Infrastructure Construction; New Urbanization Construction; Major Projects Construction

V Appendixes

S 基本子库
SUB DATABASE

中国社会发展数据库（下设 12 个子库）

整合国内外中国社会发展研究成果，汇聚独家统计数据、深度分析报告，涉及社会、人口、政治、教育、法律等 12 个领域，为了解中国社会发展动态、跟踪社会核心热点、分析社会发展趋势提供一站式资源搜索和数据服务。

中国经济发展数据库（下设 12 个子库）

围绕国内外中国经济发展主题研究报告、学术资讯、基础数据等资料构建，内容涵盖宏观经济、农业经济、工业经济、产业经济等 12 个重点经济领域，为实时掌控经济运行态势、把握经济发展规律、洞察经济形势、进行经济决策提供参考和依据。

中国行业发展数据库（下设 17 个子库）

以中国国民经济行业分类为依据，覆盖金融业、旅游、医疗卫生、交通运输、能源矿产等 100 多个行业，跟踪分析国民经济相关行业市场运行状况和政策导向，汇集行业发展前沿资讯，为投资、从业及各种经济决策提供理论基础和实践指导。

中国区域发展数据库（下设 6 个子库）

对中国特定区域内的经济、社会、文化等领域现状与发展情况进行深度分析和预测，研究层级至县及县以下行政区，涉及地区、区域经济体、城市、农村等不同维度，为地方经济社会宏观态势研究、发展经验研究、案例分析提供数据服务。

中国文化传媒数据库（下设 18 个子库）

汇聚文化传媒领域专家观点、热点资讯，梳理国内外中国文化发展相关学术研究成果、一手统计数据，涵盖文化产业、新闻传播、电影娱乐、文学艺术、群众文化等 18 个重点研究领域。为文化传媒研究提供相关数据、研究报告和综合分析服务。

世界经济与国际关系数据库（下设 6 个子库）

立足“皮书系列”世界经济、国际关系相关学术资源，整合世界经济、国际政治、世界文化与科技、全球性问题、国际组织与国际法、区域研究 6 大领域研究成果，为世界经济与国际关系研究提供全方位数据分析，为决策和形势研判提供参考。

法律声明